Die Rolle der Judikative in der Ausformung der Verbandsgewalt supranationaler Organisationen

Europäische Hochschulschriften

Publications Universitaires Européennes
European University Studies

Reihe II
Rechtswissenschaft

Série II Series II
Droit
Law

Bd./Vol. 3564

PETER LANG
Frankfurt am Main · Berlin · Bern · Bruxelles · New York · Oxford · Wien

Markus Frischhut

Die Rolle der Judikative in der Ausformung der Verbandsgewalt supranationaler Organisationen

EuGH, Andengerichtshof, Supreme Court und Conseil Constitutionnel im Vergleich

PETER LANG
Europäischer Verlag der Wissenschaften

Bibliografische Information Der Deutschen Bibliothek
Die Deutsche Bibliothek verzeichnet diese Publikation in der Deutschen Nationalbibliografie; detaillierte bibliografische Daten sind im Internet über <http://dnb.ddb.de> abrufbar.

ISSN 0531-7312
ISBN 3-631-50361-X

www.peterlang.de

VORWORT

Die vorliegende Arbeit ist die überarbeitete und aktualisierte Fassung meiner Dissertation, die im Juni 2002 von der Rechtswissenschaftlichen Fakultät der Leopold-Franzens-Universität Innsbruck im Fachbereich Europarecht angenommen wurde.

Diese Arbeit behandelt die Rolle der (verfassungsgerichtlichen) Judikative in der Ausformung der Verbandsgewalt supranationaler Organisationen in Form einer Rechtsvergleichung zwischen dem EuGH einerseits, sowie dem *Tribunal de Justicia de la Comunidad Andina* und dem *Supreme Court* andererseits. Ein kurzer Exkurs behandelt außerdem noch den *Conseil Constitutionnel.*

Eine mögliche technische *Vorgehensweise* zur Darstellung dieser Rolle des EuGH bestünde darin, sämtliche einschlägigen Bestimmungen quasi wie in einem Kommentar darzustellen und zu analysieren, ein Weg, der für die vorliegende Arbeit nicht eingeschlagen wurde. Zum einen gibt es bereits zahlreiche Werke dieser Art, zum anderen erschien dem Verfasser ein anderer Weg interessanter, nämlich die Funktion und Stellung des EuGH, wie er sich heute in der Verbandsgewalt der supranationalen Europäischen Union darstellt, in Vergleich zu anderen (Verfassungs-)Gerichten zu setzen und dabei die einzelnen Bestimmungen zum EuGH komparativ zu analysieren. Die für diese *Rechtsvergleichung* herangezogenen (Verfassungs-)Gerichte ergeben sich aus folgender Kontext-Trias: einer *geschichtlichen*, einer *fiktiven* und einer *realen* – erstens wird der EuGH der heutigen Ausgestaltung in seiner geschichtlichen Entwicklung dargestellt, zweitens wird die institutionelle Stellung und funktionale Rolle des EuGH in den wichtigsten Verfassungsentwürfen behandelt, und *last but not least* wird der EuGH verschiedenen nationalen und supranationalen (Verfassungs-)Gerichten gegenübergestellt.

Der *technische Aspekt* dieser Rechtsvergleichung erfolgt nach folgendem Schema: Die verschiedenen (Verfassungs-)Gerichte werden nach einem vom Verfasser ausgearbeiteten Raster (siehe dazu *Anhang I – Gliederung der Synopsen in Anhang III und V*) – und soweit wie möglich in der dort vorgegebenen Reihenfolge – dargestellt, analysiert und dem EuGH in seiner heutigen Ausgestaltung nach den Bestimmungen des EGV sowie des EUV – vor In-Kraft-Treten des Vertrages von Nizza – gegenübergestellt. Nicht berücksichtigt werden bei dieser Gegenüberstellung die Bestimmungen des am 23. 7. 2002 ausgelaufenen EGKSV sowie des EAGV. Da ihm die meisten der in diesem Zusammenhang relevanten (verfassungsgerichtlichen) Zuständigkeiten zukommen, befasst sich diese Arbeit primär nur mit dem Gerichtshof und behandelt das Gericht erster Instanz nur am

Rande. Die sich aus dieser Rechtsvergleichung ergebenden Synopsen werden im Anhang dargestellt.

Die Arbeit an sich gliedert sich in folgende vier Teile:

Im *ersten Teil – Geschichte der EU, Verfassungsdebatte, Verfassungsgerichtsbarkeit und Rechtsvergleichung* – werden aus Gründen des Gesamtverständnisses kurz die wesentlichen Fakten der Genese der Europäischen Union dargestellt (1. Kapitel). Da ebenfalls für das weitere Verständnis dieser Arbeit notwendig, wird ein Überblick über die Verfassungsdebatte in der Europäischen Union gegeben (2. Kapitel), bevor der Terminus Verfassungsgericht selbst kurz beleuchtet wird (3. Kapitel). Der erste Teil schließt mit einer allgemeinen Ausführung zur Rechtsvergleichung an sich (4. Kapitel).

Der *zweite Teil – Die geschichtliche Entwicklung des EuGH* – beleuchtet die historische Genese des EuGH mit einem Schwerpunkt auf der Entstehung und Ausgestaltung des Gerichtshofes der Europäischen Gemeinschaft für Kohle und Stahl (1. Kapitel).

Die Gegenüberstellung mit den erwähnten fiktiven Verfassungsgerichten erfolgt im *dritten Teil – Die institutionelle Stellung und funktionale Rolle des EuGH in den wichtigsten Verfassungsentwürfen*. Bei den ausgewählten Entwürfen (siehe dazu *Anhang II – Synopse der ausgewählten Verfassungsentwürfe*) handelt es sich um sieben Entwürfe für eine *Verfassung* der Europäischen Union. Dabei wurden – im Sinne einer möglichst breiten Streuung – private Entwürfe (3. und 4. Kapitel) ebenso ausgewählt wie die beiden bekannten Entwürfe des Europäischen Parlamentes zur Schaffung eines *Vertrages* (2. Kapitel) bzw einer *Verfassung* (6. Kapitel) der Europäischen Union. Behandelt wird auch das Memorandum der Arbeitsgruppe „Europäische Verfassung“ (5. Kapitel), die zwar nicht wie in den vorstehend erwähnten Entwürfen eine nach Artikeln aufgebaute Verfassung bzw Vertrag ausgearbeitet hat, welche aber in ihrem Memorandum sowie in den sechs ausgewählten „Materialien der Arbeitsgruppe“ inhaltlich ebenso eine Verfassung der Europäischen Union skizziert. Die sich daraus ergebende Synopse wird in *Anhang III – Synopse zur Stellung der Judikative in den Verfassungsentwürfen* wiedergegeben. Behandelt werden des Weiteren die beiden Entwürfe zur Zweiteilung der Verträge (7. und 8. Kapitel); die entsprechende Synopse findet sich in *Anhang IV – Synopse zur Stellung der Judikative in den Entwürfen zur Zweiteilung der Verträge*. Bei den sieben behandelten Entwürfen handelt es sich, wie in der geschichtlichen Einleitung (1. Kapitel) zu zeigen sein wird, nicht um sämtliche Verfassungsentwürfe, deren Anzahl Legion ist. Ausgewählt wurden vielmehr die – nach Ansicht des Verfassers – wichtigsten Entwürfe.

Der EuGH wird nicht nur diesen fiktiven Verfassungsgerichten gegenübergestellt. Genauso aufschlussreich wie der Vergleich mit den Gerichten verschiedener Verfassungsentwürfe ist die Gegenüberstellung mit realen (Verfassungs-)Gerichten (*vierter Teil – Der EuGH in Verhältnis zu anderen (Verfassungs-)Gerichten*). Es würde den Umfang dieser Arbeit allerdings sprengen, wenn in dieser alle wichtigen (Verfassungs-)Gerichte dargestellt und als Vergleichsgrundlage herangezogen würden! Die Auswahl fiel somit einerseits auf das Gericht, das bei der Gründung des Gerichtshofes der EGKS als Vorbild gedient hat, den amerikanische Supreme Court (2. Kapitel) und andererseits auf ein Gericht, welches nach dem Vorbild des EuGH errichtet wurde, den Gerichtshof der Andengemeineschaft (1. Kapitel). Letzterer ist – abgesehen vom EuGH – wahrscheinlich das einzige als supranationales Verfassungsgericht zu qualifizierende justizielle Organ einer Internationalen Organisation. In diesem Zusammenhang ist es natürlich von besonderem Interesse, welche „europäischen Konstruktionen" von den Vätern des Andengerichtshofes für gut befunden und für ihr Gericht übernommen wurden. Die sich für den Supreme Court und den Andengerichtshof ergebende Synopse findet sich in *Anhang V – Die Judikative in Form des ausgewählten nationalen und supranationalen (Verfassungs-)Gerichtes.* Wichtig ist darauf hinzuweisen, dass sich diese Synopse lediglich als Versuch einer Gegenüberstellung versteht und weder Anspruch auf Vollständigkeit noch auf Perfektion erhebt. Da sich nach Ansicht des Verfassers sowohl in Gegenüberstellung zum EuGH als auch in einigen anderen Aspekten interessante Vergleichsgrundlagen in Bezug auf seine Kompetenzen ergeben – insb in Bezug auf die auch für den EuGH angedachte Zuständigkeit für eine präventive Normenkontrolle –, werden im 3. Kapitel – in einem Exkurs – kurz die Zuständigkeiten des französischen Conseil Constitutionnel behandelt. Darüber hinaus wurde der *Conseil Constitutionnel* ausgewählt, weil er neben dem starken Verfassungsgericht *Supreme Court* und dem sich seine Position erst erkämpfen müssenden Andengerichtshof ein Beispiel für ein mit schwachen Zuständigkeiten ausgestattetes (Verfassungs-)Gericht ist.

Abschließend ist noch darauf hinzuweisen, dass die Darstellung dieser Gerichte primär der Ausarbeitung einer Vergleichsgrundlage für die Gegenüberstellung mit dem EuGH dient und weder eine abschließende Darstellung dieser Gerichte sein will noch sein kann. Aus diesem Grund liegt die Aussagekraft der Synopse in Anhang V auch nicht nur in den inhaltlichen Ausgestaltungen sondern vor allem auch im Nicht-/Vorhandensein einer Regelung in einem bestimmten Bereich. Je nach Art und Umfang der Rechtsgrundlagen und nicht zuletzt aufgrund der Forschungsreise zum Gerichtshof der Andengemeinschaft nach Quito/Ecuador (bzw zum Generalsekretariat derselben nach Lima/Peru) ist der Umfang bezüglich Andengerichtshof bzw Supreme Court unterschiedlich ausgefallen.

Meinem Vorgesetzten, Herrn o. Univ. Prof. DDDr. *Waldemar Hummer* schulde ich nicht nur für die Betreuung dieser Arbeit großen Dank. Er war es auch, der mir mit seinem Hinweis zum supranationalen Andengerichtshof und darüber hinaus mit der durch ihn erst ermöglichten Forschungsreise dorthin sowie zum Generalsekretariat der Andengemeinschaft die für diesen Teil der Arbeit essentiellen Einblicke ermöglicht hat. Darüber hinaus möchte ich Herrn ADir. *Reinhard Aichner* stellvertretend für die Auslandsabteilung der Universität Innsbruck für die Finanzierung dieser Forschungsreise herzlich danken.

Für die rasche Erstellung der beiden Gutachten bin ich Herrn o. Univ. Prof. DDDr. *Waldemar Hummer* sowie Herrn o. Univ. Prof. Dr. *Peter Pernthaler* zu Dank verpflichtet.

Darüber hinaus schulde ich meinen beiden Ansprechpartnern vor Ort, Sr *Patricio Peralvo* (Andengerichtshof/Quito), bzw Sra *Maria Luisa Thornberry* (Generalsekretariat/Lima) für die Betreuung sowie Sr *Patricio Peralvo* darüber hinaus für aktuelle Informationen zum Andengerichtshof großen Dank. Danken möchte ich auch Sra *Carmen Santos* (Dokumentationszentrum Generalsekretariat der Andengemeinschaft), welche mir aufgrund ihrer langjährigen Erfahrung in einigen bedeutenden Aspekten sehr geholfen hat. Danken möchte ich – am Andengerichtshof – *last but not least* auch Sr Dr. *Guillermo Chahin Lizcano* (Präsident), Sr Dr. *Gualberto Dávalos García* (Richter Bolivien), Sr Dr. *Rubén Herdoíza Mera* (Richter Ecuador) sowie Sr Dr. *Eduardo Almeida Jaramillo* (Kanzler) dafür, dass sie mir in persönlichen Gesprächen wertvolle Hinweise für diese Arbeit gegeben haben. Diese Gespräche werden nachstehend wie folgt zitiert: „Gespräch mit dem Präsidenten des TJCA, Sr Dr. *Guillermo Chahin Lizcano*, vom 13. 2. 2002“, „Gespräch mit dem bolivianischen Richter des TJCA, Sr Dr. *Gualberto Dávalos García*, vom 18. 2. 2002“ sowie „Gespräch mit dem Sekretär des TJCA, Sr Dr. *Eduardo Almeida Jaramillo*, vom 18. 2. 2002“.

Für die kritische Durchsicht von Teilen meiner Dissertation möchte ich meiner Mutter, Frau Mag. *Margit Frischhut*, sowie Herrn *Reinhard Ster* sehr herzlich danken.

Aktuelle Literatur und Judikatur konnten bis Mitte Juli 2002 berücksichtigt werden, die Judikatur des Andengerichtshofes bis Februar 2002. Die Internetlinks wurden auf den Stand 30. 7. 2002 gebracht.

Innsbruck, im Juli 2002 *Markus Frischhut*

INHALTSÜBERSICHT

INHALTSVERZEICHNIS

ABKÜRZUNGSVERZEICHNIS

AadDI	=	Anuario Argentino de Derecho Internacional
ABl	=	Amtsblatt der Europäischen Gemeinschaften
Abs	=	Absatz, Absätze
AC	=	*Acuerdo de Cartagena* (Vertrag von Cartagena vom 26. 5. 1969)
AdR	=	Ausschuss der Regionen
ALADI	=	*Asociación Latinoamericana de Integración* (Lateinamerikanische Integrationszone vom 12. 8. 1980)
ALALC	=	*Asociación Latinoamericana de Libre Comercio* (Lateinamerikanische Freihandelszone vom 18. 2. 1960)
ALCA	=	*Área de Libro Comercio de las Américas* (Freihandelszone der Amerikas, 20./22. 4. 2001)
aM	=	anderer Meinung
AöR	=	Archiv des öffentlichen Rechts
APSR	=	American Political Science Review
arg	=	argumentum
Art	=	Artikel
AV	=	Vertrag von Amsterdam vom 2. 10. 1997
BayVBl	=	Bayrische Verwaltungsblätter. Zeitschrift für öffentliches Recht und öffentliche Verwaltung
BdiP	=	Blätter für deutsche und internationale Politik
Benelux	=	Belgien, Niederlande, Luxemburg
BIP	=	Bruttoinlandsprodukt
BullEG	=	Bulletin der Europäischen Gemeinschaften
BullEU	=	Bulletin der Europäischen Union
BV	=	Basisvertrag (2000)
BVerfG	=	(deutsches) Bundesverfassungsgericht
bzw	=	beziehungsweise
C	=	Reihe C des ABl (Mitteilungen und Bekanntmachungen)
CA	=	*Comunidad Andina* (Andengemeinschaft)
ca	=	circa
CAMRE	=	*Consejo Andino de Ministros de Relaciones Exteriores* (andiner Außenministerrat)
CAP	=	Centrum für angewandte Politikforschung
CCA	=	*Comisión de la Comunidad Andina* („Kommission" der Andengemeinschaft)
CDU	=	Christlich Demokratische Union Deutschlands

CEPAL	=	*Comisión Económica para América Latina* (Wirtschaftskommission für Lateinamerika)
CMLRev	=	Common Market Law Review
CPA	=	*Consejo Presidencial Andino* (andiner Präsidentschaftsrat)
C-RF	=	*Constitution de la République française* (Verfassung der V. Republik vom 4. 10. 1958)
CSU	=	Christlich Soziale Union in Bayern
C-USA	=	*Constitution of the United States of America* (Verfassung der Vereinigten Staaten von Amerika vom 17. 9. 1787)
CV	=	*Curriculum vitae*
D	=	Dokumentationsteil des EA
dass	=	dasselbe
dBGBl	=	deutsches Bundesgesetzblatt
DC	=	*District of Columbia*
ders	=	derselbe
dh	=	das heißt
dies	=	dieselben
Diss	=	Dissertation
DNA	=	*Dernières Nouvelles d'Alsace* (elsässische – in deutscher und französischer Sprache erscheinende – Tageszeitung)
Dok	=	Dokument
DÖV	=	Die Öffentliche Verwaltung
DVBl	=	Deutsches Verwaltungsblatt
EA	=	Europa-Archiv (jetzt: Internationale Politik)
EAG	=	Europäische Atomgemeinschaft (1957)
EAGV	=	Vertrag zur Gründung der Europäischen Atomgemeinschaft vom 25. 3. 1957
EEA	=	Einheitliche Europäische Akte (vom 17. 2. bzw 28. 2. 1986)
EFTA	=	*European Free Trade Association* (Europäische Freihandelszone vom 4. 1. 1960)
EG	=	Europäische Gemeinschaft (1957 bzw 1992)
EGKS	=	Europäische Gemeinschaft für Kohle und Stahl (1951)
EGKSV	=	Vertrag über die Gründung der Europäischen Gemeinschaft für Kohle und Stahl vom 18. 4. 1951
EGMR	=	Europäischer Gerichtshof für Menschenrechte
EGV	=	Vertrag zur Gründung der Europäischen Gemeinschaft vom 25. 3. 1957
EHI	=	Europäisches Hochschulinstitut
EIB	=	Europäische Investitionsbank

ELR	=	European Law Review
EMRK	=	Europäische Konvention zum Schutz der Menschenrechte und Grundfreiheiten vom 4. 11. 1950
endg	=	endgültig
EP	=	Europäisches Parlament
EPG	=	Europäische Politische Gemeinschaft (1953)
EPZ	=	Europäische Politische Zusammenarbeit
ESVP	=	Europäische Sicherheits- und Verteidigungspolitik
ESZB	=	Europäisches System der Zentralbanken
ETJCA	=	*Estatuto del Tribunal de Justicia de la Comunidad Andina* (Statut des Andengerichtshofes vom 19. 8. 1983)
EU	=	Europäische Union (1992); European Union
EuBl	=	europa-blätter
EuG	=	Gericht erster Instanz der Europäischen Gemeinschaften
EuGH	=	Gerichtshof der Europäischen Gemeinschaften
EuGRZ	=	Europäische Grundrechte-Zeitschrift
EuR	=	Europarecht (Zeitschrift)
EUV	=	Vertrag über die Europäische Union vom 7. 2. 1992
EuZW	=	Europäische Zeitschrift für Wirtschaftsrecht
eV	=	eingetragener Verein
EVG	=	Europäische Verteidigungsgemeinschaft (1954)
EVP	=	Europäische Volkspartei
evtl	=	eventuell
EWG	=	Europäische Wirtschaftsgemeinschaft (1957)
EWGV	=	Vertrag zur Gründung der Europäischen Wirtschaftsgemeinschaft vom 25. 3. 1957
EWR	=	Europäischer Wirtschaftsraum (1994)
EWS	=	Europäisches Wirtschafts- und Steuerrecht
ex-Art	=	Artikel des EGV idF von Maastricht
EZB	=	Europäische Zentralbank
f, ff	=	folgend(e)
FCE	=	*Forum Constitutionis Europae*
FN	=	Fußnote
GAAP	=	Gemeinsame Andine Außenpolitik
GASP	=	Gemeinsame Außen- und Sicherheitspolitik
GATT	=	*General Agreement on Tariffs and Trades* (Allgemeines Zoll- und Handelsabkommen)
GG	=	(deutsches) Grundgesetz
ggf	=	gegebenenfalls

GH	=	Gerichtshof
GOAC	=	*Gaceta Oficial del Acuerdo de Cartagena* (Amtsblatt der Andengemeinschaft)
GV	=	Grundvertrag (2000)
How	=	Howard (Berichterstatter in den US)
Hrsg	=	Herausgeber
ICRI	=	*Independent Commission for the Reform of the Institutions and Procedures of the Union* (Unabhängige Kommission für die Reform der Institutionen und Verfahren der Union)
idF	=	in der Fassung
idZ	=	in diesem Zusammenhang
IGH	=	Internationaler Gerichtshof
ILM	=	International Legal Materials
ILO	=	*International Labour Organization* (Internationale Arbeitsorganisation)
inkl	=	inklusive
insb	=	insbesondere
INTAL	=	*Instituto para la Integración de América Latina* (Institut für lateinamerikanische Integration)
iSv	=	im Sinne von
iVm	=	in Verbindung mit
iW	=	im Wesentlichen
iZm	=	in Zusammenhang mit
JA	=	Juristische Arbeitsblätter
JBl	=	Juristische Blätter
JCMS	=	Journal of Common Market Studies
JDI	=	Journal du Droit International
JEI	=	Jahrbuch der Europäischen Integration
JÖR/NF	=	Jahrbuch für Öffentliches Recht/Neue Folge
JÖRdG	=	Jahrbuch des Öffentlichen Rechts der Gegenwart
JRP	=	Journal für Rechtspolitik
Jura	=	Juristische Ausbildung
JuS	=	Juristische Schulung
JZ	=	Juristen Zeitung
KAS	=	Konrad-Adenauer-Stiftung
KAS-AI	=	Konrad-Adenauer-Stiftung Auslandsinformationen

L	=	Reihe L des ABl (Rechtsvorschriften)
leg cit	=	*legis citatae*
lit	=	*litera*
LJIL	=	Leiden Journal of International Law
MdEP	=	Mitglied des Europäischen Parlamentes
Mercosur	=	*Mercado Común del Sur* (Gemeinsamer Markt des Südens)
Mio	=	Million(en)
MS	=	Mitgliedstaat(en)
MV	=	Vertrag von Maastricht (über die Europäische Union) vom 7. 2. 1992
mwN	=	mit weiteren Nachweisen
NAFTA	=	*North American Free Trade Association* (Nordamerikanische Freihandelszone)
NJ	=	Neue Justiz. Zeitschrift für Rechtsetzung und Rechtsanwendung
NJW	=	Neue Juristische Wochenschrift
Nr	=	Nummer
NV	=	Vertrag von Nizza vom 26. 2. 2001
NVwZ	=	Neue Zeitschrift für Verwaltungsrecht
OATS	=	*Organización Andina de Telecomunicaciones por Satélite* (Andine Telekommunikations-Satelliten Organisation)
OECD	=	*Organization for Economic Cooperation and Development* (Organisation für wirtschaftliche Zusammenarbeit und Entwicklung)
OEEC	=	*Organization for European Economic Co-operation* (Organisation für europäische wirtschaftliche Zusammenarbeit)
ÖJZ	=	Österreichische Juristen-Zeitung
OMC	=	*Organización Mundial del Comercio* (WTO)
PA	=	*Pacto Andino* (Andenpakt vom 26. 5. 1969)
PA-CA	=	*Parlamento Andino de la Comunidad Andina* (Parlament der Andengemeinschaft)
PC	=	*Protocolo de Cochabamba* (Cochabamba Protokoll vom 28. 5. 1996)
PCAP	=	*Programa de Cooperación Andina a Bolivia* (Andines Kooperationsprogramm für Bolivien)
PJZS	=	Polizeiliche und Justizielle Zusammenarbeit in Strafsachen
PQ	=	*Protocolo de Quito* (Quito Protokoll vom 12. 3. 1987)
Prot Schengen	=	Protokoll zum AV über die Einbeziehung des Schengen-Besitzstandes in den Rahmen der Europäischen Union (1997)
PS	=	*Protocolo de Sucre* (Sucre Protokoll vom 25. 6. 1997)

PSE	=	Fraktion der Sozialdemokratischen Partei Europas
PT	=	*Protocolo de Trujillo* (Trujillo Protokoll vom 10. 3. 1995)
Rdnr	=	Randnummer
RdUe	=	Revue du droit de l'Union européenne
RI-TJCA	=	*Reglamento Interno del Tribunal de la Comunidad Andina* (Verfahrensordnung des Andengerichtshofes vom 19. 6. 1985)
RIW	=	Recht der Internationalen Wirtschaft
RMCUE	=	Revue du Marché commun et de l'Union européenne
Rs	=	Rechtssache
RSC	=	*Robert Schuman Centre*
R-SCUS	=	*Rules of the Supreme Court of the United States* (Verfahrensordnung des Supreme Court der Vereinigten Staaten von Amerika idF vom 3. 5. 1999)
Rsp	=	Rechtsprechung
RTD eur	=	Revue trimestrielle de droit européen
S	=	Seite
S+F	=	S+F. Vierteljahresschrift für Sicherheit und Frieden
SAI	=	*Sistema Andino de Integración* (andines Integrationssystem)
Satzung EGKS	=	Protokoll über die Satzung des Gerichtshofes der EGKS vom 18. 4. 1951
Satzung EuGH	=	Protokoll über die Satzung des Gerichtshofes der Europäischen Gemeinschaft idF ABl 1997, Nr C 340, 68
Satzung EWG	=	Protokoll über die Satzung des Gerichtshofes der EWG vom 17. 4. 1957
SC	=	Supreme Court
SGCA	=	*Secretaria General de la Comunidad Andina* (Generalsekretariat der Andengemeinschaft)
Slg	=	Sammlung der Rechtsprechung des Gerichtshofes und des Gerichtes erster Instanz der Europäischen Gemeinschaften
sog	=	sogenannt(e)
SpStr	=	Spiegelstrich
Sr	=	*Señor*
Stat	=	*Statutes at Large* (Offizielles amerikanisches Bundesgesetzblatt)
StGBl	=	Staatsgesetzblatt
TCTJCA	=	*Tratado de Creación del Tribunal de Justicia de la Comunidad Andina* (Vertrag zur Gründung des Andengerichtshofes vom 28. 5. 1979)
TJCA	=	*Tribunal de Justicia de la Comunidad Andina* (Andengerichtshof)
TOM	=	*territoires d'Outre-Mer* (überseeische Hoheitsgebiete)

TT	=	Tiroler Tageszeitung
ua	=	und andere, unter anderem
ÜAbk	=	Abkommen über die Übergangsbestimmungen vom 18. 4. 1951 (EGKSV)
UAbs	=	Unterabsatz
US	=	*United States*, *United States Supreme Court Reports* (die ersten 90 Bände dieser Sammlung werden allgemein nach dem Namen des Berichterstatters und der Bandzahl der betreffenden Serie angegeben. So bedeutet die Fundstelle 1 Cranch 137 (1803) den ersten Band aus dem Jahr 1803 der auf S 137 beginnenden Entscheidung)
USA	=	*United States of America*
USC	=	*United States Code* (Sammlung der amerikanischen Bundesgesetze)
uU	=	unter Umständen
UVP	=	Umweltverträglichkeitsprüfung
VA	=	Vermittlungsausschuss
verb	=	verbundene
VfGH	=	(österreichischer) Verfassungsgerichtshof
vgl	=	vergleiche
VN	=	Vereinte Nationen
VRÜ	=	Verfassung und Recht in Übersee
VVDStRL	=	Veröffentlichungen der Vereinigung der Deutschen Staatsrechtslehrer
wbff	=	wiener blätter zur friedensforschung
WEU	=	Westeuropäische Union
Wheat	=	*Wheaton* (Berichterstatter in den US)
WSA	=	Wirtschafts- und Sozialausschuss
WTO	=	*World Trade Organization* (Welthandelsorganisation)
WWU	=	Wirtschafts- und Währungsunion
ZaöRV	=	Zeitschrift für ausländisches öffentliches Recht und Völkerrecht
zB	=	zum Beispiel
ZBJI	=	Zusammenarbeit in den Bereichen Justiz und Inneres
ZeuS	=	Zeitschrift für europarechtliche Studien
ZER	=	Zeitschrift für EuropaRecht
ZfLW	=	Zeitschrift für Lateinamerika Wien
ZfRV	=	Zeitschrift für Rechtsvergleichung
ZG	=	Zeitschrift für Gesetzgebung

Ziff	=	Ziffer
ZÖR	=	Zeitschrift für öffentliches Recht/Austrian Journal of Public and International Law (früher: Österreichische Zeitschrift für öffentliches Recht und Völkerrecht)
ZParl	=	Zeitschrift für Parlamentsfragen
ZSchwR NF	=	Zeitschrift für schweizerisches Recht, Neue Folge

„Der Gerichtshof der Gemeinschaften wacht über die Anwendung des Vertrages und des von der Gemeinschaft gesetzten Rechts. In seinen Entscheidungen lebt und wächst das Gemeinschaftsrecht. Er allein legt es letztlich verbindlich aus. Er ist deshalb ein Integrationsfaktor erster Ordnung."

*Walter Hallstein**

* Die echten Probleme der europäischen Integration (1965) 9.

1. Teil: Geschichte der EG/EU, Verfassungsdebatte, Verfassungsgerichtsbarkeit und Rechtsvergleichung

1. Kapitel: Die Geschichte der EG/EU

In diesem ersten Kapitel soll ein kurzer Überblick über die Genese der Europäischen Union (EU)[1] skizziert werden und gleichzeitig die im 3. Teil behandelten Verfassungsentwürfe in diese Chronologie eingeordnet werden, um deren Motive und konkrete Ausgestaltungen besser verstehen zu können.

Die am 18. 4. 1951 gegründete Europäische Gemeinschaft für Kohle und Stahl (EGKS)[2] setzte den Grundstein für eine anfangs am *Funktionalismus* orientierte Einigung Europas nach dem Zweiten Weltkrieg. Nach dem in der berühmten Rede im *salon de l'Horloge* vom 9. 5. 1950 skizzierten Plan des französischen Außenministers *Robert Schuman*[3] (bzw seiner Mitarbeiter *Jean Monnet*[4] und *Paul Reuter*)[5] sollte mittels der Verwaltung der kriegswirtschaftlichen Schlüsselindustrien Kohle und Stahl durch eine supranationale Hohe Behörde eine *solidarité de fait* geschaffen werden, die im Sinne eines *spill over* die politische Einigung – quasi zwangsläufig – mit sich bringt.[6] In einem weiteren Schritt löste sich dieser

---

[1] Siehe dazu auch *Saalfrank, Valentin*, Funktion und Befugnisse des Europäischen Parlamentes. Ihre Bedeutung für das Demokratieprinzip des Grundgesetzes (1995) insb 30 ff, 38 ff.

[2] Zur Unterzeichnung des EGKSV siehe *Siegler, Heinrich*, Dokumentation der Europäischen Integration mit besonderer Berücksichtigung des Verhältnisses EWG-EFTA. Von der Züricher Rede Winston Churchills 1946 bis zur Bewerbung Großbritanniens um Mitgliedschaft bei der EWG 1961 (1961) 54. Zur EGKS siehe auch im 1. Kapitel des 2. Teiles, nachstehend auf S 54 ff.

[3] Zum Schuman-Plan siehe: EA 1950, 3091 f; *Lipgens, Walter* (Hrsg), 45 Jahre Ringen um die Europäische Verfassung. Dokumente 1939-1984. Von den Schriften der Widerstandsbewegung bis zum Vertragsentwurf des Europäischen Parlaments (1986) 293 f; *Siegler* (FN 2) 41 f; siehe auch *Fontaine, Pascal*, Ein neues Konzept für Europa. Die Erklärung von Robert Schuman – 1950-2000 (2000), http://europa.eu.int/comm/dg10/publications/brochures/docu/50ans/txt01_de.html. Zur Frage der Finalität des *Schuman*-Planes siehe auch *Steindorff, Ernst*, Schuman-Plan und europäischer Bundesstaat, EA 1951, 3955 ff.

[4] Zur Person *Jean Monnet* siehe *Schmale, Wolfgang*, Von den Weltkriegen nach Rom: Ideen und Stationen auf dem Weg zur EWG, in *Breuss, Fritz/Fink, Gerhard/Griller, Stefan* (Hrsg), Vom Schuman-Plan zum Vertrag von Amsterdam. Entstehung und Zukunft der EU (2000) 5 ff, 23.

[5] Siehe dazu zB *Simon, Denys*, Le système juridique communautaire[2] (1998) 16.

[6] Zur Idee des *spill over* anschaulich *Spinelli, Altiero*, Der Unionsvertrag als Chance der Wiederherstellung des Primats Europäischer Politik, in *Schwencke, Olaf* (Hrsg), Loccumer Protokolle 11/1985. Grenzenlose Kompetenzlosigkeit – oder: brauchen wir eine europäische Verfassung? Europapolitisches Kolloquium zur Reform der Gemeinschaft (1986) 13 ff, 21: „Der geheime Gedanke des großen Verwalters Monnet war, daß die Bürokratie auf die Dauer stärker und tiefgreifender

Einigungsversuch – bedingt durch das Scheitern der Europäischen Verteidigungsgemeinschaft (EVG)[7] in der französischen *Assemblée nationale* im Jahre 1954[8] – allerdings noch nicht vom Prinzip des Funktionalismus, sondern wurde (lediglich) auf zwei weitere Bereiche ausgeweitet. Zur EGKS gesellten sich die am 25. 3. 1957 gegründete Europäische Wirtschaftsgemeinschaft (EWG) sowie die Europäische Atomgemeinschaft (EAG)[9], während die mit der EVG verknüpfte – und in Art 38 EVG-Vertrag vorgesehene – Europäische Politische Gemeinschaft (EPG)[10] vorerst nicht realisiert werden konnte.[11]

Der Wille zum Übergang vom Funktionalismus auf die politische Ebene und daraus resultierend zur Schaffung einer Europäischen Union manifestierte sich erstmals in den Gipfelbeschlüssen von 1972 und 1974.[12] Auf diesem Gipfel in Paris vom 9./10. 12. 1974 beschlossen die Staats- und Regierungschefs ihre bis dahin inoffiziellen Treffen im Rahmen der Europäischen Politischen Zusammenarbeit (EPZ) im Europäischen Rat abzuwickeln. Um abzutasten, wie eine Europäische Union aussehen könnte, beauftragten die Staats- und Regierungschefs auf dem Pariser Gipfel den belgischen Ministerpräsidenten *Leo Tindemans* „darzulegen, was unter dem Begriff ‚Europäische Union‘ zu verstehen sei“.[13] Aufgrund

---

sein würde und aus dem Anhäufen konkreter Interessen um einen gemeinsamen Verwaltungsapparat irgendwann und irgendwie die europäische politische Struktur entstehen würde.“ Zum *spill over* siehe auch nachstehend im 2. Kapitel auf S 32 f.

[7] Zu Art 38 EVG-Vertrag, welcher die Ausarbeitung eines Planes für eine politische Union durch eine parlamentarische Versammlung vorsah, siehe *Gasteyger, Curt*, Europa zwischen Spaltung und Einigung 1945 bis 1993 (1994) 94 f bzw Dok 75 in *Lipgens* (FN 3) 314 f.

[8] *Siegler* (FN 2) 88.

[9] Zu EWGV und EAGV (dBGBl II 1957, 766 ff, 1014 ff) siehe auch nachstehend im 2. Kapitel des 2. Teiles auf S 84 ff.

[10] *Sekretariat des Verfassungsausschusses,* Ad Hoc Versammlung für die Gründung einer Europäischen Politischen Gemeinschaft. Entwurf eines Vertrages über die Satzung der Europäischen Gemeinschaft. Leitfaden und amtliche Dokumente des Verfassungsausschusses (1953); siehe auch *Lipgens* (FN 3) 335 ff, bzw in *Schwarze, Jürgen/Bieber, Roland* (Hrsg), Eine Verfassung für Europa. Von der Europäischen Gemeinschaft zur Europäischen Union. Referate und Diskussionsbeiträge der internationalen Tagung des Instituts für Integrationsforschung der Stiftung Europa-Kolleg Hamburg vom 3. bis 5. November 1983 (1984) 397 ff. Für einen Überblick siehe *Genzer, Walter E,* Die Satzung der Europäischen Gemeinschaft. Zum Entwurf einer europäischen Verfassung, EA 1953, 5653 ff.

[11] *Siegler* (FN 2) 87.

[12] So *Luster, Rudolf* (Hrsg), Bundesstaat Europäische Union. Ein Verfassungsentwurf. Erarbeitet von Rudolf Luster, Gero Pfennig und Friedrich Fugmann (1988) 7; zur Darstellung dieses Entwurfes siehe nachstehend im 4. Kapitel des 3. Teiles auf S 155 ff.

[13] *Tindemans, Leo,* Bericht über die Europäische Union (1975) 3. Siehe dazu auch *Huneeus, Carlos*, El informe Tindemans y las instituciones comunitarias europeas, integración latinoamericana 10/1997, 41 ff; *Landau D, Georges*, El Informe Tindemans sobre la Unión Europea, integración latinoamericana 10/1977, 38 ff.

seines Mandates legte er einen Bericht über die Europäische Union vor, wobei er explizit im Schreiben an seine Kollegen im Europäischen Rat darauf hinwies, bewusst auf eine Beschreibung dessen verzichtet zu haben, „was man als Verfassung der Europäischen Union bezeichnen könnte“.[14]

Da in einer funktionalen (Zweck-)Verbindung Grundrechte keine absolut notwendige Voraussetzung darstellen, fand sich 1951 in der EGKS diesbezüglich keine Regelung. Als ein Zeichen einer beginnenden politischer Einigung kann somit die Gemeinsame Grundrechtserklärung von Europäischem Parlament (EP), Rat und Kommission vom 5. 4. 1977 gesehen werden, in welcher die drei Organe die „vorrangige Bedeutung“ der Grundrechte unterstrichen.[15]

Der Übergang zur politischen Ebene manifestierte sich in der deutsch-italienischen Initiative für eine Europäische Akte, dem sogenannten *Genscher/-Colombo*-Plan vom 4. 11. 1981, welcher basierend auf den Europäischen Gemeinschaften, der Europäischen Politischen Zusammenarbeit und dem Europäischen Parlament die Schaffung einer Europäischen Union skizzierte.[16]

Ein erstmaliges explizites Bekenntnis zu einer politischen Union legten die Staats- und Regierungschefs auf der Tagung des Europäischen Rates von Stuttgart vom 19. 6. 1983 in der *Feierlichen Deklaration zur Europäischen Union* ab, in welcher sie „die Vertiefung bestehender und die Ausarbeitung neuer politischer Zielsetzungen im Rahmen der Verträge von Paris und Rom“ beschlossen.[17] Die Bedeutung dieser Erklärung sieht zB *Luster* in der Tatsache, dass die Staats- und Regierungschefs seiner Ansicht nach mit dieser Deklaration „das Recht des Europäischen Parlaments zur Verfassungsentwicklung ausdrücklich anerkannt“ haben.[18] Ein Jahr nach dieser feierlichen Deklaration hat das Europäische Parlament dieses „Recht“ aufgegriffen und in seinem *Entwurf eines Vertrages zur Gründung der Europäischen Union* zum Ausdruck gebracht.[19]

---

[14] *Tindemans* (FN 13) 3; bzw in *Lipgens* (FN 3) 611 ff. Zum Bericht siehe auch *Scheuner, Ulrich*, Perspektiven einer Europäischen Union. Zum Bericht des Ministerpräsidenten Leo Tindemans, EuR 1976, 193 ff.

[15] ABl 1977, Nr C 103, 1.

[16] Gemeinsamer deutsch-italienischer Vorschlag für die Fortentwicklung der Europäischen Gemeinschaft zur Europäischen Union. Entwurf vom 4. 11. 1981 für eine Europäische Akte und eine Erklärung zu Fragen der wirtschaftlichen Integration, EA 1982, D 50 ff, 51. Siehe dazu auch die Reden von *Hans-Dietrich Genscher* und *Emilio Colombo*, EA 1982, D 55 ff bzw 59 ff.

[17] EA 1983, D 420 ff, 421. Siehe dazu *Ipsen, Hans Peter*, Die Stuttgarter „Feierliche Deklaration zur Europäischen Union“ vom 19. Juni 1983, EuR 1984, 1 ff; bzw *Stabreit, Immo*, Die „Feierliche Deklaration zur Europäischen Union“ – eine Etappe auf dem Weg zu einem Vereinten Europa, EA 1983, 445 ff.

[18] (FN 12) 8.

[19] Zur Darstellung dieses Entwurfes siehe nachstehend im 2. Kapitel des 3. Teiles auf S 129 ff.

Zwei Jahre nach diesem Entwurf des Europäischen Parlamentes erfolgte die erste bedeutende Revision der Gründungsverträge der Europäischen Gemeinschaften durch die Einheitliche Europäische Akte (EEA) vom 17. 2. bzw 28. 2. 1986.[20] Der Namen resultiert aus der Verknüpfung der drei (novellierten) Europäischen Gemeinschaften mit der (völkerrechtlichen) Europäischen *Politischen* Zusammenarbeit. Als Ausdruck der Erkenntnis, dass es sich bei dem dadurch geschaffenen Gebilde noch nicht um eine Europäische Union handelt, findet sich in der Präambel der Wille, „das von den Verträgen zur Gründung der Europäischen Gemeinschaften ausgehende Werk weiterzuführen und die Gesamtheit der Beziehungen zwischen deren Staaten (...) in eine Europäische Union umzuwandeln".[21] Nicht nur die Mitgliedstaaten erkannten, dass die durch die EEA geschaffene Konstruktion noch keine Europäische Union darstellt, und so entstand im selben Jahr des In-Kraft-Tretens der EEA (1. 7. 1987)[22] der erste (in dieser Arbeit behandelte) private Verfassungsentwurf von *Franz Cromme* für eine *Gemeinschaft der Vereinigten Europäischen Staaten.*[23] Schon ein Jahr darauf (1988) folgte ein zweiter privater Entwurf von den drei EVP-Parlamentariern *Rudolf Luster, Gero Pfennig* und *Friedrich Fugmann*, die nach der verabsäumten Schaffung der Europäischen Union durch die EEA ihren Verfassungsentwurf für einen *Bundesstaat Europäische Union* vorlegten.[24] Dass die EEA eine gewisse Dynamik in der ganzen Verfassungsdebatte – insbesondere im Europäischen Parlament – auslöste, sieht man auch an der vom 12. 4. 1989 datierenden *Erklärung der Grundrechte und Grundfreiheiten* des Europäischen Parlamentes.[25]

Der nächste bedeutende Meilenstein in dieser Chronologie – neben der EEA – ist 1992 die Schaffung der Europäischen Union durch den am 7. 2. 1992 unterzeichneten und am 1. 11. 1993 in Kraft getretenen[26] Vertrag von Maastricht (MV).[27] In den beiden zuerst getrennt ablaufenden und erst später zusammengeführten Vertragsentwürfen für eine Wirtschafts- und Währungsunion (WWU) bzw

---

[20] ABl 1987, Nr L 169, 1 ff. Siehe dazu auch nachstehend im 3. Kapitel des 2. Teiles auf S 96 ff. Siehe auch *Hill, Anthony*, El Acta Única Europea, Lomé IV y el Mercado Común Europeo, integración latinoamericana 163/1990, 26 ff.

[21] ABl 1987, Nr L 169, 2.

[22] ABl 1987, Nr L 169, 29.

[23] Zur Darstellung dieses Entwurfes siehe nachstehend im 3. Kapitel des 3. Teiles auf S 141 ff.

[24] Zur Darstellung dieses Entwurfes (FN 12) siehe nachstehend im 4. Kapitel des 3. Teiles auf S 155 ff.

[25] ABl 1989, Nr C 120, 52 ff; siehe dazu auch *Beutler, Bengt*, Die Erklärung des Europäischen Parlaments über Grundrechte und Grundfreiheiten vom 12. April 1989, EuGRZ 1989, 185 ff.

[26] ABl 1993, Nr L 293, 61.

[27] Vertrag über die Europäische Union vom 7. 2. 1992; ABl 1992, Nr C 191, 1 ff. Siehe dazu auch nachstehend im 4. Kapitel des 2. Teiles auf S 100 ff.

eine Politische Union[28] erkennt man den immer noch vorhandenen funktionalistischen, aber nun erstmals unverkennbar auch den politischen Ansatz für die europäische Einigung. Nicht zu vergessen ist in diesem zeitlichen Kontext der am 1. 1. 1993 verwirklichte Binnenmarkt, welcher laut *Weidenfeld* eine „drastische Ausdehnung europäischer Zuständigkeiten" mit sich brachte.[29] Darin kann sicherlich mit ein Grund für das im Jahre 1991 vorgelegte Memorandum *Wie Europa verfaßt sein soll – Materialien zur Politischen Union* der Arbeitsgruppe unter der Leitung von *Werner Weidenfeld* gesehen werden.[30]

Zehn Jahre nach seinem Entwurf für einen „Vertrag" zur Gründung der Europäischen Union legte das Europäische Parlament im Jahre 1994 einen Entwurf einer *Verfassung der Europäischen Union* vor.[31] Die für einen politischen Ansatz notwendige Abkehr von Kohle und Stahl hin zum Bürger findet sich sehr schön im ersten Erwägungsgrund, wo die Notwendigkeit einer „demokratischen Verfassung" damit begründet wird, „die Weiterentwicklung des europäischen Aufbauwerks entsprechend den Bedürfnissen der Bürger zu ermöglichen". Die im zweiten Erwägungsgrund des Verfassungsentwurfes angesprochene Unzulänglichkeit der Europäischen Union wurde teilweise durch den auf der Regierungskonferenz 1996[32] konzipierten Vertrag von Amsterdam vom 2. 10. 1997 (AV)[33] behoben. Deshalb nur teilweise, da nur ein Monat nach dem In-Kraft-Treten desselben am 1. 5. 1999[34] der Europäische Rat von Köln vom 3./4. 6. 1999 schon die nächste Regierungskonferenz für das Jahr 2000 zur Aufarbeitung der *left-overs* von Amsterdam ins Spiel brachte.[35]

---

[28] Ex-Art P Abs 2 (jetzt Art 50) des Vertrages über die Europäische Union (EUV) ersetzt die EPZ (Titel III der EEA) durch die Gemeinsame Außen- und Sicherheitspolitik (GASP) des ex-Art J (jetzt Art 11) EUV.

[29] *Weidenfeld, Werner*, Notwendigkeiten und Kriterien für eine Europäische Verfassung, in *ders* (Hrsg), Wie Europa verfaßt sein soll – Materialien zur Politischen Union. Strategien und Optionen für die Zukunft Europas. Arbeitspapiere 7 (1991) 81.

[30] Zur Darstellung dieses Entwurfes (FN 29) siehe nachstehend im 5. Kapitel des 3. Teiles auf S 172 ff.

[31] ABl 1994, Nr C 61, 155 ff; zur Darstellung dieses Entwurfes siehe nachstehend im 6. Kapitel des 3. Teiles auf S 182 ff.

[32] Siehe dazu *Hummer, Waldemar*, Der Reformbedarf für die Regierungskonferenz 1996. Verfassung, Subsidiarität, Institutionen, Grundrechte, Demokratie, in *Bundeskanzleramt* (Hrsg), Europa 1996. Mitbestimmen, Menschenrechte und mehr Demokratie (1995) 123 ff.

[33] ABl 1997, Nr C 340, 1 ff. Siehe dazu auch nachstehend im 5. Kapitel des 2. Teiles auf S 107 f. Siehe dazu *Hummer, Waldemar* (Hrsg), Die Europäische Union nach dem Vertrag von Amsterdam (1998).

[34] ABl 1999, Nr L 114, 56; bzw ABl 1999, Nr C 120, 24.

[35] Siehe dazu ZER 1999, 91.

Die in immer kürzeren Abständen stattfindenden Regierungskonferenzen haben die Bestimmungen der Verträge zu einem wenig transparenten Konglomerat von Rechtsvorschriften werden lassen. Im Mai 2000 ergingen – angeregt durch den Bericht von *Richard von Weizsäcker, Jean-Luc Dehaene* und *David Simon*[36] – zwei Entwürfe zu einer Zweiteilung der Verträge, um aus den derzeitigen Bestimmungen der Verträge diejenigen heraus zu filtern, die als Verfassungsbestimmungen qualifiziert werden können. Dabei handelt es sich um den *Basisvertrag für eine Europäische Union* des Europäischen Hochschulinstitutes (EHI)[37] sowie um den *Grundvertrag für eine Europäische Union* der Bertelsmann Forschungsgruppe[38]. Die 1999 anvisierte Regierungskonferenz 2000 resultierte in der Unterzeichnung des Vertrages von Nizza (NV) am 26. 2. 2001.[39] Parallel dazu erfolgte die feierliche Proklamation der Europäischen Grundrechte-Charta durch

---

[36] Die institutionelle Auswirkung der Erweiterung. Bericht an die Europäische Kommission vom 18. 10. 1999, http://europa.eu.int/igc2000/repoct99_de.pdf, 12.

[37] Studie zur Neuordnung der Verträge, http://europa.eu.int/comm/archives/igc2000/offdoc-/repoflo_de.pdf; zur Darstellung dieses Entwurfes siehe nachstehend im 7. Kapitel des 3. Teiles auf S 195 ff.

[38] Entwurf zur „Zweiteilung" der Verträge, http://www.cap.uni-muenchen.de/download/grundvertrag.pdf; zur Darstellung dieses Entwurfes siehe nachstehend im 8. Kapitel des 3. Teiles auf S 201 ff.

[39] ABl 2001, Nr C 80, 1 ff; berichtigt in ABl 2001, Nr C 96, 27. Siehe dazu *Borchmann, Michael*, Der Vertrag von Nizza, EuZW 2001, 170 ff; *Bradley, K St C*, Institutional design in the Treaty of Nice, CMLRev 2001, 1095 ff; *Epiney, Astrid/Freiermuth Abt, Marianne/Mosters, Robert*, Der Vertrag von Nizza, DVBl 2001, 941 ff; *Fischer, Klemens H*, Der Vertrag von Nizza. Text und Kommentar, einschließlich der konsolidierten Fassung des EUV und EGV sowie des Textes der EU-Charta der Grundrechte, mit einem Geleitwort von Dr. Benita Ferrero-Waldner, Bundesministerin für auswärtige Angelegenheiten der Republik Österreich (2001); *Gnan, Reinhold*, Der Vertrag von Nizza, BayVBl 2001, 449 ff; *Hatje, Armin*, Die institutionelle Reform der Europäischen Union: der Vertrag von Nizza auf dem Prüfstand, EuR 2001, 143 ff; *Holik, Wiltrud*, Die Institutionelle Reform der Europäischen Union, Perspektiven auf dem Weg nach Nizza, wbff 2001, Nr 106, 15 ff; *Hummer, Waldemar/Obwexer, Walter*, Der Vertrag von Nizza mit EU- und EG-Vertrag in konsolidierter Fassung sowie EU-Charta der Grundrechte samt Erläuterungen (2001); *Jopp, Mathias/Lippert, Barbara/Schneider, Heinrich* (Hrsg), Das Vertragswerk von Nizza und die Zukunft der Europäischen Union (2001); *Melissas, Dimitris/Pernice, Ingolf* (Hrsg), Perspectives of the Nice Treaty and the Intergovernmental Conference in 2004. Center of European Constitutional Law. Athens 2001 (2002); *Obwexer, Walter*, Der Vertrag von Nizza, ecolex 2001, 324 ff; *Pleuger, Gunter*, Der Vertrag von Nizza: Gesamtbewertung der Ergebnisse, Integration 2001, 1 ff; *Schäfer, Peter*, Der Vertrag von Nizza – seine Folgen für die Zukunft der Europäischen Union, BayVBl 2001, 460 ff; *Stolleis, Michael*, Europa nach Nizza. Die historische Dimension, NJW 2002, 1022 ff; *Weidenfeld, Werner* (Hrsg), Nizza in der Analyse (2001); *Wiedmann, Thomas*, Der Vertrag von Nizza: Genesis einer Reform, EuR 2001, 185 ff; *Wouters, Jan*, Institutional and constitutional challenges for the European Union: some reflections in the light of the Treaty of Nice, ELR 2001, 342 ff.

das Europäische Parlament, den Rat und die Kommission am 7. 12. 2000.[40] Der Vertrag von Nizza kann wie schon seine Vorgängerverträge bei weitem nicht alle anstehenden Fragen lösen und so begnügt er sich damit, die Verfassungsdebatte zu strukturieren und einer Regierungskonferenz im Jahre 2004 zur Lösung zu überlassen.[41]

Nachdem die derzeitigen Entwicklungen noch lange nicht abgeschlossen sind, kann an dieser Stelle lediglich ein Zwischenbericht abgegeben werden:

---

[40] ABl 2000, Nr C 364, 1 ff; *Hummer/Obwexer* (FN 39) 57 ff. Siehe dazu auch zB *Alber, Siegbert*, Die Selbstbindung der europäischen Organe an die Europäische Charta der Grundrechte, EuGRZ 2001, 349 ff; *ders/Widmaier, Ulrich*, Die EU-Charta der Grundrechte und ihre Auswirkungen auf die Rechtsprechung. Zu den Beziehungen zwischen EuGH und EGMR, EuGRZ 2000, 497 ff; *Busse, Christian*, Eine kritische Würdigung der Präambel der Europäischen Grundrechtecharta, EuGRZ 2002, 559 ff; *Burca, Gráinne de*, The drafting of the European Union Charter of fundamental rights, ELR 2001, 126 ff; *Calliess, Christian*, Die Charta der Grundrechte der Europäischen Union – Fragen der Konzeption, Kompetenz und Verbindlichkeit, EuZW 2001, 261 ff; *Duschanek, Alfred/Griller, Stefan* (Hrsg), Grundrechte für Europa. Die Europäische Union nach Nizza (2002); *Grabenwarter, Christoph*, Die Charta der Grundrechte für die Europäische Union, DVBl 2001, 1 ff; *Griller, Stefan*, Primacy of Community Law. A Hidden Agenda of the Charter of Fundamental Rights, in *Melissas/Pernice* (FN 39) 47 ff; *Hummer, Waldemar*, Der Status der „EU-Grundrechtecharta". Politische Erklärung oder Kern einer europäischen Verfassung? Analysen zur europäischen Verfassungsdebatte der ASKO EUROPA-STIFTUNG und des Instituts für Europäische Politik. Band II (2002); *Knöll, Ralf*, Die Charta der Grundrechte der Europäischen Union. Inhalt, Bewertung und Ausblick, NVwZ 2001, 392 ff; *Lenaerts, Koen/Smijter, Eddy de*, A „bill of rights" for the European Union, CMLRev 2001, 273 ff; *Liisberg, J B*, Does the EU Charter of Fundamental Rights threaten the supremacy of Community law?, CMLRev 2001, 1171 ff; *Lindner, Franz*, EG-Grundrechtscharta und gemeinschaftsrechtlicher Kompetenzvorbehalt – Probleme und Thesen, DÖV 2000, 543 ff; *Meyer, Jürgen/Engels, Markus*, Die Charta der Grundrechte der Europäischen Union, JEI 2000/2001, 37 ff; *Mombaur, Peter M*, Die Charta der Grundrechte der Europäischen Union – Ein Bericht in neun Punkten, DÖV 2001, 595 f; *Nettesheim, Martin*, Die Charta der Grundrechte der Europäischen Union: eine verfassungstheoretische Kritik, Integration 2002, 35 ff; *Pache, Eckhard*, Die Europäische Grundrechtscharta: ein Rückschritt für den Grundrechtsschutz in Europa, EuR 2001, 475 ff; *Pernice, Ingolf*, Eine Grundrechte-Charta für die Europäische Union, DVBl 2000, 847 ff; *ders*, Europäische Grundrechte-Charta und Abgrenzung der Kompetenzen, EuZW 2001, 673; *Philippi, Nina*, Die Charta der Grundrechte der Europäischen Union. Entstehung, Inhalt und Konsequenzen für den Grundrechtsschutz in Europa (2002); *Picker, Rolf* (Hrsg), Charta der Grundrechte der Europäischen Union: Kurz-Kommentar: Recht, Politik, Zeitgeschichte, Europa (2001); *Schmitz, Thomas*, Die EU-Grundrechtecharta aus grundrechtsdogmatischer und grundrechtstheoretischer Sicht, JZ 2001, 833 ff; *Schubarth, Martin*, Die EU-Grundrechtscharta – Ein Paradigmenwechsel?, JBl 2001, 205 ff; *Silvestro, Massimo*, De la Charte des droits fondamentaux de l'Union Européenne à la Charte constitutionnelle, RMCUE 2001, 660 ff; *Szczekalla, Peter*, Grundrechte für Europa – Die Europäische Union nach Nizza – Zugleich Bericht über die Konferenz in Wien am 18. und 19. Dezember 2000, DVBl 2001, 345 ff.

[41] ABl 2001, Nr C 80, 85 f; *Hummer/Obwexer* (FN 39) 67.

Die anstehende Erweiterung der Europäischen Union verläuft derzeit auf zwei Schienen. Im externen Bereich laufen die Beitrittsverhandlungen mit den Beitrittskanndidaten,[42] während sich die Union selbst durch den Vertrag von Nizza auf die Erweiterung vorbereitet. Der Vertrag von Nizza ist – nach dem negativen irischen Referendum[43] – von nahezu allen Mitgliedstaaten ratifiziert worden.[44] Parallel dazu[45] läuft die Verfassungsdebatte, welche durch die *Erklärung (Nr 23) zur Zukunft der Union* insofern strukturiert worden ist, als nicht nur die zu behandelnden Fraugen vorgegeben wurden[46], sondern auch eine nähere Konkretisierung durch den nächsten Europäischen Rat vorgesehen wurde (Punkt 4 leg cit).

Dieser Vorgabe kam der Europäischen Rat von Laeken (14./15. 12. 2001) durch die *Erklärung von Laeken zur Zukunft der Europäischen Union*[47] nach, in welcher er zur Realisierung dieser Reform – auf die schon bei der Erarbeitung der Grundrechte-Charta erfolgreich angewandte – *Konvents-Methode* zurückgriff.[48] Diesem Zukunftskonvent[49] kommt dabei die Aufgabe zu „die wesentlichen

---

[42] Siehe dazu zB unter http://europa.eu.int/comm/enlargement/index.htm.

[43] Siehe dazu *Hummer, Waldemar/Obwexer, Walter*, Irlands „Nein zu Nizza": Konsequenzen aus dem negativen irischen Referendum vom 7. Juni 2001, Integration 2001, 237 ff.

[44] Zum jeweils aktuellen Ratifikationsstand siehe unter http://europa.eu.int/comm/nice_treaty/ratiftable_de.pdf.

[45] Eine Verzahnung dieser beiden Handlungsschienen erfolgt insofern, als die Beitrittskandidaten in die Zukunftsdebatte mit eingebunden sind.

[46] Dies sind nach Punkt 5 leg cit:
- die vertikale Kompetenzabgrenzung,
- der Status der Grundrechte-Charta,
- die Vereinfachung der Verträge und
- die künftige Rolle der nationalen Parlamente in der Architektur Europas (siehe dazu auch *Schröder, Meinhard*, Die Parlamente im europäischen Entscheidungsgefüge, EuR 2002, 301 ff).

[47] Anlage I zu den Schlussfolgerungen des Vorsitzes. Europäischer Rat (Laeken) 14. und 15. Dezember 2001, SN 300/01, 2 ff. Diese Erklärung wurde auch – im Sinne der Transparenz der Verfassungsdebatte – vom belgischen Vorsitz der Europäischen Union in verschiedenen Tageszeitungen veröffentlicht, so zB in Die Presse vom 18. 12. 2001, 7. Siehe dazu auch *Göler, Daniel*, Der Gipfel von Laeken: Erste Etappe auf dem Weg zu einer europäischen Verfassung?, Integration 2002, 99 ff.

[48] Siehe dazu auch die Entschließung des Europäischen Parlamentes zu dem Verfassungsprozess und der Zukunft der Union (2001/2180(INI)), ABl 2002, Nr C 153 E, 310 ff.

[49] Siehe dazu auch *Dix, Wolfgang*, Grundrechtecharta und Konvent: auf dem Weg zur Reform der EU?, Integration 2001, 34 ff; *Hummer, Waldemar*, Vom Grundrechte-Konvent zum Zukunfts-Konvent. Semantische und andere Ungereimtheiten bei der Beschickung des „Konvents zur Zukunft Europas", ZParl 2002, 323 ff; *Leinen, Jo/Schönlau, Justus*, Die Erarbeitung der EU-Grundrechtecharta im Konvent: nützliche Erfahrungen für die Zukunft Europas, Integration 2001, 26 ff; *Maurer, Andreas*, Nationale Parlamente in der Europäischen Union: Herausforderungen für den Konvent, Integration 2002, 20 ff; *Meyer, Jürgen/Hartleit, Sylvia*, Die Konventsidee, ZParl

Fragen zu prüfen, welche die künftige Entwicklung der Union aufwirft, um sich um verschiedene mögliche Fragen zu bemühen"[50]. Der Zukunftskonvent setzt sich wie folgt zusammen:

- 15 Vertreter der Staats- und Regierungschefs der Mitgliedstaaten,
- 13 Vertreter der beitrittswilligen Länder,[51]
- 30 Vertreter der nationalen Parlamenten der Mitgliedstaaten,
- 26 Vertreter der nationalen Parlamente der beitrittswilligen Länder,
- 16 Vertreter aus den Reihen der Mitglieder des Europäischen Parlamentes sowie
- 2 Vertreter der Europäischen Kommission.[52]

Das Präsidium des Zukunftskonventes besteht aus dem Vorsitzenden, *Valéry Giscard d'Estaing*,[53] den beiden stellvertretenden Vorsitzenden, *Giuliano Amato* und *Jean-Luc Dehaene*, den beiden Vertretern der Mitglieder des Europäischen Parlamentes, den beiden Vertretern der Kommission, den beiden Vertretern der nationalen Parlamente und den Vertretern der Regierungen der Mitgliedstaaten, die während des Tagungszeitraumes des Zukunftskonventes den Vorsitz in der Europäischen Union innehaben (Spanien, Dänemark, Griechenland).

Die *Finanzierung* des Zukunftskonventes wurde durch eine Interinstitutionelle Vereinbarung zwischen Rat, Europäischem Parlament und Kommission geregelt.[54] Die Eröffnungssitzung des Zukunftskonventes fand am 1. 3. 2002 statt.[55] Die Beratungen sollen nach einem Jahr so rechtzeitig abgeschlossen werden, dass

---

2002, 368 ff; *Roth, Michael*, Europa braucht einen erfolgreichen Konvent, Integration 2002, 7 ff; *Vobruba, Georg*, Was kann der Konvent, BdiP 2002, 526 ff; *Wessels, Wolfgang*, Der Konvent: Modelle für eine innovative Integrationsmethode, Integration 2002, 83 ff.

[50] SN 300/01, 7.

[51] Die Beitrittsländer werden an den Beratungen beteiligt, ohne einen Konsens zwischen den Mitgliedstaaten verhindern zu können.

[52] Der Wirtschafts- und Sozialausschuss (WSA) (drei Vertreter), der Ausschuss der Regionen (AdR) (sechs Vertreter), die Sozialpartner (drei Vertreter) und der europäische Bürgerbeauftragte sind als Beobachter eingeladen.

[53] Zum Vorsitzenden des Konventes siehe zB: Valéry Giscard d'Estaing: Comeback eines Europäers, Die Presse vom 17. 12. 2001, 7; Konvent: Wachsender Unmut über Methoden von Giscard d'Estaing, Die Presse vom 20. 2. 2002, 6; Die Kehrtwende in Richtung mehr Europa, Die Presse vom 26. 6. 2002, 8. Siehe dazu auch die schriftliche Anfrage P-3630/01 von *Hans-Peter Martin* an den Rat vom 8. 1. 2002, ABl 2002, Nr C 147 E, 213 f.

[54] Interinstitutionelle Vereinbarung über die Finanzierung des Konventes zur Zukunft der Europäischen Union, ABl 2002, Nr C 54, 1. Zu den interinstitutionellen Vereinbarungen allgemein siehe grundlegend *Bobbert, Christian*, Interinstitutionelle Vereinbarungen im Europäischen Gemeinschaftsrecht (2001).

[55] ZER 2002, 2 f, 2. Siehe dazu auch: Editoral. The Convention on the Future of Europe begins its work, ELR 2002, 119 f.

der Präsident des Zukunftskonventes die Ergebnisse des Konventes dem Europäischen Rat vorlegen kann.

Derzeit wird die Diskussion im Konvent primär in sechs *Arbeitsgruppen* (Subsidiarität, Europäische Charta der Grundrechte, Rechtspersönlichkeit, Einzelstaatliche Parlamente, Ergänzende Zuständigkeiten und Ordnungspolitik) geführt, welche am 19. 7. 2002 um vier weitere Arbeitsgruppen (Außenpolitisches Handeln, Verteidigung, Vereinfachung der Rechtssetzungsverfahren und Rechtsakte sowie Sicherheit und Recht) ergänzt wurden.[56]

Zu betonen ist, dass mit der Anwendung der Konvents-Methode ein möglicher Schritt in eine neue Art der Vertragsrevision gegangen wurde, deshalb nur möglich, als derzeit die Ergebnisse des Konventes noch unverbindlich sind und lediglich ein *Anregung* für die nächste Regierungskonferenz der Vertreter der Mitgliedstaaten darstellen.

2. Kapitel: Die Verfassungsdebatte in der Europäischen Union

2.1 Grundlegende Verfassungsverständnisse – Staatsrechtslehre, Funktionalismus und *sui generis*-Konstruktion

Was die Verfassungsdebatte ganz generell betrifft, so kann man im Wesentlichen – unter Außerachtlassung des Völkerrechtes – von zwei Arten des Verfassungsverständnisses ausgehen. Die klassische Variante ist die der *Staatsrechtslehre*, die als hermeneutische, dh auf die Gewinnung von Sinn und Verständnis gerichtete Wissenschaft die Gesamtbeschreibung des Staates zum Ziel hat.[57] Ihrem Verfassungsverständnis liegt meist eine geschriebene Verfassungsurkunde zugrunde, die formell gesehen als national höchstes Recht die Gewalten im Staat regelt und aufteilt.

Demgegenüber steht die *funktionalistische Lehre*, die internationale bzw supranationale Gebilde wie zB die Europäische Union nicht als Staat sondern als *funktionalen Zweckverband* zur Erfüllung bestimmter ihm zugewiesener Aufgaben versteht.[58]

Wenn man in dieser Kategorie den Begriff Verfassung bzw Verfasstheit der institutionellen Rechtsgrundlagen definieren müsste, würde man wahrscheinlich auf die Definition der Verfassung als *grundlegende Ordnung einer Gemeinschaft*

---

[56] CONV 206/02.

[57] *Pernthaler, Peter,* Allgemeine Staatslehre und Verfassungslehre^2 (1996) 23 statt aller.

[58] *Ipsen, Hans Peter*, Europäisches Gemeinschaftsrecht (1972) 196 ff.

(Organisation) kommen; eine Definition, welche allerdings in dieser Art von der Staatsrechtslehre herrührt.[59]

Je nachdem von welchem Verfassungsverständnis man ausgeht, besitzt die Europäische Union als Rechtsordnung *sui generis*[60] schon heute eine Verfassung im Sinne einer Grundordnung[61] – wobei es sich entsprechend ihrer völkerrechtlichen Provenienz dabei im Wesentlichen um die Gründungsverträge handelt.[62] Nach Ansicht des Verfassers ergibt sich für das Verständnis einer supranationalen Organisation wie der Europäischen Union neben den zwei soeben geschilderten Varianten eine *dritte Lesart.* Ohne Zweifel handelt es sich bei der Europäischen Union um einen funktionalen Zweckverband, der die ihm zugewiesenen Aufgaben nach dem Postulat der Effizienz zu erfüllen hat. Was allerdings nicht übersehen werden darf, ist die Tatsache, dass die Europäische Union aufgrund des enormen Umfanges ihres Tätigkeitsbereiches mittlerweile Aufgaben erfüllt und mittels unmittelbar geltender und anwendbarer Rechtsvorschriften in einer Art und Weise in die Individualsphäre des (Unions-)Bürgers eingreift, die diesen Eingriff nicht wesentlich von dem eines Nationalstaates unterscheidet. Aus dieser pragmatischen Erkenntnis – und nicht aus rein dogmatischen Gründen – entspringt die Forderung, die Verbandsgewalt des Zweckverbandes in teilweise ähnlicher Weise wie die Gewalten des Staates (durch Grundrechte) zu zähmen. Deshalb „teilweise“, da nicht übersehen werden darf, dass dieses Gebilde eben nicht nur mit staatsrechtlichen Analogien verstanden werden kann. Diese Feststellung verbietet es meiner Ansicht nach aber nicht, dass man im Sinne einer wertenden Rechtsvergleichung die Konstruktionen, die sich seit Jahren in den Nationalstaaten entwickelt und bewährt haben – soweit sie für die *sui generis*-Konstruktion der Europäischen Union geeignet sind –, für den funktionalen Zweckverband übernimmt.

---

[59] *Pernthaler* (FN 57) 26.

[60] So erstmals der EuGH in der Rs 26/62, *van Gend & Loos/Niederländische Finanzverwaltung*, Slg 1963, 1 ff, Rdnr 10.

[61] *Oppermann, Thomas*, Deutsche und Europäische Verfassungsrechtsprechung. Vergleichende Gedanken zur Judikatur des Bundesverfassungsgerichts und des Gerichtshofes der Europäischen Gemeinschaften, Der Staat 1967, 445 ff, 447 führt dazu aus: „Nirgends steht geschrieben, daß die Vorstellung von der Verfassung ausschließlich im Zusammenhang mit Staaten ihren Sinn hat.“

[62] Siehe dazu auch *Meng, Werner*, Das Recht der Internationalen Organisationen – eine Entwicklungsstufe des Völkerrechts. Zugleich eine Untersuchung zur Rechtsnatur des Rechtes der Europäischen Gemeinschaften (1979) insb 89 ff.

2.2 Definitionen von Verfassung

2.2.1 Nach der Staatsrechtslehre

Wie schon erwähnt, stammt die klassische Variante des Verfassungsverständnisses von der *Staatsrechtslehre*, welche bei ihrem Verfassungsverständnis zwischen einem formellen und einem materiellen Verfassungsbegriff differenziert. Während ersterer auf die ausdrückliche Titulierung einer Rechtsnorm als Verfassungs- oder Grundnorm (so zB das österreichische Bundes-*Verfassung*sgesetz oder das deutsche *Grund*gesetz) abstellt, basiert der materielle Verfassungsbegriff auf den inhaltlichen Merkmalen.[63] Da die Gründungsverträge und die sonstigen Rechtsnormen des Primärrechtes der EU von den Mitgliedstaaten nicht explizit als Verfassungsbestimmungen bezeichnet wurden, ist in diesem Zusammenhang insbesondere der materielle (staatsrechtliche) Verfassungsbegriff von Interesse.

Ein typischer *Bestandteil* einer Verfassung sind Bestimmungen über die *Ziele und Aufgaben* des Staates.[64] Nach *Müller* können unter Staatszielbestimmungen Verfassungsnormen verstanden werden, „die den politischen Organen fortdauernde Beachtung oder Erfüllung bestimmter Aufgaben oder Ziele vorschreiben"; diese richten sich nicht nur an den Gesetzgeber, sondern auch an die übrigen Staatsorgane und haben eine gewisse Impulsfunktion.[65] Ein Blick auf die Europäische Union ergibt, dass sich in Art 2 des Vertrages zur Gründung der Europäischen Gemeinschaft (EGV) bzw Art 2 EUV eine exakte Beschreibung solcher Ziele und Aufgaben findet.

Ein weiterer wichtiger Bestandteil einer Verfassung ist das *Organisationsrecht* des Staatsverbandes. Nach *Frowein* bilden die Normen über die Staatsorganisation die „einzige essentielle Bedingung für das Bestehen einer geschriebenen Verfassung".[66] Abweichungen können sich lediglich hinsichtlich der Intensität und Dichte sowie hinsichtlich der Frage ergeben, ob ungeschriebenes Verfassungsrecht – in der Form von Gewohnheitsrecht und *implied powers* – neben das

[63] Siehe dazu *Adamovich, Ludwig K/Funk, Bernd-Christian,* Österreichisches Verfassungsrecht. Verfassungsrechtslehre unter Berücksichtigung von Staatslehre und Politikwissenschaft[3] (1985) 3.

[64] So *Adamovich/Funk* (FN 63) 3.

[65] *Müller, Jörg Paul,* Unentbehrliche Elemente einer Verfassung, in *Bieber, Roland/Widmer, Pierre,* L'espace constitutionnel européen. Der europäische Verfassungsraum. The European constitutional area (1995) 133 ff, 136.

[66] *Frowein, Jochen Abr,* Wesentliche Elemente einer Verfassung, in *Bieber/Widmer* (FN 65) 71 ff, 74.

formelle Verfassungsrecht treten kann.[67] Ein nächster Bestandteil einer Verfassung, welchen man allerdings auch unter den Punkt Organisationsrecht einordnen kann, ist nach *Adamovich/Funk* das Vorliegen von Bestimmungen über die obersten Staatsorgane.[68] Es braucht an dieser Stelle nicht näher ausgeführt werden, dass die Europäische Union auch dieses Kriterium einer staatlichen Verfassung erfüllt.

Während *Adamovich/Funk* als weitere notwendige Voraussetzungen einer Verfassung das Vorhandensein von Normen über die *Grundsätze für die Ausübung der Staatsgewalt* sowie das *Verhältnis von Staat und Gesellschaft* anführen[69], nennt *Müller* als dritten Bestandteil einer Verfassung einen *Grundrechtskatalog*, da seiner Meinung nach Grundrechte einen „notwendigen Bestandteil jeder demokratischen Verfassung" bilden.[70] Bekanntlich handelt es sich bei dieser Anforderung einer Verfassung um ein Merkmal, welches in der EGKS als nicht essentiell angesehen wurde, welches aber mit der fortschreitenden Politisierung der Integration immer wichtiger wurde und vorerst – man ist versucht zu sagen von den *Herren der Integration* – judikativ entwickelt wurde, bevor die Herren der Verträge im Dezember 2000 nachzogen.[71]

Abgesehen von den essentiellen Bestandteilen einer Verfassung sind in diesem Zusammenhang auch die *Funktionen* einer Verfassung von Interesse.[72]

In Bezug auf die Angehörigen eines politischen Gemeinwesens kann man von einer *Orientierungsfunktion* sprechen. Die Bürger sollen über Aufbau und Funktion der wichtigsten Staatsorgane sowie über die ihnen zustehenden Rechte und Pflichten informiert werden, eine Anforderung, der nur eine allgemein verständliche und übersichtliche Verfassung entspricht. Wenn man diesen Gedanken auf die Europäische Union überträgt, so muss man ihr die Tatsache einer Verfassung absprechen, nicht weil sich keine Normen über Rechte und Pflichten der (Unions-)Bürger finden würden (Art 17 bis 22 EGV), sondern weil das Konglomerat von grundlegenden Normen nicht *self explaining* zu erfassen ist.[73]

Eine weitere Funktion, diesmal im institutionellen Zusammenspiel der (Staats-)Organe, ist die der *Machtkontrolle und -begrenzung*. „Durch die Umschreibung staatlicher Befugnisse in Organisations- und Verfahrensbestimmungen soll faktisch und virtuell staatliche Macht begrenzt werden."[74] Machtkontrolle durch genaue (*ex ante*) Festlegung der Zuständigkeiten und Verfahrensabläufe.

[67] Siehe dazu *Müller* (FN 65) 136.
[68] (FN 63) 3.
[69] (FN 63) 3.
[70] (FN 65) 142.
[71] Siehe dazu vorstehend auf S 6.
[72] Siehe dazu anschaulich *Müller* (FN 65) 145 ff.
[73] Zur Vereinfachung der Verträge siehe nachstehend im 7. Kapitel des 3. Teiles auf S 196.
[74] *Müller* (FN 65) 146.

Aus dieser Forderung ergibt sich die Notwendigkeit, die Delegation von Rechtssetzungsbefugnissen exakt festzulegen. Übertragen auf die Europäische Union geht diese Funktion im Institutionellen Gleichgewicht[75] und in der Komitologie auf.[76]

„Entscheidungsfähigkeit des Gemeinwesens, Responsivität der Entscheidträger" nennt *Müller* die Funktion, *Meinungen, Interessen und sonstige Anliegen der Gesellschaft zu strukturieren und in geordnete Bahnen zu lenken.*[77] Das Europäische Parlament, der Wirtschafts- und Sozialausschuss und der Ausschuss der Regionen sind solche Einrichtungen, die verschiedene Anliegen auf geordneten Bahnen „nach Brüssel fließen lassen".[78] Die Tatsache, dass zwei dieser Organe nur sogenannte Nebenorgane sind und das Europäische Parlament unter dem viel zitierten Demokratiedefizit zu leiden hat, verdeutlicht die *Malaise*, dass die Bürger zwar unmittelbar von den Akten des europäischen Gemeinwesens betroffen sind, in diesem in begrenztem Umfang auch mitwirken und ihre Rechte und Pflichten ausspielen können, dass die Herren der Verträge „das Heft der Integration" jedoch noch nicht an diese übergeben haben.

Diese Überlegung leitet über zur letzten – für ein auf Legitimität beruhendes Gebilde allerdings wichtigsten – Funktion, der *charismatischen* Funktion: Bürger müssen sich in ihrer Verfassung nicht nur intellektuell, sondern auch emotional wieder finden, sich mit ihr identifizieren können. Eine solche Funktion kann eine Verfassung – wie etwa die Verfassung der USA – nur erfüllen, wenn sie aufgrund ihres „Alters" einen „hohen Integrationswert" erlangt hat.[79] Ist es hingegen realistisch, von einem Bürger zu erwarten, sich mit einer europäischen Verfassung zu identifizieren, wenn sich diese in unzähligen verschiedenen und unübersichtlichen Rechtsquellen wiederfindet, und Brüssel bzw Europa oft zum Sündenbock für die nationale Politik verkommt – wohl kaum.

---

[75] Siehe dazu erstmals EuGH, Rs 9/56, *Meroni/Hohe Behörde*, Slg 1958, 11 ff, 44; EuGH, Rs 10/56, *Meroni/Hohe Behörde*, Slg 1958, 53 ff, 82. Das Institutionelle Gleichgewicht wurde vom EuGH in diesen Fällen in Zusammenhang mit der Frage der Delegation von Zuständigkeiten entwickelt. Auch wenn man zumeist die staatliche Gewaltenteilung der gemeinschaftsrechtlichen Funktionenordnung gegenüberstellt, so spricht der EuGH in diesen beiden Judikaten vom „Gleichgewicht der *Gewalten*". Hervorhebung vom Verfasser.

[76] Siehe dazu *Schweitzer, Michael/Hummer, Waldemar*, Europarecht. Das Recht der Europäischen Union – Das Recht der Europäischen Gemeinschaften (EGKS, EG, EAG) – mit Schwerpunkt EG[5] (1996) Rdnr 923 ff.

[77] (FN 65) 146.

[78] Daneben bündeln natürlich auch der Rat (Mitgliedstaaten) und die Kommission (Gemeinschaft) gewisse Interessen.

[79] So *Müller* (FN 65) 147.

2.2.2 Nach der Lehre des (Neo-)Funktionalismus[80]

Wie der Name schon anklingen lässt, ist diese Lehre eher final und nicht institutionell ausgerichtet. Ein Gebilde wird nicht nach den vorstehend genannten Kriterien gebildet, sondern zu einem Zweck errichtet, den es bestmöglichst zu erfüllen hat.[81] Um in der Sprache der Staatsrechtslehre zu sprechen, das Gebilde wird primär mit Staatszielbestimmungen ausgestattet sein. Normen zum Organisationsrecht eines solchen Gebildes werden ebenso wie im Staat erforderlich sein, diese werden allerdings primär auf die effiziente Erfüllung der Ziele ausgerichtet, und nicht nach demokratischen bzw Legitimität stiftenden Kriterien angelegt sein. Aufgrund der Vernachlässigung von Legitimität wird man in einem funktionalen Zweckverband auch selten Grundrechte für die von den Agenden des Zweckverbandes betroffenen Bürger finden. Wie schon erwähnt, fanden sich im funktionalen Zweckverband der EGKS keine Bestimmungen zu Grundrechten, obwohl vom Handeln der Hohen Behörde auch Individuen – in der Form von Unternehmen – betroffen waren. Wenn man im herkömmlichen Völkerrecht aufgrund der mangelnden Durchgriffswirkung der völkerrechtlichen Rechtsakte davon ausgehen kann, dass der Grundrechtsschutz auf nationaler Ebene gegen die jeweilige nationale Inkorporationsnorm gegeben ist, so ist diese Vorstellung bei unmittelbar *in* den (und nicht nur *für* die) Mitgliedstaaten geltenden Verordnungen (bzw (allgemeinen) Entscheidungen in der EGKS) nicht korrekt.

Wenn man also festhalten kann, dass eine Verfassung in einem funktionalistischen Gebilde mehr oder weniger nur Mittel zum Zweck ist, so darf man nicht vergessen, dass ein solcher Zweckverband eine Brücke zu einem verfassten Gebilde sein kann. Die meist in einer Verfassung festgeschriebene Finalität vermissen viele zB bei der Methode von *Jean Monnet*. *Schneider* weist darauf hin, dass *Monnet's* Politik eindeutig auf eine Finalitätsvorstellung ausgerichtet war, eine Behauptung die er dadurch untermauert, dass *Monnet* „nach dem Ausscheiden aus seiner offiziellen Funktion unverzüglich an die Gründung des ‚Aktionskomitees für die Vereinigten Staaten von Europa' ging".[82]

2.2.3 Das Eigenverständnis der *sui generis*-Konstruktion Europäische Union

Wie schon erwähnt, haben die Herren der Verträge – wahrscheinlich bewusst – davon abgesehen, die Gründungsverträge als Verfassungen zu deklarieren. Da-

[80] Zum (Neo-)Funktionalismus selbst siehe nachstehend auf S 21 f.

[81] Nach *Ipsen* (FN 58) 198 äußert sich die Integration als Verfassungsprinzip der Gemeinschaft ua in „der Ausgestaltung der zielbestimmten Aktionsanweisungen und -ermächtigungen".

[82] *Schneider, Heinrich*, Alternativen der Verfassungsfinalität: Föderation, Konföderation – oder was sonst?, Integration 2000, 171 ff, 182, in FN 3.

hinter dürfte auf der einen Seite die Angst vor einer schrittweisen Aushöhlung der eigenen Souveränität, aber auch die Tatsache stecken, dass man – primär in staatsrechtlichen Bahnen denkend – nicht von der Notwendigkeit ausging, den 1951, 1957 sowie 1992 geschaffenen Gebilden explizit eine (Staats-)Verfassung zu geben.[83]

Diese Haltung der Mitgliedstaaten hat allerdings die Organe innerhalb der Europäischen Union nicht davon abgehalten, ein eigenständiges Verständnis zum Thema Verfassung zu entwickeln.

Von besonderem Interesse für die vorliegende Untersuchung ist die Frage, wie das Verfassungsgericht der Europäischen Union die Verträge in Hinblick auf ihre Verfassungsqualität hin beurteilt.

2.2.3.1 Der Europäische Gerichtshof

Den Grundstein für eine – von der Ansicht der Mitgliedstaaten – abweichende Ansicht hat sich der *Europäischer Gerichtshof* (EuGH) mit dem Urteil *van Gend en Loos* geschaffen, indem er die EWG als eine „neue Rechtsordnung des Völkerrechts" qualifizierte, „zu deren Gunsten die Staaten, wenn auch in begrenztem Rahmen, ihre Souveränitätsrechte eingeschränkt haben" und „deren Rechtssubjekte nicht nur die Mitgliedstaaten, sondern auch die Einzelnen sind".[84] In der Rs *Costa/ENEL* führte er dazu weiter aus: „Zum Unterschied von gewöhnlichen internationalen Verträgen hat der EWG-Vertrag eine eigene Rechtsordnung geschaffen, die bei seinem Inkrafttreten in die Rechtsordnungen der Mitgliedstaaten aufgenommen wurde und von ihren Gerichten anzuwenden ist. Denn durch die Gründung einer Gemeinschaft für unbegrenzte Zeit, die mit eigenen Organen, Rechts- und Geschäftsfähigkeit, internationaler Handlungsfähigkeit und insbesondere mit echten, aus der Beschränkung der Zuständigkeit der Mitgliedstaaten oder der Übertragung von Hoheitsrechten der Mitgliedstaaten auf die Gemeinschaft herrührenden Hoheitsrechten ausgestattet ist, haben die Mitgliedstaaten, wenn auch auf einem begrenzten Gebiet, ihre Souveränitätsrechte beschränkt und so *einen Rechtskörper geschaffen, der für ihre Angehörigen und sie selbst verbindlich ist.*"[85]

---

[83] Kurz angesprochen sei an dieser Stelle die interessante – aber in diesem Rahmen nicht zu lösende – Frage, ob die Gründungsväter geplant hatten – über kurz oder lang – einen Bundesstaat Europäische Union zu gründen.

[84] Rs 26/62 (FN 60) 25.

[85] EuGH, Rs 6/64, *Flaminio Costa/ENEL*, Slg 1964, 1141 ff, 1269; Hervorhebungen durch den Verfasser.

Ausgehend von dieser Annahme einer autonomen Rechtsordnung hat der EuGH erstmals in dem *Gutachten 1/76* von der „innere[n] Verfassung der Gemeinschaft" gesprochen.[86]

Während man diese Bezeichnung noch als *Obiter dictum* oder als Übersetzungsfehler bzw -ungenauigkeit abtun könnte, findet sich knapp zehn Jahre später (1986) in der Rs *Les Verts* eine dezidierte Aussage zur Frage der Verfassung.[87] Konkret ging es in dieser Rechtssache um die Frage der Anfechtbarkeit einer Handlung des Europäischen Parlamentes zur Verteilung von Haushaltsmitteln für Informationskampagnen zur Vorbereitung der Europawahlen. Zunächst stellte der EuGH fest, „daß die Europäische Wirtschaftsgemeinschaft eine Rechtsgemeinschaft" ist. Die Konsequenz die er daraus zieht ist, „daß weder die Mitgliedstaaten noch die Gemeinschaftsorgane der Kontrolle darüber entzogen sind, ob ihre Handlungen im Einklang mit (...) dem Vertrag (...) stehen."[88] Diesen Vertrag (Vertrag zur Gründung der Europäischen Wirtschaftsgemeinschaft – EWGV) nennt er explizit die *Verfassungsurkunde der Gemeinschaft.* Um zumindest in diesem Judikat den Vorwurf eines Übersetzungsfehlers zu entkräften, sei auf die französische Sprachfassung verwiesen, wo von der *charte constitutionnelle de base* die Rede ist.[89] Indem er die Handlungen sowohl der Mitgliedstaaten als auch der Gemeinschaftsorgane der Verfassungsurkunde unterwirft, betont er – vergleichbar mit einem Bundesstaat – die vertikale und die horizontale Ebene eines solchen Gebildes.

Zwei Jahre nach dieser bemerkenswerten Aussage findet sich in der Rs *Zwartveld* (1990) unter Berufung auf das Urteil *Les Verts* erneut die Aussage, wonach „weder die Mitgliedstaaten noch die Gemeinschaftsorgane der Kontrolle darüber entzogen sind, ob ihre Handlungen im Einklang mit der Verfassungsurkunde der Gemeinschaft, dem Vertrag, stehen".[90]

Die nächste diesbezügliche Aussage des EuGH findet sich in dem (ersten) von der Kommission beantragten Gutachten zum Entwurf des Abkommens zur Schaffung des Europäischen Wirtschaftsraums (EWR).[91] Darin qualifiziert er den EWGV in Vergleich zum EWR-Abkommen wie folgt: „Der Europäische Wirt-

[86] Gutachten vom 26. 4. 1977, *Stillegungsfonds für die Binnenschifffahrt*, Slg 1977, 741 ff, Rdnr 12.

[87] EuGH, Rs 294/83, *Parti écologiste „Les Verts"/Europäisches Parlament*, Slg 1986, 1339 ff, Rdnr 23.

[88] Ausgehend von der Feststellung, dass es sich bei der EWG um eine Rechtsgemeinschaft handelt, gelangt der EuGH zur Anfechtbarkeit bzw sogar zur Nichtigkeit der angefochtenen Handlung des EP.

[89] Rdnr 23 der französischen Sprachversion.

[90] EuGH, Rs C-2/88, *J J Zwartveld ua*, Beschluss vom 13. 7. 1990, Slg 1990, I-3365, Rdnr 16.

[91] Gutachten 1/91, vom 14. 12. 1991, Slg 1991, I-6079 ff, Rdnr 20 f.

schaftsraum ist nämlich auf der Grundlage eines völkerrechtlichen Vertrages zu verwirklichen, der Rechte und Pflichten im Wesentlichen nur zwischen seinen Vertragsparteien begründet und keine Übertragung von Souveränitätsrechten auf die mit ihm eingesetzten zwischenstaatlichen Organe vorsieht. Dagegen stellt der EWG-Vertrag, obwohl er in der Form einer völkerrechtlichen Übereinkunft geschlossen wurde, nichtsdestoweniger die *Verfassungsurkunde* einer Rechtsgemeinschaft dar."[92]

Eines der jüngsten Judikate des EuGH[93] zur Qualifikation des EWGV als Verfassungsurkunde findet sich in der Rs *Beate Weber.*[94] Anhand dieser Rechtssache sieht man sehr deutlich, dass der EuGH die „Verfassungsurkunde EWGV" zumeist in Zusammenhang mit dem Rechtsschutz heranzieht, wenn er nach der Bekräftigung, dass die EWG eine Wirtschaftsgemeinschaft ist, (wie zB im vorliegenden Fall) die Zulässigkeit einer Nichtigkeitsklage damit begründet, dass „weder die Mitgliedstaaten noch die Gemeinschaftsorgane der Kontrolle darauf hin entzogen sind, ob ihre Handlungen im Einklang mit der Verfassungsurkunde der Gemeinschaft, dem Vertrag, stehen", da „mit diesem Vertrag ein umfassendes Rechtsschutzsystem geschaffen worden ist, innerhalb dessen dem Gerichtshof die Überprüfung der Rechtmäßigkeit von Handlungen der Organe übertragen ist".[95]

2.2.3.2 Das Europäische Parlament

Ein weiteres Gemeinschaftsorgan mit einer integrationsfreundlichen Haltung ist das Europäische Parlament.[96] Im 3. Teil dieser Arbeit wird zu zeigen sein, dass das EP stets für eine Weiterentwicklung des Status quo hin zu einer Europäischen Union eingetreten ist. Explizit als Verfassungsentwurf wurde der sog *Herman*-Entwurf aus 1994 tituliert, doch selbst der noch als Vertrag bezeichnete *Spinelli*-Entwurf aus dem Jahre 1984 wurde von seinem Schöpfer inhaltlich als Verfassung qualifiziert.[97]

Nicht direkt auf die Definition einer Verfassung aber doch auch auf die in diesem Zusammenhang wichtige Frage des Eigenverständnisses der *sui generis*-

---

[92] Hervorhebungen durch den Verfasser.

[93] Siehe auch jüngst die Entscheidungen des Gerichtes erster Instanz: EuG, verb Rs T-222, 327 und 329/99, *Jean Claude Martinez ua/Europäisches Parlament*, Rdnr 48, Slg 2001, II-2823 ff; EuG, Rs T-263/00, *Gabriele Stauner ua/Europäisches Parlament und Kommission*, noch nicht in der amtlichen Slg veröffentlicht.

[94] Rs C-314/91, *Beate Weber/Europäisches Parlament*, Slg 1993, I-1093 ff.

[95] Rs C-314/91 (FN 94) Rdnr 8.

[96] Die in diesem Zusammenhang erwähnten Dokumente sind natürlich keine vollständige Darstellung der Aktivitäten des Europäischen Parlamentes auf diesem Gebiet, sondern stellen lediglich eine Auswahl dar.

[97] Siehe nachstehend im 2. bzw 6. Kapitel des 3. Teiles auf S 129 bzw S 182.

Konstruktion bezieht sich die im Vorfeld der Entstehung des Vertrages von Amsterdam ergangene *Entschließung zu den Beziehungen zwischen dem Völkerrecht, dem Gemeinschaftsrecht und dem Verfassungsrecht der Mitgliedstaaten.*[98] Im ersten Punkt dieser Entschließung wird darauf hingewiesen, dass „das Recht der Europäischen Union eine eigenständige Rechtsordnung darstellt". Wie schon vorstehend erwähnt, ist die Annahme einer (von dem Recht der Mitgliedstaaten) autonomen Rechtsordnung die Voraussetzung dafür, diesem Gebilde eine Verfassung geben zu können. Während sich der Großteil der weiteren Ausführungen dem Vorrang des Gemeinschaftsrechtes und der Bedeutung des Vorabentscheidungsverfahrens widmet, findet sich in Punkt 14 die Forderung nach einer klaren „im EG-Vertrag festgeschriebenen Lösung des Verhältnisses des Völkerrechts zum Europarecht im Sinne einer *Gleichstellung der EG mit Nationalstaaten*"[99].

2.2.4 Eine Analyse der Literatur

Während im nächsten Gliederungspunkt[100] wissenschaftliche (und politische) Ansichten zur Verfassungsdebatte an sich dargestellt werden, sei an dieser Stelle – stellvertretend für die zahlreichen einschlägigen Arbeiten – ein Aufsatz zur Frage des Inhaltes einer Verfassung behandelt.[101] Die Darstellung eines einzigen Aufsatzes anstatt der umfassenden Literatur zu diesem Thema rechtfertigt sich in der Person des Autors: *Jean-Claude Piris*, der die Funktionen des Rechtsberaters des Rates der Europäischen Union, des Generaldirektors des Rechtsdienstes desselben, des Rechtsberaters der Regierungskonferenzen zum Vertrag von Maastricht sowie zum Vertrag von Amsterdam[102] innehatte und einer „des meilleurs connaisseurs du fonctionnement institutionnel de l'Union" [103] ist.

[98] Entschließung (A4-0278/97) vom 2. 10. 1997; ABl 1997, Nr C 325, 26 ff.

[99] ABl 1997, Nr C 325, 28. Hervorhebungen durch den Verfasser.

[100] Siehe nachstehend auf S 21 ff.

[101] *Piris, Jean-Claude,* Hat die Europäische Union eine Verfassung? Braucht sie eine?, EuR 2000, 311 ff; für die englische Version siehe *ders*, Does the European Union have a Constitution? Does it need one?, http://www.jeanmonnetprogram.org/papers/00/000501.html. Im Folgenden werden Seitenangaben aus dem in der EuR veröffentlichten Aufsatz zitiert.

[102] Siehe dazu http://www.jeanmonnetprogram.org/papers/00/000501.html.

[103] So *Haenel, Hubert* in http://www.senat.fr/europe/r17042001.html.

Ausgehend von verschiedenen Rechtswörterbüchern gelangt *Piris* zu folgendem *Inhalt* einer Verfassung:[104]

- Regelungen über die Befugnisse der Staatsorgane des Gemeinwesens,
- Regelung von Ausmaß und Art der Wahrnehmung souveräner Befugnisse und
- ein Verzeichnis der Rechte des Einzelnen mit Garantien für ihren Schutz.

Nicht als Inhalt, aber als Merkmale einer Verfassung führt *Piris* an, dass die Verfassung ihre Autorität von den Einzelpersonen, für die sie gelte, beziehe und auf der Billigung durch das Volk beruhe. Eine Verfassung sei der absolute Maßstab, an dem sich alle amtlichen Handlungen messen lassen müssen. Um die daraus folgende Rechtswidrigkeit im Falle eines Verstoßes feststellen zu können, sei das Bestehen eines Verfassungsgerichtes oder eines höchsten Gerichtes Voraussetzung.

Noch deutlicher als in diesem Aufsatz, legt *Piris* in einer Rede vor dem französischen Senat vom 17. 4. 2001 dar, was in einem Text enthalten sein muss, um von einer Verfassung sprechen zu können:[105]

- *la préservation des libertés fondamentales,*
- *un gouvernement de l'Union,*
- *une délimitation des compétences,*
- *une souveraineté extérieure,*
- *un pouvoir budgétaire et fiscal,*
- *une possibilité de révision sans que l'unanimité des Etats membres soit requise.*

Indem er in seinem Aufsatz zurecht darauf hinweist, dass die reine Bezeichnung der einschlägigen Rechtsnormen lediglich eine politische Geste darstellt, analysiert er die internationalen Verträge, auf denen die Europäische Union basiert, in Hinblick auf ihre Qualität als Verfassungsurkunde. Ausgehend von der Feststellung, dass die Gründungsverträge der EU über klassische völkerrechtliche Verträge weit hinaus gehen, sowie von der Rechtsstaatlichkeit der EU, der Tatsache der Schaffung einer neuen Rechtsordnung und dem Schutz der Menschenrechte und der Grundfreiheiten in der EU, gelangt er zu der Erkenntnis, dass die EU „tatsächlich über eine Verfassungsurkunde verfügt."[106]

---

[104] *Piris* (FN 101) 313.
[105] Http://www.senat.fr/europe/r17042001.html.
[106] *Piris* (FN 101) 320.

In einem nächsten Schritt untersucht *Piris* die Fragestellung, ob die Verfassungsurkunde der EU der Verfassung eines Staates vergleichbar ist.[107] Völlig zutreffend gelangt er nach eingehender Analyse zu der Auffassung, dass die Verfassungsurkunde der Europäischen Union der Verfassung eines Staates nicht vergleichbar ist. Für diese These führt er mehrere Anhaltspunkte auf. Auf rechtlicher Ebene rekurriert er auf Art 6 Abs 3 EUV, wonach die Union die nationale Identität ihrer Mitgliedstaaten achtet, sowie auf Art 17 Abs 1 EGV, wonach die Unionsbürgerschaft die nationale Staatsbürgerschaft nur ergänzt, nicht aber ersetzt. Auf einer faktischen Ebene spricht er der Union die Mittel und Aktionsmöglichkeiten ab, über die ein Staat üblicherweise verfügt.[108] Des Weiteren führt er ins Treffen, dass die EU weder ein Staat sei, da sie ihre Autorität von den Mitgliedstaaten beziehe, noch ein Nation.

2.3 Die Verfassungsdebatte in Wissenschaft und Politik – von *Kraus* und *Kruse* bis *Fischer*

Ein vollständiger Überblick über die Verfassungsdebatte in Wissenschaft und Politik kann an dieser Stelle nicht gegeben werden.[109] Vielmehr wird versucht,

---

[107] *Piris* (FN 101) 322 ff.

[108] In diesem Zusammenhang führt er ua folgende Punkte an: Umsetzung und Kontrolle des Gemeinschaftsrechtes größtenteils durch die Mitgliedstaaten, geringe menschliche Ressourcen, geringe Finanzmittel (gemessen am Bruttoinlandsprodukt (BIP) der Mitgliedstaaten) und das Fehlen von Zwangsmitteln.

[109] Für ein Forum laufend aktueller Beiträge zur Verfassungsdebatte aus Politik und Wissenschaft siehe das *Forum Constitutionis Europae* (FCE) des Walter Hallstein-Institutes an der Berliner Humboldt-Universität unter http://www.whi-berlin.de. Im Folgenden seien nur einige aktuelle (sonstige) Beiträge erwähnt: *Dorau, Christoph*, Die Verfassungsfrage der Europäischen Union: Möglichkeiten und Grenzen der europäischen Verfassungsentwicklung nach Nizza (2001); *Einem, Caspar*, Braucht die Europäische Union eine Verfassung? Der Post-Nizza-Prozeß in zweierlei Perspektive, Europäische Rundschau 4/2001, 79 ff; Grabenwanter, *Christoph*, Europäisches und nationales Verfassungsrecht. 4. Bericht, VVDStRL 2001, 290 ff; *Huber, Peter M*, Europäisches und nationales Verfassungsrecht. 2. Bericht, VVDStRL 2001, 194 ff; *Hummer, Waldemar*, Ursprünge, Stand und Perspektiven der Europäischen Verfassungsdiskussion, in *Griller, Stefan/ders* (Hrsg), Die EU nach Nizza. Ergebnisse und Perspektiven (2002) 325 ff; *Loth, Wilfried*, Der Post-Nizza-Prozess und die Römischen Verträge, Integration 2002, 12 ff; *Lübbe-Wolff, Gertrude*, Europäisches und nationales Verfassungsrecht. 3. Bericht, VVDStRL 2001, 246 ff; *Öhlinger, Theo*, Braucht Europa eine Verfassung? Verfassungstheoretische Fragen und Anmerkungen, JRP 2002, 37 ff; *Pernice, Ingolf*, Europäisches und nationales Verfassungsrecht. 1. Bericht, VVDStRL 2001, 148 ff; *Peters, Anne*, Elemente einer Theorie der Verfassung Europas (2001); *Rossi, Lucia Serena*, „Constitutionnalisation" de l'Union européenne et des droits fondamentaux, RTD eur 2002, 27 ff; *Scholz, Robert*, Wege zur Europäischen Verfassung, ZG 2002, 1 ff; *Schwarze, Jürgen*, Europäische Verfassungsperspektiven nach Nizza, NJW 2002, 993 ff; *Schwimmer, Walter*, Der Europarat und die Zukunft der Europäischen Union, Gesellschaft & Politik 1/2002, 40 ff.

einige wenige Überlegungen führender Europarechtler zum Thema Verfassungsdebatte in chronologischer Reihenfolge kurz darzustellen. Deshalb in chronologischer Reihenfolge, da sich die Frage nach der Finalität natürlich in unterschiedlichen Ausformungen stellt, je nachdem wie weit die *spill over*-Methode von *Jean Monnet* fortgeschritten ist bzw in welchem geschichtlichen Umfeld sich diese Beiträge zur Verfassungsdebatte bewegen. Von Politikerseite gab und gibt es immer wieder zahlreiche Beiträge zur Verfassungsdebatte in der Europäischen Union. Im Anschluss an die Darstellung des wissenschaftlichen Diskurses wird der Schwerpunkt auf den Beitrag gerichtet, der mit seinen *Gedanken über die Finalität der Europäischen Integration* die meisten Reaktionen hervorgerufen hat[110], gemeint ist die Rede des Privatmannes *Joschka Fischer*.

Einen ersten bedeutenden Beitrag zur Verfassungsdebatte liefert 1953 *Herbert Kraus* mit seiner Forderung nach *Struktureller Kongruenz (und Homogenität)* zwischen den Mitgliedstaaten, die ihre Hoheitsrechte (nach Art 24 GG) auf eine überstaatliche Verbandsgewalt übertragen, einerseits und der Letzteren andererseits; eine Kongruenz, die er insbesondere auf den „Grundsatz der Gewaltentrennung“ bezieht.[111]

Ein Jahr später (1954) setzt sich *Hans Kruse* – in einer Festschrift für *Kraus* – mit demselben Thema auseinander.[112] Die beiden Prinzipien definiert er wie folgt: „Das Homogenitätsprinzip ist der Ausdruck der Forderungen, die eine vom Willen des Gesamtvolkes getragene bundesstaatliche Verfassung an die staatliche Struktur der Gliedeinheiten zu stellen hat. Das Prinzip der strukturellen Kongruenz dagegen erfasse die Forderungen der Verfassungen integrationswilliger Gliedstaaten, die verbindlicher Ausdruck des auf die Fundamente staatlichen Le-

---

[110] So zB bei *Beyme, Klaus von*, Fischers Griff nach einer europäischen Verfassung, Harvard Jean Monnet Working Paper, http://www.jeanmonnetprogram.org/papers/00/00f0201.rtf; *Müller-Graff, Peter-Christian*, Europäische Föderation als Revolutionskonzept im europäischen Verfassungsraum?, Integration 2000, 157 ff; *Schneider* (FN 82) 171 ff. Die Rede von Fischer war auch Anlass für eine parlamentarische Anfrage des Europaparlamentariers *José Ribeiro e Castro* an die Kommission (E1795/00, ABl 2001, C 53 E, 189), in welcher dieser nach den Auswirkungen der *Fischer*-Rede auf die Vorbereitung der Regierungskonferenz 2000 fragt. Da sich die Rede von *Fischer* auf die Perspektiven über die Regierungskonferenz 2000 hinaus beziehe, sah Kommissar *Michel Barnier* (im Namen der Kommission) keinen Anlass dafür, die Stellungnahme der Kommission vom 26. 1. 2000 zur Einberufung der Regierungskonferenz 2000 zu überprüfen.

[111] Das Erfordernis struktureller Kongruenz zwischen der Verfassung der Europäischen Verteidigungsgemeinschaft und dem Grundgesetz (Gutachten vom 9. 11. 1952), in *Institut für Staatslehre und Politik e. V. in Mainz* (Hrsg), Der Kampf um den Wehrbeitrag, Band 2, 2. Halbband: Das Gutachtenverfahren (30. 7. – 15. 12. 1952) (1953) 545 ff, 546.

[112] Strukturelle Kongruenz und Homogenität, in *Der Göttinger Arbeitskreis* (Hrsg), Mensch und Staat in Recht und Geschichte. Festschrift für Herbert Kraus zur Vollendung seines 70. Lebensjahres, dargebracht von Freunden, Schülern und Mitarbeitern (1954) 112 ff.

bens bezogenen Willens ihrer in keiner höheren Einheit verbundenen Staatsvölker seien, an die Struktur der sie überlagernden übernationalen Ordnung."[113] Diese Prinzipien stellen nach seiner Ansicht Anforderungen an die Struktur der die Hoheitsrechte empfangenden zwischenstaatlichen Organe, um zu garantieren, dass diese die übertragenen Hoheitsrechte „nicht in einer den Grundsätzen der Verfassung zuwiderlaufenden Art und Weise" ausüben.[114] Das Erfordernis struktureller Kongruenz bewirke eine Begrenzung der Eingehung einer zwischenstaatlichen Gemeinschaft auf diejenigen Staaten, deren Verfassungsbestimmungen denen des Grundgesetzes in diesem Bereich nicht zuwiderlaufen.[115] Beide Prinzipien sind nach *Kruse* darauf gerichtet, „die Sicherung des Bestandes von Staatenverbindungen durch Herbeiführung möglichster Einheitlichkeit des Gesamtgefüges" zu gewährleisten.[116] Es ist jedoch zu betonen, dass dieses Prinzip struktureller Kongruenz und Homogenität (im Bereich der Grundrechte) nicht realisiert wurde, denn sowohl die EGKS (1951), als auch EAG und EWG (beide 1957) wurden ohne Grundrechtsbestimmungen konzipiert und auch ansonsten wurden diese Gemeinschaften – wie vom EuGH später bestätigt – nicht staatsrechtlich, sondern als Rechtsordnung *sui generis* konzipiert.[117]

Wenn man immer wieder vom *funktionalen Zweckverband* spricht, so darf nicht vergessen werden, wer diesen Begriff entscheidend geprägt hat, nämlich *Hans Peter Ipsen.*[118] In seinen Verfassungsperspektiven von 1970 kennzeichnet er Erscheinung, Zwecksetzung und Funktionsweise der Europäischen Gemeinschaften unter Vermeidung von staatsrechtlichen Analogien.[119] Seiner Ansicht nach führt der *spill over*-Effekt nicht zwangsläufig „auf den Weg irgendwie bundesstaatlicher Ordnung".[120] Nach *Ipsen* müssen die Formen „der Machtausübung, der Machverteilung, der Konsentierung und Kontrolle" im Bundesstaat nicht zwangsläufig Muster für den Zweckverband sein, in umgekehrter Weise ergibt sich für ihn die Perspektive, dass „neue Organisationen und Formen der funktionellen Integration ihrerseits gerade Versuch und Beispiel für den staatlichen Verband abgeben".[121] Unabdingbares Verfassungselement für die funktionelle Integration ist

[113] *Kruse* (FN 112) 113.
[114] *Kruse* (FN 112) 121.
[115] *Kruse* (FN 112) 126.
[116] *Kruse* (FN 112) 127.
[117] Rs 26/62 (FN 60).
[118] (FN 58) 196 ff.
[119] *Ipsen, Hans Peter*, Verfassungsperspektiven der Europäischen Gemeinschaften. Vortrag gehalten vor der Berliner Juristischen Gesellschaft am 17. April 1970 (1970); siehe auch *ders* (FN 58) 196 ff.
[120] *Ipsen* (FN 119) 8.
[121] *Ipsen* (FN 119) 9.

nach *Ipsen* die Supranationalität. Die Frage der Legitimation der öffentlichen Gemeinschaftsgewalt sieht er durch das Prinzip der *compétences d'attribution* (Prinzip der begrenzten Einzelermächtigung) gesichert. Da durch die Verträge die Ziele, Aufgaben und Handlungsermächtigungen der Gemeinschaften fixiert seien, stellt seiner Meinung nach „die Gemeinschaftsverfassung die integrierte Verlängerung der Staatsverfassungen (...) dar“[122]. Auch aufgrund des sich Ende 1969 – über die Schiene der Allgemeinen Rechtsgrundsätze judizierten – abzeichnenden Grundrechtsschutzes durch den EuGH[123] ergibt sich für *Ipsen* keine Notwendigkeit einer „Katalogisierung“ der Grundrechte. Seiner Ansicht nach wäre eine Erweiterung des Individualklagerechtes vor dem EuGH für die Sicherung des Grundrechtsschutzes essentieller.

Ähnlich wie für *Ipsen* stellt sich für einen weiteren Europarechtler, *Gert Nicolaysen*, die Frage der Legitimation der Verbandsgewalt nicht mit Vordringlichkeit. Die Kategorie der politischen Legitimation war seiner Ansicht nach „Vehikel gegen Usurpation und Tyrannei“, ein Phänomen, mit dem die Gemeinschaft nichts zu tun habe, da die Europäische Integration „in klassischer Weise das System westlich liberaler Demokratien repräsentiert“.[124] Als ein Parallelbeispiel für eine Institution, die „unabhängig von der [deutschen] Bundesregierung und ohne parlamentarische Verantwortung Entscheidungen von erheblichem Gewicht“ treffe, nennt er die Deutsche Bundesbank, deren Unabhängigkeit auch niemand anzweifle.

Dass nicht nur aus Mitgliedstaaten wertvolle Beiträge zur Verfassungsdebatte kommen, beweist der Lausanner Professor *Roland Bieber*. Seiner Ansicht nach bilden Staaten zwar „eine häufige, aber nicht die einzige Form der Aggregation politischer Macht“.[125] Nach seinem Verfassungsverständnis sind unter dem Begriff Verfassung die Normen zu verstehen, „die formell den höchsten Rang in der Normenhierarchie einnehmen“ und die materiell folgende Bereiche abdecken: „Verfahren zur Normerzeugung, -durchsetzung und Konfliktschlichtung, eine Organisationsstruktur, der diese Verfahren übertragen sind“ sowie die „Artikulation und Garantie einer Wertordnung“.[126] Ausgehend von seinem Verfassungsverständnis gelangt er zu der Feststellung, wonach die Verträge sowohl in formel-

[122] *Ipsen* (FN 119) 16.

[123] Rs 29/69, *Erich Stauder/Stadt Ulm, Sozialamt*, Slg 1969, 419 ff.

[124] *Nicolaysen, Gert*, Ansichten zur Gemeinschaftsverfassung. H. P. Ipsen zum 80. Geburtstag, EuR 1987, 299 ff, 304.

[125] *Bieber, Roland*, Verfassungsentwicklung und Verfassungsgebung in der Europäischen Gemeinschaft, in *Wildenmann, Rudolf* (Hrsg), Staatswerdung Europas? Optionen für eine Europäische Union (1991) 393 ff, 395 f. Siehe auch *ders*, Abwegige und zielführende Vorschläge: Zur Kompetenzabgrenzung der Europäischen Union, Integration 2001, 308 ff.

[126] *Bieber* (FN 125) 393 f.

ler als auch in materieller Sicht eine Verfassung bilden. Eine Verfassung, die allerdings einem fortwährendem Prozess der Entwicklung unterliege.

1991, also vier Jahre nach In-Kraft-Treten der – ua den Binnenmarkt skizzierenden – EEA, zieht *Beate Wieland* Bilanz über die Frage der Legitimation in der Europäischen Gemeinschaft (EG), eine neue Etappe, die ihrer Ansicht nach das Ungleichgewicht zwischen (erweiterten) Zuständigkeitsbereichen der Gemeinschaft und ihrer demokratischen Legitimität weiter verstärke.[127] Die sich erhebende Frage nach Legitimation ergibt sich ihrer Meinung nach dadurch, dass die EG zu diesem Zeitpunkt von einem Stadium der negativen Integration (Befreiung der Marktwirtschaft von rechtlichen und sonstigen Schranken) im Ipsen'schen Zweckverband in ein solches der positiven Integration (Kompetenzerweiterung der Gemeinschaft) übergeht. Durch die einseitige Fixierung auf wirtschaftliche Aspekte der EG werde die fehlende Legitimationsgrundlage der Gemeinschaftspolitik im öffentlichen Bewusstsein kaum wahrgenommen, was allerdings nichts an der Tatsache ändere, dass die Kompetenzerosion der Mitgliedstaaten bzw insbesondere der nationalen Parlamente in diesen, ohne eine entsprechende Stärkung der europäischen Volksvertretung vor sich ging. Den Weg zur „Staatswerdung" Europas in Form einer Konstitutionalisierung sieht sie zutreffend dadurch erschwert, dass Europa aus gewachsenen Nationen mit eigenen kulturellen Traditionen und politischen Strukturen besteht, wohingegen zB die amerikanische Verfassung einen Neubeginn nach einem radikalen Bruch mit der Vergangenheit darstellte.[128] Basierend auf diesen Überlegungen spricht sich *Wieland* gegen „ein am nationalstaatlichen Denken orientiertes Bundesstaatsmodell als Integrationskonzept für die EG" aus.[129] Infolgedessen entwickelt sie das Konzept für eine Teilverfassung, welche sich nur auf die EG konzentriert („Teilverfassung für den europäischen Binnenmarkt"). Die Kompetenzen in einer solchen Konstruktion würde sie – da in solchen Fällen immer die Gefahr einer Zentralisierungsdynamik bestehe – dual, dh durch Festschreibung der zentralen sowie der Kompetenzen der Mitgliedstaaten fixieren. Die Nationalstaaten blieben Herren der Verträge, da eindeutige Kompetenzübertragungen von den Mitgliedstaaten auf die Union nur einstimmig vorgenommen werden könnten. Zur Vermeidung von (negativen) Kompetenzkonflikten wird eine Residualkategorie vorgesehen, in der beide Ebenen tätig werden können (somit entfällt die Kategorie der konkurrierenden Kompetenzen). Lediglich für derzeit noch nicht absehbare Probleme soll im Zweifel die Kompetenz bei den Bundesstaaten verbleiben. Die letzte Entschei-

---

[127] *Wieland, Beate*, Verfassungspolitische Probleme der „Staatswerdung Europas", in *Wildenmann* (FN 125) 429 ff, 429.

[128] Siehe dazu auch nachstehend im 2. Kapitel des 4. Teiles auf S 302 ff.

[129] *Wieland* (FN 127) 446.

dungsinstanz für Zuständigkeitskonflikte wäre der EuGH, welcher nach Ansicht von *Wieland* sein Selbstverständnis als Motor der Integration insofern ändern könnte, als sich die Gemeinschaft nach diesem Kompetenzmodell nicht mehr – wie bisher – in einer ständigen Defensive gegenüber den Nationalstaaten befinden würde. Dieser Beitrag zur Verfassungsdebatte sieht somit eine „segmentäre Vergemeinschaftung“ anstatt eines supranationalen Bundesstaates mit potentieller Allzuständigkeit vor.[130] Insofern würde sich sogar eine gewisse Rückverlagerung von Politiken ergeben, da die Funktionsbereiche der EU auf die Bereiche Binnenmarkt und Außenbeziehungen beschränkt bliebe. Innerhalb dieses umgrenzten Zuständigkeitsbereiches sollte die EU „ein eigenständiges supranationales Regierungssystem mit eigenen demokratischen Kontroll- und Legitimationsmechanismen und eigenen Verfahren der Konfliktlösung bilden“.[131] Die Verfassung dieser *partial government*-Union sollte folgende drei Bereiche enthalten: Staatsziele sowie Grundrechte, eine Kompetenzverteilung zwischen der Union und den Mitgliedstaaten, sowie die Institutionen und Verfahrensweisen der Union. Ein Vorschlag, der allerdings nach Ansicht des Verfassers verkennt, dass in diesem *partial government* „der Kern eines *spill over* schlummert“, welcher auch in politischen Bereichen „seine Wurzeln schlagen könnte“.

Anscheinend liefern Vertragsrevisionen immer wieder Anlass zur Verfassungsdebatte. Für *Peter Häberle* stellt sich nach dem In-Kraft-Treten des Vertrages von Maastricht die Frage, ob es sich bei der Schaffung der Europäischen Union nur mehr um die bloße Übertragung von Hoheitsrechten auf eine zwischenstaatliche Einrichtung handele, oder ob Art 24 GG geändert werden müsse, „weil in Gestalt der ‚Union‘ ein (bundes-)staatsähnliches Gebilde entsteht“.[132] Seiner Ansicht nach befinde sich die Europäische Union in einem Stadium zwischen Bundesstaat und bloßer Konföderation, wobei die Einigung schon eine solche Intensität erreicht habe, dass sie einen Staat nach sich ziehen könnte. Insbesondere durch die durch den Vertrag von Maastricht eingeführte Unionsbürgerschaft, die gemeinsame Währung, die GASP und die Schaffung des europäischen Bürgerbeauftragten sieht er eine Beschleunigung der Tendenz zu einer Vorform eines Bundesstaates. Damit dieser europäische Bundesstaat nicht die bundesstaatlichen Strukturen der Mitgliedsländer in ihren Fundamenten auflöse, sieht er neben der Schaffung des AdR im Subsidiaritätsprinzip eine gewisse Stütze. In Hinblick auf die Grundrechtsdebatte empfiehlt *Häberle* vorläufig von einem geschriebenem

[130] *Wieland* (FN 127) 451.

[131] *Wieland* (FN 127) 452.

[132] *Häberle, Peter*, Verfassungsrechtliche Fragen im Prozeß der europäischen Einigung, EuGRZ 1992, 429 ff, 431. Siehe auch aktuell *Häberle, Peter*, Europäische Verfassungslehre (2001/2002).

Grundrechtskatalog eher Abstand zu nehmen und den Grundrechtsschutz dem EuGH sowie dem Europäischen Gerichtshof für Menschenrechte (EGMR) zu überlassen.

Nachdem diese Arbeit den EuGH als Verfassungsgericht behandelt, ist ein wissenschaftlicher Beitrag des Präsidenten desselben zur Verfassungsdebatte natürlich von besonderem Interesse.[133] Seine Ansichten gibt *Gil Carlos Rodríguez Iglesias* als Privatmann wieder, auch wenn diese weitgehend in der Judikatur des EuGH ihre Entsprechung finden. Da der EuGH – aufgrund der Einzelfälle – immer nur den EWGV als Verfassungsurkunde bezeichnet hat[134], stellt er fest, dass seiner Meinung nach die Gesamtheit der Verträge samt Änderungsverträgen als die Verfassung der Gemeinschaft anzusehen sind, ebenso wie die allgemeinen Rechtsgrundsätze. Diese konstitutionelle Qualität der Verträge manifestiere sich unter anderem in ihrer Stellung in der Normenhierarchie der Gemeinschaftsrechtsordnung, welche der EuGH gewährleiste. Ausgehend vom Prinzip der begrenzten Einzelermächtigung sieht er die Gemeinschaft – im Blickwinkel der vertikalen Kompetenzabgrenzung – „trotz ihrer Besonderheiten" weiterhin als Internationale Organisation.[135] Diese Besonderheiten, welche die Gemeinschaft von Internationalen Organisationen „im Allgemeinen" unterscheiden, erblickt er in den legislativen, exekutiven und judikativen Zuständigkeiten, welche herkömmlicherweise der Souveränität der Staaten vorbehalten seien. Besonderen Wert legt er auf die Feststellung, wonach seiner Ansicht nach die Zuständigkeiten der Gemeinschaft nur in den Verträgen, nicht aber in nationalen Normen wie Art 93 der spanischen Verfassung oder Art 23 GG verankert seien[136] – eine Ansicht, die in Hinblick auf die Qualifizierung der Verträge als Verfassungsurkunden nur konsequent erscheint. Das materielle Gemeinschaftsverfassungsrecht setzt sich nach Ansicht von *Rodríguez Iglesias* aus zwei Bereichen zusammen:[137] Zum einen aus den Vertragsbestimmungen verfassungsrechtlicher Natur, wozu er die Grundfreiheiten der Bürger im Gemeinsamen Markt, die Möglichkeit der Rechtswegegarantie gegenüber staatlichen Maßnahmen, das Gleichheitsgebot des ex-Art 119 (jetzt Art 141) EGV, das Loyalitäts-, sowie das Subsidiaritätsgebot, die Achtung der nationalen Identität der Mitgliedstaaten sowie die Konvergenzkriterien – als Teil der „Wirtschaftsverfassung der Gemeinschaft" – zählt. Zum anderen bestehe das

---

[133] *Rodríguez Iglesias, Gil Carlos*, Zur „Verfassung" der Europäischen Gemeinschaft, EuGRZ 1996, 125 ff = *ders*, Zur „Verfassung" der Europäischen Gemeinschaft, in *Schwarze, Jürgen* (Hrsg), Verfassungsrecht und Verfassungsgerichtsbarkeit im Zeichen Europas (1998) 45 ff. Im Folgenden werden Seitenangaben aus dem in der EuGRZ veröffentlichten Aufsatz zitiert.

[134] Siehe vorstehend auf S 16 f.

[135] *Rodríguez Iglesias* (FN 133) 126.

[136] *Rodríguez Iglesias* (FN 133) 127.

[137] (FN 133) 128 f.

materielle Gemeinschaftsrecht aus den vom EuGH in seiner Rechtsprechung entwickelten Allgemeinen Rechtsgrundsätzen, die er als „gemeinschaftsrechtliches, ius cogens'" bezeichnet.[138] In seinen Ausführungen verkennt er allerdings nicht, dass der Verfassung der Gemeinschaft Grenzen gesetzt sind. Grenzen, die sich zum einen aus der Tatsache ergeben, dass es sich bei den Gemeinschaftsverträgen lediglich um völkerrechtliche Verträge handle, und zum anderen aus der Tatsache, dass die verfassungsgebende Gewalt in der Gemeinschaft von den Mitgliedstaaten ausgehe. *Rodríguez Iglesias* verkennt nicht den Mangel an direkter Legitimation in der Gemeinschaft. Ein Mangel, den er insofern nicht überbewertet, da es seiner Ansicht nach neben Wahlen zur Volksvertretung noch weitere Legitimität stiftende Instrumente wie Transparenz, Minderheitenschutz und effektive Kontrolle der Verwaltung gibt. Ein weiteres Element demokratischer Legitimation sieht er im Rechtsstaatsprinzip, das der EuGH im Wege der richterlichen Kontrolle der öffentlichen Gewalt – gemeinsam mit dem Gericht erster Instanz der Europäischen Gemeinschaften (EuG) – gewährleiste. Von einem Staat unterscheide die Gemeinschaften zum derzeitigen Zeitpunkt noch das Fehlen einer europäischen Identität, ein Mangel der allerdings keine konstitutive Voraussetzung für eine demokratisch legitimierte Gemeinschaftsverfassung darstelle.

Als ein weiterer Beitrag zur Verfassungsdebatte seien im Folgenden die Ansichten des Harvard Professors *Joseph Weiler* dargestellt.[139] In seinen Augen ist die Rechtsordnung Europas in vielen Hinsichten „constitutional".[140] Diese Tatsache äußere sich zum einen im Loyalitätsgebot, welches gegenüber dem (nationalen) Gesetzgeber im Vorrang, gegenüber den (nationalen) Gerichten in der unmittelbaren Anwendbarkeit und gegenüber den Regierungen in der Abschaffung der Reziprozität und dem Institut der Staatshaftung bestehe. Des Weiteren werde der Grundrechtsschutz durch die Rechtsprechung des EuGH gewährleistet und das Subsidiaritätsprinzip werde als justiziabel angesehen. Dennoch benötige Europa eine „formalization of its constitutional order", da dieses ua keine traditionelle verfassungsmäßige Legitimität besitze und die Verträge zu lang, detailliert und undifferenziert seien, um eine Verfassung darzustellen.[141] Seiner Ansicht nach seien punktuelle Verbesserungen pragmatischer und konzeptuell wünschenswerter als ein formaler Prozess einer Verfassungsgebung.[142] Aus den Darlegungen von

---

[138] *Rodríguez Iglesias* (FN 133) 128.

[139] *Weiler, J H H*, The European Union: Enlargement, Constitutionalism and Democracy. Vortrag am Walter Hallstein-Institut für Europäisches Verfassungsrecht der Humboldt-Universität zu Berlin am 29. November 1999, FCE 7/99, http://www.whi-berlin.de/weiler.htm.

[140] *Weiler* (FN 139) 3 f.

[141] *Weiler* (FN 139) 4.

[142] *Weiler* (FN 139) 4.

Weiler sei im Folgenden lediglich seine Ausführung zu den Menschenrechten näher dargestellt. Entgegen dem sonstigen großteils positiven Echo auf die Ausarbeitung der Grundrechte-Charta sieht er darin einen „devil in disguise", da sie die Aufmerksamkeit von einem viel wichtigeren Punkt ablenke, nämlich dem wahren Mangel in der Gemeinschaft, einer eigenen „human rights policy".[143] Indem er einen Vergleich zum Wettbewerbsrecht zieht, legt er dar, dass die Menschenrechte nicht ohne einen eigenen Kommissar, eine eigene Generaldirektion, ein Budget und einen horizontalen Aktionsplan zu gewährleisten seien. Er geht sogar so weit, dass er die Verankerung einer eigenen Menschenrechtspolitik in den Verträgen fordert.

Nicht nur der Präsident des EuGH legte seinen Beitrag zur Verfassungsdebatte als Privatmann dar, auch *Joschka Fischer* konnte es sich offenbar nicht leisten, seine Ansichten zur konstitutionellen Diskussion in seiner Eigenschaft als deutscher Außenminister zu äußern. Seine Rede leitete er mit folgenden Worten ein: „Gestatten Sie mir (...), für die Dauer dieser Rede, die beim öffentlichen Nachdenken bisweilen beengende Rolle des deutschen Außenministers und Mitglieds der Bundesregierung hinter mir zu lassen, auch wenn ich weiß, daß dies nicht wirklich geht".[144] Wie er in seinem Titel schon anklingen lässt, ist für *Fischer* die Zeit gekommen, die *Jean Monnet*-Methode *ad acta* zu legen und sich über die Finalität der europäischen Einigung klar zu werden, oder um es mit seinen Worten zu sagen, „den letzten Baustein in das Gebäude der europäischen Integration einzufügen, nämlich die politische Integration"[145]. Diese Finalität („final": das Ende, den *Schluss* von etwas bildend)[146] sieht er in einem „Übergang vom Staatenverbund der Union hin zur vollen Parlamentarisierung in einer Europäischen Föderation"[147]. Die Souveränität soll in diesem Gebilde zwischen Europa und den Nationalstaaten – *Fischer* betont, dass diese Föderation nur realistisch sei, wenn die Nationalstaaten nicht verschwinden – geteilt werden. Laut *Schneider* vermeidet es *Fischer* bewusst, für diese Föderation das Synonym „Bundesstaat" (Konföderation = Staatenbund) zu verwenden, da ihm bewusst sei, dass der Gebrauch des

[143] *Weiler* (FN 139) 14.

[144] *Fischer, Joschka*, Vom Staatenverbund zur Föderation – Gedanken über die Finalität der Europäischen Integration. Vortrag an der Humboldt-Universität zu Berlin am 12. Mai 2000, FCE 2/00, http://www.whi-berlin.de/fischer.htm, 2; siehe auch *ders*, Vom Staatenverbund zur Föderation – Gedanken über die Finalität der europäischen Integration, Integration 2000, 149 ff. Im Folgenden werden Seitenangaben aus der im FCE veröffentlichten Version zitiert.

[145] *Fischer* (FN 144) 3.

[146] *Wissenschaftlicher Rat der Dudenreaktion* (Hrsg), Duden Band 5. Das Fremdwörterbuch[6] (1997) 262. Hervorhebung durch den Verfasser.

[147] *Fischer* (FN 144) 6.

Terminus Bundesstaat auf Ablehnung stoßen würde.[148] In dieser Föderation skizziert *Fischer* ein europäisches Parlament, welches nach einem Zwei-Kammern-Modell sowohl das „Europa der Nationalstaaten" als auch das „Europa der Bürger" repräsentieren solle.[149] Für die eine Kammer schwebt ihm ein Modell von gewählten Abgeordneten – welche zugleich Mitglieder der Nationalparlamente sind – vor[150], während er für die zweite Kammer das (amerikanische) Senatsmodell[151] mit direkt gewählten Abgeordneten bzw eine Staatenkammer nach dem Vorbild des deutschen Bundesrates zur Disposition stellt. Neben diesem Parlament skizziert er weiters eine europäische Regierung, wobei er sich wiederum nicht zwischen zwei von ihm angebotenen Varianten entscheidet: zum einen eine Fortentwicklung des Europäischen Rates zu einer Regierung oder zum anderen – ausgehend von der heutigen Kommissionsstruktur – eine Direktwahl eines Präsidenten mit weitgehenden exekutiven Befugnissen. Nicht behandelt wird von *Fischer* die judikative Gewalt in Form eines Verfassungsgerichtes, welches diesem Gebilde die notwendige Rechtsstaatlichkeit sichert. Die Basis dieser Föderation soll nach Ansicht *Fischers* ein Verfassungsvertrag[152] bilden, welcher neben der Festlegung der vertikalen Kompetenzabgrenzung die Verankerung der Grundrechte sichern soll. Abschließend skizziert er noch den möglichen Werdegang seiner Überlegungen, welche sich in zwei bis drei Schritte gliedern: über den Ausbau einer verstärkten Zusammenarbeit in unterschiedlichen Bereichen und über den Zwischenschritt der Bildung eines Gravitationszentrums, in welchem eine Staatengruppe einen neuen europäischen Grundvertrag („den Nukleus einer Verfassung der Föderation") abschließt, bis hin zur Vollendung einer Europäischen Föderation.[153]

An dieser Stelle sei nur noch eine Stellungnahme eines europäischen Politikers zur Verfassungsdebatte angeführt, die des – mittlerweile wiedergewählten – französischen Staatspräsidenten *Jacques Chirac*. In einem für die Zeitung „Dernières Nouvelles d'Alsace (DNA)" gegebenen Interview bekannte er sich erstmals – nach Forderungen der deutschen Regierung – zu einer Neugestaltung Europas, die in der Ausarbeitung einer Verfassung münden müsse. Dabei sprach sich *Chirac*

---

[148] (FN 82) 172.

[149] *Fischer* (FN 144) 7.

[150] In diesem Vorschlag sieht *Schneider* (FN 82) 175 zutreffend einen Rückschritt gegenüber der Direktwahl des EP.

[151] Zum amerikanischen Senat siehe nachstehend im 2. Kapitel des 4. Teiles auf S 309 ff.

[152] Zu diesem Begriff siehe auch *Günther, Carsten A*, Der Verfassungsvertrag – ein Modell für die Europäische Union, ZParl 2002, 347 ff.

[153] *Fischer* (FN 144) 9.

auch für eine Demokratisierung der europa-politischen Debatte vor der Regierungskonferenz im Jahre 2004 aus.[154]

Im Kontext des derzeit an der Zukunft Europas arbeitenden Konventes melden sich immer wieder europäische Spitzenpolitiker mit ihren Ansichten zur Verfassungsdebatte zu Wort. Nachdem dieser Prozess noch lange nicht abgeschlossen ist, seien lediglich einige Hinweise auf diese öffentlichen Äußerungen gegeben.[155]

2.4 Begriffsbestimmungen zur Verfassungsdebatte

Nach der Darstellung grundlegender Ansichten und darauf fußender Definitionen des Verfassungsbegriffs sowie einiger wissenschaftlicher und politischer Ansichten zur Verfassungsdebatte werden im folgenden Punkt die wichtigsten für den weiteren Fortgang der Arbeit notwendigen Begriffe kurz erläutert, nämlich die der *Integration*, der *Supranationalität*, der *Legitimation* sowie der *Subsidiarität*.

---

[154] So in: Chirac für EU-Verfassung. Kehrtwende. Frankreichs Präsident hat den Widerstand gegen einen Verfassungsprozeß aufgegeben, Die Presse vom 6. 2. 2001, 6.

[155] Siehe dazu: „Europa schaffen, ohne Frankreich abzuschaffen". Rede von Lionel Jospin zur Zukunft des erweiterten Europas vom 28. Mai 2001, BdiP 2001, 888 ff; siehe dazu auch *Steinhilber, Jochen*, Jospins Europa, BdiP 2001, 783 ff; Plädoyer für eine europäische Verfassung. Rede von Bundespräsident Johannes Rau vor dem Europäischen Parlament in Straßburg am 4. April 2001, BdiP 2001, 630 ff; *Kreile, Michael*, Zur nationalen Gebundenheit europapolitischer Visionen: Das Schröder-Papier und die Jospin-Rede, Integration 2001, 250 ff. Zum Phänomen verstärkter „literarischer Beiträge" vor Europäischen Gipfeln siehe: Warum europäische Staats- und Regierungschefs zur Feder greifen, Die Presse vom 9. 3. 2002, 7. Für eine Übersicht über die Positionen von *Joschka Fischer*, *Jacques Chirac* und *Tony Blair* siehe Die Presse vom 26. 2. 2002, 7. Zur Forderung des französischen Europaministers *Pierre Moscovici* nach den „Vereinigten Staaten von Europa" siehe Die Presse vom 1. 3. 2002, 7. Zur Forderung des deutschen Bundespräsidenten *Johannes Rau* und seines italienischen Amtskollegen *Carlo Azeglio Ciampi* nach einer europäischen Verfassung siehe: Europäische Verfassung wird populärer – trotz nationaler Egoismen, Die Presse vom 18. 4. 2002, 7.

2.4.1 Integration, Neofunktionalismus und *spill over*

„Die beteiligten Akteure werden (...) durch Sachzwänge zu einem schrittweisen Kompetenztransfer überlistet, der schließlich zu einer politischen Föderation führen wird."

Claus Giering[156]

Den Begriff der *Integration* kann man aus verschiedenen Blickwinkeln betrachten. Aus einer *juristischen* Sichtweise versteht man unter Integration – in Abgrenzung von einer bloßen Kooperation – die „Zusammenarbeit unter Veränderung der ursprünglichen Strukturen zwecks Erreichung einer integrierten Einheit".[157] Unter einem mehr *politikwissenschaftlichen* Gesichtspunkt ist „Integration als Zustand (...), eine Beziehung zwischen Einheiten, die voneinander abhängig sind und zusammen Systemeigenschaften hervorbringen, die jede von ihnen nicht besitzt'".[158] Die intensivste Stufe von Integration ist nach *Giering* die der Sicherheitsgemeinschaft.[159] Diese gliedere sich in drei Stufen: die erste ist die der *no war community* – das erste und oberste Ziel der europäischen Einigungsbewegung nach dem zweiten Weltkrieg; darauf folge die *pluralistic security community*, welche sich in der Form der NATO sowie der OECD widerspiegle, sowie schlussendlich die *amalgamated security community*, in der die vorher getrennten Institutionen zu einer gemeinsamen Organisation mit eigener Regierung verschmelzen. Nach Ansicht von *Giering* befinde sich Europa zwischen der zweiten und dritten Stufe dieser Integrationsschritte. Die Souveränität gehe nach diesem Modell – durch einen sozialpsychologischen Lernprozess – schrittweise an die amalgamierten Institutionen über und zwar in dem Maße, in dem sich sowohl die Bevölkerung als auch die Eliten der Vorteile dieser Gemeinschaft bewusst werden.

Ein *Feedback* dieser sicherheitspolitischen Integration sei die Zuweisung von *politischen* Funktionen an die geschaffenen Institutionen. Unter politischer Integration wird demnach die „‚Integration politischer Akteure oder Einheiten – Individuen, Gruppen, Stadtgemeinden, Landesteile oder Länder – in bezug auf ihr politisches Verhalten', das sich durch die Entwicklung eines Loyalitätsgefühls gegenüber den gemeinsamen Institutionen ausdrückt" verstanden.[160]

---

[156] Europa zwischen Zweckverband und Superstaat. Die Entwicklung der politikwissenschaftlichen Integrationstheorie im Prozeß der europäischen Integration (1997) 61.

[157] So *Schweitzer/Hummer* (FN 76) Rdnr 30.

[158] Zitiert bei *Giering* (FN 156) 54.

[159] (FN 156) 53.

[160] Zitiert bei *Giering* (FN 156) 55.

Für die Herausbildung einer Sicherheitsgemeinschaft gebe es zwölf Bedingungen, welche auf folgenden Analyseebenen basierten: Werte und Erwartungen, Möglichkeiten und Kommunikationsprozesse, Mobilität der Bürger, Vielschichtigkeit und ausgeglichene Transaktionen sowie gegenseitige Voraussagbarkeit des Verhaltens.[161] Die derart entstandene Integration lasse sich auch empirisch bestimmen und zwar anhand der Dichte der Transaktionen zwischen den zu untersuchenden Nationalstaaten oder Regionen. Wirtschaftliche Indikatoren dafür seien der Austausch von Waren und Informationen sowie Indikatoren im privaten Bereich, der Post- und sonstige Informationsaustausch sowie der gegenseitige Tourismus. Diese Kommunikation und Transaktion führten sodann zu einer gegenseitigen Assimilation der Völker und damit zur Entstehung einer Gemeinschaft.[162]

Seit Ende der 50er bis Anfang der 70er Jahre entwickelten sich einige Modifikationen des klassischen Funktionalismus, die heute meist als *Neofunktionalismus* bezeichnet werden. Im Unterschied zum Funktionalismus, welcher eine Integration lediglich in bestimmten überschaubaren Sektoren anstrebte, betont der Neofunktionalismus die Bedeutung politischer Instanzen für die Integration, welche zu einer *political community* führen solle. Essentielle Voraussetzung dafür sei jedoch, dass die nationalen Akteure die Vorteile einer gemeinsamen Aufgabenwahrnehmung erkennen.[163]

Das Erkennen dieser Vorteile führt zum zentralen Begriff des Neofunktionalismus, dem *spill over*, welcher sich in zwei Ausgestaltungen präsentiert. *Giering* beschreibt den *funktionalen spill over* wie folgt: „Danach wird eine einmal begonnene, erfolgreiche Zusammenarbeit in einem Funktionsbereich aufgrund der sachlogischen Verknüpfung mit anderen Aufgabenbereichen auch zur Integration in weiteren Sektoren führen"[164]. Aufgrund des Lernprozesses würden die wirtschaftlichen Eliten und gesellschaftliche Interessensgruppen weitere Wohlstandsgewinne und andere Vorteile durch eine Vertiefung der Integration erwarten, weshalb sie auf die nationalen und supranationalen Institutionen Druck ausüben würden, um die Vergemeinschaftung voranzutreiben – somit begegnen wir der zweiten Form, dem *political spill over*. Die sodann geschaffene Gemeinschaft bzw deren Organe können diesen Integrationsprozess sodann instrumentalisieren, indem sie die an sie herangetragenen Forderungen an die nationalen Regierungen weiterreichen. In diesem Zusammenhang betont *Giering* die Bedeutung der Ver-

---

[161] *Giering* (FN 156) 55 f.

[162] Nach *Giering* (FN 156) 57 versucht die sodann entstandene Sicherheitsgemeinschaft, ihre eigene Existenz dadurch zu schützen, dass sie mit ähnlich motivierten und ihren Konvergenzkriterien entsprechenden Gemeinschaften eine neue Gemeinschaft bildet.

[163] *Giering* (FN 156) 58 f.

[164] *Giering* (FN 156) 59.

mittlungsrolle der Kommission und der sogenannten *package-deals*, um den Mitgliedstaaten die bisherigen und die Vorteile weiterer Integration vor Augen zu führen. Da auf wirtschaftlichen Erfolgen basierender Wohlstand letztlich Macht bedeutet und Politik auf letzterer aufbaut, schließt sich der Kreis und man erkennt den Vorgang des politischen *spill over* einer solchen Integration. Eine vorstehend erwähnte *political community* sei allerdings erst dann erreicht, „wenn sie die Kontrolle über das Gewaltmonopol hat, die Verwendung der wirtschaftlichen Ressourcen in der gesamten Gemeinschaft bestimmen kann und zum Fokus der politischen Identifikation der Bürger geworden ist“[165].

Diese Verselbständigung des Integrationsprozesses und die Verlagerung von Entscheidungskompetenzen auf die dafür geschaffene Gemeinschaft leitet über zum nächsten Begriff, dem der Supranationalität.

2.4.2 Supranationalität

Der Begriff der Supranationalität[166] als solcher kann nicht ohne den Terminus des Nationalstaates[167], von welchem er sich negativ abgrenzt, bestehen, weshalb Supranationalität allgemein auch als Synonym für *Überstaatlichkeit*[168] verwendet wird. Supranationalität somit als Abgrenzung von den mit voller Souveränität ausgestatteten Nationalstaaten, welche einen Teil ihrer Souveränitätsrechte auf eine internationale Organisation übertragen können.

Die erste Erwähnung von Supranationalität bzw Überstaatlichkeit in einem internationalen *Vertrag*[169] findet sich in Art 9 Abs 5 und 6 des Vertrages über die Gründung der Europäischen Gemeinschaft für Kohle und Stahl (EGKSV)[170], wo es zur Unabhängigkeit der Mitglieder der Hohen Behörde heißt: „Ils s'abstiennent de tout acte incompatible avec le *caractère supranational* de leurs fonctions. Chaque État membre s'engage à respecter ce *caractère supranational* et à ne pas chercher à influencer les membres de la Haute Autorité dans l'exécution de leur tâche.“[171] Der EGKSV war – soweit bekannt – nicht nur der erste, sondern auch

---

[165] *Giering* (FN 156) 65.

[166] Siehe dazu auch *Kraus* (FN 111) 548 ff.

[167] Siehe dazu *Pernthaler* (FN 57) 45 ff.

[168] Siehe dazu zB *Steiger, Heinhard*, Staatlichkeit und Überstaatlichkeit. Eine Untersuchung zur rechtlichen und politischen Stellung der Europäischen Gemeinschaften (1966).

[169] *Roselieb, Gerhard*, Zur Frage der Supranationalität, ZÖR 1962/63, 461 ff, 461 weist nach, dass sich der Begriff der Supranationalität schon vor 1951 in der Literatur findet.

[170] DBGBl II 1952, 447 ff, 450.

[171] In der deutschen Übersetzung lautet es in Abs 5 und 6 wie folgt: „Sie haben jede Handlung zu unterlassen, die mit dem *überstaatlichen Charakter* ihrer Tätigkeit unvereinbar ist. Jeder Mitgliedstaat verpflichtet sich, diesen *überstaatlichen Charakter* zu achten und nicht zu versuchen,

der letzte internationale Vertrag (im europäischen Bereich)[172], welcher den Begriff der Supranationalität explizit verwendete, denn 1957 findet sich dieser Terminus weder im EWGV noch im Vertrag zur Gründung der Europäischen Atomgemeinschaft (EAGV) und auch im EGKSV hatte er nicht lange Bestand, 1965 wurde er dort im Wege des Fusionsvertrages eliminiert. In Art 10 desselben lautet die korrespondierende Stelle: „Sie haben jede Handlung zu unterlassen, die mit ihren Aufgaben unvereinbar ist. Jeder Mitgliedstaat verpflichtet sich, diesen Grundsatz zu achten und nicht zu versuchen, die Mitglieder der Kommission bei der Erfüllung ihrer Aufgaben zu beeinflussen" und auch sonst findet sich in diesen Bestimmungen keine Erwähnung des Begriffes Supranationalität mehr.[173]

In der *Literatur* finden sich folgende Definitionen von Supranationalität:[174]

„Ein Organ ist ‚supranational', wenn es aufgrund der personellen Besetzung mit weisungsunabhängigen Personen und der Sicherung ihrer persönlichen Unabhängigkeit gegenüber den Mitgliedstaaten seine Aufgaben ohne Rücksicht auf Sonderinteressen der Mitgliedstaaten ausschließlich nach Maßgabe des Gesamtinteresses der Gemeinschaft durchführen kann."[175]

Ipsen schreibt dazu: „Unter Supranationalität ist dabei zu verstehen die verfassungsrechtliche Durchsetzbarkeit öffentlicher Gemeinschaftsgewalt gegen Staatsgewalt."[176]

Schweitzer/Hummer, welche im Bereich der Integration zwischen Formen einer supranationalen und der einer nicht supranationalen Integration unterscheiden, definieren Supranationalität als „das Recht einer internationalen Organisation, in bestimmten – ursprünglich in der Souveränität bzw. Hoheitsgewalt der Mitgliedstaaten stehenden – Bereichen Mitgliedstaaten auch ohne deren ausdrück-

---

die Mitglieder der Hohen Behörde bei der Erfüllung ihrer Aufgaben zu beeinflussen." Hervorhebungen in beiden Sprachversionen durch den Verfasser.

[172] Zur Supranationalität des Andengerichtshofes siehe nachstehend im 1. Kapitel des 4. Teiles auf S 274.

[173] Vertrag zur Einsetzung eines gemeinsamen Rates und einer gemeinsamen Kommission der Europäischen Gemeinschaften; ABl 1967, Nr 152, 2 ff, 5 f.

[174] Zur Supranationalität generell siehe *Bogdandy, Armin* von, Supranationale Union als neuer Herrschaftstyp: Entstaatlichung und Vergemeinschaftung in staatstheoretischer Perspektive, Integration 1993, 210 ff; *Hertel, Wolfram*, Supranationalität als Verfassungsprinzip. Normativität und Legitimation als Elemente des Europäischen Verfassungsrechts (1999); *Lecheler, Helmut*, „Supranationalität" der Europäischen Gemeinschaften – Rechtliche Beschreibung oder unverbindliche Leerformel?, JuS 1974, 7 ff; *Zuleeg, Manfred*, Wandlungen des Begriffs der Supranationalität, Integration 1988, 103 ff.

[175] *Jaenicke, Günther*, Supranationale Organisation, in *Schlochauer, Hans-Jürgen* (Hrsg), Wörterbuch des Völkerrechts. 3. Band[2] (1962) 423 ff.

[176] *Ipsen* (FN 119) 11; *ders* (FN 58) 67 ff, 67.

liche Zustimmung – sei es durch Mehrheitsbeschlüsse, sei es durch Beschlüsse unabhängiger Organe – zu verpflichten".[177]

Die Merkmale einer supranationalen Gemeinschaft sind:

- das Bestehen von Organen, in denen die Mitgliedstaaten nicht vertreten sind und die von diesen explizite Unabhängigkeit genießen[178] (Art 9 EGKSV),
- die Möglichkeit, verbindliche (Mehrheits-)Beschlüsse auch gegen den Willen einzelner oder aller Mitgliedstaaten zu fassen sowie die unmittelbare Geltung dieser Beschlüsse in den Mitgliedstaaten ohne Mitwirkung staatlicher Hoheitsgewalt[179],
- die Ausübung unmittelbarer Hoheitsgewalt im Gebiet der Mitgliedstaaten,[180]
- sowie die Existenz einer obligatorischen Gerichtsbarkeit.[181]

Für *Jaenicke* sind diese von ihm erwähnten Kriterien im Bereich des völkerrechtlichen Organisationsrechts nicht neuartig, der supranationale Charakter ergebe sich erst aus Intensität und Kumulation dieser Merkmale.

Das Verhältnis der Nationalstaaten zur Supranationalität ist ambivalent. Es ist nachvollziehbar, dass Staaten eine gewisse Scheu davor haben, sich einem neuen Gebilde unterzuordnen. Auf der anderen Seite bietet ein solches Gebilde aber auch die Möglichkeit, Aufgaben, die man national nicht zu lösen vermag, an dieses supranationale Gebilde zu delegieren.

Eine interessante Aussage zur Supranationalität traf der griechische Regierungschef *Kostas Simitis* auf dem Parteitag seiner Pasok-Partei anlässlich der Debatte zu den Folgen der Terroranschläge vom 11. September 2001. Zur Bekämpfung des Terrors durch Milderung von sozialem Elend und Ungleichheit schlug er vor, die Kontrolle der Weltwirtschaft auf lange Sicht auf „überstaatliche Einheiten" zu übertragen und sprach sogar von einer „Weltregierung", die für Menschenrechte und Armut kämpfen müsse.[182]

---

[177] *Schweitzer/Hummer* (FN 76) Rdnr 30 bzw 872.

[178] *Jaenicke* (FN 175) 425.

[179] *Schweitzer, Michael*, Staatsrecht III. Staatsrecht, Völkerrecht, Europarecht[7] (2000) Rdnr 691; so auch *Jaenicke* (FN 175) 425.

[180] *Jaenicke* (FN 175) 425.

[181] *Schweitzer* (FN 179) Rdnr 691.

[182] Die Presse vom 15. 10. 2001, 4.

2.4.3 Legitimation

Wie vorstehend erwähnt, können Nationalstaaten Teile ihrer Souveränitätsrechte auf eine internationale/supranationale Organisation übertragen. Mit der Anhäufung von ehemals den Nationalstaaten zustehenden Souveränitätsrechten bei der supranationalen Gemeinschaft[183] stellt sich allerdings die Frage nach der *Legitimation* dieses neuen Herrschaftsgebildes. Denn die von ihren Völkern direkt legitimierten Nationalstaaten übertragen diese Hoheitsrechte auf ein Gebilde, welches – so wie im Fall der europäischen Integration – nicht direkt von den Völkern der Nationalstaaten bzw, wenn man die Existenz eines europäischen Volkes bejaht, nicht direkt von diesem legitimiert ist.[184] Erinnert sei in diesem Zusammenhang an die vorstehend dargelegte Forderung nach der *Stukturellen Kongruenz und Homogenität der Verbandsgewalt* von *Kraus* bzw *Kruse*.[185]

Einen Überblick über die verschiedenen Definitionen von Legitimation (bzw dem vom ihm verwendeten aber synonym zu verstehenden Begriff Legitimität) gibt *Ronge*: „Rechtmäßigkeit einer Staatsgewalt", „die Rechtfertigung des Staates, seiner Herrschaftsgewalt und seiner Handlungen", „die Rechtfertigung staatlicher Macht" sowie die „Berechtigung von Herrschaft".[186] Er selbst versteht unter Legitimation weder *Rechtmäßigkeit*, welche eher auf Legalität hinweise, noch *Berechtigung*, welche sich nur auf konkrete Handlungen beziehe, noch *Rechtfertigung*, welche sich auf einen Vorgang und nicht auf einen Zustand beziehe. Vielmehr bietet er als Synonym das Ergebnis eines Rechtfertigungsprozesses, „das Gerechtfertigtsein".

Classen unterscheidet drei Aspekte von Legitimation:

- die *institutionelle* Legitimation, dh die Konstituierung der Staatsorgane durch das Staatsvolk,
- die *personelle* Legitimation, wonach sich alle Amtswalter direkt oder indirekt auf das Staatsvolk zurückführen lassen müssen, sowie

---

183 AM *Roselieb* (FN 169) 475, nach dessen Meinung die Supranationalität einer Gemeinschaft die Souveränität der Mitgliedstaaten in keiner Weise tangiere.

184 Siehe dazu *Höreth, Marcus*, Die Europäische Union im Legitimationstrilemma. Zur Rechtfertigung des Regierens jenseits der Staatlichkeit (1999).

185 Siehe vorstehend in FN 112.

186 *Ronge, Frank*, Legitimität durch Subsidiarität. Der Beitrag des Subsidiaritätsprinzips zur Legitimation einer überstaatlichen politischen Ordnung in Europa (1998) 15.

- die *sachliche* Legitimation, wonach alle Entscheidungen sachlich mit dem Willen des Staatsvolkes übereinstimmen sollen.[187]

Eine Konstituierung der Staatsorgane durch das Staatsvolk sieht er nicht gegeben, vielmehr stellt er zutreffend fest, dass sich die institutionelle Legitimation der EU von den Mitgliedstaaten ableite. Auch die personelle Legitimation leite sich – für die Organe Rat und EuGH – von den Mitgliedstaaten ab. Lediglich die demokratische Legitimation des Europäischen Parlamentes könne nicht prinzipiell verneint werden. Die sachliche Korrespondenz zwischen dem Willen des (Staats-)Volkes und den Entscheidungen der Organe stelle die Frage nach der sogenannten demokratischen Legitimation[188]. Die Antwort auf diese Fragestellung fällt nach *Classen* natürlich unterschiedlich aus, was das Europäische Parlament oder den nur indirekt legitimierten Ministerrat betrifft.

Die Frage der institutionellen Legitimation – ohne sie jedoch beim Namen zu nennen – spricht auch die Kommission in ihrem Weißbuch „Europäisches Regieren" an, wenn sie dort ausführt: „Dieses Weißbuch befasst sich mit der Art und Weise, wie die Union die ihr *von den Bürgern* übertragenen Befugnisse ausübt."[189] Offen bleibt, ob die Kommission in ihren fünf Grundsätzen des guten Regierens – Offenheit, Partizipation, Verantwortlichkeit, Effektivität und Kohärenz – auch Legitimation stiftende Elemente sieht.[190]

2.4.4 Subsidiarität

Ebenfalls in diesem Weißbuch findet sich der letzte an dieser Stelle zu behandelnde Begriff, der der Subsidiarität. Ohne diesen beim Namen zu nennen, lässt die Kommission den Gedanken der Subsidiarität insofern einfließen, als sie zur Verbesserung der Qualität ihrer Politik die Vorfrage stellt, „ob gehandelt werden muss und wenn ja, ob dies auf EU-Ebene geschehen solle".[191]

---

[187] *Classen, Claus Dieter*, Europäische Integration und demokratische Legitimation, AöR 1994, 238 ff.

[188] Zur demokratischen Legitimation siehe auch *Griller, Stefan*, Zur demokratischen Legitimation der Rechtsetzung in der EU. Stärkung der nationalen Parlamente oder Aufwertung des Europäischen Parlaments?, JRP 1995, 164 ff; zum Demokratiedefizit siehe *Pernice, Ingolf*, Maastricht, Staat und Demokratie, Die Verwaltung 1993, 449 ff; bzw generell *Bleckmann, Albert*, Das europäische Demokratieprinzip, JZ 2001, 53 ff; *Seeler, Hans-Joachim*, Die Legitimation des hoheitlichen Handelns der Europäischen Gemeinschaft/Europäischen Union, EuR 1998, 721 ff.

[189] ABl 2001, Nr C 287, 1 ff, 2. Hervorhebungen durch den Verfasser.

[190] ABl 2001, Nr C 287, 7 ff.

[191] ABl 2001, Nr C 287, 3.

Der Ursprung dieses Prinzips heutiger Ausprägung[192] findet sich erstmals 1931 in der Enzyklika „Quadragesimo Anno" von Papst Pius XI., wo es dazu dienen sollte, die Rechte der menschlichen Person gegen den Staat zu schützen.[193]

In normativer Sicht findet sich das – die vertikale Kompetenzabgrenzung[194] betreffende – Prinzip der Subsidiarität bereits in der Präambel des *Spinelli*-Entwurfes von 1984,[195] Eingang in den E(W)GV fand es erst durch die EEA (1986) im Bereich der Umweltpolitik.[196] Im Bereich der heutigen EU findet sich das Subsidiaritätsprinzip für den EGV in Art 5 Abs 2[197] sowie für den EUV in Art 2 Abs 2. Nach Art 5 Abs 2 EGV – auf welchen Art 2 Abs 2 EUV verweist – wird die Gemeinschaft in den Bereichen, die nicht in ihre ausschließliche Zuständigkeit fallen (dh im Bereich der konkurrierenden Zuständigkeiten), nur tätig, *sofern und soweit die Ziele der in Betracht gezogenen Maßnahmen auf Ebene der Mitgliedstaaten nicht ausreichend erreicht werden können und daher wegen ihres Umfanges oder ihrer Wirkung besser auf Gemeinschaftsebene erreicht werden können.*[198] Eingang hat das Subsidiaritätsprinzip auch in ein eigenes Protokoll, das Protokoll über die Anwendung der Grundsätze der Subsidiarität und der Verhältnismäßigkeit gefunden.[199] [200] Dieses zählt in Punkt 5 die Kriterien für den kompa-

---

[192] Laut *Constantinesco, Vlad*, Subsidiarität: Zentrales Verfassungsprinzip für die Politische Union, Integration 1990, 165 ff, 167 wird die Idee der Subsidiarität an sich auf *Aristoteles* und *Thomas von Aquin* zurückgeführt.

[193] So *Hummer, Waldemar*, Subsidiarität und Föderalismus als Strukturprinzipien der Europäischen Gemeinschaften?, ZfRV 1992, 81 ff, 81; so auch *Schaschnig, Johannes*, Subsidiarität – „Der höchstgewichtige sozialphilosophische Grundsatz" (Quadragesimo anno Nr. 79), in *Hengstschläger, Johannes/Köck, Heribert Franz/Korinek, Karl ua* (Hrsg), Für Staat und Recht. Festschrift für Herbert Schambeck (1994) 107 ff.

[194] Siehe dazu grundlegend *Bogdandy, Armin von/Bast, Jürgen*, Die vertikale Kompetenzordnung der Europäischen Union. Rechtsdogmatischer Bestand und verfassungspolitische Reformperspektiven, EuGRZ 2001, 441 ff.

[195] Siehe dazu nachstehend im 2. Kapitel des 3. Teiles auf S 132.

[196] So *Schweitzer/Hummer* (FN 76) Rdnr 892.

[197] Art 5 EGV regelt in Abs 1 des Weiteren noch das Prinzip der begrenzten Ermächtigung sowie in Abs 3 das Prinzip der Verhältnismäßigkeit.

[198] *Schweitzer/Hummer* (FN 76) Rdnr 901 sprechen in Zusammenhang mit dieser Abwägung von einem „komparativen Effizienztest".

[199] Dieses Protokoll zum Vertrag zur Gründung der Europäischen Gemeinschaft findet sich in der Schlussakte des Vertrages von Amsterdam, ABl 1997, Nr C 340, 105 ff.

[200] An „Vorläuferdokumenten" nennt das Protokoll die Schlussfolgerungen des Europäischen Rates von Birmingham vom 16. 10. 1992 (BullEG 10-1992, 7 ff und 118 ff), das vom Europäischen Rat auf seiner Tagung am 11./12. 12. 1992 in Edinburgh vereinbarte Gesamtkonzept für die Anwendung des Subsidiaritätsprinzips (BullEG 12-1992, 13 ff) sowie die Interinstitutionelle Vereinbarung zwischen dem Europäischen Parlament, dem Rat und der Kommission über die Verfahren zur Anwendung des Subsidiaritätsprinzips vom 25. 10. 1993 (BullEG 10-1993, 125 f).

rativen Effizienztest auf: das Vorhandensein von transnationalen Aspekten, den Verstoß einer alleinigen Maßnahme der Mitgliedstaaten gegen die Anforderungen des Vertrages und das Überwiegen der Vorteile eines Tätigwerdens auf Gemeinschaftsebene aufgrund von Umfang und Wirkungen derselben. Nach Punkt 13 des Protokolles wird die Einhaltung des Subsidiaritätsprinzips gemäß den Bestimmungen des Vertrages geprüft, dh die Justiziabilität desselben wird durch dieses Protokoll primärrechtlich normiert[201]. In ihrer schriftlichen Anfrage an die Kommission wollte die Europaparlamentarierin *Cecilia Malmström* wissen, welche Veränderungen das Subsidiaritätsprotokoll in der Kommission bzw bei den Arbeitsverfahren ihrer Beamten bewirkt habe.

In ihrer Antwort verwies die Kommission auf interne organisatorische Maßnahmen zur Umsetzung des Subsidiaritätsprinzips der Art, dass den Dienststellen neue interne Leitlinien vorgegeben worden seien, aufgrund derer „Gemeinschaftsmaßnahmen noch akribischer auf Übereinstimmung mit den Grundsätzen der Subsidiarität und der Verhältnismäßigkeit geprüft werden".[202]

Im Folgenden sei stellvertretend für die Fülle der Literatur zum Subsidiaritätsprinzip[203] lediglich die Ansicht des an der *Robert Schuman*-Universität von Straß-

[201] Gemäß Art 311 EGV sind die diesem Vertrag im gegenseitigen Einvernehmen der Mitgliedstaaten beigefügten Protokolle Bestandteil desselben.

[202] Anfrage E-1602/00; ABl 2001, Nr C 113 E, 31.

[203] So zB *Blanke, Hermann-Josef*, Das Subsidiaritätsprinzip als Schranke des Europäischen Gemeinschaftsrechts?, ZG 1991, 133 ff; *Borries, Reimer von*, Das Subsidiaritätsprinzip im Recht der Europäischen Union. Deutscher Landesbericht für den XVI. FIDE-Kongreß 1994 in Rom, EuR 1994, 263 ff; *Foerster, Stefan*, Art 235 EGV und das Subsidiaritätsprinzip des Art 3b Abs 2 EGV, ÖJZ 1996, 281 ff; *Gutknecht, Brigitte*, Das Subsidiaritätsprinzip als Grundsatz des Europarechts, in *Hengstschläger* (FN 193) 921 ff; *Häberle, Peter*, Das Prinzip der Subsidiarität aus der Sicht der vergleichenden Verfassungslehre, AöR 1994, 169 ff; *Heintzen, Markus*, Subsidiaritätsprinzip und Europäische Gemeinschaft, JZ 1991, 317 ff; *Hense, Ansgar*, Subsidiarität – rechtliche Zauberformel und Rettungsanker? – Bericht über das internationale und interdisziplinäre Symposium in der Johannes a Lasco Bibliothek Emden vom 1. bis 4. November 2000, DVBl 2001, 875 ff; *Hirsch, Günther*, Das Subsidiaritätsprinzip. Architekturprinzip oder Sprengsatz für die Europäische Union?, in *Böttcher, Reinhard/Hueck, Götz/Jähnke, Burkhard* (Hrsg), Festschrift für WALTER ODERSKY zum 65. Geburtstag am 17. Juli 1996 (1996) 197 ff; *Jarass, Hans D*, EG-Kompetenzen und das Prinzip der Subsidiarität nach Schaffung der Europäischen Union, EuGRZ 1994, 209 ff; *Kahl, Wolfgang*, Möglichkeiten und Grenzen des Subsidiaritätsprinzips nach Art. 3b EG-Vertrag, AöR 1993, 414 ff; *Mederer, Wolfgang*, Das Subsidiaritätsprinzip und die EG, ecolex 1991, 513 ff; *Pieper, Stefan Ulrich*, Subsidiaritätsprinzip – Strukturprinzip der Europäischen Union, DVBl 1993, 705 ff; *Pipkorn, Jörn*, Das Subsidiaritätsprinzip im Vertrag über die Europäische Union – rechtliche Bedeutung und gerichtliche Überprüfbarkeit, EuZW 1992, 697 ff; *Ronge* (FN 186); *Schäffer, Heinz*, Europäische Integration und Föderalismus, ZSchwR NF 1994, 155 ff; *Schima, Bernhard*, Die Beurteilung des Subsidiaritätsprinzips durch den Gerichtshof der Europäischen Gemeinschaften, ÖJZ 1997, 761 ff; *Schmidhuber, Peter M/Hitzler, Gerhard*, Die Verankerung des Subsidiaritätsprinzips im EWG-Vertrag – ein wichtiger Schritt auf dem Weg zu einer

burg lehrenden Professors *Constantinesco* dargestellt.[204] Seiner Ansicht nach ergeben sich zwei verschiedene Funktionen für das Subsidiaritätsprinzip. Zum einen sieht er darin ein Regelungsprinzip, nach welchem Kompetenzen im Rahmen einer konstituierenden Phase von der nationalen Ebene auf die Europäische Union übertragen werden können. Zum anderen sieht er darin (im Jahre 1991) die Ausgestaltung des Prinzips als Regulativ im Spannungsfeld der konkurrierenden Kompetenzen zwischen den Mitgliedstaaten und der Union. Da die jeweilige Abwägung eine politische Aufgabe mit politischem Ermessensspielraum sei, bedürfe es einer juristischen Kontrolle durch den EuGH. Dies könne im Rahmen der Nichtigkeitsklage erfolgen, welche nach dem System des Art 230 EGV allerdings erst *a posteriori* erfolgt. Wichtiger wäre seiner Meinung nach hingegen eine Präventivkontrolle[205] durch den EuGH, welcher zu prüfen hätte, „ob die jeweilige Initiative sich im Rahmen der Gemeinschaftsziele hält, ob sie gerechtfertigt ist – weil effektiver und angemessener als Einzelmaßnahmen der Mitgliedstaaten – und ob ihr Gegenstand oder ihre Auswirkungen den einzelstaatlichen Rahmen überschreiten".[206] Somit eine Art Gutachtensverfahren nach Art 300 Abs 6 EGV, allerdings nicht auf Abkommen der Gemeinschaft beschränkt.

3. Kapitel: Die Merkmale eines Verfassungsgerichtes

Wenn in den folgenden Teilen – in rechtsvergleichender Analyse – die Eigenschaft des EuGH als Verfassungsgericht untersucht werden soll – welches die Verbandsgewalt der supranationalen Organisation EG/EU ausformt –, so bedarf es vorab einer Untersuchung dieses Begriffes. Verfassungsgerichte finden sich in den meisten westlichen Demokratien. Die *nationale* Verfassungsgerichtsbarkeit heutiger Ausprägung entstand 1803 in den USA mit dem Supreme Court[207] und setzte sich vor dem zweiten Weltkrieg 1874 in der Schweiz und 1920 in Österreich durch. Den eigentlichen Siegeszug beschritt die Verfassungsgerichtsbarkeit in den westlichen Staaten nach dem zweiten Weltkrieg, 1951 in der Bundesrepu-

---

föderalen Verfassung der Europäischen Gemeinschaft, NVwZ 1992, 720 ff; *Schramm, Alfred*, US-Föderalistische Anregungen zur Weiterentwicklung des EG-Subsidiaritätsprinzips, ZfRV 2000, 8 ff; *Schweitzer, Michael/Fixson, Oliver*, Subsidiarität und Regionalismus in der Europäischen Gemeinschaft, Jura 1992, 579 ff.

[204] *Constantinesco* (FN 192) 561 ff. Siehe auch *ders*, Subsidiarität: Zentrales Verfassungsprinzip für die Politische Union, Integration 1990, 165 ff und *ders*, La Subsidiarité comme principe constitutionnel de l'integration européenne, Aussenwirtschaft 1991, 439 ff.

[205] Zur präventiven Normenkontrolle siehe auch nachstehend im 6. Kapitel des 3. Teiles auf S 191 und im 3. Kapitel des 4. Teiles auf S 368.

[206] *Constantinesco* (FN 192) 563.

[207] Siehe dazu nachstehend im 2. Kapitel des 4. Teiles auf S 302 ff.

blik Deutschland, 1956 in Italien[208], 1958 in Frankreich[209], 1975 in Griechenland, 1980 in Spanien, 1983 in Portugal und 1984 in Belgien.[210] Ansätze einer *supranationalen* Verfassungsgerichtsbarkeit entstanden ebenfalls erst nach dem Zweiten Weltkrieg mit dem Gerichtshof der Europäischen Gemeinschaften[211] bzw mit dem Gerichtshof der Andengemeinschaft[212].

3.1 Methodische Vorbemerkungen

Um die verfassungsgerichtliche Qualität eines judikativen Organs zu untersuchen, kann man sich verschiedener Methoden bedienen.

Eine besteht darin, die *institutionelle Stellung* des Gerichtes im Verhältnis zur Verfassung und zu den anderen Organen zu beleuchten. In welchem Verfahren und von wem werden seine Richter ernannt, welche Formen der Zusammenarbeit mit anderen Organen gibt es, ergibt sich für das Verfassungsgericht eine starke oder schwache Stellung im Verhältnis zu diesen anderen Organen, genießt das judikative Organ bzw seine Mitglieder/Richter Unabhängigkeit im institutionellen Gefüge und welche Ingerenz kann die Politik in zulässiger Weise auf Gericht und Richter ausüben?

Eine andere besteht darin, die *funktionale Rolle* des Verfassungsgerichtes näher zu analysieren. Welche Zuständigkeiten besitzt das Gericht, in welchen möglichen Variationen präsentieren sich diese bzw sind sie stark oder schwach ausgeprägt und schlussendlich, erlauben sie dem Verfassungsgericht seine ihm vorgegebenen Aufgaben zu erfüllen. Da sich diese funktionelle Rolle vor allem aus den *Zuständigkeiten* des Verfassungsgerichtes ergibt, kann man zur Qualifikation eines Gerichtes als Verfassungsgericht diese Zuständigkeiten analysieren und mit denjenigen vergleichen, welche man als konstitutiv bzw besonders bedeutend für ein Verfassungsgericht ansieht.

Die Beleuchtung der *institutionellen Stellung* eines Verfassungsgerichtes bietet den Vorteil einer näher an der Realität befindlichen und umfassenderen Erkenntnis über das judikative Organ. Erst im Zusammenspiel mit den anderen Organen und der Stellung diesen gegenüber erlangt man das notwendige Vorverständnis für eine umfassende Analyse. Ein Nachteil dieser Methode liegt jedoch in der

---

[208] Zur italienischen *Corte costituzionale* siehe *Dietrich, Michael*, Der italienische Verfassungsgerichtshof. Status und Funktion (1995); *Luther, Jörg*, Die italienische Verfassungsgerichtsbarkeit. Geschichte, Prozeßrecht, Rechtsprechung (1990).

[209] Siehe dazu nachstehend im 3. Kapitel des 4. Teiles auf S 366 ff.

[210] *Brünneck, Alexander von*, Verfassungsgerichtsbarkeit in den westlichen Demokratien. Ein systematischer Verfassungsvergleich (1992) 15 f.

[211] Siehe dazu nachstehend im 1. Kapitel des 2. Teiles auf S 53 ff.

[212] Siehe dazu nachstehend im 1. Kapitel des 4. Teiles auf S 209 ff.

Schwierigkeit der Herausarbeitung von Vergleichskriterien als Grundlage einer eingehenden Analyse. Denn so wie jede Verfassung Ausdruck der gesellschaftlichen und historisch gewachsenen Zustände in einem speziellen Land ist, so ergibt sich auch die Stellung des Verfassungsgerichtes im Gefüge der anderen Gewalten und Organe aus diesem komplexen Kontext. Eine auf verschiedene supra-/nationale Verfassungsgerichte anwendbare Synopse zur Darstellung der institutionellen Stellung wird sich nicht immer konsequent durchhalten lassen.

Leichter tut man sich mit der Ausarbeitung einer solchen Synopse im Bereich der *funktionalen Rolle* eines Verfassungsgerichtes. Ausgehend von mehreren (Verfassungs-)Gerichten kann man die von diesen ausgeübten Zuständigkeiten konsolidieren und in eine einheitliche Systematik bringen, anhand derer man dann die einzelnen (Verfassungs-)Gerichte analysiert. Die derart vorgenommene Analyse kann die Ausprägung der Zuständigkeiten untersuchen, welche man für die Qualifikation als Verfassungsgericht als konstitutiv ansieht. Des Weiteren ergibt sich aus einer solchen Analyse die starke oder schwache Ausprägung einer solchen Zuständigkeit.

Neben der Beschreibung der institutionellen Stellung bzw der durch die gegebenen Zuständigkeiten ausgeübten funktionalen Rolle besteht noch eine weitere Möglichkeit der Darstellung eines Verfassungsgerichtes, nämlich die der *Analyse der Judikatur* desselben. Ein solches Unterfangen – welches als Vorausverständnis allerdings zumindest eine der beiden vorstehenden Methoden voraussetzt – kann ebenso die Basis für eine rechtsvergleichende Untersuchung bieten, allerdings wird sich eine solche Analyse erstens immer nur auf einige wenige materielle Bereiche erstrecken können und ist zweitens seriöserweise nur zu bewerkstelligen, wenn man sich mit den Rechtsordnungen und der Judikatur der jeweiligen Gerichte in jahrelanger Erfahrung intensiv auseinandergesetzt hat.

3.2 Erläuterung der dieser Rechtsvergleichung zugrunde gelegten Synopse

Die vom Verfasser gewählte Methode berücksichtigt sowohl die institutionelle Stellung der Gerichte in der jeweiligen Verfassung als auch das ihnen zur Verfügung stehende Bündel an Zuständigkeiten. Diese Methode ermöglicht zum einen eine Beschreibung der (Verfassungs-)Gerichte in ihrem Umfeld, ohne die man diese judikativen Organe kaum verstehen kann, und bietet auf der Ebene der Zuständigkeiten die Möglichkeit einer synoptischen Gegenüberstellung.

Der vorstehend angesprochene Weg einer Gegenüberstellung aufgrund der ergangenen Judikatur wird in dieser Arbeit nicht beschritten, zum einen aus Gründen des Umfanges, zum anderen aus einem zugegebenen Mangel an ausreichender Kenntnis der langjährigen Rechtsprechung der ausgewählten (Verfassungs-)-

Gerichte.[213] Lediglich wenn grundlegende Entscheidungen für den weiteren Gang der Untersuchung und das bessere Verständnis notwendig sind, erfolgt eine kurze Darstellung und Analyse derselben.

Die nachstehend im 3. und im 4. Teil verwendete *Synopse* ist nach folgenden Überlegungen aufgebaut:[214]

Soweit sich die institutionelle Stellung der Gerichte nicht bereits aus einer kurzen Darstellung der Verfassung ergibt, wird diese, insbesondere die Organeigenschaft der Gerichte, kurz behandelt. Für die institutionelle Rolle besonders bedeutend ist die Rechtsstellung der Richter, das Ernennungs- und das Absetzungsverfahren sowie die Unabhängigkeit derselben im System der Verfassung. Der Vollständigkeit halber werden sodann noch die neben den Richtern tätigen und diese unterstützenden Personen, wie Generalanwälte, behandelt sowie die Organisation des Gerichtes samt der Stellung seines Präsidenten.

Die funktionale Rolle der Gerichte ist zum einen wesentlich durch die Art der Verfahren (Amtswegigkeit oder externe Einleitung des Verfahrens) und die Ausgestaltung der Entscheidungsfindung geprägt. Zum anderen ergibt sich diese Rolle, wie schon erwähnt, primär aber aus den dem Gericht dafür zu Verfügung stehenden Zuständigkeiten.

Die einem Gericht zustehenden Zuständigkeiten kann man danach klassifizieren[215], ob man sie als für ein Verfassungsgericht konstitutiv ansieht, oder aber, ob es sich lediglich um Zuständigkeiten handelt, die die verschiedenen Verfassungen diesen Gerichten üblicherweise übertragen.

Die nach Ansicht des Verfassers für die Qualifikation als Verfassungsgericht *konstitutiven Zuständigkeiten* sind: die Normenkontrolle, die Entscheidung über Pflichtenverletzungen, die Grundrechtskontrolle bzw sogenannte sonstige institutionelle Zuständigkeiten.

Die Begriff *Normenkontrolle* beinhaltet nach dem Verständnis des Verfassers die Kontrolle der Einhaltung der Verfassung von sowohl individuellen als auch generellen Rechtsakten.[216] Die Normenkontrolle kann sich zum einen auf Akte der übergeordneten (Bundesstaat, Verbandsgewalt) und zum anderen auf Akte der untergeordneten Ebene (Länder, Mitgliedstaaten) beziehen. Die Organisation der Normenkontrolle kann unterschiedlich ausfallen und ist dies auch in den (Verfas-

---

[213] Siehe dazu zB für einen Vergleich der Judikatur von EuGH und BVerfG *Oppermann* (FN 61) 454 ff.

[214] Die für den 3. Teil verwendete Synopse (siehe dazu nachstehend auf S 443) entspricht dem dieser Arbeit zugrunde gelegten Raster und wurde lediglich in einigen Bereichen adaptiert.

[215] Für eine Typologie des Zugangs zur Verfassungsgerichtsbarkeit in verschiedenen europäischen Ländern siehe *Mahrenholz, Ernst Gottfried*, Europäische Verfassungsgerichte, JÖRdG 2001, 15 ff, 18 ff.

[216] Zu den Rechtsakten der EG/EU siehe auch CONV 162/02.

sungs-)Gerichten in den unterschiedlichen Ländern.[217] Die verfassungsmäßige Normenkontrolle kann *incidenter* im Rahmen herkömmlicher Verfahren erfolgen oder – wie in Österreich – einem eigenen Verfahren vorbehalten bleiben. Aus einer intertemporalen Sichtweise kann die Normenkontrolle zum einen in einem konkreten Fall oder präventiv vor dem In-Kraft-Treten des jeweiligen Rechtsaktes erfolgen.

Unter dem Begriff *Pflichtenverletzung* wird im Folgenden der Verstoß gegen eine sich aus der Verfassung ergebenden Verpflichtung verstanden. Ein erster Aspekt ist die – zur Abrundung der Normenkontrolle notwendige – Sanktionierung der Untätigkeit eines Organes bei gegebener Verpflichtung zu einer Tätigkeit bzw zum Erlass eines Rechtsaktes; diese meist als Untätigkeitsklage bezeichnete Zuständigkeit könnte man auch als negative Normenkontrolle einordnen. Im Bereich des Akteurs kann man wie auch bei der Normenkontrolle sowohl Pflichtenverletzungen durch die über- als auch solche durch die untergeordnete Ebene unterscheiden. Was die verletzte Pflicht anbelangt, kann man darunter ganz generell jede sich aus der Verfassung ergebende Pflicht verstehen, im Speziellen wird diese Pflicht zumeist die Einhaltung der sowohl vertikalen als auch der horizontalen Zuständigkeitsverteilung betreffen. Die Art des Verstoßes kann generell Handlungen und dabei im Speziellen den Erlass einer Norm betreffen. Was die Verfahren zur Feststellung und Sanktionierung der Pflichtenverletzung betrifft, so ist zum einen denkbar, dass die Verfassung dafür ein eigenständiges Verfahren vorsieht; denkbar wäre zum anderen allerdings auch die Einbindung insbesondere der Zuständigkeitskontrolle in die Normenkontrolle. Die Zuständigkeit im Bereich der Pflichtenverletzungen umfasst auch die Verfahren im Zusammenhang mit der Haftung der über- bzw der untergeordneten Ebene.

Zum an sich nicht erklärungsbedürftigen Begriff der *Grundrechtskontrolle*[218] sei nur auf die nach Ansicht des Verfassers damit eng verbundene Frage des Zuganges von Individuen[219] zum (Verfassungs-)Gericht hingewiesen. Die Grundrechtskontrolle kann man somit *materiell* als Zuständigkeit zum Schutz der von der Verfassung verbürgten Grundrechte verstehen, während man den Individualrechtsschutz *formell* als verfahrensrechtlichen Zugang der Individuen zum (Ver-

---

[217] Siehe dazu bei *Brünneck* (FN 210) 28 f.

[218] Siehe dazu zB *Crones, Luisa*, Grundrechtlicher Schutz von juristischen Personen im europäischen Gemeinschaftsrecht. Eine rechtsvergleichende Untersuchung zum persönlichen Anwendungsbereich der Grundfreiheiten und Gemeinschaftsgrundrechte (2001).

[219] Siehe dazu zB *Brunner, Georg*, Der Zugang des Einzelnen zur Verfassungsgserichtsbarkeit im europäischen Raum, JÖRdG 2002, 191 ff; *Nowak, Carsten/Cermer, Wolfgang* (Hrsg), Individualrechtsschutz in der EG und der WTO. Der zentrale und dezentrale Rechtsschutz natürlicher und juristischer Personen in der Europäischen Gemeinschaft und der Welthandelsorganisation (2002).

fassungs-)Gericht sehen kann. Diese beiden Aspekte können sich insofern überschneiden, als den Individuen ein Verfahren im Bereich der Grundrechtskontrolle eröffnet werden kann. Der Zugang von Individuen zum (Verfassungs-)Gericht ist selbstverständlich auch in anderen Verfahren, wie zB der Normenkontrolle, von Bedeutung. Der Bereich der Grundrechtskontrolle kann sich – wie auch schon bei den anderen Verfahren – auf die über- bzw auf die untergeordnete Ebene beziehen.

Die vom Verfasser verwendete Kategorie der *sonstigen institutionellen Streitigkeiten* ist – wie der Name schon anklingen lässt – eine *poche vide*, ein Zugeständnis an die Unvollkommenheit jeder – wie auch dieser – Systematisierung. Solche sonstigen institutionellen Streitigkeiten können sich auf einer ersten horizontalen Ebene zwischen den Organen der übergeordneten Ebene abspielen, auf einer zweiten horizontalen Ebene zwischen den Mitgliedern der untergeordneten Ebene und schließlich auf einer vertikalen Ebene zwischen der über- und der untergeordneten Ebene.

Um ein Gericht als Verfassungsgericht zu qualifizieren, müssen nach Ansicht des Verfassers diese vier Kategorien von Zuständigkeiten vorliegen, wobei man je nach Ausprägung derselben unter Umständen auch bei Fehlen einer Kategorie von einem Verfassungsgericht wird sprechen können. Diese, die *Zuständigkeiten* betreffende Qualifizierung hat daneben natürlich auch die *institutionelle Stellung* des jeweiligen Gerichtes zu berücksichtigen.

Neben dieser Kategorie der konstitutiven Zuständigkeiten gibt es noch eine *weitere Kategorie von (nicht konstitutiven) Zuständigkeiten*, welche einem Verfassungsgericht bisweilen zukommen. Dazu gehören die Prüfung von Wahlen und Referenden, gewisse internationale Zuständigkeiten und schiedsrichterliche Funktionen. Bei einem Verfassungsgericht findet sich auch meist eine Zuständigkeit zur Amtsenthebung eigener Mitgliedern (Richter) oder anderer Organe (zB Minister) sowie für dienstrechtliche Streitigkeiten von Beamten der verschiedenen Organe. Eine weitere Zuständigkeit betrifft das Verhältnis bzw die Zusammenarbeit mit sonstigen Einrichtungen. Dies können zum einen andere Gerichte sein (zB Vorabentscheidungsverfahren als eine mögliche Form der vertikalen Zusammenarbeit oder eine Überprüfung der Entscheidungen der untergeordneten Gerichte) bzw andere Organe der über- bzw der untergeordneten Ebene oder andere Internationale Organisationen/Staaten. Auch bei dieser „weiteren Kategorie von Zuständigkeiten" ist schließlich eine offene Kategorie notwendig, um alle sonstigen Zuständigkeiten erfassen zu können.

Nach den Ausführungen zu der im 3. und im 4. Teil verwendeten Synopse und der sich bereits durch die Aufzählung der konstitutiven Zuständigkeiten ergebenden Definition eines Verfassungsgerichtes soll nun noch eine inhaltliche Definition eines Verfassungsgerichtes gegeben werden. Diese kann jedoch nur in Zusammenhang mit den konstitutiven Zuständigkeiten gesehen werden, da sie sehr breit ausgefallen ist. Nach Ansicht des Verfassers ist ein Verfassungsgericht *ein Gericht, welches die Einhaltung der Verfassung sichert.*

3.3 Definition des Begriffes Verfassungsgericht nach der Staatsrechtslehre

„Wenn auch schon der erste Schritt, nämlich dem betroffenen Bürger ein Beschwerderecht gegen Verwaltungsakte wegen der Verletzung verfassungsgesetzlich gewährleisteter Rechte zu geben, von größter Bedeutung war, so stellt doch das Institut der Gesetzesprüfung durch ein Gericht – mit der Möglichkeit der Aufhebung (oder Nichtigerklärung) des verfassungswidrigen Gesetzes – die Krönung des Rechtsstaates dar."

Friedrich Koja[220]

Nach der Staatsrechtslehre wird die Verfassungsgerichtsbarkeit wohl übereinstimmend definiert als „jedes gerichtliche Verfahren, das die Einhaltung der Verfassung unmittelbar gewährleisten soll".[221] Eine Definition, welche im Übrigen auch auf dem 1961 vom Max-Planck-Institut für Ausländisches Öffentliches Recht und Völkerrecht veranstalteten internationalen Kolloquium über den damaligen Stand der Verfassungsgerichtsbarkeit in der Welt verwendet wurde.[222] Eine etwas weitere Definition findet sich bei *Schäffer*, wonach unter Verfassungsgerichtsbarkeit „gerichtsförmige Einrichtungen zur Überwachung der Einhaltung bzw zum Schutz der höchsten rechtlichen Ordnung des Staates, der Verfassung (‚Hüter der Verfassung')" zu verstehen seien.[223]

Im Hinblick auf die Zuständigkeiten, welche für *Korinek* nicht konstitutiv, aber immerhin typisch für ein Verfassungsgericht sind, nennt er:[224]

- „die Zuständigkeit zur Wahrung der bundesstaatlichen Ordnung;
- die Zuständigkeit zur Schlichtung sonstiger Organstreitigkeiten;

---

[220] Allgemeine Staatslehre (1993) 313.

[221] So *Korinek, Karl*, Die Verfassungsgerichtsbarkeit im Gefüge der Staatsfunktion. 1. Bericht, VVDStRL 1981, 7 ff, 17.

[222] *Faller, Hans Joachim*, Zur Entwicklung der nationalen Verfassungsgerichte in Europa, EuGRZ 1986, 42 ff, 42.

[223] *Schäffer, Heinz*, Verfassungsgericht und Gesetzgebung, in *ders/Berka, Walter/Stolzlechner, Harald/Werndl, Josef* (Hrsg), Staat – Verfassung – Verwaltung. Festschrift anläßlich des 65. Geburtstages von Prof. DDr. DDr. h.c. Friedrich Koja (1998) 101 ff, 101.

[224] *Korinek* (FN 221) 19 ff.

- die Zuständigkeit zur Kontrolle der korrekten Durchführung von Wahlen sowie zur Entscheidung über einen Mandatsverlust;
- die Staatsgerichtsbarkeit im engeren Sinn;
- die Zuständigkeit zur Kontrolle generell-abstrakter Normen, (...) wobei diese Normenkontrollverfahren sowohl als konkrete, von einem Anlaßfall ausgehende, als auch als abstrakte Normenkontrollverfahren möglich sind;
- die Zuständigkeit zur Entscheidung über Verfassungsbeschwerden;"

3.4 Der EuGH als Verfassungsgericht in den Augen der Literatur

In der Instituierung des Gerichtshofes als einzige Entscheidungsinstanz in Verfassungsfragen sieht *Ipsen* die „krönende Bestätigung der Gemeinschaft als Rechtsgemeinschaft", da die Gemeinschaftsverfassung „mit der Normierung der Verfassungsrolle des Gerichtshofs eine grundlegende Verfassungsentscheidung getroffen" habe, „die für eine Integrationsgemeinschaft bislang souveräner Nationalstaaten keine Selbstverständlichkeit sein mußte".[225] Eine Aufgabe des Gerichtshofes als Verfassungsgericht sieht er in der Rolle als „Hüter und Promotor des Integrationsprinzips"[226].

Der Präsident des betroffenen Gerichtes, *Rodríguez Iglesias*, qualifiziert „sein" Gericht wie folgt: „Er ist zwar ein Verfassungsgericht, aber kein spezialisiertes Verfassungsgericht und auch nicht nur Verfassungsgericht."[227] Die verfassungsrechtliche Funktion spiegelt sich für ihn in folgenden Rechtswegen wieder: in der Prüfung der Verfassungsmäßigkeit des abgeleiteten Gemeinschaftsrechtes, der Wahrung des institutionellen Gleichgewichtes, der Abgrenzung der Zuständigkeiten der Gemeinschaft und der Mitgliedstaaten, der Fortbildung des Grundrechtsschutzes und schließlich der präventiven Prüfung der Verfassungsmäßigkeit von Abkommen der Gemeinschaft mit Dritten.

Nach *Dauses* übt der Gerichtshof die Verfassungsgerichtsbarkeit materiellrechtlich in folgender Hinsicht aus: durch die Herausbildung der allgemeinen

---

[225] *Ipsen, Hans Peter*, Die Verfassungsrolle des Europäischen Gerichtshofs für die Integration, in *Schwarze Jürgen* (Hrsg), Der Europäische Gerichtshof als Verfassungsgericht und Rechtsschutzinstanz. Referate und Diskussionsberichte der Tagung des Arbeitskreises Europäische Integration e. V. in Hamburg vom 2. bis 4. Juni 1983 (1983) 29 ff, 36.

[226] *Ipsen* (FN 225) 37.

[227] *Rodriguez Iglesias, Gil Carlos*, Der Gerichtshof der Europäischen Gemeinschaften als Verfassungsgericht, EuR 1992, 225 ff, 226. Erinnert sei an dieser Stelle an die im Vorwort erwähnte Abgrenzung, wonach diese Arbeit primär den GH, nicht aber das EuG (als die Verbandsgewalt ausformendes Verfassungsgericht) untersucht.

Rechtsgrundsätze, durch die Gewährleistung des institutionellen Gleichgewichts im vertikalen und horizontalen Verhältnis sowie durch die Überprüfung der Rechtmäßigkeit des Sekundärrechtes und der Handlungen der Mitgliedstaaten am Primärrecht (Verträge und Allgemeine Rechtsgrundsätze).[228]

Neben der Gewährleistung des individuellen Rechtsschutzes als Verwaltungs- und Zivilgericht sieht *Oppermann* den EuGH auch als „das *Verfassungsgericht der Gemeinschaft*“, da dem Gerichtshof nach ex-Art 164 (jetzt Art 220) EGV die Wahrung der Verfassungsordnung der EG anvertraut sei.[229] Neben der Kompetenz für Streitigkeiten zwischen den Mitgliedstaaten und den Gemeinschaftsorganen sowie zwischen den Mitgliedstaaten qualifiziert er auch die Vertragsauslegung im Wege der Vorabentscheidung als verfassungsrechtlich.[230] In einem Vergleich zwischen dem deutschen Bundesverfassungsgericht (BVerfG) und dem EuGH, für welche jeweils ein Prinzip der begrenzten Einzelermächtigung gelte, sieht er die Betätigungsmöglichkeit des EuGH punktuell begrenzter, als die des Bundesverfassungsgerichtes.[231] Als einen Bereich, in welchem die Kompetenzen des EuGH weit weniger ausgebildet sind, führt er den Rechtsschutz von Einzelpersonen an.[232]

Ebenfalls aufgrund seiner Kompetenzen und Tätigkeiten qualifiziert *Francis G Jacobs* den Gerichtshof als Verfassungsgericht. „Nevertheless the functions performed by the Court through its various heads of jurisdiction include some which have an unmistakably constitutional flavour, in particular demarcation of the competences of the Community and of the Member States, review of compatibility of Community legislation with the Treaty, demarcation of competences of the Community institutions *inter se* and – by the Court's case-law, with no clear Treaty basis – protection of the fundamental rights of individuals."[233]

Erwähnt sei aus der laufenden Verfassungsdebatte noch der sog *Lamassoure*-Bericht, in welchem in Punkt 37 die Ansicht ausgedrückt wird, „dass der Gerichtshof in vielerlei Hinsicht der Verfassungsgerichtshof der Union [!] ist“.[234]

---

[228] *Dauses, Manfred A*, Die Rolle des Europäischen Gerichtshofes als Verfassungsgericht der Europäischen Union, Integration 1994, 215 ff, 220.

[229] *Oppermann, Thomas*, Die Dritte Gewalt in der Europäischen Union, DVBl 1994, 901 ff, 902 f.

[230] *Oppermann* (FN 61) 449 f.

[231] *Oppermann* (FN 61) 451.

[232] *Oppermann* (FN 61) 451.

[233] *Jacobs, Francis G*, A new Constitutional Role for the European Court of Justice in the next decade?, http://www.rewi.hu-berlin.de/WHI/deutsch/veranst/tagung98/index_jacobs.htm, 2.

[234] Bericht über die Abgrenzung der Zuständigkeiten zwischen der Europäischen Union und den Mitgliedstaaten (2001/2024(INI), A5-133/2002, 14.

Ausgehend von der staatsrechtlichen Definition der Verfassungsgerichtsbarkeit, nämlich der Zuständigkeit für die fünf Bereiche der Wahl- inklusive Mandatsprüfung, der vertikalen Streitigkeiten, der horizontalen Streitigkeiten zwischen Organen, der Normenkontrolle sowie für den Bereich der Grundrechtsstreitigkeiten kommt *Wassilios Skouris* zu der Schlussfolgerung, dass „sich der Gerichtshof ohne große Schwierigkeiten unter die Verfassungsgerichte einordnen und seine Tätigkeit als Verfassungsgerichtsbarkeit bezeichnen" lässt.[235]

4. Kapitel: Allgemeine Ausführungen zur Rechtsvergleichung

„Obwohl nicht zu leugnen ist, daß der nur sein nationales Recht betrachtende Gelehrte bedeutende Erkenntnisse und weiterführende kritische Analysen entwickeln kann, so ergibt sich die Überlegenheit der rechtsvergleichenden Methode aus der einleuchtenden Erfahrung, daß die großen Rechtsordnungen der Welt in ihrer langen, lebensvollen Geschichte einen größeren Reichtum an Strukturen juristischer Institutionen und an Lösungen konkreter Probleme entwickelte haben, als der einfallreichste Denker in seinem kurzen irdischen Dasein ersinnen kann."

Konrad Zweigert[236]

Die Rechtsvergleichung (*droit comparé*) ist einer der kostbarsten Teilaspekte der Rechtswissenschaften. So wie Reisen in ferne Länder – und insbesondere Kulturen – den geistigen Horizont erweitern können, indem sie neben gewohnten Denkmustern neue Ansichten und Lösungsvarianten eröffnen, so bietet auch die Rechtsvergleichung die einzigartige Möglichkeit, neue Konstruktionen und Ideen kennenzulernen. So wie ein funktionalistisches Gebilde im Wege der Rechtsvergleichung institutionelle Konstrukte auch aus der Staatsrechtslehre entnehmen kann, so gibt es auch für die Judikative in einem funktionalen Zweckverband nicht nur die Ausformung, in der sich uns beispielsweise heute der Europäische Gerichtshof in Luxemburg präsentiert. Die im 3. Teil behandelten Verfassungsentwürfe sowie die im 4. Teil behandelten (Verfassungs-)Gerichte, die jeweils von verschiedenen Grundvorstellungen ausgehen, spiegeln jeweils auch ein anderes Verständnis der judikativen Gewalt wider. Gerade *die Judikative in der Ausformung als Verfassungsgericht*, die die institutionellen Beziehungen in vertikaler

[235] *Skouris, Wassilios*, Demokratie und Verfassungsgerichtsbarkeit aus der Sicht des Europäischen Gerichtshofes, in *Holoubek, Michael/Gutknecht, Brigitte/Schwarzer, Stephan/Martin, Andrea* (Hrsg), Dimensionen des modernen Verfassungsstaates. Symposium zum 60. Geburtstag von Karl Korinek (2002) 151 ff, 152 f.

[236] Rechtsvergleichung, in *Schlochauer* (FN 175) 79 ff, 79.

und horizontaler Hinsicht in letzter Instanz bindend beurteilt, ist in ihrer konkreten Ausgestaltung für das Grundverständnis einer Verfassung in höchstem Maße repräsentativ.

Nach der Begründung für die Auswahl dieser Methode der Erkenntnisgewinnung sei diese kurz in ihren Grundzügen erläutert.

Die meist im Privatrecht angesiedelte Rechtsvergleichung[237] kann wie folgt definiert werden: „Unter Rechtsvergleichung ist das Inbezugsetzen ganzer Rechtsordnungen in ihrem Geist und Stil und das Inbezugsetzen vergleichbarer Problemlösungen in verschiedenen Rechtsordnungen zu verstehen."[238] Eine andere Definition versteht unter Rechtsvergleichung „eine bestimmte rechtswissenschaftliche Forschungsmethode, mit deren Hilfe bestimmte gemeinsame und/oder unterschiedliche Merkmale bzw. Eigenschaften der verschiedenen Rechtssysteme zugehörigen und ähnliche Objekte festgestellt werden können".[239] Voraussetzung für die Rechtsvergleichung ist das *Tertium comparationis*, „die den verglichenen Eigenschaften gemeinsame Kategorie, (...) de[r] gemeinsam[e] Oberbegriff"[240]. „Bezogen auf die Rechtsvergleichung bedeutet dies, daß die Konstante des Vergleichs im zu lösenden Problem gegeben ist und die Arten der Problemlösung die Variablen darstellen."[241]

Recht ist eine normative Ausprägung von sozialen, meist historisch gewachsenen Gegebenheiten, die ohne das dazugehörige Umfeld nicht verstanden werden kann.[242] Insofern kann die Rechtsvergleichung dazu dienen, Gemeinsamkeiten zwischen verschiedenen Rechtsordnungen aufzuzeigen (*fonds commun*), unter Umständen die in einer Rechtsordnung nicht vorhandenen Aspekte zu erkennen und Unterschiede besser verstehen zu lernen.

Der dem *droit comparé* zugrundeliegende *Vergleich* ist ein Erkenntnisverfahren, „bei welchem Entitäten (also Dinge, Begriffe, Beziehungen etc.) auf der Basis von Qualität, Quantität oder Relation aufeinander bezogen oder vergleichend an die Seite gestellt werden, um Ähnlichkeiten, Gleichheiten, Identitäten oder Pro-

---

[237] Zur Rechtsvergleichung „in Luxemburg" siehe *Lenaerts, Koen*, Le droit comparé dans le travail du juge communautaire, RTD eur 2001, 487 ff.

[238] *Zweigert* (FN 236) 79.

[239] *Noll, Alfred J*, Internationale Verfassungsgerichtsbarkeit. Fragen der Verfassungsgerichtsbarkeit in Großbritannien, der USA, Frankreich, Italien und Japan (1992) 8.

[240] *Mössner, Jörg Manfred*, Rechtsvergleichung und Verfassungsrechtsprechung, AöR 1974, 193 ff, 198.

[241] *Mössner* (FN 240) 198.

[242] Insofern könnte man geneigt sein die Frage zu stellen, ob es sich bei der Rechtswissenschaft überhaupt streng genommen um eine Wissenschaft handelt, da das von ihr untersuchte Recht nie einen absoluten Faktor darstellt.

portionen zu entdecken, festzustellen bzw. herzustellen."[243] Ergebnisse eines solchen Vergleichs können Verallgemeinerungen, Klassifikationen, Gleichungen, Ordnungen, rhetorische Figuren sowie Basen für nachfolgende Erkenntnisverfahren sein.[244]

Die Rechtsvergleichung bedient sich verschiedener Methoden für ihre vergleichende Vorgangsweise:[245] Die *deskriptive* Rechtsvergleichung beschreibt positiv rechtliche Regelungen in mindestens zwei Rechtsordnungen. Die Regelungen dieser Rechtsordnungen können sodann bei Homogenität und gleicher rechtlicher Funktion der Rechtsordnungen begrifflich-dogmatisch systematisiert werden. Wenn die zu untersuchenden Regelungen keine Homogenität aufweisen und das Stadium bloßer Beschreibung überschritten wird, spricht man von *rechtlich-funktionaler* Rechtsvergleichung, welche mit Blick auf das Gesamtgefüge der behandelten Rechtsordnungen Divergenzen analysiert. Die *sozial-funktionale* Methode bezieht des Weiteren soziologische Gegebenheiten in den Vergleich rechtlicher Regelungen mit ein. Die *historische* Methode dient der Erhellung von Ursprung und Entwicklung von Rechtsnormen. Die *kontrastierende* Methode dient der Herausarbeitung von Unterschieden bei mehr oder weniger konträren Rechtsinstituten. Die *typologische* Methode sucht „typenmäßige Unterschiede zu markieren oder allgemeine Grundsätze und strukturelle Ähnlichkeiten aufzuzeigen, die mehrere Rechtsordnungen übergreifen; dabei gilt die Aufmerksamkeit besonders den systemindifferenten Rechtsinstituten eher technischer Art"[246].

Die vorliegende Arbeit bedient sich im 2. Teil (*Die geschichtliche Entwicklung des EuGH*), wie der Titel schon anklingen lässt, der historischen Methode, indem Ursprung und Entwicklung des Gerichtshofes dargestellt und analysiert werden. Im 3. (*Die institutionelle Stellung und funktionale Rolle des EuGH in den wichtigsten Verfassungsentwürfen*) und im 4. Teil (*Der EuGH in Verhältnis zu anderen (Verfassungs-)Gerichten*) wird die deskriptive bzw bei grundlegend konträren Gegebenheiten die kontrastierende Methode verwendet.[247]

[243] *Noll* (FN 239) 12.
[244] *Noll* (FN 239) 12.
[245] Siehe dazu bei *Noll* (FN 239) 14 f.
[246] *Noll* (FN 239) 15.
[247] Ansatzweise enthält diese Arbeit auch Elemente der sozial-funktionalen Methode.

2. Teil: Die geschichtliche Entwicklung des EuGH

Vorbemerkung

Wie schon im Vorwort erwähnt, dient der EuGH in seiner heutigen Ausformung (vor In-Kraft-Treten des Vertrages von Nizza[248]) als Vergleichsbasis für die Gegenüberstellung der im 3. Teil behandelten Verfassungsentwürfe sowie der im 4. Teil behandelten nationalen und supranationalen (Verfassungs-)Gerichte. Die in diesem 2. Teil vorgenommene Darstellung der historischen Genese versteht sich zum einen – neben Verfassungsentwürfen und (Verfassungs-)Gerichten – als eine dritte Kategorie der Rechtsvergleichung, eben einer historischen. Zum anderen stellt dieser historische Teil nach Ansicht des Verfassers aber auch eine notwendige Voraussetzung dar, um die heutige Ausgestaltung des EuGH als Verfassungsgericht erst wirklich verstehen zu können.

Nicht nur in Hinblick auf den Gesamtumfang dieser Arbeit sondern auch aus dem Grund, dass länger zurück liegende Ereignisse und deren wissenschaftliche Aufarbeitung eher in Vergessenheit geraten, wird der Schwerpunkt dieses 2. Teiles auf den Gerichtshof der EGKS (1. Kapitel) gelegt. Die späteren Revisionsakte werden nur mehr in ihren Grundzügen dargelegt (insb 3. bis 6. Kapitel).

Bekanntlich gibt es im Recht der Europäischen Union zwei mögliche Verfahren der Vertragsänderung. Behandelt werden in diesem Teil lediglich die gem Art 48 EUV (Vertragsrevision aufgrund einer Regierungskonferenz) erfolgten Änderungen, nicht hingegen die durch einen Beitritt bedingten (Art 49 EUV).

1. Kapitel: Die EGKS (1951) und ihr Gerichtshof [249]

Während im 1. Kapitel des 1. Teiles die Genese der Europäischen Union und die EGKS als ein Teil und Entwicklungsschritt derselben beschrieben wurde, wird im folgenden Kapitel die Entstehungsgeschichte und bestimmte Aspekte der Montanunion insofern ausführlicher behandelt, als dies als Vorverständnis für die Stellung des Gerichtshofes notwendig ist.

---

[248] Zu den Änderungen durch den Vertrag von Nizza siehe nachstehend im 6. Kapitel auf S 115 ff.

[249] Im folgenden Kapitel bezeichnen Artikel ohne weitere Angaben solche des EGKSV.

1.1 Die Entstehungsgeschichte der EGKS

Auf dem Gebiet von Kohle und Stahl gab es schon vor der EGKS Zusammenschlüsse von Staaten.[250] So gab es zwischen Deutschland und Luxemburg einen *Zollverein* (1871 bis 1918), aus welchem Luxemburg 1918 austrat und welcher 1920 mit Frankreich und Belgien ein Übereinkommen zur Regelung der Eisenproduktion abschloss. Ebenfalls auf dem Stahlsektor wurde 1926 die *Internationale Rohstahlgemeinschaft* gegründet, der Frankreich, Deutschland, Belgien und Luxemburg, später auch Österreich, Ungarn, die Tschechoslowakei und einige weitere Staaten angehörten. Knapp zehn Jahre später, 1934, wurde zwischen britischen und polnischen Exporteuren ein *Kontingent- und Preiskartell* vereinbart, welchem vier Jahre später ein ähnliches Abkommen zwischen Deutschland, Belgien, Holland, England und Polen folgte. Eine noch größere Anzahl von Staaten umfasste die *European Coal Organization*, welche neben west-, ost- und südeuropäischen Staaten auch noch die USA und die Türkei umfasste. Auch die am 16. 4. 1948 zwischen achtzehn Staaten gegründete *Organisation für europäische wirtschaftliche Zusammenarbeit* (OEEC) besaß ein Kohle- sowie ein Stahlkomitee, welche sich mit wirtschaftlichen Fragen auf diesem Gebiet auseinander setzten.

Am 7. 3. 1950 schlug der deutsche Bundeskanzler *Konrad Adenauer* in einem Interview eine vollständige Union zwischen Frankreich und Deutschland mit einem einzigen Parlament vor.[251] Den Benelux Staaten sowie Großbritannien sollte der Beitritt zu dieser Union offen stehen. Nachdem General *Charles de Gaulle* diese dem Reich *Karls des Großen* gleichkommende Union grundsätzlich begrüßte, konkretisierte *Adenauer* in einem zweiten Interview vom 22. 3. 1950 seine Vorstellungen insofern, als „man bei dem Bemühen zur Herbeiführung einer deutsch-französischen Union vor der allmählichen Verschmelzung der beiden Länder in Bezug auf Zölle und Wirtschaft ausgehen solle"[252]. Der damalige Außenminister *Robert Schuman* erklärte daraufhin den Vorschlag Adenauers insofern als verfrüht, als eine Wirtschaftsunion für ihre Realisierung ein gewisses Maß an politischer Verständigung voraussetze![253] Dennoch legte *Schuman* am 9. 5. 1950 in seiner berühmten Regierungserklärung den Plan für die Montanunion vor.[254] Noch am selben Tag begrüßte *Adenauer* den Vorschlag *Schumans* und erklärte am 21. 5. 1950, dass die Schaffung der Vereinigten Staaten von Europa

---

[250] Für den folgenden Überblick siehe *Moser, Berthold*, Die überstaatliche Gerichtsbarkeit der Montanunion (1955) 4 f.

[251] *Siegler* (FN 2) 41.

[252] *Siegler* (FN 2) 41.

[253] *Siegler* (FN 2) 41.

[254] Siehe dazu vorstehend im 1. Kapitel des 1. Teiles auf S 1.

(!)[255], und damit einer Dritten Macht, ein wesentliches Element des Weltfriedens sein würde.[256]

Die französische und die deutsche Regierung einigten sich daraufhin auf ein gemeinsames Kommuniqué, welches den Regierungen der Benelux Staaten sowie Italiens am 25. 5. 1950 übermittelt wurde; am selben Tag wurde dieses Memorandum auch dem Vereinigten Königreich übermittelt, welches jedoch ablehnend reagierte.[257] Diesem Kommuniqué schlossen sich neben Deutschland und Frankreich vier weitere europäische Staaten an. In einem Memorandum vom 30. 5. 1950 stellte die französische Regierung fest, dass jegliche Verpflichtung erst mit der späteren Ratifizierung des zu schließenden Vertrages entstehen würde, „bestand aber darauf, daß die vorgesehene Hohe Behörde sowohl von den Regierungen als auch von den Privatinteressen unabhängig sein müsse“[258]. Aufgrund der Nichteinigung mit Großbritannien veröffentlichten lediglich die sechs Regierungen, welche sich auf den *Schuman*-Plan als Verhandlungsbasis geeinigt hatten (!), am 3. 6. 1950 ein gemeinsames Kommuniqué, welches im Wesentlichen dem französischen Entwurf entsprach.[259] *Mosler* betont, dass es dabei der französischen Regierung nicht nur auf die Vereinigung von Wirtschaftszweigen ankam, „sondern daß die neuartige Organisationsform [!] dieser Wirtschaftsgemeinschaft das Kernstück des Plans ausmachte“; für eine Verankerung dieser Organisationsform habe sie sogar auf die Beteiligung des dazu ablehnend stehenden Großbritanniens verzichtet![260]

Noch im selben Monat (20. 6. 1950) trat die *Delegiertenkonferenz* der sechs später die Montanunion gründenden Staaten zusammen.[261] Unterstützt wurden die Delegationen durch Sachverständige aus den beteiligten Wirtschaftskreisen sowie aus den Arbeiterorganisationen. Am 24. 6. 1950 legte die französische Regierung ein Arbeitsdokument vor, welches aus einem in 40 Artikel gegliederten Vertragsentwurf bestand und welcher für die erste Zeit als Besprechungsgrundlage diente.[262] In dieser Vorgehensweise der Franzosen sieht *Mosler* einen Beweis dafür,

---

[255] Siehe dazu – mehr als 50 Jahre später – den Vorschlag von *Pierre Moscovici*; vorstehend in FN 155.

[256] *Siegler* (FN 2) 42.

[257] Für den auszugsweisen Text siehe *Mosler, Hermann*, Der Vertrag über die Europäische Gemeinschaft für Kohle und Stahl. Entstehung und Qualifizierung, ZaöRV 1951/52, 1 ff, 11.

[258] *Mosler* (FN 257) 12.

[259] *Mosler* (FN 257) 12.

[260] (FN 257) 13. „Die Grundzüge der Organisation sollten der Ausgangspunkt, nicht das Resultat der Konferenz sein.“

[261] Zu den folgenden Ausführungen zur Delegiertenkonferenz siehe *Mosler* (FN 257) 13 ff.

[262] Nach *Siegler* (FN 2) 43 wurde darin eine teilweise Fusion der nationalen Souveränitäten durch die Errichtung einer *Obersten Behörde* vorgeschlagen, welche gegenüber einer gemeinsa-

dass der *Schuman*-Plan nicht nur eine allgemeine – auf einer internationalen Konferenz auszuarbeitende – politische Kundgebung war, sondern dass ihm im Einzelnen genau durchdachte Erwägungen zugrunde lagen. Mit dieser Durchdachtheit, die *Mosler* hier anspricht, meint er wahrscheinlich den Keim, den *Jean Monnet* (unbemerkt?) in Europa „gepflanzt hat", und mit welchem er wahrscheinlich die europäischen Staaten – zumindest was die Intensität der späteren Integration betrifft – getäuscht oder zumindest im Dunkeln gelassen hat – dem in diesem so heftig verteidigten Konzept verankerten Prinzip des *spill over.*[263] Die Organisation der Konferenz gliederte sich in sechs Arbeitsgruppen, welche die Entscheidungen der Delegationschefs umzusetzen hatten. Ein Redaktionsausschuss beschäftigte sich sodann mit der Zusammenstellung des Vertragstextes. Ihre Dominanz sicherten die Franzosen ua dadurch, dass sie in allen Gremien der Konferenz den Vorsitz führten.[264] Für die Konferenz gab es kein Verfahrensordnung, wie sonst üblich, auch offizielle Protokolle wurden nicht geführt. Die die Regierungen vertretenden Unterhändler hatten keine Abschlussvollmacht und so lautete auch die offizielle Bezeichnung der Konferenz: *Conversations sur le Plan Schuman.* Während die wirtschaftlichen Aspekte sowie die Aufgaben der Organe schon von den Delegierten festgelegt wurden, wurden politische Probleme der späteren Außenministerkonferenz vorbehalten. Die erste Phase der Delegiertenkonferenz, welche bis zum 10. 8. 1950 dauerte und sich mit Fragen der Organisation sowie der Zoll- und Handelspolitik befasste, schloss mit einem Bericht der französischen Delegation. Nach einer dreiwöchigen Pause, welche die Delegationen zur Rückkoppelung mit ihren Regierungen nutzten, begann am 31. 8. 1950 eine zweite Phase zur Abklärung von wirtschaftlichen Fragen, welche wiederum mit einem französischen Memorandum (28. 9. 1950) schloss. In einer nächsten Phase wurden die ungelösten Fragen den Delegationsführern für eine Lösung zugeführt und der erste Redaktionsentwurf am 9. 11. 1950 von der französischen Delegation vorgelegt. Am 19. 3. 1951 schloss die Konferenz mit der Paraphierung der von ihr ausgearbeiteten Entwürfe.

---

men Versammlung verantwortlich sein sollte. Ferner sei vorgesehen gewesen, gegen Entscheidungen der Obersten Behörde einen Rekurs an eine *schiedsgerichtliche Instanz* einzurichten.

[263] Damit hat *Monnet* die europäischen Staaten „in einen Zug gesetzt", welcher aufgrund der ihm zugrundeliegenden Sachzwänge „über keine Notbremse" verfügt und welchen sie allenfalls nur unter großen wirtschaftlichen, letztlich aber auch politischen Nachteilen durch „einen Sprung aus dem Fenster verlassen könnten". Zum *spill over* siehe vorstehend im 2. Kapitel des 1. Teiles auf S 32 f.

[264] Zur neuerlichen – zumindest angestrebten – französischen Dominanz durch seinen Vorsitzenden *Valéry Giscard d'Estaing* siehe Die Presse vom 20. 2. 2002, 6.

Parallel dazu befasste sich die Beratende Versammlung des Europarates mit diesem Vorhaben.[265] Im Gegensatz zur Konferenz der Delegierten der Regierungen fand sich hier ein Forum für einen Meinungsaustausch im parlamentarischen Rahmen, an welchem auch die britische Seite partizipierte, welche hauptsächlich am supranationalen Charakter der Hohen Behörde ein Hindernis für ihre Beteiligung an der EGKS sah.[266] Ein britischer Vorschlag vom 24. 6. 1950 sah sodann auch eine Aufgabe der Supranationalität und eine Eingliederung der EGKS in den Europarat vor. Diesem Vorschlag schloss sich die Beratende Versammlung nicht an und befürwortete in einer Empfehlung an den Ministerrat vom 28. 6. 1950 lediglich, die Gemeinsame Versammlung der EGKS aus ihrer Mitte zu bilden.[267]

Vom 12. bis zum 19. April 1951 fand sodann in Paris die *Außenministerkonferenz* statt, welche die Abklärung der von den Delegierten nicht gelösten Fragen sowie die Unterzeichnung des EGKSV sowie der Nebenabkommen zur Aufgabe hatte.[268] Da in dem paraphierten Entwurf vom 19. 3. 1950 zwar der supranationale Charakter der Hohen Behörde, nicht aber die Zahl ihrer Mitglieder und das Bestellungsverfahren festgelegt worden waren, fiel die Lösung dieser Fragen der Außenministerkonferenz zu. Nach *Mosler* wollten insbesondere Frankreich und Deutschland eine Zusammensetzung nach der Staatsangehörigkeit oder aufgrund von Präsentationsrechten der Mitgliedstaaten vermeiden. Eine Umsetzungsmöglichkeit dafür hätte darin bestanden, die Mitgliederanzahl der Hohen Behörde geringer als die der Mitgliedstaaten zu halten. Da die kleineren Mitgliedstaaten bei einer solchen Lösung befürchteten, dass dabei nur Frankreich und Deutschland in der Hohen Behörde vertreten gewesen wären, einigte man sich darauf, die Zahl in Hinblick auf die Gewährleistung der Arbeitsfähigkeit mit (maximal) neun festzulegen. In einem eigenen Briefwechsel zwischen *Schuman* und *Adenauer* vom 18. 4. 1951 wurde noch eigens festgehalten, dass die Gründung der EGKS keine Präjudizierung des politischen Status des Saargebietes bedeute.[269]

Am selben Tag wurden sodann der Vertrag über die Gründung der Europäischen Gemeinschaft für Kohle und Stahl, das Protokoll über die Vorrechte und Immunitäten der Gemeinschaft, das Protokoll über die Satzung des Gerichtshofes (Satzung EGKS), das Protokoll über die Beziehungen zum Europarat, der Briefwechsel zwischen der Regierung der Bundesrepublik Deutschland und der Regierung der Französischen Republik über die Saar und das Abkommen über die Ü-

---

[265] Zu den folgenden Ausführungen siehe *Mosler* (FN 257) 17 f.
[266] *Mosler* (FN 257) 17.
[267] So *Mosler* (FN 257) 17 f.
[268] Zu den folgenden Ausführungen siehe *Mosler* (FN 257) 18 f.
[269] Der Briefwechsel ist abgedruckt bei *Mosler* (FN 257) 20 in FN 49.

bergangsbestimmungen (ÜAbk) *unterzeichnet.*[270] Nach Hinterlegung der Ratifikationsurkunden bei der französischen Regierung ist der Vertrag gem Art 99 Abs 2 am 23. 7. 1952 *in Kraft getreten.*[271] Da er lediglich für eine Dauer von 50 Jahren abgeschlossen wurde, ist die Geltungsdauer des EGKSV am 23. 7. 2002 abgelaufen.[272]

Zur Abklärung weiterer Fragen fand am 24./25. 7. 1952 eine *follow up*-Konferenz statt. Dabei wurde der Arbeitsbeginn der Hohen Behörde sowie des Gerichtshofes mit 10. 8. 1952 festgelegt.[273] Die Namen der Präsidenten, Vizepräsidenten und der Mitglieder wurden einer eigenen Mitteilung vorbehalten. Die Sitzfrage des Gerichtshofes konnte nicht gelöst werden und wurde der nächsten Außenministerkonferenz vorbehalten. Als interimistischen Sitz für die Hohe Behörde und den Gerichtshof einigte man sich auf Luxemburg. Erst am 1. 12. 1952 einigte sich der Ministerrat auf die Zusammensetzung des Gerichtshofes und auf die Ernennung des ersten Präsidenten. Zum Präsidenten wurde *Massimo Pilotti* (Italien) ernannt, zu weiteren Richtern *P J S Serrarens* (Niederlande), *Otto Riese* (Deutschland), *Jacques Rueff* (Frankreich), *Louis Delvaux* (Belgien), *Charles Leon Hammes* (Luxemburg) und *Adrianus van Kleffens* (ebenfalls Niederlande).[274] Am 10. 12. 1952 legten die Richter ihren Amtseid ab. Nach *Valentine* hielt *Monnet* nach der Eidesleistung der Richter eine kurze Rede, in welcher er Folgendes ausführte: „The formation of the Court marks the supreme authority of law in the Community ... For the first time there has been created a sovereign European Court. I foresee in it also the prospect of a supreme federal European Court"[275]!

Der gemeinsame Markt für Kohle und Eisenerz wurde am 10. 2. 1953, der für Schrott am 15. 3. 1953, der für Roheisen und Handelsstahl am 1. 5. 1953 und der Markt für Edelstahl am 1. 8. 1954 eröffnet.[276]

---

[270] DBGBl II 1952, 447 ff, 479 ff, 482 ff, 489, 490, 491 ff.

[271] Bekanntmachung über das In-Kraft-Treten des Vertrages über die Gründung der Europäischen Gemeinschaft für Kohle und Stahl vom 14. 10. 1952; dBGBl II 1952, 978.

[272] Siehe dazu zB ABl 2002, Nr C 168, 22 sowie ABl 2002, Nr L 194, 35 sowie 36.

[273] Zu dieser Konferenz siehe *Valentine, D G,* The Court of Justice of the European Coal and Steel Community (1955) 3 ff.

[274] *Valentine* (FN 273) 4 f.

[275] (FN 273) 4.

[276] *Moser* (FN 250) 76.

1.2 Die Montanunion

„Das Vertragswerk hat völkerrechtlichen Charakter. Es verpflichtet die Kontraktanten zur Mitwirkung an der Errichtung einer Wirtschaftsorganisation, die eine so starke Konzentration zeigt, daß sie nur mit verfassungsrechtlichen Mitteln konstruiert werden konnte. Der Schritt zum Bundesstaat ist mit dem Beginn derTätigkeit der Organe noch nicht vollzogen."

Hermann Mosler[277]

„Der Vertrag ist somit nicht nur die Gründungsurkunde, sondern gleichzeitig auch die Verfassung der Gemeinschaft."

Ulrich Sahm, Leiter des Sekretariats für Fragen des *Schuman*-Planes im Auswärtigen Amt[278]

1.2.1 Aufbau und Wesen der EGKS

Der EGKSV gliedert sich neben einer Präambel in folgende Teile:

- 1. Titel – Die Europäische Gemeinschaft für Kohle und Stahl (Art 1 bis 6)
- 2. Titel – Die Organe der Gemeinschaft (Art 7 bis 45)
  - 1. Kapitel – Die Hohe Behörde (Art 8 bis 19)
  - 2. Kapitel – Die Versammlung (Art 20 bis 25)
  - 3. Kapitel – Der Rat (Art 26 bis 30)
  - 4. Kapitel – Der Gerichtshof (Art 31 bis 45)
- 3. Titel – Wirtschafts- und Sozialbestimmungen (Art 46 bis 75)
  - 1. Kapitel – Allgemeine Bestimmungen (Art 46 bis 48)
  - 2. Kapitel – Finanzbestimmungen (Art 49 bis 53)
  - 3. Kapitel – Investitionen und finanzielle Hilfe (Art 54 bis 56)
  - 4. Kapitel – Erzeugung (Art 57 bis 59)
  - 5. Kapitel – Preise (Art 60 bis 64)
  - 6. Kapitel – Kartelle und Zusammenschlüsse (Art 65 und 66)
  - 7. Kapitel – Beeinträchtigungen der Wettbewerbsbedingungen (Art 67)
  - 8. Kapitel – Löhne und Freizügigkeit der Arbeitnehmer (Art 68 und 69)
  - 9. Kapitel – Frachten und Transporte (Art 70)
  - 10. Kapitel – Handelspolitik (Art 71 bis 75)

---

[277] (FN 257) 44.

[278] Die Verfassung der Europäischen Gemeinschaft für Kohle und Stahl, EA 1951, 3977 ff, 3978.

- 4. Titel – Allgemeine Bestimmungen (Art 76 bis 100)
- Anlagen
  - Anlage I – Bestimmungen der Begriffe „Kohle“ und „Stahl“
  - Anlage II – Schrott
  - Anlage III – Edelstähle

Die durch diesen Vertrag auf 50 Jahre (Art 97) gegründete Gemeinschaft beruht gem Art 1 auf einem gemeinsamen Markt,[279] verfolgt gemeinsame Ziele und hat gemeinsame Organe. Ihre Aufgaben erfüllt die Gemeinschaft unter den im EGKSV vorgesehenen Bedingungen durch begrenzte Eingriffe (Art 5). Die Gemeinschaft besitzt Rechtspersönlichkeit sowie die völkerrechtliche als auch zivilrechtliche Rechts- und Geschäftsfähigkeit (Art 6 Abs 1 bis 3). Im Rahmen ihrer Befugnisse wird die Gemeinschaft durch ihre Organe vertreten (Art 6 Abs 4). Nach Art 76 genießt die Gemeinschaft in den Gebieten der Mitgliedstaaten die im Zusatzprotokoll festgelegten Immunitäten und Vorteile, die zur Erfüllung ihrer Aufgaben erforderlich sind.

Die Natur des EGKSV ist die eines *traité loi* (Normenvertrag), „en ce sens, qu'il fixe lui-même les règles applicables au marché commun du charbon et de l'acier“.[280] Nach *Ophüls* liegt der Grund für die Verankerung der materiellen Bestimmungen der EGSK bereits im Vertrag selbst darin, dass man sich zum damaligen Zeitpunkt nicht auf eine „fortlaufende parlamentarische Legislative“ einigen konnte![281] Im Gegensatz dazu handelt es sich beim EGV um einen *traité cadre* (Rahmenvertrag), welcher hinsichtlich der materiellen Regelungen erst durch das Sekundärrecht näher ausgestaltet wird.

1.2.2 Die Organe der EGKS

Um die Stellung des Gerichtshofes in dem Gefüge der EGKS verstehen zu können, ist es notwendig, kurz die restlichen Organe unter die Lupe zu nehmen.

Nach Art 7 besitzt die Gemeinschaft vier Organe:

- die Hohe Behörde (der ein beratender Ausschuss[282] zur Seite steht) – *la Haute Autorité*,
- die Gemeinsame Versammlung – *l'Assemblée Commune*,
- den Besonderen Ministerrat – *le Conseil Spécial des Ministres* und

---

[279] Siehe dazu auch *Ophüls, C F*, Das Wirtschaftsrecht des Schumanplans, NJW 1951, 381 ff.

[280] *Simon* (FN 5) 17.

[281] *Ophüls, C F*, Gerichtsbarkeit und Rechtsprechung im Schumanplan, NJW 1951, 693 ff, 693.

[282] Zur letzten Vollsitzung dieses Ausschusses iZm dem Auslaufen des EGKSV siehe ABl 2002, Nr C 176, 6.

- den Gerichtshof – *la Cour de Justice.*

In der ursprünglichen Fassung des *Schuman*-Planes war lediglich ein Verwaltungsorgan (die Hohe Behörde) vorgesehen gewesen. Ein ständiges Gericht war nicht vorgesehen, vielmehr sah der französische Vorschlag lediglich die Möglichkeit zur Einsetzung eines Schiedsgerichtes vor.[283] Es ist den Deutschen zu verdanken, dass sie aus Gründen der Rechtsstaatlichkeit auf der Einrichtung eines ständigen Gerichtes bestanden, um ein gleichwertiges Gegengewicht zur supranationalen Hohen Behörde zu schaffen. Ein Grund für diese Vorgehensweise lag auch in Art 24 GG, welcher die Übertragung von Hoheitsrechten lediglich auf solche Gemeinschaften zulässt, welche in ihrem Aufbau den rechtsstaatlichen Gedanken des Grundgesetzes zum Ausdruck bringen.

Das zentrale Organ der EGKS ist zweifelsohne die *Hohe Behörde* (Art 8 bis 19). Ihre Aufgabe liegt darin, für die Erreichung der im EGKSV festgelegten Zwecke nach Maßgabe des Vertrages zu sorgen (Art 8). Die Hohe Behörde besteht aus neun Mitgliedern, welche auf sechs Jahre ernannt werden (Art 9 Abs 1). So wie auch heute – Art 213 Abs 1 EGV – gibt es somit mehr Kommissare als Mitgliedstaaten und Art 9 Abs 4 (EGKSV) wie auch Art 213 Abs 1 UAbs 3 EGV legen fest, dass nicht mehr als zwei Mitglieder dieses Organs dieselbe Staatsangehörigkeit besitzen dürfen. Wie schon vorstehend erwähnt, üben die Mitglieder der Hohen Behörde ihre Tätigkeit in voller Unabhängigkeit im allgemeinen Interesse der Gemeinschaft aus und dürfen bei der Erfüllung ihrer Pflichten weder Anweisungen von einer Regierung oder einer anderen Stelle einholen, noch solche Anwiesungen entgegennehmen und müssen weiters jede Handlung unterlassen, die mit dem überstaatlichen Charakter ihrer Tätigkeit unvereinbar ist (Art 9 Abs 4).[284] Acht der neun Mitglieder der Hohen Behörde werden von den Regierungen der Mitgliedstaaten im gegenseitigen Einvernehmen ernannt (Art 10 Abs 1 1. Satz). Diese sodann ernannten Mitglieder ernennen das neunte Mitglied mit einer Mehrheit von fünf Stimmen (Art 10 Abs 1 2. Satz). Der Präsident und der Vizepräsident der Hohen Behörde werden durch die Regierungen der Mitgliedstaaten unter den Mitgliedern dieser Behörde für die Dauer von zwei Jahren nach demselben Verfahren, wie es für die Ernennung der Mitglieder der Hohen Behörde vorgesehen ist, ausgewählt (Art 11 Abs 1). Zum ersten Präsidenten derselben wurde der geistige Vater der EGKS ausgewählt, *Jean Monnet*.[285] Der supranationale Charakter des gemeinschaftlichen „Wirtschaftsministeriums“[286] zeigt sich auch in Art 13, wonach sie ihre Beschlüsse mit der Mehrheit ihrer Mitglieder fasst.

---

[283] Siehe dazu *Moser* (FN 250) 10.
[284] Siehe dazu vorstehend im 2. Kapitel des 1. Teiles auf S 63.
[285] *Valentine* (FN 273) 4.
[286] *Mosler* (FN 257) 40.

Die *Gemeinsame Versammlung* (Art 20 bis 25) besteht aus Vertretern der Völker der in der Gemeinschaft zusammengeschlossenen Staaten (Art 20). Die Abgeordneten werden nach einem von jedem Mitgliedstaat zu bestimmenden Verfahren in allgemeiner direkter Wahl oder von den nationalen Parlamenten aus ihrer Mitte gewählt (Art 21 Abs 1). Die Funktionen der Versammlung liegen im beratenden und im Kontrollbereich. Die Versammlung kann vom Rat im Wege einer außerordentlichen Sitzung einberufen werden, um zu Fragen Stellung zu nehmen, die ihr der Rat vorlegt (Art 22 Abs 2). Gegenüber der Hohen Behörde hat die Versammlung ein Fragerecht (Art 23 Abs 3) und in Zusammenhang mit der Erörterung des Gesamtberichtes der Hohen Behörde, ein Misstrauensrecht dieser gegenüber (Art 24). Mit der Mehrheit von zwei Drittel der abgegebenen Stimmen und mit der Mehrheit der Stimmen aller Mitglieder kann sie die Hohe Behörde geschlossen zum Rücktritt zwingen (Art 24 Abs 3).

Die Hauptaufgabe des *Besonderen Ministerrates* (Art 26 bis 30) besteht darin, die Tätigkeit der Hohen Behörde und der für die allgemeine Wirtschaftspolitik ihrer Länder verantwortlichen Regierungen aufeinander abzustimmen; zu diesem Zweck unterrichten und beraten einander der Rat und die Hohe Behörde (Art 26 Abs 1 und 2). Der Rat kann die Hohe Behörde auffordern, Vorschläge und Maßnahmen aller Art zu prüfen, die er zur Erreichung der gemeinsamen Ziele für zweckmäßig oder erforderlich hält (Art 26 Abs 3). Der Rat besteht aus Vertretern der Mitgliedstaaten, wobei jeder Staat ein Mitglied seiner Regierung entsendet (Art 27 Abs 1). In verschiedenen im Vertrag geregelten Fällen bedürfen Handlungen der Hohen Behörde der Zustimmung des Rates mit absoluter oder einstimmiger Mehrheit (Art 28 Abs 3 bis 5).

Eine wirkliche *Gewaltenteilung* findet sich in der EGKS nicht. Zwar findet sich eine Judikative (Gerichtshof), eine Exekutive (Hohe Behörde) und eine „Legislative" (Versammlung und Rat), diese Gewaltenteilung bezieht sich jedoch mehr auf die äußere (institutionelle) Stellung als auf die funktionelle Rolle. Wie jedoch bereits erwähnt, wird das materielle Recht nicht durch die Legislative erlassen, sondern findet sich bereits im (Normen-)Vertrag. Offenbar waren die Gründungsstaaten noch nicht bereit, sich einer europäischen Gesetzgebung für Kohle und Stahl zu unterwerfen.[287] Auch werden die Ergänzungen und Ausgestaltungen nicht von Versammlung und Rat, sondern von der Exekutive vorgenommen. Indem man die Versammlung auf beratende und kontrollierende Funktionen limitiert hat, hat man sich auf ein Minimum an demokratischer Legitimation geeinigt. Insgesamt kann man somit mit *Breitner* festhalten, dass dem Prinzip der Ge-

[287] Siehe dazu *Steindorff, Ernst*, Die Nichtigkeitsklage (Le recours pour excès de pouvoir) im Recht der Europäischen Gemeinschaft für Kohle und Stahl. Ein rechtsvergleichender Beitrag zur verwaltungsgerichtlichen Kontrolle der Hohen Behörde (1952) 16.

waltenteilung im EGKSV lediglich eine „äußerliche Reverenz“ erwiesen wurde.[288]

Wenn schon keine Gewaltenteilung, so stellt sich immer noch die Frage nach einer Art von *Checks and balances*.[289] Nach Art 24 unterliegt die Hohe Behörde einer Kontrolle durch die Versammlung im Wege eines Misstrauensantrages. Während für dieses starke Organ eine Kontrollmöglichkeit vorgesehen ist, unterliegen der Gerichtshof und seine Rechtsprechung keiner Einflussmöglichkeit durch ein anderes Gemeinschaftsorgan. Die in einem Staat gegebene Möglichkeit der Korrektur der Rechtsprechung durch die Legislative fehlt in diesem System, da es ihm schlicht an der Legislative fehlt.[290]

1.2.3 Die Supranationalität in der Montanunion

Während im 2. Kapitel des 1. Teiles einige allgemeine Ausführungen zur Supranationalität gemacht wurden,[291] soll im Folgenden kurz die Supranationalität der EGKS beleuchtet werden.[292]

Wie schon erwähnt, wurde das Prinzip der Supranationalität der EGKS von der französischen Regierung heiß verteidigt und zu seiner Gewährleistung sogar die Nichtteilnahme des Vereinigten Königreiches an der Pariser Konferenz bzw folglich an der EGKS in Kauf genommen. In dem bei *Mosler* zitierten französischen Memorandum vom 10. 8. 1950 (Abschluss der ersten Verhandlungsphase) wird die Bedeutung der Supranationalität in der EGKS ersichtlich:[293]

„La proposition française du 9 mai entend réaliser la mise en commun de certaines ressources, la fusion de certains pouvoirs; elle a donc pour objet d'instituer sur un point particulier un régime supranational. Il serait, à cet égard, hors du cadre de cette proposition de soumettre le charbon et l'acier à des institutions simplement internationales, dont les organes représenteraient les Etats seuls et se borneraient à se superposer à leur structure. Raisonner ainsi serait demeurer sur le plan de la coordination alors que notre proposition, par l'idée même de la fusion, se situe sur un point limité mais essentiel, sur le plan du droit fédéral et non inter-

---

[288] *Breitner, Franz*, Der Gerichtshof der Montangemeinschaft und seine Anrufung bei fehlerhaften Organakten (1952) 3.

[289] Wie schon erwähnt hat diese Tatsache den EuGH nicht davon abgehalten, in den sog *Meroni*-Fällen (siehe vorstehend in FN 75) – iZm der Frage der Delegation von Zuständigkeiten – das „Gleichgewicht der Gewalten[!]“ zu judizieren.

[290] Siehe dazu *Steindorff* (FN 287) 17.

[291] Siehe dazu vorstehend auf S 34 ff.

[292] Siehe dazu generell *Schlochauer, Hans-Jürgen*, Der übernationale Charakter der Europäischen Gemeinschaft für Kohle und Stahl, JZ 1951, 289 ff.

[293] (FN 257) 40.

national. Ce principe fondamental doit rester présent lorsque l'on envisage la solution des problèmes posés par l'aménagement des quatre organes prévus. "

Und *Schuman* selbst führt dazu aus: „aucun autre vocable ne saurait mieux rendre l'idée nouvelle, qu'il s'agit d'exprimer, en la distinguant de toutes les catégories traditionnellement admises. Le supranational se situe à égale distance entre, d'une part, l'individualisme international, qui considère comme intangible la souveraineté nationale et n'accepte comme limitation de souveraineté que des obligations contractuelles, occasionnelles et révocables; d'autre part, le fédéralisme d'États, qui se subordonnent à un Super-État, doté d'une souveraineté territoriale propre.[294] L'institution supranationale, telle que notre Communauté, représentée par la Haute Autorité, ne possède pas les caractéristiques d'un État; mais elle détient et exerce certains pouvoirs souverains. Elle est indépendante à l'égard des Gouvernements nationaux, dans les limites du Traité; cette indépendance est irrévocable comme l'est le transfert de compétence, qui en est la source. Le Traité confère à la Communauté une fonction propre; elle ne l'exerce pas au titre d'une délégation pour le compte des États adhérents. La Haute Autorité n'est pas responsable devant les Gouvernements, mais devant les institutions de la Communauté (Assemblée, Cour)".[295]

Im Folgenden soll kurz die Supranationalität der EGKS unter dem Blickwinkel der im 1. Teil genannten Kriterien beleuchtet werden.[296]

Wie schon erwähnt, handelt es sich bei der Hohen Behörde um ein *Organ*, in welchem die *Mitgliedstaaten nicht vertreten* sind, und welches von diesen explizit Unabhängigkeit genießt (Art 9 Abs 5 und 6). Auch der Gerichtshof repräsentiert nicht die Mitgliedstaaten und seine Mitglieder genießen Unabhängigkeit (Art 32 Abs 1) und haben sich unparteiisch zu verhalten (Art 2 Satzung EGKS). *Moser* sieht auch für den Rat und die Versammlung die Postulate von Unabhängigkeit und Wahrung des allgemeinen Interesses der Gemeinschaft gegeben.[297] Zwar könnten die Vertreter auch Wünsche ihrer Regierungen berücksichtigen, die Willensbildung des Rates und der Versammlung erfolgten aber nicht durch Einflussnahme von außen und jedem Mitglied des Rates und der Versammlung stehe es letzten Endes frei, zu stimmen wie er wolle.

---

[294] Dies entspricht auch der heute gängigen Ansicht, wonach die Europäische Union sich irgendwo zwischen den beiden Polen Staatenbund und Bundesstaat (zu Letzterem hin) bewegt.

[295] Zitiert nach *Delvaux, Louis*, La Cour de Justice de la Communauté Européenne du Charbon et de l'Acier. Exposé sommaire des principes. Organisation – Compétences – Procédure. Le droit en vigueur dans la Communauté (1956) 12, wie erwähnt der erste belgischer Richter am Gerichtshof.

[296] Siehe dazu vorstehend im 2. Kapitel des 1. Teiles auf S 34 ff.

[297] (FN 250) 72.

Auch das zweite Merkmal von Supranationalität, das Vorhandensein von *Mehrheitsentscheidungen* findet sich in der EGKS. Die Hohe Behörde fasst ihre Beschlüsse mit der Mehrheit ihrer Mitglieder (Art 13 Abs 1), die Versammlung beschließt zB den Misstrauensantrag gegen die Hohe Behörde mit zwei Drittel Mehrheit (Art 24 Abs 3) und auch der Rat entscheidet in der Regel (Ausnahme: qualifizierte Mehrheit und Einstimmigkeit) mit einfacher Mehrheit (Art 28 Abs 5).

Auch das Merkmal der Möglichkeit der *Ausübung unmittelbarer Hoheitsgewalt* im Gebiet der Mitgliedstaaten wird von der EGKS erfüllt. Nicht nur die Mitgliedstaaten werden durch die Gemeinschaft in ihrer Rechtssphäre betroffen, auch die Individuen.

Und schließlich existiert in der Gemeinschaft eine *obligatorische Gerichtsbarkeit* in Form des Gerichtshofes.

Neben diesen materiellen Merkmalen von Supranationalität findet sich, wie schon erwähnt, in Art 9 Abs 5 und 6 die *formelle* Bezeichnung, wonach die Gemeinschaft als supranational zu qualifizieren ist.

1.3 Der Gerichtshof der EGKS

> „Der Gerichtshof ist eine neuartige Schöpfung. Er soll vor allem eine umfassende Rechtskontrolle der Maßnahmen der Hohen Behörde sichern. Da die Hohe Behörde im Rahmen der Ziele des Vertrages einen weiten Spielraum für ihre Tätigkeit besitzt, ist die Nachprüfung ihrer Maßnahmen an den Zielen der Gemeinschaft durch eine, schöpferische in der Kasuistik der Praxis sich bildende Rechtsprechung eine dringende Notwendigkeit."
>
> *Hermann Mosler*[298]

1.3.1 Die Überstaatlichkeit des Gerichtshofes

Gem Art 19 Abs 4 Satzung EGKS kann eine Partei zur Begründung eines Antrages auf Änderung der Zusammensetzung des Gerichtshofes oder einer seiner Kammern nicht die Staatsangehörigkeit eines Richters anführen, wie sie auch nicht geltend machen kann, dass dem Gerichtshof oder einer seiner Kammern kein Richter ihrer Staatsangehörigkeit angehört. Im Unterschied zu gewöhnlichen internationalen Gerichten streicht diese Bestimmung klar die Unabhängigkeit des Gerichtshofes von den Mitgliedstaaten hervor und hebt den Gerichtshof von einer völkerrechtlichen auf eine supranationale Stufe.

---

[298] (FN 257) 41.

Wie schon erwähnt, repräsentiert der Gerichtshof als Organ nicht die Mitgliedstaaten und genießt diesen gegenüber Unabhängigkeit. Seinen Entscheidungen kommt im Gebiet der Mitgliedstaaten unmittelbare Geltung zu. Diese betrifft nicht nur (in herkömmlicher völkerrechtlicher Weise) die Mitgliedstaaten, sondern auch die Individuen. Diese werden weiters nicht nur in passiver Weise von den Entscheidungen des Gerichtshofes betroffen, sondern können auch aktiv als Partei vor dem Gerichtshof auftreten und dort gegen andere Individuen aber auch gegen die Organe vorgehen. Die Urteile des Gerichtshofes können, anders als die Urteile völkerrechtlicher Gerichte, direkt in den Mitgliedstaaten vollstreckt werden (Art 44 iVm Art 92). *Last but not least* ist die Gerichtsbarkeit des Gerichtshofes obligatorisch und unterliegt keiner fakultativen Unterwerfungsklausel, wie man dies von klassischen völkerrechtlichen Gerichten gewohnt ist.

Als weiteres Merkmal des supranationalen Charakters des Gerichtshofes wird das Fehlen von *dissenting opinions* (wonach bei einem völkerrechtlichen Gericht jeder Richter seine von der Mehrheit abweichende Ansicht gesondert im Urteil veröffentlichen kann) angeführt (Art 2 Satzung EGKS).[299] Ein weiteres Kennzeichen für die Supranationalität des Gerichtshofes wird in der ausschließlichen Zuständigkeit für die Fragen der Montangerichtsbarkeit gesehen, innerhalb welcher nationale Gerichte keine Entscheidungsbefugnis mehr haben.[300]

1.3.2 Die institutionelle Stellung und funktionale Rolle des Gerichtshofes[301]

Für die Darstellung des Gerichtshofes wird im Folgenden derselbe Raster wie im 3. und 4. Teil verwendet, die Darstellung erfolgt allerdings nur im Überblick.[302]

Die vertraglichen *Rechtsgrundlagen* des *Gerichtshofes* (*la Cour de Justice*) finden sich in den Art 31 bis 45, wohingegen die Satzung, wie erwähnt, gem Art 45 einem eigenen Protokoll (Protokoll über die Satzung des Gerichtshofes) vorbehalten wurde. Die notwendigen Übergangsbestimmungen finden sich in § 5 ÜAbk. Aufgrund von Art 85 sowie § 5 Abs 2 ÜAbk wurde am 24. 3. 1953 die Verfahrensordnung des Gerichtshofes sowie am 31. 3. 1954 die zusätzliche Verfahrensordnung des Gerichtshofes erlassen.[303]

---

[299] *Moser* (FN 250) 75.

[300] *Moser* (FN 250) 75.

[301] Für eine Darstellung der Gerichtsbarkeit in den nicht verwirklichten EPG bzw EVG siehe *Breitner, Franz*, Europäische Gerichtsbarkeit. Das Justizrecht der supranationalen europäischen Gemeinschaften. Die Rechtsschutzbestimmungen der Verträge über die Gründung der Europäischen Gemeinschaft für Kohle und Stahl und der Europäischen Verteidigungsgemeinschaft sowie des Satzungsentwurfes über die Europäische (Politische) Gemeinschaft (1954).

[302] Zur Erläuterung dieses Rasters siehe vorstehend im 3. Kapitel des 1. Teiles auf S 43 ff.

[303] *Moser* (FN 250) 14.

Wie schon erwähnt, ist der Gerichtshof gem Art 7 ein *Organ* der Gemeinschaft.

Der *territoriale Jurisdiktionsbereich* erstreckt sich gem Art 79 auf die europäischen Gebiete der Mitgliedstaaten sowie auf die europäischen Gebiete, deren auswärtige Angelegenheiten ein Unterzeichnerstaat übernimmt.[304]

Die *Privilegien und Immunitäten* der Richter, des Leiters der Gerichtskanzlei und des Personals des Gerichtshofes werden nach Art 15 des Protokolles über die Vorrechte und Immunitäten der Gemeinschaft durch die Satzung des Gerichtshofes geregelt; die entsprechenden Bestimmungen finden sich in Art 3 Satzung EGKS. Die Immunität der Richter kann nur durch den Gerichtshof in einer Plenarsitzung aufgehoben werden.

Der Gerichtshof besteht gem Art 32 Abs 1 aus sieben *Richtern*, welche von den Regierungen der Mitgliedstaten im gemeinsamen Einvernehmen[305] für die *Dauer* von sechs Jahren *ernannt* werden. Im Unterschied zu Art 221 Abs 1 EGV übersteigt somit die Anzahl der Richter die der Mitgliedstaaten; wie schon erwähnt, finden sich in der ersten Besetzung am Gerichtshof zwei niederländische Richter.[306] Zweifelsohne ist auch in einer solchen Regelung ein gewisser supranationaler Aspekt zu sehen, da die Mitgliedstaaten in diesem Organ nicht gleichmäßig „vertreten“ sind. So wie auch nach Art 223 EGV findet sich in den Bestimmungen der EGKS keine Norm, wonach jeder Mitgliedstaat das Anrecht auf (zumindest) einen Richterposten hätte, wobei diese „Problematik“ insofern eine theoretische ist, als die Ernennung im gegenseitigen Einvernehmen der Mitgliedstaaten erfolgen muss.[307] Auf Vorschlag des Gerichtshofes kann die Anzahl der Richter durch einstimmigen Beschluss des Rates erhöht werden (Art 32 Abs 4).[308] Nach *Moser* wurde die Anzahl der Richter bewusst niedrig gehalten, um zum einen die Bedeutung des Amtes hervorzuheben und zum anderen die Einheitlichkeit

[304] Betreffend das Saargebiet verweist Art 79 Abs 1 auf den Briefwechsel zwischen der Regierung der Bundesrepublik Deutschland und der Regierung der Französischen Republik vom 18. 4. 1951 (abgedruckt in dBGBl II 1952, 490).

[305] *Ophüls* (FN 281) 694 sieht in der Ernennung durch die Mitgliedstaaten und nicht durch ein Organ der Gemeinschaft eine Sicherstellung ihrer Unabhängigkeit, eine Aussage die allerdings wenn so nur für horizontale, nicht aber für vertikale Streitigkeiten ihre Berechtigung hat.

[306] Siehe dazu vorstehend auf S 58.

[307] Nach Borchardt, Klaus Dieter, Der Europäische Gerichtshof. Besetzung, Anrufung, Zuständigkeiten, Vorabentscheidungen und einstweiliger Rechtsschutz. Kommentar zu den Art. 220-245 mit Textanhang (2000) Rdnr 2 zu Art 223 EGV gab es bisher keinen Fall einer Ablehnung des Kandidaten eines Mitgliedstaates durch die anderen Mitgliedstaaten.

[308] Die entsprechende Bestimmung findet sich in Art 221 Abs 4 EGV.

der Rechtsprechung zu gewährleisten.[309] An *Qualifikationen* müssen die Richter gem Art 32 Abs 1 jede Gewähr für Unabhängigkeit und Befähigung bieten; anders als in Art 223 Abs 1 EGV wird diese Befähigung nicht näher definiert. Zur Sicherung der Einheitlichkeit der Rechtsprechung findet alle drei Jahre eine teilweise Neubesetzung der Richterstellen statt, wobei abwechselnd drei und vier Mitglieder davon betroffen sind. Die drei Mitglieder, deren Stelle nach Ablauf der ersten dreijährigen Periode neu zu besetzen sind, werden durch das Los bestimmt (Art 32 Abs 2). Eine *Wiederernennung* ausscheidender Richter ist möglich (Art 32 Abs 3). Wie schon erwähnt, ist die *Unabhängigkeit* der Richter eine Ernennungsvoraussetzung. Des Weiteren finden sich in der Satzung Bestimmungen, die die Unabhängigkeit der Richter sichern. Zum einen haben die Richter einen *Eid* zu leisten, dass sie ihr Amt unparteiisch (und gewissenhaft) ausüben (und das Beratungsgeheimnis wahren) (Art 2 Satzung EGKS), zum andern dürfen Richter weder eine politische Funktion noch eine Verwaltungstätigkeit ausüben (Art 4 Abs 1 Satzung EGKS).[310] Verstärkt wird diese Unabhängigkeit auch durch die schon erwähnte Bestimmung des Art 3 Satzung EGKS, welcher die Vorrechte und Immunitäten der Richter regelt. Ihres Amtes enthoben können Richter nur nach einem einstimmigen Urteil der andern Richter werden, wenn sie nach deren Ansicht die erforderlichen Vorbedingungen[311] nicht mehr erfüllen (Art 7 Satzung EGKS). Gem Art 9 Satzung EGKS haben die Richter, die Generalanwälte und der Kanzler des Gerichtshofes eine *Residenzpflicht* am Sitz des Gerichtshofes.

Gem Art 32 Abs 5 bestellen die Richter aus ihrer Mitte den *Präsidenten* des Gerichtshofes für die Dauer von drei Jahren (die halbe Amtszeit eines Richters). Der erste Präsident des Gerichtshofes, *Massimo Pilotti*, wurde hingegen gem § 5 Abs 1 2. Satz ÜAbk durch einstimmigen Beschluss der Mitgliedstaaten bestellt, „da die Richter sich noch nicht kennen“[312].

Im Vertrag selbst finden sich keine Bestimmungen zu den *Generalanwälten*, die einschlägigen Regelungen befinden sich vielmehr in der Satzung. Nach Art 10

---

[309] (FN 250) 16. Auch *Breitner* (FN 288) 22 sieht die geringe Anzahl an Richtern in Zusammenhang mit der Wichtigkeit und der besonderen Würde des Amtes.

[310] Art 4 Abs 2 Satzung EGKS bestimmt weiters, dass die Richter keine entgeltliche oder unentgeltliche berufliche Tätigkeit ausüben dürfen, es sei denn, der Rat stimmt ausnahmsweise – mit zwei Drittel Mehrheit – einer Abweichung von dieser Vorschrift zu. Abs 3 leg cit verbietet es Richtern, sich während ihrer Amtszeit sowie drei Jahre nach deren Beendigung an Geschäften die Kohle und Stahl betreffen, unmittelbar oder mittelbar zu beteiligen sowie daran beteiligt zu bleiben.

[311] Kritisch dieser Formulierung gegenüber ist *Breitner* (FN 288) 21, da er darin – trotzt der Zuständigkeit des Gerichtshofes selbst für solche Angelegenheiten – eine Handhabe zur Verdrängung unbequemer Richter sieht.

[312] *Ophüls* (FN 281) 694.

Satzung EGKS wird der Gerichtshof bei seiner Tätigkeit von zwei Generalanwälten (und einem Kanzler) unterstützt.

Die Generalanwälte haben in völliger Unparteilichkeit und Unabhängigkeit mündliche und begründete Schlussanträge zu den dem Gerichtshof unterbreiteten Streitsachen öffentlich zu stellen und den Gerichtshof bei der Erfüllung seiner Aufgaben nach Art 31 EGKSV zu unterstützen (Art 11 Satzung EGKS). Die Generalanwälte werden – ebenso wie die Richter – für eine Dauer von sechs Jahren nach denselben Bedingungen wie die Richter ernannt (Art 12 1. Satz Satzung EGKS).

Auch bei ihnen erfolgt nach drei Jahren eine teilweise Neubesetzung. Die Bestimmungen des Art 32 Abs 3 (Wiederernennung) und 4 (Erhöhung der Anzahl durch einstimmigen Ratsbeschluss) EGKSV und des Art 6 Satzung EGKS (Beendigung des Richteramtes) finden auf die Generalanwälte Anwendung (Art 12 4. Satz Satzung EGKS), ebenso wie die Art 2 (Eid), Art 3 (Vorrechte und Immunitäten), Art 4 (mit dem Richteramt unvereinbare Tätigkeiten), Art 5 (Gehaltsansprüche) und Art 8 (nachfolgender Richter) Satzung EGKS (Art 13 Abs 1 Satzung EGKS). Die Generalanwälte können ihres Amtes enthoben werden, wenn sie nicht mehr die erforderlichen Vorbedingungen erfüllen (Art 13 Abs 2 1. Satz Satzung EGKS). Anders als bei den Richtern entscheidet darüber allerdings einstimmig der Rat nach Stellungnahme des Gerichtshofes (Art 13 Abs 2 2. Satz Satzung EGKS). Fraglich bleibt, ob diese Regelung der Vermeidung eines Konfliktes zwischen Richtern und Generalanwälten oder vielmehr einer möglichen Ingerenz der Mitgliedstaaten auf die Generalanwälte dienen soll. Die Einrichtung des Amtes eines Generalanwaltes zeigt die französische Dominanz bei den Verhandlungen zum EGKSV – die *avocats généraux* stammen aus dem französischen Verwaltungsprozess, in welchem der Generalanwalt als *commissaire du Gouvernement*[313] bezeichnet wird und vor französischen Verwaltungsgerichten und dem *Conseil d'Etat* (entspricht einem obersten Verwaltungsgericht) in völliger Unparteilichkeit und Unabhängigkeit den Streitfall objektiv darstellt und seine rechtlichen Schlussfolgerungen zieht.[314]

Die Regelung der *Organisation* des Gerichtshofes findet sich primär in der Satzung. Der Gerichtshof tagt generell in Plenarsitzungen, kann jedoch aus seiner

---

[313] Zur Vereinbarkeit dieses Amtes mit der EMRK – und einem Vergleich zur Entscheidung EuGH, Rs C-17/98, *Emesa Sugar (Free Zone) NV/Aruba*, Slg 2000, I-675 ff, siehe *Benoît-Rohmer, Florence*, Le commissaire du gouvernement auprès du Conseil d'Etat, l'avocat général auprès de la Cour de justice des Communautés européennes et le droit à un procès équitable. Observations sous l'arrêt *Kress c/France* rendu par la Cour européenne des droits de l'homme le 7 juin 2001 (req.n° 39594/98), RTD eur 2001, 727 ff.

[314] *Moser* (FN 250) 16 f.

Mitte zwei Kammern mit je drei Richtern bilden, die bestimmte Untersuchungsaufgaben erledigen oder bestimmte Streitsachen entscheiden – die näheren Vorschriften werden der Geschäftsordnung vorbehalten (Art 18 Abs 1 Satzung EGKS). Der Gerichtshof ernennt seinen *Kanzler*, welcher das Statut des Kanzlers festlegt (Art 14 Satzung EGKS).

An *Prinzipien, die für den Gerichtshof gelten*, kann man das Prinzip der Einheit nennen. Im EGKSV findet sich kein weiteres Gericht neben dem Gerichtshof – das Gericht erster Instanz der Europäischen Gemeinschaften wurde bekanntlich erst 1988 errichtet. Auch bei den Kammern ist keine Spezialisierung für die Erledigung bestimmter Streitsachen vorgesehen. Der Gerichtshof fungiert somit als Verwaltungs-, Verfassungs-, Straf- und Zivilgericht und sichert somit – in Übereinstimmung mit der angelsächsischen Rechtsauffassung – die Einheit der Rechtsprechung.[315]

Für eine Darstellung des *allgemeinen Verfahrensablaufes bzw der Entscheidungsfindung* wird auf die einschlägige Literatur verwiesen.[316]

Dem Gerichtshof kommen nach den Bestimmungen des EGKSV sehr weitreichende *Zuständigkeiten* zu. Wie schon erwähnt, ist der Gerichtshof als Kontrolleur der ebenfalls mit weitreichenden Befugnissen ausgestatteten supranationalen Hohen Behörde konzipiert und bedarf folglich dieser weitreichenden Befugnisse, um seiner Aufgabe gerecht werden zu können und den Staaten sowie den Individuen das notwendige Maß an Rechtsstaatlichkeit garantieren zu können.

Moser teilt die Zuständigkeiten des Gerichtshofes nach folgender Systematik ein:[317]

- der Montangerichtshof als Verwaltungsgericht:
  - Nichtigkeitsklage
  - Untätigkeitsklage
- der Montangerichtshof als Verfassungsgericht:
  - Klagen gegen Beschlüsse des Rates oder der Versammlung nach Art 38 EGKSV
  - Streitigkeiten über Vertragsverletzungen durch Mitgliedstaaten
  - Vorabentscheidung nach Art 41 EGKSV
  - Störungsklage nach Art 37 EGKSV

---

[315] *Ophüls* (FN 281) 694.
[316] Siehe dazu zB bei *Ule* (FN 320) 71 f; bzw *Moser* (FN 250) 28 ff.
[317] *Moser* (FN 250) 34 ff.

    - Streitigkeiten über die Auslegung und Anwendung des Protokolles über Vorrechte und Immunitäten gem dessen Art 16
    - Klage wegen Vetomissbrauch gem Art 10 und 11 EGKSV
    - Stellungnahme des Gerichtshofes in der sogenannten kleinen Vertragsrevision
- der Montangerichtshof als Amtshaftungsgericht:
    - die Haftung für Amtsfehler der Gemeinschaft
    - die Haftung für persönliche Fehler von Beamten
- der Montangerichtshof als Sanktions- und Disziplinargericht:
    - bei Festsetzung von Zwangsgeldern und finanziellen Sanktionen
    - Zuständigkeit in Disziplinarsachen nach Art 12 EGKSV
- der Montangerichtshof als Schiedsgericht und als prorogiertes Gericht:
    - Zuständigkeiten aufgrund einer Schiedsklausel nach Art 42 EGKSV
    - Zuständigkeit aufgrund einer Zusatzbestimmung zum EGKSV nach Art 43 Abs 1 EGKSV
    - Zuständigkeit in allen mit dem Gegenstand des Vertrages in Zusammenhang stehenden Fällen gem Art 43 Abs 2 EGKSV

Während diese Übersicht eine mögliche Systematisierung aufzeigen soll, werden im Folgenden die Zuständigkeiten, wie erwähnt, nach dem vom Verfasser entworfenen Raster analysiert.

Der Gerichtshof der EGKS sichert nach Art 31 die *Wahrung des Rechtes* bei der Auslegung und Anwendung des EGKSV und der Durchführungsvorschriften.[318] Nach der bekanntlich entsprechenden Bestimmung des Art 220 EGV sichert „der Gerichtshof die Wahrung des Rechts bei der Auslegung und Anwendung dieses Vertrages". Obwohl in Art 220 EGV der Hinweis auf das Sekundärrecht fehlt, ist unbestritten, dass der Gerichtshof auch für diesen Bereich zuständig ist.[319]

[318] *Breitner* (FN 288) 3 f mwN erwähnt, dass diese Formulierung in der Literatur einhellig dahingehend verstanden wurde, dass der Montangerichtshof zuständig sei, „auf Antrag jede Verhaltensweise des Exekutivorganes sowohl als auch der übrigen Organe zu untersuchen und nicht zu rechtfertigende Akte aufzuheben".

[319] Siehe dazu *Schwarze, Jürgen,* in *ders* (Hrsg), EU-Kommentar (2000) Rdnr 13 zu Art 220 EGV.

Eine der bedeutendsten *konstitutiven Zuständigkeiten* des Gerichtshofes ist im Bereich der *Normenkontrolle*, wobei der Gerichtshof nur Akte der übergeordneten Ebene (der Gemeinschaft), nicht aber der Mitgliedstaaten prüft.

Gem Art 33 ist der Gerichtshof im Rahmen der Nichtigkeitsklage[320] (*recours en annulation*) zuständig, *ex post* über die Gültigkeit von Entscheidungen und Empfehlungen[321] der Hohen Behörde zu entscheiden. In der Literatur wird der Bereich der anfechtbaren Rechtsakte sehr weit verstanden und darunter auch bloß tatsächliche Maßnahmen bezeichnet, „die sich als eine bloße Machtausübung der Hohen Behörde darstellen".[322] Institutionell aktiv klagslegitimiert sind die Mitgliedstaaten oder der Rat. Der Prüfungsmaßstab der Nichtigkeitsklage ist französischer Provenienz.[323] Vorbild der Nichtigkeitsklage war der französische *recours pour excès de pouvoir*, weshalb auch die Nichtigkeitsgründe des Art 33[324] „die vier ‚klassischen' Anfechtungsgründe" des französischen Verwaltungsverfahrens sind.[325] Angefochten werden können die Akte der Hohen Behörde wegen Unzuständigkeit (*incompétence*), Verletzung wesentlicher Formvorschriften (*violation des formes substantielles*), Verletzung des Vertrages oder irgendeiner bei seiner Durchführung anzuwendenden Rechtsnorm (*violation du Traité ou de toute règle de droit relative à son application*) oder wegen Ermessensmissbrauch (*détournement de pouvoir*), also denselben Nichtigkeitsgründen, die sich auch heute noch in Art 230 Abs 2 EGV finden. Gem Art 33 Abs 1 2. Satz darf sich die Nachprüfung durch den Gerichtshof nicht auf die Würdigung der aus den wirtschaftlichen Tatsachen oder Umständen ergebenden Gesamtlage erstrecken, die zu den angefochtenen Entscheidungen oder Empfehlungen geführt hat („Ensembleverbot"[326]), es sei denn, dass der Hohen Behörde der Vorwurf gemacht wird, sie habe ihr Ermessen missbraucht oder die Bestimmungen des Vertrages oder irgend einer bei seiner Durchführung anzuwendenden Rechtsnorm offensichtlich verkannt („Ausnahme vom Ensembleverbot"[327]). Eine (eingeschränkte) Klagebefugnis von Individuen sieht Art 33 Abs 2 vor, wonach die Unternehmen oder die in Art 48 ge-

---

[320] Siehe dazu ausführlich bei *Steindorff* (FN 287), bzw bei *Ule*, Der Gerichtshof der Montangemeinschaft als europäisches Verwaltungsgericht, DVBl 1952, 65 ff.

[321] Empfehlungen der EGKS entsprechen im Bereich des EGV den Richtlinien.

[322] *Moser* (FN 250) 36 f.

[323] Zum französischen Vorschlag vom 9. 11. 1950 für den Artikel zur Nichtigkeitsklage siehe bei *Steindorff* (FN 287) 165 f.

[324] Nach *Valentine* (FN 273) 6 ff, 16 ff, 17, welcher in seinem Kapitel *Ratification Debates* die Äußerungen der verschiedenen Delegationen zu den einzelnen Artikeln darstellt, betrafen die Diskussionen um diese Zuständigkeit primär den Gegenstand der vier Anfechtungspunkte.

[325] *Moser* (FN 250) 38 f; so auch *Steindorff* (FN 287) 13, 53.

[326] *Schweitzer/Hummer* (FN 76) Rdnr 492.

[327] *Schweitzer/Hummer* (FN 76) Rdnr 492.

nannten Verbände unter denselben Bedingungen Klage gegen die sie individuell betreffenden Entscheidungen und Empfehlungen oder gegen die allgemeinen Entscheidungen[328] und Empfehlungen erheben können, die nach ihrer Ansicht ihnen gegenüber einen Ermessensmissbrauch darstellen. Als Grundlage für die Ausgestaltung der Nichtigkeitsklage als Rechtsmittel der Individuen gegen Maßnahmen von Organen der Gemeinschaft wird das unmittelbare Rechtsverhältnis zwischen der Gemeinschaft und den Angehörigen der Mitgliedstaaten angeführt.[329] Diese Klagebefugnis ist insofern eine eingeschränkte, als sich der Kreis der Individuen auf die beiden genannten Kategorien bezieht, eine Einschränkung (gegenüber dem Art 230 Abs 4 EGV), die sich aus der Ausrichtung der EGKS erklärt.[330] Die institutionellen Klagen nach Art 33 Abs 1 bzw die individuellen Klagen nach Art 33 Abs 2 sind innerhalb eines Monats nach Zustellung der individuellen Entscheidung oder Empfehlung oder nach Veröffentlichung der allgemeinen Entscheidung oder Empfehlung zu erheben (Abs 3 leg cit). Diese Frist ist somit nur halb so lang wie die des Art 230 Abs 5 EGV. Wenn der Gerichtshof den angefochtenen Rechtsakt als nichtig erklärt, so verweist er gem Art 34 Abs 1 die Sache an die Hohe Behörde zurück, dh er entscheidet nur kassatorisch, nicht aber reformatorisch. Die Hohe Behörde hat sodann die Maßnahmen zu ergreifen, die sich aus dem Nichtigkeitsurteil ergeben.

Wie schon erwähnt, wurde der Gerichtshof als Kontrollorgan für die supranationale Hohe Behörde eingesetzt und eben dieses Rechtsmittel der Mitgliedstaaten gegen Maßnahmen der Gemeinschaft – infolge der Unterordnung der Mitgliedstaaten unter die Gemeinschaft – findet in der Nichtigkeitsklage seinen Ausdruck.[331] Wenn die Nichtigkeitsklage nun mehrheitlich – aufgrund ihrer französischen Herkunft – als Verwaltungsklage bezeichnet wird, so entspricht dies nicht ganz den Tatsachen. Da auch dem Rat eine Klagebefugnis gegen die erwähnten Akte der Hohen Behörde zukommt, handelt es sich vielmehr um eine institutionelle Streitigkeit.

Ein weiterer Bereich der Normenkontrolle betrifft die *Klage nach Art 38*. Aktiv klagebefugt sind nach dieser Bestimmung die Mitgliedstaaten und die Hohe Behörde, passiv die Versammlung und der Rat. Nach dieser Bestimmung prüft der Gerichtshof *ex post* die Beschlüsse der beiden Organe auf ihre Gültigkeit, Nichtigkeitsgründe sind lediglich die der Unzuständigkeit oder die Verletzung wesent-

---

[328] Allgemeine Entscheidungen der EGKS entsprechen Verordnungen im Bereich des EGV.

[329] *Steindorff* (FN 287) 14.

[330] Vielleicht auch mit ein Grund, wieso man dachte, in der EGKS ohne Grundrechte auszukommen, da man offensichtlich nicht von einer Auswirkung der Gemeinschaft auf den einfachen Bürger ausging. Siehe dazu auch vorstehend im 1. Kapitel des 1. Teiles auf S 3.

[331] So *Steindorff* (FN 287) 15.

licher Formvorschriften, nicht hingegen die restlichen Gründe des Art 33 Abs 1. Die Klage ist (wie bei Art 33) innerhalb einer Frist von einem Monat nach Veröffentlichung des Beschlusses der Versammlung oder der Mitteilung des Beschlusses des Rates an die Mitgliedstaaten oder an die Hohe Behörde zu erheben. Individuen sind nach dieser Bestimmung nicht aktiv klagelegitimiert.

Ein weiterer Bereich konstitutiver Zuständigkeiten betrifft die *Entscheidungen über Pflichtenverletzungen.* Vorab werden die Pflichtenverletzungen durch die übergeordnete Ebene, die Gemeinschaft, dargestellt und anschließend die durch die Mitgliedstaaten.

Im Bereich der *Pflichtenverletzungen durch die Gemeinschaft* ist zum einen die *Untätigkeitsklage nach Art 35* zu behandeln. Passiv legitimiert ist demnach die Hohe Behörde. Wenn diese aufgrund einer Bestimmung des EGKSV oder der Durchführungsvorschriften verpflichtet ist, eine Entscheidung zu erlassen oder eine Empfehlung auszusprechen, und sie dieser Verpflichtung nicht nach kommt, so können je nach Lage des Falles die Staaten, der Rat oder die Unternehmen und Verbände die Hohe Behörde mit der Angelegenheit befassen (Art 35 Abs 1). Die gleiche Situation tritt ein, wenn die Hohe Behörde aufgrund einer Bestimmung des EGKSV oder der Durchführungsbestimmungen befugt ist, eine Entscheidung zu erlassen oder eine Empfehlung auszusprechen, dies aber unterlässt, und wenn diese Unterlassung einen Ermessensmissbrauch darstellt (Art 35 Abs 2). Während der EGKSV zwischen einer Verpflichtung und einer ermessenswidrigen Berechtigung unterscheidet, spricht Art 232 Abs 1 EGV lediglich von dem einen Fall der unterlassenen Fassung eines Beschlusses unter Verletzung des EGV. Das Verfahren bzw die Fristen regelt Art 35 Abs 3: hat die Hohe Behörde innerhalb einer Frist von zwei Monaten keine Entscheidung erlassen oder keine Empfehlung ausgesprochen, so kann innerhalb einer Frist von einem Monat (zwei Monate nach Art 232 Abs 2 EGV) gegen die diesem Schweigen zu entnehmende ablehnende Entscheidung beim Gerichtshof Klage erhoben werden. Wie auch das Nichtigkeitsurteil, so wirkt auch das aufgrund der Untätigkeitsklage ergangene Urteil rein kassatorisch, da – wie in Art 35 Abs 3 zum Ausdruck gebracht wird – wie in der französischen Verwaltungsrechtslehre davon ausgegangen wird, dass die Untätigkeit eine ablehnende Entscheidung darstellt.[332] Was die Klagebefugnis von Individuen betrifft, so sei lediglich kurz erwähnt, dass der EGKSV auch an dieser Stelle unter Individuen lediglich Unternehmen und Verbände versteht.

Ein zweiter Bereich der Pflichtenverletzungen durch die Gemeinschaft betrifft die *Störungsklage nach Art 37.* Passiv legitimiert ist nach dieser Bestimmung wiederum die Hohe Behörde, aktiv sind es die Mitgliedstaaten. Ist ein Mitglied-

---

[332] *Moser* (FN 250) 43.

staat der Ansicht, dass eine Handlung oder Unterlassung der Hohen Behörde in einem bestimmten Falle geeignet ist, tiefgreifende und anhaltende Störungen in seiner Wirtschaft hervorzurufen, so kann er die Hohe Behörde damit befassen (Art 37 Abs 1). Diese stellt – gegebenenfalls nach Anhörung des Rates – das Vorliegen eines solchen Sachverhaltes fest und entscheidet über die im Rahmen des EGKSV zu treffenden Maßnahmen, um diesem Sachverhalt unter Wahrung der wesentlichen Interessen der Gemeinschaft ein Ende zu bereiten (Art 37 Abs 2). Diese Situation erinnert an die Schutzklausel des Art 297 EGV, welche allerdings eher die Friedenssicherung betrifft, während Art 37 EGKSV die Wirtschaft als Schutzobjekt zum Gegenstand hat. Wird gegen diese feststellende Entscheidung der Hohen Behörde oder gegen eine Entscheidung, die ausdrücklich oder stillschweigend das Vorliegen eines solchen Sachverhaltes verneint, aufgrund von Art 37 Klage erhoben, so besitzt der Gerichtshof ein uneingeschränktes Nachprüfungsrecht (Art 37 Abs 3). Dieses uneingeschränkte Nachprüfungsrecht ist insofern „notwendig“, als die Beurteilung des Prüfungsmaßstabes der tiefgreifenden und anhaltenden Störung der Wirtschaft mehr eine politische als eine juristische Problematik darstellt. Im Falle der Nichtigerklärung hat die Hohe Behörde im Rahmen des vom Gerichtshof gefällten Urteiles Maßnahmen zu den in Art 37 Abs 2 vorgesehenen Zwecken zu treffen (Art 37 Abs 4).

Obwohl diese Klage als „typische Nichtigkeitsklage“ bezeichnet wird,[333] wird sie nach der hier zugrundeliegenden Systematik dennoch in den Bereich der Pflichtenverletzungen eingeordnet, da sie nicht nur die Überprüfung eines Rechtsaktes zum Gegenstand hat, sondern Handlungen (beinhaltet somit nicht nur Rechtsakte, sondern auch tatsächliche Vorgänge) und auch Unterlassungen (welche nach dieser Systematik als Pflichtenverletzungen behandelt werden) umfasst.

Eine weitere Zuständigkeit des Gerichtshofes im Bereich der Entscheidungen über Pflichtenverletzungen ist die für *Amtshaftungsklagen*. Das Vorhandensein eines derartigen Instrumentariums ist ein besonderer Ausdruck der Qualität der EGKS als Rechtsgemeinschaft. Der Ursprung dieser Klage ist wiederum im französischen Recht bzw konkret in der Rechtsprechung des *Conseil d'Etat* zu suchen.[334] Das französische Recht unterscheidet zwischen dem Amtsfehler (*faute de service*) und dem persönlichen Verschulden der Beamten[335] (*faute personnelle*). Für den Bereich des *faute de service* kennt die EGKSV zwei Bestimmungen: eine allgemeine in Art 40 und ein spezielle (iZm der Nichtigkeitsklage) in Art 34.

Falls einer geschädigten Partei in Durchführung des EGKSV durch einen Amtsfehler der Gemeinschaft ein Schaden verursacht worden ist, so ist der Ge-

---

[333] *Moser* (FN 250) 46.

[334] Siehe dazu ausführlich *Moser* (FN 250) 48.

[335] Siehe dazu nachstehend auf S 81.

richtshof nach Art 40 Abs 1 zuständig, auf Antrag dieser geschädigten Partei eine Entschädigung in Geld zu Lasten der Gemeinschaft zuzuerkennen. Diese Bestimmung ist sehr weit gefasst, schränkt sie doch den Kreis der aktiv Klageberechtigten nicht wie die meisten anderen Bestimmungen des EGKSV auf die Organe bzw die Unternehmen und Verbände ein. Diese Bestimmung ist in ihren Bestandteilen allerdings nicht nur sehr weit sondern auch sehr allgemein gehalten, weshalb eine weitere Konkretisierung der Rechtsprechung des Gerichtshofes vorbehalten bleibt.[336] Eine Einschränkung wird man insofern machen müssen, als diese Klage nicht gegen Handlungen der Hohen Behörde erhoben werden kann, da dafür die folgende Variante der Amtshaftungsklage zur Verfügung steht.

Diese spezielle Bestimmung zur Amtshaftung betrifft, wie erwähnt, die Nichtigkeitsklage. Dieser noch kurz zu erwähnende Aspekt der Haftungsfrage betrifft – sozusagen als Nachtrag zur Nichtigkeitsklage – die Pflicht der Hohen Behörde, die Maßnahmen zu ergreifen, die sich aus dem Nichtigkeitsurteil ergeben (Art 34).[337] Hat ein Unternehmen oder eine Gruppe von Unternehmen infolge einer Entscheidung oder Empfehlung, die nach Feststellung des Gerichtshofes mit einem die Haftung der Gemeinschaft begründenden Fehler behaftet ist, einen unmittelbaren und besonderen Schaden erlitten, so hat die Hohe Behörde im Rahmen der ihr nach den Bestimmungen des Vertrages zustehenden Befugnisse geeignete Maßnahmen zu ergreifen, um eine angemessene Wiedergutmachung des durch die für nichtig erklärten Entscheidung oder Empfehlung unmittelbar verursachten Schadens, und soweit erforderlich, eine billige Entschädigung zu gewähren. Wenn die Hohe Behörde diese Maßnahme nicht innerhalb einer angemessenen Frist ergreift, so ist der Gerichtshof für Schadenersatzklagen in diesem Zusammenhang zuständig (Art 34 Abs 2). In diesem Fall ist die Nichtigkeitsklage somit eine Voraussetzung der Amtshaftungsklage.

Art 40 Abs 3 bestimmt, dass alle übrigen zwischen der Gemeinschaft und Dritten entstehenden Streitigkeiten, auf welche die Bestimmungen des EGKSV und die Durchführungsvorschriften keine Anwendung finden, bei den *staatlichen Gerichten* anhängig zu machen sind.

Nach der Darstellung der Pflichtenverletzungen durch die Gemeinschaft folgen nun die durch die Mitgliedstaaten.

---

[336] Für eine nähere Darstellung dieser Bestimmung iVm dem französischen Recht siehe *Moser* (FN 250) 52 ff.

[337] Für eine ähnliche Verpflichtung (zur „Umsetzung" der Urteile des EuGH) siehe die 2. Rahmenvereinbarung über die Beziehungen zwischen dem Europäischen Parlament und der Europäischen Kommission vom 5. Juli 2000, BullEU 7/8-2000, 159 ff, 163, wonach sich die Kommission verpflichtet, im Falle eines vom EuGH für nichtig erklärten Rechtsaktes, dessen rechtliche Wirkungen aufrechterhalten wurden, unverzüglich einen geänderten Vorschlage für einen Rechtsakt zu unterbreiten, um dem Urteil des Gerichtshofes Folge zu leisten.

Die klassische Art der *Pflichtenverletzung durch die Mitgliedstaaten* stellt die *Vertragsverletzung* dar. Der Prüfungsmaßstab für diese Klage gegen die Mitgliedstaaten nach Art 88 ist – so wie auch in Art 226 bzw Art 227 EGV – der Vertrag mit den daraus resultierenden Verpflichtungen für die Mitgliedstaaten. Aktiv klageberechtigt ist nach dieser Bestimmung nur die Hohe Behörde, nicht jedoch ein anderer Mitgliedstaat (wie in Art 227 EGV), ein anderes Organ oder ein Individuum. Diese Einschränkung auf die Hohe Behörde unterstreicht den objektiven Zweck dieser Verfahrensart, welcher weniger in einer Bestrafung des betroffenen Mitgliedstaates sondern vielmehr in der Abstellung des den Vertrag verletzenden Verhaltens liegt. Was das Verfahren anbelangt, so bestimmt Art 88 Abs 1 wie folgt: Ist die Hohe Behörde der Ansicht, dass ein Staat gegen die erwähnten Verpflichtungen verstoßen hat, so stellt sie diese Verletzung durch eine mit Gründen versehene „Entscheidung" (!) fest, nachdem sie dem Staat zuvor Gelegenheit zur Äußerung gegeben hat und ihm für die Erfüllung seiner Verpflichtung eine Frist gesetzt hat. Der Staat seinerseits kann binnen einer Frist von zwei Monaten nach Zustellung der Entscheidung beim Gerichtshof Klage erheben, wobei dem Gerichtshof in diesem Fall eine unbeschränkte Ermessensnachprüfung zusteht. Im umgekehrten Fall, wenn nicht der Mitgliedstaat (im Rahmen einer Klage) tätig wird und seine Verpflichtungen nicht innerhalb der von der Hohen Behörde gesetzten Frist erfüllt hat bzw seine Klage abgewiesen worden ist, kann die Hohe Behörde nach einer mit zwei Drittel Mehrheit erteilten Zustimmung des Rates zwei Arten von Maßnahmen ergreifen (Art 88 Abs 3): Sie kann Zahlungen aussetzten, die sie zugunsten des beteiligten Staates aufgrund des EGKSV vorzunehmen hat. Die andere Sanktionskategorie der Hohen Behörde besteht darin, selbst Maßnahmen zu ergreifen bzw andere Mitgliedstaaten zu Maßnahmen zu ermächtigen, welche die Wirkungen der festgestellten Verletzung ausgleichen sollen und entgegen dem prinzipiellen Verbot des Art 4 auf dem Gebiet von Zöllen, Abgaben gleicher Wirkung, Subventionen oder Beihilfen bzw als unerlaubte Praktiken im Wettbewerbsrecht erfolgen. Auch gegen diese Entscheidungen kann binnen einer Frist von zwei Monaten nach ihrer Zustellung Klage erhoben werden, wobei dem Gerichtshof in diesem Fall wieder unbeschränkte Ermessensnachprüfung zukommt (Art 88 Abs 4). Wenn sich die genannten Maßnahmen als wirkungslos erweisen, berichtet die Hohe Behörde darüber an den Rat (Art 88 Abs 5). Diese Variante des Vertragsverletzungsverfahrens sticht durch die Möglichkeit der Verhängung von Geldsanktionen (durch die Einstellung von Zahlungen) hervor, auch wenn diese Maßnahme an die Zustimmung des Rates (immerhin mit zwei Drittel Mehrheit) gebunden ist. Die zweite Variante von Maßnahmen, die Verhängung von Retorsionsmaßnahmen, ist eher völkerrechtlich ausgefallen, immerhin unterliegt sie der Kontrolle des EuGH, welcher in diesem Fall für eine uneingeschränkte Ermessensnachprüfung zuständig ist.

Eine im EGV nicht vorgesehene Zuständigkeit – im Bereich der Pflichtenverletzungen durch die Mitgliedstaaten – ist die *Klage wegen Vetomissbrauches nach Art 10 und Art 11*. Nach Art 10 ernennen die Mitgliedstaaten im gegenseitigen Einvernehmen erstmalig acht der neun Mitglieder[338] der Hohen Behörde, desgleichen im Fall einer Neubesetzung. In diesen verschiedenen in Art 10 Abs 1 bis 9 vorgesehenen Fällen, in denen eine Ernennung im Wege einer Entscheidung der Regierungen mit einer Mehrheit von fünf Sechstel oder durch Hinzuwahl erfolgt, besitzt jede Regierung ein Vetorecht unter den in Abs 11 leg cit genannten Bedingungen (Art 10 Abs 10). Art 10 Abs 11 schränkt dieses Vetorecht wie folgt ein: hat eine Regierung von ihrem Vetorecht gegenüber zwei Personen bei einer einzelnen Neubesetzung oder gegenüber vier Personen bei einer allgemeinen oder einer auf dem Ablauf eines zweijährigen Zeitabschnittes beruhenden Neubesetzung Gebrauch gemacht, so kann bei jeder anderen Ausübung dieses Rechtes aus Anlass derselben Neubesetzung der Gerichtshof von einer anderen Regierung angerufen werden; der Gerichtshof kann das Veto für unwirksam erklären, wenn er es als Missbrauch ansieht.[339] Diese Konstruktion ist eine interessante Beschränkung des Vetorechtes, welche ansonst meist im Wege der Einführung einer Abstimmung mit qualifizierter Mehrheit erfolgt. Den Mitgliedstaaten wird prinzipiell ihre Vetorecht belassen, allerdings wird versucht, dieses zu objektivieren. Ein Mitgliedstaat kann sein Vetorecht einlegen, dieses allerdings nicht perpetuieren, im Wiederholungsfall („aus Anlaß derselben Neubesetzung") wird eine Überprüfung durch den Gerichtshof eingeführt. Es ist kaum erstaunlich, dass die aktive Klagelegitimation dafür bei den Mitgliedstaaten *inter se* bleibt und nicht der Hohen Behörde übertragen wird. Indem dem Gerichtshof eine Gültigkeitsprüfung über dieses Veto eines Mitgliedstaates eingeräumt wird, geht der EGKSV schon sehr weit. Noch weiter geht er allerdings damit, dass der Gerichtshof das Verhalten des Mitgliedstaates in einer freien Würdigung darauf hin beurteilen kann, ob er es als Missbrauch ansieht – ein sehr weiter, weniger juristischer als vielmehr politischer Prüfungsmaßstab.

Es finden sich nicht nur keine Grundrechte im EGKSV, es findet sich außerdem auch keine Zuständigkeit zur *Grundrechtsprüfung* in diesem Vertrag. Offen-

---

[338] Das neunte Mitglied ernennen bekanntlich die acht Mitglieder mit mindestens fünf von acht Stimmen.

[339] Art 11 Abs 1 1. Satz bestimmt: Der Präsident und der Vizepräsident der Hohen Behörde werden durch die Regierungen der Mitgliedstaaten unter den Mitgliedern dieser Behörde für die Dauer von zwei Jahren *nach demselben Verfahren*, wie es für die Ernennung der Mitglieder der Hohen Behörde vorgesehen ist, ausgewählt. (Hervorhebungen durch den Verfasser.)

bar ging man davon aus, dass ein funktionaler Zweckverband keiner Grundrechte bedarf, da dieser nicht wie ein Staat in die individuellen Positionen der Bürger eingreift, oder man wollte dem Zweckverband keine Grundrechtsbestimmungen geben, um ihn nicht zum Staat mutieren zu lassen. Diese für ein Verfassungsgericht konstitutive Zuständigkeit fehlt dem Gerichtshof des EGKSV also.

In der nächsten und letzten Kategorie der konstitutiven Zuständigkeiten, den *sonstigen institutionellen Zuständigkeiten*, findet sich *Art 16 des Protokolles über die Vorrechte und Immunitäten der Gemeinschaft.*[340] Gemäß dieser Bestimmung ist jeder Streit über die Auslegung und Anwendung dieses Protokolles dem Gerichtshof zur Entscheidung vorzulegen. Offen bleibt, wer in diesem Fall aktiv bzw passiv klagebefugt ist. Man wird annehmen können, dass sowohl die Organe als auch die Mitgliedstaaten in diese Kategorien fallen – somit handelt es sich um eine (sonstige) institutionelle Zuständigkeit, welche sich sowohl auf vertikaler, als auch auf zweifach horizontaler (zwischen den Mitgliedstaaten einerseits, bzw den Organen andererseits) Ebene abspielen kann. *Moser* erweitert diese Kategorie außerdem noch um die Unternehmen und Verbände, „da derartige Streitigkeiten [gemeint sind solche über Art 16 dieses Protokolles] zwischen allen diesen Parteien möglich sind".[341]

Eine weitere sonstige institutionelle Zuständigkeit findet sich in Art 95 Abs 3 und 4, in Zusammenhang mit der sogenannten *kleinen Vertragsrevision*. Im Unterschied zur generellen (großen) Vertragsrevisionsbestimmung des Art 96 im Wege einer *Regierungskonferenz* sieht Art 95 die Möglichkeit einer *autonomen* Vertragsrevision durch die Organe der Gemeinschaft vor.[342] Erfordert eine unvorhergesehene, durch die Erfahrung sichtbar gewordene Schwierigkeit bei den Einzelheiten der Anwendung des EGKSV oder eine tiefgehende Änderung der wirtschaftlichen oder technischen Bedingungen, die unmittelbar den gemeinsamen Markt für Kohle und Stahl beeinflusst, eine Anpassung der Vorschriften über die der Hohen Behörde übertragenen Befugnisse, so können geeignete Abänderungen vorgenommen werden, welche allerdings nicht die grundlegenden Prinzipien des EGKSV[343] beeinträchtigen dürfen (Art 95 Abs 3). Das dazu vorgeschriebene Verfahren regelt Art 95 Abs 4: die Änderungen werden als Vorschläge von der Hohen Behörde und dem mit einer Mehrheit von fünf Sechstel seiner Mitglieder beschließenden Rat in gegenseitigem Einvernehmen aufgestellt und sodann dem Gerichtshof zur Stellungnahme unterbreitet; stellt der Gerichtshof, dem für seine

---

340 DBGBl II 1952, 479 ff, 481.

341 (FN 250) 47.

342 Zur autonomen Vertragsänderung siehe *Schweitzer/Hummer* (FN 76) Rdnr 1006 ff.

343 Art 95 Abs 3 nennt die Bestimmungen der Art 2, 3 und 4 bzw das Verhältnis zwischen den der Hohen Behörde und den anderen Organen der Gemeinschaft zugewiesenen Befugnissen.

Prüfung eine tatsächlich und rechtlich unbeschränkte Nachprüfungsbefugnis zusteht, aufgrund seiner Prüfung fest, dass die Vorschläge mit den erwähnten grundlegenden Prinzipien übereinstimmen, so werden die Vorschläge der Versammlung zugeleitet; die Vorschläge treten sodann in Kraft, wenn sie mit einer Mehrheit von drei Viertel der abgegebenen Stimmen und zwei Drittel der Mitglieder der Versammlung gebilligt werden. Die Rolle des Gerichtshofes in diesem Revisionsverfahren erinnert an die in Art 300 Abs 6 EGV geregelte. In beiden Fällen beurteilt der Gerichtshof *ex ante* die Vereinbarkeit eines geplanten Rechtsaktes/einer Revision mit dem Vertrag bzw seinen wesentlichen Prinzipien. In beiden Fällen kommt dem Gerichtshof eine gewisse „Zustimmungskompetenz“ zu, in beiden Fällen ist er in gewisser Weise am Legislativprozess beteiligt (ohne dass man jedoch seine Tätigkeit als eine Legislative bezeichnen könnte, diese ist und bleibt judikativer Art). Lediglich im ersten Fall schützt er den Vertrag (bzw Teile davon) gegen Korrumpierung von außer-, im zweiten Fall gegen eine solche von innerhalb.

Nach dem Bereich der konstitutiven Zuständigkeiten wird nun die *weitere Kategorie von (nicht konstitutiven) Zuständigkeiten* untersucht. Dabei kommen dem Gerichtshof keine Zuständigkeiten in den Bereichen *Prüfung von Wahlen und Referenden* sowie im Bereich *internationale Zuständigkeiten* zu.

Eine Zuständigkeit in dieser nicht konstitutiven Kategorie übt der Gerichtshof nach *Art 42 iVm Art 89 Abs 2* im Bereich der *schiedsrichterlichen* Zuständigkeiten aus. Nach Art 42 ist der Gerichtshof für Entscheidungen aufgrund einer Schiedsklausel zuständig, die in einem von der Gemeinschaft oder für ihre Rechnung abgeschlossenen öffentlich-rechtlichen oder privatrechtlichen Vertrag enthalten ist. Diese Bestimmung ist deckungsgleich mit Art 238 EGV. Nach Art 89 Abs 2, welcher seine Entsprechung in Art 239 EGV findet, ist der Gerichtshof zuständig, über jeden in Zusammenhang mit dem Gegenstand des EGKSV stehenden Streit unter Mitgliedstaaten zu entscheiden, wenn dieser Streit bei ihm aufgrund eines Schiedsvertrages anhängig gemacht wird. Eine Auffangkompetenz für den Gerichtshof sieht Art 89 Abs 1 vor, wonach jeder Streit unter Mitgliedstaaten über die Anwendung des EGKSV, der nicht durch ein anderes in diesem Vertrag vorgesehenes Verfahren erledigt werden kann, auf Antrag eines der am Streit beteiligten Staaten beim Gerichtshof anhängig gemacht werden kann. Eine *sonstige Form der Prorogation* findet sich in Art 43. Nach Abs 1 leg cit ist der Gerichtshof für die Entscheidung in jedem anderen Fall zuständig, der in einer Zusatzbestimmung zum EGKSV vorgesehen ist[344] und nach Abs 2 leg cit kann der Ge-

[344] *Moser* (FN 250) 63 f nennt in diesem Zusammenhang Zusatzbestimmungen, die durch Übereinkunft der Mitgliedstaaten oder aber im Wege der kleinen Vertragsrevision geschaffen werden können.

richtshof in allen mit dem Gegenstand des EGKSV in Zusammenhang stehenden Fällen entscheiden, wenn die Gesetze eines Mitgliedstaates ihn für zuständig erklären – in Vergleich mit Art 95 könnte man von einer „kleinen Regierungskonferenz" zur Übertragung von Hoheitsrechten (durch einfaches Gesetz) sprechen.

Die entsprechende Zuständigkeit im nächsten Bereich der nicht konstitutiven Zuständigkeiten, der *Amtsenthebung von Richtern und von Mitgliedern sonstiger Organe*, findet sich in Art 12. Betroffen von einer Amtsenthebung können nach dieser Bestimmung nur Mitglieder der Hohen Behörde sein. Auf Antrag der Hohen Behörde selbst oder auf Antrag des Rates können diese ihres Amtes enthoben werden, wenn sie die für die Ausübung ihres Amtes erforderlichen Voraussetzungen nicht mehr erfüllen oder eine schwere Verfehlung begangen haben (Art 12 Abs 2). In der Satzung finden sich entsprechende Bestimmungen zu den Richtern und Generalanwälten. Wie schon erwähnt,[345] können Richter ihres Amtes enthoben werden, wenn sie nach einstimmigem Urteil der anderen Richter nicht mehr die erforderlichen Vorbedingungen erfüllen (Art 7 Satzung EGKS). Generalanwälte können – nach Stellungnahme des Gerichtshofes und durch einen einstimmigen Beschluss des Rates – ihres Amtes enthoben werden, wenn sie nicht mehr die erforderlichen Voraussetzungen erfüllen (Art 13 Abs 2 Satzung EGKS).

Im Bereich der *dienstrechtlichen Streitigkeiten* findet sich – entsprechend der französischen Terminologie – nach der schon erwähnten amtshaftungsrechtlichen Kategorie des *faute de service*[346] nun die des *faute personnelle*. Nach Art 40 Abs 2 ist der Gerichtshof dafür zuständig, eine Entschädigung zu Lasten eines Bediensteten der Gemeinschaft zuzuerkennen, falls ein Schaden durch persönliches Verschulden dieses Bediensteten in Ausübung seiner dienstlichen Obliegenheiten verursacht worden ist. Kann die geschädigte Partei von dem Bediensteten diesen Schadenersatz nicht erlangen, so kann der Gerichtshof subsidiär der Gemeinschaft die Zahlung einer angemessenen Entschädigung auferlegen.

Art 41 regelt einen Aspekt der *Zusammenarbeit mit anderen Gerichten*, die *Vorabentscheidung*. Demnach entscheidet der Gerichtshof im Wege der Vorabentscheidung (*à titre préjudiciel*) über die Gültigkeit von Beschlüssen der Hohen Behörde und des Rates, falls bei einem Streitfall vor einem staatlichen Gericht diese Gültigkeit in Frage gestellt wird. Im Vergleich zu Art 234 EGV handelt es sich bei Art 41 um ein Minus, da weder die Auslegung des (EGKS-)Vertrages, noch die Auslegung des angesprochenen Sekundärrechtes vorkommt. Kurz erwähnt sei an dieser Stelle noch die Bestimmung des Art 65 Abs 4, welche der Hohen Behörde bzw dem Gerichtshof das Auslegungsmonopol für die Beurtei-

[345] Siehe dazu vorstehend auf S 68.
[346] Siehe dazu vorstehend auf S 75.

lung der Vereinbarkeit von wettbewerbsrechtlich untersagten Vereinbarungen und Beschlüssen mit dem EGKSV vorbehält.

In den Bereich der *sonstigen nicht konstitutiven Zuständigkeiten* reiht sich schließlich Art 36 ein. In verschiedenen Artikeln des EGKSV kommt der Hohen Behörde die Befugnis zu, finanzielle Sanktionen (*sanctions pécuniaires*) oder Zwangsgelder (*astreintes*) zu verhängen. Art 36 Abs 1 bestimmt nach dem Grundsatz *audiatur et altera pars*, dass die Hohe Behörde vor Festsetzung dieser Sanktionen dem Betroffenen Gelegenheit zur Stellungnahme zu geben hat. Gegen die sodann festgesetzten finanziellen Sanktionen und Zwangsgelder kann Klage an den Gerichtshof erhoben werden,[347] wobei diesem eine unbeschränkte Ermessensnachprüfung zukommt (Art 36 Abs 2).[348]

Wie schon erwähnt, findet sich neben dem Gerichtshof kein weiteres *gemeinschaftliches Gericht* (*erster Instanz*).

Erwähnt sei in Zusammenhang mit dieser Darstellung der institutionellen Stellung und funktionalen Rolle des Gerichtshofes noch Art 87, wonach sich die Mitgliedstaaten verpflichten, sich nicht auf Verträge, Abkommen oder Erklärungen zu berufen, die zwischen ihnen bestehen, um einen Streitfall über die Auslegung oder Anwendung des EGKSV in anderer als in diesem Vertrag vorgesehenen Weise zu regeln. Diese Bestimmung ist notwendig, um nicht aus Altverträgen zwischen einzelnen der Mitgliedstaaten die einheitliche Jurisdiktion des EGKSV störende Instrumentarien einfließen zu lassen.

Abschließend ist noch festzustellen, dass im Bereich des EGKSV die Zuständigkeit des Gerichtshofes eine ausschließliche ist und die Gerichtsbarkeit der einzelstaatlichen Gerichte verdrängt, außer wenn eine Frage auf dem Gebiet von Kohle und Stahl durch diesen Vertrag nicht geregelt wurde.[349]

1.3.3 Errichtung nach dem Vorbild des Supreme Court

Wie im Vorwort erwähnt, war einer der Gründe für die Auswahl des Supreme Court als Vergleichsgrundlage für die Analyse der institutionellen Stellung und funktionalen Rolle des EuGH der, dass der EuGH – bzw konkret der Gerichtshof der EGKS – nach seinem Vorbild errichtet wurde. Zitiert sei in diesem Zusam-

---

[347] *Moser* (FN 250) 60 nennt idZ drei mögliche Aspekte einer Anfechtung: Bekämpfung dem Grunde nach, wegen des Ausmaßes der Sanktion und schließlich eine Anfechtung mit der Begründung, der Akt der Hohen Behörde, aufgrund dessen Nichtbeachtung die Verhängung der Sanktion erfolgte, sei fehlerhaft.

[348] Zur Begründung dieser Klage können die Kläger nach Maßgabe des Artikels 33 Abs 1 geltend machen, dass die Entscheidungen und Empfehlungen, deren Nichtbeachtung ihnen zum Vorwurf gemacht wird, fehlerhaft sind.

[349] *Breitner* (FN 288) 12.

menhang *Walter Hallstein*[350], der dazu ausführt: „Als wir den Europäischen Gerichtshof schufen, schwebte uns ein ehrgeiziger Gedanke vor: die Verfassungsstruktur der Gemeinschaft mit einem obersten Gericht zu krönen, das im vollen Sinn des Wortes Verfassungsorgan war, einem Gericht wie der amerikanische Supreme Court in seiner glänzenden Zeit unter dem *Chief Justice John Marshall*, unter dessen Führung die urkundlich kaum skizzierte Verfassung der Vereinigten Staaten in der Gerichtspraxis Inhalt und Festigkeit gewann."[351]

Daneben ist noch *Valentine* zu nennen, welcher nachweist, dass viele Mitglieder des niederländischen Parlamentes der Ansicht waren, dass der Montangerichtshof in Hinblick auf seine Kompetenzen dem Supreme Court der Vereinigten Staaten von Amerika entspreche.[352]

Wie nachstehend noch zu zeigen sein wird, wurde der Gerichtshof der EGKS jedoch – was seine Zuständigkeiten betrifft – nicht nach dem Vorbild des Supreme Court geschaffen.[353] Was man vom amerikanischen Höchstgericht übernommen hat, ist vielmehr die Unabhängigkeit der Richter/des Gerichtes und die starke *institutionelle Stellung* im Gefüge der anderen Organe/Gewalten, nicht jedoch die primär nach Verfahrensbeteiligten gruppierten Kompetenzen des Supreme Court. Zur damaligen Zeit war der Supreme Court sicherlich *das* Vorbild für ein Verfassungsgericht/Gericht einer Verbandsgewalt, so wie sich auch der EuGH nach der Entwicklung seiner Stellung im Gefüge der europäischen Verbandsgewalt zum Vorbild für die zu errichtende Judikative der Andengemeinschaft entwickelt hat.

---

[350] Zur Person *Walter Hallstein* siehe auch *Kilian, Michael*, Walter Hallstein und die Europäische Union, in *Kluth, Winfried* (Hrsg), Die Europäische Union nach dem Amsterdamer Vertrag (2000) 37 ff; *Narjes, Karl-Heinz*, Walter Hallstein – ein großer Europäer der Berliner Schule, in *Kloepfer, Michael/Pernice, Ingolf* (Hrsg), Entwicklungsperspektiven der europäischen Verfassung im Lichte des Vertrags von Amsterdam (1999) 25 ff.

[351] *Hallstein, Walter*, Die Europäische Gemeinschaft[5] (1979) 110.

[352] *Valentine* (FN 273) 10.

[353] Zu den Zuständigkeiten des Supreme Court siehe nachstehend im 2. Kapitel des 4. Teiles auf S 341 ff.

2. Kapitel: Der EuGH in EWGV und EAGV (1957)

„Die Gründung der Europäischen Gemeinschaft für Kohle und Stahl ist nicht nur in ihrer Konzeption neuartig, sondern auch ein entscheidender Schritt auf dem Wege zur Einheit Europas. Schon jetzt werden Pläne zu ähnlichen Zusammenschlüssen auf den Gebieten der Landwirtschaft, des Transportwesens und der chemischen Industrie erörtert."

Hans-Jürgen Schlochauer (im Jahre 1951)[354]

2.1 Die Entstehung der Römer Verträge

Wie schon erwähnt, scheiterten die beiden Projekte der EPG und der EVG 1954 und man besann sich nach Politik und Verteidigung – entsprechend dem Prinzip des *spill over*[355] bzw der Politik der kleinen Schritte wieder mehr auf den wirtschaftlichen Bereich.[356] Dazu kam noch die Überlegung, den Mitte der 50er Jahre herrschenden Energieengpass durch die Kernenergie zu lösen.[357]

Auf der Konferenz von Messina vom 3. 6. 1955 kamen die Regierungen der sechs Gründungsmitgliedstaaten überein, „eine neue Phase auf dem Wege zur Schaffung Europas einzuleiten" und skizzierten ihre Pläne in den Bereichen des Warenaustausches, der Freizügigkeit der Personen, der Energie im Allgemeinen, bzw der Atomenergie im Speziellen.[358] Zur Realisierung dieses Vorhabens mittels Regierungskonferenzen beschlossen die sechs Regierungen, die vorbereitenden Arbeiten einem Komitee von Regierungsdelegierten und ihren Sachverständigen „unter dem Vorsitz einer politischen Persönlichkeit, welche die verschiedenen Arbeiten zu koordinieren hat", zu übertragen.[359] Am 6. 9. 1955 befassten sich die Außenminister der Sechs in Noordwijk mit einem Zwischenbericht des unter dem Vorsitz des belgischen Außenministers *Paul Henri Spaak* geleiten Komitees und luden ihn ein, „seinen Gesamtbericht sobald wie möglich (...) vorzulegen".[360] Am 21. 4. 1956 legte der *Spaak*-Ausschuss seinen Bericht über die Schaffung eines

[354] (FN 292) 290.

[355] Siehe dazu vorstehend im 2. Kapitel des 1. Teiles auf S 32 f.

[356] Zur stagnierenden Liberalisierung im Bereich der *Organization for European Economic Co-operation and Development* (OEEC) und zur Frage der GATT-Konformität siehe *Schweitzer/Hummer* (FN 76) Rdnr 42.

[357] *Schweitzer/Hummer* (FN 76) Rdnr 43; *Streinz, Rudolf,* Europarecht[5] (2001) Rdnr 18.

[358] Schlusskommuniqué der Konferenz von Messina vom 3. 6. 1955; abgedruckt in EA 1955, 7974 f, 7974.

[359] EA 1955, 7974.

[360] *Siegler* (FN 2) 95.

Gemeinsamen Marktes und über EURATOM vor.[361] Nachdem eine Konferenz der Regierungschefs und Außenminister am 19./20. 2. 1957 in Paris die Klärung einiger noch offener Fragen des Vertragswerkes über den Gemeinsamen Markt und EURATOM erzielen konnte,[362] wurden schließlich am 25. 3. 1957 in Rom der Vertrag zur Gründung der Europäischen Wirtschaftsgemeinschaft bzw der Vertrag zur Gründung der Europäischen Atomgemeinschaft (EURATOM) unterzeichnet.[363]

Im Folgenden soll ein kurzer Überblick dieses Vertragswerkes gegeben werden:

- Vertrag zur Gründung der EWG vom 25. 3. 1957 samt Anhängen und den beigefügten Protokollen[364]
- Vertrag zur Gründung der EAG vom 25. 3. 1957 samt Anhängen und dem beigefügten Protokoll[365]
- Abkommen über gemeinsame Organe für die Europäischen Gemeinschaften[366]

Zu einem späteren Zeitpunkt wurden folgende Protokolle ausgearbeitet:[367]

- Protokoll über die Satzung des Gerichtshofes der Europäischen Wirtschaftsgemeinschaft vom 17. 4. 1957 (Satzung EWG)
- Protokoll über die Vorrechte und Befreiungen der Europäischen Wirtschaftsgemeinschaft vom 17. 4. 1957
- Protokoll über die Satzung des Gerichtshofes der Europäischen Atomgemeinschaft vom 17. 4. 1957
- Protokoll über die Vorrechte und Befreiungen der Europäischen Atomgemeinschaft vom 17. 4. 1957

Der EWGV und der EAGV (jeweils samt Anhängen und Protokollen), das Abkommen über gemeinsame Organe und die erwähnten Protokolle traten am 1. 1. 1958 in Kraft.[368]

---

[361] *Siegler* (FN 2) 101 f.
[362] *Siegler* (FN 2) 127.
[363] *Siegler* (FN 2) 133 ff.
[364] DBGBl II 1957, 766 ff.
[365] DBGBl II 1957, 1014 ff.
[366] DBGBl II 1957, 1156 ff.
[367] DBGBl II 1957, 1166 ff, 1182 ff, 1194 ff, 1212 ff.
[368] Bekanntmachung über das In-Kraft-Treten der Verträge zur Gründung der Europäischen Wirtschaftsgemeinschaft und der Europäischen Atomgemeinschaft vom 27. 12. 1957, dBGBl II 1958, 1.

2.2 Die Europäische Wirtschaftsgemeinschaft

Wie schon aus der Entstehungsgeschichte ersichtlich, bildet der Gemeinsame Markt einen der wesentlichen *Grundsätze* (1. Teil) des auf unbegrenzte Zeit geltenden (Art 240) EWGV. Dieser soll gem Art 8 EWGV während einer Übergangszeit von zwölf (Abs 1 leg cit), jedoch maximal fünfzehn (Abs 6 leg cit) Jahren verwirklicht werden. Aufgabe der Gemeinschaft ist es, durch die Errichtung dieses Gemeinsamen Marktes sowie die schrittweise Annäherung der Wirtschaftspolitik der Mitgliedstaaten eine harmonische Entwicklung des Wirtschaftslebens innerhalb der Gemeinschaft, eine beständige und ausgewogene Wirtschaftsausweitung, eine größere Stabilität, eine beschleunigte Hebung der Lebenshaltung und engere Beziehungen zwischen den Mitgliedstaaten zu fördern (Art 2 EWGV). Die dazu notwendigen Tätigkeiten finden sich programmatisch in Art 3 lit a bis k EWGV. Im Hinblick auf das Verhältnis der drei Gemeinschaften bestimmt Art 232 EWGV, dass dieser Vertrag nicht die Bestimmungen des EGKSV ändert (Abs 1 leg cit) bzw die des EAGV beeinträchtigt (Abs 2 leg cit).[369] Im Unterschied zum EGKSV, welcher gem Art 100 EGKSV lediglich in französischer Sprache als authentischer Text abgefasst wurde, ist der EWGV in deutscher, französischer, italienischer und niederländischer Sprache abgefasst (Art 248 EWGV). Ein weiterer Unterschied zum EGKSV, welcher wie erwähnt als *traité loi* zu qualifizieren ist, besteht darin, dass es sich beim EWGV um einen *traité cadre*, einen Rahmenvertrag, handelt, welcher erst durch das von den Organen zu erlassende Sekundärrecht auszugestalten ist.

Grundlagen der Gemeinschaft (2. Teil) bilden die vier Grundfreiheiten (1. und 3. Titel), die Landwirtschaft (2. Titel) und der Verkehr (4. Titel).

Die *Politiken* der Gemeinschaft (3. Teil) umfassen das Wettbewerbsrecht, steuerliche Vorschriften und die Angleichung der Rechtsvorschriften (1. Titel), die Wirtschaftspolitik (2. Titel), die Sozialpolitik (3. Titel) sowie die Europäische Investitionsbank (4. Titel).

Der 4. Teil regelt die *Assoziierung* der überseeischen Länder und Hoheitsgebiete sowie der 6. Teil die Allgemeinen und die Schlussbestimmungen.

Die EWGV besitzt folgende vier *Organe* (5. Teil): die Versammlung, den Rat, die Kommission und den Gerichtshof (Art 4 EWGV), welche im Wesentlichen

[369] *Daig, Hans-Wolfram*, Die Gerichtsbarkeit in der Europäischen Wirtschaftsgemeinschaft und der Europäischen Atomgemeinschaft – mit vergleichenden Hinweisen auf die Europäische Gemeinschaft für Kohle und Stahl, Sonderdruck aus AöR (1958) 132 ff, 140 zitiert in Hinblick auf die Beziehungen der drei „Schwestergemeinschaften" eine Pressemitteilung, wonach Bedenken gegen eine gemeinsame Rechtsabteilung der drei Exekutivorgane geäußert worden waren, „die u.a. mit dem Hinweis auf mögliche künftige Rechtsstreitigkeiten zwischen den Gemeinschaften begründet worden seien".

mit denen des EGKSV übereinstimmen. Zwei dieser Organe, die Versammlung und der Gerichtshof (und der WSA) werden „IN DEM BESTREBEN, die Zahl der Organe zu beschränken“ durch das Abkommen über gemeinsame Organe für die europäischen Gemeinschaften fusioniert.[370]

Die *Versammlung* (Art 137 bis 144 EWGV) besteht aus Vertretern der Völker der in der Gemeinschaft zusammengeschlossenen Staaten und übt die ihr nach dem EWGV zustehenden Beratungs- und Kontrollbefugnisse aus (Art 137 EWGV). Ihre 142 Abgeordneten werden nach einem von den Mitgliedstaaten bestimmten Verfahren von den Parlamenten aus ihrer Mitte ernannt (Art 138 EWGV). Die Versammlung ist in verschiedenen Bereichen anzuhören, erörtert den jährlichen Gesamtbericht der Kommission (Art 143 EWGV) und kann derselben ihr Misstrauen aussprechen (Art 144 EWGV).

Der *Rat* (Art 145 bis 154 EWGV), welcher aus den Vertretern der Mitgliedstaaten besteht (Art 146 EWGV), sorgt für die Abstimmung der Wirtschaftspolitik der Mitgliedstaaten und besitzt eine Entscheidungsbefugnis (Art 145 EWGV). Nach Art 228 EWGV ist der Rat, bei welchem der Schwerpunkt der Rechtsgestaltung liegt, außerdem für den Abschluss von Abkommen zwischen der Gemeinschaft und anderen Staaten oder Internationalen Organisationen zuständig.

Die *Kommission* (Art 155 bis 163 EWGV) besteht aus neun Mitgliedern[371], welche volle Gewähr für ihre Unabhängigkeit bieten müssen (Art 157 Abs 1 EWGV). Die Aufgabe der Kommission liegt primär darin, das ordnungsgemäße Funktionieren und die Entwicklung des Gemeinsamen Marktes zu gewährleisten (Art 155).

2.3 Die Europäische Atomgemeinschaft (EURATOM)

Die Europäische Atomgemeinschaft wurde „IN DEM BEWUSSTSEIN [gegründet], daß die Kernenergie eine unentbehrliche Hilfsquelle für die Entwicklung und Belebung der Wirtschaft und für den friedlichen Fortschritt darstellt“[372].

Die *Aufgaben der Gemeinschaft* (1. Titel) bestehen darin, durch die Schaffung der für die schnelle Bildung und Entwicklung von Kernindustrie erforderlichen Voraussetzungen zur Hebung der Lebenshaltung in den Mitgliedstaaten und zur Entwicklung der Beziehungen mit den anderen Ländern beizutragen (Art 1 Abs 2

---

[370] DBGBl II 1957, 1156. Durch den Vertrag zur Einsetzung eines Gemeinsamen Rates und einer Gemeinsamen Kommission der Europäischen Gemeinschaften (ABl 1967, Nr 152, 2 ff) wurden bekanntlich Rat und Kommission fusioniert.

[371] So wie auch schon bei der Hohen Behörde (Art 9 Abs 1 EGKSV) ist die Anzahl der Mitglieder somit höher als die der Mitgliedstaaten, wie schon erwähnt auch ein Merkmal ihrer Supranationalität.

[372] DBGBl II 1957, 1018.

EGKSV), wozu ihr die in Art 2 EGKSV lit a bis h aufgezählten Mittel zu Verfügung stehen.

So wie auch schon der EWGV ist der EAGV in deutscher, französischer, italienischer und niederländischer Sprache abgefasst (Art 225 EAGV) – 5. Titel *Allgemeine Bestimmungen*. Auch der EAGV ist als *traité cadre* zu qualifizieren und gilt auf unbegrenzte Zeit (Art 208 EAGV).

Der materielle Teil des EGKSV beschäftigt sich mit der *Förderung des Fortschritts auf dem Gebiet der Kernenergie* (2. Titel). Unter diesen Bereichen der EGKS nimmt die Forschung (1. Kapitel) den vordersten Platz ein, da die technische Entwicklung auf dem Bereich der Kernenergie zum damaligen Zeitpunkt in Europa noch in den Anfängen steckte.[373] Die anderen Bereiche beschäftigen sich mit der Verbreitung der Kenntnisse (2. Kapitel), dem Gesundheitsschutz (3. Kapitel), den Investitionen (4. Kapitel), den Gemeinsamen Unternehmen (5. Kapitel), der Versorgung (6. Kapitel), der Überwachung der Sicherheit (7. Kapitel), dem Eigentum (8. Kapitel), dem Gemeinsamen Markt auf dem Kerngebiet (9. Kapitel) sowie den Außenbeziehungen (10. Kapitel).

Im 4. Titel finden sich die *Finanzvorschriften* und im 6. Teil die *Vorschriften über die Anlaufzeit*.

Nach Art 3 EAGV besitzt die EAG folgende *Organe* (3. Titel): die Versammlung (Art 107 bis 114 EAGV), den Rat (Art 115 bis 123 EAGV), die Kommission (Art 124 bis 135 EAGV) und den Gerichtshof (Art 136 bis 160 EAGV). Da die EAG-Organe „für beide Gemeinschaften identisch"[374] sind, wird auf die Beschreibung bei der EWG verwiesen.[375]

2.4 Der einzige Gerichtshof

Schon anlässlich der Gründung des Gerichtshofes der EGKS wurden Stimmen laut, die sich gegen die Tendenz einer für jeden Teilbereich spezialisierten Gerichtsbarkeit stellten. *Valentine* zitiert in diesem Zusammenhang den belgischen Abgeordneten *Dehousse*, der dazu Folgendes bemerkte: „Where are we going if we continue to create international jurisdictions in every new treaty? Present and future jurisdictions must be united"[376]. Wie schon erwähnt, übt ein einziger Gerichtshof gem Art 3 des Abkommens über gemeinsame Organe die Zuständigkeiten aus, welche der EWGV und der EAGV dem Gerichtshof übertragen. Darüber

[373] So *Daig* (FN 369) 144.

[374] *Daig* (FN 369) 146, mit einer Beschreibung der Besonderheiten im Bereich der EAG auf S 146 f.

[375] Siehe dazu vorstehend auf S 86.

[376] (FN 273) 10. Siehe dazu auch aktuell *Couston, Mireille*, La multiplication des juridictions internationales. Sens et dynamiques, JDI 2002, 5 ff.

hinaus tritt dieser einzige Gerichtshof gem Art 4 des erwähnten Abkommens mit Aufnahme seiner Tätigkeit an die Stelle des in Art 32 EGKSV vorgesehenen Gerichtshofes und übt die Zuständigkeiten, die dem EGKS-Gerichtshof durch den EGKSV übertragen worden sind, gemäß dessen Bestimmungen aus.

Im Folgenden soll die (geschichtliche) *Weiterentwicklung* dieses „einzigen" Gerichtshofes gegenüber der EGKS dargestellt werden, wobei für diese Darstellung wiederum derselbe Raster wie im 3. und 4. Teil verwendet wird.[377]

Die vertraglichen *Rechtsgrundlagen* des *Gerichtshofes* finden sich in den Art 164 bis 188 EWGV, in den Art 136 bis 160 EAGV, in der Satzung des Gerichtshofes der EWG bzw der des Gerichtshofes der EAG, bzw in den Protokollen über die Vorrechte und Befreiungen der EWG bzw der EAG.[378] Was die Struktur und das Statut seiner Mitglieder betrifft, so sind diese weitgehend in der gleichen Weise wie im EGKSV und dessen Satzung geregelt worden.[379]

Während die *Anzahl* und die Modalitäten der *Ernennung* der Richter gleich geblieben sind, wurden die erforderlichen *Qualifikationen* insofern näher bestimmt, als nun im Unterschied zur Formulierung des Art 32 Abs 1 EGKS („jede Gewähr für Unabhängigkeit und Befähigung bieten") die Art der Befähigung in Art 167 dahingehend präzisiert wurde, dass die Richter (und Generalanwälte) unter Persönlichkeiten auszuwählen sind, „die jede Gewähr für Unabhängigkeit bieten und in ihrem Staat die für die höchsten richterlichen Ämter erforderlichen Voraussetzungen erfüllen oder Juristen von anerkannt hervorragender Befähigung sind". Eine Erweiterung der Bestimmungen hinsichtlich des *Endes eines Richteramtes* hat es dadurch gegeben, dass neben dem Grund der mangelnden Erfüllung der erforderlichen Vorbedingungen (Art 7 Satzung EGKS) ein weiterer (die Nichterfüllung der sich aus dem Amt ergebenden Verpflichtungen – Art 6 Abs 1 Satzung EWG) hinzutritt. Nach der *Beendigung* ihrer Tätigkeit wird den Richtern nicht mehr die Verpflichtung auferlegt, an Geschäften, die Kohle und Stahl betreffen, nicht unmittelbar oder mittelbar beteiligen zu bleiben (Art 4 Abs 3 Satzung EGKS), sondern – aufgrund des erweiterten Anwendungsbereiches der EWG – lediglich die Verpflichtung, bei der Annahme von gewissen Tätigkeiten oder Vorteilen ehrenhaft und zurückhaltend zu sein.[380]

---

[377] Zur Erläuterung dieses Rasters siehe vorstehend im 3. Kapitel des 1. Teiles auf S 43 ff.

[378] Im Folgenden werden aufgrund seiner vorrangigen Bedeutung lediglich die Bestimmungen des EWGV angegeben.

[379] *Daig* (FN 369) 147.

[380] Zu einer ähnlich gelagerten Situation – allerdings im Schoße der Kommission – siehe *Hummer, Waldemar/Obwexer, Walter*, Der „Fall Bangemann". Amtspflichten der Kommissionsmitglieder: Inhalt, Umfang und Sanktionierung, EuBl 1999, 119 ff.

Kein Unterschied zum EGKSV findet sich in der Ernennung des ersten *Präsidenten*, auch er wird erstmals von den Regierungen der Mitgliedstaaten im gegenseitigen Einvernehmen ernannt (Art 244 Abs 1 2. Satz EWGV), während die weiteren Präsidenten von den Richtern aus ihrer Mitte gewählt werden (Art 167 Abs 5 EWGV). Während nach Art 31 Abs 4 EGKSV ausscheidende Richter, nach Abs 6 leg cit nicht jedoch der Präsident wieder ernannt werden konnte, bestimmt nun Art 167 Abs 5 2. Satz EWGV, dass nunmehr auch die Wiederwahl des Präsidenten des Gerichtshofes zulässig ist.

Während die Anzahl der *Generalanwälte* mit zwei gleichgeblieben ist, haben diese nun Eingang in den Vertrag (Art 166 EWGV) gefunden, während sie im Bereich der EGKS lediglich in der Satzung – Art 10 Satzung EGKS – behandelt wurden.[381] Im Unterschied zu Art 11 Satzung EGKS, wonach die Generalanwälte „mündliche und begründete" Schlussanträge zu den dem Gerichtshof unterbreiteten Rechtssachen stellen, müssen diese nunmehr lediglich „begründet" sein. Da aus Art 18 Abs 4 Satzung EWGV hervorgeht, dass die Schlussanträge weiterhin mündlich vorzutragen sind, wird man diese Änderung dahingehend zu verstehen haben, dass die Schlussanträge nunmehr auch (!) schriftlich abzufassen sind.[382] Eine weiter wichtige Änderung hat sich in Zusammenhang mit der Amtsenthebung der Generalanwälte ergeben, da über diese nicht wie bisher der Rat entscheidet und der Gerichtshof lediglich das Recht der Stellungnahme besitzt (Art 13 Abs 2 Satzung EGKS), sondern nunmehr die Richter und (!) Generalanwälte nach einstimmigem Urteil (Art 7 iVm Art 6 Satzung EWGV).

Im Bereich der *Organisation* kannte schon Art 18 Abs 1 Satzung EGKS neben der Plenarsitzung die Bildung von (zwei) Kammern mit je drei Richtern, die bestimmte Untersuchungsaufgaben erledigen oder bestimmte Streitsachen entscheiden. Art 165 Abs 2 EWGV sieht nunmehr die Möglichkeit von aus je drei oder fünf Richtern bestehenden Kammern vor, die bestimmte vorbereitende Aufgaben erledigen oder bestimme Gruppen von Rechtssachen entscheiden. An Anwendungsfällen für eine Plenarsitzung sieht Art 18 Abs 3 Satzung EGKS Klagen von Staaten oder des Rates vor. Diese Regelung wird durch Art 165 Abs 3 EWGV in zweifacher Hinsicht ausgedehnt, als nun Rechtssachen, die einerseits aufgrund (eines Mitgliedstaates oder) eines Organes, und Rechtssachen, die andererseits im

---

381 Anzumerken ist, dass dieser Unterschied mehr die Stellung der Generalanwälte betrifft, da die primärrechtliche Rechtsqualität von Satzung und Vertrag dieselbe ist.

382 Bekanntlich werden gemeinsam mit den Urteilen auch die Schlussanträge des Generalanwaltes veröffentlicht (Art 24 Dienstanweisung für den Kanzler EuGH, ABl 1982, Nr C 39, 35 ff, 39 idF ABl 1986, Nr C 286, 4).

Wege der Vorabentscheidung[383] behandelt werden, in Vollsitzung abzuhalten sind.

Seine Tätigkeit nimmt der Gerichtshof gemäß Art 244 Abs 1 EWGV mit der Ernennung seiner Mitglieder auf. Binnen drei Monaten nach der Aufnahme seiner Tätigkeit legt der Gerichtshof seine Verfahrensordnung fest (Abs 2 leg cit) und veröffentlicht diese, wodurch Klagen aufgrund der neuen Rechtsordnung zulässig werden.[384]

Für eine Darstellung des *allgemeinen Verfahrensablaufes* wird auf *Daig* verwiesen.[385]

Nach Art 164 EWGV sichert der Gerichtshof die *Wahrung des Rechtes* bei der Auslegung und Anwendung des Vertrages, wohingegen er nach Art 31 EGKSV des Weiteren noch die Wahrung des Rechtes bei der Auslegung und Anwendung der Durchführungsvorschriften zu sichern hatte. Es dürfte unbestritten sein, dass diese Bestimmung keine Einschränkung der Jurisdiktion des EuGH bedeutet und dieser dennoch dafür zuständig ist, das nicht erwähnte Sekundärrecht am erwähnten Primärrecht zu prüfen. Dennoch bleibt die Frage bestehen, wieso im *traité cadre* EWGV das Sekundärrecht unter den Teppich gekehrt wird, während im *traité loi* EGKSV die Durchführungsbestimmungen extra erwähnt werden.

Wie schon erwähnt, sind die Römer Verträge nunmehr nicht nur in Französisch als *authentischer Sprache* abgefasst, sondern darüber hinaus noch in deutscher, italienischer und niederländischer Sprache.[386] Für die Wahrung des Rechtes, wie sie Art 164 EWGV anspricht ergibt sich in Hinblick auf die Auslegung, Anwendung und Fortbildung des Rechtes durch die Mehrzahl der Sprachen natürlich ein größeres Reservoire an Möglichkeiten. Indem er nicht auf eine Sprache festgelegt ist, kann der Gerichtshof sich dem Ziel und dem Geist der Verträge bzw der systematischen Interpretation zuwenden und hat ein gutes Argument, wieso er nicht am Wortlaut der Verträge hängen bleibt. Somit kann er seine Betrachtung des Rechtes als die gemeinschaftliche ausgeben, wohingegen er die (nunmehr elf) Amtssprachen „lediglich jeweils zu einem Elftel" als Ausdruck der gemeinschaftlichen Sichtweise ansehen kann.

Während im Bereich der EGKS die *Normenkontrolle* der Rechtsakte der Gemeinschaft auf mehrere Bestimmungen verteilt war („Nichtigkeits"klagen gegen Entscheidungen der Hohen Behörde nach Art 33 EGKSV und Klagen gegen Beschlüsse der Versammlung und des Rates nach Art 38 EGKSV), findet sich nun

---

383 Siehe dazu sogleich nachstehend auf S 95.

384 Siehe dazu *Daig* (FN 369) 135.

385 (FN 369) 160 ff.

386 Siehe dazu für den EWGV vorstehend auf S 86 bzw für den EAGV vorstehend auf S 88.

mit Art 173 EWGV eine „Klage"[387] für die Rechtsakte von Rat und Kommission, nicht jedoch für eine solche der Versammlung.[388] Während die vier Nichtigkeitsgründe des Art 33 Abs 1 1. Satz EGKSV auch in den EWGV übernommen wurden, findet sich für das *Ensembleverbot* des Art 33 Abs 1 2. Satz EGKSV kein Pendant. Bedeutet dies somit, dass sich die Nachprüfung im Bereich des EWGV auf die Würdigung der sich aus den wirtschaftlichen Tatsachen oder Umständen ergebenden Gesamtlage erstrecken darf? *Ex post* betrachtet kann man sagen, dass der EuGH den Organen ihren politischen Gestaltungsraum zugesteht und nur dann eingreift, wenn die Organe seiner Ansicht nach diese Grenze überschritten haben. Entsprechend dem weiteren Anwendungsbereich des EWGV wird der Individualrechtsschutz von den Unternehmen und Verbänden auf „jede natürliche und juristische Person" ausgedehnt. Die Frist für die Anfechtung der Rechtsakte wird gegenüber Art 33 Abs 2 EGKSV auf zwei Monate verdoppelt (Art 173 Abs 3 EWGV).

Zur Normenkontrolle nach Art 173 EWGV gesellt sich des Weiteren noch die *inzidente Normenkontrolle* nach Art 184 EWGV, wonach ungeachtet der Zweimonatsfrist des Art 173 Abs 4 EWGV jede Partei in einem bereits anhängigen Rechtsstreit bei dem es auf die Geltung einer Verordnung des Rates oder der Kommission ankommt, die Unanwendbarkeit derselben vor dem Gerichtshof geltend machen kann. Bekanntlich kann nach Art 36 EGKSV ein Unternehmen, gegen welches eine finanzielle Sanktion oder ein Zwangsgeld verhängt worden ist, zur Begründung der Klage die Fehlerhaftigkeit des dieser Sanktion zugrunde liegenden Rechtsaktes geltend machen. Nach *Daig* ist somit die Regel für den Sonderfall im EGKSV zum allgemeinen Prinzip im EWGV erhoben worden.[389]

Im Bereich der *Pflichtenverletzung* (der übergeordneten Ebene) *durch Untätigkeit* kennt auch der EWGV eine Untätigkeitsklage (Art 175 EWGV).[390] Gegenüber dem EGKSV, wo die Unterlassung als eine ablehnende Entscheidung fingiert wird[391] und somit als ein Unterfall der Nichtigkeitsklage (Normenkontrolle) gese-

---

[387] Art 173 EWGV nennt diese Klagen nicht Nichtigkeitsklagen, wobei aus Art 174 Abs 1 EWGV dennoch hervorgeht („Ist die Klage begründet, so erklärt der Gerichtshof die angefochtene Handlung für nichtig."), dass es sich inhaltlich um eine Nichtigkeitsklage handelt.

[388] Ergänzend erwähnt sei an dieser Stelle noch Art 180 Abs 1 lit b EWGV, welcher die Anfechtung von Beschlüssen des Rates der Gouverneure, bzw Art 180 Abs 1 lit c EWGV erwähnt, welcher die Anfechtung von Beschlüssen des Verwaltungsrates der Europäischen Investitionsbank (EIB) regelt.

[389] (FN 369) 176.

[390] Ergänzend ist an dieser Stelle noch Art 180 Abs 1 lit a EWGV anzuführen, welcher Pflichtenverletzungen in Zusammenhang mit der Satzung der EIB erfasst.

[391] Art 35 Abs 3 EGKSV spricht von „der diesem Schweigen zu entnehmenden ablehnenden Entscheidung".

hen werden kann, betont der EWGV die Untätigkeit als eine eigene Klageart, in der eine Vertragsverletzung festgestellt werden kann. Eine Änderung tritt auch im Bereich der aktiv Klagelegitimierten ein, als nun nicht nur die Mitgliedstaaten, der Rat und die Unternehmen und Verbände eine Klage gegen die Untätigkeit der passiv legitimierten Hohen Behörde erheben können, sondern nunmehr die Mitgliedstaaten und die anderen Organe befugt sind, die Untätigkeit von Rat und Kommission feststellen zu lassen.

Ein weiterer Bereich der Pflichtenverletzung (der übergeordneten Ebene) betrifft die *Amtshaftung*. Der Gerichtshof ist gemäß Art 178 iVm Art 215 Abs 2 EWGV dafür zuständig, im Bereich der außervertraglichen Haftung über den Ersatz, für die durch die Organe oder Bediensteten der Gemeinschaft in Ausübung ihrer Amtstätigkeit verursachten Schäden nach den allgemeinen Rechtsgrundsätzen, welche den Rechtsordnungen der Mitgliedstaaten gemeinsam sind, zu entscheiden, während der EGKSV mit seinen Art 34 und 40 zwei Ausgestaltungen der Amtshaftung (eine allgemeine und eine iZm der Nichtigkeitsklage) kannte. Nunmehr sind also nicht mehr die (französischen) Rechtsbegriffe des *faute de service* (und der des *faute personnelle* für die dienstrechtlichen Klagen) relevant, sondern die aus den Rechtsordnungen der Mitgliedstaaten heraus gefilterten allgemeinen Rechtsgrundsätze.[392]

Die *Vertragsverletzung* als Pflichtenverletzung der untergeordneten Ebene, der Mitgliedstaaten, wird nunmehr im Anwendungsbereich des Art 169 EWGV nicht mehr durch eine mit Gründen versehene „Entscheidung“ (*une décision motivée*) (Art 88 Abs 1 EGKSV), sondern durch eine mit Gründen versehene „Stellungnahme“ (*un avis motivé*) eingeleitet, wohl in Hinblick auf das Prestige der Mitgliedstaaten.[393] Kommt der Staat dieser Stellungnahme innerhalb der von der Kommission gesetzten Frist nicht nach, so kann die Kommission den Gerichtshof anrufen.[394] In einem weiteren Punkt dürften die Mitgliedstaaten ihren eigenen Interessen entgegengekommen sein, im Bereich der Konsequenzen aus der festgestellten Vertragsverletzung. Während nach Art 88 Abs 3 EGKSV die Hohe Behörde mittels der Aussetzung von Zahlungen und retorsiver Maßnahmen bzw der Erlaubnis zur Vornahme solcher Maßnahmen ein wirksames Mittel gegen die Mitgliedstaaten in der Hand hatte,[395] wird die Stellung der Mitgliedstaaten durch Art 187 iVm Art 192 EWGV, welcher eine Vollstreckung (auch von Urteilen des Gerichtshofes) gegen Mitgliedstaaten dezidiert ausschließt, erheblich gestärkt.

---

[392] Diese Art des Verweises wird sich wohl damit erklären lassen, dass sich die Mitgliedstaaten nicht auf ein einheitliches europäisches Amtshaftungsrecht einigen konnten.

[393] So *Daig* (FN 369) 188.

[394] Für den Verfahrensablauf im Bereich des EGKSV siehe vorstehend auf S 77.

[395] Siehe dazu vorstehend auf S 77.

Diese fehlende Möglichkeit einer Vollstreckung gegenüber Mitgliedstaaten macht eine Bestimmung wie die des Art 171 EWGV, wonach die Mitgliedstaaten nach einer durch den Gerichtshof festgestellten Vertragsverletzung die Maßnahmen zu ergreifen haben, die sich aus diesem Urteil ergeben, zu einer mehr oder weniger zahnlosen Bestimmung. Wie schon erwähnt, kommt die Supranationalität im EWGV nicht nur rein plakativ begrifflich nicht mehr vor, diese (teilweise) „Entsupranationalisierung" zeigt sich auch dadurch, dass die Mitgliedstaaten nicht mehr bereit sind, sich – was die Vollstreckung und damit „die harte Realität" des Gemeinschaftsrechtes betrifft – der Gemeinschaft unterzuordnen. Immerhin hatten die Mitgliedstaaten rund sechs Jahre Zeit, ihre Erfahrungen mit der europäischen supranationalen Integration zu machen und sind offenbar zum Schluss gekommen, dass sie ihre Souveränität nicht restlos aus der Hand geben möchten. Bekanntlich kann nicht nur die Kommission gegen den Vertrag verletzende Mitgliedstaaten vorgehen, auch andere Mitgliedstaaten können (gem Art 170 EWGV) diesbezüglich den Gerichtshof anrufen. Dem entgegen hielt sich der EGKSV mit seinem Art 89, wonach jeder Streit unter Mitgliedstaaten über die Anwendung desselben beim Gerichtshof anhängig gemacht werden kann,[396] noch sehr allgemein. Zum weiteren Verfahren legt Art 170 EWGV fest, dass vor der Klageerhebung eines Mitgliedstaates gegen einen anderen die Kommission mit der gegenständlichen Sache befasst werden muss.

Keine Differenzen zwischen EGKSV und EWGV gibt es im Bereich des *Grundrechtsschutzes*, da auf diesem Gebiet keine Weiterentwicklung erfolgte.

Im Bereich der *sonstigen institutionellen Zuständigkeiten* findet sich eine Zuständigkeit, welche in leicht veränderter Form ansatzweise auch schon im EGKSV vorhanden war. Im Wege der kleinen Vertragsrevision nach Art 95 EGKSV[397] obliegt es dem Gerichtshof, die Vorschläge für eine solche Änderung des Vertrages mit den grundlegenden Prinzipien desselben zu beurteilen. Nunmehr kommt dem Gerichtshof eine ähnliche – nunmehr allerdings externe – Funktion in Zusammenhang mit dem *Abschluss von Abkommen der Gemeinschaft* mit einem oder mehreren Staaten oder Internationalen Organisationen zu. Anders als im Bereich des EGKSV ist die Anrufung des Gerichtshofes in diesem Fall allerdings fakultativ, wohingegen die Prüfung nach Art 95 EGKSV einen fixen Bestandteil des dortigen Prozederes bildete. Nach Art 228 Abs 1 UAbs 2 EWGV können der Rat, die Kommission oder ein Mitgliedstaat vor dem Abschluss der Abkommen durch den Rat ein Gutachten des Gerichtshofes über die Vereinbarkeit desselben mit dem Vertrag einholen. Bei einem negativen Gutachten kann das

---

[396] Siehe dazu vorstehend auf S 80.
[397] Siehe dazu vorstehend auf S 79.

geplante Abkommen nur nach einer Änderung des Vertrages – nach Art 236 EWGV – in Kraft treten.

Wenn man die kleine Vertragsrevision des Art 95 Abs 3 und 4 EGKSV in Zusammenhang mit der *Vertragslückenschließungsklausel* des Art 235 EWGV sieht, so ist festzuhalten, dass dem Gerichtshof im Bereich dieser Bestimmung des EWGV keine Beteiligung zukommt.[398] Die vom Rat einstimmig beschlossenen Bestimmungen tangieren lediglich die Kommission, welche diese vorschlägt und die Versammlung, welche dazu angehört wird. Der Gerichtshof kann allenfalls *ex post* zur Zulässigkeit dieses Vorgangs angerufen werden, *ex ante* kommt ihm hingegen keine Rolle zu.

Im Bereich der *schiedsrichterlichen Zuständigkeiten* stimmen die Bestimmungen des Art 181 EWGV (Schiedsklausel) und des Art 182 (Schiedsvertrag) mit den Bestimmungen der Art 42 EGKSV bzw Art 89 Abs 2 EGKSV überein, weshalb sich Ausführungen zu einer differenzierten Ausgestaltung der beiden Verträge erübrigen.

Während Art 40 Abs 2 EGKSV *dienstrechtliche Streitigkeiten* nur in Zusammenhang mit dem aus dem *faute personelle* des Bediensteten resultierenden Schadenersatz regelt,[399] sieht Art 179 EWGV eine generelle Zuständigkeit des Gerichtshofes für alle zwischen der Gemeinschaft und deren Bediensteten innerhalb der Grenzen des Statutes der Beamten bzw der Beschäftigungsbedingungen vorkommenden Streitigkeiten vor.

Offenbar hat sich das Instrument der *Vorabentscheidung* so bewährt, dass es der EWGV im Vergleich zu seinem Vorläufer im EGKSV erheblich ausgebaut hat. Während Art 41 EGKSV[400] den Gerichtshof lediglich über die Gültigkeit von Beschlüssen der Hohen Behörde und des Rates entscheiden ließ, dehnt Art 177 EWGV diese Kognitionsbefugnis des Gerichtshofes im Bereich des Sekundärrechtes zum einen auf sämtliche Handlungen der Organe aus und führt zum anderen neben der Entscheidung über die Gültigkeit auch die über die Auslegung an (Abs 1 lit b leg cit). Neben der Erweiterung im Bereich des Sekundärrechtes wird die Befugnis des EuGH des Weiteren noch auf die Auslegung des Vertrages[401] (Abs 1 lit a leg cit) sowie auf die Auslegung der Satzungen der durch den Rat ge-

---

[398] Auch der EGKSV kennt in Art 95 Abs 1 eine Lückenschließungsklausel, welche sich jedoch nur auf die Notwendigkeit einer Entscheidung oder Empfehlung der Hohen Behörde, und nicht wie in Art 235 EWGV auf ein Tätigwerden der Gemeinschaft bezieht.

[399] Siehe dazu vorstehend auf S 81.

[400] Zu Art 41 EGKSV bzw dem damit inhaltlich zusammenhängenden Art 65 Abs 4 EGKSV siehe vorstehend auf S 81.

[401] Nach herrschender Ansicht umfasst dieser Begriff auch das restliche Primärrecht. Für eine Übersicht über das gemeinschaftsrechtliche Primärrecht siehe *Schweitzer/Hummer* (FN 76) Rdnr 13 ff.

schaffenen Einrichtungen ausgedehnt, soweit diese dies vorsehen (Abs 1 lit c leg cit). Näher präzisiert werden auch die Details der Vorlage durch die nationalen Gerichte, sprich die Vorlageberechtigung bzw -verpflichtung. Nach Art 177 Abs 2 EWGV kann das Gericht eines Mitgliedstaates, welchem eine der vorstehend erwähnten Fragen gestellt wird, und sofern es eine Entscheidung über die betreffende Frage für den Erlass seines Urteiles für erforderlich hält, diese dem Gerichtshof vorlegen. Dem entgegen ist ein letztinstanzlich entscheidendes Gericht nach Art 177 Abs 3 EWGV zur Vorlage verpflichtet. Die Bedeutung, die der EWGV dieser ausgebauten Verfahrensart zumisst, spiegelt sich auch in Art 165 Abs 2 EWGV wieder, wonach der Gerichtshof in Vorabentscheidungsfragen in Vollsitzung tagt.

Eine weitere Frage des Verhältnisses zu den nationalen Gerichten spricht Art 183 EWGV an, wonach Streitsachen, bei denen die Gemeinschaft Partei ist, nur insofern der Zuständigkeit der einzelstaatlichen Gerichte nicht entzogen sind, als keine Zuständigkeit des Gerichtshofes aufgrund des EWGV besteht. Dieser *ex ante* Immunitätsverzicht für das Erkenntnisverfahren wird auch als Argument dafür angeführt, die Zuständigkeiten des Gerichtshofes als ausschließliche anzusehen.[402]

Kein Unterschied zum EGKSV ergibt sich im Bereich der *sonstigen Gerichte*, da der Gerichtshof weiterhin das einzige judikative Organ der Gemeinschaft ist.

3. Kapitel: Änderungen aufgrund der EEA (1986)

3.1 Entstehung und Aufbau der EEA

Abgesehen vom Fusionsvertrag vom 8. 4. 1965[403] wurden die drei Gemeinschaftsverträge erstmals durch die EEA[404] einer umfassenden Revision unterzogen. Wie schon im 1. Kapitel des 1. Teiles erwähnt, gehen der EEA chronologisch der *Genscher/Colombo*-Plan vom 4. 11. 1981, die Feierliche Deklaration zur Europäischen Union vom 19. 6. 1983 und der *Spinelli*-Entwurf vom 14. 2. 1984 voraus.[405] Nachdem gegen die Stimmen Dänemarks, Griechenlands und Großbritanniens eine Regierungskonferenz gem Art 236 EWGV einberufen wurde,[406] wurde die EEA schließlich am 17. 2. in Luxemburg bzw am 28. 2. 1986 in Den Haag

---

402 *Daig* (FN 369) 159.
403 ABl 1967, Nr 152, 2 ff.
404 ABl 1987, L 169, 1 ff.
405 Siehe dazu vorstehend im 1. Kapitel des 1. Teiles auf S 3 f.
406 *Streinz* (FN 357) Rdnr 33.

unterzeichnet und trat am 1. 7. 1987[407] – nach der erfolgreichen gerichtlichen Anfechtung des irischen Zustimmungsgesetzes[408] – in Kraft.

Die EEA gliedert sich neben einer Präambel in vier Titel:

- 1. Titel – Gemeinsame Bestimmungen (Art 1 bis 3)
- 2. Titel – Bestimmungen zur Änderung der Verträge zur Gründung der Europäischen Gemeinschaften (Art 4 bis 29)
    - 1. Kapitel – Bestimmungen zur Änderung des Vertrages über die Gründung der Europäischen Gemeinschaft für Kohle und Stahl (Art 4 und 5)
    - 2. Kapitel – Bestimmungen zur Änderung des Vertrages über die Gründung der Europäischen Wirtschaftsgemeinschaft (Art 6 bis 25)
        - 1. Abschnitt – Bestimmungen betreffend die Organe (Art 6 bis 12)
        - 2. Abschnitt – Bestimmungen über die Grundlagen und die Politik der Gemeinschaft (Art 13 bis 25)
            - 1. Unterabschnitt – Binnenmarkt (Art 13 bis 19)
            - 2. Unterabschnitt – Währungspolitische Befugnisse (Art 20)
            - 3. Unterabschnitt – Sozialpolitik (Art 21 und 22)
            - 4. Unterabschnitt – Wirtschaftlicher und sozialer Zusammenhalt (Art 23)
            - 5. Unterabschnitt – Forschung und technologische Entwicklung (Art 24)
            - 6. Unterabschnitt – Umwelt (Art 25)
    - 3. Kapitel – Bestimmungen zur Änderung des Vertrages über die Gründung der Europäischen Atomgemeinschaft (Art 26 und 27)
    - 4. Kapitel – Allgemeine Bestimmungen (Art 28 und 29)
- 3. Titel – Vertragsbestimmungen über die europäische Zusammenarbeit in der Außenpolitik (Art 30)
- 4. Titel – Allgemeine und Schlussbestimmungen (Art 31 bis 34)

---

407 ABl 1987, Nr L 169, 29.

408 *Streinz* (FN 357) Rdnr 33.

Die EEA novellierte zum einen die drei Europäischen Gemeinschaftsverträge und verankerte zum anderen die völkerrechtliche EPZ. Im materiellen Bereich des EWGV wird zum einen das Binnenmarktkonzept eingeführt, die Zusammenarbeit in der Wirtschafts- und Währungspolitik sowie die Sozialpolitik geregelt und die Regional-, die Forschungs- und Technologie- sowie die Umweltpolitik eingeführt. An institutionellen Änderungen wurden im Bereich des EWGV im Rechtsetzungsprozess das Verfahren der Zusammenarbeit zwischen Rat und Europäischem Parlament eingeführt, das Mehrstimmigkeitsprinzip ausgeweitet, die Zustimmung des Europäischen Parlamentes in Art 237 Abs 1 EWGV (Beitritt zur Gemeinschaft) sowie in Art 238 EWGV (Assoziierungsabkommen) verankert sowie die Möglichkeit der Übertragung von Durchführungsbefugnissen vom Rat auf die Kommission (Komitologie) eröffnet.

3.2 Die Änderungen betreffend das Gerichtssystem – das Gericht erster Instanz

Durch Art 11 EEA, welcher den Bestimmungen über den Gerichtshof (Art 164 bis 188 EWGV) einen Art 168 a einfügt, wird zur Entlastung des Gerichtshofes[409] die Möglichkeit der Einführung eines Gerichtes erster Instanz eröffnet.[410] Auf Antrag des Gerichtshofes kann der Rat nach Anhörung der Kommission und des Europäischen Parlamentes dem Gerichtshof durch einstimmigen Beschluss[411] ein Gericht beiordnen, das für Entscheidungen über bestimmte Gruppen von Klagen natürlicher oder juristischer Personen im ersten Rechtszuge zuständig ist und gegen dessen Entscheidungen ein auf Rechtsfragen beschränktes Rechtsmittel beim Gerichtshof nach Maßgabe der Satzung eingelegt werden kann. Dieses Gericht ist weder für von den Mitgliedstaaten oder Gemeinschaftsorganen unterbreitete

---

[409] Kritisch zu einer tatsächlichen Entlastung des Gerichtshofes (insbesondere aufgrund der Einführung des Rechtszuges vom Gericht erster Instanz zum Gerichtshof) ist *Seidel, Martin*, Zur Reform des Europäischen Gerichthofes aufgrund der Einheitlichen Europäischen Akte, in *Schwarze, Jürgen* (Hrsg), Fortentwicklung des Rechtsschutzes in der Europäischen Gemeinschaft. Perspectives for the Development of Judicial Protection in the European Community. Perspectives de développement de la protection juridictionnelle dans la Communauté européenne. Beiträge zu einem internationalen Kolloquium des Europäischen Hochschulinstituts am 30./31. Oktober 1986 in Florenz (1987) 203 ff.

[410] Die entsprechenden Bestimmungen für den (Art 32 d) EGKSV und den (Art 140 a) EAGV finden sich in Art 4 bzw in Art 26 EEA.

[411] Beschluss 88/591/EGKS, EWG, Euratom des Rates vom 24. 10. 1988 zur Errichtung eines Gerichtes erster Instanz der Europäischen Gemeinschaften; ABl 1988, Nr L 319, 1 ff. Dieser Beschluss wird mit Ausnahme seines Art 3 durch Art 10 des Vertrages von Nizza (ABl 2001, Nr C 80, 43) aufgehoben. Zum EuG siehe auch *Azizi, Josef*, Wege zu einer Europäischen Verwaltungsgerichtsbarkeit, ÖJZ 2002, 41 ff.

Rechtssachen noch für Vorabentscheidungen[412] gemäß Art 177 EWGV zuständig (Art 168a Abs 1 EWGV). Die Zusammensetzung dieses Gerichtes und die Anpassungen und ergänzenden Bestimmungen, die in Bezug auf die Satzung des Gerichtshofes notwendig werden, werden vom Rat nach dem in Abs 1 leg cit vorgesehenen Verfahren beschlossen. Mangels einer anders lautenden Regelung durch den Rat finden die den Gerichtshof betreffenden Bestimmungen des EWGV und insbesondere die Bestimmungen des Protokolles über die Satzung des Gerichtshofes auf das Gericht erster Instanz Anwendung (Art 168 a Abs 2 EWGV). Ein Minus gegenüber den einschlägigen Bestimmungen zum Gerichtshof ergibt sich in Art 168 a Abs 3 EWGV hinsichtlich der Qualifikationen der Richter. Diese sind unter Personen auszuwählen, die jede Gewähr für Unabhängigkeit bieten und über die Befähigung zur Ausübung richterlicher Tätigkeiten verfügen (Art 168 a Abs 3 1. Satz EWGV).[413] Die Richter des Gerichtes erster Instanz werden wie die Richter des Gerichtshofes von den Regierungen der Mitgliedstaaten im gegenseitigen Einvernehmen für sechs Jahre ernannt, wobei das Gericht alle drei Jahre teilweise neu besetzt wird und ausscheidende Mitglieder wieder wählbar sind (Art 168 a Abs 3 EWGV). Art 168 a Abs 4 EWGV sieht vor, dass das Gericht erster Instanz seine Verfahrensordnung im Einvernehmen mit dem Gerichtshof – und nach einstimmiger Genehmigung durch den Rat – erlässt.[414]

Betreffend die Jurisdiktion des Gerichtshofes für die EEA bestimmt Art 31 derselben, dass sich diese nur auf die Bestimmungen des 2. Titels (Bestimmungen zur Änderung der Verträge zur Gründung der Europäischen Gemeinschaften) und auf den Art 32 (4. Titel) bezieht. Diese gilt somit nicht für den 1. Titel (Gemeinsame Bestimmungen), dessen Art 2 den Europäischen Rat regelt, die EPZ (3. Titel) und den (restlichen) 4. Titel.

---

[412] Wie schon erwähnt (siehe dazu vorstehend auf S 96), wurde die Bedeutung des Vorabentscheidungsverfahrens auch dadurch unterstrichen, dass der Gerichtshof in solchen Angelegenheiten nur in Vollsitzungen entscheidet.

[413] Nach Art 167 EWGV sind bekanntlich zu Richtern und Generalanwälten nur Personen auszuwählen, die (jede Gewähr für Unabhängigkeit bieten und) in ihrem Staat die für die *höchsten richterlichen Ämter erforderlichen Voraussetzungen erfüllen oder Juristen von anerkannt hervorragender Befähigung* sind. Hervorhebungen durch den Verfasser.

[414] In Bezug auf die Satzung fügt Art 12 EEA dem Art 188 EWGV einen Abs 2 hinzu, wodurch dem Rat die Möglichkeit eingeräumt wird, auf Antrag des Gerichtshofes und nach Anhörung der Kommission und des Europäischen Parlamentes einstimmig die Bestimmungen des Titels III der Satzung (Verfahren) zu ändern. Die entsprechenden Bestimmungen des (Art 45) EGKSV und des (Art 160) EAGV finden sich in Art 5 bzw in Art 27 EEA.

4. Kapitel: Änderungen aufgrund des Vertrages von Maastricht (1992)

4.1 Entstehung und Aufbau des Vertrages von Maastricht[415]

In den Schlussfolgerungen des Europäischen Rates von Hannover vom 27./28. 6. 1988 kamen die Staats- und Regierungschefs nach der Feststellung der zufriedenstellenden Fortschritte im Bereich des Binnenmarktes überein, einen weiteren Schwerpunkt in Angriff zu nehmen und zur schrittweisen Verwirklichung der Wirtschafts- und Währungs*union* einen Ausschuss mit der Aufgabe zu betrauen, „die konkreten Etappen zur Verwirklichung dieser Union zu prüfen und vorzuschlagen".[416] Mit dem Vorsitz dieses Ausschusses wurde der damalige Kommissionspräsident *Jacques Delors* betraut.[417]

Am 17. 4. 1989 legte der *Ausschuss zur Prüfung der Wirtschafts- und Währungsunion* den *Bericht zur Wirtschafts- und Währungsunion der EG*, den sogenannten *Delors*-Bericht vor, in welchem die schrittweise Verwirklichung der WWU skizziert wird.[418]

Diese schrittweise Verwirklichung der WWU wurde sodann vom Europäischen Rat in Madrid vom 26./27. 6. 1989 aufgegriffen und neben der Festsetzung des Beginns der ersten (mit 1. 7. 1990) für die Festlegung der weiteren Stufen der WWU die Einberufung einer Regierungskonferenz beschlossen.[419]

Mit ausgelöst durch den Umbruch in Osteuropa und die Wiedervereinigung Deutschlands findet sich knapp ein Jahr später in den Schlussfolgerungen des Europäischen Rates von Dublin vom 28. 4. 1990 der Wille, zur Schaffung von zuverlässigen Rahmenbedingungen für Friede und Sicherheit in Europa, „weitere entscheidende Schritte im Hinblick auf die europäische Einigung im Sinne der Ein-

---

415 Da der EWGV mit dem Vertrag von Maastricht (ex-Art G Nr A EUV) „sein ‚W' verliert" und diese Unterscheidungsmöglichkeit somit wegfällt, werden die Artikel idF von Maastricht in diesem Kapitel mit „ex-Art" bezeichnet. Da er derzeit noch die gültige Rechtslage wiedergibt werden die Artikel idF des Vertrages von Amsterdam nur mit „Art" bezeichnet. Die künftige Rechtslage nach dem Vertrag von Nizza wird mit „idF NV" bezeichnet. Ebenso werden die Artikel des EUV in der Fassung des Vertrages von Maastricht mit „ex-Art" bezeichnet. Auch für den EUV bezeichnen die Artikel in der Fassung des Vertrages von Amsterdam die derzeit gültige Fassung und wird die Rechtslage nach dem Vertrag von Nizza wird mit „idF NV" bezeichnet.

416 EA 1988, D 443 ff, 445.

417 Ebenfalls in den Schlussfolgerungen (EA 1988, D 446) findet sich die Verlängerung des Mandates von *Jacques Delors* als Präsident der Kommission durch den Europäischen Rat.

418 EA 1989, D 283 ff.

419 JEI 1989/90, 404 ff, 409.

heitlichen Europäischen Akte" zu unternehmen.[420] Ausgehend von einem Vorschlag von *Mitterand* und *Kohl* für eine *Politische Union* beschloss der Europäische Rat sodann eine Prüfung über die Notwendigkeit möglicher Vertragsänderungen mit dem Ziel, „die demokratische Legitimität der Union zu stärken" sowie „die Gemeinschaft und ihre Organe in die Lage zu versetzen, den Anforderungen der neuen Lage effektiv und effizient gerecht zu werden".[421] Zur Umsetzung dieser Politischen Union regte der Europäische Rat von Dublin eine zweite Regierungskonferenz an, die parallel und im gleichen zeitlichen Rahmen wie die Regierungskonferenz zur WWU arbeiten sollte.

Auf der Tagung des Europäischen Rates von Rom vom 14./15. 12. 1990 nahm dieser die vorbereitenden Arbeiten zur WWU und zur Politischen Union[422] mit Genugtuung zur Kenntnis und stellte den Beginn der beiden Regierungskonferenzen, welche parallel zueinander durchgeführt und zu einem gemeinsamen Ende gebracht werden sollen, mit 15. 12. 1990 fest.[423]

Durch den Europäischen Rat von Maastricht vom 9./10. 12. 1991 wurden die beiden Entwürfe für die Politische Union sowie für die WWU in einen Entwurf eines Vertrages über die Europäische Union zusammengefügt.[424]

Nach der noch erforderlichen rechtlichen und sprachlichen Überarbeitung wurde der Vertrag über die Europäische Union[425] sodann am 7. 2. 1992 in Maastricht unterzeichnet und konnte schließlich ua nach dem positiven Urteil des deutschen BVerfG über die Verfassungsbeschwerde gegen das deutsche Zustimmungsgesetz vom 12. 10. 1993[426] am 1. 11. 1993 in Kraft treten[427].[428]

---

[420] JEI 1990/91, 402 ff, 402.

[421] JEI 1990/91, 405.

[422] Im Bereich der Politischen Union ersuchte der Europäische Rat die Konferenz, auf die Aspekte Demokratische Legitimität, GASP, Europabürgerschaft, Ausweitung und Verstärkung der Tätigkeit der Gemeinschaft und die Effizienz der Union ein besonderes Augenmerk zu legen.

[423] EA 1991, D 27 ff.

[424] EA 1992, D 91 ff.

[425] ABl 1992, Nr C 191, 1 ff. Siehe dazu *Blanke, Hermann-Josef*, Der Unionsvertrag von Maastricht – Ein Schritt auf dem Weg zu einem europäischen Bundesstaat?, DÖV 1993, 412 ff; *Bleckmann, Albert*, Der Vertrag über die Europäische Union – Eine Einführung, DVBl 1992, 335 ff; *Nentwich, Michael*, Institutionelle und verfahrensrechtliche Neuerungen im Vertrag über die Europäische Union, EuZW 1992, 235 ff; *Streinz, Rudolf*, Die Europäische Union nach dem Vertrag von Maastricht, ZfRV 1995, 1 ff.

[426] *Bleckmann, Albert/Pieper, Stefan U*, Maastricht, die grundgesetzliche Ordnung und die „Superrevisionsinstanz". Die Maastricht-Entscheidung des Bundesverfassungsgerichts, RIW 1993, 969 ff; *Cremer, Hans-Joachim*, Das Demokratieprinzip auf nationaler und europäischer Ebene im Lichte des Maastricht-Urteils des Bundesverfassungsgerichts, EuR 1995, 21 ff; *Everling, Ulrich*, Das Maastricht-Urteil des Bundesverfassungsgerichts und seine Bedeutung für die Entwicklung der Europäischen Union, Integration 1994, 165 ff; *ders*, Bundesverfassungsgericht und Gerichtshof der Europäischen Gemeinschaften nach dem Maastricht-Urteil, in *Randelzhofer, Alb-*

Der Unionsvertrag gliedert sich neben einer Präambel in folgende sieben Titel:

- 1. Titel – Gemeinsame Bestimmungen (ex-Art A bis F)
- 2. Titel – Bestimmungen zur Änderung des Vertrages zur Gründung der Europäischen Wirtschaftsgemeinschaft im Hinblick auf die Gründung der Europäischen Gemeinschaft (ex-Art G)
- 3. Titel – Bestimmungen zur Änderung des Vertrages über die Gründung der Europäischen Gemeinschaft für Kohle und Stahl (ex-Art H)
- 4. Titel – Bestimmungen zur Änderung des Vertrages zur Gründung der Europäischen Atomgemeinschaft (ex-Art I)
- 5. Titel – Bestimmungen über die Gemeinsame Außen- und Sicherheitspolitik (ex-Art J)
- 6. Titel – Bestimmungen über die Zusammenarbeit in den Bereichen Justiz und Inneres (ex-Art K)
- 7. Titel – Schlussbestimmungen (ex-Art L bis S)

Der EUV bringt, abgesehen von der Errichtung der Europäischen Union, Änderungen für die drei Gemeinschaftsverträge (ex-Art G, H und I EUV) und führt

---

recht/Scholz, Rupert/Wilke, Dieter (Hrsg), Gedächtnisschrift für Eberhard Grabitz (1995) 57 ff; *Götz, Volkmar*, Das Maastricht-Urteil des Bundesverfassungsgerichts, JZ 1993, 1081 ff; *Karpenstein, Ulrich*, Der Vertrag von Amsterdam im Lichte der Maastricht-Entscheidung des BVerfG, DVBl 1998, 942 ff; *Klein, Eckart*, Grundrechtsdogmatische und Verfassungsprozessuale Überlegungen zur Maastricht-Entscheidung des Bundesverfassungsgerichts, in *Randelzhofer/Scholz/Wilke* (FN 426) 271 ff; *Lenz, Carl Otto*, Der Vertrag von *Maastricht* nach dem Urteil des Bundesverfassungsgerichts, NJW 1993, 3038 f; *Meesen, Karl M*, Maastricht nach Karlsruhe, NJW 1994, 549 ff; *Noll, Alfred J*, „Verfassungsidentität" und „Staatlichkeit" im Prozeß der europäischen Integration. Notiz zum Urteil des BVerfG vom 12. Oktober 1993 (2 BvR 2134/92, 2 BvR 2159/92), mit dem der Vertrag von Maastricht über die Europäische Union für verfassungskonform erklärt wurde, JRP 1993, 240 ff; *Schroeder, Werner*, Alles unter Karlsruher Kontrolle? Die Souveränitätsfrage im Maastricht-Urteil des BVerfG, ZfRV 1994, 143 ff; *Schröder, Meinhard*, Das Bundesverfassungsgericht als Hüter des Staates im Prozeß der europäischen Integration – Bemerkungen zum Maastricht-Urteil, DVBl 1994, 316 ff; *Schwarze, Jürgen*, Europapolitik unter deutschem Verfassungsrichtervorbehalt. Anmerkungen zum Maastricht-Urteil des BVerfG vom 12.10.1993, NJ 1994, 1 ff; *Streinz, Rudolf*, Das Maastricht-Urteil des Bundesverfassungsgerichts. Anmerkungen zu BVerfG, EuZW 1993, 667, EuZW 1994, 329 ff; *Tietje, Christian*, Europäischer Grundrechtsschutz nach dem Maastricht-Urteil, „Solange III"? – BVerfG, NJW 1993, 3047, NJW 1994, 197 ff.

[427] Ex-Art R Abs 2 EUV sieht das In-Kraft-Treten für den 1. 1. 1993 bzw mangels Hinterlegung sämtlicher Ratifikationsurkunden für einen späteren Zeitpunkt (am ersten Tag des auf die Hinterlegung der letzten Ratifikationsurkunde folgenden Monats) vor.

[428] ABl 1993, Nr L 293, 61.

die beiden Politiken und Formen der Zusammenarbeit der GASP und der Zusammenarbeit in den Bereichen Justiz und Inneres (ZBJI) ein.[429]

Im Gemeinsamen Dach (ex-Art A bis F EUV) der aus drei Säulen[430] bestehenden Tempelkonstruktion Europäische Union schafft der Vertrag von Maastricht neben der Gründung der Europäischen Union (ex-Art A Abs 1 EUV) und der Festlegung ihrer Ziele (ex-Art B EUV) einen einheitlichen institutionellen Rahmen, der die notwendige Kohärenz und Kontinuität sicherstellen soll (ex-Art C Abs 1 EUV). Der vormals in Art 2 EEA verankerte Europäische Rat findet nunmehr in ex-Art D EUV seine Rechtsgrundlage. An Prinzipien legt der EUV das Subsidiaritätsprinzip (ex-Art B Abs 2 EUV), das Prinzip der begrenzten Ermächtigung (ex-Art E EUV) fest und gibt der Union mit ex-Art F EUV eine gemeinsame Werteplattform. Die Änderungen zum EGKSV (ex-Art H EUV) und zum EAGV (ex-Art I EUV) werden nicht, die Änderungen zum E(W)GV anschließend lediglich in Hinblick auf die Änderungen des Gerichtssystemes dargestellt.[431]

Im Sockel (ex-Art L bis S EUV) des Tempels findet sich mit ex-Art L EUV die Bestimmung über die Zuständigkeit des EuGH, das Verhältnis des EUV zu den Gemeinschaftsverträgen (ex-Art M EUV), die Bestimmung über eine künftige Revision der Verträge (ex-Art N EUV), die Bestimmung über den Beitritt (ex-Art O EUV)[432] und die teilweise Aufhebung des Fusionsvertrages und der EEA[433] (ex-Art P EUV). Der EUV gilt gem ex-Art Q EUV – wie auch schon der EWGV und der EAGV – auf unbegrenzte Zeit, bedarf der Ratifikation durch die Mitgliedstaaten (ex-Art R EUV) und ist in folgenden Sprachen gleichermaßen verbindlich: Dänisch, Deutsch, Englisch, Französisch, Griechisch, Irisch, Italienisch, Niederländisch, Portugiesisch, und Spanisch.

---

[429] Die GASP und die PJZS werden im Folgenden nicht näher beschrieben, siehe dafür zB *Piepenschneider, Melanie/Steppacher, Burkard*, Europa nach dem EG-Gipfel von Maastricht. Der „Vertrag über die Europäische Union" – Vorgeschichte, Inhalt und Bewertung, KAS Interne Studie Nr 32 (1992) 31 ff bzw 36 ff.

[430] Zur Zwei-Säulen-Konstruktion der EEA siehe *Schweitzer/Hummer* (FN 76) Rdnr 48 ff.

[431] Siehe dazu nachstehend auf S 104 ff.

[432] Dieser erfolgt nicht mehr zu den drei Gemeinschaften, sondern gem ex-Art O EUV zur Union.

[433] Ex-Art P Abs 2 EUV hebt den Art 2 EEA (Europäischer Rat), den Art 3 Abs 2 EEA (Organe und EPZ) sowie den 3. Titel (EPZ) auf.

4.2 Die Änderungen betreffend das Gerichtssystem – Aufwertung von Europäischem Parlament und EZB und Sanktionsmechanismus bei Vertragsverletzungen

„Dans certains cas, le nouveau traité s'est limité à confirmer les résultats de l'évolution jurisprudenticlle conduite ces dernières années par la Cour de justice."

José Luís da Cruz Vilaça[434]

Die erste Änderung des Vertrages von Maastricht[435] zum Gerichtshof betrifft die Erhöhung der *Anzahl der Richter* von sieben – bei damals sechs Mitgliedstaaten – (Art 165 Abs 1 EWGV) auf dreizehn Richter – bei nunmehr zwölf Mitgliedstaaten – (ex-Art 165 Abs 1 EGV). Somit deckt sich weiterhin die Anzahl der Richter nicht mit der der Mitgliedstaaten, sondern übersteigt sie.

Im Bereich der *Organisation* wird die Regelung, wann der Gerichtshof in *Vollsitzungen* zu tagen hat, modifiziert. Während der Gerichtshof nach Art 165 Abs 3 EWGV immer in Vollsitzungen zu tagen hatte, wenn einerseits eine Rechtssache auf Antrag eines Mitgliedstaates oder eines Organes der Gemeinschaft anhängig war bzw in Vorabentscheidungsverfahren andererseits, kann der Gerichtshof nunmehr immer in der Formation einer Kammer tagen, außer ein Mitgliedstaat oder ein Organ der Gemeinschaft verlangt dies als Partei (ex-Art 165 Abs 2 EGV).

Eine Änderung im Bereich der *Normenkontrolle*, welche allerdings weniger den Gerichtshof als vielmehr die Europäische Zentralbank (EZB) bzw das Europäische Parlament und seine Beteiligung am Rechtsetzungsverfahren (Verfahren der Mitentscheidung) betrifft, findet sich in ex-Art 173 Abs 1 EGV, wonach der Gerichtshof nunmehr auch die Rechtmäßigkeit der gemeinsamen Handlungen von Europäischem Parlament und Rat bzw auch die Handlungen der EZB[436] überwacht.[437] Daneben überwacht der Gerichtshof auch die Handlungen des Europäischen Parlamentes mit Rechtswirkung gegenüber Dritten. Doch nicht nur die Pas-

---

[434] L'évolution du système juridictionnel communautaire avant et après Maastricht, in *Due, Ole/Lutter, Marcus/Schwarze, Jürgen* (Hrsg), Festschrift für Ulrich Everling. Band I (1995) 181 ff.

[435] Während die Abkürzung „EUV" den Vertrag über die Europäische Union im Sinne der Tempelkonstruktion bezeichnet, wird die Abkürzung „MV" im Folgenden für den Vertrag von Maastricht als völkerrechtlichen Revisionsvertrag verstanden.

[436] Anpassungen in Bezug auf die EZB finden sich darüber hinaus noch in ex-Art 180 Abs 1 lit d EGV und in ex-Art 184 EGV (inzidente Normenkontrolle).

[437] Eine durch die Einführung des Mitentscheidungsverfahrens notwendige Adaption der einschlägigen Bestimmungen findet sich außerdem noch in ex-Art 172 EGV (Ermessensnachprüfung bei Zwangsmaßnahmen) und in ex-Art 184 EGV (inzidente Normenkontrolle).

sivlegitimation[438] dieser beiden Institutionen wird durch den MV eingeführt, auch aktiv sind das Europäische Parlament[439] und die EZB klagslegitimiert, wenn die Klagen auf die Wahrung ihrer Rechte abzielen. Im Vergleich zu den Mitgliedstaaten, dem Rat und der Kommission, welche kein Rechtschutzbedürfnis darzutun haben, bzw zu den den Voraussetzungen der unmittelbaren und individuellen Betroffenheit unterliegenden Individuen sind das Parlament und die EZB somit als teilprivilegierte Klagebefugte anzusehen.[440]

Eine bedeutende Änderung ergibt sich im Bereich der *Pflichtenverletzungen durch die Mitgliedstaaten.* Während sich Art 171 EWGV lapidar darauf beschränkte, einem gegen den Vertrag verstoßenden Mitgliedstaat aufzutragen, die sich aus dem Urteil des Gerichtshofes ergebenden Maßnahmen zu ergreifen, bringt der MV durch die Einführung eines Abs 2 einen „wirksamen" Sanktionsmechanismus ins Spiel. Die Nichtbeachtung eines Urteiles im Vertragsverletzungsverfahren wird darin wie eine neuerliche Vertragsverletzung behandelt. Hat nach Auffassung der Kommission der betreffende Mitgliedstaat die erwähnten Maßnahmen nicht ergriffen, so gibt sie, nachdem sie ihm Gelegenheit zur Äußerung gegeben hat, eine mit Gründen versehene Stellungnahme ab, in der sie aufführt, in welchen Punkten der betreffende Mitgliedstaat dem Urteil des Gerichtshofes nicht nachgekommen ist (ex-Art 171 Abs 2 UAbs 1 EGV). Hat der betreffende Mitgliedstaat die Maßnahmen, die sich aus dem Urteil des Gerichtshofes ergeben, nicht innerhalb der von der Kommission gesetzten Frist getroffen, so kann die Kommission den Gerichtshof anrufen. Hierzu benennt sie die Höhe des von dem betreffenden Mitgliedstaat zu zahlenden Pauschalbetrages oder Zwangsgeldes, die sie den Umständen nach für angemessen hält (ex-Art 171 Abs 2 U-Abs 2 EGV). Stellt der Gerichtshof fest, dass der betreffende Mitgliedstaat seinem Urteil nicht nachgekommen ist, so kann er die Zahlung eines Pauschalbetrages oder Zwangsgeldes verhängen (ex-Art 171 Abs 2 UAbs 3 EGV). Nach ex-Art 171 Abs 2 UAbs 4 EGV lässt dieses Verfahren den ex-Art 170 EGV (Klagemöglichkeit der Mitgliedstaaten im Vertragsverletzungsverfahren) unberührt. Ist diese Modifikation des Art 171 als eine Stärkung des supranationalen Charakters der Gemeinschaft zu verstehen? Eher nicht, denn die durch den MV neu eingeführte Möglichkeit, gegen Mitgliedstaaten einen Pauschalbetrag oder ein Zwangsgeld zu verhängen, muss in Zusammenhang mit dem durch den MV unveränderten ex-Art 192 Abs 1 EGV gesehen werden, wonach gegenüber den Mitgliedstaaten keine Zwangsvollstreckung erfolgt. Näher präzisiert wird dieser Sanktionsmecha-

---

[438] Zur *Passiv*legitimation des Europäischen Parlamentes siehe EuGH, Rs 294/83 (FN 87).

[439] Zur *Aktiv*legitimation des Europäischen Parlamentes siehe EuGH, Rs 13/83, *Europäisches Parlament/Rat*, Slg 1985, 1513 ff.

[440] Zum Inhalt dieser Klagebefugnis siehe *Borchardt* (FN 307) Rdnr 26 zu Art 230 EGV.

nismus durch die Erklärung (Nr 19) zur Anwendung des Gemeinschaftsrechtes[441], welcher sich vor allem auf die Umsetzung von Richtlinien bezieht.

Im Bereich der *Pflichtenverletzungen durch die übergeordnete Ebene*, der Untätigkeitsklage, wird durch ex-Art 175 Abs 1 EGV nunmehr auch das Europäische Parlament passiv klagslegitimiert; Abs 4 leg cit sieht eine aktive sowie passive Klagelegitimation für die EZB vor. Ex-Art 176 Abs 1 EGV, welcher den Organen aufträgt, die sich aus der Untätigkeit ergebenden Maßnahmen zu ergreifen, wird an die Änderungen des Mitentscheidungsverfahren angepasst bzw explizit auf die EZB erstreckt.

Im Bereich des *Vorabentscheidungsverfahrens* ergibt sich in Bezug auf das Europäische Parlament insofern kein Änderungsbedarf, als auch schon Art 177 Abs 1 lit b EWGV in genereller Weise von den Handlungen der Organe der Gemeinschaft sprach. Da es sich bei der EZB bekanntlich um kein Organ der Gemeinschaft nach Art 7 EGV handelt, wird die erwähnte Bestimmung um die Handlungen der EZB erweitert.

Auch die das *Gericht erster Instanz* betreffende Regelung wird durch den MV neu geregelt. Während allerdings Art 168a EWGV (idF EEA) von den Kompetenzen des Gerichtes erster Instanz die von den Mitgliedstaaten oder Gemeinschaftsorganen unterbreiteten Rechtssachen und das Vorabentscheidungsverfahren ausnimmt, schränkt ex-Art 168 a EGV (idF MV) diese Ausnahme der Zuständigkeit des Gerichtes erster Instanz rein auf die Vorabentscheidungssachen ein.

Neben diesen Änderungen im Bereich des EGV sei noch kurz eine Bestimmung im Bereich des neu geschaffenen Vertrages über die Europäische (Politische) Union erwähnt. Um die supranationale Gerichtsbarkeit des Gerichtshofes auch auf die supranationalen Teile der neu geschaffenen Tempelkonstruktion (erste Säule bestehend aus den drei Gemeinschaften) zu beschränken, bestimmt ex-Art L EUV, dass sich die Zuständigkeit des Gerichtshofes nur auf die Bestimmungen zur Änderung der drei Gemeinschaftsverträge, den ex-Art K.3 Abs 2 lit c UAbs 3 EUV[442] und die Schlussbestimmungen der ex-Art L bis S EUV bezieht. Das heißt im Umkehrschluss, dass der Gerichtshof weder für die Bestimmungen des Daches (ex-Art A bis F EUV), noch für die zweite (GASP) und dritte Säule (ZBJI) zuständig ist.[443]

---

[441] ABl 1992, Nr C 191, 102.

[442] Im Bereich der ZBJI kann der Rat – unbeschadet des ex-Art 220 EGV – Übereinkommen ausarbeiten, die er den Mitgliedstaaten gemäß ihren verfassungsrechtlichen Vorschriften empfiehlt und in welchen der Gerichtshof für die Auslegung und Anwendung zuständig gemacht werden kann.

[443] Siehe in diesem Zusammenhang auch (zur Frage der Wahl der richtigen Rechtsgrundlage zwischen den drei Säulen) EuGH, Rs C-170/96, *Kommission/Rat*, Slg 1998, I-2763 ff.

5. Kapitel: Änderungen aufgrund des Vertrages von Amsterdam (1997)

5.1 Entstehung und Aufbau des Vertrages von Amsterdam

Art N des am 1. 11. 1993 in Kraft getretenen EUV, der in seinem Abs 1 das generelle Vertragsänderungsverfahren regelt, sah in seinem Abs 2 schon die nächste Regierungskonferenz für das Jahr 1996 vor, „um die Bestimmungen dieses Vertrages [EUV], für die eine Revision vorgesehen ist, in Übereinstimmung mit den Zielen der Artikel A und B zu prüfen".

Durch den Europäischen Rat von Korfu vom 24./25. 6. 1994 wurde zur Vorbereitung der Regierungskonferenz 1996 eine Reflexionsgruppe eingesetzt, die sich aus Vertretern der Außenminister und dem Kommissionspräsidenten zusammensetzte; zur Einbindung des Europäischen Parlamentes war die Teilnahme von zwei Vertretern desselben vorgesehen, mit den anderen Organen und Institutionen war lediglich ein Gedankenaustausch vorgesehen.[444]

Nachdem der Bericht der Reflexionsgruppe unter dem Vorsitz von *Westendorp* vom Europäischen Rat von Madrid vom 15./16. 12. 1995 mit großem Interesse aufgenommen worden war, wurde das Mandat der Regierungskonferenz festgelegt, wobei dieser generell aufgetragen wurde zu prüfen, „welche Verbesserungen an den Verträgen vorgenommen werden müssen, um die Union den Gegebenheiten von heute und den Erfordernissen von morgen anzupassen".[445]

Wie in den Schlussfolgerungen von Madrid vorgesehen, nahm die Regierungskonferenz am 29. 3. 1996 in Turin ihre Beratungen auf[446] und konnte im Rahmen des Europäischen Rates von Amsterdam vom 16./17. 6. 1997 das politische Einvernehmen über den Vertragsentwurf erzielen.[447] Der am 2. 10. 1997 unterzeichnete Vertrag von Amsterdam zur Änderung des Vertrages über die Europäische Union, der Verträge zur Gründung der Europäischen Gemeinschaften sowie einiger damit zusammenhängender Rechtsakte[448] trat sodann am 1. 5. 1999 in Kraft[449].

---

[444] BullEU 6-1994, 7 ff, 20.
[445] BullEU 12-1995, 9 ff, 26.
[446] BullEU 3-1996, 13 f, 14.
[447] BullEU 6-1997, 8 ff, 8.
[448] ABl 1997, Nr C 340, 1 ff.
[449] ABl 1999, Nr L 114, 56; bzw ABl 1999, Nr C 120, 24.

Der Vertrag von Amsterdam gliedert sich in folgende drei Teile:

- 1. Teil – Sachliche Änderungen (Art 1 bis 5)
- 2. Teil – Vereinfachungen (Art 6 bis 11)
- 3. Teil – Allgemeine und Schlussbestimmungen (Art 12 bis 15)

Dieses Vertragswerk umfasst neben dem AV ua noch 13 Protokolle, 51 von der Konferenz angenommene und 8 lediglich zur Kenntnis genommene Erklärungen, sowie eine konsolidierte Fassung des EUV sowie des EGV.[450]

Die *sachlichen Änderungen* des 1. Teiles betreffen den EUV (Art 1 AV), den EGV (Art 2 AV), den EGKSV (Art 3 AV), den EAGV (Art 4 AV), sowie den Akt zur Einführung allgemeiner unmittelbarer Wahlen der Abgeordneten des Europäischen Parlamentes (Art 5 AV).[451]

Durch die *Vereinfachungen* des 2. Teiles werden der EGV (Art 6 AV), der EGKSV (Art 7 AV) und der EAGV (Art 8 AV) mitsamt ihren Anhängen und Protokollen mit dem Ziel geändert, hinfällig gewordene Bestimmungen zu streichen und die Bestimmungen entsprechend anzupassen. Darüber hinaus werden das Abkommen über gemeinsame Organe für die Europäischen Gemeinschaften[452] sowie der Fusionsvertrag[453] unter teilweiser Beibehaltung des Inhaltes dieser Bestimmungen aufgehoben (Art 9 AV).

Die wichtigste Bestimmung des 3. Teiles *Allgemeine und Schlussbestimmungen* findet sich in Art 12 AV, wonach die Artikel, Titel und Abschnitte des EUV und des EGV entsprechend den Übereinstimmungstabellen im Anhang zum AV umnummeriert werden (Abs 1 leg cit).[454]

5.2 Die Änderungen betreffend das Gerichtssystem – Titel IV EGV und Flexibilität

Die durch den AV erfolgten Änderungen im Bereich des Gerichtssystemes betreffen im Wesentlichen den Titel IV EGV (Visa, Asyl, Einwanderung und andere

---

[450] Für eine ausführliche Beschreibung der inhaltlichen Änderungen des AV siehe Schweitzer, Michael/Hummer, Waldemar, Europarecht. Das Recht der Europäischen Union – Das Recht der Europäischen Gemeinschaften (EGKS, EG, EAG) – mit Schwerpunkt EG. Nachtrag 1999. Der Vertrag von Amsterdam vom 2. Oktober 1995 (1999) mwN auf S 22; Streinz, Rudolf, Der Vertrag von Amsterdam. Einführung in die Reform des Unionsvertrages von Maastricht und erste Bewertung der Ergebnisse, EuZW 1998, 137 ff.

[451] Siehe auch Zbinden, Martin, Die Institutionen und die Entscheidungsverfahren der Europäischen Union nach Amsterdam (1999).

[452] Siehe dazu vorstehend im 2. Kapitel auf S 85.

[453] Siehe dazu vorstehend im 3. Kapitel auf S 96.

[454] Die Abs 2 bis 4 leg cit regeln die Frage der Verweisungen.

Politiken betreffend den freien Personenverkehr) und das neue Instrumentarium der Flexibilität, wohingegen sich im Bereich der Kernbestimmungen zum Gerichtshof (Art 220 bis 245 EGV) kaum Änderungen finden.

Die einzige *Änderung* nach Art 2 AV, welche die Art 220 bis 245 EGV betrifft – dabei allerdings weniger den Gerichtshof als vielmehr den Rechnungshof –, findet sich im Bereich der *Normenkontrolle*, da nunmehr der Rechnungshof ebenso wie das Europäische Parlament und die EZB[455] aktiv für Klagen legitimiert ist, die auf die Wahrung seiner Rechte abzielen (Ziff 42 leg cit).[456]

5.2.1 Titel IV EGV und Art 35 EUV

Die durch den MV eingeführten Bestimmungen im Bereich der ZBJI werden durch den AV teilweise von der völkerrechtlichen dritten Säule in die gemeinschaftliche supranationale erste Säule übergeführt (*Titel IV EGV*), wodurch in der dritten Säule nur mehr die Polizeiliche und justizielle Zusammenarbeit in Strafsachen (PJZS) verbleibt. Das Zugeständnis der Mitgliedstaaten, ihre Ingerenz durch diesen Säulen-Transfer zu beschränken, ist insofern nur ein teilweises, als im Gegenzug dafür die herkömmlichen Regelungen der ersten Säule modifiziert wurden. Was die Beschlussfassung betrifft, so finden sich die abweichenden Bestimmungen in Art 67 EGV[457] und was den Gerichtshof betrifft in Art 68 EGV. Dieser sieht eine modifizierte Art des in Art 234 EGV geregelten Vorabentscheidungsverfahren vor.[458]

Nach Art 68 Abs 1 EGV besteht für die Auslegung des Titel IV sowie der Gültigkeit oder der Auslegung von auf diesen Titel gestützten Sekundärrechtsakten eine Vorlageverpflichtung für letztinstanzliche Gerichte. Im Unterschied zu Art 234 EGV findet sich jedoch keine Regelung für unterinstanzliche Gerichte, weshalb eine Vorlagemöglichkeit derselben verneint werden muss. Anlass für diese Regelung war die Befürchtung der Regierungskonferenz, dass der Gerichtshof ohne eine derartige Zugangsbeschränkung überlastet wäre.[459] Diese Regelung

---

[455] Für diese durch den MV erfolgten Änderungen siehe vorstehend im 4. Kapitel auf S 105.

[456] Eine einzige *Vereinfachung* der Art 220 bis 245 EGV findet sich in Art 6 AV, wonach der 1995 erfolgte Beitritt insofern konkretisiert wird, als in Art 222 Abs 1 EGV die Wortfolge „Für die Zeit vom Beitritt bis“ durch „Für die Zeit vom 1. Januar 1995 bis“ ersetzt wird.

[457] Die erwähnten „Sonderregelungen“ innerhalb der fünfjährigen Übergangszeit betreffen das Initiativrecht der Kommission und die Beteiligung des Europäischen Parlamentes.

[458] Siehe dazu *Borchardt* (FN 307) Rdnr 4 zu Art 234 EGV; bzw *Öhlinger, Theo/Potacs, Michael*, Gemeinschaftsrecht und staatliches Recht. Die Anwendung des Europarechts im innerstaatlichen Bereich² (2001) 170 f.

[459] *Thun-Hohenstein, Christoph*, Der Gerichtshof der Europäischen Gemeinschaften nach Amsterdam, in *Köck, Heribert Franz* (Hrsg), Rechtsfragen an der Jahrtausendwende. Akten des

ist dann bedenklich, wenn es um die Gültigkeit des Gemeinschaftsrechtes geht. In der Rs *Foto Frost* hat der EuGH den nationalen Gerichten zwar in Zusammenhang mit der Gültigkeitsprüfung von Gemeinschaftsrecht die Kompetenz zugestanden, die Gültigkeit desselben, nicht jedoch im gegenteiligen Fall die Ungültigkeit desselben festzustellen.[460] Dahinter steht die Sorge um die Einheit der Gemeinschaftsrechtsordnung, die gefährdet wäre, wenn sich zwischen den Gerichten der Mitgliedstaaten Meinungsverschiedenheiten über die Gültigkeit des Gemeinschaftsrechtes ergeben würden. Indem nun Art 68 EGV unterinstanzliche Gerichte, die ja nach wie vor das unbedingte und hinreichend genaue Gemeinschaftsrecht unmittelbar anzuwenden haben, ihrer Vorlagemöglichkeit beschneidet, stellt sich die Frage nach den Konsequenzen dieser Konstruktion. Sind nun unterinstanzliche Gerichte aufgrund der mangelnden Vorlagemöglichkeit befugt, die Ungültigkeit von Gemeinschaftsrecht festzustellen, oder wird ihnen lediglich die Möglichkeit der Vorabentscheidung genommen und muss deshalb im Wege des innerstaatlichen Instanzenzuges so lange gewartet werden, bis die letzte Instanz vorlegt? Aufgrund der elementaren Bedeutung der Einheit der Gemeinschaftsrechtsordnung, der Zuständigkeit des Gerichtshofes zur Wahrung des Rechtes (Art 220 EGV) und der erwähnten Überlegungen auf der Regierungskonferenz kann man nicht davon ausgehen, dass die nationalen Gerichte befugt wären, die Ungültigkeit von Gemeinschaftsrecht festzustellen. Wie hat nun ein unterinstanzliches Gericht zu agieren, wenn es Zweifel an der Gültigkeit einer gemeinschaftsrechtlichen Bestimmung hat? Im Sinne der *Foto Frost*-Rechtsprechung ist es den unterinstanzlichen Gerichten nicht nur untersagt, die Ungültigkeit von Gemeinschaftsrecht festzustellen, als notwendige Kompensation statuiert der Gerichtshof die Möglichkeit, welche er jedoch gleichzeitig als Verpflichtung judiziert, die betreffende Frage im Wege der Vorabentscheidung vorzulegen; eine Verpflichtung, die sich lediglich aus dieser Rechtsprechung des Gerichtshofes, nicht jedoch aus dem Wortlaut des Art 234 Abs 2 EGV („so kann es diese Frage dem Gerichtshof zur Entscheidung vorlegen") ergibt. Diese Vorlageverpflichtung läuft nun im Bereich des Art 68 EGV ins Leere wenn unterinstanzliche Gerichte von dieser Variante der Vorabentscheidung exkludiert werden. Wenn im konkreten Fall ein weiterer Instanzenzug theoretisch möglich ist und auch praktisch beschritten wird, so ist die Problematik aufgeschoben bis man beim letztinstanzlichen und damit vorlageberechtigten (und auch -verpflichteten) Gericht angelangt ist. Wenn der Instanzenzug jedoch nicht theoretisch oder zwar theoretisch, aber nicht praktisch beschritten werden kann, so ergibt die Sonderregelung des Art 68 EGV iVm

---

22. Österreichischen Völkerrechtstages. Traunkirchen am Traunsee, 5. bis 7. Juni 1997 (1998) 197 ff, 198.

[460] EuGH, Rs 314/85, *Foto Frost/Hauptzollamt Lübeck-Ost*, Slg 1987, 4199 ff.

der Rechtsprechung des Gerichtshofes eine Situation, welche in der Art und Weise nicht wirklich befriedigend gelöst werden kann.[461]

Nach Art 68 Abs 2 EGV ist der Gerichtshof in keinem Fall für Entscheidungen über Maßnahmen oder Beschlüsse nach Art 62 Nr 1 EGV[462] zuständig, die die Aufrechterhaltung der öffentlichen Ordnung und den Schutz der inneren Sicherheit betreffen. Demnach könnte der Gerichtshof zwar nicht prüfen, ob ein Mitgliedstaat zu Recht von dieser Notstandsklausel Gebrauch gemacht hat, dennoch könnte der Gerichtshof jedoch prüfen, ob die Grenzen dieser Klausel eingehalten wurden.[463]

Gemäß Art 68 Abs 3 1. Satz EGV können der Rat, die Kommission oder ein Mitgliedstaat dem Gerichtshof eine Frage der Auslegung dieses Titels oder von auf diesen Titel gestützten Rechtsakten der Organe der Gemeinschaft zur Entscheidung vorlegen. Zum einen fällt auf, dass dem Parlament keine Aktivlegitimation zukommt, zum andern, dass diese Bestimmung nicht von der Gültigkeit (des Sekundärrechtes), sondern nur von der Auslegung spricht.[464] Ein weiterer Beweis für die Zurückhaltung der Mitgliedstaaten bei der von ihnen in die Gemeinschaftssäule übergeführten Materie. Art 68 Abs 3 2. Satz EGV bestimmt, dass die vom Gerichtshof in diesem Zusammenhang gefällten Entscheidungen nicht für Urteile von Gerichten der Mitgliedstaaten gelten, die rechtskräftig geworden sind (*res iudicata*).

Nach Art 67 Abs 2 2. SpStr können ua diese Bestimmungen über die Zuständigkeit des Gerichtshofes durch einstimmigen Beschluss des Rates (und nach Anhörung des Europäischen Parlamentes) angepasst werden.[465]

Durch den AV wird Art 46 (ex-Art L) EUV eine weitere *litera* hinzugefügt und somit die Jurisdiktion des Gerichtshofes um eine weitere Zuständigkeit erwei-

---

[461] *Thun-Hohenstein* (FN 459) 200 hält es aufgrund der expliziten Abweichung des Art 68 Abs 1 EGV für eher unwahrscheinlich, dass sich der Gerichtshof – wie ja auch in der *Foto Frost*-Rechtsprechung – über den Wortlaut des Vertrages hinwegsetzt und seine *Foto Frost*-Rechtsprechung auf den Art 68 EGV erstreckt.

[462] „Maßnahmen, die nach Art 14 sicherstellen, daß Personen, seien es Bürger der Union oder Staatsangehörige dritter Länder beim Überschreiten der Binnengrenzen nicht kontrolliert werden".

[463] So *Thun-Hohenstein* (FN 459) 200.

[464] Nach *Thun-Hohenstein* (FN 459) 201 ist es nicht ausgeschlossen, dass im Rahmen einer Auslegungsfrage die Ungültigkeit eines solchen Rechtsaktes festgestellt wird, eine Auslegung des Art 68 Abs 3 EGV, welche sicher nicht vom Wortlaut (die korrespondierende Bestimmung des Art 234 Abs 1 lit a und b EGV differenziert in diesem Zusammenhang ja genau zwischen der reinen Auslegung des Primärrechtes und der Auslegung und Anwendung des Sekundärrechtes) gedeckt ist.

[465] Nach *Thun-Hohenstein* (FN 459) 202 eine Möglichkeit, die unbefriedigende Situation im Rahmen des Art 68 Abs 1 EGV zu beheben.

tert. Nach Art 46 lit b EUV ist der Gerichtshof für die Bestimmungen des *Titels VI EUV (PJZS)* nach Maßgabe des Art 35 zuständig.[466]

Auch *Art 35 EUV* sieht ein *Vorabentscheidungsverfahren* vor, welches sich von dem des Art 234 EGV unterscheidet.[467] Der Gerichtshof entscheidet in diesem Zusammenhang im Wege der Vorabentscheidung über die Gültigkeit und die Auslegung der Rahmenbeschlüsse (Art 34 Abs 2 lit b EUV) und (sonstigen) Beschlüsse (Art 34 Abs 2 lit c EUV), über die Auslegung (nicht aber die Gültigkeit) der Übereinkommen nach Titel VI – PJZS – (Art 34 Abs 2 lit d EUV) und über die Gültigkeit und die Auslegung der dazugehörigen Durchführungsbestimmungen. Die Modifikation dieser Art der Vorabentscheidung betrifft nicht nur, wie im Bereich des Art 68 EGV, das vorlegende Gericht, sondern zuerst einmal generell die Unterwerfung der Mitgliedstaaten unter dieses System. Nach Art 35 Abs 2 EUV kann jeder Mitgliedstaat, der sich für eine Unterwerfung unter dieses System entscheidet, durch eine bei der Unterzeichnung des AV oder zu einem späteren Zeitpunkt abgegebene Erklärung die Zuständigkeit des Gerichtshofes für Vorabentscheidungen nach Abs 1 leg cit anerkennen. Falls sich ein Mitgliedstaat für diese Variante entscheidet, so stehen ihm nach Art 35 Abs 3 EUV dafür zwei Varianten offen: entweder bestimmt ein Mitgliedstaat durch diese Erklärung, dass nur seine letztinstanzlichen Gerichte (lit a leg cit) oder alle Gerichte (lit b leg cit) eine Frage, die sich in einem schwebenden Verfahren stellt und die sich auf die Gültigkeit oder die Auslegung eines Rechtsaktes nach Abs 1 leg cit bezieht, dem Gerichtshof zur Vorabentscheidung vorlegen können, wenn das jeweilige Gericht eine Entscheidung darüber zum Erlass seines Urteiles für erforderlich hält.

In der von der Konferenz angenommenen *Erklärung (Nr 10) zu Art 35 EUV* nimmt die Konferenz zur Kenntnis, dass die Mitgliedstaaten sich bei einer Erklärung nach Art 35 Abs 2 EUV das Recht vorbehalten können, ihre letztinstanzlichen Gerichte durch innerstaatliches Recht zu *verpflichten*, den Gerichtshof anzurufen, wenn sich in einem schwebenden Verfahren eine Frage über die Gültigkeit oder die Auslegung eines Rechtsaktes nach Art 35 Abs 1 EUV stellt.

Anlässlich der Unterzeichnung des AV gaben folgende Mitgliedstaaten folgende *Erklärungen* ab: Spanien optierte für die Variante der lit a (letztinstanzliche Gerichte), wohingegen Belgien, Deutschland, Griechenland, Italien, Luxemburg, die Niederlande, Österreich, Portugal, Finnland und Schweden sich für die lit b (alle Gerichte) entschieden; für eine Verpflichtung ihrer letztinstanzlichen Gerich-

---

[466] Der MV sah im Bereich der dritten Säule lediglich eine Zuständigkeit für Abkommen nach ex-Art K.3 Abs 2 lit c UAbs 3 EUV vor; siehe dazu vorstehend im 4. Kapitel auf S 106.

[467] Siehe dazu *Borchardt* (FN 307) Rdnr 4 zu Art 234 EGV; bzw *Öhlinger/Potacs* (FN 458) 15.

te im Sinne der erwähnten Erklärung (Nr 10) optierten Belgien, Deutschland, Spanien, Italien, Luxemburg, die Niederlande und Österreich.[468]

Gem Art 35 Abs 4 EUV kann jeder Mitgliedstaat, unabhängig davon, ob er eine Erklärung nach Abs 2 leg cit abgegeben hat oder nicht, beim Gerichtshof in Verfahren nach Abs 1 *Schriftsätze* einreichen oder *schriftliche Erklärungen* abgeben.

Eine *Bereichsausnahme* im Anwendungsbereich des Art 35 EUV normiert dessen Abs 5, wonach der Gerichtshof nicht für die Überprüfung der Gültigkeit oder Verhältnismäßigkeit von Maßnahmen der Polizei oder anderer Strafverfolgungsbehörden eines Mitgliedstaates oder der Wahrnehmung der Zuständigkeiten der Mitgliedstaaten für die Aufrechterhaltung der öffentlichen Ordnung und den Schutz der inneren Sicherheit zuständig ist.

Ähnlich wie auch schon bei Art 68 EGV ergibt sich im Bereich des Art 35 EUV die Problematik der Vorlage von unterinstanzlichen Gerichten in Zusammenhang mit der Frage der Ungültigkeit eines Rechtsaktes, wenn ein Mitgliedstaat für die Variante der lit a (nur letztinstanzliche Gerichte) optiert hat.[469]

Im Bereich der PJZS findet sich nicht nur die erwähnte Form des Vorabentscheidungsverfahrens, sondern auch eine Variante der *Nichtigkeitsklage* nach Art 230 EGV. Nach Art 35 Abs 6 EUV ist der Gerichtshof für die Überprüfung der Rechtmäßigkeit der Rahmenbeschlüsse und Beschlüsse zuständig. Aktiv klagebefugt sind nur die Mitgliedstaaten und die Kommission, die Nichtigkeitsgründe entsprechen denen des Art 220 Abs 2 EGV. Die Frist zur Klageerhebung beträgt so wie in Art 230 Abs 5 EGV zwei Monate nach Veröffentlichung der Maßnahme.

Nach Art 35 Abs 7 1. Satz EUV (Streitbeilegungsverfahren) ist der Gerichtshof einerseits für alle Streitigkeiten zwischen den Mitgliedstaaten bezüglich der Auslegung und Anwendung *der nach Art 34 Abs 2 EUV angenommenen Rechtsakte* (Gemeinsame Standpunkte nach lit a, Rahmenbeschlüsse nach lit b und sonstige Beschlüsse nach lit c) zuständig, die der Rat zuvor nicht innerhalb einer Frist von sechs Monaten nach seiner Befassung durch eines seiner Mitglieder beilegen konnte.[470] Andererseits ist der Gerichtshof nach Art 35 Abs 7 2. Satz EUV für Entscheidungen über alle Streitigkeiten zwischen Mitgliedstaaten und der Kom-

---

[468] ABl 1999, Nr L 114, 56; bzw ABl 1999, Nr C 120, 24.

[469] Siehe dazu *Griller, Stefan/Droutsas, Dimitri P/Falkner, Gerda/Forgó, Katrin/Nentwich, Michael*, Regierungskonferenz 1996. Der Vertrag von Amsterdam in der Fassung des Gipfels vom Juni 1997. IEF Working Paper Nr 27 (1997) 114 ff, 114 f; bzw *Thun-Hohenstein* (FN 459) 203 f.

[470] Diese „Vorschaltung“ des Rates stellt somit einen Kompromiss zwischen den intergouvernementalen Interessen der Mitgliedstaaten und der supranationalen Zuständigkeit des EuGH dar.

mission bezüglich der Auslegung oder der Anwendung der nach Art 34 Abs 2 lit d EUV erstellten Übereinkommen zuständig.

5.2.2 Verstärkte Zusammenarbeit

Durch den AV wird ein neues Instrument eingeführt, die Möglichkeit der *verstärkten Zusammenarbeit* zwischen verschiedenen Mitgliedstaaten. Die allgemeinen Regelungen der Flexibilität finden sich in den Art 43 bis 45 EGV, wo die Voraussetzungen, die Beschlussfassungsverfahren und die Unterrichtung des Parlamentes geregelt werden. Vorgesehen ist die verstärkte Zusammenarbeit nur für die erste Säule (Art 11 EGV) und die dritte Säule der PJZS (Art 40 EUV), nicht jedoch im Bereich der GASP.[471] Der gesamte Bereich der verstärkten Zusammenarbeit (Art 11 EGV, Art 40 EUV und Art 43 bis 45 EUV) unterliegt gem Art 46 lit c EUV der Jurisdiktion des Gerichtshofes. Diese Jurisdiktion ist vor allem für die Frage des Vorliegens der Voraussetzungen von besonderer Bedeutung, um ein *Europa à la carte* zu verhindern.

5.2.3 Sonstige Änderungen

Nur kurz erwähnt sei das dem AV angehängte *Protokoll über die Einbeziehung des Schengen-Besitzstandes in den Rahmen der Europäischen Union* (Prot Schengen) und seine Regelungen betreffend die Zuständigkeit des Gerichtshofes.[472] Nach Art 2 Abs 1 UAbs 2 Prot Schengen legt der Rat die Rechtsgrundlagen für jede Bestimmung und jeden Beschluss des Schengen-Besitzstandes fest.[473] Hinsichtlich solcher Bestimmungen und Beschlüsse nimmt der Gerichtshof in Einklang mit dieser Festlegung die Zuständigkeit wahr, die ihm nach den jeweiligen Verträgen (Titel IV EGV – Visa, Asyl, Einwanderung und andere Politiken betreffend den freien Personenverkehr bzw Titel VI EUV – PJZS) zukommt (Art 2 Abs 1 UAbs 3 1. Satz Prot Schengen)[474]. Solange die genannten Maßnahmen nicht getroffen worden sind, gelten die Bestimmungen und Beschlüsse des

---

[471] Zu den Änderungen durch den NV siehe *Hummer/Obwexer* (FN 39) 36 ff, 39 ff.

[472] Siehe dazu – bzw auch zu den Sonderbestimmungen für Dänemark, das Vereinigte Königreich und Irland – *Thun-Hohenstein* (FN 459) 206 ff.

[473] Beschluss 1999/436/EG des Rates zur Festlegung der Rechtsgrundlagen für die einzelnen Bestimmungen und Beschlüsse, die den Schengen-Besitzstand (siehe dazu ABl 1999, Nr L 176, 1 ff) bilden, nach Maßgabe der einschlägigen Bestimmungen des Vertrags zur Gründung der Europäischen Gemeinschaft und des Vertrags über die Europäischen Union vom 20. 5. 1999, ABl 1999, Nr L 176, 17.

[474] Eine Bereichsausnahme sieht Art 2 Abs 1 UAbs 3 2. Satz Prot Schengen für Maßnahmen oder Beschlüsse vor, die die Aufrechterhaltung der öffentlichen Ordnung und den Schutz der inneren Sicherheit betreffen.

Schengen-Besitzstandes jedoch (lediglich) als Rechtsakte, die auf Titel VI EUV gestützt sind (Art 2 Abs 1 UAbs 4 Prot Schengen).

In den Art 46 EUV wurden nicht nur die lit b und c durch den AV neu eingeführt. In Zusammenhang mit der in Art 6 Abs 2 (ex-Art F Abs 2) EUV festgelegten *Achtung der Grundrechte* findet sich in Art 46 lit d die Zuständigkeit für Art 6 Abs 2 EUV in Bezug auf Handlungen der Organe, sofern der Gerichtshof im Rahmen der drei Gemeinschaftsverträge und im Rahmen des EUV zuständig ist.[475] Nicht zuständig ist der Gerichtshof – wenig erstaunlich – für den durch den AV neu eingeführten Art 6 Abs 1 EUV[476] sowie für das zu Art 6 EUV korrespondierende Verfahren des Art 7 EUV.

Zu erwähnen ist abschließend noch Art 11 AV, wonach der Gerichtshof für den 2. Teil des AV (Vereinfachungen – Art 6 bis 11) sowie für das Protokoll über die Vorrechte und Befreiungen zuständig ist. Diese Zuständigkeit dürfte vor allem für Art 10 AV, welcher die Rechtswirkungen (insb aus den in den Bestimmungen enthaltenen Fristen) der Aufhebungen, Streichungen und Anpassungen regelt, von Bedeutung sein.

6. Kapitel: Änderungen aufgrund des Vertrages von Nizza (2001)

6.1 Entstehung und Aufbau des Vertrages von Nizza

Schon in Art 2 des dem AV angehängten Protokolles über die Organe im Hinblick auf die Erweiterung der Europäischen Union[477] findet sich, ähnlich wie in ex-Art N EUV (idF MV)[478], der Hinweis auf die nächste Regierungskonferenz[479]. Darin ist vorgesehen, dass spätestens ein Jahr vor dem Zeitpunkt, zu dem die Zahl der Mitgliedstaaten der Union zwanzig überschreiten wird, eine Regierungs-

[475] *Griller ua* (FN 469) 26 ff, 27 schließen daraus, dass der EuGH nicht nur in der dritten, sondern auch in der zweiten Säule für die Überprüfung von Organhandlungen zuständig ist.

[476] „Die Union beruht auf den Grundsätzen der Freiheit, der Demokratie, der Achtung der Menschenrechte und Grundfreiheiten sowie der Rechtsstaatlichkeit; diese Grundsätze sind allen Mitgliedstaaten gemeinsam."

[477] ABl 1997, Nr C 340, 111.

[478] Siehe dazu vorstehend im 5. Kapitel auf S 107.

[479] Dieser Tradition ist auch der Vertrag von Nizza treu geblieben, indem er in seiner Erklärung (Nr 23) zur Zukunft der Union auf eine Regierungskonferenz im Jahre 2004 verweist; ABl 2001, Nr C 80, 85 f, 86.

konferenz einberufen wird, „um die Bestimmungen der Verträge betreffend die Zusammensetzung und die Arbeitsweise der Organe umfassend zu prüfen".[480]

Nur knapp ein Monat nach dem In-Kraft-Treten des AV am 1. 5. 1999 sah bereits der Europäische Rat von Köln vom 3./4. 6. 1999 die nächste Regierungskonferenz zur Aufarbeitung der *left-overs* von Amsterdam für das Jahr 2000 vor.[481]

Nach diversen Vorarbeiten der Organe und anderer Institutionen[482] wurde die Regierungskonferenz schließlich am 14. 2. 2000 in Brüssel eröffnet.[483] Nachdem das Mandat dieser Regierungskonferenz durch den Europäischen Rat von Santa Maria da Feira vom 19./20. 6. 2000 um die verstärkte Zusammenarbeit[484] und durch den informellen Europäischen Rat von Biarritz vom 13./14. 10. 2000 um die Reform des Sanktionsverfahrens des Art 7 EUV[485] erweitert worden war, wurde der Vertrag von Nizza durch die nach dem Europäischen Rat von Nizza vom 7./8./9. 12. 2000[486] zusammengetretene Regierungskonferenz politisch akkordiert.[487] Nach Überarbeitung durch die Rechts- und Sprachsachverständigen wurde der Vertrag von Nizza zur Änderung des Vertrages über die Europäische Union, der Verträge zur Gründung der Europäischen Gemeinschaften sowie einiger damit zusammenhängender Rechtsakte schließlich am 26. 2. 2001 in Nizza unterzeichnet.[488]

Der NV setzt sich neben einer Präambel aus folgenden zwei Teilen zusammen:

- 1. Teil – Sachliche Änderungen (Art 1 bis 6)
- 2. Teil – Übergangs- und Schlussbestimmungen (Art 7 bis 13)

Dieses Vertragswerk umfasst neben dem NV ua noch 4 Protokolle, 24 von der Konferenz angenommene und 3 lediglich zur Kenntnis genommene Erklärungen.

Die *sachlichen Änderungen* des 1. Teiles betreffen den EUV (Art 1 NV), den EGV (Art 2 NV), den EAGV (Art 3 NV), den EGKSV (Art 4 NV) sowie das Protokoll über die Satzung des Europäischen Systems der Zentralbanken (ESZB) und der EZB (Art 5 NV) und das Protokoll über die Vorrechte und Befreiungen der Europäischen Gemeinschaften (Art 6 NV).

---

480 Siehe zu diesem Protokoll auch die von der Konferenz angenommene Erklärung (ABl 1997, Nr C 340, 142), bzw die Erklärung Belgiens, Frankreichs und Italiens (ABl 1997, Nr C 340, 144).

481 BullEU 6-1999, 14 f.

482 Siehe dazu *Hummer/Obwexer* (FN 39) 8 f.

483 BullEU 1/2-2000, 9.

484 BullEU 6-2000, 10.

485 Siehe dazu ZER 2000, 146.

486 BullEU 12-2000, 8.

487 BullEU 12-2000, 35 f.

488 ABl 2001, Nr C 80, 1 ff, berichtigt in ABl 2001, Nr C 96, 27.

Die *Übergangs- und Schlussbestimmungen* des 2. Teiles heben die dem EGV und dem EAGV beigefügten Protokolle über die Satzung des Gerichtshofes auf und ersetzten sie durch eine neues (Art 7 NV).[489] Art 10 NV hebt schließlich den Beschluss 88/591/EGKS, EWG, Euratom des Rates vom 24. 10. 1988 zur Errichtung eines Gerichtes erster Instanz mit Ausnahme dessen Art 3 auf.

6.2 Die Änderungen betreffend das Gerichtssystem – Aufwertung des EuG und Schaffung gerichtlicher Kammern

Im Folgenden werden die Änderungen des Gerichtssystemes lediglich im Überblick dargestellt.[490] [491]

Während bisher die *Anzahl* der *Richter* stets ziffernmäßig beschrieben wurde (und früher die Anzahl der Mitgliedstaaten überstieg, später dann mit der Anzahl der Mitgliedstaaten korrespondierte[492]), wird nunmehr die bisherige Praxis, wonach der Gerichtshof aus je einem Richter pro Mitgliedstaat besteht, im Vertrag fest geschrieben (Art 221 Abs 1 EGV idF NV). Damit möchte man für künftige Erweiterungen gerüstet sein und eine ansonsten jeweils erforderliche Korrektur der Zahlenangaben vermeiden.[493]

Nicht einigen konnte man sich auf eine Verlängerung der *Amtszeit* zu Lasten der Möglichkeit der Wiederernennung – im Sinne einer Stärkung der *Unabhän-*

---

[489] Art 8 NV hebt gewisse Bestimmungen des Protokolles über die Satzung des Gerichtshofes der EGKS auf.

[490] Für eine Kommentierung idF des Vertrages von Nizza siehe *Calliess, Christian/Ruffert, Matthias* (Hrsg), Kommentar des Vertrages über die Europäische Union und des Vertrages zur Gründung der Europäischen Gemeinschaft – EUV/EGV^2 (2002) Art 220 ff EGV; für eine ausführliche Darstellung siehe *Hummer/Obwexer* (FN 39) 25 ff; *Kaman, Hans-Georg*, Das neue gemeinschaftliche Gerichtssystem nach dem Vertrag von Nizza: auf dem Weg zu einer europäischen Fachgerichtsbarkeit, ZEuS 2001, 627 ff; *Lenz, Carl Otto*, Die Europäische Gerichtsbarkeit in der Europäischen Gemeinschaft nach dem Vertrag von Nizza, EuGRZ 2001, 433 ff; *Obwexer, Walter*, Die Neuordnung des Gerichtssystems nach Nizza, in *Griller/Hummer* (FN 109) 240 ff; *Ruiz-Jarabo, Dámaso*, La réforme de la Cour de justice opérée par le traité de Nice et sa mise en œuvre future, RTD eur 2001, 705 ff; *Sack, Jörn*, Zur künftigen europäischen Gerichtsbarkeit nach Nizza, EuZW 2001, 77 ff; *Wegener, Bernhard W*, Die Neuordnung der EU-Gerichtsbarkeit durch den Vertrag von Nizza, DVBl 2001, 1258 ff. Siehe auch *Magiera, Siegfried/Niedobitek, Matthias*, Der Gerichtshof, JEI 2000/2001, 85 ff, 86.

[491] Zu den „Vorarbeiten" zu den durch den Vertrag von Nizza erfolgten Änderungen des Gerichtssystemes siehe auch den am 18./19. 1. 2000 angenommenen *Due*-Report, Bericht der Reflexionsgruppe über die Zukunft des Gerichtssystems der Europäischen Gemeinschaften/Due-Report, EuGRZ 2001, 523 ff, bzw über denselben *Streinz, Rudolf/Leible, Stefan*, Die Zukunft des Gerichtssystems der Europäischen Gemeinschaft – Reflexionen über Reflexionspapiere, EWS 2001, 1 ff.

[492] Art 17 Abs 1 der Beitrittsakte 1994 (ABl 1994, Nr C 241, 24; ABl 1995, Nr L 1, 4).

[493] *Wegener* (FN 490) 1262.

gigkeit der Richter – sowie auf ein Auswahlverfahren für die Richter durch Errichtung eines beratenden Ausschusses, eine Stärkung der Rolle des Europäischen Parlamentes, sowie die Verpflichtung für die Mitgliedstaaten, mehrerer Kandidaten nominieren zu müssen.[494]

Die alle drei Jahre stattfindende *Neubesetzung* der Stellen der Richter „und der Generalanwälte" findet nach Art 223 Abs 2 EGV idF NV „nach Maßgabe der Satzung des Gerichtshofes" statt.

Änderungen ergeben sich auch in den *Rechtsgrundlagen.*

Die dem EGV und dem EAGV angehängten (bisherigen) Protokolle über die *Satzung* des Gerichtshofes werden gem Art 7 NV aufgehoben und durch das durch den NV dem EUV, dem EGV und dem EAGV beigefügte Protokoll über die Satzung des Gerichtshofes[495] ersetzt. Nicht mit einbezogen in dieses Protokoll wurde die Satzung des Gerichtshofes der EGKS, da der EGKSV bekanntlich am 23. 5. 2002 ausgelaufen ist.[496] Geändert wird durch den NV auch das Verfahren der Änderung der Satzung in Art 245 Abs 2 EGV idF NV. Während die Satzung bisher auf Antrag des Gerichtshofes und nach Anhörung des Parlamentes und der Kommission geändert werden konnte, ist nun auch der umgekehrte Fall möglich, dass die Initiative von der Kommission ausgeht und das Parlament und der Gerichtshof angehört werden. Während früher lediglich die Bestimmungen des Titels III der Satzung (Verfahren)[497] einstimmig durch den Rat geändert werden konnten, kann nunmehr die gesamte Satzung mit Ausnahme des Titels I (Richter und Generalanwälte) mittels dieses Verfahrens geändert werden. Der Hintergrund dieser Änderung ist der, dass durch den NV institutionelle Bestimmungen (wie zB die Kompetenzverteilung zwischen Gerichtshof und Gericht erster Instanz) in die Satzung des Gerichtshofes verlagert werden und somit eine künftige Anpassung erleichtert werden soll.[498]

Der Gerichtshof erlässt wie bisher seine *Verfahrensordnung* (Art 223 Abs 6 EGV idF NV, bisher geregelt in Art 245 Abs 3 EGV), welche auch wie bisher der

---

494 *Wegener* (FN 490) 1262 f.

495 ABl 2001, Nr C 80, 53 ff. Zur Satzung siehe auch die von der Konferenz angenommene Erklärung (Nr 13) zu Art 225 Abs 2 und 3 des EGV.

496 Während Art 8 NV Teile des Protokolles über die Satzung des Gerichtshofes der EGKS aufhebt, bestimmt Art 9 NV, dass unbeschadet der durch Art 8 NV nicht aufgehobenen Bestimmungen das neue Protokoll über die Satzung des Gerichtshofes Anwendung findet, wenn der Gerichtshof seine Befugnisse gem dem EGKSV ausübt. Zu Art 10 NV siehe nachstehend auf S 121.

497 Siehe dazu auch vorstehend in FN 414.

498 So *Wegener* (FN 490) 1262, der in diesem Zusammenhang auf die interessante Tatsache des durch sekundärrechtliche Akte veränderbaren Primärrechtes hinweist. Nach *Lenz* (FN 490) ist man mit dieser Änderung einem Wunsch des EuGH nach mehr Autonomie nachgekommen.

Genehmigung des Rates bedarf, dieser entscheidet darüber allerdings nicht einstimmig, sondern mit qualifizierter Mehrheit.[499]

Während der Gerichtshof bisher prinzipiell in Vollsitzung tagte und daneben in *Kammern* zu drei, fünf oder sieben Richtern tagen konnte (Art 221 Abs 2 EGV), bestimmt nunmehr Art 221 Abs 2 und 3 EGV idF NV, dass der Gerichtshof prinzipiell in Kammern oder als Große Kammer tagt und nur noch dann als Plenum tagt, wenn es die Satzung vorsieht.[500]

Eine weitere Änderung, die der Entlastung der gerichtlichen Instanzen dienen soll, ist zweifelsohne die durch den Art 222 Abs 2 EGV idF NV bewirkte Änderung, wonach der *Generalanwalt* künftig nur noch (öffentlich in völliger Unparteilichkeit und Unabhängigkeit begründete) *Schlussanträge* in Rechtssachen zu stellen hat, „in denen nach der Satzung des Gerichtshofes seine Mitwirkung erforderlich ist".[501]

Nach dem neuen Art 229 a[502] EGV idF NV kann der Rat unbeschadet der sonstigen Bestimmungen des EGV auf Vorschlag der Kommission nach Anhörung des Europäischen Parlamentes einstimmig Bestimmungen erlassen, mit denen dem Gerichtshof in dem vom Rat festgelegten Umfang die Zuständigkeit übertragen wird, über Rechtsstreitigkeiten im Zusammenhang mit der Anwendung von aufgrund des EGV erlassenen Rechtsakten, mit denen gemeinschaftliche Titel für den gewerblichen Rechtsschutz geschaffen werden, zu entscheiden. Diese Bestimmungen bedürfen sodann der Annahme durch die Mitgliedstaaten gemäß ihren verfassungsrechtlichen Vorschriften.[503]

Im Bereich der *Normenkontrolle* findet sich eine Aufwertung des Europäischen Parlamentes, welches nach Art 230 Abs 2 EGV idF NV den Kreis der teil-

[499] Keine ausreichende Unterstützung fanden nach *Wegener* (FN 490) 1262 Vorschläge des Gerichtshofes und des Gerichtes erster Instanz nach einer autonomen Änderung der Verfahrensordnung.

[500] Gem Art 16 Abs 4 der Satzung idF NV tagt der Gerichtshof als Plenum, wenn er gemäß Art 195 Abs 2 EGV (idF NV) (Amtsenthebung Bürgerbeauftragter), Art 213 Abs 2 und Art 216 EGV (idF NV) (Amtsenthebung Kommissare) und Art 247 Abs 7 EGV (idF NV) (Amtsenthebung Mitglieder Rechnungshof) entscheidet. Außerdem kann der Gerichtshof, wenn er zu der Auffassung gelangt, dass eine Rechtssache, mit der er befasst ist, von außergewöhnlicher Bedeutung ist – nach Anhörung des Generalanwaltes – entscheiden, diese Rechtssache an das Plenum zu verweisen (Art 16 Abs 5 der Satzung idF NV).

[501] Zur Mitwirkung des Generalanwaltes in der Überprüfung von Rechtsmitteln und in Vorabentscheidungsangelegenheiten siehe nachstehend in FN 515.

[502] Zur neuerlichen Einführung einer „Ziffern-Buchstaben-Kombination" siehe *Hummer/-Obwexer* (FN 39) XIV.

[503] Siehe dazu auch die von der Konferenz angenommene Erklärung (Nr 17) zu Art 229 a EGV.

privilegierten Klagebefugten (nunmehr noch Rechnungshof und EZB) verlassen hat und nun in den der privilegierten (Mitgliedstaaten, Rat und Kommission) aufgestiegen ist und somit nicht mehr nur auf Nichtigkeitsklagen beschränkt ist, die auf die Wahrung seiner Rechte abzielen.

Ausgelöst durch die Sanktionen der EU-14 gegen Österreich wurde die Bestimmung des Art 7 EUV (Verfahren zu Art 6 EUV, der als gemeinsame Werteplattform[504] die Grundsätze der Freiheit, der Demokratie, der Achtung der *Menschenrechte* und Grundfreiheiten sowie der Rechtsstaatlichkeit als solche der Union erklärt) novelliert, indem ihm in Art 7 Abs 1 EUV idF NV ein sogenannter Frühwarnmechanismus hinzugefügt wurde.[505] Auf begründeten Vorschlag eines Drittels der Mitgliedstaaten, des Europäischen Parlamentes oder der Kommission kann der Rat mit der Mehrheit von vier Fünftel seiner Mitglieder nach Zustimmung des Europäischen Parlamentes feststellen, dass die eindeutige Gefahr einer schwerwiegenden Verletzung von den in Art 6 Abs 1 EGV (idF NV)[506] genannten Grundsätzen durch einen Mitgliedstaat besteht, und an diesen Mitgliedstaat geeignete Empfehlungen richten. Bevor er eine solche Feststellung trifft, hört der Rat den betroffenen Mitgliedstaat und kann nach demselben Verfahren unabhängige Persönlichkeiten ersuchen, innerhalb einer angemessenen Frist einen Bericht über die Lage in dem betreffenden Mitgliedstaat vorzulegen (Art 7 Abs 1 UAbs 1 EUV idF NV). Art 7 Abs 1 UAbs 2 EUV idF NV trägt dem Rat auf, regelmäßig zu überprüfen, ob die Gründe, die zu dieser Feststellung geführt haben, noch zutreffen. Der Link zu den hier besprochenen Änderungen des Gerichtssystemes findet sich in Art 46 lit e EUV idF NV, wonach die reinen Verfahrensbestimmungen (nicht aber die materiellen Tatbestandsmerkmale) des Art 7 EUV idF NV der Jurisdiktion des Gerichtshofes unterliegen; dabei entscheidet der Gerichtshof auf Antrag des betroffenen Mitgliedstaates binnen eines Monats nach der Feststellung des Rates gemäß Art 7 EUV idF NV.[507]

---

[504] Weitere (nach aussen gerichtete) Werteplattformen sind darüber hinaus Art 49 EUV sowie Art 177 EGV. Siehe auch *Speer, Benedikt*, Die Europäische Union als Wertegemeinschaft – Wert- und rechtskonformes Verhalten als konditionierendes Element der Mitgliedschaft, DÖV 2001, 980 ff.

[505] Siehe dazu *Hummer/Obwexer* (FN 39) 42 f.

[506] Art 6 EUV wurde durch den NV nicht verändert.

[507] Erwähnt seien an dieser Stelle noch die anderen Änderungen in Art 46 EUV: zum einen findet sich die die Jurisdiktion für die Art 46 bis 54 EUV begründende Zuständigkeit (bei inhaltlicher Unverändertheit) nunmehr in Art 46 lit f EUV idF NV und zum anderen wird Art 46 lit c EUV idF NV, welcher die Jurisdiktion im Bereich der verstärkten Zusammenarbeit regelt, um den neuen Art 11 a EGV idF NV erweitert. Zur den Änderungen im Bereich der Verstärkten Zusammenarbeit siehe *Hummer/Obwexer* (FN 39) 36 ff.

Eine bedeutende Aufwertung durch den NV erfährt das *Gericht erster Instanz* (Art 224 und Art 225 EGV idF NV). Ein Paradigmenwechsel findet sich in Art 220 Abs 1 EGV idF NV, wonach das Monopol des Gerichtshofes für die *Wahrung des Rechtes* bei der Auslegung und Anwendung des EGV gebrochen wird und in Zukunft diese Aufgabe auch dem Gericht erster Instanz[508] zukommt.[509]

Das EuG besteht aus mindestens (!) einem *Richter* pro Mitgliedstaat, wobei die genaue Zahl der Richter in der Satzung des Gerichtshofes festgelegt wird. Neu ist auch, dass das EuG von Generalanwälten unterstützt werden kann (Art 224 Abs 1 EGV idF NV). Die Aufwertung des EuG spiegelt sich auch in den vorausgesetzten *Qualifikationen* wieder, wonach die Richter nunmehr nicht nur über die Befähigung zur Ausübung richterlicher, sondern „hoher" richterlicher Tätigkeit verfügen müssen (Art 224 Abs 2 EGV idF NV). Die Richter des EuG wählen aus ihrer Mitte den *Präsidenten* für die Dauer von drei Jahren, wobei eine Wiederwahl zulässig ist (Art 224 Abs 3 EGV idF NV). Nach Art 224 Abs 4 EGV idF NV ernennt das EuG seinen *Kanzler* und bestimmt dessen Stellung. In Parallelität zum EuGH erlässt das EuG seine Verfahrensordnung, welche auch nach Art 224 Abs 5 EGV idF NV vom Rat nur mehr mit qualifizierter Mehrheit genehmigt werden muss.

Die Aufwertung des EuG beschränkt sich nicht nur auf eine programmatische Ankündigung in Art 220 Abs 1 EGV idF NV, der NV weist dem EuG durchaus einige neue Aufgaben zu. Art 10 NV hebt den Beschluss 88/591/EGKS, EWG, Euratom des Rates vom 24. 10. 1988 zur Errichtung eines Gerichtes erster Instanz der Europäischen Gemeinschaften auf[510] und verlagert diese Bestimmungen über die Zuständigkeiten in den EGV.[511]

Darüber hinaus bricht der NV nicht nur das Monopol des EuGH nach Art 220 EGV, sondern auch das bisherige Vorabentscheidungsmonpol des Gerichtshofes. Nach Art 225 Abs 3 UAbs 1 EGV idF NV ist das EuG in besonderen, in der Satzung festgelegten Sachgebieten für *Vorabentscheidungen* nach Art 234 EGV zuständig. Diese angesprochene Festlegung der Vorabentscheidungszuständigkeiten findet sich allerdings noch nicht in der Satzung. In Zusammenhang damit steht die von der Konferenz angenommene Erklärung (Nr 12) zu Art 225 EGV, wonach die

---

[508] Dennoch kommt diesem nach *Hummer/Obwexer* (FN 39) 25 nach wie vor keine Organqualität zu.

[509] Nach *Hummer/Obwexer* (FN 39) 25 ist – unter Berufung auf Art 224 Abs 6 EGV und Art 225 a Abs 6 idF NV – unter dem Begriff „Gerichtshof" künftig nicht nur der EuGH sondern auch das EuG zu verstehen.

[510] Der Beschluss wird mit Ausnahme des Art 3 aufgehoben, soweit das EuG aufgrund dieses Art Zuständigkeiten ausübt, die dem Gerichtshof gemäß dem EGKSV übertragen sind.

[511] *Wegener* (FN 490) 1259.

Konferenz den Gerichtshof und die Kommission ersucht, so bald wie möglich eine umfassende Überprüfung der Zuständigkeitsverteilung zwischen dem Gerichtshof und dem EuG vorzunehmen und geeignete Vorschläge vorzulegen.[512] [513] Wenn das EuG der Auffassung ist, dass eine Rechtssache eine Grundsatzentscheidung erfordert, die die Einheit oder die Kohärenz des Gemeinschaftsrechtes berühren könnte, kann es die Rechtssache zur Entscheidung an den Gerichtshof verweisen (Art 225 Abs 3 UAbs 2 EGV idF NV). Abgesehen von dieser Überprüfungsmöglichkeit auf Initiative des EuG selbst können die Entscheidungen des EuG über Anträge auf Vorabentscheidung nach Maßgabe der Bedingungen und innerhalb der Grenzen, die in der Satzung vorgesehen sind, in Ausnahmefällen vom Gerichtshof überprüft werden, wenn die ernste Gefahr besteht, dass die Einheit oder die Kohärenz des Gemeinschaftsrechtes berührt wird (Art 225 Abs 3 UAbs 3 EGV idF NV).[514] [515]

Neben dem zu erwartenden Zuständigkeitszuwachs im Bereich der Vorabentscheidungsfälle ist das EuG nach Art 225 Abs 1 UAbs 1 EGV idF NV auch für Entscheidungen im ersten Rechtszug über die in den Art 230 (Nichtigkeitsklage), Art 232 (Untätigkeitsklage), Art 235 (Schadenersatzklagen), Art 236 (Klagen in Beamtensachen) und Art 238 (Klagen aufgrund einer Schiedsklausel) EGV genannten *(direkten) Klagen* zuständig, mit Ausnahme derjenigen Klagen, die einer gerichtlichen Kammer übertragen werden, und der Klagen, die gemäß der Satzung dem Gerichtshof vorbehalten sind.[516] In der Satzung kann außerdem vorgesehen

[512] *Wegener* (FN 490) 1259 beobachtet bei den im Vorfeld der Regierungskonferenz vorgelegten Vorschlägen von Kommission und Gerichtshof allerdings eine beträchtliche Zurückhaltung, was eine Zuständigkeitsverteilung zwischen GH und EuG betrifft.

[513] Siehe dazu das Arbeitsdokument des Gerichtshofes in Bezug auf eine neue Zuständigkeitsverteilung zwischen dem Gerichtshof und dem Gericht erster Instanz bei direkten Klagen mit einem Entwurf für Änderungen der Artikel 51 und 54 der dem Vertrag von Nizza beigefügten künftigen Satzung des Gerichtshofes, http://curia.eu.int/de/txts/intergov/sn_4716.htm.

[514] Siehe dazu auch die von der Konferenz angenommene Erklärung (Nr 15) zu Art 225 Abs 3 EGV, wonach die Konferenz der Auffassung ist, dass der Gerichtshof in den Ausnahmefällen, in denen er beschließt, eine Entscheidung des EuG in einer Vorabentscheidungssache zu überprüfen, im Eilverfahren entscheiden sollte.

[515] Zu diesem Rechtszug nach Art 225 Abs 3 EGV idF NV und dem nach Abs 2 leg cit siehe die beiden von der Konferenz angenommenen Erklärungen (Nr 13) und (Nr 14) zu Art 225 Abs 2 und 3 EGV. In Zusammenhang mit diesen beiden Bestimmungen sei noch die Rolle des Ersten Generalanwaltes kurz erwähnt: wenn dieser der Auffassung ist, dass die ernste Gefahr einer Beeinträchtigung der Einheit oder der Kohärenz des Gemeinschaftsrechtes besteht, kann er dem Gerichtshof vorschlagen, die Entscheidung des Gerichts zu überprüfen (Art 62 Abs 1 Satzung idF NV).

[516] *Wegener* (FN 490) 1260 weist zu Recht auf Art 51 der Satzung idF NV hin, wonach für Klagen der Mitgliedstaaten, der Gemeinschaftsorgane und der EZB weiterhin der Gerichtshof

werden, dass das EuG für andere Kategorien von Klagen zuständig ist. Gegen diese Entscheidungen des EuG kann nach Maßgabe der Bedingungen und innerhalb der Grenzen, die in der Satzung vorgesehen sind, beim Gerichtshof ein auf Rechtsfragen beschränktes Rechtsmittel vorgesehen werden (Art 225 Abs 1 U-Abs 2 EGV idF NV).

Vor der Beschreibung des in Art 225 Abs 2 EGV idF NV vorgesehenen Rechtszuges an das Gericht erster (?!) Instanz seien kurz die neu geschaffenen *gerichtlichen Kammern* beschrieben. Art 220 EGV idF NV bestimmt in seinem neuen Abs 2, dass dem Gericht erster Instanz nach Maßgabe des Art 225 a EGV idF NV gerichtliche Kammern *beigeordnet* werden können, die in einigen besonderen Bereichen im EGV vorgesehene gerichtliche Zuständigkeiten ausüben. Nach Art 225 a Abs 1 EGV idF NV kann der Rat durch einstimmigen *Beschluss* auf Vorschlag der Kommission und nach Anhörung des Europäischen Parlamentes und des Gerichtshofes oder auf Antrag des Gerichtshofes und nach Anhörung des Europäischen Parlamentes und der Kommission gerichtliche Kammern bilden, die für die Entscheidung im ersten Rechtszug für bestimmte Kategorien von Klagen zuständig sind, die in besonderen Sachgebieten erhoben werden.[517] In diesem Beschluss über die Bildung einer gerichtlichen Kammer sind die Regeln für die Zusammensetzung dieser Kammer und der ihr übertragenen Zuständigkeitsbereiche festzulegen (Art 225 a Abs 2 EGV idF NV). Zu *Mitgliedern* der gerichtlichen Kammern sind Personen auszuwählen, die jede Gewähr für Unabhängigkeit bieten und über die Befähigung zur Ausübung richterlicher Tätigkeiten verfügen; sie werden einstimmig vom Rat – und nicht wie die Richter des Gerichtshofes und des EuG von den Regierungen der Mitgliedstaaten – ernannt (Art 225 a Abs 4 EGV idF NV).

Die gerichtlichen Kammern erinnern in verschiedener Weise an das EuG in seiner Stellung vor dem NV. Nicht nur hat sich die Anforderung an die Qualifikationen der EuG-Richter denen der GH-Richter angepasst und findet sich die alte EuG Qualifikation nun für die Richter der gerichtlichen Kammern, auch die Konstruktion der „Beiordnung" ist aus dem früheren Verhältnis GH – EuG in das Verhältnis EuG – gerichtliche Kammern „verschoben" worden.

Die gerichtlichen Kammern erlassen ihre *Verfahrensordnung* im Einvernehmen mit dem Gerichtshof und diese bedarf anschließend der Genehmigung durch

---

zuständig ist und die Zuständigkeit des EuG somit nur sprachlich neu gefasst, nicht aber erweitert worden ist.

[517] Siehe dazu auch die von der Konferenz angenommene Erklärung (Nr 16) zu Art 225 a EGV, wonach die Konferenz den Gerichtshof und die Kommission ersucht, so bald als möglich den Entwurf eines Beschlusses über die Bildung einer gerichtlichen Kammer auszuarbeiten, die im ersten Rechtszug für Streitsachen zwischen der Gemeinschaft und ihren *Bediensteten* zuständig ist.

den Rat, der darüber mit qualifizierter Mehrheit entscheidet (Art 225 a Abs 5 EGV idF NV).

Soweit der Beschluss über die Bildung der gerichtlichen Kammern nichts anders vorsieht, finden die den Gerichtshof betreffenden *Bestimmungen des EGV* und die *Satzung* des Gerichtshofes auf die gerichtlichen Kammern Anwendung (Art 225 a Abs 6 EGV idF NV).

Zur *Sitzfrage* erwähnt sei noch die von der Konferenz zur Kenntnis genommene Erklärung (Nr 1) Luxemburgs, wonach die luxemburgische Regierung zusagt, den Sitz der Beschwerdekammern des Harmonisierungsamtes für den Binnenmarkt (Marken, Muster und Modelle) in Alicante auch dann nicht zu fordern, wenn diese zu gerichtlichen Kammern aufgewertet werden sollten.

Gegen Entscheidungen der gerichtlichen Kammern kann vor dem EuG ein auf Rechtsfragen beschränktes Rechtsmittel, oder wenn der Beschluss über die Bildung der Kammer dies vorsieht, ein auch Sachfragen betreffendes *Rechtsmittel* eingelegt werden (Art 225 a Abs 3 bzw Art 225 Abs 2 UAbs 1 EGV idF NV).

Diese zweit-instanzlichen Entscheidungen des Gerichtes erster Instanz können nach Maßgabe der Bedingungen und innerhalb der Grenzen, die in der Satzung vorgesehen sind, in Ausnahmefällen vom Gerichtshof *überprüft* werden, wenn die ernste Gefahr besteht, dass die Einheit oder Kohärenz des Gemeinschaftsrechtes berührt wird (Art 225 a Abs 2 UAbs 2 EGV idF NV).

Keine Änderungen hat der NV zu der Problematik des Art 68 EGV vorgesehen.[518]

[518] Siehe dazu vorstehend im 5. Kapitel auf S 109 f.

3. Teil: Die institutionelle Stellung und funktionale Rolle des EuGH in den wichtigsten Verfassungsentwürfen

Vorbemerkung

Die in diesem Teil behandelten Entwürfe werden in den einzelnen Kapiteln – was die nicht das jeweilige Gerichtssystem betreffenden Bestimmungen anbelangt – nur allgemein und insofern behandelt (nicht aber näher analysiert), als es für das Gesamtverständnis und die Stellung der Judikative in diesem System von Bedeutung ist. Dabei wird natürlich ein Schwergewicht auf die institutionellen Regelungen gelegt und materiell-rechtliche Bestimmungen wie sektorielle Politiken nur am Rande gestreift.

Was die einschlägigen judikativen Bestimmungen betrifft, so werden diese nach folgendem System bearbeitet:

Die in den Kapitel 2 bis 6 behandelten Entwürfe werden nach dem dieser Arbeit zugrunde gelegten Raster analysiert und gegenübergestellt. Die sich daraus ergebende Synopse wird in *Anhang III – Synopse zur Stellung der Judikative in den Verfassungsentwürfen* (S 447) dargestellt.

Die beiden Entwürfe in Kapitel 7 und 8, welche keine neue Verfassung ausarbeiten sondern (lediglich) die Bestimmungen der derzeitigen Verträge in einen grundlegenden und in einen ausführenden Teil aufteilen, werden im Hinblick darauf analysiert, welche Bestimmungen als grundlegend und somit verfassungsrechtlich qualifiziert werden und welche lediglich als Ausführungsbestimmungen angesehen werden. In diesem Fall wird in *Anhang IV – Synopse zur Stellung der Judikative in den Entwürfen zur Zweiteilung der Verträge* (S 473) die jeweilige Aufteilung der Bestimmungen von EGV und EUV den derzeit geltenden Bestimmungen gegenübergestellt.

Um Verwechslungen zu vermeiden werden die gerichtlichen Instanzen in diesem Teil nach dem jeweiligen Terminus in den verschiedenen Verfassungsentwürfen bezeichnet. Im Gegensatz dazu werden die heutigen Gerichte entsprechend der offiziellen Bezeichnung als *Gerichtshof der Europäischen Gemeinschaften (EuGH)* bzw als *Gericht erster Instanz der Europäischen Gemeinschaften (EuG)* zitiert.

In den Kapiteln 2, 3, 4 und 6 bezeichnen Artikel ohne weitere Angaben die Artikel der jeweiligen Entwürfe. In Kapitel 5 wird für die Fundstellen auf die Seiten des Memorandums bzw der Arbeitsmaterialien verwiesen. Die Artikel in den Kapiteln 7 und 8 werden mit BV (Basisvertrag) bzw GV (Grundvertrag) gekennzeichnet.

1. Kapitel: Chronologie sonstiger Verfassungsentwürfe

„Der Gedanke der politischen Einheit ist nicht so neu und kühn, wie es uns manchmal scheinen mag. Seitdem die ideelle Einheit des Abendlandes im ausgehenden Mittelalter zerbröckelt ist, seit es Nationen im heutigen Sinne gibt und man überhaupt von europäischer Geschichte sprechen kann, hat nicht nur die kulturelle Einheit Europas viele Dichter, Philosophen und Historiker beschäftigt; auch die Idee des politischen Zusammenschlusses begleitet den historischen Ablauf von Anfang an."

Rolf Hellmut Foerster[519]

Während im 1. Kapitel des 1. Teiles die geschichtliche Entwicklung der Europäischen Union iVm den behandelten Verfassungsentwürfen[520] dargestellt wurde, soll im Folgenden kurz der historische Werdegang der (restlichen) Verfassungsdebatte/-entwürfe aufgezeigt werden.[521]

Die Verfassungsdebatte in der Europäischen Union begann nicht erst mit der von der Regierungskonferenz 2000 angenommenen Erklärung (Nr 23) zur Zukunft der Union[522], in welcher der weitere Weg zu einer Verfassung der Europäischen Union vorskizziert wurde.

Korrekterweise muss ein Überblick über die Verfassungsdebatte bzw die Debatte zur politischen Einigung in Europa schon im 14. Jahrhundert beginnen. Entwürfe wie die von *Pierre Dubois* (etwa 1306)[523], dem die Rückseite der italienischen 2-Euro-Münze schmückenden *Dante Alighieri* (1308)[524], *Georg von Podibrand* (1464)[525], *Jean-Jacques Rousseau* (1756)[526], *Karl Christian Friedrich*

[519] (Hrsg), Die Idee Europa 1300-1946. Quellen zur Geschichte der politischen Einigung (1963) 7.

[520] Siehe dazu auch *Loth, Wilfried*, Entwürfe einer europäischen Verfassung. Eine historische Bilanz. Analysen zur europäischen Verfassungsdebatte der ASKO-EUROPA-STIFTUNG. Band II (2002).

[521] Aufgrund der Fülle an Material zu diesem Thema kann der hier wiedergegebene Überblick nur sehr allgemein ausfallen und es können nur einige der wichtigsten Entwürfe genannt werden.

[522] ABl 2001, Nr C 80, 85 f.

[523] Über die Wiedergewinnung des Heiligen Landes, in *Foerster* (FN 519) 35 ff; bzw *ders*, Über die Rückgewinnung des Heiligen Landes, in *Ziegerhofer, Anita/Pichler, Johannes W/Likar, Reinhard* (Hrsg), Die „Vereinigten Staaten von Europa". Dokumente eines Werdens (1999) 15 f.

[524] Über die Monarchie, in *Ziegerhofer/Pichler/Likar* (FN 523) 17 ff; bzw in *Foerster* (FN 519) 25 ff.

[525] Bündnis- und Föderationsvertrag, in *Foerster* (FN 519) 43 ff; bzw in *Ziegerhofer/Pichler/Likar* (FN 523) 21 ff.

[526] Auszug aus dem Plan des ewigen Friedens des Herrn Abbé de Saint-Pierre und Urteil über den ewigen Frieden, in *Foerster* (FN 519) 86 ff.

Krause (1814)[527] und *Victor Hugo* (1867)[528] sind in diesem Zusammenhang zu erwähnen.

Am Anfang des 19. Jahrhunderts[529] steht der Paneuropa-Gedanke des Begründers der paneuropäischen Bewegung[530] *Richard N Coudenhove-Kalergi* im Vordergrund. In seinem Werk „Pan-Europa“[531] beschäftige er sich hauptsächlich mit den Beziehungen Europas zu Russland, Amerika und dem Völkerbund bzw was die interne Ausgestaltung Europas anbelangt mit den deutsch-französischen Beziehungen und der „nationalen Frage“. Das elf Jahre später erschienene Werk „Europa Erwacht!“[532] befasste sich schon detaillierter mit rüstungs- und verfassungspolitischen Fragen sowie im Bereich der Europäischen Wirtschaft mit Fragen des Zollwesens, der Währungs- sowie der Sozialpolitik. In denselben Zeitraum fällt auch der Plan von *Aristide Briand*, ein „föderatives Band“ um die europäischen Staaten zu knüpfen.[533] 27 Vertreter europäischer Regierungen beauftragten *Briand* daraufhin ein Memorandum (1. 5. 1930) auszuarbeiten, welches nach Ansicht von *Foerster* jedoch „mehr als bescheiden“ ausgefallen ist.[534] Erwähnenswert ist auch der Entwurf des Londoner Rechtsanwaltes *Ronald W G Mackay* vom Mai 1940, der einen föderativen Verfassungsentwurf für die europäischen Staaten im Sinne einer Föderation skizzierte.[535]

Nach dem zweiten Weltkrieg markiert insbesondere die Rede des damaligen britischen Oppositionsführers *Winston Churchill* an der Universität von Zürich den Weg einer europäischen Einigung, der nach dessen Ansicht nur über eine deutsch-französische Verständigung führen könne.[536] Dieser Vorschlag ist insofern interessant und spiegelt auch den späteren Weg des Vereinigten Königreiches nach Europa wieder – das Vereinigte Königreich wurde bekanntlich erst 1973

---

[527] Entwurf eines europäischen Staatenbundes, in *Foerster* (FN 519) 155 ff.

[528] Die Zukunft, in *Foerster* (FN 519) 222 ff.

[529] Für einen Überblick über die Verfassungsdebatte in diesem Jahrhundert siehe *Schmale* (FN 4) 5 ff.

[530] Zum 80jährigen Bestehen der Paneuropa-Bewegung siehe Die Presse vom 15. 4. 2002, 4.

[531] (1923). Bemerkenswert ist die in Tafel III abgedruckte Weltkarte, in welcher sich Paneuropa nicht nur über ganz (West-, Mittel- und Ost-)Europa, Island und Grönland, sondern auch große Teile des afrikanischen Kontinentes sowie Indonesien, Vietnam und Französisch Guyana erstreckt – im Wesentlichen also die damaligen Kolonien.

[532] (1934).

[533] Memorandum der französischen Regierung über die Organisation einer europäischen Bundesordnung, in *Foerster* (FN 519) 237 ff.

[534] (FN 519) 237.

[535] Ausschließliche und konkurrierende Gesetzgebung, in *Lipgens* (FN 3) 53 ff. In dieser Zusammenstellung von *Lipgens* finden sich für den Zeitraum 1939 bis 1984 142 Entwürfe bzw damit zusammenhängende Dokumente zur Verfassungsdebatte.

[536] *Foerster* (FN 519) 253 ff; *Gasteyger* (FN 7) 39 f; *Lipgens* (FN 3) 214 ff.

Mitglied der drei Europäischen Gemeinschaften –, als *Churchill* sein Land in diesen Einigungsprozess nicht mit einbezog. Von 1962 (15. 3.), als die Staaten schon ihre ersten Erfahrungen mit der EWG machen konnten, stammt der Entwurf eines Vertrages zur Gründung einer *Staatenunion* des *Fouchet*-Ausschusses[537], der deutlich das Bestreben einiger Mitgliedstaaten zeigt (darunter insbesondere Frankreichs unter seinem Präsidenten *Charles de Gaulle*), den Integrationsprozess in seiner Intensität abzuschwächen. Ein Jahr später (1963) skizziert der schweizerische Staatsrechtslehrer *Max Imboden* in seinem Verfassungsentwurf eine Europäische Einheit „durch gemeinschaftliche Ausübung von Funktionen, durch planende Angleichung ökonomischer Prozesse und durch Zusammenlegung von Wirtschaftsräumen".[538] Anders als dieses Zitat allerdings vermuten lässt ging er in seinem Entwurf primär von den Institutionen und nicht von den Funktionen aus. Eine abstrakte Verfassung, die jedoch, wie schon aus dem Titel hervorgeht, auch für einen Europäischen Bundesstaat konzipiert wurde, entwarf *Jean Dorren* 1977 in seinem Verfassungsentwurf.[539]

Dem Zeitraum nach 1977 mangelt es nicht an Entwürfen und Ideen für eine europäische Verfassung – zum einen können jedoch nicht alle Entwürfe behandelt werden und zum anderen sind die meisten Ereignisse aus dieser Zeit schon vorstehend[540] behandelt worden.[541] In diesem Zusammenhang soll nur noch der Bericht der *Independent Commission for the Reform of the Institutions and Procedures of the Union* (ICRI) unter dem Vorsitz von *Frans Andriessen* Erwähnung finden.[542] ICRI versteht sich als eine private von Regierungen unabhängige Gruppe, die es sich – unter anderem durch diesen Bericht – zum Ziel gesetzt hat, zur Verfassungsdebatte dadurch beizutragen, dass sie „the key areas for action and the options that may be adopted" aufzeigt und beleuchtet.[543]

---

[537] EA 1964, D 447 ff; *Lipgens* (FN 3) 436 ff.

[538] Die Verfassung einer europäischen Gemeinschaft (1963) 1; siehe auch *Lipgens* (FN 3) 455 ff.

[539] La Constitution de l'Europe. Pour une démocratie efficace, http://www.uni-trier.de/uni/fb5/ievr/www/eu_verfassungen/dorren.htm.

[540] Siehe dazu vorstehend im 1. Kapitel des 1. Teiles auf S 1.

[541] An Beiträgen zur Verfassungsdebatte seien nur einige erwähnt: *Häberle, Peter*, Europaprogramme neuerer Verfassungen und Verfassungsentwürfe – der Ausbau von nationalem „Europaverfassungsrecht", in *Due/Lutter/Schwarze* (FN 434) 355 ff; *Rodríguez Iglesias, Gil Carlos*, Zur „Verfassung" der Europäischen Gemeinschaft, EuGRZ 1996, 125 ff; *Weber, Albrecht*, Zur künftigen Verfassung der Europäischen Gemeinschaft. Föderalismus und Demokratie als Strukturelemente einer Europäischen Verfassung, JZ 1993, 325 ff. Siehe auch die Fundstellen vorstehend in FN 109.

[542] Der Bericht ist abrufbar unter http://www.icri.org.uk/ad_union.pdf.

[543] About ICRI, http://www.icri.org.uk/.

Abschliessend sei aus der derzeit laufenden Zukunftsdebatte[544] lediglich der Beitrag des *Istituto per gli studi di politica internazionale* erwähnt,[545] welcher „some possible articles for a sort of European Constitutional Charter" erstellt. In diesem ist ein *European High Court* als *European Constitutional Court* vorgesehen, dessen neun Mitglieder zu einem Drittel vom EuGH, dem Europäischen Parlament und dem Europäischen Rat für eine Amtsdauer von zehn Jahren (ohne die Möglichkeit einer Wiederwahl) gewählt werden. Der EuGH erfüllt dabei künftig die Funktion eines *appeal court* für das in *central judges* und *circuit judges*[546] aufgespaltene EuG.

2. Kapitel: Entwurf eines Vertrages zur Gründung der Europäischen Union vom 14. 2. 1984 – der *Spinelli*-Entwurf[547]

> „Der Entwurf ist inhaltlich eine echte Verfassung. Formal ist er dagegen ein Vertrag, da er nur in Kraft treten kann, wenn die Staaten, die Mitglieder werden sollen, ihn ratifizieren."
>
> *Altiero Spinelli*[548]

2.1 Zur Person[549]

Vor dem Entwurf[550] selbst soll kurz der Vater desselben beleuchtet werden: *Altiero Spinelli* – einer der glühensten Verfechter des Föderalismus. Der 1907 in Rom geborene Journalist, Publizist[551], zeitweise Kommunist und Begründer des *Movimento Federalista Europa* (1943) wurde 1927 als Gegner des Faschismus in-

544 Siehe dazu vorstehend im 1. Kapitel des 1. Teiles auf S 7 f.

545 Http://europa.eu.int/futurum/forum_convention/documents/contrib/acad/0025_c_en.pdf.

546 Siehe dazu nachstehend im 2. Kapitel des 4. Teiles in FN 1311.

547 ABl 1984, Nr C 77, 33 ff.

548 Die parlamentarische Initiative zur Europäischen Union, EA 1983, 739 ff, 745.

549 Die Angaben zur Person stammen soweit nicht eigens angegeben aus folgenden Quellen: http://www.liv-coll.ac.uk/pa09/europetrip/brussels/spinelli.htm und http://www.eurplace.org/federal/spinelen.html.

550 Dieser Entwurf hat auch in der lateinamerikanischen Literatur Beachtung gefunden; siehe dazu *Sidjanski, Dusan*, Del Proyecto del Tratado de Unión del Parlamento Europeo al Acta Única Europea, integración latinoamericana, 131/1988, 3 ff.

551 *Spinelli, Altiero*, Die Vereinigten Staaten von Europa und die verschiedenen politischen Tendenzen, in *Lipgens*, Europa-Föderationspläne der Widerstandsbewegung 1940-1945 (1968) 44 ff; *ders*, Das Problem der wirtschaftlichen Autarkie, in *Lipgens* (FN 551) 81 ff; *ders*, Demokratie und Föderation in Europa, in *Lipgens* (FN 551) 87 f; *ders*, Die Wege der italienischen Außenpolitik, in *Lipgens* (FN 551) 94 ff; *ders*, Reform der europäischen Institutionen, in *Lipgens* (FN 3) 538 ff und schließlich *ders* (FN 548) 739 ff.

haftiert und während des Zweiten Weltkriegs mit anderen Gegnern des *Mussolini*-Regimes auf der Insel Ventotene[552] interniert. Dort entstand gemeinsam mit *Ernesto Rossi* und *Eugenio Colorni* das Manifest von Ventotene, ein Bekenntnis zum Föderalismus, welches in der absoluten Souveränität der Nationalstaaten das Hauptübel für die Einschränkungen der Freiheit des Einzelnen sieht.[553] Nach dem Zweiten Weltkrieg setzte *Spinelli* seine Karriere als Journalist fort und war von 1970 bis 1976 Mitglied der Europäischen Kommission sowie ab 1979[554] Mitglied des Europäischen Parlamentes. Bis zu seinem Tod im Jahre 1986[555] kämpfte er für die Reform der Gemeinschaftsinstitutionen – insbesondere in dem von ihm im Juli 1980 gegründeten *Crocodile Club*, benannt nach dem Restaurant *Au Crocodile*[556] in Straßburg, in welchem sich die Gruppe traf.[557] [558]

2.2 Zur Entstehung

Der zeitliche Background dieses Vertragsentwurfes[559], insbesondere die zeitliche Nähe zur Feierlichen Deklaration von Stuttgart (1983) wurde schon im 1. Kapitel des 1. Teiles beleuchtet.[560] Für das chronologische Verständnis von Bedeutung ist allerdings auch die Tatsache, dass im Juni 1984 das erste auf direkter Wahl beruhende Mandat des Europäischen Parlamentes zu Ende ging, weshalb sich nach Ansicht von *Spinelli* für das Parlament die Notwendigkeit ergab, „die von ihm eingegangene Verpflichtung" zu erfüllen und „eine Reform der Gemeinschaft vorzuschlagen".[561] [562] Mit beeinflusst wurde der Entwurf sicher auch durch

[552] Aus Anlass des 60. Jahrestags des Manifestes trafen sich Vertreter der *Democratici di sinistra* des EP am 19./20. 7. 2001 auf der Insel Ventotene, um des Manifestes und seines Mitverfassers *Spinelli* zu gedenken, Bulletin Quotidien Europe Nr 8009, vom 19. 7. 2001, 6.

[553] Das Manifest von Ventotene vom Juli 1941, in *Lipgens* (FN 3) 36 ff, 37.

[554] In diesem Jahr wurde das Europäische Parlament erstmals – anstelle der bisherigen Zusammensetzung aus Mitgliedern der nationalen Parlamente – direkt in allgemeinen und unmittelbaren Wahlen gewählt.

[555] *Pflimlin, Pierre,* Altiero Spinelli ist tot, in *Schwencke* (FN 6) 2.

[556] Http://www.au-crocodile.com/.

[557] Für die „animalische Antithese" – der Kangaroo Group – siehe http://www.kangaroo-group.org/html/frameset.htm.

[558] Zur derzeitigen Verfassungsdebatte siehe auch: Neuer Beitrag der „Spinelli-Gruppe" für einen neuen Föderalismus, Bulletin Quotidien Europe Nr 8169, vom 13. 3. 2002, 9.

[559] Schon aus der Bezeichnung „Vertrag" und nicht bereits „Verfassung" (zum Verfassungsentwurf von 1994 siehe nachstehend in Kapitel 7 auf S 182) erkennt man die – angesichts der reservierten Haltung der Mitgliedstaaten – notwendige Vorgehensweise, zuerst das Haus der Europäischen Union zu entwerfen bevor man dieses mit einem Sockel (einer Verfassung) versehen kann.

[560] Siehe dazu vorstehend auf S 3.

[561] *Spinelli* (FN 548) 739.

den „Eklat von Athen" (Gipfel vom Dezember 1983), in dem sich der seit dem Pariser Gipfel 1974 praktizierte Europäische Rat „erstmals völlig beschlussunfähig zeigte".[563] Als weitere Motive für einen Reformvorschlag zu diesem Zeitpunkt führt *Spinelli* die unzureichenden Kompetenzen des Parlamentes im Haushaltsrecht sowie die arrogante Nichtbeachtung von Stellungnahmen des Parlamentes im Legislativverfahren durch den Rat an.[564] Eine unmittelbare Folge dieses Vertragsentwurfes war die EEA (1986), die durch den *Spinelli*-Entwurf „herbeigezwungen" wurde.[565]

In seiner *Entschließung vom 14. 9. 1983* beauftragte das Europäische Parlament den – aus dem *Crocodile-Club* hervorgegangenen[566] – Institutionellen Ausschuss[567] – mittlerweile bezeichnenderweise Ausschuss für konstitutionelle Fragen[568] –, einen Vorentwurf gemäß den in der Entschließung genannten Prinzipien und Leitlinien abzufassen.[569] Der sodann ausgearbeitete Entwurf wurde vom Europäischen Parlament am 14. 2. 1984 mit großer Mehrheit (237 zu 31 Stimmen bei 43 Enthaltungen) angenommen.[570]

---

562 Als Beweis dafür, dass das Europäische Parlament diese Verpflichtung stets gerne wahrnimmt und in der Verfassungsdebatte auch heute sehr aktiv ist, seien exemplarisch nur folgende zwei Dokumente angeführt: *Directorate General for Research – European Parliament*, Working Paper. What form of Constitution for the European Union? Strategies and options to reinforce the constitutional nature of the Treaties (1999) Political Series Poli 105A EN; sowie *Duhamel, Olivier*, Bericht des Ausschusses für konstitutionelle Fragen über die Konstitutionalisierung der Verträge, A5-0289/2000.

563 So *Pernice, Ingolf*, Verfassungsentwurf [!] für eine Europäische Union, EuR 1984, 126 ff, 127 f.

564 (FN 548) 740.

565 So *Luster* (FN 12) 8.

566 So Bulletin Quotidien Europe Nr 8217, vom 24. 5. 2002, 5.

567 Dieser wurde eigens für die Ausarbeitung eines solchen Entwurfes durch die Entschließung vom 9. 7. 1981 zur Einsetzung eines institutionellen Ausschusses, ABl 1981, Nr C 234, 48 f, installiert.

568 Anlage VI der Geschäftsordnung des Europäischen Parlamentes (14. Auflage), ABl 1999, Nr L 202, 1 ff, 91 f idF ABl 2002, Nr C 140 E, 11 ff..

569 ABl 1983, Nr C 277, 95 ff, 96.

570 ABl 1984, Nr C 77, 32. In der Entschließung zu diesem Entwurf (S 54) findet sich der Hinweis auf die schon von *Spinelli* (FN 561) 739 erwähnte Pflicht, als erstes direkt gewähltes Parlament einen Unionsentwurf vorzulegen.

2.3 Aufbau und institutionelle Bestimmungen

Der Entwurf gliedert sich neben einer Präambel in sechs Teile:

- 1. Teil – Die Union (Art 1 bis 8)
- 2. Teil – Ziele, Aktionsweisen und Zuständigkeiten der Union (Art 9 bis 13)
- 3. Teil – Institutionelle Bestimmungen (Art 14 bis 44)
- 4. Teil – Politiken der Union (Art 45 bis 69)
- 5. Teil – Finanzen der Union (70 bis 81)
- 6. Teil – Allgemeine und Schlussbestimmungen (Art 82 bis 87)

In der *Präambel* wird das Bestreben zum Ausdruck gebracht, die demokratische Einigung Europas, die durch die Europäischen Gemeinschaften, das Europäische Währungssystem und die EPZ begonnen wurde fortzusetzen; folglich baut die Union auf den bestehenden Gemeinschaftsverträgen auf. Neben der Bekräftigung der Prinzipien der Solidarität sowie der Subsidiarität findet sich im 8. SpStr auch – wie es sich für den Entwurf einer Volksvertretung gehört – der Wunsch, wonach „jede Weiterentwicklung von der Zustimmung der Völker [!] und der Staaten abhängig gemacht wird".

Gegründet wird die Union[571] allerdings gem Art 1 von den Vertragsparteien und nicht von den Völkern. Die Union gewährt ihren Bürgern eine Unionsbürgerschaft (Art 3) und achtet gem Art 4 die Grundrechte und Grundfreiheiten wie sie sich ua aus der Europäischen Menschenrechtskonvention (EMRK) und der Europäischen Sozialcharta ergeben. Erwähnenswert ist der gem Abs 3 geplante Beitritt der Union – welche nach Art 6 Rechtspersönlichkeit besitzt – zu den genannten Vertragswerken und zu den Pakten der Vereinten Nationen (VN) innerhalb einer Frist von fünf Jahren bzw die Verabschiedung einer eigenen Grundrechtserklärung innerhalb der gleichen Frist.[572] *Institutionen der Union* sind gem Art 8 das Europäische Parlament, der Rat der Union, die Kommission, der Gerichtshof und der Europäische Rat. Die Ziele der Union sind Frieden und Sicherheit in den internationalen Beziehungen sowie eine menschliche und harmonische sowie eine wirtschaftliche Entwicklung (Art 9).

Die Gemeinschaft besitzt nach der Systematik des Art 12 ausschließliche (Abs 1) und konkurrierende (Abs 2) *Kompetenzen*, welche sie unter Beachtung eines Subsidiaritätsprinzips wahrzunehmen hat.

---

[571] Nach *Spinelli* (FN 548) 742 soll das neue Gebilde Union genannt werden, „da dieser Ausdruck seit 1952 verwendet wird".

[572] Heutzutage geht die Union genau den umgekehrten Weg, indem sie sich zuerst eine (unverbindliche) Charta der Grundrechte gibt (FN 40) und erst dann die Frage nach ihren Grundlagen stellt.

Die Zuständigkeiten des *Europäischen Parlamentes* (Art 14 bis 19), welches von den Bürgern in allgemeiner, unmittelbarer, freier und geheimer Wahl gewählt wird (Art 14), betreffen im Wesentlichen die Gesetzgebung, das Haushaltsverfahren, den Abschluss internationaler Abkommen und die politische Kontrolle über die Kommission (Art 16). Der *Rat* (Art 20 bis 24) setzt sich aus Vertretungen der Mitgliedstaaten zusammen, wobei jede Vertretung von einem eigenen – mit den Angelegenheiten der Union ständig beauftragten – Minister geleitet wird (Art 20). Die Zuständigkeiten des Rates betreffen im Wesentlichen Gesetzgebung (gemeinsam mit dem Parlament und unter „aktiver Beteiligung der Kommission", Art 36), Haushaltsverfahren und den Abschluss internationaler Abkommen (Art 21). Der *Europäische Rat* (Art 31 bis 32), in welchem die Staats- und Regierungschefs sowie der Kommissionspräsident zusammenkommen, wird durch diesen Entwurf zu einer Institution der Union „befördert".[573] Er gibt Empfehlungen ab, ernennt den Kommissionspräsidenten und richtet Botschaften an die Institutionen der Union. Die *Kommission* (Art 25 bis 29) legt die Leitlinien für die Tätigkeit der Union fest und hat das Initiativrecht im Gesetzgebungsverfahren (Art 28). Im 4. SpStr des Art 28 findet sich der Grundsatz der Regeldelegation[574] (Art 202 3. SpStr EGV und Art 211 4. SpStr EGV), wonach die Kommission die Durchführungsverordnungen und erforderlichen Ausführungsbeschlüsse zu den Gesetzen erlässt. Diese in Art 34 Abs 1 geregelten *Gesetze* legen nach dem Subsidiaritätsprinzip (arg beschränken sich „so weit wie möglich") die Grundsätze für die gemeinsamen Aktionen[575] fest, wohingegen *Organgesetze* nach Abs 2 (iVm Art 38) den organisatorischen Aufbau und die Funktionsweise der Institutionen

[573] Verankert wurde dieses Vorhaben bekanntlich durch Art 2 EEA, ABl 1987, Nr L 169, 1 ff, 4.

[574] Die Komitologie wurde bekanntlich durch Art 10 EEA (ABl 1987, Nr L 169, 1 ff, 6) eingeführt.

[575] Als Gegenstück zur *Zusammenarbeit*, welche sich aus den Verpflichtungen zusammensetzt, die die Mitgliedstaaten im Europäischen Rat eingehen (Art 10 Abs 3) ist unter *Gemeinsamer Aktion* die „Gesamtheit der – internen und internationalen – Rechtshandlungen auf dem Gebiet der Gesetzgebung, der Verwaltung, der Finanzen und der Gerichtsbarkeit sowie der Programme und Empfehlungen der Union zu verstehen" (Art 10 Abs 2).

regeln.[576] Veröffentlicht werden die Gesetze gem Art 39 im *Amtsblatt der Union*.[577]

2.4 Die materiell-rechtlichen Bestimmungen

Die Politiken der Union sind so konzipiert, dass sie auf dem gemeinschaftlichen Besitzstand aufbauen und diesen aufgrund konkurrierender oder ausschließlicher Kompetenzen[578] weiter fortentwickeln (Art 45 Abs 1). Die Union ist zuständig für folgende Politiken:

- Wirtschaftspolitik (1. Titel – Art 47 bis 54)
- Gesellschaftspolitik (2. Titel – Art 55 bis 62)
- Internationale Beziehungen (3. Titel – Art 63 bis 69)

2.5 Die Judikative

Die judikative Gewalt wird in diesem Vertrag dem *Gerichtshof* (Art 30) übertragen. Im Unterschied zu anderen Entwürfen findet sich neben ihm keine Regelung für eine weitere gerichtliche Institution erster Instanz.[579] Wie schon erwähnt, ist der Gerichtshof gem Art 8 eine „Institution der Union".

Die *Anzahl* der Richter wird durch ein Organgesetz geregelt, ebenso deren *Rechtsstellung* (Art 30 Abs 3). Ernannt werden die Richter je zur Hälfte vom Parlament und vom Rat, wobei das Parlament bei ungerader Mitgliederzahl ein Mitglied mehr ernennt als der Rat (Art 30 Abs 2). Ein Organgesetz regelt das *Ernennungsverfahren* sowie die dazu erforderlichen Mehrheiten (Art 30 Abs 3); ebenfalls noch nicht im Vertrag geregelt ist die *Amtsdauer* des richterlichen Mandates. Keine expliziten Bestimmungen finden sich – weder im Vertrag noch in einem in

---

[576] Diese Rechtsquellentypologie erinnert an die *lois organiques*, welche die französische Verfassung von 1958 in ihrem Art 46 kennt (siehe dazu nachstehend im 3. Kapitel des 4. Teiles in FN 1496). Interessant wäre die Frage des sich aus diesem Vertrag ergebenden Stufenbaus der Rechtsordnung (Vertrag – Organgesetze – Gesetze – Durchführungsvorschriften der Kommission?).

[577] Durch Art 2 Ziff 38 des Vertrages von Nizza (ABl 2001, Nr C 80, 26) wird das Amtsblatt in *Amtsblatt der Europäischen Union* umbenannt und damit der Tatsache Rechnung getragen werden, dass auch heute schon Akte die der zweiten und dritten Säule zuzurechnen sind im Amtsblatt veröffentlicht werden.

[578] Nach Ansicht von *Kielmansegg, Peter Graf*, Einige historische Bemerkungen zum Thema „Föderation", in *Weidenfeld* (FN 29) 58 sind die konkurrierenden Kompetenzen „so weit gesteckt, daß sich eine Art von Generalkompetenz der Gemeinschaft für die innere Politik abzeichnet".

[579] Dies ist insofern interessant, als die EEA (1986), auf die dieser Entwurf bekanntlich einen großen Einfluss hatte, in ihrem Art 11 dem Rat die Kompetenz zur Schaffung eines Gerichtes erster Instanz übertrug, ABl 1987, Nr L 169, 6.

diesem vorgesehenen Organgesetz – zur *Wiederernennung* der Richter sowie zu deren *Unabhängigkeit.*

Zwei weitere zu regelnde Bereiche bzw Personen, denen in diesem Vertragsentwurf keine Bestimmungen zugedacht werden, sind der *Präsident* des Gerichtshofes sowie der/die *Generalanwalt/-anwälte.*

Auch der *organisatorische Aufbau* des Gerichtshofes bleibt der Regelung durch ein Organgesetz vorbehalten (Art 30 Abs 3). Um für die bis dahin notwendige Rechtsgrundlage zu sorgen, bestimmt Art 30 Abs 3 2. Satz, dass bis zum In-Kraft-Treten des erwähnten Organgesetzes die Bestimmungen der Gemeinschaftsverträge und die für ihre Durchführung getroffenen Maßnahmen gelten. Dies erklärt die fehlenden Bestimmungen zu den erwähnten Bereichen, wobei eine dezidierte Aussage für so wichtige Bereiche wie zB die Unabhängigkeit der Richter und Generalanwälte sicherlich wünschenswert gewesen wäre. Nach Art 30 Abs 4 ist der Gerichtshof ermächtigt, sich eine Verfahrensordnung zu geben.

Im Bereich der *Zuständigkeiten* findet sich eine ähnliche Vorgehensweise indem der Status quo an Rechtsvorschriften in den Gemeinschaftsverträgen gem Art 43 des Vertrages unverändert zur Anwendung gelangt. Durch ein noch zu erlassendes Organgesetz werden die Zuständigkeiten allerdings unter Berücksichtigung von den in Art 43 genannten Grundsätzen (in 7 SpStr) ergänzt. Explizit festgelegt wird lediglich in Art 30 Abs 1 die Aufgabe des Gerichtshofes, die Sicherung der „Wahrung des Rechts bei der Auslegung und Anwendung dieses Vertrages und jedes auf seiner Grundlage erlassenen Rechtsakts".

Die Mehrzahl der Ergänzungen findet sich im Bereich der *konstitutiven Zuständigkeiten.*

Im Kapitel der Zuständigkeiten zur *Ahndung von Pflichtenverletzungen* soll der Gerichtshof die Zuständigkeit erhalten, die Verletzungen der sich aus dem *Recht der Union* ergebenden Verpflichtungen durch die *Mitgliedstaaten* zu ahnden (6. SpStr). Diese Bestimmung bedeutet wie der 7. SpStr[580] eine Auswietung der Zuständigkeit des Gerichtshofes von den drei Gemeinschaften auf die neu geschaffenen Union.[581]

Mit der Gründung der *Union* tritt dem Bürger ein weiteres Rechtssubjekt mit Hoheitsgewalt gegenüber, weshalb es nur konsequent ist, ihn gegen grundrechtswidrige Eingriffe in seine Rechtssphäre zu schützen. Dieses Ziel verfolgt der 3. SpStr, in dem die Einführung der Zuständigkeit des Gerichtshofes für den

---

[580] Siehe dazu nachstehend auf S 137.

[581] Zu den in diesem Zusammenhang zu erwähnenden weiteren zwei Fälle von Pflichtenverletzungen der Union siehe im nächsten Absatz.

Schutz der Grundrechte gegenüber der Union vorgesehen ist.[582] Im Verhältnis zu Grundrechtseingriffen durch die *Mitgliedstaaten* wird dem Unionsbürger schon durch den Vertrag – und nicht erst durch ein zu erlassendes Organgesetz – Schutz geboten. Bei genauerer Betrachtung erweist sich dieser Schutz aufgrund seiner intergouvernementalen Ausgestaltung im Vergleich zur Ahndung von Grundrechtsverletzungen der Union durch den Gerichtshof allerdings als weit weniger effektiv. In Art 4 Abs 4 iVm Art 44 wird für folgende drei Fälle ein Sanktionsverfahren vorgesehen: im Falle einer schwerwiegenden und anhaltenden Verletzung der demokratischen Grundsätze[583] (Art 4 Abs 4 1. Fall), bei Grundrechtsverletzungen durch einen Mitgliedstaat (Art 4 Abs 4 2. Fall) und schließlich in jedem anderen Fall einer schwerwiegenden und anhaltenden Verletzung der Vertragsbestimmungen durch einen Mitgliedstaat (Art 44). Die Rolle des Gerichtshofes ist in diesem Verfahren rein auf die vom Parlament oder der Kommission beantragte Feststellung der Rechtswidrigkeit limitiert. Der zweite Teil des Verfahrens obliegt dem Europäischen Rat, welcher nach Anhörung des betroffenen Staates und mit Zustimmung des Parlamentes Maßnahmen ergreifen kann, welche von der Aussetzung der Rechte bis zur Nichtteilnahme am Rat der Union bzw am Europäischen Rat reichen können.

Was die *Klagebefugnis von Individuen* betrifft, so plant Art 43 1. SpStr „eine Erweiterung des Klagerechts von Einzelpersonen gegen Akte der Union, die sie beschweren". In der Entschließung zum Vorentwurf lautete die Formulierung: „erweiterter Zugang der Einzelpersonen zum Gerichtshof im Wege der Individualklage im Falle der Verletzung ihrer Recht und Interessen durch irgendeinen sie betreffenden Akt der Union". Mit diesen Formulierungen entfallen die derzeitigen

---

[582] *Spinelli* (FN 6) 27 formuliert es so: „Der Gerichtshof übernimmt den obersten Schutz der Grundrechte der Bürger".

[583] Für den ersten „Anwendungsfall" der korrespondierenden Bestimmung der Art 6 und 7 EUV siehe *Adamovich, Ludwig*, Juristische Aspekte der „Sanktionen" der EU-14 und des „Weisenberichtes", EuGRZ 2001, 89 ff; *Fischer, Peter*, EU-Sanctions on Austria, wbff 2000, Nr 103, 32 ff; *Hummer, Waldemar/Obwexer, Walter*, Österreich unter „EU-Quarantäne", ecolex 2000, 250 ff; *dies*, Österreich unter „EU-Kuratel", EuBl 2000, 52 ff und 92 ff; *dies*, Die Verhängung der „EU-Sanktionen" und der mögliche Ausstieg aus ihnen, ZÖR 2000, 269 ff; *dies*, Die Wahrung der „Verfassungsgrundsätze" der EU. Rechtsfragen der „EU-Sanktionen" gegen Österreich, EuZW 2000, 485 ff; *Hummer, Waldemar/Pelinka, Anton*, Österreich unter „EU-Quarantäne". Die „Maßnahmen der 14" gegen die österreichische Bundesregierung aus politikwissenschaftlicher und juristischer Sicht – Chronologie, Kommentar, Dokumentation (2002) (in Druck); *Karlhofer, Ferdinand/Melchior, Josef/Sickinger, Hubert* (Hrsg), Anlassfall Österreich. Die Europäische Union auf dem Weg zu einer Wertegemeinschaft (2001); *Rotter, Manfred*, Analyse der „Sanktionen" der 14. Die völkerrechtliche und gemeinschaftsrechtliche Dimension, Europäische Rundschau 3/2000, 21 ff; *Unruh, Peter*, Die Unionstreue – Anmerkungen zu einem Rechtsgrundsatz der Europäischen Union, EuR 2002, 41 ff.

Voraussetzungen der unmittelbaren und individuellen Betroffenheit.[584] Im Lichte der Einführung einer Unionsbürgerschaft – die die Teilnahme der Unionsbürger am politischen Leben der Union vorsieht, die diesen den Genuss der ihnen durch die Rechtsordnung der Union zuerkannten Rechte in Aussicht stellt und sie den Normen der Rechtsordnung unterstellt (Art 3) – erscheint es nur als legitim, den Unionsbürgern auch den Zugang zur Rechtsschutzinstanz der Union zu gewähren.

Für den Bereich der *sonstigen institutionellen Streitigkeiten (Horizontal II)* ist im 7. SpStr geplant, dem EuGH „die obligatorische Zuständigkeit für die Entscheidung von Streitigkeiten zwischen den Mitgliedstaaten im Zusammenhang mit den *Zielen* der Union zu übertragen". In der Entschließung zum Vorentwurf war von den *Aufgaben und Grundsätzen* die Rede, was nach Ansicht des Verfassers ein Minus bedeutete hätte, da diese Formulierung eher an das Prinzip der begrenzten Ermächtigung erinnert als an die Ziele, unter die viel mehr Sachverhalte subsumiert werden können. Diese (geplante) Bestimmung des Vertragsentwurfes geht auch über die Reichweite des Art 292 EGV hinaus, als sie zum einen die Jurisdiktion von den Gemeinschaften auf die neu geschaffene Union ausdehnt, und zum anderen nicht nur wie Art 292 EGV ein Abstinenzprinzip für die Mitgliedstaaten statuiert, sondern eine universelle Kompetenzklausel für den Gerichtshof darstellt.

Was die *Klagebefugnis* im Bereich der institutionellen Streitigkeiten anbelangt, so ist ein „gleiches Beschwerderecht und Gleichbehandlung aller Institutionen vor dem Gerichtshof" vorgesehen (2. SpStr)[585]. Diese Bestimmung ist in einem Entwurf des Europäischen Parlamentes, dessen aktive und passive Klagebefugnis[586] erst schrittweise ausgebaut wurde, nicht überraschend. (Vollständig) Rechnung getragen wird dieser Forderung von *Spinelli* erst durch den (noch nicht in Kraft getretenen) Vertrag von Nizza werden, der im neuen Art 230 Abs 2 EGV idF NV das Parlament insofern aufwertet, als es nicht mehr nur auf Klagen beschränkt ist, die auf die Wahrung seiner Rechte abzielen[587] bzw dem Parlament künftig die Möglichkeit einräumt, ein Gutachten des EuGH nach Art 300 Abs 6 einzuholen.[588]

---

584 Siehe dazu zB *Arnull, Anthony,* Private applicants and the Action for annulment since *Cordoniu*, CMLRev 2001, 7 ff; *Schwarze* in *Schwarze* (FN 319) Rdnr 30 ff zu Art 230 EGV.

585 Siehe dazu EuG, Rs T-177/01, *Jégo-Quéré & Cie/Kommission*, noch nicht in der amtlichen Slg veröffentlicht.

586 Siehe dazu vorstehend in FN 439 und 438.

587 Art 2 Ziff 34, ABl 2001, Nr C 80, 24; siehe dazu auch vorstehend im 6. Kapitel des 2. Teiles auf S 117 ff. Zur derzeit noch geltenden Rechtslage siehe zB *Schwarze* in *Schwarze* (FN 319) Rdnr 29 zu Art 230 EGV.

588 Art 2Z 46 lit b, ABl 2001, Nr C 80, 28.

Auch im Bereich der *nicht konstitutiven Zuständigkeiten* finden sich einige interessante Modifikationen.

Was das *Vorabentscheidungsverfahren* betrifft, so ist geplant dem Gerichtshof die Zuständigkeit zu übertragen, „einen Akt der Union im Rahmen eines Vorabentscheidungsverfahrens zur Gültigkeitsprüfung oder aufgrund der Einrede der Rechtswidrigkeit aufzuheben" (4. SpStr). In der Entschließung zum Vorentwurf war in Ziff 136 ganz generell – ohne eine Einschränkung auf die Gültigkeitsprüfung – von der „Vorabanrufung" die Rede.[589] Was diese Kompetenz zur Aufhebung betrifft, so stellt sie im Vergleich zur derzeit geltenden Rechtslage ein Plus dar, da derzeit ein Urteil des EuGH, mit dem er die Ungültigkeit eines Sekundärrechtsaktes in einem Vorabentscheidungsverfahren ausspricht, lediglich dazu geeignet ist, den Rechtsakt „als ungültig anzusehen".[590] Für das erlassende Organ ergibt sich – in Analogie zu Art 233 EGV – darüber hinaus die Verpflichtung, „die zur Behebung der festgestellten Rechtswidrigkeit erforderlichen Maßnahmen zu ergreifen".[591]

Im Bereich der Zuständigkeiten zur *Überprüfung von nationalen Gerichtsentscheiden* soll dem Gerichtshof die Zuständigkeit zugedacht werden, im Rahmen eines Kassationsverfahrens gegen einzelstaatliche Gerichtsentscheidungen vorzugehen, in denen die Befassung des Gerichtshofes im Wege der Vorabentscheidung verweigert oder eine Vorabentscheidung des Gerichtshofes missachtet wird (5. SpStr). Eine Bestimmung deren Akzeptanz durch die Mitgliedstaaten auch heute noch fraglich ist. Zu dieser Bestimmung ist Folgendes anzumerken: Es ist unbestritten, dass im Europa- wie auch im Völkerrecht der Staat als Einheit gesehen wird und sich Dritten gegenüber nicht auf seine interne Struktur – sei es nun im Bereich der Gewaltenteilung oder im Verhältnis zu untergeordneten Gebietskörperschaften und Gliedstaaten – berufen kann. Folglich muss sich ein Staat auch das Verhalten seiner Judikative zurechnen lassen. Die zweite Feststellung betrifft die Tatsache, dass funktional letztinstanzliche Gerichte – unter Berücksichtigung der *acte clair*-Doktrin der *C.I.L.F.I.T*-Rechtsprechung[592] – zur Vorlage an den EuGH verpflichtet sind.[593] Nach Art 226 EGV kann die Kommission mit einer Aufsichtsklage vorgehen, wenn ihrer Auffassung nach *ein Mitgliedstaat* gegen Verpflichtungen aus dem EGV verstoßen hat. Es ist als politische Zu-

[589] ABl 1983, Nr C 277, 116.

[590] So *Krück, Hans* in *Groeben, Hans von der/Thiesing, Jochen/Ehlermann, Claus-Dieter* (Hrsg), Kommentar zum EU-/EG-Vertrag. Band 4[5] (1997) Rdnr 89 zu Art 177 EGV.

[591] *Borchardt* (FN 307) Rdnr 53 zu Art 234 EGV. Siehe dazu auch vorstehend in FN 337.

[592] EuGH, Rs 283/81, Slg 1982, 3415 ff.

[593] Zu den Voraussetzungen der Vorlagepflicht siehe *Borchardt* (FN 307) Rdnr 40 ff zu Art 234 EGV.

rückhaltung[594] zu werten, wenn es die Kommission bisher – soweit bekannt – sowohl aus Gründen der Achtung der Unabhängigkeit der nationalen Gerichte als auch aus rein pragmatischen Gründen[595] stets unterlassen hat, gegen einen Mitgliedstaat in so einem Fall mit einer Vertragsverletzungsklage vorzugehen. Eine weitere wichtige Bemerkung betrifft die Aufhebung von Gerichtsentscheidungen. Wenn man davon ausgeht, dass sich die Rechtsordnungen der Mitgliedstaaten von der der Union grundsätzlich unterscheiden, so ist eine Aufhebung einer Gerichtsentscheidung der einen Rechtsordnung durch eine Gerichtsinstanz der anderen Rechtsordnung prinzipiell nicht denkbar. Aus diesem Grund ist der EuGH auch nicht befugt, nationales Recht auszulegen und sein Vereinbarkeit mit dem Gemeinschaftsrecht zu beurteilen.[596] Es ist somit als große Neuerung anzusehen, wenn der Gerichtshof die Zuständigkeit bekommt, nationale „vorabentscheidungswidrige" Gerichtsentscheidungen zu kassieren – auch wenn die Kassation im Vergleich zu einer meritorischer Neuentscheidung immer noch das mildere Mittel darstellt. Abgesehen von den angesprochenen dogmatischen Schwierigkeiten stellt dieses Instrumentarium sicher eine dem *effet utile*[597] entsprechende Zuständigkeit dar.

2.6 Bewertung

Was die Bewertung des Unionsvertrages in seiner Gesamtheit anbelangt, so sei ob der hier lediglich die Grundzüge erwähnenden Darstellung auf *Luster* verwiesen, der da meint: „Eine Schwäche des Unionsvertragsentwurfs des Europäischen Parlaments war es, eindeutig auf der intergouvernementalen Organisationsstruktur zu verharren, weil man im Europäischen Parlament selbst glaubte, ansonsten in eine Tabuzone einzudringen."[598]

Die Analyse der judikativen Bestimmungen kann diese Kritik zumindest teilweise für den Bereich der Grundrechtsverletzungen durch die Mitgliedstaaten übernehmen (Art 44). Verbesserungen stellen die geplanten Neuerungen der SpStr 1 (Klagebefugnis Einzelner), 2 (Klagebefugnis der Institutionen), 3 (Grundrechtsschutz gegenüber der Union), 6 (Ahndung von Verletzungen von Unions-

---

[594] Dazu *Borchardt* (FN 307) Rdnr 44 zu Art 234 EGV.

[595] Dies deshalb, da eine nationale Regierung einem Gericht aus Gründen der Gewaltenteilung keine Anweisungen geben kann.

[596] So *Borchardt* (FN 307) Rdnr 11 zu Art 234 EGV.

[597] Dazu statt aller *Streinz, Rudolf*, Der „effet utile" in der Rechtsprechung des Gerichtshofs der Europäischen Gemeinschaften, in *Due/Lutter/Schwarze* (FN 434) 1491 ff; bzw *Gutiérrez Posse, Hortensia*, La maxime *ut res magis valeat quam pereat* (Interpretation en fonction de l'„effet utile") Les Interpretations „extensives" et „restrictives", ZÖR 1972, 229 ff.

[598] (FN 12) 12.

pflichten), 7 (Streitigkeiten zwischen den Mitgliedstaaten) sowie 4 (Aufhebung von ungültigen Rechtsakten im Vorabentscheidungsverfahren) dar, wobei letztere im Sinne der Rechtssicherheit zu begrüßen ist. Die Änderungen des 2. SpStr werden, wie erwähnt, durch den Vertrag von Nizza eingeführt werden, die des 5. SpStr (Kassation von nationalen Gerichtsentscheidungen im Vorabentscheidungsverfahren) ist derzeit zumindest noch eher unvorstellbar. Es fällt auf, dass, wie bereits erwähnt, die Mehrzahl der Änderungen in den Bereich der konstitutiven Zuständigkeiten fallen.

Die *institutionelle Stellung* des Gerichtshofes in diesem Entwurf ist die einer „Institution der Union", welche durch die Ernennung der Richter durch die Unionsinstitutionen Rat und Parlament – an Stelle einer Ernennung durch die Mitgliedstaaten – gestärkt wird. Der *Spinelli*-Entwurf bewirkt zum einen eine Stärkung der *funktionalen Rolle* der Judikative durch erweiterte Befugnisse im Vorabentscheidungsverfahren sowie im vertikalen Verhältnis gegenüber den Mitgliedstaaten. Durch das erweiterte Klagerecht von Individuen gegen Akte der Union und die Zuständigkeit zum Grundrechtsschutz trägt der Gerichtshof zum anderen zur Stärkung der Legitimation der Union bei. Alles in allem skizziert dieser Entwurf ein mit weitreichenden Kompetenzen ausgestattetes Verfassungsgericht.

Dass der *Spinelli*-Entwurf Auswirkungen auf die bisherige Integration gehabt hat bzw auf die laufende Verfassungsdebattehaben könnte/sollte, zeigt eine Analyse von *Jean-Guy Giraud*.[599] Als Beispiel für „in die EU-Verträge eingeflossen[e] Bestimmungen des ‚Spinelli-Vertrages'" nennt er ua die Gründung der EU, die Unionsbürgerschaft, das Subsidiaritätsprinzip, die Institutionalisierung des Europäischen Rates, die Einsetzung der Kommission durch das Europäische Parlament sowie die ZBJI und die GASP.[600]

[599] Bulletin Quotidien Europe Nr 8217, vom 24. 5. 2002, 5.

[600] An nicht übernommenen Bestimmungen nennt er die Revision des Vertrages im Wege des Mitentscheidungsverfahrens, die Installierung von Europaministern, die Abschaffung der Einstimmigkeit im Rat sowie die Einführung einer Hierarchie der Rechtsakte (Organgesetz, Gesetz, Haushaltsgesetz, Verordnung und Beschluss).

3. Kapitel: Verfassungsvertrag der Gemeinschaft der Vereinigten Europäischen Staaten – der Entwurf von *Franz Cromme* (1987)[601]

„Für den vorgelegten Vorschlag eines Verfassungsvertrages der Vereinigten Europäischen Staaten gibt es keine Legitimation außer dem dringenden Wunsch vieler Bürger Europas, daß es mit der europäischen Einigung weitergehen möge."

Franz Cromme[602]

3.1 Zur Person

Franz Cromme war zur Zeit der Ausarbeitung und Vorlage dieses privaten Verfassungsentwurfes als Staatssekretär im niedersächsischen Innenministerium tätig. Im Nachwort erwähnt er, dass dieser Entwurf in keinem Zusammenhang mit seiner damaligen Tätigkeit steht, weshalb er für den Entwurf auch keinen Anspruch auf Vollständigkeit und Vollkommenheit erhebt.[603] Begibt man sich heute auf die Suche nach den Tätigkeiten von *Franz Cromme,* so begegnet er einem nach seiner Tätigkeit als Staatssekretär als Rechtsanwalt und Universitätsdozent für Öffentliches Recht an der Universität Frankfurt an der Oder.[604] Auch in seinen rezenten Publikationen beschäftigt er sich – unter anderem – weiterhin mit Fragen der Verfassungsdebatte.[605]

3.2 Zur Entstehung[606]

Dieser Entwurf basiert auf einem Konzept, das 1979 im dänischen Ebeltstofft skizziert und später zu einem ersten Entwurf ausformuliert wurde. In diesen ersten Entwurf flossen sodann Überlegungen zur Berücksichtigung des „Verfassungsentwurfes [!] des Europäischen Parlamentes" (1984)[607] sowie der EEA (1986)[608] ein,

---

[601] *Cromme, Franz*, Verfassungsvertrag der Gemeinschaft der Vereinigten Europäischen Staaten – Ein realistischer Entwurf (1987).

[602] *Cromme* (FN 601) 84.

[603] *Cromme* (FN 601) 84.

[604] Http://viadrina.euv-frankfurt-o.de/vialupus/jur_fak/allgem/veranst/cromme.htm.

[605] *Cromme, Franz,* Der Verfassungsentwurf des Institutionellen Ausschusses des Europäischen Parlaments von 1994. Ein Organisationsstatut mit Grundrechtsanhang, ZG 1995, 256 ff; *ders*, Spezifische Verfassungselemente des Staatenverbundes. Bausteine für die Europäische Union (1997), (siehe dazu die Buchbesprechung von *Weber, Albrecht*, DVBl 1998, 1303); *ders*, Die Finanzen der CDU (2000); *ders*, Das Wirtschaftlichkeitsprinzip bei öffentlichen Gebühren und bei der staatlichen Genehmigung privater Entgelte – Zum Ermessens- und Beurteilungsspielraum und zur gerichtlichen Kontrolldichte im Wirtschaftsverwaltungsrecht, DVBl 2001, 757 ff.

[606] *Cromme* (FN 601) 84 (Nachwort).

[607] Siehe vorstehend im 2. Kapitel auf S 129 ff.

allerdings „ohne Änderungen des Konzepts“.[609] *Cromme* selbst charakterisiert seinen Entwurf als einen möglichen Schritt, wohingegen der Entwurf von *Spinelli* ein „Zukunftsbild“ umschreibe.[610] Bei diesem *Verfassungsvertrag* handelt es sich, wie schon erwähnt, um einen Privatentwurf, dem kein Mandat zugrunde liegt. Dieser Entwurf wurde nach Angaben von *Cromme* weder mit staatlichen oder europäischen Stellen noch mit Politikern oder Wissenschaftlern besprochen.

3.3 Aufbau und institutionelle Bestimmungen

Die Struktur dieses Verfassungsvertrages gliedert sich in vier Teile; im Anschluss an den Entwurf finden sich zu den jeweiligen Teilen Erläuterungen:

- 1. Teil – Die Grundlagen der Gemeinschaft (Art 1 bis 12)
- 2. Teil – Die Organe der Gemeinschaft (Art 13 bis 68)
- 3. Teil – Die Politik der Gemeinschaft (Art 69 bis 163)
- 4. Teil – Die Entwicklung der Gemeinschaft (Art 164 bis 189)

Der Entwurf weist zwar keinen eigene *Präambel* auf, nach den Erläuterungen soll diese Funktion der Art 1 erfüllen.[611] Dieser geht von den Grundsätzen der Charta der VN (1945), der Atlantik-Charta (1941) sowie der EMRK (1950) aus. Die *Gemeinschaft* (!) *der Vereinigten Europäischen Staaten* wird „für immer“ von den damaligen Mitgliedstaaten in Nachfolge der Westeuropäischen Union (WEU) sowie der drei damaligen Europäischen Gemeinschaften gebildet (Art 1). Die formelle Rechtsnachfolge dieser vier Organisationen tritt hingegen nach Art 165 *die Union* (!) an. Neben einer eigenen Präambel mangelt es dem Entwurf des Weiteren an eigenen Bestimmungen über die Grundrechte. Dieser Mangel wird dadurch kompensiert, dass die Grundrechte der EMRK „als vorkonstitutionelles Verfassungsrecht“ vorausgesetzt werden.[612]

Der Verfassungsvertrag soll „keine ‚primäre‘ Verfassung sein“, er setzt vielmehr „die in den christlichen, sozialen und liberalen Traditionen Europas entstandenen demokratischen Verfassungen der Mitgliedstaaten voraus“.[613] Auf semantischer Ebene basiert der Terminus *Verfassungsvertrag*[614] auf zwei Grundvorstellungen: zum einen spiegelt der Begriff „Verfassung“ die Grundordnung der Ge-

[608] Siehe vorstehend im 1. Kapitel des 1. Teiles auf S 4 bzw im 3. Kapitel des 2. Teiles auf S 96 ff.

[609] *Cromme* (FN 601) 84.

[610] *Cromme* (FN 601) 53.

[611] *Cromme* (FN 601) 53.

[612] *Cromme* (FN 601) 53.

[613] *Cromme* (FN 601) 53.

[614] Siehe dazu auch vorstehend in FN 152.

meinschaft und der Union wieder, auf der anderen Seite bekräftigt der „Vertrag" – entsprechend dem Untertitel „Ein realistischer Entwurf" – die Souveränität der Mitgliedstaaten über die gemeinsame Verfassung. In den „Vereinigten Europäischen Staaten" kommt somit „die Prägung von Union und Gemeinschaft als Staatenbund zum Ausdruck".[615] Art 2 Abs 1 betont noch einmal explizit die Souveränität der Staaten als Grundlage ihrer Zusammenarbeit. Art 2 Abs 2, welcher nach den Erläuterungen[616] dem Art 30 GG (Aufgaben der Länder) nachgebildet ist, betont die Zuständigkeit der Staaten für die Ausübung der staatlichen Befugnisse und die Erfüllung der staatlichen Aufgaben und damit ein föderales System. Die *Zusammenarbeit* zwischen den Mitgliedstaaten erfolgt in drei Stufen, wobei die jeweils vorhergehenden Stufen im Interesse der Selbständigkeit der Mitgliedstaaten Vorrang haben[617]: in Fragen von gemeinsamen Interessen sind die Staaten zur gegenseitigen Zusammenarbeit und Förderung verpflichtet (Art 3 Abs 1); soweit es dem gemeinsamen Interesse besser dient stimmen sich *die Staaten in der Gemeinschaft* (!) untereinander zu einem gemeinsamen Vorgehen ab (Art 3 Abs 2) und soweit es schließlich für das gemeinsame Interesse notwendig ist, wird *die Union im Rahmen der Gemeinschaft* (!) tätig. Die *Rechtsquellen* der Union (!) umfassen Allgemeine Empfehlungen, Gesetze, Verordnungen mit verbindlichen Richtlinien, welche sich an die Mitgliedstaaten richten, sowie Gesetze und Verordnungen mit unmittelbarer Geltung in jedem Mitgliedstaat (Art 4). Der Vertrag errichtet einen gemeinsamen Markt (Art 6) und kennt ein allgemeines Diskriminierungsgebot (Art 7) sowie eine militärische Beistandspflicht (Art 8).

Der Vertrag umschreibt in seinem 2. Teil fünf *Organe*. Im *Präsidium* (1. Abschnitt – Art 13 bis 16), welches von den Mitgliedstaaten nach einem in Art 13 festgelegten Rotationsprinzip geleitet wird, wirkt der jeweilige Mitgliedstaat auf die Einigkeit und die Zusammenarbeit der Staaten in der Gemeinschaft bzw der Union hin (Art 14). Die Aufgaben umfassen die Repräsentation von Gemeinschaft und (!) Union (Art 15), die Eröffnung des Europäischen Parlamentes und die Ernennung der Mitglieder der Europäischen Kommission und des Europäischen Gerichtshofes, die Unterzeichnung der Gesetze der Gemeinschaft, die Akkreditierung der Diplomaten und den Abschluss völkerrechtlicher Verträge im Namen der Union (!). Das *Europäische Parlament* (2. Abschnitt – Art 17 bis 36) wird von den Völkern der Vereinigten Europäischen Staaten in allgemeiner und unmittelbarer Wahl gewählt (Art 17). Die Mitgliedschaft im Europäischen Parlament ist gem Art 21 unvereinbar mit der Mitgliedschaft in der Regierung eines Mitgliedstaates oder mit der Zugehörigkeit zum Europäischen Gerichtshof und

[615] *Cromme* (FN 601) 53.
[616] *Cromme* (FN 601) 54.
[617] *Cromme* (FN 601) 54.

dem Amt eines Generalanwalts oder sonstiger Beamten und Bediensteter der Organe der Gemeinschaft (!). Die Art 22 und 23 legen die Zusammenarbeit mit den nationalen Parlamenten sowie mit dem Europarat fest. Die nach einem Prinzip der begrenzten Ermächtigung (Art 29) vom Europäischen Parlament erlassenen Gesetze der Union (!) bedürfen der Zustimmung des *Europäischen Rates* (Art 30).[618] Dieser (3. Abschnitt – Art 37 bis 49) ist nach den Erläuterungen der Nachfolger des (Minister-)Rates der Europäischen Gemeinschaften und nicht des Europäischen Rates nach Art 2 EEA[619] (der heutige Europäische Rat findet in diesem Entwurf sein Pendant vielmehr in dem Organ Präsidium). Aufgrund der schon erwähnten Notwendigkeit einer Zustimmung des Europäischen Rates zu den vom Parlament beschlossenen Gesetzen kann dieser als zweite Kammer bezeichnet werden.[620] Er entspricht auch schon aufgrund seiner Größe (Art 38 Abs 1) eher einem parlamentarischen Gremium und soll dadurch „ein politisches Gegengewicht zum Europäischen Parlament darstellen."[621] Eine der Aufgabe des Europäischen Rates ist die Überwachung der Einhaltung der Pflichten der Mitgliedstaaten nach Art 49.[622] Die Stellung der *Europäischen Kommission* (4. Abschnitt – Art 50 bis 61) als Exekutivorgan kommt nicht nur in der Benennung ihrer Mitglieder als Minister (Art 50 Abs 1) sondern auch in deren Verantwortlichkeit gegenüber den Volksvertretern (Art 54 – Konstruktives Misstrauensvotum) zum Ausdruck. Die Verwaltungszuständigkeiten können der Kommission nur aufgrund dieses Verfassungsvertrages übertragen werden – gegenüber der jetzigen Form der Komitologie, wo diese Delegation in dem jeweiligen Sekundärrechtsakt erfolgt stellt dies somit ein Minus dar.[623]

Im 4. Teil wird für die sieben Jahre nach In-Kraft-Treten des Verfassungsvertrages ein Übergangsregime geregelt (2. Abschnitt – Art 174 bis 186). Der

---

[618] Nach den Erläuterungen handelt es sich bei der Gesetzgebung der Union um eine mit der Gesetzgebung der Mitgliedstaten *konkurrierende* Gesetzgebung; *Cromme* (FN 601) 57.

[619] *Cromme* (FN 601) 58.

[620] So auch *Weber, Albrecht*, Buchbesprechung zu Cromme, Franz, Verfassungsvertrag der Gemeinschaft der Vereinigten Europäischen Staaten, DVBl 1988, 800.

[621] *Cromme* (FN 601) 59.

[622] Siehe dazu nachstehend auf S 145 ff.

[623] Zur Komitologie siehe *Hummer, Waldemar*, Die Beteiligung des Europäischen Parlaments an der „Komitologie", in *Hafner, Gerhard/Loibl, Gerhard/Rest, Alfred ua* (Hrsg), Liber Amicorum Professor Ignaz Seidl-Hohenveldern – in honour of his 80th birthday (1998) 285 ff; *Meng, Werner*, Die Neuregelung der EG-Verwaltungsausschüsse. Streit um die „Comitologie", ZaöRV 1988, 208 ff; *Neyer, Jürgen*, Administrative Supranationalität in der Verwaltung des Binnenmarktes: Zur Legitimität der Komitologie, Integration 1997, 24 ff; *Tichy, Helmut*, Der neue Komitologiebeschluss, ZfRV 2000, 134 ff. Zu den Kosten der Komitologie siehe die schriftliche Anfrage E-1070/01 von *Markus Ferber* an die Kommission vom 5. 4. 2001, ABl 2001, Nr C 318 E, 196.

EWGV gilt gem Art 166 Abs 1 mit seinen Teilen I (Grundsätze) III und IV[624] weiter, soweit diese Bestimmungen dem Verfassungsvertrag nicht widersprechen. Nicht erfasst von dieser Übergangsregelung ist somit Titel V (heute wie damals: Die Organe der Gemeinschaft)! Die *Entwicklung* des Verfassungsvertrages (3. Abschnitt – Art 187 bis 189) kennt – neben der Aufnahme weiterer Staaten (Art 189) – zwei Varianten der Revision: neben einer ordentlichen Vertragsänderung durch einen „Ergänzungsvertrag" (Art 187) findet alle fünfzehn Jahre eine Analyse des Vertrages durch Parlament und Rat in Hinblick auf „die Fortentwicklung zur besseren Erfüllung der Aufgaben der Mitgliedstaaten, der Gemeinschaft und der Union und zugleich zur Sicherung der Grundsätze des Teiles I" statt (Art 188) – quasi eine temporär institutionalisierte Lückenschließungsklausel.

3.4 Die materiell-rechtlichen Bestimmungen

Die Gemeinschaft (!) verfolgt die im 3. Teil geregelten folgenden Politiken:

- Außenpolitik (1. Abschnitt – Art 69 bis 83)
- Verteidigung (2. Abschnitt – Art 84 bis 96)
- Gemeinsamer Markt (3. Abschnitt – Art 97 bis 108)
- Konjunktur- und Währungspolitik (4. Abschnitt – Art 109 bis 112)
- Landwirtschaft (5. Abschnitt – Art 113 bis 117)
- Montanunion (6. Abschnitt – Art 118 bis 123)
- Verkehr (7. Abschnitt – Art 124 bis 127)
- Soziales (8. Abschnitt – Art 128 bis 134)
- Umweltschutz (9. Abschnitt – Art 135 bis 138)
- Forschung und Technologie (10. Abschnitt – Art 139 bis 143)
- Euratom (11. Abschnitt – Art 144 bis 148)
- Finanzen (12. Abschnitt – Art 149 bis 157)
- Allgemeine Zusammenarbeit (13. Abschnitt – Art 158 bis 163)

3.5 Die Judikative

Die judikative Gewalt in diesem Verfassungsvertrag repräsentiert der *Europäische Gerichtshof*, welcher nach den Erläuterungen[625] – grundsätzlich sind nach Art 5 Verwaltung und Rechtsprechung Angelegenheiten der Mitgliedstaaten – die „letzte Instanz für das gesamte Europarecht" ist. Aufgrund der systematischen

[624] Die Teile III und IV in der Fassung des Jahres 1987 entsprechen heute – nach den Änderungen des Vertrages von Maastricht (ABl 1992, Nr C 191, 1 ff) dem heutigen Titel III – Die Politiken der Gemeinschaft.

[625] *Cromme* (FN 601) 61.

Stellung im 2. Teil dieses Vertrages kommt dem Europäischen Gerichtshof die Qualität eines *Organes der Gemeinschaft* zu.

Die *Anzahl* der Richter des Gerichtshofes richtet sich nach der Größe der jeweiligen Mitgliedstaaten. Jeder Staat entsendet einen Richter in den Europäischen Gerichtshof, die Staaten mit über 30 Mio Einwohnern je zwei Richter, die Staaten mit weniger als 2 Mio Einwohnern jedoch zusammen einen Richter (Art 62 Abs 1). Berufliche *Voraussetzung* für das Amt eines Richters am Europäischen Gerichtshof ist die Befähigung zum Richteramt nach dem Recht des jeweiligen Mitgliedstaates (Art 62 Abs 2 2. Satz). Diese Anforderung bleibt somit hinter der des Art 223 Abs 1 EGV („höchsten richterlichen Ämter (...) oder Juristen von anerkannt hervorragender Befähigung") zurück. Die Richter werden nach Beratung im Vermittlungsausschuss (Art 32) jeweils auf Vorschlag der Regierungen der Mitgliedstaaten von den Parlamenten der Staaten *berufen*. Den zweiten aus dem Staat zu entsendenden Richter beruft das Europäische Parlament auf Vorschlag des Vermittlungsausschusses (Art 62 Abs 3). Dieses System beteiligt sowohl die nationalen Regierungen als auch die nationalen und die europäische Volksvertretungen. *Ernannt* werden die Richter vom Staatsoberhaupt des präsidierenden Staates (Art 16). Das Ernennungsverfahren des Verfassungsentwurfes stellt im Vergleich zur Ernennung durch die „Regierungen der Mitgliedstaaten im gegenseitigen Einvernehmen" des Art 223 EGV insofern einen Fortschritt dar, als das Verfahren – neben der begrüßenswerten Beteiligung der Volksvertretungen – von der rein intergouvernementalen auf eine gemeinschaftliche Ebene gehoben wird. Die Amtsdauer beträgt – wie in Art 223 Abs 1 EGV – sechs Jahre (Art 62 Abs 5). Im Gegensatz zum *Spinelli*-Entwurf findet sich mit Art 62 Abs 2 1. Satz eine explizite Bestimmung zur *Unabhängigkeit* der Richter. Interessanterweise ist das Amt eines Richters lediglich mit der Mitgliedschaft im Europäischen Parlament, nicht aber mit der in einem anderen Organ der Gemeinschaft oder eines Mitgliedstaates *unvereinbar* (Art 21). Keine Bestimmungen finden sich im Entwurf zu einer allfälligen *Abberufung* der Richter, weshalb man wohl für die Amtsdauer nicht von einer derartigen Möglichkeit ausgehen wird können.

Der *Präsident* und seine Stellvertreter werden aus der Zahl der Richter für deren Amtszeit auf Vorschlag des Vermittlungsausschusses vom Europäischen Parlament und Europäischen Rat übereinstimmend gewählt (Art 62 Abs 4 1. Satz). Das Ernennungsverfahren fällt aufgrund dieser Ingerenz der Legislative in den internen Bereich der Judikative hinter den Status quo des heutigen Art 223 Abs 5 EGV zurück. Lediglich nach einer Frist von 30 Tagen nach dem Freiwerden des Amtes devolviert dieses Recht an den Europäischen Gerichtshof (Art 62 Abs 4 2. Satz). Die Bestimmungen betreffend Amtsdauer und Ernennung entsprechen denen der Richter.

Der Gerichtshof wird durch *Generalanwälte* unterstützt, die wie die Richter unabhängig sind (Art 63 Abs 1). Die Regierungen der Staaten mit mehr als 30 Mio Einwohnern ernennen nach Beratung im Vermittlungsausschuss jeweils einen Generalanwalt, die übrigen Staaten einvernehmlich zwei Generalanwälte (Art 62 Abs 2). Die Tätigkeit der Generalanwälte wird durch Gesetz geregelt (Art 67). Auch die Generalanwälte genießen wie die Richter explizit Unabhängigkeit (Art 62 Abs 1), werden auf sechs Jahre ernannt (Art 63 Abs 2) und ihre Tätigkeit ist mit der Mitgliedschaft im Europäischen Parlament unvereinbar (Art 21). Keine Bestimmungen finden sich zu den Qualifikationsvoraussetzungen sowie zur Abberufung der Generalanwälte.

Organisation und Verfahren des Gerichtshofes werden gem Art 67 durch ein Gesetz geregelt. Bis zum Erlass dieser organisatorischen Bestimmungen gelten Satzung und Verfahrensordnung des Gerichtshofes der Europäischen Gemeinschaften als Gesetz weiter, soweit ihr Inhalt nicht dem Verfassungsvertrag widerspricht (Art 169). Der Gerichtshof tagt in der Regel in Vollsitzungen, er kann jedoch aus seiner Mitte Kammern mit je drei oder fünf Richter bilden, die bestimmte vorbereitende Aufgaben erledigen oder bestimmte Gruppen von Rechtssachen entscheiden (Art 65 Abs 1). Im Bereich der Beweiserhebung findet sich eine Zusammenarbeit mit nationalen Gerichten der Art, dass der Gerichtshof oder seine Kammern bestimmte Gerichte oder Richter der Mitgliedstaaten um die Vorbereitung seiner Entscheidungen und um Beweissicherung ersuchen können (Art 67 Abs 2). Diese Bestimmung soll – wie auch die Möglichkeit der Bildung von spezialisierten Kammern – der Arbeitsentlastung des Gerichtshofes dienen. Im Fall der *Beweissicherung* eine sinnvolle und effiziente Vorgangsweise, da auch in nationalen zivil- oder strafrechtlichen Verfahren die Beweiserhebung sinnvollerweise immer durch einen Richter vor Ort durchgeführt wird. Was die *Vorbereitung seiner Entscheidungen* betrifft, so geht aus dem Wortlaut des Art 67 Abs 2 nicht eindeutig hervor, ob diese Vorbereitung auf den Bereich der Tatsachenermittlung beschränkt ist, oder aber auch meritorische Aufgaben betrifft. Nach den Erläuterungen ist die unterstützende Tätigkeit der nationalen Gerichte allerdings auf die Tatsachenermittlung (arg „Ermittlungsgerichte") beschränkt. Diese Zusammenarbeit entspreche dem Grundsatz des Art 5, wonach Verwaltung und Rechtsprechung grundsätzlich Angelegenheiten der Mitgliedstaaten sind, und solle weiters die Notwendigkeit nachgeordneter Gerichte der Union vermeiden.[626] In diesen Ermittlungsgerichten kann man wie im Vorabentscheidungsverfahren des Art 234 EGV zwei mögliche Arten der *Kooperation von nationalen Gerichten und europäischem Gericht* sehen. In beiden Fällen ist die Tatsachenermittlung

[626] *Cromme* (FN 601) 62.

Sache des nationalen und die Lösung der Rechtsfragen Sache des europäischen Gerichtes; lediglich die Rollen von ersuchendem und ersuchten Gericht sind bei diesen zwei Formen der gerichtlichen Kooperation wechselseitig vertauscht. Was die *Vollstreckung* von Entscheidungen des Europäischen Gerichtshofes betrifft, so ist diese Regelung – soweit nicht die Vollstreckung gegen Mitgliedstaaten betroffen ist – einem Gesetz vorbehalten (Art 67).

Die *Zuständigkeiten* des Gerichtshofes finden sich enumerativ in Art 64. Ohne ersichtlichen Grund fehlt eine – in fast allen Entwürfen enthaltene – dem Art 220 EGV entsprechende Festlegung der Aufgabe des Gerichtshofes auf die Wahrung des Rechtes bei der Auslegung und Anwendung des Vertrages bzw der jeweiligen Verfassung.

So wie auch schon beim *Spinelli*-Entwurf finden sich auch bei *Cromme* die Mehrzahl der konzipierten Kompetenzen im Bereich der *konstitutiven Zuständigkeiten.*

Eine konstitutive Zuständigkeit, die dem Gerichtshof – zumindest explizit – nicht zukommt, ist die Prüfung von Sekundärrechtsakten (*Normenkontrolle*). Die für ein Verfassungsgericht so bedeutende Zuständigkeit des *judicial review* (Prüfung von Sekundärrechtsakten auf ihre Verfassungskonformität und gegebenenfalls deren Aufhebung) fehlt in diesem System als explizite Kompetenz.

Was die Zuständigkeit zur *Ahndung von Pflichtenverletzungen* durch die Mitgliedstaaten betrifft – für solche durch die *Organe der Union* ist keine dementsprechende Zuständigkeit vorgesehen –, sind die Zuständigkeiten nach *Cromme* für „Streitigkeiten zwischen der Union (Kommission) und den Mitgliedstaaten sowie zwischen den Mitgliedstaaten untereinander (...) von den Art. 169 und 170 des EWG-Vertrags übernommen worden".[627] Im Ergebnis ist das Vertragsverletzungsverfahren des Verfassungsvertrages allerdings eher intergouvernemental und politisch ausgefallen.[628] Stellt der Gerichtshof fest, dass ein Mitgliedstaat gegen eine Verpflichtung aus dem Verfassungsvertrag verstoßen hat, ist dieser Staat verpflichtet, die Maßnahmen zu ergreifen, die sich aus dem Urteil des Gerichtshofes ergeben (Art 66 Abs 1). Folgt der Mitgliedstaat dem Gerichtshof nicht, muss der Europäische Rat (der bekanntlich in diesem Entwurf dem heutigen Ministerrat entspricht) nach Art 49 tätig werden (Art 66 Abs 2). Nach Art 49 Abs 1 (Einhaltung der Pflichten der Mitgliedstaaten) kann der Europäische Rat den Mitgliedstaat, der seine Pflichten nach dem Verfassungsvertrag gegenüber der Union verletzt, nach seiner Anhörung zur Änderung seines Verhaltens *auffordern.* Folgt

---

[627] (FN 601) 62.

[628] *Cromme* (FN 601) 62 spricht sich in den Erläuterungen klar für den Vorrang des intergouvernementalen Verfahrens nach Art 49 vor den Nachfolgebestimmungen der Art 169 und 170 EWGV aus.

der Mitgliedstaat der Aufforderung nicht, kann der Europäische Rat Einzelheiten zu seiner weiteren Information und zur Sicherstellung eines rechtmäßigen Verhaltens festlegen und Organe und Institutionen und Behörden des Mitgliedstaates hierzu verpflichten. Der Europäische Rat kann weiters zu seiner eigenen Information einen Unterausschuss in den betreffenden Mitgliedstaat entsenden, wobei die Organe und Institutionen des Staates zur Auskunft verpflichtet sind (Art 49 Abs 2). Erst bei Streitigkeiten über die Rechtmäßigkeit dieser Beschlüsse des Europäischen Rates gegenüber den einzelnen Staaten kommt wiederum das judikative Element in Form des Europäischen Gerichtshofes ins Spiel (Art 64 Abs 1 Ziff 2). Begründet wird der Einschub dieser intergouvernementalen Phase damit, dass „eine politische Lösung – z.B. bei der Abrüstung (Nr. 86)[629] – oft zunächst einer Gerichtsentscheidung vorzuziehen" sei.[630]

Eine neuartige Konstruktion entwirft *Cromme* im Bereich des *Grundrechtsschutzes.* Gem Art 64 Abs 1 Ziff 5 entscheidet der Europäische Gerichtshof bei Verletzung der EMRK *auf Antrag eines Generalanwaltes.* Wie schon erwähnt, enthält der Verfassungsvertrag keinen eigenen Grundrechtskatalog, sondern setzt die EMRK als *vorkonstitutionelles Verfassungsrecht* voraus.[631] Der Mangel an normativen[632] Grundrechtsbestimmungen im EGV, der erst im Dezember 2000 durch die feierliche Proklamation der (unverbindlichen) Grundrechte-Charta[633] einigermaßen kompensiert wurde, dürfte *Cromme* dazu veranlasst haben, die Grundrechte der EMRK in sein Konzept zu integrieren. Indem er nicht die Variante eines Beitrittes der Union bzw der Gemeinschaft zur EMRK als Vertragspartei wählte, entschied er sich für eine mit dem Gutachten 1/94 konforme Lösung, in welchem der EuGH der Gemeinschaft „beim gegenwärtigen Stand des Gemeinschaftsrechts" die Zuständigkeit für einen Beitritt zur EMRK absprach[634] – dies unter anderem auch in Hinblick auf die Ausschließlichkeitsklausel des Art 292 EGV.[635] Die Integration der EMRK-Grundrechte lässt sich wohl auch damit erklären, dass ein „realistischer Entwurf" den Mitgliedstaaten die Ausarbeitung einer eigenständigen Grundrechte-Charta zum damaligen Zeitpunkt nicht zutrauen hätte können. Wie *Cromme* in seinen Erläuterungen erwähnt, würde diese Zuständigkeit des Gerichtshofes eine Einschränkung des EGMR auf die

---

[629] Gemeint ist Art 86 (Abrüstung und Kontrolle).

[630] *Cromme* (FN 601) 60.

[631] *Cromme* (FN 601) 53.

[632] Zur judikativen Entwicklung der Grundrechte siehe *Schweitzer/Hummer* (FN 76) Rdnr 790 ff.

[633] Siehe dazu vorstehend im 1. Kapitel des 1. Teiles auf S 6.

[634] EuGH, Gutachten vom 28. 3. 1996, Slg 1996, I-1763 ff.

[635] Zu Art 292 EGV siehe nachstehend auf S 152. EuGH (FN 634) Rdnr 20; siehe dazu auch *Wegener, Bernhard* in *Calliess/Ruffert* (FN 490) Art 292 EGV.

Staaten bedeuten, die der Gemeinschaft nicht angehören.[636] Abgeschwächt ist dieser „Eingriff“ in den Anwendungsbereich der EMRK aber durch Art 176, wonach die Regelungen des Art 23 (Zusammenarbeit mit dem Europarat) und des Art 64 Abs 1 Ziff 5 erst von dem Zeitpunkt an gelten, in dem die Satzung des Europarates und die EMRK durch Vertrag zwischen den Vertragsparteien entsprechend geändert worden sind. Bis zur Aufnahme dieser Tätigkeit der Generalanwälte (nach einer entsprechenden Regelung der Vertragsparteien) ist nach Ansicht von *Cromme* einstweilen eine „koordinierende oder gar übergeordnete Funktion der Kommission für Menschenrechte oder evtl. auch des Gerichtshofs für Menschenrechte“ denkbar.[637] Diese dem EGV unbekannte Rolle der Generalanwälte – quasi als Staatsanwälte – im Bereich von Grundrechtsverletzungen sieht *Cromme* als Möglichkeit dafür, dass die Generalanwälte „auf lange Sicht (...) evtl. auch einen Teil der Funktion der Europäischen Kommission für Menschenrechte übernehmen“ könnten.[638] Eingeschränkt ist diese Art des Grundrechtsschutzes, wie schon erwähnt, durch die Voraussetzung eines Antrages des Generalanwaltes (wobei offen bleibt, unter welchen Voraussetzungen er Anklage erheben kann oder darf) einerseits, sowie durch die Tatsache andererseits, dass Klage nach Ziff 5 – wie auch Klagen nach Ziff 6 und 7[639] – nur nach Erschöpfung des innerstaatlichen Instanzenzuges zulässig sind.[640] Diese beiden Voraussetzungen dienen unverkennbar der Entlastung des Gerichtshofes, denn denkbar, aber vom Arbeitsaufwand her unrealistischer, wäre die Variante, wonach anstelle des Generalanwalts jeder Bürger direkt Anklage erheben könnte.

Im Bereich der Zuständigkeit für die *Klagebefugnis von Individuen* ist der Gerichtshof zuständig bei Streitigkeiten natürlicher und juristischer Personen einschließlich der Union, soweit sie auf der Anwendung des Verfassungsvertrages oder von Gesetzen der Union beruhen (Art 67 Abs 1 Ziff 6). Aufgrund dieser Norm ergeben sich zwei mögliche Varianten, nämlich zum einen Streitigkeiten zwischen natürlichen und juristischen Personen untereinander sowie zwischen diesen und der Union. Aufgrund dieser Bestimmung stellt sich – für beide Varianten von Streitigkeiten – die Frage nach der unmittelbaren Anwendbarkeit dieser beiden Normquellen. Der Wortlaut der Ziff 6 würde beide Auslegungsvarianten decken. Die Erläuterungen tragen in diesem Zusammenhang nur bedingt zur Aufklärung bei, da die dort verwendete Terminologie wahrscheinlich missver-

[636] *Cromme* (FN 601) 62.
[637] *Cromme* (FN 601) 62.
[638] (FN 601) 62.
[639] Siehe dazu sogleich im (nächsten Absatz) auf S 150.
[640] Die Einzelheiten dazu, insbesondere die Klagebefugnis und die Einschränkung von Rechtsmitteln in Verfahren von geringerer Bedeutung werden durch ein Gesetz geregelt (Art 64 Abs 2).

ständlich verwendet wird; dort heißt es: „Die Klagebefugnis bei Streitigkeiten zwischen sonstigen Personen (Art 64 I Nr. 6) bezieht alle Fälle ein, die das *unmittelbar geltende*[641] Gemeinschaftsrecht betreffen, insbesondere Nichtigkeits- und Untätigkeitsklagen von ‚Marktbürgern' zum Verwaltungsvollzug des Rechtes der Union". Sowohl beim Verfassungsvertrag als auch bei den Gesetzen der Union dürfte eine unmittelbare Geltung unstrittig sein, weshalb es sich bei dem von *Cromme* verwendeten Begriff um den der unmittelbaren Anwendbarkeit (im Sinne von Unbedingtheit und hinreichender Genauigkeit) handeln muss. Das würde bedeuten, dass sich die Marktbürger nur dann auf den Verfassungsvertrag und die Gesetze der Union berufen können, wenn diese unbedingt und hinreichend genau sind, eine Voraussetzung die natürlich nicht auf alle Normen zutreffen muss. Die Klagevoraussetzungen der Ziff 6 sind wie schon bei *Spinelli*[642] weniger streng als die der individuellen und unmittelbaren Betroffenheit des Art 230 Abs 4 EGV. Abgeschwächt ist diese bürgerfreundliche Regelung, wie schon erwähnt, in Art 64 Abs 2 1. Satz durch die Voraussetzung der Erschöpfung des innerstaatlichen Instanzenzuges. Diese neue Art des Zuganges des Bürgers zum Gericht wirft für *Cromme*, wie noch zu zeigen sein wird, die Frage nach einer Einschränkung des Vorabentscheidungsverfahrens auf.[643] Die näheren Details, insbesondere zur Klagebefugnis und zur Einschränkung von Rechtsmitteln in Verfahren von geringerer Bedeutung, bleiben auch hier der Regelung durch ein Gesetz vorbehalten (Art 64 Abs 2 2. Satz). Eine weitere Zuständigkeit des Gerichtshofes im Bereich der Klagebefugnis von Individuen findet sich in Art 64 Abs 1 Ziff 7[644], wonach der Gerichtshof bei Streitigkeiten zwischen natürlichen oder juristischen Personen einschließlich der Union zuständig ist, soweit diese auf der Anwendung von Rechtsvorschriften beruhen, die in mehreren Mitgliedstaaten gleichlautend gelten, wenn die Zuständigkeit des Europäischen Gerichtshofes vertraglich zwischen den Mitgliedstaaten festgelegt und durch Gesetz der Union anerkannt ist. Nach den Erläuterungen betrifft diese Bestimmung ua die Zuständigkeit des Gerichtshofes in Patentsachen, obwohl dieser Bereich nicht durch Gesetze und Verordnungen der Union geregelt ist.[645]

Zuständig ist der Gerichtshof gem Art 64 Abs 1 Ziff 1 für *Streitigkeiten zwischen den Organen der Gemeinschaft (Horizontal I)*. Diese sehr breite Formulierung stellt die Frage nach dem von dieser Bestimmung umfassten Anwen-

---

[641] Hervorhebungen durch den Verfasser.

[642] Siehe dazu vorstehend im 2. Kapitel auf S 136.

[643] Siehe dazu nachstehend auf S 153.

[644] Auch für die Ziff 7 gelten die Einschränkungen und Regelungen des Art 62 Abs 2 1. und 2. Satz.

[645] *Cromme* (FN 601) 62.

dungsbereich. Zu denken ist in diesem Zusammenhang an Nichtigkeitsklagen über von einem Organ erlassenes Sekundärrecht bzw an Untätigkeitsklagen im Falle der Säumigkeit beim Erlass desgleichen.

In den beiden anderen Varianten *institutioneller Streitigkeiten* – zwischen den Organen der Union (und deren Einrichtungen) und den Mitgliedstaaten einerseits (*Vertikal*) bzw zwischen den Mitgliedstaaten andererseits (*Horizontal II*) – ist der Gerichtshof nach Art 64 Abs 1 Ziff 3 zuständig. Nach dieser Bestimmung entscheidet er bei Streitigkeiten über die Anwendung des Verfassungsvertrages und der Gesetze und Verordnungen. Die Einschränkung auf die Anwendung des Gemeinschaftsrechtes schließt einen *judicial review* im Sinne der Gültigkeitsprüfung des Sekundärrechtes und gegebenenfalls dessen Aufhebung im Falle seines Verstoßes gegen Primärrecht eindeutig aus. Ein Vergleich mit dem EGV lässt auf den möglichen Anwendungsbereich des sehr allgemein formulierten Art 64 Abs 1 Ziff 3 schließen:[646] im Falle von Streitigkeiten zwischen den Mitgliedstaaten kommen die Vertragsverletzungsklage der Mitgliedstaaten (Art 227 EGV) und das schiedsgerichtliche Verfahren (Art 239) in Frage; bei Streitigkeiten zwischen den Organen und den Mitgliedstaaten die Nichtigkeits- (Art 230 EGV) bzw Untätigkeitsklage (Art 232 EGV) und die Aufsichtsklage nach Art 226 EGV. Bei Streitigkeiten zwischen den Mitgliedstaaten (*Horizontal II*) ist der Gerichtshof neben der Ermächtigung des Art 64 Abs 1 Ziff 3 auch noch gem Art 64 Abs 1 Ziff 4 „bei sonstigen öffentlichen Streitigkeiten zwischen den Mitgliedstaaten"[647] zuständig. Auch diese sehr weite und allgemeine Formulierung wird durch die Erläuterungen nicht näher beleuchtet und kann nur in ihrer systematischen Stellung innerhalb des Art 64 bzw im Vergleich zum EGV verstanden werden. Diese Bestimmung könnte derart interpretiert werden, dass der Gerichtshof bei Streitigkeiten zwischen den Mitgliedstaaten zur Gültigkeitsprüfung von Sekundärrecht zuständig ist. Da diese Zuständigkeit durch den Wortlaut des Art 64 Abs 1 Ziff 3 für die dort angesprochene Zuständigkeit allerdings explizit ausgeschlossen ist, wird man bei dieser allgemeinen Formulierung der Ziff 4 nicht in einem Umkehrschluss von der Möglichkeit eines *judicial review* für die sonstigen öffentlich-rechtlichen Streitigkeiten ausgehen können. Eine systematische Auslegung unter Berücksichtigung von Art 68 (Internationale Rechtsprechung)[648] legt allerdings die Variante näher, dass Art 64 Abs 1 Ziff 4 – ähnlich der Bestimmung des Art 292 EGV – als Verpflichtung der Mitgliedstaaten (im Sinne einer Ausschließlichkeitsklausel) verstanden

[646] Zur Systematisierung der Zuständigkeiten nach dem EGV siehe den „Katalog der Verfahrensarten vor dem EuGH" in *Schweitzer/Hummer* (FN 76) Rdnr 461.

[647] Diese Formulierung lässt den Schluss zu, dass die Zuständigkeiten der Ziff 1 bis 3 von *Cromme* ebenfalls als öffentlich-rechtliche Streitigkeiten qualifiziert werden.

[648] Siehe dazu sogleich nachstehend auf S 153.

werden muss, Streitigkeiten in Zusammenhang mit dem Unions- bzw Gemeinschaftsrecht vor dem Gerichtshof auszutragen.[649]

Auch bei den *nicht konstitutiven Zuständigkeiten* findet sich insofern eine Parallele zu *Spinelli,* als sich die Vorschläge für diese Kategorie der Zuständigkeiten im Wesentlichen auf das Vorabentscheidungsverfahren konzentrieren.

Im Bereich der *internationalen Zuständigkeiten* bzw Rechtsprechung normiert Art 68, dass sich die Union durch einen völkerrechtlichen Vertrag aufgrund eines Gesetzes im Verhältnis zu *Staaten außerhalb der Gemeinschaft* der Rechtsprechung des Internationalen Gerichtshofes in Den Haag unterwerfen wird. Diese Bestimmung bekräftigt wie auch die des Art 68 Abs 2, wonach sich die Mitgliedstaaten verpflichten, zwischen ihnen bestehende Rechtsstreitigkeiten außer bilateralen Schiedskommissionen nur dem Europäischen Gerichtshof zu unterbreiten, die schon erwähnte ausschließliche Zuständigkeit des Gerichtshofes für Streitigkeiten der Mitgliedstaaten im Anwendungsbereich des Verfassungsvertrages.[650]

Eine weitere Zuständigkeit, die dem Gerichtshof – zumindest vorerst – nicht zukommt, ist das *Vorabentscheidungsverfahren.* Dieses kann durch ein Gesetz eingeführt werden (Art 67 Abs 3). Ein Grund für das Fehlen dieses Verfahrens kann sicherlich in der vorstehend erwähnten Zusammenarbeit von nationalen (Ermittlungs-)Gerichten und europäischem Gericht gesehen werden. Allerdings sei noch einmal auf die unterschiedliche Rollenverteilung (von ersuchendem und ersuchtem Gericht) dieser zwei Kooperationsformen hingewiesen. Immerhin findet sich in Art 67 Abs 3 die Ermächtigung für die Einführung dieses für die einheitliche Anwendung des Gemeinschaftsrechtes wichtigen Verfahrenes. Aus den Erläuterungen geht hervor, dass aufgrund des Verfahrens nach Art 67 Abs 1 Ziff 6[651] zu prüfen sein wird, ob das Vorabentscheidungsverfahren nicht einzuschränken sein wird, „etwa auf Divergenzvorlagen oder Vorlagen zur Nichtigkeit von Gemeinschaftsrecht“[652].

Wahrscheinlich aufgrund der durch die EEA (1986)[653] erfolgten „Installierung“ des Gerichtes erster Instanz der Europäischen Gemeinschaften findet sich in Art 65 Abs 3 und 4 eine von den Bestimmungen des EGV allerdings abweichende Variante eines *Gerichtes erster Instanz. Cromme* skizziert nicht ein europäisches Gericht erster Instanz, sondern bleibt seinem in Art 5 festgelegten Prinzip treu, dass Verwaltung und Rechtsprechung grundsätzlich Angelegenheiten der Mitgliedstaaten sind. Für die erstinstanzliche Entscheidung von Streitigkeiten zwi-

---

[649] Zu Art 292 EGV siehe *Wegener* in *Calliess/Ruffert* (FN 490) Art 292.

[650] Siehe dazu vorstehend auf S 152.

[651] Siehe dazu vorstehend auf S 150.

[652] *Cromme* (FN 601) 62.

[653] Art 11; ABl 1987, Nr L 169, 6.

schen der Union und ihren Beamten und sonstigen Bediensteten werden aufgrund eines Gesetzes der Union *bei Gerichten von Mitgliedstaaten* Kammern gebildet, die mit mindestens einem abgeordneten Richter aus anderen Staaten besetzt werden. Die Intention einer eigenen Gerichtsbarkeit für dienstrechtliche Angelegenheiten ist klar, es soll der Gerichtshof von dieser Art der Streitigkeiten entlastet werden. Bemerkenswert ist allerdings, dass zum einen die für diese Entlastung geschaffene Instanz im Bereich der Mitgliedstaaten angesiedelt ist und zum anderen, dass dafür Streitigkeiten ausgewählt werden, die eigentlich den internen Bereich (Dienstrecht) der Union betreffen. Eher verständlich wäre eine solche Konstruktion, wenn es sich um Angelegenheiten handelte, die einen größeren Bezug zu den Mitgliedstaaten aufweisen würden. Generell kann diese Art der gerichtlichen Aufgabenverteilung allerdings nur begrüßt werden, da die europäische Judikative damit näher zum Bürger tritt. Vor allem in Bereichen, in denen aufgrund der Art des Verfahrens die gemeinsame Sachverhaltsermittlung von Gericht und Bürger eher im Vordergrund steht als gesamteuropäisch bedeutende Rechtsfragen, ist eine solche Art der Dezentralisierung im judikativen Bereich zu begrüßen. Erfreulich ist auch das Zusammentreffen von Richtern aus verschieenen Mitgliedstaaten. Damit wird nicht nur eine gewisse Objektivität zur Vermeiung von Diskriminierungen aufgrund der Staatsangehörigkeit gewähreistet, durch den Austausch von fremden Rechtskulturen im judikativen Bereich ergibt sich vielmehr auch ein Gewinn an neuen Erkenntnissen und Erfahrngen von Gerichten in anderen Mitgliedstaaten. Alles in allem also eine Regelung, die nur begrüßt werden kann, für die es wahrscheinlich aber bessere Anwendungsbereiche als dienstrechtliche Streitigkeiten gibt.

3.6 Bewertung

Die Bestimmungen zum Gerichtshof lehnen sich insgesamt nur teilweise an die einschlägigen Bestimmungen des EWGV an, sondern folgen nach Angaben des Autors zum Teil denen des deutschen Bundesverfassungsgerichtes.[654]

Die *institutionelle Stellung* des Europäischen Gerichtshofes als Organ der Gemeinschaft ist stark von den Mitgliedstaaten abhängig. Diese beeinflussen je nach ihrer Größe die Zusammensetzung der Richter. Diese Ponderierung in der Anzahl der Richter ist insofern nicht zu begrüßen, als die Richter zwar nicht ihre Mitgliedtaaten, jedoch ihre nationalen Rechtskulturen und -systeme repräsentieren und dadurch Rechtskulturen kleinerer Mitgliedstaaten an Bedeuung verlieren

[654] *Cromme* (FN 601) 61.

könnten.[655] Auch bei der Auswahl der Richter und ihres Präsidenten sichern sich die Mitgliedstaaten ihren Einfluss, obgleich das Europäische Parlament und die nationalen Parlamente an diesem Verfahren beteiligt werden. Die *funktionale Rolle* des Europäischen Gerichtshofes ist entsprechend dem Untertitel zu diesem Verfassungsvertrag („Ein realistischer Entwurf") eher bescheiden ausgefallen. Während die Kompetenzen im internen Bereich sehr breit formuliert wurden (Art 4 Abs 1 Ziff 1 „bei Streitigkeiten zwischen den Organen der Gemeinschaft") sind die Zuständigkeiten im vertikalen Bereich bescheiden ausgefallen. Im Bereich der Grundrechte können sich Individuen erst nach Erschöpfung der innerstaatlichen Rechtswege an die Union wenden, wo als zweite Hürde der Antrag des Generalanwaltes auf Einleitung des Verfahrens überwunden werden muss. Im Vertragsverletzungsverfahren wird eine intergouvernementale Instanz vorgeschaltet, um den Eingriff in die Souveränität der Mitgliedstaaten so gering wie möglich zu halten. Auch sonst ist die Jurisdiktion des Europäischen Gerichthofes gemäß dem Grundsatz des Art 5 zugunsten der Mitgliedstaaten eingechränkt, wie etwa im Bereich der dienstrechtlichen Streitigkeiten. Alles in allem mehr ein Verfassungsgericht im horizontalen als im vertikalen Bereich, wo die Judikative im Sinne des Subsidiaritätsprinzips in ihre Schranken verwiesen wird.

4. Kapitel: Der Verfassungsentwurf Bundesstaat Europäische Union von *Luster/Pfennig/Fugmann* (1988)[656]

„Er [der Verfassungsentwurf] ist nichts weniger und nichts mehr als die reinste Ausprägung europäischen föderalistischen Denkens."

Rudolf Luster/Gero Pfennig/Friedrich Fugmann[657]

4.1 Zu den Personen[658]

Rudolf Luster war seit 1978 Mitglied des Europäischen Parlamentes und dort ua Vorsitzender der CDU/CSU-Gruppe in der Fraktion der Europäischen Volkspartei (EVP). „Er gilt als Vater der Geschäftsordnung des Europäischen Parlamentes."[659] *Luster*, ausgebildeter Jurist, war vor seiner Tätigkeit im Parlament

---

[655] *Schwarze* in *Schwarze* (FN 319) Rdnr 1 zu Art 221 EGV, spricht in Zusammenhang mit der Regelung des EGV von „personalisierter Rechtsvergleichung".

[656] *Luster* (FN 12) 23 ff.

[657] (FN 12) 8.

[658] Soweit nicht eigens angegeben stammen die Personenangaben von den Autoreninformationen auf der Rückseite des Buchdeckels.

[659] *Luster* (FN 12) Buchdeckel.

Mitglied des Berliner Landtages und des deutschen Bundestages und kann ohne Übertreibung als eingefleischter Parlamentarier bezeichnet werden. Aufgrund seiner verschiedenen Tätigkeiten – *Luster* arbeitete als Rechtsanwalt und Notar, als Justiziar des Bezirksamtes Steglitz, als Staatssekretär in der Berliner Innenverwaltung, aber auch als Gründungsvorstand der Stiftung Warentest – konnte er auch beruflich mannigfaltige Erfahrungen sammeln.

Der zweite Vater dieses Entwurfes, *Gero Pfennig,* ist ebenfalls gebürtiger Berliner.[660] Von 1968 bis 1973 war er als Assistent an der Freien Universität Berlin tätig und ist unter anderem Herausgeber des Kommentars „Verfassung von Berlin". Von 1979 bis 1985 war das CDU-Mitglied *Pfennig* Abgeordneter im Europäischen Parlament, und dort ua Mitglied im Haushaltsausschuss und im Institutionellen Ausschuss. In letzterem war er einer der Berichterstatter für den Entwurf des Vertrages zur Gründung der Europäischen Union. Seit 1977 ist er – mit einer Unterbrechung – Mitglied des Bundestages, wo er im Ausschuss für die Angelegenheiten der EU und im Haushaltsausschuss tätig ist. Sein Interesse für finanzielle Angelegenheiten zeigt sich auch in seinen Publikationen.[661] Neben seinen politischen Funktionen ist er beruflich als Rechtsanwalt und Notar tätig. Nach seinen politischen Tätigkeiten ist er wieder zur Wissenschaft zurückgekehrt und als Dozent an der Freien Universität Berlin tätig.[662]

Der dritte im Bunde ist *Friedrich Fugmann.* Der gebürtige Franke war Berater in der CDU/CSU-Fraktion des Deutschen Bundestages und danach stellvertretender Generalsekretär der Fraktion der EVP im Europäischen Parlament, wo er Forschung und Dokumentation leitete.

4.2 Zur Entstehung

Einer der Hauptgründe für die Vorlage dieses Entwurfes wird unmissverständlich in der Einführung zu diesem Werk deutlich – die Unzufriedenheit mit den nicht vorhandenen Fortschritten der Politik beim Aufbau einer Europäischen Union. Wie schon erwähnt, erfolgt dieser Entwurf nur ein Jahr nach dem In-Kraft-Treten der EEA (1987), dem Jahr in dem auch der zuvor behandelte Entwurf von *Franz Cromme* erfolgte. Nach Ansicht der Autoren sei es „angebracht, die erstrebte Endgestalt, den Bundesstaat Europäische Union, präzise zu beschrei-

---

660 Die Personenangaben zu *Gero Pfennig* stammen weiters von seinem CV auf der Homepage des deutschen Bundestags, http://www.bundestag.de/info/mdb13/mdb/P/pfennge0.html.

661 An dieser Stelle sei nur angeführt: *Pfennig, Gero,* Finanzierung der „neuen" Politiken und Agrarreform, in *Schwencke* (FN 6) 188 ff.

662 Für eine Kommentierung seiner Vorlesung siehe: http://www.fu-berlin.de/defo/fb/kommentar/ws0001-misc.html.

ben."[663] Der Entwurf „zielt auf die Errichtung einer europäischen Staatlichkeit ab und will anstelle der supranationalen Gemeinschaft einen europäischen Bundesstaat."[664] Der Entwurf bricht bewusst mit dem bisherigen Weg der Schaffung von Völkervertragsrecht, da es diesem Weg mit der Zeit zunehmend an der notwendigen Legitimationsbasis fehlte.[665]

Der vorliegende Entwurf ist die nochmalige Vorlage eines Textes von *Luster* und *Pfennig* aus dem Jahre 1983[666], welcher lediglich unter Berücksichtigung der zwischenzeitlich eingetretenen Veränderungen angepasst wurde.[667] Der erste Entwurf wurde in der Wahlperiode des ersten direkt gewählten Europäischen Parlamentes an den Institutionellen Ausschuss überwiesen, dort aber keiner Einzelberatung zugeführt und folglich auch nicht im Plenum behandelt, um nicht den *Spinelli*-Entwurf mit einer Verfassungsdebatte zu überlagern.[668] Nachdem man allerdings das Schicksal des 1984er Entwurfes gesehen hatte und sich nun schon in der zweiten Wahlperiode befand, gab es keine Gründe mehr für eine solche Zurückhaltung gegenüber den Nationalstaaten.[669]

4.3 Aufbau und institutionelle Bestimmungen[670]

Diese *Verfassung der Europäischen Union* gliedert sich neben einer Präambel in 15 Kapitel, eine Einführung sowie eine kurze Erläuterung:

- 1. Kapitel – Geltungsbereich, Unionszugehörigkeit, Unionstreue (Art 1 bis 3)
- 2. Kapitel – Grundrechte und Grundfreiheiten (Art 4 bis 14)
- 3. Kapitel – Grundlagen der Union (Art 15 bis 22)
- 4. Kapitel – Das Unionsparlament (Art 23 bis 32)
- 5. Kapitel – Der Unionsrat (Art 33 bis 35)
- 6. Kapitel – Europäischer Rat (Art 36 und 37)

[663] *Luster* (FN 12) 7.
[664] *Luster* (FN 12) 7.
[665] *Luster* (FN 12) 9.
[666] Siehe den Entwurf über die Ausarbeitung einer Europäischen Verfassung der Mitglieder der EVP-Fraktion vom 26. 9. 1983, abgedruckt bei *Schwarze/Bieber* (FN 10) 571 ff; bzw für eine kurze Beschreibung *Rengeling, Hans Werner/Jakobs, Michael Ch*, Die Entwicklung des öffentlichen Rechts. Europäische Verfassung. Bemerkungen zum gegenwärtigen Diskussionsstand, DVBl 1984, 773 ff, 775.
[667] *Luster* (FN 12) 8.
[668] *Luster* (FN 12) 8.
[669] Der Entschließungsantrag vom 1. 6. 1988 zu dem nunmehrigen Entwurf ist abgedruckt bei *Luster* (FN 12) 127.
[670] Für einen synoptischen Vergleich der EEA plus Gemeinschaftsverträge, *Spinelli*-Entwurf und den vorliegenden Entwurf siehe *Luster* (FN 12) 134 ff.

- 7. Kapitel – Der Unionspräsident (Art 38 bis 40)
- 8. Kapitel – Die Unionsregierung (Art 41 bis 44)
- 9. Kapitel – Der Unionsregionalrat (Art 45 und 46)
- 10. Kapitel – Die Gesetzgebung der Union (Art 47 bis 57)
- 11. Kapitel – Die Rechtsprechung (Art 58 bis 66)
- 12. Kapitel – Die Ausführung der Unionsgesetze und die Unionsverwaltung (Art 67 bis 69)
- 13. Kapitel – Die Finanzverfassung der Union (Art 70 bis 82)
- 14. Kapitel – Verfassungsänderung (Art 83)
- 15. Kapitel – Übergangs- und Schlussbestimmungen (Art 84 bis 87)

In der *Präambel* ist der Beschluss der entworfenen Verfassung durch die Volksvertretungen der damaligen Mitgliedstaaten und das Europäische Parlament vorgesehen. An Erwägungsgründen findet sich die einigende Verbindung durch die Europäischen Gemeinschaften einerseits und das gemeinsame Auftreten nach außen durch die EPZ andererseits. Des Weiteren wird die Überzeugung zum Ausdruck gebracht, dass die Zeit für eine Verfassung zur Ordnung des Zusammenlebens reif sei.

Der *Geltungsbereich* der Verfassung erstreckt sich auf die drei Europäischen Gemeinschaften und alle Unionsbürger (!) (Art 1 Abs 1). Der Vorrang der Verfassung ergibt sich aus Art 1 Abs 4, wonach Unionsrecht das Recht der Unionsstaaten bricht. Die Unionsstaaten sind nach Art 2 Abs 1 im Sinne einer Ewigkeitsklausel *unwiderruflich* aneinander gebunden und unterliegen gem Art 3 Abs 1 einem horizontalen und vertikalen Loyalitätsgebot, so wie auch die Union gegenüber den Unionsstaaten zu loyalem Verhalten verpflichtet ist.

Die *Grundrechte* werden in diesem Verfassungsentwurf im 2. Kapitel (Grundrechte und Grundfreiheiten) verbürgt. Aus den Erläuterungen geht die Überzeugung hervor, dass die Union nur vollendet werden kann, wenn den Bürgern der ihnen gebührende Rang eingeräumt wird, indem das Verhältnis zwischen ihnen und der Union durch Grundrechte abgesichert wird.[671] Die verbürgten Grundrechte umfassen solche zum Schutz der Rechte der Volksgruppen und der sprachlichen Minderheiten, wirtschaftliche und soziale Rechte, politische Rechte und Rechte gegenüber der rechtsprechenden Gewalt.[672]

Nach Art 15 Abs 1 ist die Union eine demokratische, freiheitliche, rechtsstaatliche und soziale *Staaten*gemeinschaft. Nach dem Prinzip der begrenzten Ermächtigung ist die Wahrnehmung *staatlicher* (!) Aufgaben an diese Verfassung

---

[671] *Luster* (FN 12) 119 f.

[672] Siehe die Einteilung in den Erläuterungen bei *Luster* (FN 12) 120.

gebunden und beruht auf dem Prinzip der Gewaltenteilung (Art 15 Abs 2). Die Gesetzgebung ist an die verfassungsmäßige Ordnung, die vollziehende Gewalt und die Rechtsprechung sind an Gesetz und Recht gebunden (Art 15 Abs 3). Der (bundes-)staatliche Charakter dieses Gebildes zeigt sich auch in der Verwendung staatlicher Symbole, wie der Unionsflagge in Art 16. Der Bestand und die verfassungsmäßige Ordnung der Unionsstaaten wird von Art 17 garantiert. Die Union ist nicht nur für die auswärtigen Angelegenheiten zuständig (Art 18 Abs 1), sondern ratifiziert auch internationale Abkommen wie die EMRK und macht sie somit zum Bestandteil des Rechtes der Union (Art 20 Abs 2).

Das *Unionsparlament* teilt sich mit dem Unionsrat „die klassischen Befugnisse in einem Zweikammernsystem".[673] Die Abgeordneten sind an keine Aufträge und Wiesungen gebunden und nur ihrem Gewissen (!) verantwortlich (Art 23 Abs 1). Die Tätigkeit als Abgeordneter im Europäischen Parlament ist mit der in der Unionsregierung, im Unionsrat, in der Regierung eines Unionsstaates, im Unionsverfassungsgerichtshof oder in einem obersten nationalen Gerichtshof unvereinbar (Art 28 Abs 1). Die Wahlprüfung wird intern geregelt und ist Sache des Parlamentes (Art 30 Abs 1) – immerhin ist gegen dieses Entscheidung eine Beschwerde an den Unionsverfassungsgerichtshof zulässig (Art 30 Abs 2).

Durch den *Unionsrat* wirken die Unionsstaaten bei der Rechtssetzung und in den in der Verfassung aufgeführten Fällen bei der Verwaltung der Union mit (Art 33 Abs 1). Die Ponderierung der Stimmen in Art 34 Abs 3 entspricht dem damaligen Art 148 EWGV. In Art 34 Abs 4 findet sich eine doppelte Mehrheit aus Stimmen und Staaten. Die Einrichtung des Unionsrates als eine von zwei Kammern in einem föderalen System bedingt es konsequenterweise, dass die Verhandlungen und Abstimmungen des Rates öffentlich sind (Art 34 Abs 9).[674]

Der *Europäische Rat* ist die Konferenz der Staats- und Regierungschefs der Unionsstaaten, an der der Unionsministerpräsident mit beratender Stimme teilnimmt (Art 36 Abs 1). Aufgrund der Beseitigung der Aufsplitterung der Fachräte fällt nach den Erläuterungen die Koordinierungs- und Lenkungsfunktion des Europäischen Rates weg, wodurch sich sein Tätigkeitsfeld im Wesentlichen auf den Bereich der zwischenstaatlichen Zusammenarbeit beschränkt.[675]

Ein weiteres Element (bundes-)staatlicher Provenienz spiegelt sich im *Unionspräsidenten* wieder. Der auf jeweils zwölf Monate zum Unionspräsidenten berufene Staatschef eines Unionsstaates vertritt die Union völkerrechtlich, schließt im Namen der Union die Verträge mit Drittstaaten, führt den Vorsitz im Euro-

---

[673] *Luster* (FN 12) 119.

[674] Siehe dazu die Anlage II der Schlussfolgerungen des Vorsitzes des Europäischen Rates von Sevilla (21./22. 6. 2002) 22 ff, 25.

[675] *Luster* (FN 12) 123.

päischen Rat, ernennt und entlässt den Unionsministerpräsidenten, die Unionsminister und die Richter und Beamten, löst auf Vorschlag des Unionsministerpräsidenten das Unionsparlament auf und übt das – wohl mehr monarchistische als bundesstaatliche – Gnadenrecht aus (Art 40).

Die heutige Kommission findet sich in der *Unionsregierung* wieder, welche aus dem Unionsministerpräsidenten und den Unionsministern besteht (Art 41). Die Unionsregierung ist dem Parlament verantwortlich, welchem ein dem deutschen Grundgesetz (GG) nachempfundenes konstruktives Misstrauensvotum (durch Wahl eines Nachfolgers) zur Verfügung steht.[676]

Die *Gesetzgebungsbefugnisse* liegen primär bei den Unionsstaaten, soweit nicht die Verfassung der Union Gesetzgebungsbefugnisse verleiht (Art 47 Abs 1). Der Union kommen die in Art 48 genannten ausschließlichen Legislativkompetenzen zu.[677] Bei der Aufteilung „der Staatsaufgaben auf die Union und die Unionsstaaten" ging man sowohl vom Subsidiaritäts- als auch vom Effizienzprinzip aus.[678] Die Union hat weiters die ausschließliche Kompetenz zum Erlass von Organgesetzen[679], die die Aufgaben, Zusammensetzung, Zuständigkeiten und Befugnisse von Organen der Union festlegen (Art 49). Eines dieser Organgesetze betrifft das Gesetz über den Europäischen Verfassungsgerichtshof und die Organisation der Unionsgerichte einschließlich der Gerichtsverfassung (Art 49 Abs 2 Ziff 2). Wie schon erwähnt, werden Unionsgesetze vom Unionsparlament und Unionsrat – gegebenenfalls unter Einberufung eines Vermittlungsausschusses (Art 55) – gemeinsam beschlossen (Art 54 Abs 1) und im Amtsblatt der Union[680] veröffentlicht (Art 57 Abs 1).

Der *Vollzug* der Unionsgesetze erfolgt – unter Aufsicht der Unionsregierung (Art 67 Abs 2) – grundsätzlich durch die Unionsstaaten (Art 67 Abs 1).

Die *Finanzverfassung* sieht für Union und Unionsstaaten jeweils eine selbständige und voneinander unabhängige Haushaltswirtschaft (Art 70 Abs 1) sowie einen Finanzausgleich (Art 77) vor.

Im 14. Kapitel (*Verfassungsänderung*) werden die Mitgliedstaaten als Herren der Verträge entmachtet.[681] Die Verfassung wird nicht wie bisher durch (völkerrechtliche) Verträge auf intergouvernementaler Ebene zwischen den Nationalstaaten geändert, sondern, wie es sich für eine (bundes-)staatliche Verfassung ge-

---

[676] *Luster* (FN 12) 123.
[677] Siehe dazu nachstehend auf S 161.
[678] *Luster* (FN 12) 120.
[679] Siehe dazu vorstehend in FN 576.
[680] Siehe dazu vorstehend in FN 577.
[681] „Die Ära der Europäischen Integration, bestimmt und gefördert durch die Mitgliedsregierungen, ist zu Ende gegangen.", *Luster* (FN 12) 125.

hört, durch ein Unionsgesetz, das den Wortlaut der Verfassung ausdrücklich ändert oder ergänzt (Art 83 Abs 1). Ein solches Gesetz bedarf der Zustimmung von zwei Drittel der Stimmen der Mitglieder des Parlamentes und des Rates (Art 83 Abs 2). Eine Ewigkeitsklausel findet sich außerdem noch in Abs 3 für die Bestimmungen über die Union, die Unionsorgane, die von der Verfassung garantierte Selbständigkeit der Unionsstaaten, die Unionsbürgerrechte, den Vorrang des Unionsrechtes und die wechselseitigen Loyalitätsgebote.

In den *Übergangs- und Schlussbestimmungen* ist vorgesehen, dass Unionsstaatsrecht, das Gegenstände der Unionsgesetzgebung betrifft, innerhalb seines Geltungsbereiches als partielles Unionsrecht fort gilt, solange nicht ein entsprechendes Unionsgesetz ergangen ist (Art 84). Das von den Europäischen Gemeinschaften gesetzte Recht gilt als Unionsrecht fort, sofern und soweit hierfür eine Unionsgesetzgebungsbefugnis besteht (Art 85 Abs 1). Diese Formulierung umfasst rein semantisch nur das Sekundärrecht, weshalb man davon ausgehen muss, dass die Gründungsverträge der drei Europäischen Gemeinschaften sowie allfällige weitere primärrechtliche Rechtsakte von der Verfassung „abgelöst" werden und nicht weiter gelten. Eine bürgerfreundliche Bestimmung findet sich in Art 85 Abs 3, wonach die Unionsregierung innerhalb eines Jahres nach In-Kraft-Treten der Verfassung eine bereinigte Kodifizierung[682] des als Unionsrecht fort geltenden Gemeinschaftsrechtes vorlegt. Die Verfassung tritt in Kraft, sobald sie von einer Anzahl von Unionsparlamenten ratifiziert worden ist, die zwei Drittel der Gesamtbevölkerung der Union repräsentiert (Art 87 Abs 1).

4.4 Die materiell-rechtlichen Bestimmungen

Die schon erwähnte ausschließliche Unionsgesetzgebung sieht in Art 48 Zuständigkeiten für folgende Bereiche vor:

- Abs 1 – auswärtige Angelegenheiten
- Abs 2 – Unionsbürgerrechte
- Abs 3 – Freizügigkeit, Niederlassungs- und Dienstleistungsfreiheit
- Abs 4 – Währungs-, Geld- und Münzwesen
- Abs 5 – Wirtschaftsrecht
- Abs 6 – Wettbewerbsrecht
- Abs 7 – Recht der Montanindustrie
- Abs 8 – Recht der Kernenergie
- Abs 9 – Zoll- und Handelsangelegenheiten

[682] Zur Bereinigung des Rechtsbestandes ganz allgemein siehe nachstehend im 7. Kapitel auf S 196.

- Abs 10 – Außenwirtschaftsrecht
- Abs 11 – Luft- und Raumfahrt
- Abs 12 – Seerecht
- Abs 13 – Post- und Fernmeldewesen
- Abs 14 – internes Dienstrecht
- Abs 15 – Umweltschutz- und Verbraucherschutzrecht
- Abs 16 – Energierecht
- Abs 17 – Koordinierung von Wissenschaft und Forschung
- Abs 18 – gewerblicher Rechtsschutz
- Abs 19 – polizeiliche Zusammenarbeit
- Abs 20 – Waffen- und Sprengstoffrecht
- Abs 21 – Statistik
- Abs 22 – Kompetenzen, die der Union nach Art 52 (potentielle Zuständigkeiten der Union) übertragen worden sind

4.5 Die Judikative

Die (verfassungs-)richterliche Gewalt kommt in diesem Entwurf dem *Unionsverfassungsgerichtshof* zu.[683] Geregelt ist die Judikative systematisch in Kapitel 16 (Die Rechtsprechung). Anders als in den meisten zuvor behandelten Entwürfen findet sich in dem vorliegenden keine Bestimmung mit einer (taxativen) Aufzählung der Organe der Union. Die Organqualität des Unionsverfassungsgerichtshofes kann man aus Art 61 Abs 2 ableiten, wonach „die Richter (...) [des Unionsverfassungsgerichtshofes] nicht einem *anderen* [!] Unions- oder Unionsstaats*organ* angehören“[684] dürfen.

Im Bereich des Verhältnisses zu anderen Organen sind alle Gerichte und Behörden der Union gem Art 31 Abs 2 einem vom Unionsparlament eingesetzten Untersuchungsausschuss zur Rechts- und Amtshilfe verpflichtet. Nicht eine Frage der Zusammenarbeit mit, sondern der Abgrenzung zu anderen Organen normiert Art 58 (Richtermonopol), wonach die rechtsprechende Gewalt (ausschließlich) den Richtern anvertraut ist.

Die Richter des Unionsverfassungsgerichtshofes werden je zur Hälfte von Unionsparlament und Unionsrat *gewählt* (Art 61 Abs 1). Nach Art 61 Abs 3 bestimmt ein Organgesetz „das Nähere, insbesondere, in welchen Fällen die Entscheidungen des Unionsgerichtshofes Gesetzeskraft haben“. Diese Bestimmung erklärt das Fehlen von expliziten Regelungen zu *Anzahl*, *Rechtsstellung* und *Qualifikationen* der Richter.

---

683 Zu *Unionsgerichtshof* und *Unionsuntergerichten* siehe nachstehend auf S 170 f.

684 Hervorhebungen durch den Verfasser.

Vor der materiellen Behandlung von Art 65 (*Unabhängigkeit* der Richter) ist noch kurz dessen Anwendungsbereich auf die verschiedenen Gerichte dieses Entwurfes abzuklären. Da es neben dem Unionsverfassungsgerichtshof (Art 59 bis 61 und Art 64), wie schon erwähnt, noch zwei weitere Unionsgerichte gibt (Unionsgerichtshof und Unionsuntergerichte – Art 62 und Art 63), ist es nicht eindeutig, ob Art 65 nur auf die beiden letztgenannten Gerichte, oder aber auch auf den Unionsverfassungsgerichtshof anzuwenden ist. Für eine dermaßen zentrale Bestimmung wie die der Unabhängigkeit der Richter würde man sich erwarten, dass sie am Beginn des Kapitels über die Rechtsprechung steht. Bei einer systematischen Stellung wie im vorliegenden Fall könnte man geneigt sein, den Art 65 nur für den Unionsgerichtshof und die Unionsuntergerichte anwendbar zu sehen. Der Wortlaut („die Richter") und die grundlegende Bedeutung dieser Bestimmung sprechen allerdings dafür, diese Garantie objektiver richterlicher Tätigkeit auf alle von der Zuständigkeit der Union umfassten Gerichte anzuwenden.

Folglich gilt auch Art 65 Abs 3 für die Frage der *Amtsdauer* der Richter am Unionsverfassungsgerichtshof. Nach dieser Bestimmung legt ein Organgesetz die Altersgrenze fest, bei deren Erreichung auf *Lebenszeit* angestellte Richter (!) in den Ruhestand treten. Diese Bestimmung zur Amtszeit der Richter steht systematisch korrekterweise im Artikel über die Unabhängigkeit der Richter. Ein transatlantischer Vergleich zeigt, wie wichtig es für die Unabhängigkeit der Richter ist, für eine Weiterbestellung nicht auf ein „Wohlgesonnensein der Politik" angewiesen zu sein. Gem Art 3 *Section* 1 der amerikanischen Verfassung behalten die Richter am Supreme Court ihr Amt „during good Behaviour", was im Normalfall eine Bestellung auf Lebenszeit bedeutet.[685] Dementsprechend sind sie während ihrer Amtszeit frei von der Ingerenz der Politik – wenn man von ihrer Bestellung einmal absieht. So bedeutende Entscheidungen wie *Marbury vs Madison*[686] wären ohne diese Unabhängigkeit wahrscheinlich in der Form nicht denkbar gewesen. Gem Art 65 Abs 1 sind die Richter des Unionsverfassungsgerichtshofes unabhängig und nur dem Gesetz unterworfen. Abgesehen von ihrer Bestellung durch die Politik (Unionsparlament und Unionsrat) sind sie somit rein faktisch (kein Erfordernis einer „Wiederkandidatur" aufgrund ihrer Bestellung auf Lebenszeit), aber auch rein rechtlich unabhängig. Die mit der Frage der Unabhängigkeit eng

[685] Siehe dazu *The Court as an Institution* auf der Homepage des US-Supreme Court unter der Adresse: http://a257.g.akamaitech.net/7/257/2422/14mar20010800/www.supremecourtus.gov/about/institution.pdf. Siehe dazu auch nachstehend im 2. Kapitel des 4. Teiles auf S 331 ff.

[686] 1 Cranch 137 (1803), abrufbar auch unter http://www.findlaw.com/casecode/supreme.html; siehe dazu ausführlich bei *Haller, Walter*, Supreme Court und Politik in den USA. Fragen der Justiziabilität in der höchstrichterlichen Rechtsprechung (1972) 121 ff. Zu dieser Entscheidung siehe auch nachstehend im 2. Kapitel des 4. Teiles auf S 325 f.

verbundene Frage der Unversetzbarkeit wird in Art 65 Abs 4 dahingehend geregelt, dass Richter (nur) bei Veränderung der Einrichtung der Gerichte an ein anderes Gericht versetzt werden, jedoch nur unter Belassung des vollen Gehalts[687].

Die Tätigkeit der Richter am Unionsverfassungsgerichtshof ist, wie erwähnt, mit der Zugehörigkeit zu einem anderen Unions- oder Unionsstaatsorgan *unvereinbar* (Art 61 Abs 2).

In Zusammenhang mit der Frage der Unabhängigkeit der Richter ist nicht nur die Amtsdauer, sondern auch die Möglichkeit von Bedeutung, unbeliebt Richter aus dem Amt zu entfernen. Von großer Bedeutung sind dabei nicht nur die materiellen Voraussetzungen für eine solche *Amtsenthebung*, sondern auch die formelle Regelung, durch wen diese Amtsenthebung erfolgt. Zweifelsohne erhöht ein Enthebungsverfahren im Schoße der Politik deren potentielle Einflussnahme auf die Justiz. Wünschenswert ist vielmehr ein internes Verfahren, in dem Richter gegebenenfalls von Ihresgleichen ihres Amtes enthoben werden können. Die materiellen Voraussetzungen für eine Amtsenthebung vor Ablauf der Amtszeit bzw für eine Versetzung in den Ruhestand werden nach Art 65 Abs 2 durch ein Organgesetz bestimmt. Was die formellen Voraussetzungen angeht, so werden die Formen dieser Amtsenthebung ebenfalls durch ein Organgesetz geregelt, lediglich die wichtige Frage der für die Amtsenthebung zuständigen Instanz regelt Art 65 Abs 2 begrüßenswerterweise insofern, als er dafür den Unionsverfassungsgerichtshof für zuständig erklärt und sich damit für ein internes Verfahren ohne Ingerenz der Politik entscheidet.[688]

Diese Bestimmungen betreffend die Richter des Unionsverfassungsgerichtshofes ergeben in ihrer Gesamtheit ein starkes Gericht mit möglichst geringer Einflussnahme durch die Politik. Was ihre Bestellung – durch die Politik – anbelangt, so ist ebenfalls positiv anzumerken, dass die Richter nicht nur von den intergouvernementalen Kräften im Unionsrat, sondern auch von der Volksvertretung des Unionsparlamentes ausgewählt werden.

Keine Bestimmungen finden sich zu einem allfälligen *Präsidenten* des Unionsverfassungsgerichtshofes sowie zum Amt der *Generalanwälte*. Da die Gründungsverträge, wie erwähnt, durch die Unionsverfassung abgelöst werden und nicht weiter gelten, kann man nicht „auf die Bestimmungen des E(W)GV zurückgreifen". Dies bedeutet allerdings keinesfalls, dass es diese beiden „Einrichtungen" unter dem Verfassungsvertrag nicht geben kann, da man beide durchaus

---

[687] Bei der finanziellen Unabhängigkeit handelt es sich um ein Sicherungsinstrumentarium, auf das auch die amerikanische Verfassung sehr viel Wert legt; siehe dazu nachstehend im 2. Kapitel des 4. Teiles auf S 335.

[688] Siehe dazu auch nachstehend die Behandlung der Zuständigkeiten des Unionsverfassungsgerichtshofs auf S 168.

unter die in Art 61 (Zusammensetzung) einem Organgesetz vorbehaltenen näheren Regelungen subsumieren kann.

Dieses Organgesetz wird wohl auch „das Nähere“ zur *Organisation* des Unionsverfassungsgerichtshofes regeln. Wie schon erwähnt, kann gem Art 85 nur Sekundär- nicht aber Primärrecht der Europäischen Gemeinschaften innerhalb der Gesetzgebungshoheit der neu geschaffenen Union weiter gelten. Dieses „Fortgelten von Gemeinschaftsrecht“ kann somit nur die als Sekundärrecht zu qualifizierende Verfahrensordnung, die zusätzliche Verfahrensordnung und die Dienstanweisung an den Kanzler[689], nicht aber das Protokoll über die Satzung des Gerichtshofes der Europäischen Gemeinschaften betreffen, da dieses gem Art 311 EGV als von den hohen Vertragsparteien geschaffenes Protokoll Bestandteil des Vertrages ist.[690]

So wie auch schon bei den beiden vorgehenden Entwürfen finden sich die bedeutendsten Kompetenzen des Verfassungsgerichtes dieses Entwurfes in der Kategorie der *konstitutiven Zuständigkeiten.*

Der Unionsverfassungsgerichtshof ist nicht nur – wie noch zu zeigen sein wird – im Wege des Vorabentscheidungsverfahrens für die Prüfung der Vereinbarkeit von *Unionsrecht mit der Verfassung* zuständig,[691] sondern nach Art 59 Abs 1 lit b 1. Fall auch im Wege einer eigenständigen *judicial review*-Zuständigkeit (*Normenkontrolle – Akte der übergeordneten Ebene*). Antragsbefugt sind nach Art 59 Abs 1 lit b 2. Satz die Unionsregierung, eine Unionsstaatenregierung oder ein Drittel der Mitglieder des Unionsparlamentes. Mit dieser Regelung zur Klagelegitimation entfällt die Unterscheidung in privilegierte und nicht privilegierte Klageberechtigte des EGV.[692] Nicht aktiv klagslegitimiert sind nach dieser Bestimmung der Unionsrat, der Europäische Rat und der Unionspräsident. Im Vergleich zum EGV verwunderlich ist die fehlende Klagelegitimation des (Unions-)Rates, welcher im vorliegenden Entwurf immerhin eine der zwei Kammern im Legislativverfahren ist. Das Unionsparlament wird in diesem Entwurf insofern aufgewertet, als es einerseits nicht mehr auf den Schutz der eigenen Rechte und Befugnisse beschränkt ist[693], und andererseits das Klagerecht auch einer Minderheit unter den Abgeordneten zukommt.

Gem Art 59 Abs 2 wird das „Nähere, insbesondere die Antragsvoraussetzungen“ für die Zuständigkeiten der lit a bis f des Art 59 durch ein – auch in

---

[689] Siehe dazu *Borchardt* (FN 307) Rdnr 8 f zu Art 245 EGV.

[690] Siehe dazu *Borchardt* (FN 307) Rdnr 2 ff zu Art 245 EGV.

[691] Siehe dazu nachstehend auf S 168 f.

[692] Siehe dazu *Borchardt* (FN 307) Rdnr 24 ff zu Art 230 EGV.

[693] Siehe dazu *Borchardt* (FN 307) Rdnr 26 zu Art 230 EGV.

Art 49 Abs 2 Ziff 2 vorgesehenes – Organgesetz über den Unionsverfassungsgerichtshof geregelt.

Wie auch im Vorabentscheidungsverfahren,[694] ist der Unionsverfassungsgerichtshof auch nach Art 59 Abs 1 lit b in einem eigenen Verfahren dafür zuständig, das *Recht der Unionsstaaten* (*Normenkontrolle – Akte der untergeordneten Ebene*) einem *judicial review* zu unterziehen. Dabei prüft er sowohl die Vereinbarkeit von Unionsstaatenrecht mit der Verfassung (lit b 2. Fall) als auch mit sonstigem Unionsrecht (lit b 3. Fall). Die schon erwähnte Regelung zur aktiven Klagelegitimation des Art 59 Abs 1 lit b 2. Satz gilt auch in diesem Fall.

Das System der Ahndung von *Pflichtenverletzungen* der Art 226 und 227 EGV findet in Art 59 Abs 1 lit c sein Pendant, allerdings in leicht unterschiedlicher Ausführung. Die Antragsbefugnis nach lit c 2. Satz entspricht den Art 226 und 227 EGV, da auch nach der Unionsverfassung Unionsregierung und Unionsstaatenregierungen klagebefugt sind. Eine Unterscheidung zum EGV ergibt sich insofern, als lit c zum einen Streitigkeiten nicht nur über Pflichtenverletzungen, sondern auch über Rechte umfasst, und zum anderen nicht nur die Unionsstaatenregierungen (2. Fall leg cit; *untergeordnete Ebene*) von dieser Zuständigkeit erfasst werden, sondern auch die Union (1. Fall leg cit; *übergeordnete Ebene*). Im System des EGV kann die Gemeinschaft bzw ein Organ derselben (nur) mit einer Nichtigkeits- bzw Untätigkeitsklage belangt werden. Diese Bestimmung ist wiederum mit der Schaffung eines Bundesstaates zu sehen, in welchem nach Art 3 nicht nur die Unionsstaaten der Union gegenüber zu Loyalität verpflichtet sind, sondern auch umgekehrt die Union den Unionsstaaten gegenüber.

Eine weitere – nach Ansicht des Verfassers – für ein Verfassungsgericht konstitutive Zuständigkeit ist der *Grundrechtsschutz*. Nach Art 59 Abs 1 lit e 1. Satz entscheidet der Unionsverfassungsgerichtshof über Streitigkeiten, die von jedermann mit der Behauptung erhoben werden können, durch die öffentliche Gewalt in einem seiner Unionsgrundrechte verletzt worden zu sein. Die Grundrechte sind, wie schon erwähnt, im 2. Kapitel (Art 4 bis 14), sowie in Art 66 (Recht auf den gesetzlichen Richter) verbürgt. Diese Bestimmung gewährt *jedermann*, dh nicht nur Unionsbürgern (Art 1 Abs 2) das Recht auf Grundrechtsschutz. Unklar ist hingegen, gegen Eingriffe welcher öffentlichen Gewalt diese Bestimmung Schutz gewährt, nur gegen Eingriffe der Union (*übergeordnete Ebene*), oder aber auch gegen solche der Unionsstaaten (*untergeordnete Ebene*). Da dieser Entwurf wie gesagt einen Bundesstaat Europäische Union entwirft, wird man annehmen können, dass das Verfassungsgericht dieses Gebildes für Grundrechtsverletzungen sowohl der Union als auch der Unionsstaaten zuständig ist.

---

[694] Siehe dazu nachstehend auf S 168 f.

Individuen sind, wie schon erwähnt, nicht nur im Bereich des Grundrechtsschutzes klagebefugt, Art 59 Abs 1 lit e 2. Satz gewährt auch eine Verfassungsbeschwerde bei der Behauptung, durch den Spruch eines Unionsstaatsgerichtes in Widerspruch zur Rechtsprechung des Unionsgerichtes in seinem Recht auf Gleichheit der Unionsrechtsanwendung verletzt worden zu sein. Aufgrund des Wortlauts („*des* Unionsgerichts") und der systematischen Stellung in lit e über die Grundrechtsbeschwerde (für die nur der Unionsverfassungsgerichtshof zuständig ist) wird man annehmen müssen, dass mit Unionsgericht nur der Unionsverfassungsgerichtshof, nicht aber auch der Unionsgerichtshof und die Unionsuntergerichte gemeint sind. Zwar judiziert auch der EuGH immer wieder die Einheitlichkeit der Anwendung des Gemeinschaftsrecht, soweit ersichtlich allerdings nicht als (subjektives?) Recht (auf Gleichheit der Unionsrechtsanwendung). Nicht ganz kohärent ist diese Bestimmung insofern, als es natürlich auch denkmöglich wäre, dass sich ein unteres Unionsgericht – oder sogar der Unionsgerichtshof – durch seine Rechtsprechung in Widerspruch zum Unionsverfassungsgerichtshof setzt und dadurch die Gleichheit der Unionsrechtsanwendung gefährdet.

In der Kategorie der *sonstigen institutionellen Streitigkeiten* ist der Unionsverfassungsgerichtshof nach Art 59 Abs 1 lit a zuständig für Streitigkeiten über den Umfang der Rechte und Pflichten eines obersten Unionsorganes oder eines diesen durch Organgesetz gleichgestellten Beteiligten (*Horizontal I*). Wie schon erwähnt, legt der Verfassungsentwurf nicht fest, was unter obersten Unionsorganen zu verstehen ist. Anzunehmen ist, dass es sich bei den obersten Unionsorganen um die mit den in Art 7 EGV korrespondierenden Organen handelt. Die durch Organgesetz gleichgestellten Beteiligten dürften in etwa den Nebenorganen des EGV entsprechen.[695] Ein Vergleich mit den öffentlich-rechtlichen Streitigkeiten zwischen Organen im EGV zeigt, dass es dafür keine dem Art 59 Abs 1 lit a entsprechende weite Bestimmung gibt – zu nennen wären in diesem Zusammenhang die Nichtigkeitsklage des Art 230 EGV und die Untätigkeitsklage des Art 232 EGV. Denken könnte man bei diesen öffentlich-rechtlichen Streitigkeiten insbesondere auch an solche in Zusammenhang mit dem institutionellen Gleichgewicht, insbesondere iZm der Delegation von Kompetenzen.[696]

Nach Art 59 Abs 1 lit d 1. Fall ist der Unionsverfassungsgerichtshof auch für *vertikal öffentlich-rechtliche Streitigkeiten* zwischen der Union und den Unionsstaaten zuständig. Antragsbefugt sind nach Art 59 Abs 1 lit d 2. Satz die Unions-

[695] Nach Art 49 Abs 2 Ziff 3, 4, 6 und 7 wären dies: der Regionalrat, der unabhängige Europäische Rechnungshof, die unabhängige Unionsbank und das Unionskriminalpolizeiamt. Zu den Nebenorganen des EGV siehe *Schweitzer/Hummer* (FN 76) Rdnr 291 ff.

[696] Siehe dazu vorstehend in FN 75.

organe und die Unionsstaatenregierungen. An potentiellen Streitigkeiten bieten sich in diesem Fall insbesondere solche über die Reichweite und Auslegung von vertikalen Kompetenzabgrenzungen an. Ein Vergleich mit dem EGV ergibt für diese Konstellation folgende Verfahren: die Aufsichtsklage nach Art 226, sowie wiederum Nichtigkeits- und Untätigkeitsklage.

Und schließlich in der letzten möglichen Konstellation, den *horizontal öffentlich-rechtlichen Streitigkeiten*, diesmal aber *auf Ebene der Unionsstaaten* (*Horizontal II*), ist der Unionsverfassungsgerichtshof nach Art 59 Abs 1 lit d 2. Fall zuständig. Aufgrund der Formulierung des 2. Satzes ist unklar, ob in diesem Fall nur die Unionsstaatenregierungen oder auch – wie nach dem Wortlaut – die Unionsregierung antragsbefugt sind. Da sich diese Streitigkeiten im Rahmen der Union bewegen, kann man in Zusammenhang mit der Bestimmung des Art 3 (Unionstreue) aber durchaus die Ansicht vertreten, dass auch der Unionsregierung eine Antragsbefugnis zukommt.

Diese Definition der Zuständigkeiten in Art 59 nicht nach (formellen) Verfahrensarten wie im EGV, sondern nach materiellen Gesichtspunkten – und hier wiederum konkret nach den verschiedenen Arten öffentlich-rechtlicher Streitigkeiten – streicht mehr noch als die reine Bezeichnung in Art 59 die Bedeutung der obersten Gerichtsinstanz dieses Entwurfes als Unions*verfassungsgericht* hervor.

Wie auch schon bei *Spinelli* und *Cromme* ist die bedeutendste Kompetenz in der Kategorie der *nicht konstitutive Zuständigkeiten* das Vorabentscheidungsverfahren.

Wie schon erwähnt, liegt das Verfahren über die *Entlastung oder Abberufung* eines *Richters* des Unionsverfassungsgerichtshofes gem Art 59 Abs 1 lit f im Schoß desselben. Nach dieser Bestimmung ist der Unionsverfassungsgerichtshof aber nicht nur für seine eigenen Richter, sondern für alle Unionsrichter (somit auch für die Richter am Unionsgerichtshof und an den Unionsuntergerichten) zuständig.

Vor der Darstellung der Konstruktion der Vorabentscheidung dieses Entwurfes sind einige abstrakte Differenzierungen notwendig: Was die Art der Vorabentscheidung betrifft so kann zum einen die *Auslegung*, zum anderen die *Gültigkeit* der betroffenen Norm angesprochen werden. Diese Norm kann einerseits aus der *Rechtsordnung* der Union bzw andererseits aus der der Unionsstaaten stammen. In der Rechtsordnung der Mitgliedstaaten ist der EuGH weder zur Auslegung und schon gar nicht zur Gültigkeitsprüfung der einzelnen Normen befugt. Eine Auslegung von nationalem Recht steht ihm rein rechtlich nicht zu, rein faktisch führt die Auslegung von Gemeinschaftsrecht indirekt im Ergebnis natürlich auch zu einer Auslegung von nationalem Recht, da dieses nur in der vom EuGH vorgegebenen Variante ausgelegt werden darf, um gemeinschaftsrechtskonform zu sein.[697] Keine Abgrenzungsproblem gibt es bei der Gültigkeitsprüfung von nationalem Recht durch den EuGH, da diese in jedem Fall unzulässig ist.[698] In der *Gemeinschaftsrechtsordnung* kann der EuGH zur Auslegung von Sekundär- wie Primärrecht angerufen werden. Im Stufenbau der Gemeinschaftsrechtsordnung kann der EuGH Sekundärrecht auf seine Gültigkeit an Primärrecht messen. Mangels einer übergeordneten Rechtsnorm und aufgrund der Tatsache, dass Primärrecht immer noch von den Mitgliedstaaten als völkerrechtliche Herren der Verträge geschaffen wird, ist dem EuGH eine Gültigkeitsprüfung von Primärrecht untersagt. Die letzte Unterscheidungsmöglichkeit betrifft das *vorlegende Gericht*: Gemeinschaftsgericht oder nationales Gericht. Der Verfassungsentwurf kennt zwei zur Vorabentscheidung zuständige Gerichte.[699] Die Zuständigkeit des Unionsverfassungsgerichtshofes normiert Art 60: „Der Unionsverfassungsgerichtshof ist zuständig für die Entscheidung über Vorlagebeschlüsse von Gerichten der Unionsstaaten oder der Union gemäß Artikel 64, die ein Unions- oder Unionsstaatsgesetz, auf dessen Gültigkeit es bei der Entscheidung ankommt, für verfassungswidrig oder für unionsrechtswidrig halten." Im erwähnten Art 64[700] findet sich inhaltlich dieselbe Konstruktion. Da nicht zu vermuten ist, dass es sich nur um eine Wiederholung handelt, ist Art 64 nicht als Norm zur Begründung der Zuständigkeit des Unionsverfassungsgerichtshofes, sondern als Vorlageverpflichtung für die Gerichte zu verstehen. Im Vorlageverfahren vor dem Unionsverfassungsgerichtshof nach Art 60 bzw Art 64 geht es um eine reine Gültigkeitsprüfung, nicht um eine Auslegung von Recht. Vorgelegt werden können diese Gültigkeitsfragen sowohl von Gerichten der Unionsstaaten als auch der Union. Diese Konstruktion ist insofern gegenüber der heutigen Situation neu, als – abgesehen vom EuG, welches nach Art 234 EGV nicht vorlageberechtigt ist[701] – es kein Gemeinschaftsgericht gibt, welches vorlegen könnte. Bei Vorhandensein von Gemeinschafts- bzw Unionsgerichten ist eine Vorlagemöglichkeit derselben im Lichte der Einheitlichkeit der Anwendung des Gemeinschaftsrechtes durchaus zu begrüßen. Art 60 bzw Art 64 kennen zwei Varianten der Gültigkeitsprüfung: zum einen kann

---

[697] Zur Abgrenzung der Auslegung von Gemeinschaftsrecht und der Entscheidung des konkreten nationalen Rechtsstreites siehe *Borchardt* (FN 307) Rdnr 11 zu Art 234 EGV.

[698] Zur Unzulässigkeit von Auslegung und Gültigkeitsprüfung von nationalem Recht siehe *Borchardt* (FN 307) Rdnr 16 ff zu Art 234 EGV.

[699] Zur Zuständigkeit des Unionsgerichtshofes in Vorabentscheidungssachen siehe nachstehend auf S 170.

[700] „Hält ein Gericht ein Unionsgesetz, auf dessen Gültigkeit es bei der Entscheidung ankommt, für verfassungswidrig oder ein Unionsstaatsgesetz für unionsrechtswidrig, so ist das Verfahren auszusetzen und die Entscheidung des Unionsverfassungsgerichtshofs einzuholen."

[701] Art 234 EGV spricht von „einem Gericht eines Mitgliedstaates" bzw von „einzelstaatlichen Gerichten".

ein Unionsgesetz an der (Unions-)Verfassung gemessen werden, also die klassische Variante der Prüfung von Sekundär- an Primärrecht. Diese Prüfung ist gegenüber dem EGV nur insofern eingeschränkt, als das Unionsprimärrecht in diesem Fall nicht (explizit) die Allgemeinen Rechtsgrundsätze enthält und auf der anderen Seite nur Gesetze unter das zu prüfende Sekundärrecht fallen. Zum anderen kann aber auch ein Unionsstaatsgesetz für unionsrechtswidrig erklärt werden. Diese Variante ist neu und wäre im heutigen System des EGV, wie schon erwähnt, unzulässig, als sich nationales Recht an (sekundärem und primärem) Gemeinschaftsrecht messen lassen müsste. Man kann natürlich die dogmatisch sicher korrekte Ansicht vertreten, dass eine Gültigkeitsprüfung in verschiedenen Rechtsordnungen nicht zulässig ist. In diesem Zusammenhang darf allerdings nicht vergessen werden, dass dieser Verfassungsentwurf einen Bundesstaat Europäische Union und somit auch eine einheitliche Rechtsordnung schafft. Abgesehen von dogmatischen Fragen kann man natürlich die rein am praktischen Ergebnis orientierte Auffassung vertreten, wonach der EuGH schon derzeit über die „Gültigkeit" von nationalem Recht entscheidet, indem er über die „Auslegungsschiene" auch indirekt über die Gültigkeit des nationalen Rechtes judiziert, als dieses in allen anderen als vom EuGH vorgegebenen Varianten „ungültig" ist. Abschließend betrachtet handelt es sich bei dieser Norm um die konsequente Fortführung der Schaffung eines Bundesstaates im Bereich des Vorabentscheidungsverfahrens.

Art 58 regelt als erste Bestimmung im Kapitel über die Rechtsprechung nicht nur das (horizontale) Verhältnis zu den anderen Organen im Bundesstaat Europäische Union, er regelt auch das vertikale *Verhältnis zu den Gerichten der Unionsstaaten.* Gemäß dem die föderale Struktur der Union sichernden Subsidiaritätsprinzip[702] wird die rechtsprechende Gewalt durch die Gerichtsbarkeit der Unionsstaaten ausgeübt, soweit nicht die vorliegende Verfassung der Union Rechtsprechungsbefugnisse verleiht.

Gem Art 59 Abs 3 können dem Unionsverfassungsgerichtshof neben den soeben geschilderten durch ein Organgesetz noch *weitere Zuständigkeiten* übertragen werden.

Wie schon mehrmals erwähnt, handelt es sich beim Unionsverfassungsgerichtshof nicht um das einzige Unionsgericht. Art 62 (Unionsgerichtsbarkeit) kennt daneben noch den *Unionsgerichtshof* sowie *Unionsuntergerichte.*[703]

In zivil-, straf-, arbeits-, sozial-, steuer- und abgaberechtlichen Streitigkeiten haben sie die Anwendung und Auslegung des Unionsrechtes zu überwachen. Insofern ist der Unionsgerichtshof auf Vorlage von Unionsstaatsgerichten zur Vor-

---

[702] Siehe dazu in der Einführung bei *Luster* (FN 12) 120.

[703] Die näheren Bestimmungen dazu regelt ein Gerichtsverfassungs- und -verfahrensordnungsgesetz der Union.

abentscheidung zuständig (Art 62 Abs 1 lit a). Die mit dieser Ermächtigungsnorm für den Unionsgerichtshof korrespondierende Verpflichtung für die Unionsstaatsgerichte zur Vorlage findet sich in Art 63 Abs 1. Art 63 Abs 2 schränkt diese Verpflichtung in Fällen der im Bereich des EGV bekannten *acte clair*-Doktrin[704] ein. Dieses Vorlageverfahren unterscheidet sich von dem schon behandelten Vorabentscheidungsverfahren[705] dadurch, dass der Unionsgerichtshof nur über die *Anwendung und Auslegung*, nicht aber über die Gültigkeit judizieren kann. Die Gültigkeitsprüfung bleibt, wie es sich für ein Verfassungsgericht gehört, dem Unionsverfassungsgerichtshof vorbehalten.

In öffentlichen Streitigkeiten – mit Ausnahme der in die Zuständigkeit der unteren Unionsgerichte fallenden Zuständigkeiten nach Art 62 Abs 1 lit c –, die die Anwendung und Auslegung von Unionsrecht betreffen, ist der Unionsgerichtshof zuständig, die Rechtseinheit zu wahren. In diesen Rechtssachen können die Prozessbeteiligten den Unionsgerichtshof als Revisionsgericht anrufen.

In Streitigkeiten über die Anwendung und Auslegung des Wettbewerbsrechtes und des Rechtes des gewerblichen Rechtsschutzes, des Rechtes des Öffentlichen Dienstes der Union, des Urheber-, Verlags-, Marken und Patentrechtes wird die rechtsprechende Gewalt ausschließlich von der Unionsgerichtsbarkeit durch *untere Unionsgerichte* ausgeübt. Ihre Entscheidung kann mit einem Rechtsmittel zum Unionsgerichtshof angefochten werden. Insofern ergibt sich eine gewisse Ähnlichkeit zum Gericht erster Instanz der Europäischen Gemeinschaften.

4.6 Bewertung

Der Unionsverfassungsgerichtshof verdankt seine starke *institutionelle Stellung* insbesondere seinen auf Lebzeiten bestellten Richtern, welche außerdem nur durch ihn selbst abgesetzte werden könne und ihn somit von der Ingerenz der Politik weitgehend bewahren. Die Bestellung der Richter durch Unionsparlament und -rat verdeutlicht die Stellung als *Unions*verfassungsgericht in diesem Bundesstaat Europäische Union. Auch in Hinblick auf seine Kompetenzen wird die *funktionale Rolle* als Verfassungsgericht dieses Bundesstaates deutlich. Als solches entscheidet er nicht nur über alle Arten von vertikalen und horizontalen Streitigkeiten, sondern besitzt auch weitgehende Zuständigkeiten im Vorabentscheidungsverfahren. Wie für ein Verfassungsgericht eines Bundesstaates üblich, kann der Unionsverfassungsgerichtshof das Recht der Unionsstaaten in einem eigenen

[704] Siehe dazu *Borchardt* (FN 307) Rdnr 41 f zu Art 234 EGV; bzw *Blanchet, Dominique*, L'usage de la théorie de l'acte clair en droit communautaire: une hypothèse de mise en jeu de la responsabilité de l'Etat français du fait de la fonction juridictionnelle?, RTD eur 2001, 397 ff.

[705] Siehe vorstehend auf S 168 f.

judicial review-Verfahren (bzw auch im Vorabentscheidungsverfahren) auf seine Gültigkeit hin prüfen. Den Schutz der Individuen gewährleistet dieses Verfassungsgericht – neben dem Verfahren der Verfassungsbeschwerde zur Sicherung des Rechtes auf Gleichheit der Unionsrechtsanwendung – durch den Grundrechtsschutz gegen Akte der öffentlichen Gewalt, wodurch das Unionsverfassungsgericht einen bedeutenden Beitrag zur Legitimation des Bundesstaates leistet. Abgesehen von dem für die Einheitlichkeit der Anwendung des Unionsrechtes bedeutenden Vorabentscheidungsverfahren ist es signifikativ, dass das Gros der Kompetenzen des Unions*verfassungsgerichts*hofes der Kategorie der *konstitutiven Zuständigkeiten* zuzurechnen sind.

5. Kapitel: Das Memorandum „Wie Europa verfaßt sein soll" der Arbeitsgruppe „Europäische Verfassung" unter der Leitung von *Werner Weidenfeld* (1991)[706]

5.1 Die Mitglieder der Arbeitsgruppe[707]

Die Arbeitsgruppe setzt sich aus in Deutschland, Frankreich und der Schweiz lehrenden Universitätsprofessoren zusammen, wobei Europa- und Öffentlichrechtler ebenso vertreten sind, wie Politikwissenschaftler, Zeitgeschichtler und Philosophen. Geleitet wurde die Arbeitsgruppe „Europäische Verfassung" von *Werner Weidenfeld*, bis 1995 Professor für Politikwissenschaft an der Universität Mainz, Koordinator der deutschen Bundesregierung für die deutsch-amerikanische Zusammenarbeit und nunmehr Professor für Politische Wissenschaft am Geschwister-Scholl-Institut der Ludwig-Maximilians-Universität München bzw Direktor des Centrums für angewandte Politikforschung (CAP).[708] Von der Universität Mannheim kommt der zweite Professor für Politikwissenschaft, *Peter Graf Kielmansegg*. Die Kombination Politik und Geschichte wird zum einen von *Karl Dieter Bracher*, Professor für die Wissenschaft von der Politik und für Zeitgeschichte an der Universität Bonn einerseits und von *Joseph Rovan*, Professor für deutsche Geschichte und Politik an der Sorbonne in Paris andererseits vertreten.

[706] Für die Fundstelle siehe vorstehend in FN 29; das Memorandum wurde auch in englischer Sprache veröffentlicht: *Weidenfeld, Werner* (Hrsg), The Shaping of a European Constitution. Proposals for the Institutional Development of the European Community (1990).

[707] Die Personenangaben stammen aus *Weidenfeld* (FN 29) 451 ff.

[708] Http://www.cap.uni-muenchen.de/mitarbeiter/weidenfeld.htm; zum Entwurf des CAP siehe nachstehend im 8. Kapitel auf S 201 ff.

Ein juristischer Vertreter in dieser Arbeitsgruppe ist *Meinhard Hilf*, Inhaber des Lehrstuhls der Abteilung Europäisches Gemeinschaftsrecht an der Universität Hamburg, ehemaliges Mitglied des juristischen Dienstes der Kommission der Europäischen Gemeinschaften und in die ständige Liste eingetragenes Panel-Mitglied beim GATT. Der zweite Jurist im Bunde ist *Ulrich Everling*, ehemaliger Richter am Gerichtshof der Europäischen Gemeinschaften, Honorarprofessor für Europarecht an den Universitäten Münster und Bonn und ehemaliger Leiter der Abteilung Europapolitik im Bundesministerium für Wirtschaft.

Der philosophische Bereich in dieser Arbeitsgruppe wird von *Hermann Lübbe*, Professor für Philosophie und Politische Theorie an der Universität Zürich und von *Werner Maihofer*, Professor für Rechts- und Sozialphilosophie, Strafrecht und Strafprozessrecht an der Universität Bielefeld sowie externer Professor am Europäischen Hochschulinstitut in Florenz abgedeckt.

5.2 Zur Entstehung

Was die EEA (1986) noch nicht zu Wege brachte, wurde 1992 durch den Vertrag von Maastricht geschaffen, die Europäische Union. Dieses Memorandum wurde ein Jahr zuvor (im chronologischen Kontext der Vorbereitung der beiden Regierungskonferenzen)[709] auf Einladung der Bertelsmann-Stiftung ausgearbeitet. „Die Autoren entwarfen darin eine politische Konzeption, um die Europäische Gemeinschaft zukunftsfähig zu machen.“[710] Entstanden ist das Memorandum im Rahmen des Forschungsprojektes „Strategien und Optionen für die Zukunft Europas“, das von der Bertelsmann-Stiftung und der Forschungsgruppe Europa an der Universität Mainz durchgeführt wurde. Das Memorandum diente als Grundlagendokument für eine internationale Konferenz zum Thema der politischen Zukunft Europas vom 17. bis 19. 10. 1990 in Rom, an der Vertreter aus Politik, Wirtschaft, Kultur und Wissenschaft teilnahmen. Wie man schon den Tätigkeitsbereichen der Mitarbeitern der Arbeitsgruppe entnehmen konnte, zielt der Projektansatz auf die Verbindung von wissenschaftlicher Analyse und praxisorientierten Lösungsvorschlägen ab.[711]

Begründet wird der Zeitpunkt für die Ausarbeitung dieses Memorandums nicht nur mit der zeitlichen Nähe zum Vertrag von Maastricht und zur Vollendung

---

[709] Auch im Vorfeld der in Nizza zu Ende gegangenen Regierungskonferenz erarbeitete eine in ihrer Zusammensetzung leicht veränderte Arbeitsgruppe unter der Leitung von *Werner Weidenfeld* folgendes Positionspapier: *Bertelsmann Europa-Kommission*, Europas Vollendung vorbereiten. Forderungen an die Regierungskonferenz 2000. Vorgelegt durch *Werner Weidenfeld* (Vorsitz) *ua* (2000), http://www.cap.uni-muenchen.de/publikationen/download.htm.

[710] *Weidenfeld* (FN 29) 7.

[711] *Weidenfeld* (FN 29) 9.

des Binnenmarktes[712], sondern auch mit dem durch die rasche Verbindung der beiden deutschen Staaten und der Öffnung der osteuropäischen Staaten bedingten „grundlegenden Umbruch der politischen Lage Europas".[713] Die Gründe für diesen Verfassungsentwurf liegen jedoch nicht nur im zeitlichen Umfeld, sondern auch in der bisherigen Beschaffenheit des europäischen Einigungswerkes. Bemängelt wird in diesem Zusammenhang die mangelnde Transparenz der Entscheidungsprozesse, da dadurch dem Bürger die für eine Bewertung der europäischen Integration wichtige Kenntnis vorenthalten wird, ob die relevanten Entscheidungen auf europäischer oder auf nationaler Ebene getroffen werden.[714] Kritisiert werden weiters die mangelhafte – da nur indirekte – Legitimation der Europäischen Gemeinschaft, sowie das Defizit an Effizienz, welches sich in einem „Mangel an Zügigkeit, Zielgenauigkeit und Durchsetzungsfähigkeit" manifestiere.[715]

5.3 Grundprinzipien bzw institutionelle Bestimmungen

Anders als bei den vorstehenden Entwürfen handelt es sich bei dem nunmehr behandelten nicht um eine(n) Artikelvertrag bzw -verfassung, sondern um ein Memorandum, welches durch sechs ausgewählte *Materialien der Arbeitsgruppe* inhaltlich konkretisiert wird.

Die Verfassung der Europäischen Union bzw der *Vereinigten Staaten von Europa*[716] soll von ihrem Aufbau her so kurz und einfach wie möglich sein, um künftigen nicht voraussehbaren Entwicklungen gegenüber offen zu sein.[717] Ebenfalls noch nicht festgelegt werden soll aus Opportunitätsgründen die Bezeichnung dieser Grundordnung als „Verfassung" oder „Grundgesetz".[718] Den obersten Souverän der Union sollen nach diesem Entwurf die *Völker Europas* bilden. Der Beitritt steht allen europäischen Staaten mit demokratischer und rechtsstaatlicher Verfassungsordnung offen.[719]

Mangels Systematisierung in einzelne Artikel bilden drei Grundprinzipien – *Föderalismus*, *Parlamentarismus* und *Grundrechtssicherung* – die Bausteine dieses Entwurfes.

---

[712] Siehe dazu vorstehend im 1. Kapitel des 1. Teiles in FN 29.
[713] *Weidenfeld* (FN 29) 13.
[714] *Weidenfeld* (FN 29) 15 f.
[715] *Weidenfeld* (FN 29) 16.
[716] Siehe dazu vorstehend in FN 155.
[717] *Rovan, Joseph*, Ideen zu den Entscheidungsstrukturen, in *Weidenfeld* (FN 29) 72.
[718] *Rovan* (FN 717) in *Weidenfeld* (FN 29) 73.
[719] *Rovan* (FN 717) in *Weidenfeld* (FN 29) 77.

„Die Architektur der Europäischen Union wird strikt föderalistischer Natur sein".[720] Dieses Bekenntnis zum *Föderalismus* soll durch eine klare – am Subsidiaritätsprinzip orientierte – vertikale Kompetenzverteilung erfolgen. Diese müssten sich in ausschließliche Zuständigkeiten der Union, konkurrierende Zuständigkeiten von Union und Mitgliedstaaten sowie ausschließliche Zuständigkeiten der Mitgliedstaaten aufgliedern. Im Sinne einer potentiellen Allzuständigkeit der Staaten müssten die ausschließlichen Zuständigkeiten der Union enumerativ festgelegt werden.[721] Für eine effektive Anwendung des Subsidiaritätsprinzips als Auslegungsmaxime dieser Kompetenzzuweisungen dürfe dieses jedoch nicht so schwach formuliert sein wie in Art 12 des *Spinelli*-Entwurfes[722]. Das durch diesen Entwurf geschaffene Gebilde *sine nomine* soll sich wie auch jetzt schon zwischen Staatenbund und Bundesstaat bewegen.[723] Um diese dichotomischen Begriffspaare zu verlassen, bedürfe es einer „konzeptionellen Phantasie", für welche in begrenztem Umfang Anleihen an den historischen Beispielen der ersten Konföderation der dreizehn nordamerikanischen Kolonien, dem Deutschen Bund und dem Deutschen Zollverein sowie der österreichisch-ungarischen Doppelmonarchie von 1867 bis 1918 genommen werden.[724] Ausgehend von den Erfahrungen dieser drei Gebilde soll auf der einen Seite eine zu starke Kontrolle und eine dadurch bedingte Lähmung der Föderation verhindert werden, wie sie insbesondere durch fehlende eigene finanzielle Ressourcen und die Voraussetzung der Einstimmigkeit bei Verfassungsänderungen bedingt sein kann. Auf der anderen Seite müsse die einer jeden bundesstaatlichen Konstruktion innewohnende zentripetale Dynamik, in der sich die Eigenstaatlichkeit der Gliedstaaten allmählich auflöse, entgegengewirkt werden.[725] Ein weiteres Element einer föderalen Konstruktion im Bundesstaat sei die Beteiligung der Gliedstaaten an der Legislative in Form einer Staatenkammer. In der Europäischen Union müsse diese Funktion den Regierungen der Mitgliedstaaten, sprich dem Rat, zukommen.[726] Die starke Rolle der Mitgliedstaaten müsse sich auch im Bereich der Verfassungsänderung dergestalt äußern, dass für eine nicht von vornherein starr fixierte Übergangszeit Verfassungs-

---

[720] *Weidenfeld* (FN 29) 7.

[721] *Everling, Ulrich,* Zur Aufteilung der Kompetenzen in einer föderal gegliederten Europäischen Union, in *Weidenfeld* (FN 29) 44.

[722] *Weidenfeld* (FN 29) 20 f; zum Subsidiaritätsprinzip im *Spinelli*-Entwurf siehe vorstehend im 2. Kapitel auf S 132.

[723] *Weidenfeld* (FN 29) 19.

[724] *Kielmansegg* (FN 578) in *Weidenfeld* (FN 29) 50 ff.

[725] *Kielmansegg* (FN 578) in *Weidenfeld* (FN 29) 56.

[726] *Weidenfeld* (FN 29) 21 f.

änderungen als Vertragsänderungen aufgefasst werden und somit der Zustimmung der Gliedstaaten unterliegen würden.[727]

Das zweite Grundprinzip des neu verfassten Europas ist der *Parlamentarismus*, wonach die Entscheidungsstruktur der Union parlamentarisch geprägt und politisch effizient sein müsse.[728] Daraus resultiert eine starke Rolle für das *Europäische Parlament*, die insbesondere für eine eigenständige – und somit nicht mehr von den Mitgliedstaaten abgeleitete – Legitimation essentiell sei.[729] Das Parlament wählt den Präsidenten der Regierung der Europäischen Union auf Vorschlag des Rates der europäischen Staats- und Regierungschefs und kann diesen durch ein konstruktives Misstrauensvotum auch wieder ab wählen.[730] Nicht nur der Präsident der Unionsregierung unterliegt der Kontrolle des Parlamentes, auch die Arbeit der Unionsregierung selbst. Der bisherige Ministerrat wird, wie schon erwähnt, als *Rat der Union*[731] zur Staatenkammer umgewandelt und sichert durch seine für Gesetzesbeschlüsse grundsätzlich notwendige Zustimmung das Subsidiaritätsprinzip.[732] Im Gegensatz zum heutigen Ministerrat soll der Rat der Union zur Gewährleistung der Transparenz öffentlich beraten und beschließen.[733] Die Einstimmigkeit im Rat soll auf Bereiche beschränkt werden, die die Grundlagen der Union oder eine Erweiterung ihrer Kompetenzen betreffen, nämlich Verfassungsänderungen, den Beitritt neuer Mitgliedstaaten zur Union und die Verwirklichung von Vertragszielen, für die der Vertrag keine Kompetenz vorsieht.[734] Dem aus den Staats- und Regierungschefs der Mitgliedstaaten bestehenden *Europäischen Rat* kommt die Funktion des Präsidiums der Union zu. Zusätzlich zur bisherigen Aufgabe der Festlegung der allgemeinen politischen Zielvorstellungen soll ihm des Weiteren die Koordination der Politik der Union und der Mitgliedstaaten obliegen. Der Europäische Rat kann die Kommission auffordern, eine Gesetzesinitiative zu ergreifen, und er verkündet die Gesetze.[735] Die Kommission

---

[727] *Weidenfeld* (FN 29) 23.

[728] *Weidenfeld* (FN 29) 8.

[729] *Weidenfeld* (FN 29) 27.

[730] Dabei handelt es sich um dieselbe – am deutschen Grundgesetz angelehnte Konstruktion – wie schon beim Entwurf *Luster/Pfennig/Fugmann*, vorstehend im 4. Kapitel auf S 160.

[731] Siehe dazu den Beschluss 93/591 EU, Euratom, EGKS, EG des Rates über seine Bezeichnung im Anschluß an das Inkrafttreten des Vertrages über die Europäische Union, vom 8. 11. 1993, ABl 1993, Nr L 281, 18, berichtigt in ABl 1993, Nr L 285, 41, der den Rat als „Rat der Europäischen Union" bezeichnet.

[732] *Weidenfeld* (FN 29) 28.

[733] Siehe dazu zB die Forderung von Kommissar *Franz Fischler* in einem Interview mit der Tiroler Tageszeitung, TT vom 4./5. 8. 2001, 3. Siehe auch vorstehend in FN 674

[734] *Weidenfeld* (FN 29) 28 f; in den ersten beiden Fällen soll außerdem die Zustimmung der nationalen Parlamente erforderlich sein.

[735] *Weidenfeld* (FN 29) 29.

entwickelt sich in diesem föderativen System zur *Regierung der Union*. Der Präsident der Kommission wird vom Europäischen Rat ernannt und bedarf, wie erwähnt, des Vertrauens des Europäischen Parlamentes. Die Mitglieder der Kommission werden auf Vorschlag des Präsidenten vom Europäischen Rat ernannt. Die Kommission behält ihre Funktion als Vorschlags- und Durchführungsorgan, verliert aber ihr Vorschlagsmonopol an Rat und Parlament. Abgesehen von grundsätzlichen im Plenum zu fassenden Beschlüssen wird das Ressortprinzip eingeführt.[736]

Die Ausübung von Hoheitsgewalt durch die Union gegenüber ihren Bürgern soll nicht nur in direkter Form durch das Europäische Parlament, sondern vor allem durch wirksam geschützte *Grundrechte* legitimiert werden. Da es unerlässlich ist, dass die Bürger ihre Verfassung „lesen und verstehen können", sei ein Grundrechtskatalog unverzichtbar,[737] weshalb sich in diesem Entwurf ein in 49 Artikel gegliederter Grundrechtskatalog findet.[738] Die garantierten Rechte umfassen politische und liberale Freiheitsrechte, soziale und formelle Grundrechte. Außerdem anerkennt die Gemeinschaft die in der EMRK verbürgten Grundrechte (Art 1). Diese binden Gesetzgebung, Verwaltung und Gerichte sowohl in der Gemeinschaft als auch in den Einzelstaaten (Art 2 Abs 1). Die Weiterentwicklung der Grundrechte ist unter Beachtung der bestehenden Kompetenzverteilungen Sache der Europäischen Gemeinschaft sowie der Mitgliedstaaten (Art 2 Abs 3). Grundsätzlich bleiben die von den Mitgliedstaaten verbürgten Grundrechte in Kraft, soweit sie mit den Grundrechten dieses Katalogs vereinbar sind oder einen weitergehenden Schutz gewähren (Art 3 Abs 1). Ein bemerkenswertes Junktim von Grundrechtsgewährleistung und Beihilfen- bzw Vergaberecht findet sich der Art in Art 46, dass Mitgliedstaaten wie auch die Europäische Gemeinschaft öffentliche Aufträge und Beihilfen nur an solche Unternehmen vergeben dürfen, „die die vorliegende Akte *in vollem Umfang* beachten".[739] Die Grundrechtsakte soll im Amtsblatt der Europäischen Gemeinschaften bekanntgemacht werden und nach ihrem In-Kraft-Treten ein Jahr lang „öffentlich ausgelegt werden".

5.4 Die materiell-rechtliche Bestimmungen

Wie erwähnt, gliedern sich die Kompetenzen in diesem Entwurf nach *Everling* in drei Bereiche: ausschließliche Kompetenzen der Union, konkurrierende Kompetenzen und ausschließliche Kompetenzen der Mitgliedstaaten.[740] Ausschließlich

---

[736] *Weidenfeld* (FN 29) 29 f.
[737] *Weidenfeld* (FN 29) 32.
[738] *Däubler, Wolfgang*, Europäische Grundrechtsakte, in *Weidenfeld* (FN 29) 85 ff.
[739] Hervorhebungen durch den Verfasser.
[740] (FN 721) in *Weidenfeld* (FN 29) 46 ff.

zuständig ist die Union für die Sachbereiche Zollrecht, Handelspolitik sowie für die Landwirtschaft. Konkurrierende Zuständigkeiten in den Sachbereichen gewerblicher Rechtsschutz, Wettbewerbsrecht, Rechtsangleichung, Grundfreiheiten, Diplomanerkennung, Verkehr, indirekte Steuern, Forschung, Umweltschutz und in anderen Bereichen dürfen von der Union nur in Anspruch genommen werden, wenn und soweit eine gemeinsame Regelung zur Beseitigung von Hindernissen im Bereich der Grundfreiheiten, zur Vermeidung von Wettbewerbsverzerrungen notwendig ist bzw Aufgaben grenzüberschreitend besser erledigt werden können. Solange und soweit keine Rechtsvorschriften erlassen wurden bleiben die Mitgliedstaaten zur Regelung befugt.

Das Memorandum selbst erwähnt folgende Bereiche, in denen die Union zusätzliche Zuständigkeiten bekommen sollte: Außen-, Sicherheits-, Währungspolitik, innere Sicherheit, Entwicklungs- sowie Umweltpolitik.[741]

5.5 Die Judikative

Der *Gerichtshof der Europäischen Gemeinschaften* bleibt in diesem Entwurf weitgehend bestehen, bekommt allerdings eine neue Ausrichtung, er wird das *Verfassungsgericht der Europäischen Union.*[742]

Da sich dieser Entwurf, wie erwähnt, weitgehend nicht mit Detailregelungen befasst, finden sich keine Aussagen zu den *Richtern*, dem *Präsidenten* und den *Generalanwälten* sowie zur *Organisation.* Ausgehend vom Gesamtkonzept, wonach im Wesentlichen nur Änderungsvorschläge dargestellt werden, kann davon ausgegangen werden, dass sich in diesen Bereichen keine Neuerungen ergeben sollen.

Ein konkrete Aussage findet sich zu den *Zuständigkeiten*, wonach der Gerichtshof nach den bisherigen Regelungen über Klagearten und Verfahren entscheidet.[743] Der Gerichtshof behält auch seine bisherige Funktion, die Wahrung des Rechtes in der Gemeinschaft zu sichern.

Bei *institutionellen Streitigkeiten* ist der Gerichtshof zuständig für Streitigkeiten zwischen den europäischen Verfassungsorganen einerseits (*Horizontal I*) und für Rechtssachen zwischen diesen und den kompetenten Organen der Mitgliedstaaten andererseits (*Vertikal*).[744] Gerade im letzten Bereich liegt nach Ansicht der Arbeitsgruppe ein für die neue Föderation bedeutender Tätigkeitsbereich des Gerichtshofes. In dem zuvor erwähnten historischen Beispiel der Konföder-

---

[741] *Weidenfeld* (FN 29) 24 ff.

[742] *Weidenfeld* (FN 29) 22.

[743] *Weidenfeld* (FN 29) 30.

[744] *Rovan* (FN 717) in *Weidenfeld* (FN 29) 76.

ation der dreizehn nordamerikanischen Kolonien wurde bemängelt, dass das einzige Verfassungsorgan der Kongress war (dieser nahm sowohl legislative als auch exekutive Aufgaben wahr), ein justizförmiges Organ jedoch fehlte. Anhand dieser nach wenigen Jahren gescheiterten Konföderation erkennt man die Notwendigkeit einer über die Kompetenzabgrenzung zwischen Bund und Gliedstaaten wachenden Judikative. Diese Aufgabe soll in der neuen Union formell dem Europäischen Gerichtshof übertragen werden. Voraussetzung dafür wäre allerdings nach Ansicht der Arbeitsgruppe eine Modifikation des Verständnisses des EuGH als Motor des Integrationsprozesses. Während ein solches Selbstverständnis beim Exekutivorgan Kommission sowie beim Legislativorgan Parlament durchaus angebracht wäre, würde ein Verfassungsgericht mit dieser Grundeinstellung die föderale Balance durcheinanderbringen. Ein Verfassungsgericht dürfte somit nicht den Integrationsprozess fortan weiter treiben, sondern müsste ständig einen vernünftigen Ausgleich in der vertikalen Interessensdivergenz zustande bringen.[745] Die Erfahrung spreche jedoch eher dagegen, „daß Verfassungsgerichte die zentripetale Dynamik des modernen Föderalismus bremsen können oder wollen“.[746] Dies gelte für den amerikanischen Supreme Court ebenso wie für das deutsche Bundesverfassungsgericht. Einem Verfassungsgericht mit einem neuen Selbstverständnis käme insbesondere die Aufgabe zu, die Kompetenznormen nach dem Subsidiaritätsprinzip auszulegen. Am Beispiel der Subsidiaritätsklausel für konkurrierende Gesetzgebung des Bundes in Art 72 Abs 2 GG wird allerdings die Befürchtung geäußert, dass das Subsidiaritätsprinzip weitgehend wirkungslos, da generell kaum justiziabel sei. Am Gerichtshof im Speziellen wird außerdem kritisiert, dass er entsprechend der romanischen Tradition dazu neige, den politischen Organen ein (zu) weites Ermessen zuzubilligen.[747]

Neben der vertikalen Kompetenzabgrenzung liegt die Bedeutung eines Verfassungsgerichtes in der Gewährleistung der von der Verfassung verbürgten *Grundrechte*. Nicht nur die reine Deklaration sondern erst ein *effektiver* Grundrechtsschutz legitimiert die Ausübung von Hoheitsgewalt gegenüber den Bürgern.[748] Der Europäische Gerichtshof trägt in zwei Verfahren zum Schutz der Grundrechte bei. Nach Art 43 der Grundrechtsakte kann der Europäische Gerichtshof nach näherer Maßgabe der Art 169 bis 171 EWGV (Vertragsverletzungsverfahren) angerufen werden, wenn ein Mitgliedstaat die ihm durch diese Akte auferlegten

---

[745] *Kielmansegg* (FN 578) in *Weidenfeld* (FN 29) 59. So auch mit Hinweis auf das Urteil EuGH, Rs C-376/98, *Bundesrepublik Deutschland/Europäisches Parlament und Rat der Europäischen Union*, Slg 2000, I-8419 ff, *Streinz* (FN 357) Rdnr 494.

[746] *Kielmansegg* (FN 578) in *Weidenfeld* (FN 29) 58.

[747] *Everling* (FN 721) in *Weidenfeld* (FN 29) 44.

[748] *Weidenfeld* (FN 29) 32.

Pflichten verletzt. Im Vergleich zum EGV bedeutet diese Bestimmung lediglich eine Klarstellung, da die vom EuGH zu ahndende Verletzung einer *Verpflichtung aus dem Vertrag* nach herrschender Ansicht (neben dem Sekundärrecht) auch die allgemeinen Rechtsgrundsätze umfasst,[749] wozu auch die Grundrechte zählen[750]. Im zweiten Verfahren nach Art 44 kann jedermann die ihm durch die Grundrechtsakte garantierten Rechte vor den Gerichten der Mitgliedstaaten geltend machen, die den Europäischen Gerichtshof nach näherer Maßgabe des Art 177 EWGV einschalten. Diese Bestimmung statuiert somit die unmittelbare Geltung und Anwendbarkeit der in der Grundrechtsakte verbürgten Rechte. Verstößt ein nationales Gericht gegen Art 177 Abs 3 EWGV, kann der Betroffene nach Art 44 Abs 2 der Grundrechtsakte „direkt den Europäischen Gerichtshof anrufen" welcher dann befugt ist, in der Sache selbst zu entscheiden. Diese Bestimmung ist ein Novum im Vergleich zum EGV, da es derzeit ausschließlich Sache der Gerichte ist, die Notwendigkeit einer Vorlagefrage zu beurteilen. Gegenüber einer möglichen Aufsichtsklage bei Verletzung der Vorlagepflicht durch ein nationales Gericht ist die Sanktion der direkten Klagemöglichkeit von Individuen eine effektive und der Unabhängigkeit der nationalen Gerichte weit weniger abträgliche Variante.[751] Die direkte Klagemöglichkeit für Individuen beseitigt einerseits die Voraussetzungen der unmittelbaren und individuellen Betroffenheit des Art 230 Abs 4 EGV und gibt andererseits dem Gerichtshof eine meritorische Prüfungskompetenz. Diese Zuständigkeit des Gerichtshofes ist ein Sanktionsinstrument zur Einhaltung der Vorlageverpflichtung der nationalen Gerichte, welches gerade im Grundrechtsbereich eine sinnvolle Stärkung der Klagebefugnis von Individuen bewirkt. Ein genereller direkter Zugang des Bürgers zum Gerichtshof ist nach diesem Entwurf noch nicht vorgesehen. Nachdem sich im Grundrechtsbereich aufgrund der parallelen Anwendbarkeit der EMRK-Grundrechte und der Grundrechtsakte Überschneidungen ergeben können, sieht der Entwurf zu gegebener Zeit eine Prüfung der Beziehungen des Gerichtshofes zum EGMR vor. Von dieser Regelung wird auch ein genereller direkter Zugang der europäischen Bürger zum Gerichtshof abhängig gemacht werden.[752]

Der EuGH soll nach diesem Entwurf nicht nur als Verfassungsgericht der Union agieren, nach den Ausführungen von *Rovan* soll er insofern eine leitende Funktion unter den europäischen Verfassungsgerichten wahrnehmen, als er *obers-*

---

[749] *Borchardt* (FN 307) Rdnr 5 zu Art 226 EGV; *Schwarze* in *Schwarze* (FN 319) Rdnr 6 zu Art 226 EGV.

[750] Siehe dazu *Schweitzer/Hummer* (FN 76) Rdnr 15, 790 ff.

[751] Zur Problematik von Vorlageverpflichtung und Vertragsverletzung siehe vorstehend im 2. Kapitel auf S 138.

[752] *Rovan* (FN 717) in *Weidenfeld* (FN 29) 76.

te Appellationsinstanz für die Verfassungsgerichte der Mitgliedstaaten ist, soweit deren Entscheidungen Kompetenzen der Union berühren[753]. Bisher konnten Verfassungsgerichte mit dem EuGH nur im Wege des Vorabentscheidungsverfahrens in justiziellen Kontakt treten. In diesem Instanzenzug, der, wie erwähnt, nur in einer Rechtsordnung möglich ist, manifestiert sich – wie auch vorstehend im *Luster/Pfennig/Fugmann*-Entwurf – das einigende Band des Bundesstaates. Dieser Instanzenzug wertet den EuGH zweifellos auf, ist aber insofern für die Integration nur bedingt von Vorteil, da sich die Judikatur des Gerichtshofes in Kompetenzabgrenzungsstreitigkeiten, wie erwähnt, strikt am Subsidiaritätsprinzip zu orientieren hat. Die Voraussetzung des Vorliegens einer die Kompetenz der Union betreffenden Frage schränkt die übergeordnete Position des Gerichtshofes auf diesen Bereich ein. Offen lässt *Rovan* die Frage, inwieweit der Gerichtshof auch für die anderen „oberen Gerichte der Mitgliedstaaten" Appellationsinstanz sein kann.

Was das *Gericht erster Instanz* anbelangt, so soll dieses entsprechend dem Geschäftsanfall ausgebaut werden und insbesondere durch Spezialkammern für bestimmte Bereiche ergänzt werden, um dem Gerichtshof eine Konzentration auf seine zentrale Rolle als Verfassungsgericht und Revisionsgericht zu ermöglichen.[754]

5.6 Bewertung

Da dieses Memorandum von den Bestimmungen des EGV ausgeht, bleibt die *institutionelle Stellung* des EuGH weitgehend unberührt. Die *funktionale Rolle* des EuGH ist die eines Verfassungsgerichtes, welches neben den horizontal- vor allem die vertikal-institutionellen Streitigkeiten regeln soll. Für die vertikale Kompetenzabgrenzung in diesem föderalen Gebilde muss das Verfassungsgericht allerdings, wie erwähnt, sein Selbstverständnis vom Hüter der Integration zu dem eines Hüters des Subsidiaritätsprinzips hin verändern. Die funktionale Rolle des Verfassungsgerichtes orientiert sich neben der Kompetenzabgrenzung allerdings auch verstärkt am Grundrechtsschutz, bei dem dem EuGH neben einem Vertragsverletzungsverfahren auch eine neue Variante des Vorabentscheidungsverfahrens offen steht. Eine innovative Neudefinition der funktionalen Rolle des EuGH erfolgt schließlich durch die Einrichtung eines Appellationsverfahrens von den nationalen an das europäische Verfassungsgericht.

---

[753] (FN 717) in *Weidenfeld* (FN 29) 76.
[754] *Weidenfeld* (FN 29) 30 f.

6. Kapitel: Entwurf einer Verfassung der Europäischen Union vom 10. 2. 1994 – der *Herman*-Entwurf[755]

6.1 Zur Person[756]

Der Belgier *M Fernand H J Herman* wurde 1932 in Boirs-sur-Geer geboren. Der an der Universität von Louvain ausgebildete Jurist war von 1975 bis 1977 Außenminister sowie anschließend für zwei Jahre Senator und von 1978 bis 1980 Mitglied der Repräsentantenkammer. Von der ersten Direktwahl im Jahre 1979 an bis 1999 war er Mitglied des Europäischen Parlamentes, wo das EVP-Mitglied im Institutionellen Ausschuss, und in den Ausschüssen für Geschäftsordnung sowie für Wirtschaft, Währung und Industriepolitik tätig war.

6.2 Zur Entstehung

Der am 7. 2. 1992 in Maastricht unterzeichnete Vertrag über die Europäische Union hat allgemein nicht die in ihn gesetzten Erwartungen erfüllt und ist weiters nach Ansicht vieler hinter dem *Spinelli*-Entwurf zurückgeblieben.[757] Zwischen dem am 1. 11. 1993 in Kraft getretenen Vertrag von Maastricht[758] und der in ex-Art N Abs 2 EUV vorgesehenen Regierungskonferenz 1996 liegt dieser Entwurf des Institutionellen Ausschusses des Europäischen Parlamentes. Es entspräche jedoch nicht den Tatsachen zu behaupten, der 1994er Entwurf sei nach einer zehnjährigen Periode[759] der Untätigkeit lediglich eine Reaktion auf den Vertrag von Maastricht bzw eine Antizipation auf die von der Reflexionsgruppe vorbereitete Regierungskonferenz 1996[760] (welche zum Vertrag von Amsterdam führte). In diesem Zusammenhang seien als „Beweis gegen die Untätigkeit des Parla-

---

[755] ABl 1994, Nr C 61, 156 ff.

[756] Die Angaben zur Person stammen aus folgenden Quellen: http://belgium.fgov.be/-europ/fr_404014.htm, http://www.newropeans.org/en/action/programme/speakers/fernand_herman.htm, sowie der Homepage des Europäischen Parlamentes auf dem Europaserver (http://europa.eu.int/).

[757] So zB *Lecheler, Helmut*, Braucht die „Europäische Union" eine Verfassung? Bemerkungen zum Verfassungsentwurf des Europäischen Parlaments vom 9. September 1993, in *Randelzhofer/-Scholz/Wilke* (FN 426) 393 ff, 394.

[758] ABl 1993, Nr L 293, 61.

[759] Der *Spinelli*-Entwurf datiert bekanntlich von 1984.

[760] Die Reflexionsgruppe bestand aus fünfzehn Vertretern der Außenminister der Mitgliedstaaten, einem Vertreter des Kommissionspräsidenten sowie zwei Mitgliedern des Europäischen Parlamentes; siehe dazu ausführlich (insbesondere für eine Übersicht über die Teilnehmer) *Hummer* (FN 32) 134 ff.

ments" nur fünf der wichtigsten Entschließungen zwischen 1984 und 1994 zum Thema Verfassung im weiteren Sinn angeführt:

Am 12. 4. 1989 verabschiedete das Parlament die *Entschließung zur Erklärung der Grundrechte und Grundfreiheiten,*[761] in der es – da Grundrechte „die unerläßliche Voraussetzung für die Legitimität der Gemeinschaft" darstellen – ähnlich der aktuellen Entwicklung einen Katalog von Grundrechten als Trägerrakete für eine Verfassungsdebatte startete.[762] Die Erklärung wurde inhaltlich damit begründet, dass ein einheitlicher Grundrechtsschutz Voraussetzung für eine europäische Staatsbürgerschaft sei, sowie chronologisch damit, dass die bis 1993 geplante Vollendung des Binnenmarktes die Verabschiedung dieser Erklärung um so dringlicher mache.

Vom 11. 7. 1990 stammt die *Entschließung zu den Leitlinien des Europäischen Parlamentes für den Entwurf einer Verfassung für die Europäische Union*[763], in der neben der vehement geforderten Schaffung einer Europäischen Union die Ausarbeitung des Entwurfes einer Verfassung der Europäischen Union beschlossen und dessen Grundzüge skizziert wurden.

In Vorbereitung der Regierungskonferenz (zum Vertrag von Maastricht) erließ das Parlament am 21. bzw 22. 11. 1990 zwei Entschließungen, die eine *zum Grundsatz der Subsidiarität*, die andere *zu den Regierungskonferenzen*[764] *im Rahmen der Strategie des Europäischen Parlamentes für die Europäische Union.*[765]

Ein Monat darauf folgte die *Entschließung zu den verfassungsmäßigen Grundlagen der Union* (vom 12. 12. 1990), in der das Parlament beschloss, „einen Entwurf für eine europäische Verfassung auszuarbeiten".[766] Diese Entschließung skizzierte schon sehr detailliert (inklusive Präambel) eine Verfassung für die Europäische Union.

Vom 20. 1. 1993 datiert die *Entschließung zur Gestaltung und Strategie der Europäischen Union im Hinblick auf ihre Erweiterung und die Schaffung einer gesamteuropäischen Ordnung*, in welcher das Parlament neben der Entwicklung

---

[761] Siehe dazu auch den sogenannten *De Gucht*-Bericht, Bericht im Namen des Institutionellen Ausschusses über die Erklärung der Grundrechte und Grundfreiheiten, PE Dok A 2-3/89/A (bzw A 2-3/89/B sowie A- 2-3/89/Anlage).

[762] ABl 1989, Nr C 120, 51 ff, 51.

[763] ABl 1990, Nr C 231, 91 ff; vom selben Tag stammt die *Entschließung zu der Regierungskonferenz im Rahmen der Strategie des Europäischen Parlamentes im Hinblick auf die Europäische Union*, ABl 1990, Nr C 231, 97 ff.

[764] Wie erwähnt wurden die beiden Regierungskonferenzen zur WWU bzw zur Politischen Union erst später zusammengeführt; siehe dazu vorstehend im 1. Kapitel des 1. Teiles auf S 4.

[765] Beide abgedruckt bei *Weidenfeld* (FN 29) 192 ff, bzw 195 ff.

[766] ABl 1991, Nr C 19, 65 ff.

eines „Systems Konföderaler Zusammenarbeit in Europa", in dessen Mittelpunkt die EU stehen solle, den Auftrag an den Institutionellen Ausschuss bekräftigte, die Arbeiten am Verfassungsentwurf für die Europäische Union schnell zu Ende zu führen.[767]

Die schwierige Geburt der Entschließung zum *Herman*-Entwurf[768] manifestierte sich nicht nur in einer technischen Mikrophonpanne, sondern auch in der durch die PSE-Fraktion beantragten Rücküberweisung des Berichtes an den Institutionellen Ausschuss, wodurch die Abstimmung über den Bericht auf den 10. 2. 1994 verschoben wurde. Die Zustimmung zu diesem Entwurf fiel mit 155 zu 87 bei 288 abgegebenen Stimmen und 46 Enthaltungen auch weit geringer aus als zB 1984 zum *Spinelli*-Entwurf.[769]

In einem weiteren Punkt ist der *Spinelli*- dem *Herman*-Entwurf einen Schritt voraus. Während der erste vom Parlament (im Plenum) angenommen wurde, ist der zweite rechtlich lediglich als Ausschussbericht zu qualifizieren. Das Plenum des Parlamentes nahm lediglich „mit Befriedigung zur Kenntnis, daß die Arbeiten des Institutionellen Ausschusses zu einem (...) Entwurf einer Verfassung der Europäischen Union geführt haben". Nach mancher Ansicht wollte das Parlament dem schon gegen den *Spinelli*-Entwurf sowie den Vertrag von Maastricht erhobenen Vorwurf entgehen, dass die Öffentlichkeit bei der Ausarbeitung dieses bedeutenden Textes nicht beteiligt wurde.[770]

Auch der Zeitpunkt dieses Entwurfes verdient nähere Beachtung. Der Entwurf wurde vom Plenum Ende Februar 1994 zur Kenntnis genommen, nur vier Monate vor den nächsten Wahlen zum neuen Parlament, ein Zeitpunkt der quer durch alle politischen Fraktionen kritisiert wurde.[771] In der Entschließung findet sich dazu die Aufforderung an das aus den Wahlen im Juni 1994 hervorgegangene Europäische Parlament, „diese Arbeit fortzusetzen mit dem Ziel, die Debatte über die europäische Verfassung zu vertiefen, und dabei den Beiträgen der nationalen Parlamente und der Öffentlichkeit sowohl in den Mitgliedstaaten als auch in den beitrittswilligen Ländern Rechnung zu tragen".[772] Doch auch in anderer Hinsicht wurde der Zeitpunkt dieses Entwurfes kritisiert. Die Bevölkerung sei noch viel zu

---

[767] ABl 1993, Nr C 42, 124 ff, 130. Vom selben Tag stammt die *Entschließung zur institutionellen Rolle des Rates*, ABl 1993, Nr C 42, 130 ff. Siehe dazu auch aktuell die *Entschließung des Europäischen Parlamentes zu dem Verfassungsprozess und der Zukunft der Union*, ABl 2002, Nr C 153 E, 310 ff.

[768] ABl 1994, Nr C 61, 155 f.

[769] Siehe vorstehend im 2. Kapitel auf S 131.

[770] So *Hilf, Meinhard*, Eine Verfassung für die Europäische Union: Zum Entwurf des Institutionellen Ausschusses des Europäischen Parlaments, Integration 1994, 68 ff, 68.

[771] *Hilf* (FN 770) 70.

[772] ABl 1994, Nr C 61, 156.

sehr mit dem Binnenmarkt (1993) und der durch den Vertrag von Maastricht (1992) geschaffenen Europäischen Union beschäftigt, als dass ihr zu diesem Zeitpunkt noch eine Diskussion über eine Verfassung für ein Gebilde zugemutet werden könnte,[773] von dem man damals nicht wusste und sich auch heute noch nicht einig ist, in welche Kategorie es einzuordnen ist.

6.3 Aufbau und institutionelle Bestimmungen

Der im Anhang zu der Entschließung abgedruckte Entwurf des Institutionellen Ausschusses gliedert sich neben einer Präambel in acht Titel:

- 1. Titel – Grundsätze (Art 1 bis 7)
- 2. Titel – Zuständigkeiten der Union (Art 8 bis 12)
- 3. Titel – Institutioneller Rahmen (Art 13 bis 30)
- 4. Titel – Die Aufgaben der Union (Art 31 bis 41)
  - 1. Kapitel – Grundsätze (Art 31)
  - 2. Kapitel – Die Legislativgewalt (Art 32 und 33)
  - 3. Kapitel – Die Exekutivgewalt (Art 34 und 35)
  - 4. Kapitel – Die Rechtsprechung (Art 36 bis 39)
  - 5. Kapitel – Finanzen (Art 40)
  - 6. Kapitel – Koordinierung der Politiken der Mitgliedstaaten (Art 41)
- 5. Titel – Außenbeziehungen (Art 42 bis 44)
- 6. Titel – Beitritt zur Union (Art 45)
- 7. Titel – Schlussbestimmungen (Art 46 und 47)
- 8. Titel – Von der Union verbürgte Menschenrechte (Ziff 1 bis 24)

In der *Präambel* finden sich neben der Bekräftigung der gemeinsamen Werte, der Solidarität, der Bürgernähe, des Friedens und der Erweiterung auch ein Bekenntnis zu verstärkter Zusammenarbeit und eine Umschreibung des Subsidiaritätsprinzips.

Art 1 Abs 1 bestimmt: „Die Europäische Union (...) besteht aus den Mitgliedstaaten und deren Bürgern; alle Macht der Union geht von den Bürgern aus." Im Vergleich zu vorigen Entwürfen gründet diese Verfassung *keinen Staat*, da nicht nur auf das europäische Volk verwiesen wird, sondern durch die Erwähnung der Mitgliedstaaten in dieser Eingangsbestimmung deren Selbständigkeit und Souveränität bekräftigt wird.[774] Nach Art 1 Abs 2 achtete die Europäische Union die

[773] *Hilf* (FN 770) 68.
[774] So auch *Hilf* (FN 770) 68.

historische, kulturelle und sprachliche Identität der Mitgliedstaaten und ihren verfassungsrechtlichen Aufbau und übt ihre Befugnisse und Zuständigkeiten unter Anwendung der Grundsätze der Subsidiarität und der Verhältnismäßigkeit aus. Die Union besitzt nach Art 1 Abs 3 *Rechtspersönlichkeit* und ihr Recht hat Vorrang vor dem der Mitgliedstaaten (Art 1 Abs 6). Die Europäische Union ist nicht nur kein neu gegründeter Staat, ihre Verbundenheit zum bisherigen Stand der Integration manifestiert sich auch darin, dass die weiteren Schritte der Integration auf der Grundlage des gemeinschaftlichen Besitzstandes erfolgen. Die Union verfolgt die in Art 2 genannten Ziele, gewährt den Staatsangehörigen der Mitgliedstaaten eine Unionsbürgerschaft (Art 3), ein Wahlrecht zu Kommunal- und Europäischen Wahlen (Art 4), politische Betätigungsmöglichkeit (Art 5) und Freizügigkeit (Art 6). Was die *Grundrechte* anbelangt, so gewährleisten die Union und die Mitgliedstaaten innerhalb des Geltungsbereiches des Unionsrechtes die im 8. Titel aufgeführten Rechte (Art 7), welche im Wesentlichen schon in der Grundrechtserklärung des Parlamentes vom 12. 4. 1989 enthalten waren.[775] Des Weiteren achtet die Union die Grundrechte der EMRK und die anderer einschlägiger internationaler Vertragswerke sowie die aus den gemeinsamen Verfassungsgrundsätzen der Mitgliedstaaten hervorgegangenen Grundrechte.

Nach Art 8 Abs 1 verfügt die Union im Sinne des Prinzips der begrenzten Ermächtigung nur über die in dieser Verfassung und in den Gemeinschaftsverträgen festgelegten Zuständigkeiten und macht sich den *gemeinschaftlichen Besitzstand* zu eigen. Die Bestimmungen der (Gemeinschafts-)Verträge, die ihre Ziele und ihren Geltungsbereich betreffen[776] und durch diese Verfassung nicht geändert werden, sind Bestandteil des Rechtes der Union (Art 8 Abs 3)[777]. Die Verfassung tritt somit nicht an die Stelle der bisherigen Integration im Sinne eines Neubeginnes, sondern knüpft an den bisherigen Stand an. Diese Konstruktion bedeutet zum einen eine funktionale Rechtsnachfolge der Union an die drei Europäischen Gemeinschaften, zum anderen legt sich das Recht dieser Verfassung über den bisherigen Besitzstand in dem Sinne, dass zuerst der Status quo ins Auge gefasst und die Verfassung (lediglich) auf Änderungsbestimmungen hin analysiert werden muss. Art 9 verändert die Lückenschließungsklausel des Art 308 EGV dahingehend, dass der einstimmige Ratsbeschluss durch ein Organgesetz ersetzt wird.

---

[775] *Hilf* (FN 770) 76.

[776] Die übrigen Bestimmungen der Verträge sind ebenfalls Bestandteil des Unionsrechtes, sofern sie nicht mit der Verfassung unvereinbar sind. Sie können nur nach dem Verfahren des Organgesetzes geändert werden (Art 8 Abs 4).

[777] Art 8 Abs 5 übernimmt die von den Europäischen Gemeinschaften erlassenen Rechtsakte und die im Rahmen der Zusammenarbeit zwischen den Mitgliedstaaten getroffenen Maßnahmen und Abs 6 bindet die Union an die von den Europäischen Gemeinschaften eingegangenen völkerrechtlichen Verpflichtungen.

Art 10 verankert die Prinzipien der Subsidiarität sowie der Verhältnismäßigkeit. Nach Art 11 wirkt die Union darauf hin, auf die bestehenden Formen der Zusammenarbeit zwischen den Mitgliedstaaten die gemeinschaftlichen Verfahren und Mechanismen anzuwenden.

Nach Art 13 sind *Organe der Union*: das Europäische Parlament, der Europäische Rat, der Rat, die Kommission und der Gerichtshof.

Das *Europäische Parlament*, welches nach Art 32 Abs 1 gemeinsam mit dem Rat die Gesetze erlässt, den Haushaltsplan verabschiedet und die internationalen Verträge billigt, besteht aus Vertretern der Bürger der Union (Art 14 Abs 1). Gemeinsam mit dem Europäischen Rat wirkt es an der Aufstellung der allgemeinen politischen Leitlinien mit (Art 15). Das Parlament wählt den Präsidenten der Kommission und spricht diesem sein Vertrauen aus (Art 15).

Der *Europäische Rat* (Art 16) unterscheidet sich kaum vom EUV, wohingegen sich der *Rat* nunmehr aus einem für Fragen der Union zuständigen Minister pro Mitgliedstaat zusammensetzt (Art 17). Neben den gemeinsam mit dem Europäischen Parlament ausgeübten Legislativbefugnissen koordiniert der Rat die Politiken der Mitgliedstaaten, wenn die Verfassung dies vorsieht (Art 18). Der Vorsitz im Rat rotiert nicht nach einer im vorhinein festgelegten Reihenfolge[778], der Präsident des Rates wird vielmehr von den Mitgliedstaaten mit der nicht gewogenen Mehrheit (!) von fünf Sechstel der Mitgliedstaaten für eine Amtszeit von einem Jahr gewählt (Art 19).[779] Die Abstimmung im Rat erfolgt mit einer doppelten Mehrheit der Staaten und der Bevölkerung (Art 20).[780]

Die Bestimmungen über die *Kommission* (Art 21 bis 24) entsprechen weitgehend denen im EGV, allerdings mit einer stärkeren Stellung für den Kommissionspräsidenten (Art 23).[781]

Da die drei *Gemeinschaftsverträge* mit ihren Kompetenzzuweisungen für die Union weiterhin ihre Geltung behalten, findet sich im 4. Titel (Die Aufgaben der

---

[778] Siehe dazu den Beschluss 95/2/EG, Euratom, EGKS des Rates vom 1. 1. 1995 zur Festlegung der Reihenfolge für die Wahrnehmung des Vorsitzes im Rat; ABl 1995, Nr L 1, 220; idF ABl 2002, Nr L 39, 17.

[779] Zu den derzeitigen Überlegungen siehe zB http://asp.fce.at/zke/asp/content.asp?n=29.

[780] Eine doppelte Mehrheit ist in Art 3 des *Protokolles zum Vertrag über die Europäische Union und zu den Verträgen zur Gründung der Europäischen Gemeinschaften* zum Vertrag von Nizza vorgesehen; ABl 2001, Nr C 80, 49 ff, 50 f.

[781] Zu den Überlegungen der Wahl des Kommissionspräsidenten durch das Europäische Parlament siehe zB CONV 177/02; *Duhamel, Olivier*, (Olivier Duhamel) répond à la Revue sur „La réforme de l'Europe", RMCUE 2002, 357 ff. Siehe auch: Frankreich und Großbritannien wollen EU-Präsidenten installieren, Die Presse vom 17. 5. 2002, 8; Starker EU-Präsident – unterschiedlich betrachtet, Die Presse vom 18. 5. 2002, 7; Widerstand gegen mächtigen EU-Chef, Die Presse vom 25. 5. 2002, 7; bzw vorstehend in FN 779.

Union) *kein Kompetenzkatalog* und im 1. Kapitel (Grundsätze) lediglich eine Aufzählung der in der Union vorgesehenen Rechtsakte[782]: Verfassungsgesetze, Organgesetze und ordentliche Gesetze (Art 31). Die Legislativgewalt wird, wie erwähnt, von Parlament und Rat gemeinsam ausgeübt (Art 32). Ausgeführt werden die Gesetze von den Mitgliedstaaten (Art 34) unter Überwachung durch die Kommission (Art 35).

Der *Beitritt* zur Union ist für jeden europäischen Staat möglich, der die in Art 45 genannten Kriterien erfüllt. Geregelt werden die Beitrittsmodalitäten durch einen Vertrag zwischen dem beitrittswilligen Staat und der Union; der Einfluss der Mitgliedstaaten beschränkt sich darauf, diesen Vertrag durch ein Verfassungsgesetz zu billigen.

Die *Schlussbestimmungen* regeln neben einer verstärkten Zusammenarbeit (Art 46) das In-Kraft-Treten der Verfassung (Art 47). Notwendig ist eine Ratifikation durch die Mehrheit der Mitgliedstaaten, die vier Fünftel der Bevölkerung entspricht. Den Mitgliedstaaten, die die Ratifizierungsurkunden nicht innerhalb der festgesetzten Fristen hinterlegen konnten, bleibt die Wahl zwischen dem Austritt aus der Union und dem weiteren Verbleib in der so umgestalteten Union. Im Fall des Austrittes werden mit diesem Staat besondere Abkommen geschlossen, um ihm einen vorrangigen Status in seinen Beziehungen zur Union einzuräumen.[783] Diese Austrittsklausel bekräftigt natürlich die Souveränität der Mitgliedstaaten und ist für *Cromme* der Grund, diesen Entwurf nicht als europäische Verfassung, sondern nur als „Verfassungsvertrag" anzusehen.[784]

Kritisiert wurde an diesem Entwurf ganz generell nicht nur die Vernachlässigung der Rolle der nationalen Parlamente[785], sondern auch die diesem Entwurf fehlende Vision[786] bzw die fehlende Bestimmung des Integrationsziels.[787] Nach

---

[782] Kritisch zum Fehlen eines eigenen Kompetenzkatalogs und zum „Trick" mit dem Verweis auf den gemeinsamen Besitzstand, *Hilf* (FN 770) 71.

[783] Für eine ähnliche Konstruktion im Bereich der Andengemeinschaft siehe nachstehend im 1. Kapitel des 4. Teiles auf S 188.

[784] Der Verfassungsentwurf (FN 605) 259. „Verfassungsvertrag" ist bekanntlich der Terminus, mit dem *Cromme* seinen – vorstehend im 3. Kapitel auf S 141 ff dargestellten – Entwurf tituliert hat. Siehe dazu auch vorstehend in FN 152.

[785] *Petersmann, Ernst-Ulrich*, How can the European Union Be Constitutionalized? The European Parliament's 1994 Proposal for a „Constitution for the European Union", Aussenwirtschaft 1995, 171 ff, 195 f; siehe auch *ders*, Proposals for a new Constitution for the European Union: Building-Blocks for a constitutional theory and constitutional law of the EU, CMLRev 1995, 1123 ff, 1144 ff.

[786] *Läufer, Thomas*, Zur künftigen Verfassung der Europäischen Union – Notwendigkeit einer offenen Debatte, Integration 1994, 204 ff, 205.

[787] *Katsigiannis, Stavros/Piepenschneider, Melanie*, Verfassung der Europäischen Union: Zum Entwurf des Institutionellen Ausschusses im Europäischen Parlament. Analyse und Bewertung.

Ansicht von *Cromme* ist dieser Entwurf somit „nicht viel mehr als ein Organisationsstatut mit Grundrechten im Anhang."[788]

6.4 Die materiell-rechtlichen Bestimmungen

Nachdem dieser Entwurf, wie schon erwähnt, keinen eigenen Kompetenzkatalog umfasst und diesbezüglich lediglich auf die drei Gemeinschaftsverträge verweist, bestimmt Art 41, dass der Rat in den Bereichen, die Gegenstand einer Koordinierung oder der Zusammenarbeit zwischen den Mitgliedstaaten sind, die ihm übertragenen Befugnisse ausübt.

6.5 Die Judikative

Die Rechtsprechung obliegt dem *Gerichtshof*, welcher in den Art 25 bis 28 (im 3. Titel – Institutioneller Rahmen) in Bezug auf seine Organisation, sowie im 4. Kapitel – Die Rechtsprechung (des 4. Titels – Die Aufgaben der Union) in Bezug auf seine Zuständigkeiten geregelt wird. Der Gerichtshof ist gem Art 13 Abs 1 ein Organ der Union.[789]

Der Gerichtshof besteht nach Art 25 Abs 2 aus Richtern und Generalanwälten. Die Anzahl und das Statut der *Richter* werden durch ein auf Vorschlag des Gerichtshofes erlassenes Organgesetz geregelt (Art 27 Abs 1). Die Richter müssen ähnlich der Regelung in Art 223 Abs 1 EGV[790] jede Gewähr für *Unabhängigkeit* bieten und in ihrem jeweiligen Staat die für die höchsten richterlichen Ämter erforderlichen *Voraussetzungen* erfüllen oder Juristen von anerkannt herausragender Bedeutung sein. Ernannt werden die Richter vom Europäischen Parlament mit der Mehrheit seiner Mitglieder und vom Rat auf eine *Amtszeit* von neuen Jahren (Art 25). Die Modalitäten dieses Ernennungsverfahrens werden durch ein Organgesetz geregelt (Art 25). Eine *Wiederernennung* ist nicht zulässig (Art 25). Diese Amtszeit ist somit länger als die sechsjährige des EGV, kann allerdings insofern wiederum kürzer sein, als im EGV die Möglichkeit einer Wiederernennung besteht (Art 224 Abs 4), welche in diesem Entwurf dezidiert ausgeschlossen ist. Die Unabhängigkeit der Richter ist, wie schon erwähnt, ein Qualifikationsmerkmal. Während die restlichen Voraussetzungen ihrer Natur nach bei der Ernennung ge-

---

KAS Interne Studien Nr 79/1994, http://www.kas.de/publikationen/1995/europa/euverf.doc, 3 (siehe auch die Synopse von Verfassungsentwürfen im Anhang).

[788] *Cromme*, Der Verfassungsentwurf (FN 605) 257.

[789] So auch schon in der Entschließung vom 12. 12. 1990, ABl 1991, Nr C 19, 69.

[790] Die Bestimmungen unterscheiden sich lediglich dadurch, dass der EGV Juristen von anerkannt „hervorragender Befähigung", und der *Herman*-Entwurf Juristen von anerkannt „herausragender Bedeutung" normiert.

geben sein müssen, kann man in einer sowohl wörtlichen als auch teleologischen Interpretation die Ansicht vertreten, wonach die Voraussetzung der Unabhängigkeit nicht nur zum Zeitpunkt der Ernennung, sondern während der gesamten Amtszeit gegeben sein muss.

Der *Präsident* wird – in Übereinstimmung mit Art 223 Abs 5 EGV – von den Richtern aus ihrer Mitte für die Dauer von drei Jahren gewählt, eine Wiederwahl ist zulässig (Art 26).

Für die *Generalanwälte* – als zweite Art von Mitgliedern des Gerichtshofes neben den Richtern – gelten dieselben Regeln und Voraussetzungen in Bezug auf Anzahl, Statut, Qualifikation, Ernennung, Amtsdauer, Wiederernennung und Unabhängigkeit. Interessanterweise werden die Tätigkeit bzw die Aufgaben der Generalanwälte mit keinem Wort behandelt. Denkbar wäre, dass diese Fragen erst in dem die Verfahrensordnung regelnden Organgesetz behandelt werden sollen, denn eine Bestimmung wie Art 222 EGV (Generalanwälte) fehlt in diesem Entwurf. Diese Lücke wird wohl dadurch entstanden sein, dass man sich für den Verfassungsvertrag auf eine Begrenzung auf „unter 50 Artikel“[791] geeinigt hatte.

Ein auf Vorschlag des Gerichtshofes erlassenes Organgesetz regelt die *organisatorischen Fragen* der Verfahrensordnung, die Bildung der Kammern des Gerichtshofes sowie die Fälle, in denen der Gerichtshof in Vollsitzungen tagen muss (Art 27 Abs 1). Im Rahmen des Haushaltsplanes der Union verfügt der Gerichtshof gem Art 27 Abs 2 über die Finanz- und Verwaltungsautonomie.

Wie schon erwähnt, bilden neben dieser Verfassung auch die Verträge der drei Europäischen Gemeinschaften die Grundlage der Union. Aus diesem Grund sind die *Zuständigkeiten* des Gerichtshofes nicht nur in dieser Verfassung geregelt, vielmehr finden sich in ihr lediglich Modifikationen der in den Gemeinschaftsverträgen geregelten Zuständigkeiten. Diese Zweiteilung der Rechtsgrundlagen findet sich auch in Art 37 (Zuständigkeiten des Gerichtshofes) wieder, wonach die in dieser Verfassung und in den Gemeinschaftsverträgen vorgesehenen Zuständigkeiten nur durch ein Verfassungsgesetz geändert werden können.

Im Rahmen seiner Zuständigkeiten gewährleistet der Gerichtshof die *Wahrung des Rechtes* bei der Auslegung und Anwendung der Verfassung sowie aller Rechtsakte der Union (Art 36 1. Satz). Nachdem die schon im E(W)GV geregelten Zuständigkeiten nicht eigens in der Verfassung Erwähnung finden, ist es zumindest notwendig, diese zentrale Bestimmung an den Anfang des Kapitels über die Aufgaben der Rechtsprechung zu stellen.

Die wichtigsten Änderungen ergeben sich in der Kategorie der *konstitutiven Zuständigkeiten*.

---

[791] *Hilf* (FN 770) 71.

Eine neue Variante der *Nichtigkeitsklage* wird in Art 39 geregelt (*Normenkontrolle*). Geprüft werden kann jeder (Sekundär-)Rechtsakt (ohne Einschränkung auf das erlassende Organ) daran, ob er über die Zuständigkeiten der Union hinausgeht. Man wird diese Bestimmung als spezifische Erweiterung und nicht als eine Ersetzung des Art 230 EGV ansehen müssen, da er nur einen der vier Klagegründe – Unzuständigkeit, Verletzung wesentlicher Formvorschriften, Verletzung des Vertrages oder einer bei seiner Durchführung anzuwendenden Rechtsnorm sowie Ermessensmissbrauch – anspricht. Die aktive Klagelegitimation zu dieser Anfechtung nach Art 39 haben der Rat, die Kommission, das Europäische Parlament oder ein Mitgliedstaat.[792] Interessant an dieser Bestimmung ist der *Zeitpunkt* einer möglichen Klageerhebung, von der endgültigen Verabschiedung des Rechtsakts bis vor dessen In-Kraft-Treten. Im EGV findet sich eine genau entgegengesetzte Regelung, da Rechtsakte gem Art 230 Abs 5 EGV erst ab Bekanntgabe der betreffenden Handlung, ihrer Mitteilung an den Kläger oder ab Kenntnisnahme von der Handlung anfechtbar sind. Die zeitliche Einschränkung im EGV geht dahin, dass Rechtsakte ab diesem Zeitpunkt und inklusive einer pauschalen Entfernungsfrist von zehn Tagen[793] innerhalb einer Frist von zwei Monaten anfechtbar, später aus Gründen der Rechtssicherheit[794] hingegen immunisiert sind. Auch aufgrund dieses Unterschiedes im zeitlichen Kontext wird man Art 39 als ein Aliud (Prüfung der Zuständigkeit vor dem In-Kraft-Treten) und nicht als eine Ersetzung des Art 230 EGV (Prüfung der restlichen Nichtigkeitsgründe nach In-Kraft-Treten bis zum Ende der erwähnten Frist) ansehen müssen. Eine ähnliche Regelung einer präventiven Normenkontrolle findet sich in Art 46 Abs 5 bzw Art 61 Abs 1 sowie Art 61 Abs 2 der französischen Verfassung der V. Republik von 1958.[795] Das französische System der präventiven Normenkontrolle erklärt sich aus einem Misstrauen gegenüber dem Parlament der IV. Republik und daraus resultierend dem Wunsch, die Akte desselben zu einem möglichst frühen Zeitpunkt zu überprüfen.[796] Im System des EGV erinnert diese Bestimmung an das Gutachtensverfahren des Art 300 Abs 6 EGV, wonach der Rat, die Kommission

[792] Die Modalitäten für diese Klage werden nach Art 39 2. Satz durch ein Verfassungsgesetz festgelegt.

[793] Art 81 § 2 der kodifizierten Fassung der Verfahrensordnung des Gerichtshofes, ABl 2001, Nr C 34, 1 ff, 24, idF ABl 2001, Nr L 119, 1; kurz erwähnt sei nur die interessante Tatsache, dass eine Kodifizierung im Teil C (Mitteilungen und Bekanntmachungen) und nicht im Teil L (Rechtsvorschriften) des Amtsblattes veröffentlicht wird.

[794] *Schwarze* in *Schwarze* (FN 319) Rdnr 51 zu Art 230 EGV.

[795] Siehe dazu nachstehend im 3. Kapitel des 4. Teiles auf S 368 f.

[796] So *Spies, Axel,* Verfassungsrechtliche Normenkontrolle in Frankreich: der Conseil constitutionnel, NVwZ 1990, 1040 ff, 1041.

oder ein Mitgliedstaat – nicht aber das Parlament[797] – ein Gutachten des EuGH über die Vereinbarkeit eines geplanten Abkommens mit dem EGV einholen können, in welchem insbesondere die Frage der Zuständigkeit (Organ- und Verbandskompetenz) zum Abschluss des Abkommens begutachtet werden soll.[798] In allen drei geschilderten Systemen einer präventiven Normenkontrolle ergibt sich für das justizförmige Organ eine starke Position, da es nicht nur *ex post* in einem konkreten Anlassfall über Rechtsakte der Legislative judizieren kann, sondern *ex ante* in abstrakter Form die Kompetenz besitzt, diese quasi zu „genehmigen" oder bei Verletzung der Zuständigkeiten das In-Kraft-Treten derselben zu verhindern.[799] Man wird allerdings davon ausgehen müssen, dass mit Art 39 nicht primär eine Stärkung der Judikative, sondern eine Sicherung der vertikalen Kompetenzabgrenzung intendiert ist. Diese Vermutung wird durch die Entschließung vom 12. 12. 1990 bekräftigt, in der die Zuständigkeit des Gerichtshofes für die Beurteilung der Anwendung des Grundsatzes der Subsidiarität in allen Fällen konkurrierender Zuständigkeiten – dort jedoch noch in einem *a posteriori*-Verfahren – vorgesehen ist.[800] Auch die Entschließung vom 11. 7. 1990 sieht für den Gerichtshof die Zuständigkeit vor, über die in der Verfassung festgelegten Kompetenzabgrenzungen zwischen den Mitgliedstaaten der Union unter Berücksichtigung des Subsidiaritätsprinzips zu judizieren.[801]

Die hier angesprochene Idee einer präventiven Normenkontrolle zur Einhaltung der vertikalen Kompetenzverteilung wird in der *aktuellen Verfassungsdebatte* – so wie viele andere schon vorhandene Konstruktionen (!) auch – neu aufgegriffen und ist ein Beleg dafür, dass der EuGH in der aktuellen Verfassungsdebatte (neben der historischen Entwicklung) in Vergleich zu fiktiven und realen (Verfassungs-)Gerichten gesehen werden muss. Ein Hauptgrund für die Auswahl des französischen *Conseil Constitutionnel* für diese Arbeit war deshalb auch die für dieses Gericht signifkante Zuständigkeit einer präventiven Normenkontrolle.

[797] Eine aktive Klagelegitimation des Europäischen Parlamentes sieht erst der Vertrag von Nizza in Art 3 Ziff 46 lit b vor, ABl 2001, Nr C 80, 28.

[798] *Schmalenbach, Kirsten*, in *Schwarze* (FN 319) Rdnr 87 zu Art 300 EGV.

[799] Kritisch gegenüber dieser *ex ante*-Kontrolle ist *Seidel, Martin*, Basic Aspects of a European Constitution, Aussenwirtschaft 1995, 221 ff, 233 f, da zum einen in seinen Augen das Verfahren nach Art 230 EGV durch das des Art 39 ersetzt wird und zum anderen eine Beurteilung eines Rechtsaktes erst nach einer gewissen Zeit möglich sei. Dabei übersieht er jedoch, dass auch im System des EGV die Zeit der Bewährung eines Rechtsaktes auf die erwähnten zwei Monate beschränkt ist.

[800] ABl 1991, Nr C 19, 71. Ganz generell unterscheidet sich der geplante Kompetenzkatalog für den Gerichtshof in dieser Entschließung in einigen Punkten von den schließlich im *Herman*-Entwurf realisierten Zuständigkeiten.

[801] ABl 1990, Nr C 231, 95.

Es überrascht nicht, dass die präventive Normenkontrolle von einem Franzosen, *Alain Lamassoure*, „in's Spiel gebracht wird".[802] In seinem *Bericht über die Abgrenzung der Zuständigkeiten der Europäischen Union und der Mitgliedstaaten*[803] schlägt *Lamassoure* „die Einführung einer zusätzlichen [!] Klagemöglichkeit vor Inkrafttreten einer Rechtsvorschrift vor, mit der deren Anwendung ausgesetzt werden kann". Diese Klage könnte von der Kommission oder von einer signifikanten Minderheit in Rat oder Parlament eingereicht werden. Die Frist für diese Klage würde ein Monat ab Annahme der Rechtsvorschrift betrage und innerhalb derselben Frist müsste sodann der GH entscheiden. Einzig möglicher Klagsgrund wäre ein Zuständigkeitskonflikt über die Nichtbeachtung der Grundsätze der Subsidiarität[804] und der Verhältnismäßigkeit[805]. Die Wahl des GH als Hüter des Subsidiaritätsprinzips begründet *Lamassoure* damit, dass keine der europäischen Institutionen ein sehr grosses Interesse daran habe, das Subsidiaritätsprinzip konkret anzuwenden. Dazu sind zwei Feststellungen zu treffen. Zum einen müsste der EuGH, wie erwähnt,[806] sein Selbstverständnis als Hüter der Integration ändern. Zum anderen ist es wichtig zu betonen, dass diese präventive Normenkontrolle *zusätzlich* zum Verfahren nach Art 230 EGV (bzw Art 300 Abs 6 EGV) vorgesehen ist und somit nicht eine nach einer präventiven Normenkontrolle nicht aufgegriffene Mangelhaftigkeit eines Rechtsaktes perpetuiert und unanfechtbar macht.

Das Verfahren nach Art 39 erinnert nicht nur an das Gutachtensverfahren des Art 300 Abs 6 EGV, der *Herman*-Entwurf selbst regelt auch ein solches Verfahren in Art 44 Abs 6. Abgesehen von geringfügigen semantischen Differenzen[807] sind die beiden Bestimmungen, bis auf den Unterschied, dass der Entwurf des Institutionellen Ausschusses – wie auch schon in Art 39 – dem Europäischen Parlament eine aktive Klagelegitimation zugesteht, identisch.

---

[802] Die hier von *Lamassoure* präsentierte Idee einer präventiven Normenkontrolle geht nach seinen Angaben auf einen Bericht aus dem Jahre 1990 zurück, der ebenfalls von einem Franzosen (*Valery Giscard d'Estaing* – derzeitiger Vorsitzender des Zukunftskonventes) entworfen wurde.

[803] (2001/2024(INI)), A5-133/2002, 14, 27 f.

[804] Zu der aktuellen Debatte um ein *Europäisches Kompetenzgericht* siehe *Everling, Ulrich*, Quis custodiet custodes ipsos?: zur Diskussion über die Kompetenzordnung der Europäischen Union und ein europäisches Kompetenzgericht, EuZW 2002, 357 ff; *Goll, Ulrich/Kenntner, Markus*, Brauchen wir ein europäisches Kompetenzgericht? Vorschläge zur Sicherung der mitgliedstaatlichen Zuständigkeiten, EuZW 2002, 101 ff, bzw *Reich, Norbert*, Brauchen wir eine Diskussion um ein Europäisches Kompetenzgericht?, EuZW 2002, 257 ff.

[805] Der *Herman*-Entwurf bzw die erwähnte Entschließung nennen hingegen nur die Subsidiarität. Es ist allerdings fraglich, ob sich die Verhältnismäßigkeit für eine summarische *ex ante*-Prüfung eignet.

[806] Siehe dazu vorstehend im 2. Kapitel des 1. Teiles auf S 26.

[807] Während Art 300 Abs 6 EGV von „Abkommen" spricht, verwendet Art 44 den Terminus „Verträge".

Eine weitere Zuständigkeit, die der Entwurf dem Gerichtshof zuweist, regelt Art 38 – *Verletzung der Menschenrechte.* Nach dieser Bestimmung ist der Gerichtshof für jede Klage zuständig, die von einer Privatperson wegen der Verletzung eines von der Verfassung garantierten Menschenrechtes durch die Union erhoben wird (Art 38 Abs 1). Die Bedingungen für die Einreichung einer derartigen Klage und die Strafen, die der Gerichtshof verhängen kann, sind der Regelung durch ein Verfassungsgesetz vorbehalten (Art 38 Abs 2). Anders als noch in der Entschließung vom 12. 12. 1990, wo eine Zuständigkeit des Gerichtshofes für Grundrechtsverletzungen durch die Mitgliedstaaten vorgesehen war,[808] ist der Gerichtshof nach Art 38 nur für Grundrechtsverletzungen durch die Union zuständig. Eine solche Zuständigkeit für den Gerichtshof war nach der Entschließung zur Erklärung der Grundrechte und Grundfreiheiten, wonach „die Wahrung der Grundrechte die unerläßliche Voraussetzung für die Legitimität der Gemeinschaft darstellt“[809] quasi unumgänglich.

So wie auch bei den schon behandelten anderen Entwürfen betreffen die Vorschläge im Bereich der *nicht konstitutiven Zuständigkeiten* ausschließlich/primär das *Vorabentscheidungsverfahren*, welches in dieser Verfassung in Zusammenhang mit der Gewährleistung der einheitlichen Auslegung des Rechtes der Union (Art 36 2. Satz) behandelt wird.

Der Gerichtshof ist nicht der einzige Repräsentant der Judikative in diesem Entwurf. Gem Art 28 können durch ein Organgesetz auf Vorschlag des Gerichtshofes ein oder mehrere *sonstige Gerichte* eingesetzt werden, die für Entscheidungen über einzelne Gruppen von Klagen zuständig sind und gegen deren Entscheidungen ein gegebenenfalls auf Rechtsfragen beschränktes Rechtsmittel beim Gerichtshof eingelegt werden kann[810] – ein Pendant zum 1988 geschaffenen Gericht erster Instanz der Europäischen Gemeinschaften. Dieses Gemeinschaftsgericht erster Instanz gewährleistet im Rahmen seiner Zuständigkeiten – ebenso wie auch die „sonstigen nationalen Gerichte“ – die Wahrung des Rechtes bei der Auslegung und Anwendung der Verfassung sowie aller Rechtsakte der Union (Art 36) – eine Aufgabe die nach Art 220 EGV nur dem EuGH zukommt.[811]

---

[808] ABl 1991, Nr C 19, 68.

[809] ABl 1989, Nr C 120, 51.

[810] Die Aufgaben, die Zusammensetzung und die Verfahrensordnungen werden gem den Art 25, 26 und 27 festgelegt (Art 28).

[811] Zur Änderung durch den Vertrag von Nizza siehe vorstehend im 6. Kapitel des 2. Teiles auf S 121.

6.6 Bewertung

Im Vergleich zum EGV, welcher wie die beiden anderen Gemeinschaftsverträge weiterhin bestehen bleibt, bringt dieser Entwurf insofern eine Verbesserung der *institutionellen Stellung* des Gerichtshofes, als die längere Amtsdauer (neun Jahre) die Unabhängigkeit der Richter – welche, wie erwähnt, auch eine Qualifikationsvoraussetzung ist – stärkt. Der Ausbau der *funktionalen Rolle* (im Bereich der *konstitutiven Zuständigkeiten*) erstreckt sich primär auf die Kontrolle der vertikalen Kompetenzabgrenzung und erfährt lediglich im Grundrechtsschutz eine bedeutende Ausgestaltung.

7. Kapitel: Ein Basisvertrag für die Europäische Union – Studie des Europäischen Hochschulinstitutes zur Neuordnung der Verträge (2000)[812]

7.1 Zur Arbeitsgruppe

Erstellt wurde dieser Entwurf am *Robert Schuman Centre for Advanced Studies* des Europäischen Hochschulinstitutes[813]. Koordiniert wurde die Arbeitsgruppe vom WTO-Spezialisten *Claus-Dieter Ehlermann* sowie vom Direktor des Robert Schuman Zentrums *Yves Mény*. Berichterstatter war *Hervé Bribosia*. Die Arbeitsgruppe selbst bestand aus „einer Gruppe international renommierter Rechtsgelehrten aus verschiedenen Ländern und Rechtskulturen“[814], darunter ua so bedeutende Europarechtsgelehrte wie *Gráinne de Búrca, Bruno De Witte* und *Armin von Bogdandy*.

7.2 Die Vereinfachung der Verträge und die Entstehung des Basisvertrages

Die Weiterentwicklung der grundlegenden Bestimmungen des Europarechts durch die *Herren der Verträge* erfolgt nicht nach dem Postulat systematisch transparenter Rechtssetzung, sondern unter dem Druck politischer Vorgaben und in oftmals langen Nachtsitzungen. Das Ergebnis ist ein Gebilde von Rechtsvorschriften unterschiedlicher Qualität, das man einem Laien nur sehr schwer nahe bringen kann. Mit der Verankerung der Entwicklung der Integration in immer

[812] Für die Fundstelle siehe vorstehend in FN 37.

[813] Homepage: http://www.iue.it/RSC/Welcome.html.

[814] Pressemitteilung IP/00/479 vom 15. 5. 2000: Hochschulinstitut Florenz legt Studie über Neufassung der Verträge vor, http://europa.eu.int/rapid/start/cgi/guesten.ksh?p_action.gettxt=gt&doc=IP/00/479%7C0%7CRAPID&lg=EN.

komplexeren Bestimmungen wurde vermehrt der Ruf nach einer Klärung der Rechtslage laut. Dabei kann man generell zwei mögliche Vorgehensweisen unterscheiden. Entsprechend der Forderung nach einer Konstitutionalisierung der neuen Rechtsordnung Europäische Union besteht die eine Variante in der kodifikatorischen Ausarbeitung eines neuen Verfassungsentwurfes, in welchem – quasi wie in einem Urknall – eine neue transparente und verständliche (Grund-)Ordnung für die europäische Einigung geschaffen wird. Vielfach wurden solche (vorstehend auszugsweise behandelten) Entwürfe jedoch als unrealistisch bezeichnet.[815] Die andere Variante besteht darin, die bestehenden Verträge ohne (große) Änderungen derart zu vereinfachen, dass man diejenigen Bestimmungen, die man als grundlegend qualifiziert, in einer konsolidierten Grundordnung zusammenfasst und in gewisser Weise in ihrem Bestand schützt, wohingegen die übrigen Bestimmungen einer vereinfachten Änderung zugänglich gemacht werden.

Ein Beispiel für einen derartigen Entwurf zur Vereinfachung bzw Konsolidierung der Verträge ist der *Bieber*-Entwurf aus dem Jahre 1995.[816] Aus der Vorbereitungszeit zur Regierungskonferenz 1996 stammt der – für das Europäische Parlament erstellte – sog *Florentiner*-Entwurf (1996), ein ebenfalls am Europäischen Hochschulinstitut ausgearbeiteter Entwurf von *Claus Dieter Ehlermann* (Koordinator) und *Armin von Bogdandy* (Berichterstatter).[817] In der von der Regierungskonferenz 1996 angenommenen Erklärung (Nr 42) über die Konsolidierung der Verträge[818] kamen die Mitgliedstaaten überein, *eine* konsolidierte Fassung *aller* einschlägigen Verträge inkl EUV vorzubereiten, sozusagen eine Fusion der Verträge[819] – ein Vorhaben das bekanntlich bis heute nicht in die Praxis umgesetzt wurde. Wie schon erwähnt, erstellten die sog *drei Weisen Richard von Weizsäcker, Jean-Luc Dehaene* und *David Simon* für die Europäische Kommission einen Bericht über die institutionellen Auswirkungen der Erweiterung

[815] So zB der Vorwurf gegenüber den Verfassungsentwürfen des Europäischen Parlaments: *Koenig, Christian/Pechstein, Matthias,* Der Florentiner Entwurf zur Vereinheitlichung der Europäischen Gründungsverträge, NJW 1997, 996 ff, 996.

[816] *Bieber, Roland,* Simplification des Traités de l'Union. Projet n° IV/95/25 – étude à l'intention du Parlement européen (1995).

[817] Siehe dazu unter http://www.iue.it/RSC/Research.html, bzw für die Inhaltsangabe http://-www.iue.it/RSC/TREATY/toc.html. Siehe dazu auch *Bogdandy, Armin von/Ehlermann, Claus Dieter*, Zur Konsolidierung der Europäischen Gründungsverträge, EuZW 1996, 737; Koenig/*Pechstein* (FN 815).

[818] ABl 1997, Nr C 340, 140 ff.

[819] Nicht nur eine Fusion der Verträge sondern der Gemeinschaften sah der Vertrag zur Einsetzung eines Gemeinsamen Rates und einer Gemeinsamen Kommission der Europäischen Gemeinschaften, ABl 1967, Nr 152, 2 ff, 11 in seinem Art 32 Abs 1 vor. Siehe dazu auch *Bogdandy, Armin von,* La fusion des Communautés dans l'Union européenne: un modèle juridique de pluralisme institutionnel dans un cadre institutionnel unique, RdUe 2001, 617 ff.

(1999), worin sie eine Teilung der vorhandenen Vertragstexte in zwei Teile forderten.[820] Der grundlegende Vertrag sollte „die Ziele, die Grundsätze und die allgemeinen politischen Leitlinien, die Bürgerrechte und den institutionellen Rahmen“ enthalten, die restlichen Bestimmungen einschließlich der Vorschriften über die sektoriellen Politiken sollten in einem davon getrennten Text enthalten sein.[821] Die Regierungskonferenz 2000 konnte die Vorgaben der Erklärung (Nr 42) des Vertrages von Amsterdam nicht realisieren, sondern lediglich erneut in einer Erklärung bekräftigen. In der den sog „Post-Nizza-Prozess“ einleitenden Erklärung (Nr 23) zur Zukunft der Union findet sich als einer von vier in diesem Prozess zu behandelnden Fragen die Vereinfachung der Verträge mit dem Ziel, diese klarer und verständlicher zu machen, ohne sie inhaltlich zu ändern[822] – eine Minimalvariante einer Konstitutionalisierung.

Das Robert Schuman Zentrum des Europäischen Hochschulinstitutes wurde Anfang 2000 von der Europäischen Kommission damit beauftragt, in einer Studie die Möglichkeiten einer Neuordnung der Europäischen Verträge auszuarbeiten.[823] Der Auftrag bestand aus *zwei Teilbereichen*: zum einen sollte das gesamte Primärrecht neu gegliedert und in einem Basisvertrag die wesentlichen Elemente der Europäischen Union dargestellt werden, zum anderen sollte eine Flexibilisierung der Vertragsänderungsbestimmung des Art 48 EUV eine Blockade dieses Prozesses nach der Erweiterung verhindern.[824] Während es die Arbeitsgruppe vorzog, die Frage der Flexibilisierung des Vertragsänderungsverfahrens einem gesonderten Bericht vorzubehalten[825], legte sie dem Kommissionspräsidenten *Romano Prodi* am 15. 5. 2000 den *Abschlussbericht* über den Basisvertrag für die Europäische Union vor. In ihrer *Mitteilung vom 12. 7. 2000* begrüßte die Kommission den Bericht des Hochschulinstitutes.[826] Sie forderte die Regierungskonferenz 2000 auf, sich zur Zweckmäßigkeit einer Neuordnung und Vereinfachung der Verträge zu äußern. Da eine Realisierung dieses Vorhabens durch die laufende

---

[820] Zu diesem Bericht (FN 36) siehe vorstehend im 1. Kapitel des 1. Teiles auf S 6.

[821] Bericht (FN 36) 12.

[822] ABl 2001, Nr C 80, 85 f.

[823] Schon im Mai 1999 legte das Hochschulinstitut auf Ersuchen des Europäischen Parlamentes einen Entwurf für eine Reform der Verträge vor: *Parlement Européen. Direction Générale des Études*, Quelle Charte Constitutionnelle pour l'Union Européenne ? Stratégies et options pour renforcer le caractère constitutionnel des traités, Série Politique POLI 105 FR, http://www.iue.it/RSC/pdf/PE-DOC.pdf.

[824] Basisvertrag (FN 37) Abschlussbericht, 1 f.

[825] *European University Institute*, Reforming the Treaties' Amendment Procedures. Second Report on the Reorganisation of the European Union Treaties – submitted to the European Commission on 31 July 2000, http://europa.eu.int/comm/archives/igc2000/offdoc/repoflo_en2.pdf.

[826] Mitteilung der Kommission. Ein Grundlagenvertrag für die Europäische Union, KOM-(2000) 434 endg.

Regierungskonferenz nicht realistisch war, forderte die Kommission dieselbe auf, dafür ein Verfahren sowie einen Zeitplan festzulegen.

7.3 Konzept und Aufbau des Basisvertrages

Das Ausgangsmaterial für diese Konsolidierung bilden der EUV sowie der EGV. Der EGKSV wurde aufgrund der Tatsache des Ablaufes seiner Geltungsdauer (23. 7. 2002) und der EAGV mangels eines Konsenses über die ursprünglichen Vertragsziele nicht berücksichtigt.[827] Der in Anhang I abgedruckte Basisvertrag der Europäischen Union (samt zweier Sonderprotokolle[828]) – welcher den gegenwärtigen Vertrag über die Europäische Union ersetzen würde[829] – wurde mit Erläuterungen versehen in denen auf den Ursprung sowie die ausnahmsweise notwendige Veränderung der ursprünglichen Bestimmungen hingewiesen wurde.[830] Anhang II enthält den entkernten Vertrag zur Gründung der Europäischen Gemeinschaften, welcher anders als der EUV nicht durch den Basisvertrag ersetzt wird.

Der Basisvertrag besteht aus 95 Artikeln, aufgegliedert in folgende acht Titel:

- 1. Titel – Grundlagen der Union (Art 1 bis 3)
- 2. Titel – Grundrechte (Art 4 und 5)
- 3. Titel – Die Unionsbürgerschaft (Art 6 bis 14)
- 4. Titel – Ziele und Zuständigkeiten
  - I. – Im Rahmen der Europäischen Gemeinschaft (Art 15 bis 45)
  - II. – Im Rahmen der gemeinsamen Außen- und Sicherheitspolitik (Art 46 bis 48)
  - III. – Im Rahmen der polizeilichen und justiziellen Zusammenarbeit in Strafsachen (Art 49)
- 5. Titel – Bestimmungen über die Organe (Art 50 bis 55)
  - I. – Das Europäische Parlament (Art 56 bis 59)
  - II. – Der Rat (Art 60 bis 63)
  - III. – Die Kommission (Art 64 bis 68)
  - IV. – Der Gerichtshof (Art 69 bis 71)

---

827 Basisvertrag (FN 37) Abschlussbericht, 5.

828 Der EUV wurde fast zur Gänze in den Basisvertrag aufgenommen. Diese beiden Sonderprotokolle enthalten die Bestimmungen des EUV, die nicht in den Basisvertrag übernommen wurden, die Durchführungsbestimmungen für die GASP und die PJZS.

829 Basisvertrag (FN 37) Anhang I, 6 in FN 1.

830 In einem gesonderten Anhang ist der Basisvertrag zur besseren Veranschaulichung ohne technische Erläuterungen wiedergegeben. Dieser *Entwurf* des Basisvertrags der Europäischen Union ist abrufbar unter http://europa.eu.int/comm/archives/igc2000/offdoc/draftreaty_de.pdf.

  - V. – Der Rechnungshof (Art 72 bis 73)
  - VI. – Die beratenden Ausschüsse (Art 74 bis 75)
  - VII. – Das Europäische System der Zentralbanken und die Europäische Zentralbank (Art 76 bis 79)
  - VIII. – Die Europäische Investitionsbank (Art 80 bis 81)
- 6. Titel – Finanzvorschriften (Art 82 bis 84)
- 7. Titel – Bestimmungen über eine verstärkte Zusammenarbeit (Art 85 bis 86)
- 8. Titel – Schlussbestimmungen (Art 87 bis 95)

Der Basisvertrag wurde in zwei Versionen vorgelegt, die sich lediglich in ihrem Umfang unterscheiden. Die längere Variante (Art 21 bis 45) enthält im Gemeinschaftspfeiler des 4. Titels neben den grundlegenden weiters noch Bestimmungen zum Binnenmarkt, den Grundfreiheiten sowie zu den Zielsetzungen der Tätigkeitsbereiche der Gemeinschaft.[831]

Was den 5. Titel über die *Organe* anbelangt; so wurden nach einem *Grundkonzept* die Bestimmungen über ihre Zusammensetzung, Funktion und ggf die geltenden Abstimmungsverfahren aufgenommen. Bestimmungen über die Organisation und die interne Funktionsweise der Organe fanden keinen Eingang in den Basisvertrag.

Die Arbeitsgruppe zeigte sich bemüht, Änderungen in den Bestimmungen nur insofern vorzunehmen, als diese unumgänglich waren; insbesondere Bestimmungen zur vertikalen Kompetenzverteilung sollten vermieden werden. Eine Veränderung der Bestimmungen erfolgte allerdings der Art, dass die Zuordnung einer Bestimmung zum Basisvertrag zweifelsohne deren rechtliche Qualität verändert. Diese Qualifikation nach der Zuordnung zum Basisvertrag soll im Folgenden für das Gerichtssystem der Europäischen Union untersucht werden.

7.4 Die Klassifizierung der Bestimmungen zu EuGH und EuG

Art 7 EGV, wonach der Gerichtshof ein *Organ* der Gemeinschaft ist, findet seine Entsprechung in Art 52 Abs 1 BV allerdings mit dem Unterschied, dass die in Abs 1 genannten Organe solche *der Union* sind.

Eingang in den Basisvertrag gefunden hat Art 220 EGV in Form des Art 70 BV, wonach der Gerichtshof die Wahrung des Rechtes bei der Auslegung und Anwendung *der Verträge gemäß Art 87 BV* sichert. Entsprechend den allge-

[831] Die Arbeitsgruppe gibt der längeren Fassung den Vorzug. Wenn man der kürzeren Version den Vorzug gibt, so würde man „die politisch-institutionelle Gestalt der Union gegenüber ihren materiell-inhaltlichen Tätigkeitsfeldern stärker betonen und sich damit einem Verfassungsdokument im klassischen Sinn weiter annähern", Basisvertrag (FN 37) 7.

meinen Ausführungen zur Aufnahme der Bestimmungen über Zusammensetzung und Funktion dürfte es unbestritten sein, dass diese zentrale Bestimmung Eingang in die Grundordnung der Union finden muss. Der angesprochene Art 87 BV ist eine (mehr oder weniger unveränderte) Neufassung des Art 46 EUV über die Zuständigkeiten des Gerichtshofes im Rahmen der Europäischen Union. Die auch im EUV bestehenden Ausnahmen von der Zuständigkeit des Gerichtshofes für Art 3, Art 4 sowie Art 7 EUV sollten nach Ansicht der Arbeitsgruppe aufgehoben werden.[832] Art 221 Abs 1 EGV (Richter) und Art 222 Abs 1 EGV (Generalanwälte) finden sich zusammengefasst in Art 69 Abs 1 BV wieder, allerdings ohne eine Angabe zu deren *Anzahl*. Die Abs 2 bis 4 des Art 221 EGV sowie die Abs 3 und 4 des Art 222 EGV wurden nicht aufgenommen. Diese Vorgehensweise ist, was den Art 222 Abs 2 EGV (Funktion der Generalanwälte) betrifft, nicht ganz konform mit dem Grundkonzept für die Aufnahme von Bestimmungen in den EGV, da der Aufgabenbereich der Generalanwälte nach Ansicht des Verfassers weder hauptsächlich die Organisation, noch die interne Funktionsweise betrifft. Von Art 223 EGV finden sich Abs 1 (Qualifikation der Richter und Generalanwälte) und Abs 5 (Wahl des Präsidenten) in Art 69 Abs 2 und 3 BV wieder. Diese Bestimmungen sind insofern bedeutend als die *Unabhängigkeit* als Qualifikationsmerkmal und die für die Unabhängigkeit der Richter wichtige *Amtsdauer* grundlegende Bestimmungen über den EuGH darstellen. Die Neubesetzung der Stellen der Richter (Art 223 Abs 2 EGV) und der Generalanwälte (Art 223 Abs 3 EGV) betrifft hingegen nur die interne Organisation und ist folglich korrekterweise nicht aufgenommen worden. Nicht ganz konsequent war es allerdings, die Wiederwahl des Präsidenten (je 2. Satz in Art 223 Abs 5 EGV bzw Art 69 Abs 3 BV) aufzunehmen, nicht hingegen die Bestimmung zur Wiederwahl der Richter (Art 223 Abs 4 EGV). Gerade die Bestimmung über eine mögliche Wiederwahl der Richter ist für die institutionelle Stellung der Judikative weitaus bedeutender als die Wiederwahl ihres Präsidenten.

Entbehrlich für den Basisvertrag – da die interne Funktionsweise betreffend – ist die Bestimmung über den Kanzler des Gerichtshofes (Art 224 EGV).

Aus dem Art 225 EGV (Gericht erster Instanz) wurden Abs 1 (Zuständigkeiten) und Abs 3 (Qualifikation und Ernennung) in die Abs 1 und 2 des Art 71 BV übergeführt. Die Abs 2 und 4 betreffend die interne Organisation bzw die Verfahrensordnung wurden nicht aufgenommen. Obwohl kein Organ der Gemeinschaft (bzw der Union im BV) und dem Gerichtshof nur beigeordnet, findet auch das Gericht erster Instanz Eingang in die Grundordnung des Basisvertrages.[833]

---

[832] Basisvertrag (FN 37) Anhang I, 40 in FN 144.

[833] Zur Aufwertung des Gerichtes erster Instanz durch den Vertrag von Nizza und insbesondere zur Frage seiner „Organqualität“ siehe vorstehend in 6. Kapitel des 2. Teiles auf S 121.

Nicht behandelt werden die einzelnen *Verfahren und Zuständigkeiten* des Gerichtshofes (Art 226 bis 241 EGV) bzw des Gerichtes erster Instanz (Art 225 Abs 2 EGV). Dies ist insofern konsequent, als die Arbeitsgruppe keine Bestimmungen betreffend die interne Funktionsweise und Organisation aufnehmen wollte. Auf der anderen Seite betreffen diese Zuständigkeiten das institutionelle Zusammenspiel in einer Weise, dass ihre Verankerung in der Grundordnung der Gemeinschaft sicherlich gerechtfertigt wäre.[834] Wenn man einen Vergleich zu den vorstehend behandelten Verfassungsentwürfen zieht, so ist festzustellen, dass selbst Entwürfe, die die Anzahl der Artikel limitiert haben (zB der *Herman*-Entwurf) Bestimmungen zumindest zu den wichtigsten Verfahrensarten des EuGH beinhalten.

Die Art 242 bis 245 EGV betreffen wiederum die interne Funktionsweise bzw Organisation und wurden nicht in den Basisvertrag aufgenommen.

Ebenfalls nicht aufgenommen wurden Art 292 EGV über die Beilegung von Streitigkeiten über die Auslegung und Anwendung des Vertrages sowie Art 300 Abs 6 EGV über die Gutachtenszuständigkeit des EuGH vor dem Abschluss internationaler Verträge der Gemeinschaft mit Drittstaaten oder Internationalen Organisationen.

8. Kapitel: Ein Grundvertrag für die Europäische Union – Entwurf der Bertelsmann Forschungsgruppe zur „Zweiteilung der Verträge" (2000)[835]

„Eines verfassungspolitischen Urknalls bedarf es im Lichte unserer Übung nicht – das meiste hat sich, wenn vielleicht vielfach zu leise, in den Entwicklungsschritten der europäischen Integration bereits eingestellt."

Bertelsmann Forschungsgruppe Politik[836]

8.1 Zur Arbeitsgruppe

Der vorliegende Entwurf stammt von der Arbeitsgruppe „Zweiteilung der Verträge" der Bertelsmann[837] Forschungsgruppe Politik am Centrum für angewandte *Politik*forschung. Das CAP versteht sich als „Think Tank und Ideenagentur für

---

[834] So auch die Kommission in ihrer Mitteilung vom 12. 7. 2000 (FN 826) 6.
[835] Für die Fundstelle siehe vorstehend in FN 38.
[836] Grundvertrag (FN 38) 3.
[837] Zum *Weidenfeld*-Memorandum der Bertelsmann-Stiftung siehe vorstehend im 5. Kapitel auf S 172 ff.

Politik, Wirtschaft und Öffentlichkeit"[838]. Die Arbeitsgruppe setzt sich aus folgenden sechs Mitgliedern zusammen, bei denen es sich wohlgemerkt nicht um Juristen, sondern um Politikwissenschaftler handelt:[839] der erste im Bunde ist *Franco Algieri,* welcher sich hauptsächlich mit Fragen der GASP bzw der Europäischen Sicherheits- und Verteidigungspolitik (ESVP) befasst. Der Schwerpunkt von *Claus Giering* liegt im institutionellen Bereich, er beschäftigt sich mit der institutionellen und strukturellen Reform der Europäischen Union, der differenzierten Integration sowie den unterschiedlichen Integrationstheorien. Der stellvertretende Leiter der Bertelsmann Forschungsgruppe Politik *Olaf Hildebrand* hingegen arbeitet mehr im materiellen Bereich der WWU, des Binnenmarktes sowie ausgewählter sektorieller Politiken. Der Stellvertretende Direktor des CAP, *Josef Janning* beschäftigt sich mit allen Fragen der europäischen Integration, im Besonderen mit der deutschen Außen- und Europapolitik. *Wolfgang Metz* arbeitet vor allem im institutionellen Bereich und auch die Letzte im Bunde, *Nicole Schley*, Leiterin der Redaktion des Jahrbuches der Europäischen Integration (JEI), hat sich im institutionellen Bereich vor allem mit Fragen der vertikalen Kompetenzabgrenzung beschäftigt.

8.2 Zur Entstehung

Auch dieser Entwurf für eine Zweiteilung der Verträge basiert auf der Idee von *von Weizsäcker, Dehaene* und *Simon.*[840] Im Unterschied zum Hochschulinstitut in Florenz verfügt diese Arbeitsgruppe allerdings weder über ein Mandat der Kommission noch von sonstiger Seite. Vielmehr hat man sich selbst die Aufgabe gestellt, die Idee der drei Weisen „einem Praxistest zu unterziehen".[841]

8.3 Konzept und Aufbau des Grundvertrages

Auch dieser Entwurf setzte es sich zum Ziel, die Bestimmungen der bestehenden Verträge „ohne größere Eingriffe in den Vertragstext" zu konsolidieren.[842] „Das Ergebnis sollte ein bürgernahes, transparentes und stringentes Grunddoku-

[838] *Weidenfeld, Werner*, Die Zukunft Europas – Strategien und Optionen. Der Beitrag angewandter Politikforschung in 15 Jahren Europa-Arbeit der Bertelsmann Stiftung und des Centrums für angewandte Politikforschung, Europäische Rundschau 4/2000, 83.

[839] Die Personenangaben stammen aus dem Grundvertrag (FN 38) 56, bzw von der Homepage des CAP, http://www.cap.uni-muenchen.de/mitarbeiter.

[840] Siehe dazu (FN 36) vorstehend im 1. Kapitel des 1. Teiles auf S 6 und im 7. Kapitel (dieses Teiles) auf S 196.

[841] Grundvertrag (FN 38) 2.

[842] Grundvertrag (FN 38) 2.

ment für die Europäische Union sein."[843] Die Erarbeitung des Grundvertrages erfolgte in mehreren Schritten:[844] in einem ersten Schritt wurde die nachstehend wiedergegebene Gliederung erarbeitet und in einem zweiten Schritt wurden alle Artikel aus EUV und EGV, „die konstitutionellen Charakter tragen", in diese Gliederung eingearbeitet. Im Gegensatz zur genaueren – da inhaltlich determinierten – Vorgehensweise der Florentiner Gruppe erfolgte die rechtliche Qualifizierung der Bestimmungen in EGV und EUV somit nach einer nicht näher nachvollziehbaren subjektiven Einschätzung. In einem nächsten Arbeitsgang wurden diese aufgenommenen Bestimmungen systematisiert und überflüssige – da wiederholende – Bestimmungen gestrichen. Das so entstandene Dokumente wurde neu durchnummeriert und „als einziger Eingriff in die bisherigen Formulierungen" wurden die Querverweise adaptiert.

Der Grundvertrag umfasst neben einer knapp gehaltenen Präambel 107 Artikel, aufgegliedert in folgende acht Teile:

- 1. Teil – Grundsätze und Ziele (Art 1 bis 2)
- 2. Teil – Grundrechte und Unionsbürgerschaft (Art 3 bis 14)
  - 1. Titel – Grundrechte (Art 3 bis 6)
  - 2. Titel – Unionsbürgerschaft (Art 7 bis 14)
- 3. Teil – Verhältnis von Union und Mitgliedstaaten (Art 15 bis 28)
  - 1. Titel – Grundsätze (Art 15 bis 19)
  - 2. Titel – Unionsaufgaben (Art 20 bis 24)
  - 3. Titel – Raum der Freiheit, der Sicherheit und des Rechtes (Art 25 und 26)
  - 4. Titel – Gemeinsame Außen-, Sicherheits- und Verteidigungspolitik (Art 27 und 28)
- 4. Teil – Vorschriften über die Organe und Ausschüsse (Art 29 bis 86)
  - 1. Titel – Rahmenbedingungen (Art 29 bis 34)
  - 2. Titel – Die Organe und Ausschüsse (Art 35 bis 86)
    - 1. Kapitel – Das Europäische Parlament (Art 35 bis 45)
    - 2. Kapitel – Der Rat der Europäischen Union (Art 46 bis 53)
    - 3. Kapitel – Die Kommission (Art 54 bis 59)
    - 4. Kapitel – Der Europäische Gerichtshof (Art 55 bis 71)

[843] Grundvertrag (FN 38) 2.
[844] Grundvertrag (FN 38) 2 f.

- 5. Kapitel – Der Europäische Rechnungshof (Art 72 und 73)
- 6. Kapitel – Der Wirtschafts- und Sozialausschuss (Art 74 bis 78)
- 7. Kapitel – Der Ausschuss der Regionen (Art 79 bis 81)
- 8. Kapitel – Der Beschäftigungsausschuss (Art 82)
- 9. Kapitel – Der Wirtschafts- und Finanzausschuss (Art 83)
- 10. Kapitel – Das Europäische System der Zentralbanken (Art 84)
- 11. Kapitel – Die Europäische Investitionsbank (Art 85 und 86)

- 5. Teil – Die Gesetzgebung (Art 87 bis 91)
- 6. Teil – Bestimmungen über eine verstärkte Zusammenarbeit (Art 92 bis 97)
- 7. Teil – Finanzierungsvorschriften (Art 98 bis 100)
- 8. Teil – Schlussbestimmungen (Art 101 bis 107)

8.4 Die Klassifizierung der Bestimmungen zu EuGH und EuG

Im Unterschied zum Florentiner Basisvertrag wird Art 7 EGV unverändert übernommen – der Gerichtshof bleibt ein *Organ der Gemeinschaft* und wird nicht zu einem Organ der Union (Art 31 Abs 1 GV).

Auch Art 220 EGV wird in Art 60 GV (Aufgabe) als Eingangsbestimmung im 4. Kapitel (Der Europäische Gerichtshof) übernommen. Anders als der Basisvertrag übernimmt der Grundvertrag aus Art 221 EGV nicht nur Abs 1, sondern den gesamten Artikel inklusive der Bestimmungen zu den Kammern und Vollsitzungen (Art 62 GV – Zusammensetzung und Kammern). Dasselbe gilt für Art 62 GV (Generalanwaltschaft), der inhaltlich Art 222 EGV entspricht.[845] Nicht aufgenommen werden die Art 223 EGV (Qualifikation der Richter und Generalanwälte) und Art 224 EGV (Kanzler). Eine Regelung über den Kanzler betrifft lediglich die interne gerichtliche Organisation und weist keinen konstitutionellen Charakter auf. Die notwendigen fachlichen und die *Unabhängigkeit* betreffenden Voraussetzungen für das Amt eines Richters sind jedoch ohne Zweifel als „ver-

[845] Lediglich der 1. Satz des Art 222 Abs 1 EGV über einen neunten Generalanwalt für den Zeitraum vom 1. 1. 1995 bis zum 6. 10. 2000 entfällt.

fassungswürdig" zu qualifizieren und hätten Aufnahme in den Grundvertrag finden müssen.

Auch im Grundvertrag wird das *Gericht erster Instanz* als konstitutionell angesehen. Die Abs 1 und 4 werden in den Art 63 GV (Gericht erster Instanz) übernommen, nicht hingegen Abs 2 (Festlegung der Zuständigkeiten) und – wie auch schon beim EuGH – die Bestimmungen über die Qualifikation der Richter am EuG in Abs 3.

Anders als im Basisvertrag werden – wenn auch nicht zur Gänze – die *Zuständigkeiten* des Gerichtshofes in den Grundvertrag aufgenommen. Art 64 GV (Anrufung des Gerichtshofes) setzt sich aus den Art 226 EGV (Aufsichtsklage der Kommission), Art 227 EGV (Vertragsverletzungsklagen der Mitgliedstaaten) sowie Art 292 EGV (Beilegung von Streitigkeiten über Auslegung und Anwendung des EGV) zusammen. Diesen Artikel „Anrufung des Gerichtshofs" zu titulieren überzeugt nicht wirklich. Diese Bezeichnung hätte vielmehr zu einer Bestimmung wie Art 234 EGV oder Art 230 Abs 4 EGV gepasst, da man unter Anrufung eines Gerichtes wohl (primär) eine solche durch Individuen versteht. Die Bestimmungen des Art 228 EGV (Wirkung eines Feststellungsurteiles)[846] sowie des Art 244 EGV (Vollstreckung der Urteile) werden in Art 65 GV (Bindung der Mitgliedstaaten) zusammen geführt. Beide Bestimmungen betreffen das Verhältnis der Mitgliedstaaten zum Gerichtshof, weshalb ihre Zusammenführung durchaus Sinn macht. Die Möglichkeit, nach Art 229 EGV die Zuständigkeit des EuGH bei der Nachprüfung von Zwangsmaßnahmen der Gemeinschaftsorgane zu erweitern[847], findet ihr Pendant in Art 66 GV (Ausweitung der Befugnisse). Die Nichtigkeitsklage des Art 230 EGV wurde voll inhaltlich in Art 67 GV – mit der unpassenden Bezeichnung „Zuständigkeiten und Fristen" – übergeführt. Nicht aufgenommen wurde das Gegenstück zu Art 230 EGV, die Untätigkeitsklage des Art 232 EGV. Die Art 231 EGV (Wirkung der Nichtigkeitsklage), Art 242 EGV (Aufschiebende Wirkung) und Art 243 EGV (Einstweilige Anordnung) werden in Art 68 GV (Wirkung) zusammengefügt. Fraglich bleibt, ob diese Bestimmungen in einem Grundvertrag enthalten sein sollten. Für ein Verfassungsdokument ist es sicherlich notwendig, die Zuständigkeiten des Verfassungsgerichtes aufzunehmen. Ob die das Verfahren im weiteren Sinn betreffenden Bestimmungen in ein bürgernahes und transparentes Dokument gehören, ist zweifelhaft. Eine Verfassung mit diesen Anforderungen sollte zwar alle essentiellen Bestimmungen enthalten,

---

[846] Siehe dazu zB *Theodossiou, Maria A*, An analysis of the recent response of the Community to non-compliance with Court of Justice judgments: Article 228 (2) E.C., ELR 2002, 25 ff.

[847] Im Bereich des EGV findet Art 229 EGV hauptsächlich im Wettbewerbsrecht sowie in der Verkehrspolitik Anwendung, so *Cremer, Wolfgang*, in *Calliess/Ruffert* (FN 490) Rdnr 2 zu Art 229 EGV; so auch die Aufzählung bei *Borchardt* (FN 307) 245 ff, 247.

aus Gründern der Übersichtlichkeit aber kurz gefasst sein. Die in Art 68 GV enthaltenen Bestimmungen sind nicht als konstitutionell zu bezeichnen und können daher einer Ausführungsnorm vorbehalten bleiben. Nicht ganz passend erscheint auch die Bezeichnung des Art 68 GV *Wirkung*. Man hätte die beiden Normen über den einstweiligen Rechtsschutz (Art 242 EGV und Art 243 EGV) durchaus in einem eigenen Artikel verankern können. Bestimmungen, die an sich aus systematischen Gründen auch Eingang in Art 68 GV (Wirkung) finden hätten müssen, sind Art 233 EGV (Wirkung eines Nichtigkeits- bzw Untätigkeitsurteiles[848]) bzw unter Umständen auch Art 228 Abs 1 EGV (Wirkung eines Feststellungsurteiles). Das für die einheitliche Anwendung des Gemeinschaftsrechts so bedeutende Vorabentscheidungsverfahren findet sich in Art 69 GV (Vorabentscheidung und Beziehung zu einzelstaatlichen Gerichten) wieder.

Nicht aufgenommen wurden die Art 235 EGV (Schadenersatzklage), Art 236 EGV (Beamtenklage), Art 234 EGV (Besondere Zuständigkeiten betreffend EIB, ESZB und EZB), Art 238 EGV (Zuständigkeiten aufgrund einer Schiedsklausel) und Art 239 EGV (Zuständigkeiten aufgrund eines Schiedsvertrages). In einer Anmerkung wird erwähnt, dass diese Bestimmungen aus Gründen der Einheitlichkeit Eingang in den Grundvertrag finden könnten.[849] Ebenfalls nicht berücksichtigt wurde Art 241 EGV über die inzidente Normenkontrolle.

Art 240 EGV, welcher einen *ex ante* Immunitätsverzicht der Gemeinschaft für das Erkenntnisverfahren normiert, findet sich in Art 70 GV (Schranke) wieder. Die Bestimmung über Satzung und Verfahrensordnung, Art 245 EGV, wird in Art 71 GV übernommen.

Der Grund- wie auch schon der Basisvertrag verzichtet darauf, Art 300 Abs 6 EGV über die Gutachtenszuständigkeit des Gerichtshofes in die grundlegenden Bestimmungen überzuführen; angesichts der Bedeutung der aufgrund dieser Zuständigkeit ergangenen Gutachten eine wenig verständliche Lücke.

Eine wichtige Bestimmung, Art 46 EUV über die Zuständigkeiten des Gerichtshofes im Rahmen der Europäischen Union (insbesondere im Hinblick auf die operativen Tätigkeitsbereiche GASP und PJZS) wurde nicht in den Grundvertrag übergeführt. Der Grundvertrag sieht vor, in Art 67 GV (Zuständigkeiten und Fristen – Art 230 EGV) lediglich einen Verweis auf Art 46 EUV einzufügen.[850]

---

[848] Zweiteres natürlich nur, wenn man Art 232 EGV in den Grundvertrag aufnehmen würde.
[849] Grundvertrag (FN 38) 34, FN 58.
[850] Grundvertrag (FN 38) 34, FN 58.

8.5 Bewertung – die goldenen Mitte zwischen Florenz und München

Im direkten Vergleich zwischen Florentiner Basisvertrag und Münchner Grundvertrag zeigt sich wieder einmal, dass es für eine Aufgabenstellung durchaus mehrere Lösungsvarianten gibt. Würde man nur eine davon kennen, so wäre man sicher geneigt, diese als gegeben hinzunehmen. Während der Basisvertrag so wichtige Bestimmungen wie die über die Zuständigkeiten des Gerichtshofes vernachlässigt hat, finden sich im Grundvertrag auch Normen, die nicht unbedingt grundlegender Natur sind. Die optimale Auswahl an konstitutionellen Bestimmungen über das Gerichtssystem liegt sicherlich in der Mitte.[851] Aufnehmen müsste man nach Meinung des Verfassers grundlegende Bestimmungen wie Art 220 EGV sowie die Normen über die Anzahl, Bestellung, Wiederernennung und Unabhängigkeit der Richter (inkl Präsident) und Generalanwälte (Art 221 Abs 1 EGV, Art 222 Abs 1 und 2 EGV, Art 223 Abs 1, 4 und 5 EGV, Art 225 Abs 3 EGV). Auch Art 225 Abs 1 EGV über das Gericht erster Instanz ist als grundlegende Norm anzusehen und sollte Eingang in einen Grund-/Basisvertrag finden. Normen, die sowohl das vertikale als auch das horizontale institutionelle Zusammenwirken beeinflussen und somit verfassungsrechtlicher Natur sind, sind die „harten" Bestimmungen über die Zuständigkeiten (Art 226 EGV, Art 227 EGV, Art 228 EGV, Art 230 EGV, Art 232 EGV, Art 234 EGV, Art 235 EGV, Art 240 EGV, Art 292 EGV, Art 300 Abs 6 EGV sowie Art 46 EUV). Um ein kurzes und verständliches Dokument zu schaffen, könnte man davon absehen, die „weichen" Zuständigkeiten der Art 229 EGV, Art 236 EGV, Art 237 EGV, Art 238 EGV, Art 239 EGV und Art 241 EGV in die Verfassungsurkunde aufzunehmen. In Ausführungsbestimmungen können die Normen über die Wirkung der Urteile (Art 231 EGV, Art 233 EGV, Art 244 EGV), über den einstweiligen Rechtsschutz (Art 242 und 243 EGV) sowie über die interne Organisation (Art 221 Abs 2 und 3 EGV, Art 224 EGV, Art 225 Abs 2 EGV) geregelt werden. Im Sinne einer Ermächtigung zum Erlass weiterer Rechtsakte könnte man uU Art 225 Abs 4 EGV und Art 245 EGV über die Verfahrensordnungen von EuGH

---

[851] Im Folgenden werden im Wesentlichen nur die Bestimmungen berücksichtigt, die auch in den beiden Entwürfen klassifiziert wurden; nicht also die Bestimmungen der Art 5 EUV, Art 35 EUV, Art 40 EUV, Art 83 EGV, Art 88 EGV, Art 95 EGV, Art 210 EGV, Art 213 EGV, Art 216 EGV, Art 247 EGV, Art 256 EGV, Art 271 EGV, Art 290 EGV und Art 298 EGV, bzw ebenso wenig einschlägige Bestimmungen in anderen Rechtsakten, wie zB Art 8 des Beschlusses 94/262/-EGKS, EG, Euratom des Europäischen Parlamentes vom 9. 3. 1994 über die Regelungen und allgemeinen Bedingungen für die Ausübung der Aufgaben des Bürgerbeauftragten, ABl 1994, Nr L 113, 15 ff, idF ABl 2002, Nr L 92, 13 f = Anlage X der Geschäftsordnung des Europäischen Parlamentes (14. Auflage), ABl 1999, Nr L 202, 1 ff, 99 ff, 102, idF ABl 2002, Nr C 140 E, 116 ff (Amtsenthebung des Bürgerbeauftragten durch den Gerichtshof).

und EuG bzw die Satzung des Gerichtshofes in eine Verfassungsurkunde der Europäischen Union aufnehmen.

4. Teil: Der EuGH in Verhältnis zu anderen (Verfassungs-)-Gerichten

1. Kapitel: Der Gerichtshof der Andengemeinschaft

„Eine bewährte Regel besagt, daß der eigentlichen Vergleichung ‚Länderberichte' vorangestellt werden, in denen die Gestaltung des untersuchten Instituts zunächst für jede Rechtsordnung gesondert mit allen bedeutsamen Nuancen schlicht referiert wird."

Konrad Zweigert[852]

1.1 Die Andengemeinschaft

„Los esfuerzos desplegados por los países andinos no han sido vanos. Hoy, en 1984, afortunadamente se han concretado en la iniciación de funciones de este alto Tribunal de Justicia que, en sus actuaciones, consagra el principio de la supranacionalidad pues, sus magisrados actúan con plena independencia de los Países Partes, y sus actos se fundamentan en los principios de la imparcialidad y la autonomía. Nuestra subregión ofrece, a este modo, un nuevo derecho en el ámbito latinoamericano, ya que el tribunal tendrá las funciones de controlar la legalidad, solucionar los conflictos que se presenten entre las partes y ofrecer la interpretación unitaria el Derecho."

Osvaldo Hurtado[853]

1.1.1 Die Entstehungsgeschichte der Andengemeinschaft[854]

Vor der Behandlung des Andengerichtshofes (*Tribunal de Justicia de la Comunidad Andina* – TJCA) soll die Andengemeinschaft (*Comunidad Andina* – CA) selbst kurz behandelt werden, um die notwendigen Grundlagen für das Verständnis der Stellung des (Verfassungs-)Gerichtes in dieser Verbandsgewalt zu schaffen.

---

852 (FN 236) 81.

853 Aus der Rede des *Presidente Constitucional de la República del Ecuador*, anlässlich der feierlichen „Eröffnung" des TJCA am 5. 1. 1984. Zitiert nach *Barrientos Cazazola, Edgar*, El Tribunal de Justicia del Acuerdo de Cartagena. Antecedentes históricos, estructura y composición, competencias y procedimientos, in *Tribunal Andino de Justicia* (Hrsg), La Integración, el Derecho Comunitario y el Pacto Andino (1997) 87 ff, 88 f.

854 Die Angaben zu diesem chronologischen Überblick stammen soweit nicht eigens angegeben aus folgender Quelle: http://www.comunidadandina.org/quienes/crono.htm.

1.1.1.1 Die Entstehung im Schoße der *Asociación Latinoamericana de Libre Comercio* (1960) – oder: von Montevideo nach Cartagena

Die Andengemeinschaft ist ein Beispiel für eine sogenannte *subregionale* Integrationszone[855].[856] Der Begriff „subregional" bringt zum Ausdruck, dass diese Integrationszone aus einer anderen (regionalen) Integrationszone hervorgegangen ist, wodurch sozusagen ein „Mutter – Tochter Verhältnis" begründet wird.[857] Die Entstehungsgeschichte der Andengemeinschaft beginnt in der *Asociación Latinoamericana de Libre Comercio (ALALC)*[858], welche am 18. 2. 1960 zwischen Argentinien, Brasilien, Chile, Mexiko, Paraguay, Peru und Uruguay durch den Vertrag von Montevideo[859] gegründet wurde.[860]

Die ALALC[861], welche ursprünglich als Freihandelszone konzipiert wurde, wurde am 12. 8. 1980 durch den zweiten Vertrag von Montevideo[862] in die *Asoci-*

---

[855] Zu diesem Begriff siehe *Hummer, Waldemar*, Subregionale Präferenzzonen als Mittel lateinamerikanischer Integrationspolitik, ZfLW 8-1975, 1 ff, 70 ff. Zur lateinamerikanischen Integration allgemein siehe *Instituto Interamericano de Estudios jurídicos Internacionales*, Derecho de la Integración Latinoamericana. Ensayo de Sistematización (1969) bzw zur (andinen) Integration allgemein *Sáchica, Luis Carlos*, Introducción al Derecho Comunitario Andino (1985) 1 ff. Siehe auch *Secretaría General de la Comunidad Andina/Programa de Cooperación Andina a Bolivia (PCAP)* (Hrsg), Integración y Supranacionalidad. Soberanía y Derecho Comunitario en los Países Andinos (2001).

[856] Für eine chronologische Übersicht über die Integrations- und Kooperationsprozesse in Lateinamerika und der Karibik siehe *Uribe Restrepo, Fernando*, El Derecho de la Integración en el Grupo Andino (1990) 15 ff.

[857] *Hummer* (FN 855) 11 nennt in FN 2 als Beispiel für eine subregionale Präferenzzone im europäischen Raum die – „wenngleich aus einem anderen historischen Selbstverständnis entstandenen" – Kooperationen der BENELUX Länder im Rahmen der EWG. Zur Mitgliedschaft in mehreren Integrationszonen siehe auch *Hummer, Waldemar/Prager, Dietmar*, GATT, ALADI y NAFTA. Pertenencia simultanea a diferentes sistemas de Integración (1998); *dies*, La pertenencia a varios modelos de integración: el caso de América Latina, comercio exterior 1998, 234 ff.

[858] Siehe dazu *Hummer* (FN 855) 27 ff.

[859] Abgedruckt in *Junta del Acuerdo de Cartagena/Instituto para la Integración de América Latina* (Hrsg), Historia documental del Acuerdo de Cartagena (1974) 227 ff.

[860] Im Jahre 1955 traf sich in Mexiko auf Initiative der *Comisión Económica para América Latina* (CEPAL) eine Expertengruppe, um die mögliche Errichtung eines lateinamerikanischen Gemeinsamen Marktes zu untersuchen, eine Studie die dann zur Unterzeichnung des Vertrages von Montevideo führte; siehe dazu *Álvarez-García, Marcos*, Pacte Andin: Institutions, Democratie et Participation, in *ders* (Hrsg), Integration et Cooperation en Amerique Latin: Le cas du Pacte Andin (1987) 3 ff.

[861] Für eine Übersicht über die Rechtsquellen der ALALC siehe *Larenas Serrano, Galo*, El Tribunal de Justicia Andino (Órgano jurisdiccional del Acuerdo de Cartagena) (1980) 41 ff, bzw 45 für eine graphische Darstellung.

ación Latinoamericana de Integración (ALADI)[863] umgewandelt, welche die Rechtsnachfolge der ALALC antrat und als Fernziel die Errichtung eines Lateinamerikanischen Gemeinsamen Marktes anstrebte.[864]

In den Jahren nach 1960 mehrte sich die Kritik und Unzufriedenheit der weniger entwickelten Länder die darauf hinwiesen, dass primär Argentinien, Brasilien und Mexiko Nutzen aus der Integration ziehen würden, da diese Länder im Rahmen der intraregionalen Ausfuhr von Manufakturgütern immerhin bis zu 70 % des Absatzes erzielten.[865] Aufgrund des Druckes industrieller Sektoren in Chile und Kolumbien auf ihre Regierungen, gegen die anhaltende Stagnation Alternativen zur ALALC zu finden, traten die reformistischen Regierungen von *Eduardo Frei* (Chile) und *Carlos Lleras Restrepo* (Kolumbien) als Initiatoren[866] einer subregionalen Anden-Integration[867] auf.[868]

Am 16. 8. 1966 verabschiedeten die Präsidenten von Kolumbien, Chile und Venezuela sowie Vertreter der Regierungen von Ecuador und Peru daraufhin die *Declaración de Bogotá*[869], welche den weniger entwickelten Staaten die Möglichkeit gibt, gemeinsam im Rahmen der ALALC vorzugehen.

In der *Declaración de los Presidentes de América* in Punta del Este/Uruguay vom 14. 4. 1967[870] einigten sich die Präsidenten der lateinamerikanischen Länder[871] auf folgenden konkreten Mittelweg: man gestand den weniger entwickelten

---

862 Für eine Analyse der beiden Verträge von Montevideo siehe *Barros, Raymundo*, Análisis comparativo de los Tratados de Montevideo 1960 y 1980, integración latinoamericana 50/1980, 30 ff bzw 54/1981, 93 ff.

863 Für die Entwicklung von der ALALC zur ALADI siehe zB *Frambes-Alzérreca, Aline*, Der Andenpakt. Wandlungen eines Integrationsprozesses (1989) 78 ff.

864 So *Hummer, Waldemar*, Österreich, die Europäische Union und Lateinamerika, Information 1995, 2 ff, 3 f.

865 So *Frambes-Alzérreca* (FN 863) 100. Siehe dazu auch *Cárdenas, Emilio/Peña, Félix*, Los acuerdos subregionales y el Tratado de Montevideo, in *Instituto para la Integración de América Latina/Banco Interamericano de Desarrollo* (Hrsg), La dimensión jurídica de la integración (América Latina) (1973) 124 ff, 126 ff.

866 So *Cárdenas/Peña* (FN 865) 128.

867 Zur andinen Integration allgemein siehe *Hojman, David E*, The Andean Pact: Failure of a Model of Economic Integration?, JCMS 1981, 139 ff; *Junta del Acuerdo de Cartagena*, Mecanismos de la Integración Andina (1980); *Mancera, Jorge Rodríguez*, Reflexiones sobre la integración andina en un contexto de apertura económica, integración lationoamericana 3/1992, 3 ff.

868 So *Frambes-Alzérreca* (FN 863) 100.

869 Abgedruckt in *Junta del Acuerdo de Cartagena/Instituto para la Integración de América Latina* (FN 859) 245 ff.

870 Abgedruckt in *Junta del Acuerdo de Cartagena/Instituto para la Integración de América Latina* (FN 859) 314 ff.

871 Die Deklaration wurde von den Präsidenten folgender Länder unterzeichnet: Argentinien, Brasilien, Kolumbien, Costa Rica, Chile, El Salvador, Vereinigte Staaten von Amerika, Guatema-

Ländern zu, im Rahmen einer subregionalen Integrationszone ihr Entwicklungsziel zu vertiefen, gleichzeitig aber die ALALC als System zur Förderung des regionalen Handels beizubehalten.[872]

Zur Konkretisierung und Umsetzung dieser Konstruktion erließ der *Consejo de Ministros* (Ministerrat) der ALALC folgende zwei *Resoluciones*: In der (ersten) *Resolución 202 (Normas de los acuerdos subregionales)* vom 16. 8. 1967[873] beauftragt er die Konferenz der Vertragsstaaten der ALALC, „que (...) establezca las normas a que debrán someterse las acuerdos subregionales", wobei die *Resolución* als Vorgabe für diese auszuarbeitenden Normen zehn Prinzipien vorgab.

In Umsetzung dieses Auftrages legte sodann die Konferenz der Vertragsstaaten der ALALC in der *Resolución 222*[874] diese Normen in siebzehn Punkten fest.

Diese Normen für ein subregionales Abkommen zwischen Kolumbien, Chile, Ecuador, Peru und Venezuela wurden vom *Consejo de Ministros* mit der (zweiten) *Resolución 203 (Bases de un acuerdo subregional entre Colombia, Chile, Ecuador, Perú y Venezuela)* vom 16. 8. 1967[875] angenommen. Gleichzeitig wurde das *Comité Ejecutivo Permanente* der ALALC ermächtigt, die Kompatibilität dieses subregionalen Abkommens mit Art 1 dieser *Resolución*, mit den zehn in der *Resolución* 202 festgelegten Prinzipien und dem Vertrag von Montevideo zu beurteilen.[876]

1.1.1.2 Der Zeitraum ab dem *Acuerdo de Cartagena* (1969)

Am 26. 5. 1969 unterzeichneten die fünf Andenstaaten Bolivien, Kolumbien, Chile, Ecuador und Peru in Bogotá/Kolumbien den *Acuerdo de Integración Sub-*

la, Haiti, Honduras, Vereinigte Staaten von Mexiko, Nicaragua, Panama, Paraguay, Peru, Dominikanische Republik, Trinidad und Tobago, Venezuela und Uruguay.

[872] Zu den Beziehungen der Rechsordnungen der ALALC und der andinen Integration siehe *García-Amador, F V*, El Ordenamiento jurídico Andino. Un nuevo derecho comunitario (1977) 41 ff.

[873] Abgedruckt in *Junta del Acuerdo de Cartagena/Instituto para la Integración de América Latina* (FN 859) 351 f.

[874] Abgedruckt in *Junta del Acuerdo de Cartagena/Instituto para la Integración de América Latina* (FN 859) 371 ff.

[875] Abgedruckt in *Junta del Acuerdo de Cartagena/Instituto para la Integración de América Latina* (FN 859) 353 ff.

[876] Zur Vereinbarkeit des AC mit dem Vertrag von Montevideo siehe ALALC: Compatibilidad del Acuerdo Andino con el Tratado de Montevideo, Derecho de la Integración 6/1970, 118 ff. Zum Verhältnis von subregionalen Abkommen zum regionalen Vertrag von Montevideo siehe *Cárdenas, Emilio J/Peña, Félix*, Los acuerdos subregionales y el Tratado de Montevideo, Derecho de la Integración 2/1968, 10 ff.

regional[877], welcher allgemein als Andenpakt (*Pacto Andino* – PA)[878] bezeichnet wird.[879] In ihrer *Decisión 1*[880] gab die *Comisión* des Andenpaktes diesem Vertrag den – allgemein gebräuchlichen – Namen *Vertrag von Cartagena* (*Acuerdo de Cartagena* – AC)[881 882].

Wie schon erwähnt, wurde das *Comité Ejecutivo Permanente* der ALALC beauftragt, die Vereinbarkeit des AC mit den *Resoluciones* 202 und 203 sowie mit dem Vertrag von Montevideo zu beurteilen, da sich das subregionale AC bekanntlich in die regionale Integrationszone der durch den Vertrag von Montevideo gegründeten ALALC einbettet.[883]

Diese Vereinbarkeitserklärung gab das *Comité Ejecutivo Permanente* der ALALC mit der *Resolución 179 (Declaración de compatibilidad con el Tratado de Montevideo del Aucuerdo de Integración Subregional suscrito por Bolivia, Colombia, Chile Ecuador y Peru)* vom 9. 7. 1969 ab.[884]

Nachdem der AC außerdem[885] noch von der in Art 110 Abs 2 AC vorgesehenen Anzahl von Mitgliedstaaten ratifiziert wurde,[886] trat das AC nach Hinterle-

---

[877] Abgedruckt in *Junta del Acuerdo de Cartagena/Instituto para la Integración de América Latina* (FN 859) 17 ff.

[878] Zum Andenpakt siehe *Léon de Labarca, Alba Ivonne*, Introducción al Estudio de la Integración económica y al Acuerdo subregional andino (1978); *Wyatt, Christine*, Regionale Integration und Entwicklung: Möglichkeiten und Grenzen des Andenpaktes (1989); *Zimmerling, Ruth*, Externe Einflüsse auf regionale Integrationsprozesse: Zentralamerika und Andenpakt (1991).

[879] Dabei handelt es sich allerdings um keine offizielle Bezeichnung.

[880] Abgedruckt in *Junta del Acuerdo de Cartagena/Instituto para la Integración de América Latina* (FN 859) 220.

[881] Im sechsten Erwägungsgrund der Präambel des AC in der heute geltenden Version ist immer noch vom „Acuerdo de Integración Subregional" die Rede.

[882] Siehe dazu nachstehend auf S 220 ff.

[883] Siehe dazu *Marwege, Renata*, Der Andengerichtshof. Das Rechtsschutzsystem des Andenpaktes mit vergleichenden Bezügen zum Recht der Europäischen Gemeinschaft (1994) 27 f, welche in diesem Zusammenhang die Art 109 Abs 1 AC (Möglichkeit eines Beitrittes aller übrigen ALALC-Mitgliedstaaten), Art 110 Abs 4 AC (Beachtung der Integrationsziele der ALALC als Voraussetzung für das in Kraft bleiben) und Art 114 AC (subsidiäre Weitergeltung der Rechte und Pflichten aus dem Vertrag von Montevideo und den ALALC-*Resoluciones*) nennt. Für eine Buchbesprechung zu der Monographie von Marwege siehe *Hernekamp, Karl-Andreas*, VRÜ 1997, 602 ff.

[884] Abgedruckt in *Junta del Acuerdo de Cartagena/Instituto para la Integración de América Latina* (FN 859) 121 f.

[885] Zu der anfangs nicht vorgesehenen Voraussetzung einer Ratifikation durch die Mitgliedstaaten siehe *Marwege* (FN 883) 28 f.

[886] Für die Ratifikationen von Kolumbien, Chile, Peru, Ecuador und Bolivien siehe in *Junta del Acuerdo de Cartagena/Instituto para la Integración de América Latina* (FN 859) 184 ff, 187 ff, 190 f, 192 f, 194 f. Siehe dazu auch *Sáchica* (FN 855) 91; bzw *Marwege* (FN 883) 28 ff.

gung der Ratifikationsurkunden von drei Vertragsstaaten[887] im *Secretaría Ejecutiva* der ALALC am 16. 10. 1969[888] in Kraft.

Venezuela, welches an den Verhandlungen zum AC teilgenommen hatte unterzeichnete diesen jedoch nicht, da Industriellengruppen aufgrund hoher Produktions- und Lohnkosten einen Wettbewerbsnachteil befürchteten – immerhin wurde Venezuela zu den Sitzungen der Organe des AC als Beobachter zugelassen.[889] Erst vier Jahre später, am 13. 2. 1973 trat Venezuela dem AC bei.[890] Nicht nur das AC wurde auf seine Kompatibilität mit der ALALC hin geprüft, auch der Beitritt Venezuelas wurde in den *Resoluciones 292 (Declaración de compatibilidad con el Tratado de Montevideo del instrumento adicional al Acuerdo de Integración Subregional para la adhesión de Venezuela)* und *293 (Declaración de compatibilidad de los términos de adhesión de Venzuela al Acuerdo de Integración Subregional)* des *Comité Ejecutivo Permanente* der ALALC auf seine Vereinbarkeit mit den Zielen und Bestimmungen der ALALC einer Prüfung unterzogen und „gebilligt".

Chile zog sich am 30.10. 1976 aufgrund eines unlösbaren Konfliktes zwischen eigenen Souveränitätsinteressen und Gemeinschaftsinteressen[891] bzw aufgrund der Machübernahme des Militärregimes nach dem Sturz von *Salvador Allende*[892] vom AC zurück,[893] wodurch sich die heutige Formation von Mitgliedstaaten ergibt: Bolivien, Kolumbien, Ecuador, Peru und Venezuela.[894]

Der Andenpakt hatte von Anfang an kein gerichtsförmiges Organ und es dauerte fast bis auf den Tag genau zehn Jahre, bis am 28. 5. 1979 der Vertrag zur

---

887 Kolumbien (8. 9. 1969), Chile (8. 9. 1969) und Peru (16. 10. 1969).

888 *Junta del Acuerdo de Cartagena/Instituto para la Integración de América Latina* (FN 859) 604.

889 So *Frambes-Alzérreca* (FN 863) 101.

890 Siehe dazu in *Junta del Acuerdo de Cartagena/Instituto para la Integración de América Latina* (FN 859) 123 bzw für die Schlussakte der Verhandlungen zwischen der *Comisión del Acuerdo de Cartagena* und der Regierung von Venezuela auf S 124 ff. Siehe auch *Maldonado Lira, Héctor*, Treinta años de integración andina. Balance y perspectivas (1999) 48 ff; *Pico Mantilla, Galo*, Derecho Andino^2 (1992) 25; Acuerdo de Cartagena: Adhesión de Venezuela, Derecho de la Integración 13/1973, 129 ff.

891 *Marwege* (FN 883) 26 f.

892 *Maldonado Lira* (FN 890) 53.

893 Siehe dazu *Rioseco, Alberto*, El Proceso de retiro de Chile del Acuerdo de Cartagena (1979); siehe dazu auch *Aninat del Solar, Augusto*, Le retrait et la perspective de rentrée du Chili dans le Pacte Andin: une vision economique, in *Álvarez García* (FN 860) 181 ff; Grupo Andino: Retiro de Chile, Derecho de la Integración 24/1977, 163.

894 Nur erwähnt seien aus den Jahren 1976 bis 1978 das *Protocolo Adicional* vom 5. 10. 1976, das *Protocolo de Lima* vom 30. 10. 1976 sowie das *Protocolo de Arequipa* vom 21. 4. 1978; siehe dazu *Pico Mantilla* (FN 890) 26 f. Das *Protocolo de Arequipa* ist abgedruckt in Derecho de la Integración 28-29/1978, 143 f.

Gründung des Andengerichtshofes (*Tratado de Creación del Tribunal de Justicia de la Comunidad Andina* – TCTJCA) unterzeichnet wurde und weitere vier Jahre, bis der TCTJCA am 19. 5. 1983 in Kraft trat.

Auch ein weiteres Organ der Andengemeinschaft, das *Andenparlament* (*Parlamento Andino de la Comunidad Andina* – PA-CA) wurde – ebenfalls erst ungefähr zehn Jahre nach der Unterzeichnung des AC – am 25. 10. 1979 gegründet.[895]

Im selben Jahr wurde schließlich noch ein drittes Organ, der *Außenministerrat* (*Consejo Andino de Ministros de Relaciones Exteriores* – CAMRE) gegründet (am 12. 11. 1979).

Ungefähr acht Jahre später wurde am 12. 3. 1987 das *Protocolo de Quito* (PQ) unterzeichnet.[896] Nach *Pico Mantilla* eliminierte dieses Protokoll „prácticamente, todo referencia al Tratado de Montevideo".[897] So wie auch in den vorhergehenden Protokollen wurde auch im PQ die *Comisión* ersucht, auf Vorschlag der *Junta* eine neue Kodifikation des AC zu erarbeiten.[898] Am 22. 5. 1990 wurde auf der *reunión presidencial* in Machu Picchu/Peru der *Consejo Presidencial Andino* (CPA) geschaffen.[899] Am 29. 11. 1990 zogen die Präsidenten die *Deadline* für die Freihandelszone vor, welche am 31. 1. 1993 für Bolivien, Kolumbien, Ecuador und Venezuela hergestellt war.[900] Was die Außenpolitik betrifft, so wurden am 1. 2. 1995 die gemeinsamen Richtlinien für die Gemeinsame Außenpolitik angenommen.

1.1.1.3 *El Protocolo de Trujillo* (1996)

Am 10. 3. 1995 nehmen die Präsidenten auf dem VIII. Treffen des CPA in Trujillo/Peru das *Trujillo Protokoll* (*Protocolo de Trujillo* – PT)[901] an, welches

---

[895] Siehe dazu *Hummer, Waldemar*, Neueste Entwicklungen im fortschreitenden Integrationsprozeß in Lateinamerika, JÖR/NF 1980, 527 ff, 527 ff.

[896] Für die offiziell kodifizierte Version des AC idF des PQ siehe ILM 1989, 1165 ff; siehe dazu auch *Pico Mantilla* (FN 890) 27 f; bzw *Maldonado Lira* (FN 890) 65 ff, der dieses Protokoll als „resultado de la búsqueda de nuevos horizontes para el proceso de integración subregional" bezeichnet; siehe weiters *Carmona Estanga, Pedro*, El Protocolo Modificatorio del Acuerdo de Cartagena: negociación y características, integración latinoamericana 134/1988, 3 ff, 9, welcher darauf hinweist, dass durch dieses Protokoll das TJCA und das PA-CA zu „órganos principales del Acuerdo" wurden.

[897] *Pico Mantilla* (FN 890) 28.

[898] Diese erfolgte durch die *Décision* 236 vom 15.7. 1988.

[899] Siehe dazu *Maldonado Lira* (FN 890) 73.

[900] Peru hat am 27. 8. 1992 seine Verpflichtungen unter dem Liberalisierungsprogramm suspendiert.

[901] Http://www.comunidadandina.org/normativa/dec/d406.htm. Siehe dazu auch *Zuloaga, Jaime*, Del Acuerdo de Cartagena a la Comunidad Andina: Una nueva etapa en el proceso andino de integración. Ponencia presentado con motivo de la Reunión de las Secretarías de los Organi-

das *Capítulo* 2 (Anden*gemeinschaft* und Institutionen) ändert, wodurch der Andenpakt zur Andengemeinschaft umgestaltet und das andine Integrationssystem (*Sistema Andino de Integración* – SAI) geschaffen wurde.[902] Des Weiteren wurde die *condución de proceso* in die Hände von CPA und CAMRE gelegt, ersteres Organ als höchstes Organ eingesetzt und zweiteres für die Außenpolitik zuständig gemacht; außerdem wurde die *Comisión* offiziell in *Comisión de la Comunidad Andina* umbenannt und ihr die Möglichkeit eingeräumt, sich als *Comisión Ampliada* zu konstituieren.[903]

Da es notwendig und nützlich (*necesario y conveniente*) sei, neuerlich über eine kodifizierte Fassung (*codificación*) des AC zu verfügen, um die Kenntnis, die Verbreitung und die Anwendung der in diesem Vertrag enthaltenen fundamentalen Normen zu gewährleisten (2. Erwägungsgrund der *Decisión* 406), erließ die *Comisión de la Comunidad Andina* (CCA) mit der *Decisión* 406 vom 25. 6. 1997 die Kodifikation des AC idF des PT.[904] Das PT trat am 3. 6. 1997 in Kraft.

1.1.1.4 *El Protocolo de Sucre* (1997)

Der Gipfel von Sucre/Bolivien war von der Ankündigung Perus, sich aus der Andengruppe zurückzuziehen, überschattet.[905] Trotzdem (oder gerade deshalb) bekräftigten die anderen Mitgliedstaaten der CA ihren Willen, „de continuar profundizando el proceso andino de integración".[906] Um dieser Situation gerecht zu werden wurde am 25. 6. 1997 in Quito/Ecuador von allen Mitgliedstaaten der CA das Sucre Protokoll (*Protocolo de Sucre* – PS) unterzeichnet.[907] Durch das PS wurden eine Reihe von obsoleten Artikeln des AC betreffend das *Programa de Liberación*, den Gemeinsamen Außenzoll und im Bereich der Industrie-Integrationsprogramme aufgehoben bzw modifiziert.[908] Darüber hinaus wurde dem AC ein neues *Capítulo* über Außenbeziehungen hinzugefügt, in welchem dem CAMRE im Bereich von *asuntos de intéres subregional* die Formulierung der Gemeinsamen Außenpolitik übertrage wurde.[909]

---

smos de Integración y Cooperación Latina y el Caribe. Ciudad de Guatemala, 17 y 18 de abril 1997 (1997) 6 ff.

[902] Siehe dazu *Maldonado Lira* (FN 890) 112 ff.

[903] *Zuloaga* (FN 901) 6 ff.

[904] Http://www.comunidadandina.org/normativa/dec/d406.htm.Gem Art 2 der *Decisión* 406 wird durch diesen Rechtsakt die *Decisión* 236 vom 15. 7. 1988 ersetzt.

[905] *Maldonado Lira* (FN 890) 118.

[906] *Maldonado Lira* (FN 890) 118.

[907] Http://www.comunidadandina.org/normativa/tratprot/sucre.htm.

[908] *Maldonado Lira* (FN 890) 120.

[909] Siehe dazu und zu den übrigen Änderungen *Maldonado Lira* (FN 890) 121.

Der geplante Austritt Perus wurde nicht realisiert und in Folge dessen am 30. 7. 1997 Einvernehmen über die schrittweise Integration Perus in die andine Freihandelszone (*Zona Andina de Libre Comercio*) erreicht. Die Normalisierung der Situation in der CA wurde auch dadurch verstärkt, dass am 1. 8. 1997 das Generalsekretariat (*Secretaría General de la Comunidad Andina* – SGCA) seine Funktion aufnahm. Am 15. 1. 1998 fand das erste Treffen höchster Vertreter der Organe und Institutionen des – durch das PT geschaffenen – Andinen Integrationssystems statt und am 19./20. 1. 1998 begannen die Arbeiten an der Ausarbeitung der Gemeinsamen Andinen Außenpolitik (GAAP).[910] Auf Initiative des CPA wurde am 16. 4. 1998 in Buenos Aires/Argentinien ein *Acuerdo Marco* (Rahmenabkommens) zur Bildung einer Freihandelszone zwischen der CA und dem Mercosur unterzeichnet. Im selben Jahr (am 26. 8. 1998) wurde zwischen Peru und Ecuador ein Friedensvertrag und ein Abkommen zur Beschleunigung und Intensivierung des Freihandels unterzeichnet. Was den Gemeinsamen Markt betrifft, so wurden auf dem XI. andinen Präsidentschaftsgipfel (*Cumbre Presidencial Andina*) vom 23. bis 27. 5. 1999 die Prioritäten zur Intensivierung der Integration in den nächsten fünf Jahren betont und die Staatsoberhäupter vereinbarten, bis spätestens 2005 den Gemeinsamen Markt herzustellen. Zugleich wurde auf politischer Ebene ein Fortschritt erzielt, indem am 27. 5. 1999 die *Acta de Cartagena*[911] unterzeichnet wurde, welche ein Bekenntnis zur Demokratie und zur demokratischen Partizipation enthält.[912] Im Bereich der GAAP wurden am 25. 5. 1999 vom CAMRE durch die *Decisión* 458[913] Leitlinien für die GAAP angenommen und Prioritäten festgelegt. Erwähnenswert ist auch noch die *Decisión* 475 vom 3. 2. 2000, wodurch die diplomatischen Vertretungsbehörden der Staaten der Andengemeinschaft untereinander stärker vernetzt wurden.[914] So wie auch in Europa wurde auch im andinen Bereich die Außenpolitik personifiziert, indem durch die *Decisión* 476 vom 27. 4. 2000[915] ein eigener „Mister Außenpolitik" als ranghoher diplomatischer Beamter in jedem Mitgliedstaat (*un funcionario de alto nivel que tenga por función coordinar la ejecución de las acciones y negociaciones de la agenda de la Política Exterior Común en su respectivo país*) eingerichtet wurde. Am 9./10. 6. 2000 wurde auf dem XII. andinen Präsidentschaftsgipfel die Lima Akte (*Acta de Lima*) mit den beiden Anhängen zum Gemeinsamen Markt unter-

---

910 *Maldonado Lira* (FN 890) 135.

911 Http://www.comunidadandina.org/normativa/tratprot/acuerdo.htm.

912 *Hummer, Waldemar*, Demokratiesicherungsklauseln in regionalen Präferenzzonen – Europäische versus lateinamerikanische Praxis, JRP 2001, 185 ff, 202.

913 Http://www.comunidadandina.org/normativa/dec/d458.htm. Siehe dazu auch *Hummer* (FN 912) 200.

914 *Hummer* (FN 912) 200.

915 Http://www.comunidadandina.org/normativa/dec/d476.HTM.

zeichnet, welche zur sofortigen Ausarbeitung eines Programmes der Zusammenarbeit der konsularischen Behörden aufruft.

Auf dem Gebiet des Handels sind noch folgende Daten zu erwähnen: Am 1. 9. 2000 kamen die Präsidenten Südamerikas zusammen, während dessen die Staatschefs der CA und des Mercosur entscheiden, in Verhandlungen zu treten, um so bald wie möglich – jedoch spätestens bis Ende Jänner 2002 – eine Freihandelszone zwischen beiden Blöcken herzustellen. Am 27. 4. 2001 trafen sich sodann die Vertreter des Mercosur und der CA in Asunción/Paraguay, um die Verhandlungen zur Schaffung einer Freihandelszone zwischen den beiden Blöcken wieder aufzunehmen.

1.1.1.5 *El Protocolo Adicional al Acuerdo de Cartagena „Compromiso de la Comunidad Andina por la Democracia"* (1998)

Obwohl zwischen ihnen einige ungelöste politische Probleme bestanden,[916] kamen die fünf Staatsoberhäupter der CA am 7. 8. 1998 in Santafé de Bogotá/Kolumbien zusammen und verabschiedeten in Form des CPA die *Declaración del Consejo Presidencial Andino sobre Democracia e Integración*[917], welche ein Demokratiegebot[918] der Andengemeinschaft (*Compromiso de la Comunidad Andina con la Democracia*) postuliert. Darin beauftragten sie den CAMRE – spätestens bis Jahresende –, einen Entwurf eines Zusatzprotokolles zum AC auszuarbeiten.

Am 17. 10. 1998 vereinbarten die Vertreter der Regierungen der fünf Mitgliedstaaten in Oporto/Portugal das *Protocolo Adicional al Acuerdo de Cartagena „Compromiso de la Comunidad Andina por la Democracia"*, welches in Kraft tritt, wenn alle Mitgliedstaaten beim SGCA ihre Ratifikationsurkunden hinterlegt haben.[919] Unterzeichnet wurde es von allen Mitgliedstaaten hingegen erst am 10. 6. 2000. Die Präambel dieses Zusatzprotokolles betont nicht nur die – im AC

---

[916] *Hummer* (FN 912) 200 f nennt in diesem Zusammenhang das Problem der Binnenlage Boliviens, den Grenzstreit zwischen Kolumbien und Venezuela betreffend die Meeresgewässer im Nordosten des Golfes von Venezuela sowie rechtsstaatliche Probleme in Peru, Kolumbien und Venezuela.

[917] Http://www.comunidadandina.org/documentos/actas/dec7-8-98.htm; auch abgedruckt in Sistema Económico Latinoamericano 54/1998, 158 f.

[918] Zur Demokratie in Lateinamerika siehe zB *Hurtado, Osvaldo*, Lateinamerika im 21. Jahrhundert. Probleme und Herausforderungen, KAS-AI 12/1999, 4 ff; *Thesing, Josef*, Demokratie in Lateinamerika, KAS-AI 12/2000, 4 ff. Siehe auch (in Zusammenhang mit den Ereignissen vom Früjahr 2002 in Venezuela): Krise à la Lateinamerika: Präsident als Patron, der Staat zur Hazienda umfunktioniert, Die Presse vom 18. 4. 2002, 4; bzw die Pressemitteilung vom 16. 4. 2002, *Alegrett destacó retorno de la constitucionalidad y conveniencia de fortalecer el diálogo en Venezuela*, http://www.comunidadandina.org/prensa/notas/np16-4-02.htm.

[919] Http://www.comunidadandina.org/normativa/tratprot/democracia.htm.

verankerten – Prinzipien der Gleichheit (*igualdad*), Gerechtigkeit (*justicia*), des Friedens (*paz*), der Solidarität (*solidaridad*) und der Demokratie (*democracia*), sondern legt auch das Bekenntnis ab, dass es sich bei der *Comunidad Andina* um eine Gemeinschaft demokratischer Nationen (*una comunidad de naciones democráticas*) handelt und Art 1 dieses Zusatzprotokolles betont darüber hinaus, dass die demokratischen Institutionen (*instituciones democráticas*) und die Rechtsstaatlichkeit (*el estado de derecho*) unabdingbare Voraussetzungen für die politische Kooperation und den Prozess der wirtschaftlichen Integration sind. Im Falle eines Bruches mit der demokratischen Ordnung (*ruptura del orden democrático*) sehen die Art 2 ff ein Verfahren vor, welches nach Konsultationen zwischen den Mitgliedstaaten (Art 3) eine Beurteilung der Lage durch den CAMRE vorsieht (Art 4 Abs 1), wobei dieser in Art 4 Abs 2 vorgesehene Maßnahmen[920] verhängen kann. Obwohl diese Maßnahmen in ihrer Konzeption sehr weitreichend sind und Art 4 Abs 2 lit e immerhin eine sehr weitgehende sanktionelle Öffnungsklausel für alle *medidas y acciones (...) se consideren pertinentes* vorsieht, ist in diesem Verfahren – bedauernswerterweise – keine Beteiligung des TJCA vorgesehen. Nicht nur dass die Beurteilung der Lage nicht dem Justizorgan der Andengemeinschaft übertragen wird, es findet sich nicht einmal eine nachprüfende (materielle/-formelle) Kontrolle, welche dem in der Präambel verankerten Rechtsstaatlichkeitspostulat weit näher kommen würde, als ein Beschluss der Außenminister.

1.1.2 Aufbau und institutionelle Bestimmungen der Andengemeinschaft

1.1.2.1 Überblick und Wesen des Vertrages von Cartagena

Da er quasi die Verfassung der Andengemeinschaft darstellt sei im Folgenden ein kurzer Überblick über den Vertrag von Cartagena[921] gegeben:[922]

---

[920] Die leg cit sieht folgende Maßnahmen vor:
- lit a: die Suspension der Teilnahme des Mitgliedstaates in einem der Organe des SAI;
- lit b: die Suspension der Teilnahme in internationalen Kooperationsprojekten, welche die Mitgliedstaaten entwickeln;
- lit c: die Ausweitung der Suspension auf andere Organe des SAI;
- lit d: die Suspension von aus dem AC fließenden Rechten;
- lit e: andere Maßnahmen und Aktionen welche – in Übereinstimmung mit dem Völkerrecht – als notwendig erachtet werden.

[921] Siehe auch *Casanova, Manuel*, Una Integración equitativa: Rol del derecho en el Acuerdo de Cartagena (1975).

[922] Für die ursprüngliche Version des AC idF vom 26. 5. 1969 siehe *Junta del Acuerdo de Cartagena/Instituto para la Integración de América Latina* (FN 859) 17 ff. Zur Struktur des AC siehe *Villagrán Kramer, Francisco*, Sistematización de la estructura jurídica del Acuerdo de Cartagena, in *Instituto para la Integración de América Latina/Banco Interamericano de Desarrollo*

Acuerdo de Cartagena

- *Préambulo*
- *Capítulo 1 – Objetivos y Mecanismos* (Art 1 bis 4)
- *Capítulo 2 – De la Comunidad Andina y el Sistema Andino de Integración* (Art 5 bis 49)
  - *Sección A – Del Consejo Presidencial Andino* (Art 11 bis 14)
  - *Sección B – Del Consejo Andino de Ministros de Relaciones Exteriores* (Art 15 bis 20)
  - *Sección C – De la Comisión de la Comunidad Andina* (Art 21 bis 28)
  - *Sección D – De la Secretaría General de la Comunidad Andina* (Art 29 bis 39)
  - *Sección E – Del Tribunal de Justicia de la Comunidad Andina* (Art 40 und 41)
  - *Sección F – Del Parlamento Andino* (Art 42 und 43)
  - *Sección G – De las Instituciones Consultivas* (Art 44)
  - *Sección H – De las Instituciones Financieras* (Art 45 und 46)
  - *Sección I – De la Solución de Controversias* (Art 47)
  - *Sección J – De la Personería Jurídica Internacional y de los Privilegios e Immunidades* (Art 48 und 49)
- *Capítulo 3 – Armonización de las Políticas Económicas y Coordinación de los Planes de Desarrollo* (Art 50 bis 56)
- *Capítulo 4 – Programas de Desarrollo Industrial* (Art 57 bis 70)
  - *Sección A – De los Programas de Integración Industrial* (Art 59 bis 61)
  - *Sección B – De los Convenios de Complementación Industrial* (Art 62 bis 64)
  - *Sección C – De los Proyectos de Integración Industrial* (Art 65)
  - *Sección D – Otras Disposiciones* (Art 66 bis 70)
- *Capítulo 5 – Programa de Liberación* (Art 71 bis 89)
- *Capítulo 6 – Arancel Externo Común* (Art 90 bis 98)
- *Capítulo 7 – Programas de Desarrollo Agropecuario* (Art 99 bis 104)

(FN 865) 143 ff; siehe auch *Villagrán Kramer, Francisco*, Sistematización de la estructura jurídica del Acuerdo de Cartagena, Derecho de la Integración 12/1973, 11 ff.

- *Capítulo 8 – Competencia Comercial* (Art 105 und 106)
- *Capítulo 9 – Clausulas de Salvaguardia* (Art 107 bis 111)
- *Capítulo 10 – Origen* (Art 112 bis 115)
- *Capítulo 11 – Integración Física* (Art 116 und 118)
- *Capítulo 12 – Asuntos Financieros* (Art 119 und 120)
- *Capítulo 13 – Régimen especial para Bolivia y El Ecuador* (Art 121 bis 138)
    - *Sección A – De la Armonización de Políticas Económicas y de la Coordinación de Planes de Desarrollo* (Art 122)
    - *Sección B – De la Política Industrial* (Art 123 bis 125)
    - *Sección C – De la Política Comercial* (Art 126 bis 133)
    - *Sección D – Del Arancel Externo Común* (Art 134 und 135)
    - *Sección E – De la Cooperación Financiera y la Asistencia Técnica* (Art 136)
    - *Sección F – Disposiciones Generales* (Art 137 und 138)
- *Capítulo 14 – Cooperación Económica y Social* (Art 139 bis 150)
- *Capítulo 15 – Adhesión, Vigencia y Denuncia* (Art 151 bis 153)
- *Capítulo 16 – Disposiciones Finales* (Art 154 und 155)
- *Capítulo 17 – Disposiciones Transitorias*
- *Anexo I*
- *Anexo II*
- *Anexo III*

Nach der Abgabe der erwähnten Kompatibilitätserklärung durch das *Comité Ejecutivo Permanente* der ALALC ist der AC als völkerrechtlicher Vertrag von den Mitgliedstaaten gemäß ihren innerstaatlichen Vorschriften zu *ratifizieren* und die Ratifikationsurkunde beim *Secretaría Ejecutiva* der ALALC (!) zu hinterlegen (Art 152 Abs 1 AC). Der Vertrag tritt gem Art 152 Abs 1 AC *in Kraft*[923], wenn drei Mitgliedstaaten beim *Secretaría Ejecutivo* ihre Ratifikationsurkunden hinterlegt haben. Für die übrigen Mitgliedstaaten tritt der Vertrag mit der Hinterlegung ihrer Ratifikationsurkunden gemäß dem vorstehend erwähnten Verfahren in Kraft (Art 152 Abs 2 AC).

Der AC steht den übrigen lateinamerikanischen Staaten (*los démas países latinoamericanos*) zum *Beitritt* offen, wobei beitretende wirtschaftlich weniger entwickelte Staaten das Recht auf eine ähnliche Behandlung haben, wie sie in *Capítulo* 12 für Bolivien und Ecuador vorgesehen ist (Art 151 Abs 1 AC). Die Bei-

[923] Dies war der 16. 10. 1969.

trittsbedingungen werden von der CCA festgelegt wobei zu beachten ist, dass die Einbindung neuer Mitglieder mit den Zielen des Vertrages in Einklang steht.

Die Abgabe von *Vorbehalten (reservas)* zu diesem Vertrag, welcher gem Art 152 Abs 3 AC für *unbegrenzte Zeit* gilt,[924] ist nicht vorgesehen (Art 151 Abs 1 AC).

Ein Mitgliedstaat welcher den AC *kündigen* will, hat diese Absicht der CCA mitzuteilen. Ab diesem Zeitpunkt hören für ihn die sich aus seiner Stellung als Mitgliedstaat ergebenden Recht und Pflichten aus dem Vertrag zu bestehen auf. Eine Ausnahme davon besteht für die aus dem Liberalisierungsprogramm der Subregion empfangenen (*recibidas*) und gewährten (*otorgadas*) Vorteile, welche für einen Zeitraum von fünf Jahren ab der Kündigung in Kraft bleiben (Art 153 Abs 1 AC). Diese Frist kann in begründeten Fällen nach Entscheidung der CCA und auf Antrag eines Mitgliedstaates verkürzt werden (Art 153 Abs 2 AC).[925]

Gem Art 5 AC wird die Andengemeinschaft aus den Staaten Bolivien, Kolumbien, Ecuador, Peru und Venezuela sowie (!) den Organen (*órganos*) und Institutionen (*instituciones*) des SAI[926] gegründet. Zu den Organen und Institutionen des SAI zählen[927]

- der *Consejo Presidencial Andino* (23. 5. 1990),
- der *Consejo Andino de Ministros de Relaciones Exteriores* (12. 11. 1979),
- die *Comisión de la Comunidad Andina* (26. 5. 1969),
- das *Secretaría General de la Comunidad Andina* (früher *Junta*; 10. 3. 1996[928]),
- das *Tribunal de Justicia de la Comunidad Andina* (28. 5. 1979),
- das *Parlamento Andino* (25. 10. 1979),

der *Consejo Consultivo Empresarial*, der *Consejo Consultivo Laboral*, die *Corporación Andina de Fomento*, der *Fondo Latinoamericano de Reservas*, die *Convenio Simón Rodríguez*, die *Convenios Sociales* sowie die übrigen *Convenios*

[924] In der Bindung der Mitgliedstaaten auf unbegrenzte Zeit kann – so wie auch in Art 51 EUV, Art 312 EGV und Art 208 EAGV – ein supranationales Element gesehen werden. Siehe dazu auch *Sáchica* (FN 855) 96.

[925] Eine diesbezügliche Spezialregelung für die industriellen Integrationsprogramme findet sich in Art 153 Abs 3 AC iVm Art 59 lit i AC.

[926] Zum SAI siehe nachstehend auf S 230 f.

[927] In Klammer finden sich für die wichtigsten Organe das Datum ihrer Gründung. Die Daten stammen aus *Secretaría General de la Comunidad Andina*, 28 años de integración andina. Un recuento histórico (1997) 101 ff. Für eine Übersicht über die Organe des SAI siehe auch in informativo andino 11/1997, 12 f.

[928] Das SGCA nahm am 1. 8. 1997 seine Funktion auf.

die im Rahmen desselben gegründet werden, die *Universidad Andina Simón Bolívar*, die von der *Comisión* errichteten *Consejos Consultivos*, und die anderen Organe und Institutionen welche im Rahmen des andinen subregionalen Integration gegründet werden.[929] Eine interessante Systematisierung dieser Organe und Institutionen findet sich bei *Sáchica*, der diese wie folgt einteilt:[930]

- *Organismos principales: la Comisión* und *la Junta*,
- *Organismos auxiliares: el Comité Consultivo* und *el Comité Asesor Económico y Social*,
- *Organismos de orientación política del proceso: el Parlamento Andino* und *el Consejo Andino (CAMRE)*,
- *Organismos Financieros: la corporación Andina de Fomento* und *el Fondo Andino en Reserva*
- *Organismos de desarrollo complementario del Proceso: Convenio Andrés Bello* (Bildung, Wissenschaft und Kultur), *Convenio Hipólito Unanue* (Gesundheit), *Convenio Simón Rodriguez* (Beschäftigung), *el sistema Andino José Celestino Mutis* (Landwirtschaft und Ernährung), *la asociación de Empresas Estatales de Telecomunicaciones* und *el Comité de Coordinación Técnica.*

Die Andengemeinschaft ist ein subregionale Organisation mit *internationaler Rechtspersönlichkeit* (Art 48 AC).

Die Frage nach der *Supranationalität*[931] der CA beantwortet *Hummer* dahingehend, dass er die Andengemeinschaft (und den Andenpakt) als „supranationale Gebilde ‚in statu nascendi'" bezeichnet.[932] Während Art 5 AC die Gründung der CA durch die fünf *souveränen* Mitgliedstaaten betont und auch der zweite Erwägungsgrund der Präambel die Integration als ein historisches, politisches, wirtschaftliches, soziales und kulturelles Mandat ihrer Länder zur Wahrung ihrer Souveränität und Unabhängigkeit bezeichnet, finden sich mit dem TJCA und dem SGCA immerhin zwei als supranational zu qualifizierende Organe. Der intergouvernementale Charakter manifestiert sich auch in der jederzeitigen Austrittsmöglichkeit, welche nach herrschender Ansicht im Bereich der EU nicht möglich ist.[933] Zu erwähnen ist noch die andine Literatur, welche ihre Rechtsordnung selbst als supranational qualifiziert. *Sáchica* führt dazu aus wie folgt: „la suprana-

[929] Zu den wichtigsten siehe nachstehend auf S 230 ff.

[930] (FN 855) 63 ff; diese Sytematik stammt aus dem Jahre 1985 und berücksichtigt dementsprechend nicht den CPA als erst 1990 geschaffenes Organ.

[931] Zur Supranationalität allgemein bzw zur andinen Supranationalität im Speziellen siehe *Uribe Restrepo* (FN 856) 49 f. Siehe auch vorstehend im 2. Kapitel des 1. Teiles auf S 34 ff.

[932] (FN 912) 186 in FN 1.

[933] Siehe dazu zB *Ipsen* (FN 58) 99 f; *Schweitzer/Hummer* (FN 76) Rdnr 1022 ff.

cionalidad, constituye lo específico, el núcleo del derecho de la integración, ya que es el rasgo que produce la ruptura y diferencia con el derecho internacional común.".[934] Seiner Meinung nach handelt es sich bei der Supranationalität – neben der *comunidad económica* – um einen der zwei *principales caracteres del nuevo ordenamiento*.

Der *subregionale Charakter* im Verhältnis zur ALALC zeigt sich zum einen in Art 152 AC, wonach der Vertrag von Cartagena, wie erwähnt, dem *Comité Ejecutivo Permanente* der ALALC zur Beurteilung der Vereinbarkeit mit den Prinzipien und Zielen des Vertrages von Montevideo und der *Resolución* 203 vorzulegen ist. Zum andern findet sich zB in Art 16 lit h AC eine – sich aus dem subregionalen Charakter ergebende – Doppelbindung für die Andengemeinschaft an sich einerseits aus dem Vertrag von Cartagena und andererseits aus dem Vertrag von Montevideo ergebende Verpflichtungen; des Weiteren überträgt die leg cit dem CAMRE die Verpflichtung, auf die harmonische Erfüllung der Verpflichtungen aus beiden Verträgen zu achten.

1.1.2.2 Ziele und Mechanismen der Andengemeinschaft

Die *Ziele* der Andengemeinschaft finden sich in Art 1 und 2 AC[935].[936] Demnach wird eine harmonische und ausgeglichene Entwicklung der Mitgliedstaaten durch wirtschaftliche und soziale Integration und Kooperation, Vollbeschäftigung und die Erleichterung der Teilnahme im Prozess der regionalen Integration mit dem Fernziel der schrittweisen Schaffung eines lateinamerikanischen Gemeinsamen Marktes[937] angestrebt (Art 1 Abs 1 AC). Weiters wird auf internationaler Ebene eine Stärkung der Stellung der Mitgliedstaaten sowie auf gemeinschaftlicher Ebene eine Stärkung der subregionalen Solidarität anvisiert (Art 1 Abs 2 AC). Die durch die Integration erzielten Vorteile sollen gem Art 2 AC in gerechter Weise auf die Mitgliedstaaten aufgeteilt werden um bestehende Ungleichheiten zu überbrücken, wobei im Sinne einer fortdauernd gerechten Aufteilung eine periodische Evaluierung vorgesehen ist.

Die *Grundprinzipien* des AC sind Gleichheit, Gerechtigkeit, Friede, Solidarität und Demokratie (4. Erwägungsgrund der Präambel).[938]

---

[934] (FN 210) 13.

[935] Im Folgenden beziehen sich Artikel-Bezeichnungen auf die geltende Version idF des PT.

[936] Zu den Zielen und Mechanismen siehe auch *Sáchica* (FN 855) 51 ff.

[937] Wie bereits vorstehend erwähnt (S 217), hat der andine Präsidentschaftsgipfel vom Mai 1995 vereinbart, bis spätestens 2005 den Gemeinsamen Markt herzustellen.

[938] Wie bereits erwähnt, findet sich ein Hinweis auf diese Ziele auch im *Protocolo adicional al Acuerdo de Cartagena „Compromiso de la Comunidad Andina por la democracia"*; siehe dazu vorstehend auf S 218. Zu diesen Grundprinzipien siehe auch *Sáchica* (FN 855) 21 f.

Wie auch im EGV finden sich in Umsetzung der Ziele in Art 3 AC folgende *Mechanismen und Maßnahmen* (*mecanismos y medidas*), wobei diese Aufzählung keine abschließende ist (arg „*entre otros*"): darin finden sich ua die Ziele einer schrittweise Harmonisierung der wirtschaftlichen und sozialen Politiken, eine gemeinsamen Industriepolitik, ein fortschrittlicherer Zeitplan für die Handelsliberalisierung als im Vertrag von Montevideo von 1980, ein gemeinsamer Außenzoll, Programme zur Entwicklung des landwirtschaftlichen sowie des landwirtschaftlich-industriellen Sektors, eine Bündelung der in die Subregion fließenden Investitionen in Hinblick auf eine Ausrichtung auf die Anforderungen des Integrationsprozesses und eine bevorzugte Behandlung für Bolivien und Ecuador.

Zusätzlich zu diesen Mechanismen werden folgende *wirtschaftliche und soziale Kooperationspolitiken* gemeinsam ausgeführt: gemeinsame Maßnahmen im Außenhandelsbereich, Programme zur Förderung der wissenschaftlichen und technologischen Entwicklung, Grenz-Integrationspolitiken, Programme im Bereich des Tourismus, Politiken im Bereich des Umweltschutzes, Programme im Dienstleistungssektor, soziale Entwicklungsprogramme und Politiken im Bereich der sozialen Kommunikationen.

In Art 4 AC findet sich die Verpflichtung für die Mitgliedstaaten, angemessene Lösungen für die sich aus der Binnenlandsituation *Boliviens* ergebenden Probleme zu finden.

Kurz erwähnt sei noch Art 155 AC, welcher für jede(n) einem Mitgliedstaat gewährte(n) Vorteil (*ventaja*), Vergünstigung (*favor*), Abgabenbefreiung (*franquicia*), Unbelastetheit (*inmunidad*) und Vorrecht (*privilegio*) eine *Meistbegünstigungsklausel* vorsieht.[939]

1.1.2.3 Rechtsquellentypologie und Vorrang

Zur Rechtsordnung der Andengemeinschaft (*ordenamiento jurídico de la Comunidad Andina*) finden sich zwei wichtige Normen, eine im TCTJCA und die andere im *Estatuto del Tribunal de Justicia de la Comunidad Andina* (ETJCA).[940]

In Art 1 TCTJCA findet sich eine Aufzählung der Normen, die die Rechtsordnung der Andengemeinschaft umfassen. Dabei handelt es sich um

- den Vertrag von Cartagena, seine Protokolle und Zusatzinstrumente (*Protocolos e Instrumentos adicionales*) (lit a leg cit),
- den TCTJCA und seine Änderungsprotokolle (lit b leg cit),

[939] Eine Ausnahme von der generellen Meistbegünstigung kennen Abs 2 leg cit für den Grenzverkehr (*tráfico fronterizo*) und Abs 3 leg cit für die Bolivien und Ecuador gewährten Sonderregime.

[940] Dies ist insofern bemerkenswert, als man diese Regelungen vielmehr im Vertrag von Cartagena vermuten würde.

- die *Decisiones* des CAMRE und der CCA (lit c leg cit),
- die *Resoluciones* des SGCA (lit d leg cit) und
- die Zusätzlichen Industrieabkommen (*los Convenios de Complementación Industrial*) sowie die anderen Abkommen, welche die Mitgliedstaaten untereinander im Rahmen des subregionalen andinen Integrationsprozesses abschließen (lit e leg cit).[941]

Da diese Aufzählung sowohl Primär- als auch Sekundärrecht umfasst sei für eine Unterscheidung dieser beiden Rechtsmassen auf die einschlägige Bestimmung des ETJCA verwiesen. Gem Art 2 ETJCA besteht die Rechtsordnung der Andengemeinschaft aus fundamentalen Normen bzw Primärrecht (*normas fundamentales o de derecho primario*) einerseits und aus dem abgeleiteten oder Sekundärrecht (*normas derivadas o de derecho secundario*) andererseits.[942]

Zum Primärrecht zählen die von den Mitgliedstaaten auf dem Gebiet der gemeinschaftlichen andinen Integration unterschriebenen und ratifizierten Verträge sowie deren Zusatz- und Änderungsprotokolle.[943]

Das Sekundärrecht umfasst die *Decisiones* des CAMRE und der CCA, die *Resoluciones* des SGCA, die Zusätzlichen Industriellen Abkommen sowie anderen Abkommen, welche die Mitgliedstaaten untereinander im Rahmen des subregionalen andinen Integrationsprozesses abschließen.

Neben dieser Differenzierung in Primär- und Sekundärrecht unterscheidet *Sáchica* die Rechtsordnung der Andengemeinschaft des Weiteren auch noch in *fuentes directas* (Art 1 TCTJCA), in *fuentes indirectas*, wozu er das Völkerrecht und dabei speziell das Vertragsrecht zählt, sowie in *fuentes complementarias o derivadas*, „como las resultantes de las sentencias del Tribunal de Justicia del Acuerdo y, en especial, de las providencias en que resuelva consultas prejudiciales".[944]

---

[941] Für eine Übersicht über die Rechtsquellen der CA mit Stand 1985 siehe *Sáchica* (FN 855) 85, wonach die Rechtsordnung zur damaligen Zeit neben der lit a und b in lit c lediglich die *Decisiones* der CCA und in lit f die *Resoluciones* der *Junta* umfasste; die heutige lit e existierte damals noch nicht.

[942] Für eine Übersicht über die Rechtsquellen der CA siehe auch *Larenas Serrano* (FN 861) 46 ff, bzw 49 für eine graphische Darstellung. Die sich aus der Unterscheidung Primär- und Sekundärrecht ergebende *jeraquía normativa* vergleicht *Sáchica* (FN 855) 86 mit den parallelen Strukturen in Staaten.

[943] Ein Hinweis auf das *Primärrecht* der CA findet sich auch in Art 8 AC, wonach die Organe und Institutionen des SAI dem AC, seinen entsprechenden konstitutiven Verträgen (*sus respectivos tratados constitutivos*) und den Änderungsprotokollen (*protocolos modificatorios*) unterliegen.

[944] (FN 855) 87.

Gem Art 21 Abs 2 AC äußert die *Comisión* ihren Willen in *Decisiones*[945] [946]. Die CCA nimmt ihre *Decisiones* prinzipiell mit der absoluten Mehrheit der Mitgliedstaaten an (Art 26 Abs 1 AC). Ausnahmen davon sieht Art 26 lit a bis d AC vor.[947] Art 2 TCTJCA bestimmt, dass die *Decisiones* – der CCA bzw des CAMRE – die Mitgliedstaaten ab dem Datum ihrer Annahme durch eines der beiden Organe binden. Diese *Decisiones* des CAMRE oder der CCA sind – sofern sie nicht selbst einen späteren Zeitpunkt vorsehen – ab dem Datum ihrer Veröffentlichung in der *Gaceta Oficial del Acuerdo de Cartagena* (GOAC) im Gebiet der Mitgliedstaaten *unmittelbar anwendbar* (*directamente aplicables*) (Art 3 Abs 1 TCTJCA). Wenn sie es vorsehen, müssen *Decisiones* in das nationale Recht mittels eines ausdrücklichen Rechtsaktes, welcher das Datum ihres In-Kraft-Tretens in jedem Mitgliedstaat angibt, inkorporiert werden (Art 3 Abs 2 TCTJCA).[948]

Nach Art 29 Abs 2 4. Satz AC erlässt das SGCA seine Rechtsakte in Form von *Resoluciones*.[949] Die *Resoluciones* des SGCA sind unter den selben Bedingungen wie die *Decisiones* des CAMRE und der CCA *unmittelbar anwendbar.*

Eine *relación jerarquía* zwischen den *Decisiones* der CCA und den *Resoluciones* der *Junta* (heute SGCA) sieht *Uribe Restrepo*.[950] Da die CCA vom Vertrag von Cartagena als *el órgano máximo* qualifiziert wird, ergebe sich ein Vorrang der *Decisiones* des CCA vor den *Resoluciones* der *Junta* (heute SGCA).

Neben diesen beiden in Art 1 (lit c und d)[951] TCTJCA genannten sekundärrechtlichen Rechtsquellen kennt die andine Rechtsordnung allerdings noch weitere Rechtsakte, die aufgrund ihres Erlasses durch die Organe und Institution-

---

[945] Die meisten der *Decisiones* sind abrufbar unter http://www.comunidadandina.org/normativa/dec/decisiones.htm.

[946] *Hummer* (FN 895) 539 führt dazu aus, dass die *Decisiones* „verbindlich sind und den Verordnungen innerhalb der EG ähneln".

[947] Diese beziehen sich auf die Anhänge 1 (Normenrevision in verschiedenen Bereichen), 2 (Modifikationen im Bereich der industriellen Integration) 3 (Sonderstellung von Bolivien und Ecuador) sowie auf die Programme und Projekte der industriellen Entwicklung.

[948] *Cuando su texto así lo disponga, las Decisiones requerirán de incorporación al derecho interno, mediante acto expreso en el cual se indicará la fecha de su entrada en vigor en cada País Miembro.* Diese unterschiedlichen Formen der Geltung bzw Anwendbarkeit haben nach *Sáchica* (FN 855) 87 f rein praktische Gründe; er führt dazu aus wie folgt: „Aunque lo lógico era adoptar únicamente la regla inicial [gemeint ist die unmittelbare Anwendbarkeit ab dem Datum der Veröffentlichung in der GOAC], las variantes se justifican en razón de la novedad del proceso, la resistencia que aún persiste en algunos sectores a aceptar la supranacionalidad, respecto de ciertas materias, la distancia geográfica misma, así como la falla de las comunicaciones, que hace difícil dar a conocer estas normas".

[949] Die meisten der *Resoluciones* sind abrufbar unter http://www.comunidadandina.org/normativa/res/resoluciones.htm.

[950] (FN 856) 87.

[951] Nicht weiter behandelt werden an dieser Stelle die *Convenios* des Art 1 lit e leg cit.

en der CA als Sekundärrecht zu qualifizieren sind. Dies sind zB die *Directrices* (Art 11 AC) und die *Pronunciamientos* (Art 12 lit d AC) des *CPA*, die *Convenios* und *Acuerdos* (Art 16 lit d AC) sowie das *Reglamento* und die *Declaraciones*[952] des *CAMRE* (jeweils Art 16 lit i AC), das *Reglamento* (Art 22 lit e AC) der *CCA*, die *Decisiones* (Art 25 Abs 2 AC) der *Comisión Ampliada*, das *Reglamento* (Art 16 lit i AC) des *SGCA*, das *Reglamento General* (Art 42 AC), die *Recomendaciones* (Art 43 lit c AC) und die *Lineamientos generales* (Art 43 lit d AC) des *PA-CA*, die *Declaraciones* des *CPA*[953], bzw ganz allgemein die *Informes*, *Iniciativas* und *Recomendaciones* der *Organe* (erwähnt in Art 12 lit d AC).

Was die Frage des *Willensbildungsprozesses*[954] betrifft, so bestimmt Art 27 Abs 1 AC, dass das SGCA sowie die Mitgliedstaaten ihre Vorschläge mindestens fünfzehn Tage vor dem Datum der Zusammenkunft des CAMRE oder des CCA vorlegen müssen. In Ausnahmefällen, welche ordnungsgemäß gerechtfertigt werden müssen, kann die erwähnte Frist – unter Beachtung der Rechtsordnung der CA – ignoriert werden, wenn der Vorschlagende und die übrigen Mitgliedstaaten zustimmen. Eine an den „Kompromiss" von Luxemburg[955] erinnernde Konstruktion findet sich in Art 27 Abs 2 AC, wonach Vorschläge, welche die Zustimmung der absoluten Mehrheit der Mitgliedstaaten aber auch eine ablehnende Stimme erhalten, dem Vorschlagenden zurückgestellt werden (*deberán ser devueltas*) um die Gründe für die ablehnende Stimme zu erörtern. Innerhalb einer Frist von mindestens einem bis maximal drei Monaten, legt der *proponente* dem betreffenden Organ neuerlich einen Vorschlag mit den als zweckmäßig erachteten Änderungen zur Berücksichtigung (*consideración*) vor, wobei dieser als angenommen gilt, wenn er die Zustimmung der absoluten Mehrheit der Mitgliedstaaten findet (Art 27 Abs 3 AC).

So wie auch im europäischen Gemeinschaftsrecht findet sich in den andinen Rechtsgrundlagen keine Bestimmung, welche im Verhältnis Gemeinschaftsrecht – nationales Recht das Rangverhältnis (*Vorrang – preeminencia/prevalencia*) explizit zwischen diesen beiden Rechtsordnungen regeln würde.[956]

---

[952] „Las Declaraciones son manifestaciones de carácter non vinculante.". *Quiénes somos* auf der Homepage der CA, http://www.comunidadandina.org/quienes/rree.htm.

[953] Für eine dieser *Declaraciones* (*Declaración de Santa Cruz de la Sierra*) siehe nachstehend auf S 287.

[954] Zur Ausübung des Stimmrechtes bei verspäteten Beitragszahlungen nach Art 28 AC siehe nachstehend auf S 288.

[955] Schlussfolgerungen der Sondertagung des Rates vom 17./18. bzw 27./28. 1. 1966 in Luxemburg. Siehe dazu *Schweitzer/Hummer* (FN 76) Rdnr 171 ff. Siehe auch die schriftliche Anfrage P-2887/01 von *Jens-Peter Bonde* an den Rat vom 11. 10. 2001, ABl 2002, Nr C 134 E, 134.

[956] Siehe dazu *Marwege* (FN 883) 86 ff.

In Art 4 TCTJCA findet sich eine dem Art 10 EGV (Loyalitätsgebot)[957] entsprechende Bestimmung. Demnach treffen die Mitgliedstaaten die für die Anwendung der Normen der andinen Gemeinschaftsrechtsordnung notwendigen Maßnahmen (Abs 1 leg cit). Außerdem trifft sie die (negative) Verpflichtung, den Erlass und die Anwendung aller Maßnahmen zu unterlassen, welche den andinen Gemeinschaftsrechtsvorschriften entgegen laufen bzw welche in irgendeiner Art ihre Anwendung gefährden (Abs 2 leg cit). In dieser Bestimmung wird in der Lehre die Grundlage für das Prinzip des *Vorranges des Gemeinschaftsrechtes* vor dem Recht der Mitgliedstaaten gesehen.[958]

Nach manchen Autoren wird die Grundlage für den Vorrang hingegen in der unmittelbaren Anwendbarkeit (*efecto directo*) gesehen und definieren letztere als „la virtud que tiene el ordenamiento comunitario de primar sobre una norma de derecho interno que se le oponga, cualquiera sea el rango de esta última".[959]

Das TJCA selbst hat das Prinzip des Vorranges (*principio de la preeminencia*)[960] in verschiedenen Entscheidungen wiederholt, darunter in der Entscheidung im Proceso No 1-IP-87.[961] Darin führt der Andengerichtshof aus wie folgt: „se hace necesario puntalizar que el ordenamiento jurídico de la integración andina prevalece en su aplicación sobre las normas internas o nacionales, por ser caracte-

---

[957] Das Loyalitätsgebot des Art 10 EGV hat bekanntlich nicht nur eine (gegenseitige) vertikale zwischen der Gemeinschaft und den Mitgliedstaaten, sondern auch zwei horizontale Komponenten zwischen den Mitgliedstaaten bzw zwischen den Organen. Zu letzterem horizontalen Verhältnis erwähnt sei noch die von der Regierungskonferenz in Nizza angenommene Erklärung (Nr 3) zu Art 10 EGV, wonach diese Bestimmung die Rechtsgrundlage für Interorganvereinbarungen ist; ABl 2001, Nr C 80, 77.

[958] Siehe dazu *Marwege* (FN 883) 103 f mwN in FN 249.

[959] *Salzar Manrique, Roberto*, Fundamentos Jurídicos del Derecho Comunitario Andino, in *Tribunal de Justicia del Acuerdo de Cartagena/Cámara de Comercio de Bogotá* (Hrsg), Memoria del Seminario Internacional: Integración económico y derecho comunitario. Modelos Europeos y Americanos. Santafé de Bogotá, abril 24, 25 y 26 de 1995 (1997) 75 ff, 88 f. Siehe dazu auch *Andueza, José Guillermo*, El Tribunal del Pacto Andino (1986) 67 ff; *Salazar, Roberto/Farías, Mata, Henrique*, El Tribunal de Justicia del Acuerdo de Cartagena. 3. Principios Básicos en el Derecho Comunitario Andino, in *Excma Corte Suprema de Justicia de Bolivia/Tribunal de Justicia del Acuerdo de Cartagena* (Hrsg), Seminario Internacional: „Integración, Derecho y Tribunales Comunitarios", La Paz, 19 - 20 de agosto de 1996. Sucre, 22 - 23 de agosto de 1996 (1997) 87 ff, 95.

[960] Zum Vorrang siehe auch *Andueza* (FN 959) 73 ff, 74, der in Zusammenhang mit dem Vorrang auch die Autonomie der andinen Rechtsordnung erwähnt; an derselben Stelle betont er weiters, dass es sich beim Vorrang, so wie auch im europäischen Gemeinschaftsrecht lediglich um einen Anwendungsvorrang handelt.

[961] *Interpretación prejudicial de los artículos 58, 62 y 64 de la Decisión 85 de la Comisión del Acuerdo de Cartagena, solicitada por el Consejo de Estado de la República de Colombia*, GOAC Nr 28 vom 15. 2. 1988.

rística esencial del Derecho Comunitario, como requisito básico para la construcción integracionista".

1.1.3 Die Organe (und Institutionen) der Andengemeinschaft

Die Andengemeinschaft verfügt über eine Organstruktur, „die der der Europäischen Gemeinschaften exakt nachempfunden ist".[962] Im Folgenden sollen die wichtigsten dieser Organe und Institutionen kurz dargestellt werden.

Die einzelnen Organe und Institutionen der Andengemeinschaft sind Teil des SAI, dessen Ziel eine effektive Koordination seiner Organe und Institutionen ist, um die subregionale andine Integration zu vertiefen, seine externe Projektion (*proyección externa*) zu fördern und die mit dem Integrationsprozess verbundenen Aktionen zu konsolidieren und zu verstärken (Art 7 AC).

Nach Aussagen des *Secretario* des TJCA wird im andinen Gemeinschaftsrecht nicht (strikt) zwischen Organen und Institutionen unterschieden. Die „Hauptorgane" (CPA, CAMRE, CCA, SGCA, PA-CA und TJCA) werden *tendenziell* eher als Organe bezeichnet, die „Nebenorgane" (wie der *Consejo Consultivo Empresarial*, der *Consejo Consultivo Laboral* etc) als Institutionen, wobei diese Unterscheidung insofern zu vernachlässigen sei, als sich daraus keine Konsequenz ableiten lasse.[963]

Zum SAI gehören neben den nachstehend erwähnten „Hauptorganen" außerdem noch folgende Institutionen: die *Corporación Andina de Fomento* (CAF) und der *Fondo Latinoamericano de Reservas* (FLAR), welche beide *instituciones financieras* im Sinne von Art 45 und 46 AC sind, die beiden *Instituciones Consultivas* (Art 44 AC) *Consejo Consultivo Empresarial* und *Consejo Consultivo Laboral*, sowie die *Universidad Andina Simón Bolívar* und die sogenannten *Convenios*, intergouvernementale Institutionen welche mit dem Ziel gegründet wurden, die Integrationsanstrengungen im Wirtschafts- und im Handelssektor durch Aktionen in anderen Bereichen zu vervollständigen.[964]

Das SGCA, das TJCA, das PA-CA, die *Corporación Andina de Fomento*, der *Fondo Latinoamericano de Reservas* und die *Convenios Sociale*, welche Teil des SAI sind, genießen im Gebiet jedes Mitgliedstaates die für die Erfüllung ihrer Aufgaben (*propósitos*) notwendigen *Privilegien und Immunitäten*. Ihre internationalen Vertreter und Funktionäre genießen ebenfalls die für die unabhängige Ausübung ihrer Funktionen nach diesem Vertrag notwendigen Privilegien und

---

[962] So *Hummer* (FN 895) 538.

[963] Gespräch mit dem Sekretär des TJCA, Sr Dr. *Eduardo Almeida Jaramillo*, vom 18. 2. 2002.

[964] Siehe dazu *Quiénes somos* auf der Homepage der CA, http://www.comunidadandina.org/-quienes.asp.

Immunitäten. Ihre Gebäude sind unverletzlich und ihre Vermögensgegenstände und Guthaben genießen Immunität gegenüber jedem zivilrechtlichen Verfahren, außer bei ausdrückliche Verzicht, welcher sich jedoch in keinem Fall auf ein Exekutionsverfahren bezieht (Art 49 AC).

Vor der nachstehenden Beschreibung der einzelnen Organe (und Institutionen) sei kurz noch die *Reunión de Representantes* erwähnt. Diese setzt sich – wie es der Name schon anklingen lässt – aus den Vertretern der Institutionen des SAI zusammen. Ziel dieser „Zusammenkunft" ist es, die bestmöglichste Koordination des SAI zu erreichen (*lograr la mejor coordinación*). Einberufen und präsidiert wird die *Reunión de Representantes* vom Präsidenten des CAMRE (Art 9 Abs 1 AC), sie tritt mindestens einmal im Jahr zu einer ordentlichen Sitzung und darüber hinaus zu außerordentlichen Sitzungen zusammen, wenn eine der partizipierenden Institutionen dies beantragt (Art 10 Abs 1 AC).[965] Als Sekretariat für diese Zusammenkünfte bedient sich die *Reunión* des Sekretariates des SGCA (Art 10 Abs 2 AC). Die wichtigsten Aufgaben (*principales cometidos*) der *Reunión* sind gemäß Art 9 Abs 2 AC: der Austausch von Informationen über Entwicklungsaktionen (*acciones desarrolladas*) der einzelnen Institutionen zur Umsetzung der vom CPA erlassenen *Directrices* (lit a leg cit), die Prüfung der Möglichkeit und Zweckmäßigkeit der Realisierung von abgestimmten Aktionen (*acciones coordinadas*) zwischen allen oder einzelnen Institutionen, mit dem Zweck, zum Erfolg der Ziele des SAI beizutragen (lit b leg cit) sowie dem CAMRE in erweiterter Zusammenkunft (*reunión ampliada*) Informationen über die Entwicklungsaktionen in Umsetzung der erhaltenen *Directrices* vorzulegen (lit c leg cit).

1.1.3.1 *El Consejo Presidencial Andino*

Der CPA ist „*el máximo órgano* del Sistema Andino de Integración"[966] (Art 11 Abs 1 AC). Er erlässt zu den verschiedenen Bereichen der subregionalen andinen Integration in sogenannten *Directrices* politische Rahmenbedingungen, welche die Organen und Institutionen des SAI im Rahmen ihrer jeweiligen Zuständigkeiten[967] bzw mittels der ihnen von den Verträgen und „grundlegenden Instrumenten" (*Instrumentos Constitutivos*) vorgegebenen Mechanismen umzusetzen haben (Art 11 Abs 1 und 2 AC).

Zu den *Zuständigkeiten* des CPA zählt nach Art 12 AC die Festlegung der subregionalen andinen Integrationspolitik (lit a), die Vorgabe und die Förderung von

---

[965] Der Ort der Zusammenkunft bestimmt sich gem Art 10 Abs 1 AC nach vorheriger Einigung.

[966] *Quiénes somos* auf der Homepage der CA, http://www.comunidadandina.org/quienes/-consejo.htm. Hervorhebungen durch den Verfasser.

[967] Diese Formulierung erinnert an das Prinzip der begrenzten Ermächtigung.

Aktionen, welche im gemeinsamen Interesse der gesamten Subregion liegen oder der Koordination einzelner Organe oder Institutionen dienen (lit b), die Beurteilung der Entwicklung und der Ergebnisse des subregionalen andinen Integrationsprozesses (lit c), die Abgabe von *pronunciamientos* zu den Berichten (*informes*), Initiativen (*iniciativas*) und Empfehlungen (*recomendaciones*) der Organe und Institutionen (lit d) und die Analyse und Beobachtung aller den andinen subregionalen Prozess sowie seine externe Projektion (*proyección externa*) betreffenden Angelegenheiten (lit e).

Der CPA *besteht* aus den Regierungschefs der Mitgliedstaaten (*Jefes de Estado de los Países Miembros*)[968] (Art 11 Abs 1 AC) und tritt regelmäßig einmal im Jahr – vorzugsweise im Land des Mitgliedstaates, welches die Präsidentschaft inne hat – in ordentlicher Sitzung zusammen (Art 13 Abs 1 AC). Dabei nimmt er Kenntnis von den Aktionen der Organe und Institutionen, ebenso wie von ihren Plänen (*planes*), Programmen (*programas*) und Vorschlägen (*sugerencias*). Bei diesen Zusammenkünften haben die Mitglieder des CAMRE, der CCA und die Vertreter der anderen Organe und Institutionen Beobachterstatuts (*asistir en calidad de observadores*) (Art 13 Abs 1 AC).

Daneben sieht Art 13 Abs 2 AC noch die Möglichkeit außerordentlicher (*de manera extraordinaria*) Zusammenkünfte vor, wenn dies für zweckmäßig erachtet wird und man sich vor der Einberufung auf einen Tagungsort einigt (Art 13 Abs 2 AC).

Der Präsident der CPA[969], dem die oberste politische Repräsentation (*la máxima representación política*) der CA obliegt, behält dieses Amt während eines Jahres[970], wobei sich die Mitgliedstaaten in alphabetischer Reihenfolge abwechseln (Art 14 Abs 1 AC).[971] Dem Präsidenten obliegt es, die ordentlichen und außerordentlichen Sitzungen des CPA einzuberufen und zu leiten, den CPA und die CA nach außen zu repräsentieren, die Einhaltung der vom CPA erlassenen *Directrices* durch die anderen Organe und Institutionen des SAI zu überwachen sowie die ihm vom CPA aufgetragenen Aufgaben durchzuführen (Art 14 Abs 2 AC).

---

[968] Dies sind zur Zeit: *Jorge Quiroga Ramírez* (Bolivien), *Andrés Pastrana Arango* (Kolumbien), *Gustavo Noboa Bejarano* (Ecuador), *Alejandro Toledo Manrique* (Peru) und *Hugo Chávez Frías* (Venezuela), http://www.comunidadandina.org/quienes/consejo.htm.

[969] Bis zum Juli 2003 hat Kolumbien unter *Andrés Pastrana Arango* die Präsidentschaft inne, http://www.comunidadandina.org/quienes/consejo.htm.

[970] Im AC ist von einem Kalenderjahr (*un año calendario*) die Rede, tatsächlich dauert die derzeitige Präsidentschaft vom 7. 7. 2002 bis zum Juli 2003.

[971] Zur Präsidentschaft im Rahmen der EU siehe *Hummer, Waldemar/Obwexer, Walter*, Die „EU-Präsidentschaft". Entwicklungen, Rechtsgrundlagen, Funktionen und Aufgaben sowie künftige Ausgestaltung der „Präsidentschaft" des Rates der Europäischen Union, EuR 1999, 409 ff.

Wenn man den CPA den Organen von EU bzw EG gegenüberstellt, so findet der CPA wohl (am ehesten) seine Entsprechung im Europäischen Rat, der bei gleicher Zusammensetzung ebenfalls den anderen Organen politische Leitlinien vorgibt. Auch wenn man meistens von der Präsidentschaft des (Minister-)Rates spricht, so kennt ja auch Art 4 Abs 2 EUV einen Vorsitz des Europäischen Rates, welchen das Land innehat, welches den Vorsitz im Rat führt. Im Unterschied zur „europäischen Konstruktion" ist der Kommissionspräsident nicht Mitglied des andinen „Europäischen Rates" – immerhin kommt den andern Organen bei den Sitzungen desselben ein Beobachterstatus zu.

1.1.3.2 *El Consejo Andino de Ministros de Relaciones Exteriores*

Der am 12. 11. 1979 gegründete[972] CAMRE besteht – wie es der Name schon sagt – aus den Außenministern der Mitgliedstaaten des AC (Art 15 AC) und ist „*el órgano de dirección política*"[973].

Seine in Art 16 AC geregelten *Zuständigkeiten* umfassen folgende Agenden: die Ausgestaltung der Außenpolitik der Mitgliedstaaten in den Bereichen die von subregionalem Interesse sind sowie die Vorgabe und Koordination der externen Aktionen der Organe und Institutionen des SAI (lit a), die Formulierung, Ausführung und Evaluierung der allgemeinen Politik des subregionalen andinen Integrationsprozesses (gemeinsam mit der CCA) (lit b), die Ausführung der an ihn adressierten sowie die Überwachung der an die anderen Organe und Institutionen gerichteten *Directrices* des CPA (lit c), der Unterzeichnung von Konventionen und Abkommen mit Drittstaaten, Gruppen von Staaten oder Internationalen Organisationen in Zusammenhang mit Fragen der allgemeinen Außenpolitik bzw -koordination (lit d), die Koordinierung der gemeinsamen Position der Mitgliedstaaten in internationalen Foren und Verhandlungen im Rahmen seiner Zuständigkeiten[974] (lit e), die Repräsentation der CA in Angelegenheiten und Bereichen von gemeinsamen Interesse im Rahmen seiner Kompetenzen und in Übereinstimmung mit den Normen und Gegenständen des Vertrages (lit d), im Rahmen seiner Zuständigkeiten die Empfehlung und Annahme von Maßnahmen, die die Erreichung der Ziele und Zwecke des AC sichern (lit g) sowie die Überwachung der harmonischen Erfüllung der sich aus dem AC sowie dem Vertrag von Monte-

---

972 Zur Entstehungsgeschichte des CAMRE siehe *Hummer* (FN 895) 549 f.

973 *Quiénes somos* auf der Homepage der CA, http://www.comunidadandina.org/quienes/-rree.htm.

974 Auch diese Formulierung erinnert an das Prinzip der begrenzten (Organ-)Kompetenz, wie es sich in Art 5 EUV bzw Art 7 EGV findet.

video von 1980 ergebenden Verpflichtungen[975] (lit h). Art 16 lit k AC überträgt dem CAMRE außerdem – mit der Einschränkung, sich dabei im Rahmen seiner Zuständigkeiten zu bewegen – die Erörterung und Lösung aller anderen Angelegenheiten von gemeinsamen Interesse.

Der CAMRE gibt sich gem Art 16 lit i AC seine *Geschäftsordnung* (*reglamento*)[976] und erlässt (*se expresará*) *Declaraciones* und *Decisiones*, welche mit Konsens angenommen werden und Teil der Rechtsordnung der CA sind.[977]

Zwei Mal im Jahr tritt der CAMRE – vorzugsweise im Land welches die Präsidentschaft inne hat – zu einer *ordentlichen Sitzung* zusammen (Art 18 1. Satz AC). Darüber hinaus kann er auf Antrag eines seiner Mitglieder – an einem Ort, auf den man sich vor der Einberufung einigt – in *außerordentlichen* Sitzungen zusammentreten, wenn dies als zweckmäßig erachtet wird (Art 18 2. Satz AC).

So wie im europäischen findet sich auch im andinen Bereich sinnvollerweise eine Verknüpfung der Präsidentschaft von Europäischem Rat und Ministerrat. Während Art 4 Abs 2 EUV, wie erwähnt, die Präsidentschaft im Ministerrat auf den Europäischen Rat überträgt, bestimmt Art 19 Abs 1 AC, dass der CAMRE – ebenfalls für ein (Kalender-)Jahr – von dem Mitgliedstaat präsidiert wird, welches die Präsidentschaft im CPA inne hat. Die Verbindung zwischen Präsidentschaft im CPA und im CAMRE ist nicht nur eine temporale bzw auf den präsidierenden Mitgliedstaat bezogene, sondern auch eine verwaltungstechnische. Dem Außenminister des Mitgliedstaates, welches die Präsidentschaft in beiden Organen inne hat, kommt insofern auch eine Koordinierungsfunktion zu, als er – mit technischer Unterstützung des SGCA – als *Pro-tempore-Sekretariat* (*Secretaría Pro Tempore*) des CAMRE sowie des CPA fungiert (Art 19 Abs 2 AC).

Neben den erwähnten (außer-)ordentlichen Sitzungen tritt der CAMRE mindestens einmal im Jahr, in einer um die bevollmächtigten Vertreter (*representantes titulares antes la Comisión*) erweiterten Zusammensetzung zusammen. Wenn er es für zweckmäßig erachtet, kann der CAMRE außerdem jederzeit *a nivel de alternos*[978] zusammentreten, um im gegenseitigen Interesse beider Organe liegende Angelegenheiten im Kontext des AC zu behandeln. An derartigen Angelegenheiten nennt Art 20 AC beispielhaft die Vorbereitung der Zusammenkünfte

---

[975] Diese Bestimmung verdeutlicht den subregionalen Charakter der CA und die daraus resultierende Doppelbindung an die beiden (regionale und subregionale) Rechtsordnungen. Siehe dazu auch vorstehend auf S 210 f.

[976] Die leg cit spricht konkret von der Annahme und der Änderung.

[977] Für das *Reglamento de Procedimientos* des SGCA siehe unter http://www.comunidadandina.org/NORMATIVA/DEC/D425.htm.

[978] Dabei dürfte es sich – so wie bei der CCA (siehe dazu sogleich) – um die Vizeminister handeln; siehe zur Zusammensetzung auch unter http://www.comunidadandina.org/quienes/rree.-htm.

des CPA, die Wahl und gegebenenfalls die Abberufung des SGCA, die Unterbreitung von Vorschlägen für ein Revision des AC an den CPA, die Evaluierung der Tätigkeit des SGCA, die Berücksichtigung der Initiativen und Vorschläge, die ihm von Seiten der Mitgliedstaaten oder des SGCA unterbreitet werden sowie die Behandlung der übrigen Themen, welche nach Ansicht von CAMRE und CPA im gegenseitigen Interesse liegen (lit a bis f leg cit).

Wenn man die vorstehend erwähnten Zuständigkeiten des CAMRE analysiert, so erkennt man deutlich seine exekutive Funktion im Organgefüge des SAI. Schon die deutsche Übersetzung bietet einen ausreichenden Hinweis auf sein europäisches Pendant, wobei dieser Vergleich nur partiell richtig ist, zumal es im andinen Bereich abgesehen von Außenministerrat keine weiteren Ratsformationen[979] gibt.

1.1.3.3 *La Comisión de la Comunidad Andina*

Die CCA ist das „*organó normativa* del Sistema Andino de Integración“[980], setzt sich aus je einem bevollmächtigten Vertreter der Regierung eines jeden Mitgliedstaates zusammen, wobei jede Regierung einen *representante titular*[981] und einen *alterno*[982] nominiert (Art 21 Abs 1 AC).[983]

Wie schon erwähnt, bedient sich die CCA der Rechtsquellentypologie der *Decisión.*[984]

Die *Zuständigkeiten* der CCA erstrecken sich gem Art 22 Abs 1 AC auf die nachstehend genannten Bereiche, wobei die CCA bei der Ausübung dieser Verantwortlichkeiten in besonderer Weise, die im AC (*Capítulo 13* – Art 121 bis 138) vorgesehene bevorzugte Behandlung von Bolivien und Ecuador sowie die besondere geographische Binnenlage Boliviens zu berücksichtigen hat (Art 22 Abs 2 AC):[985] die Formulierung, Ausführung und Evaluierung der subregionalen andinen Integrationspolitik in Bereichen des Handels und der Investitionen und gegebenenfalls in Abstimmung mit dem CAMRE (lit a), das Ergreifen der für den Er-

---

979 Siehe dazu die Anlage II der Schlussfolgerungen des Europäischen Rates von Sevilla (21./22. 6. 2002), SN 200/02, 22 ff, 23..

980 *Quiénes somos* auf der Homepage der CA, http://www.comunidadandina.org/quienes/-comision.htm. Hervorhebungen durch den Verfasser.

981 Dabei handelt es sich in der Praxis um die (Aussenhandels-)Minister; siehe dazu auch unter http://www.comunidadandina.org/quienes/comision.htm.

982 Dabei handelt es sich in der Praxis um die entsprechenden Vizeminister.

983 Zur CCA siehe auch *Sáchica* (FN 855) 63 ff.

984 Siehe dazu vorstehend auf S 227. Für eine Übersicht über die einzelnen Kompetenzen der CCA zur Erlassung von *Decisiones* siehe *Sáchica* (FN 855) 98 f.

985 *Sáchica* (FN 855) 65 f gliedert die Funktionen der CCA in normative, administrative, fiskalische und an die Junta (heute SGCA) delegierbare.

folg der Zwecke des AC sowie für die Umsetzung der *Directrices* des CPA notwendigen Maßnahmen (lit b), im Rahmen ihrer Zuständigkeiten die Koordination der gemeinsamen Positionen der Mitgliedstaaten in internationalen Foren und Verhandlungen (lit c), die Überwachung der harmonischen Erfüllung der sich aus dem AC und dem Vertrag von Montevideo von 1980 (!) ergebenden Verpflichtungen (lit d), die Annahme, Nichtannahme bzw Verbesserung von Vorschlägen, welche ihr von Seiten der Mitgliedstaaten – einzeln oder gemeinsam – oder von Seiten des SGCA unterbreitet werden (lit f), die Aufrechterhaltung einer ständigen Vernetzung mit den Organen und Institutionen des SAI zur Koordinierung der im gemeinsamen Interesse stehenden Programme und Politiken (lit g), die Repräsentierung der CA in Angelegenheiten und Aktivitäten von gemeinsamen Interesse (im Rahmen ihrer Kompetenzen und gemäß den Normen und Zielen des AC) (lit h), die Annahme des jährlichen Budgets und Kontrolle der budgetären Vollziehung durch das SGCA und des TJCA sowie die Festlegung der Beiträge eines jeden Mitgliedstaates (lit i) und schließlich die Übermittlung der vorgeschlagenen Geschäftsordnung des SGCA an den CAMRE (lit j).

Gem Art 22 lit e AC gibt sich die CCA ihre *Geschäftsordnung* (*reglamento*) und ist außerdem zuständig, diese abzuändern.

Die *Präsidentschaft* in der CCA rotiert ebenfalls zwischen den Vertretern der einzelnen Mitgliedstaaten, wobei sich die Amtsdauer ebenfalls auf ein (Kalender-)Jahr beläuft (Art 23 Abs 1 AC). So wie auch die Präsidentschaft des CAMRE ist auch die des CCA an die Präsidentschaft des CPA gebunden.

Die CCA tritt dreimal im Jahr zu einer *ordentlichen* und darüber hinaus zu einer *außerordentlichen Sitzung* zusammen, wenn die Präsidentschaft eine solche auf Antrag eines Mitgliedstaates oder des SGCA einberuft (Art 24 Abs 1 AC). Die Sitzungen können nach Art 24 Abs 2 AC entweder am Sitz des SGCA oder an jedem anderen Ort stattfinden, wobei das für die Sitzungen erforderliche Präsenzquorum bei der absoluten Mehrheit der Mitgliedstaaten liegt. Die Teilnahme an den Sitzungen der CCA sind verpflichtend, wobei die Nichtteilnahme als Enthaltung gilt (Art 24 Abs 3 AC).

Der Vertrag kennt neben der herkömmlichen CCA in Art 25 AC außerdem noch eine *Erweiterte Kommission* (*Comisión Ampliada*), welche sich aus den Delegationschefs bei der CCA sowie den zuständigen Ministern bzw Staatssekretären zusammensetzt und vom Präsident der CCA präsidiert werden. Was die Willensbildung zum Erlass von *Decisiones* betrifft, so kommt jedem Land eine Stimme zu (Art 25 Abs 2 AC). Diese *Comisión Ampliada* wird vom Präsidenten der CCA auf Antrag eines oder mehrere Mitgliedstaaten oder auf Antrag des SGCA einberufen. Aufgabe der *Comisión Ampliada* ist es, sich mit sektoralen Angelegenheiten zu befassen, Normen zur Realisierung der Koordination der Entwicklungspläne und der Harmonisierung der Wirtschaftspolitiken der Mitgliedstaaten zu erwägen sowie alle anderen Angelegenheiten von gemeinsamen Interesse zu erkennen (*conocer*) und zu lösen (*resolver*).

Auch wenn ihr Name an die Kommission der Europäischen Gemeinschaften erinnert, so entspricht sie diesem Organ insofern nicht, als die CCA nicht supranational, sondern intergouvernemental konzipiert ist. Neben dem intergouvernementalen *exekutiven* CAMRE erfüllt die CCA eine „intergouvernementale *normative* Funktion".

1.1.3.4 *La Secretaría General*

Nach Art 29 Abs 1 AC ist das SGCA „el *órgano ejecutivo* de la Comunidad Andina y en tal carácter actúa únicamente en función de los intereses de la Subregión"[986]. Seit dem 1. 8. 1997 nimmt das SGCA ua auch die Funktionen der *Junta des AC* wahr.[987] Neben dieser Bestimmung als Hüter des Gemeinschaftsinteresses kommt dem SGCA eine technische *Funktion* zu, als es in angebrachten Fällen den übrigen Organen und Institutionen des SAI technische Unterstützung erteilt (Art 29 Abs 1 AC).

Gleitet wird das SGCA vom *Generalsekretär* (*Secretario General*), welcher bei der Erfüllung seiner Funktionen gemäß der „entsprechenden Geschäftsordnung" (*reglamento respectivo*)[988] von Generaldirektoren (*Directores Generales*) unterstützt wird. Außerdem verfügt er über das für die Erfüllung seiner Aufgaben notwendige technische und administrative Personal (Art 29 Abs 2 1. bis 3. Satz AC).

Nach Art 29 Abs 2 4. Satz AC erlässt das SGCA seine Rechtsakte in Form von *Resoluciones*.

Dem SGCA kommen nach Art 30 AC folgende *Funktionen* (*funciones*) zu: die Überwachung der Anwendung des AC sowie der Vollziehung (*cumplimiento*) der Normen der Rechtsordnung der CA (lit a), die Erfüllung der ihm vom CAMRE sowie der CCA übertragenen Aufgaben (lit b), die Unterbreitung von Entwürfen (*propuestas*) für *Decisiones* an CAMRE und CCA – gemäß seinen Zuständigkeiten –, sowie von Initiativen (*iniciativas*) und Vorschlägen (*sugerencias*) an die erweiterte Zusammenkunft des CAMRE, um die Erfüllung dieses Abkommens

---

[986] *Quiénes somos* auf der Homepage der CA, http://www.comunidadandina.org/quienes/-secretaria.htm. Hervorhebungen durch den Verfasser. Eine Übersetzung könnte lauten wie folgt: „Das SGCA ist das exekutive Organ der Andengemeinschaft und als solches handelt es einzig im Interesse der Subregion".

[987] *Quiénes somos* auf der Homepage der CA, http://www.comunidadandina.org/quienes/-secretaria.htm.

[988] Die auf der Homepage der Andengemeinschaft verfügbare englische Version spricht von „the respective regulation"; http://www.comunidadandina.org/ingles/treaties/trea/ande_trie1.htm.

mit dem Ziel, seine Zwecke im kürzest möglichen Zeitraum zu erreichen, zu erleichtern oder zu beschleunigen (lit c), die Erstellung von Studien und der Vorschlag von für die Anwendung der bevorzugten Behandlung Boliviens und Ecuadors notwendigen Maßnahmen, sowie generell von solchen für die Teilnahme der beiden Länder an diesem Vertrag erforderlichen Maßnahmen (lit d), die Evaluierung und jährliche Benachrichtigung von CAMRE und CCA über die Ergebnisse der Anwendung dieses Vertrages, sowie den Erfolg seiner Ziele, unter besonderer Beachtung der Anwendung des Prinzips der gerechten Verteilung der sich aus der Integration ergebenden Ziele und der Unterbreitung der sachdienlichen Verbesserungsvorschläge (lit e), die Durchführung der technischen Studien und die ihm von den anderen Organen des SAI anvertraute Koordination sowie die von ihm als notwendig erachteten Studien (lit f), die Aufrechterhaltung von regelmäßigen Arbeitsbeziehungen mit den Mitgliedstaaten über die von diesen hierfür benannten nationalen Integrationsbehörden (*organismo nacional de integración*) (lit g), die Ausarbeitung seines jährlichen Arbeitsprogrammes, in welchem es vorzugsweise die Aufgaben berücksichtigt, mit welchen es von den anderen Organen des SAI beauftragt wurde (lit h), die Förderung von regelmäßigen Treffen mit den für die Formulierung oder die Durchführung der Wirtschaftspolitik zuständigen nationalen Organisationen und dabei speziell mit denen, welche mit der Wirtschaftsplanung beschäftigt sind (lit i), die Aufrechterhaltung von Arbeitsbeziehungen mit den Exekutivorganen der andern regionalen Integrations- und Kooperationsorganisationen mit dem Zweck, die gegenseitigen Beziehungen und Zusammenarbeit zu vertiefen (lit j), die Führung der Verhandlungsprotokolle (*llevar las actas*) der erweiterten Zusammenkünfte von CAMRE und CCA sowie in Koordination mit den Vorsitzenden der erwähnten Organe die Ausarbeitung einer tentativen Tagesordnung für diese Treffen (lit k), die Archivierung der Verhandlungsprotokolle der Treffen und der anderen Dokumente der SAI-Organe sowie die Zertifizierung ihrer Authentizität (lit l), die Herausgabe der GOAC (lit m), das Fungieren als Sekretariat für die Treffen der Vertreter der Institutionen des SAI (lit n), sowie die Ausübung der übrigen Aufgaben die ihm ausdrücklich von der Rechtsordnung der CA übertragen werden (lit ñ).

Das Generalsekretariat arbeitet als *ständige Einrichtung* und hat seinen *Sitz* in Lima/Peru (Art 31 AC).

Die *Geschäftsordnung* des SGCA sowie alle Änderungen derselben werden nicht vom SGCA selbst, sondern vom CAMRE auf Vorschlag der CCA erlassen (Art 16 lit i AC).[989]

---

[989] Für das erste *Reglamento* der Junta siehe *Junta del Acuerdo de Cartagena/Instituto para la Integración de América Latina* (FN 859) 388 ff.

Das SGCA untersteht einem *Generalsekretär*, der vom CAMRE in erweiterter Zusammensetzung im Konsensusverfahren (*elegido por consenso*) – bei einmaliger Möglichkeit einer Wiederwahl – für eine Amtsdauer von fünf Jahren gewählt wird (Art 32 Abs 1 AC). Die *Qualifikationen* für den Generalsekretär sehen eine Persönlichkeit von hoher Repräsentativität (*de alta representatividad*) und anerkanntem Prestige vor, welcher Staatsbürger eines Mitgliedstaates ist (Art 32 Abs 2 1. Satz AC). Bei seinem Handeln ist der Generalsekretär einzig dem *gemeinsamen Interesse* der Subregion verpflichtet (Art 32 Abs 2. Satz AC). Während seiner Amtszeit ist es dem Generalsekretär untersagt, eine *andere Tätigkeit* auszuüben, sowie weder von einer Regierung, noch von einer nationalen oder internationalen Einrichtung *Weisungen* anzufordern noch entgegenzunehmen (Art 32 Abs 3 AC). Im Falle einer *Vakanz* tritt der CAMRE in erweiterter Zusammensetzung unverzüglich zusammen, um den neuen Amtsträger zu ernennen, wobei bis zu diesem Zeitpunkt der dienstälteste Generaldirektor das SGCA leitet (Art 32 Abs 4 AC). Der Generalsekretär kann nur dann – auf Antrag eines Mitgliedstaates im Wege des Konsenses – seines *Amtes enthoben* werden, wenn er sich in Ausübung seines Amtes eines schweren, in der Geschäftsordnung des SGCA vorgesehenen Vergehens schuldig gemacht hat.

Die *Verantwortlichkeiten* des Generalsekretärs umfassen nach Art 34 AC: die gesetzliche Vertretung des SGCA (lit a), die Vorlage von Initiativen betreffend die Geschäftsordnung des SGCA an CCA oder CAMRE (lit b), die Einstellung sowie Entlassung des technischen und administrativen Personales gemäß der Geschäftsordnung (lit c), die Stimmrechtsberechtigte Teilnahme an den Sitzungen des CAMRE, der CCA, respektive der erweiterten Zusammenkünfte, sowie auf Einladung an den Sitzungen der anderen Organe des SAI (lit d), die Vorlage des jährlichen Budgetvoranschlages an die CCA zur Annahme (lit e), sowie die Vorlage eines jährlichen Tätigkeitsberichtes des SGCA an den CAMRE in erweiterter Zusammensetzung (lit f).

Der Generalsekretär ernennt die *Generaldirektoren* (*Directores Generales*) in Absprache mit den Mitgliedstaaten und in Übereinstimmung mit der organfunktionalen Struktur des SGCA. An *Qualifikationen* für die Generaldirektoren sehen die Bestimmungen des AC Fachmänner von hohem Niveau vor, welche strikt nach ihrer akademischen Ausbildung (*formación académica*), Fähigkeit (*idoneidad*), Ruf (*honorabilidad*) und Erfahrung (*experiencia*) im Amt ernannt werden und für ein bestimmtes technisches Gebiet verantwortlich sind (Art 35 Abs 1 AC). Die Generaldirektoren müssen Staatsbürger eines Mitgliedstaates sein, wobei der Generalsekretär bei seiner Ernennung auf eine gerechte geographische subregionale Verteilung achtet. Die Ernennung (*nombramiento*) und Abberufung (*remo-*

ción) der Generaldirektoren richtet sich nach den Bestimmungen der Geschäftsordnung des SGCA (Art 35 Abs 2 AC).

In der Ausübung von Verfahren, welche die Interessen zweier oder mehrerer Mitgliedstaaten berühren, wird das SGCA im technischen Bereich von *speziellen Experten* (*expertos especiales*) unterstützt, deren Ernennung und Methode der Mitwirkung in Übereinstimmung mit der Geschäftsordnung der SGCA geregelt wird (Art 36 AC).[990]

Bei der Bestellung des *technischen und administrativen Personales* – für welches es kein Vorschriften in Bezug auf die Staatsangehörigkeit gibt – hat der Generalsekretär genau auf die Fähigkeit, Kompetenz und Ehrhaftigkeit der Kandidaten sowie auf eine gerechte geographische subregionale Verteilung zu achten, außer diese läuft den vorstehend genannten Kriterien entgegen (Art 37 Abs 1 AC). Die Ernennung und Abberufung des Personales erfolgt in Übereinstimmung mit den in der Geschäftsordnung des SGCA vorgesehenen Kriterien und Gründen, unbeschadet der diesbezüglichen Bestimmungen im TCTJCA und seinen Änderungsprotokollen (Art 37 Abs 2 AC). Das Personal des SGCA hat sich jeder mit seinen Verpflichtungen unvereinbaren Handlungen zu enthalten und darf weder von einer Regierung, noch von einer nationalen oder internationalen Einrichtung *Weisungen* anfordern noch entgegennehmen (Art 38 AC).

Wenn das SGCA im Verfahren der Vorbereitung einer *Resolución* oder einer Stellungnahme (*dictamen*) im Rahmen der Ausübung seiner Verpflichtungen Untersuchungen zur Entfaltung seiner Funktionen anstellt, so sind natürliche und juristische Personen, öffentliche oder private Personen der Mitgliedstaaten (*públicas o privadas de los Países Miembros*) verpflichtet, in diesen Belangen mit dem SGCA *zusammenzuarbeiten* und ihm die gewünschte Information zu liefern (Art 39 Abs 1 AC).

Das SGCA hat die *Vertraulichkeit* der Dokumente und ihm bereitgestellten Informationen in Übereinstimmung mit den diesbezüglich anzuwendenden Normen zu gewährleisten (Art 39 Abs 2 AC).

Anders als es die andine Terminologie vermuten lässt, findet die Europäische Kommission ihre Entsprechung nicht in der CCA sondern im SGCA; der Kommissionspräsident findet sein *Pendant* im *Secretario General*. So wie auch die Kommission der Europäischen Gemeinschaften, so erfüllt auch das SGCA die Funktion eines Hüters des Vertrages (AC)[991] und besitzt ein entsprechendes Initiativrecht. Abgesehen davon ist das SGCA ein sehr technokratisch ausgestaltetes

[990] Bei dieser Regelung handelt es sich um „wahre Experten", und nicht um eine Art andiner Komitologie; Gespräch mit dem Sekretär des TJCA, Sr Dr. *Eduardo Almeida Jaramillo*, vom 18. 2. 2002.

[991] Zur Rolle des SGCA im Rahmen der Nichterfüllungsklage siehe nachstehend auf S 280 ff.

Organ.[992] Zwar ist das SGCA sowie auch die Kommission supranational und explizit weisungsfrei, der supranationale bzw technische – und weniger politische – Charakter kommt beim SGCA insofern noch mehr zum Tragen, als seine Mitglieder nicht von den Mitgliedstaaten bestellte Kommissar, sondern (verwaltungstechnische) Generaldirektoren sind. Somit kann man das SGCA als supranationales technisches Organ bezeichnen.

Das bereits erwähnte Amtsblatt der Andengemeinschaft, das *GOAC* wird vom SGCA herausgegeben. Veröffentlicht werden darin die *Decisiones* des CAMRE und der CCA, die *Convenios*, *Resoluciones* und *Dictamens* des SGCA und die Urteile des TJCA (Art 43 Abs 1 TCTJCA). Darüber hinaus kann das SGCA ausnahmsweise die Veröffentlichung anderer Rechtsakte anordnen, welche allgemeinen Charakter haben und deren Kenntnis von Interesse für die Andengemeinschaft ist (Art 43 Abs 2 TCTJCA).

1.1.3.5 *El Parlamento Andino*

Das PA-CA[993] ist das *beratende Organ* des SAI (*el órgano deliberante del Sistema*) mit gemeinschaftlicher Natur (*su naturaleza es comunitaria*).[994] Das PA-CA repräsentiert die Völker der Andengemeinschaft und setzt sich aus in *allgemeinen und direkten Wahlen*[995] gewählten Vertretern zusammen; das diesbezügliche Verfahren soll in einem vorgesehenen Zusatzprotokoll geregelt werden, in welchem auch angemessene Kriterien für eine nationale Vertretung enthalten sind (Art 42 Abs 1 AC). Bis zum Erlass dieses die Direktwahl regelnden Zusatzprotokolles, setzt sich das PA-CA in Übereinstimmung mit seinen internen Vorschriften und seiner Geschäftsordnung (*Reglamento General del Parlamento Andino*) aus Vertretern der nationalen Parlamenten (*representantes de los Congresos Nacionales*) zusammen (Art 42 Abs 2 AC).[996]

---

[992] So auch *Sáchica* (FN 855) 68 f, der die Junta – die Vorgängerin des SGCA – als „un organismo técnico-comunitario" bezeichnet.

[993] Zur Entstehung des Parlamentes des Andenpaktes siehe *Hummer* (FN 895) 528 ff. Für die Homepage des PA-CA siehe unter http://www.parlamentoandino.org. Zum PA-CA siehe auch *Barros Charlín, Raymundo*, Atribuciones del Parlamento Andino como órgano principal del Acuerdo de Cartagena y orientador del proceso de integración subregional, integración latinoamericana 146-147/1989, 16 ff.

[994] *Quiénes somos* auf der Homepage der CA, http://www.comunidadandina.org/quienes/-parlamento.htm.

[995] Siehe dazu *Londoño Sánchez, Jorge Octavio*, Las elecciones directas en los Parlamentos regionales: el caso del Parlamento Andino, integración latinoamericana 146-147/1989, 28 ff.

[996] Vergleiche dazu den von den im Rat zusammenkommenden Vertretern der Regierungen der Mitgliedstaaten erlassenen Beschluss 76/787/EGKS, EWG, Euratom (ABl 1976, Nr L 278, 1 ff) bzw den Akt zur Einführung allgemeiner unmittelbarer Wahlen der Abgeordneten der Versammlung (ABl 1976, Nr L 278, 5 ff).

Der *ständige Sitz* (*sede permanente*) des PA-CA befindet sich in Santafé de Bogotá/Kolumbien (Art 42 Abs 3 AC).

Zu den *Befugnissen* (*atribuciones*) des PA-CA zählen nach Art 43 AC: die Teilnahme an der Förderung (*promoción*) und Ausrichtung (*orientación*) des subregionalen andinen Integrationsprozesses im Hinblick auf die Konsolidierung der lateinamerikanischen Integration (lit a), die Untersuchung des Verlaufes der subregionalen andinen Integration sowie die Erfüllung seiner Zwecke, wobei das PA-CA zu diesem Zweck von den Organen und Institutionen des SAI regelmäßige Informationen anfordert (lit b), die Formulierung von *Recomendaciones* zu den jährlichen Budgetvoranschlägen der Organe und Institutionen des SAI, welche durch direkte Beiträge der Mitgliedstaaten finanziert werden (lit c), der Vorschlag von Aktionen oder Entscheidungen an die Organe und Institutionen des SAI, deren Ziel oder Auswirkung die Annahme von Änderungen, Anpassungen oder neue allgemeinen Richtlinien (*lineamientos generales*) in Bezug auf die vorgegebenen Ziele und die institutionelle Struktur des Systems ist (lit d), die Teilnahme am Prozess der Normenerzeugung durch an die Organe des SAI gerichtete Vorschläge von Normenentwürfen zu Themen von gemeinsamen Interesse zwecks deren Inkorporation in die Rechtsordnung der CA (lit e), die Förderung der legislativen Harmonisierung in den Mitgliedstaaten (lit f), sowie die Förderung von Kooperations- und Koordinationsbeziehungen mit den Parlamenten der Mitgliedstaaten, den Organen und Institutionen des SAI, sowie mit den parlamentarischen Integrations- oder Kooperationsorganen von Drittländern (lit g).

Anders als sein europäisches Pendant heute ist das andine Parlament – so wie das Europäische Parlament am Anfang seiner Entwicklung – kein Legislator, sondern lediglich ein beratendes Organ.

1.1.4 Tätigkeitsbereiche und Politiken der Andengemeinschaft

Eine der bedeutensten Errungenschaften der CA ist die Schaffung einer Freihandelszone (*zona de libre comercio*) im Jahre 1993 sowie die Annahme eines Gemeinsamen Außenzolles (*arancel externo común*) – ein Prozess der die Schaffung einer Zollunion anvisiert.[997]

Ein wichtiger Schritt für die andine Integration stellt auch die Annahme von gemeinsamen Normen auf dem Gebiet des geistigen Eigentums (*propriedad intelectual*) –Haupttätigkeitsbereich des TJCA –, der Investitionen (*inversiones*), des Zollverfahrens (*procedimientos aduaneros*), der Ursprungsregeln (*origen*) und dem Wettbewerbsrecht (*competencia*) dar. Darüber hinaus wurden wichtige sani-

[997] Zum folgenden Überblick über die wichtigsten Errungenschaften der CA siehe *Secretaría General de la Comunidad Andina*, Cómo hacer negocios en la Comunidad Andina: Guía de Comercio e Inversión (1999) 11 ff; siehe dazu auch *Maldonado Lira* (FN 890).

täre und phytosanitäre Maßnahmen (*medidas sanitarias y fitosanitarias*) sowie technische Standards (*estándares técnicos*) erlassen. Im April 1997 wurde ein allgemeiner Rahmen von Prinzipien und Normen auf dem Gebiet der Liberalisierung des Handels mit Dienstleistungen erlassen, der den freien Verkehr derselben – beginnend mit dem Bereich Telekommunikation und Finanzdienstleistungen – bis 2005 gewährleisten soll.

Im Bereich der Strategie „offener Regionalismus“ (*estrategia de regionalismo abierto*) hat die CA – ua – im April 1988 mit dem Mercosur ein Rahmenabkommen zur Gründung einer Freihandelszone abgeschlossen, einen Allgemeinen Rahmen (*Marco General*) für ein Freihandelsabkommen mit Panama unterzeichnet und an den Verhandlungen zur Errichtung der *Área de Libro Comercio de las Américas* (ALCA)[998] teilgenommen. Auch mit der EG hat die CA ein Rahmenabkommen abgeschlossen.[999]

Im August 1996 hat die CA einen Rechtsrahmen für die Errichtung und Entwicklung eines andinen Satellitensystems (*sistema satelital andina*) geschaffen und die Liberalisierung des Transportdienstleistungssektors eingeleitet, darunter die Annahme einer *política de cielos abiertos* im Flugverkehr, die Eliminierung von Kontingenten (*reservas de cargo*) und die Förderung des freien Dienstleistungsverkehrs auf der Strasse.

Obwohl vorstehend bereits erwähnt, sei im Folgenden noch einmal eine Übersicht über die materiell-rechtlichen Bestimmungen (bzw Politiken) der Andengemeinschaft gegeben.

- *Capítulo 3 – Armonización de las Políticas Económicas y Coordinación de los Planes de Desarrollo* (Art 50 bis 56)
- *Capítulo 4 – Programas de Desarrollo Industrial* (Art 57 bis 70)
    - *Sección A – De los Programas de Integración Industrial* (Art 59 bis 61)
    - *Sección B – De los Convenios de Complementación Industrial* (Art 62 bis 64)

[998] Siehe dazu *Benecke, Dieter W*, ALCA ¿Acelerador o freno para la integración latinoamericana?, Contribuciones 2001, 181 ff; ders/*Loschky, Alexander*, ALCA y la integración latinoamericana. La situación post-Quebec, Contribuciones 3/2001, 9 ff; *Briceño Ruiz, José*, El Mercosur, México y el Caribe frente al Área de Libre Comercio de las Américas, comercio exterior 2001, 396 ff; *Gaete Balboa, Pablo*, El ALCA: ¿más allá del punto sin retorno?, comercio exterior 2000, 724 ff.

[999] Rahmenabkommen über die Zusammenarbeit zwischen der Europäischen Wirtschaftsgemeinschaft und dem Abkommen von Cartagena und seinen Mitgliedstaaten, der Republik Bolivien, der Republik Ecuador, der Republik Kolumbien, der Republik Peru und der Republik Venezuela, ABl 1998, Nr L 127, 11 ff; in Kraft getreten am 1. 5. 1998 (ABl 1998, Nr L 127, 25).

  - *Sección C – De los Proyectos de Integración Industrial* (Art 65)
  - *Sección D – Otras Disposiciones* (Art 66 bis 70)
- *Capítulo 5 – Programa de Liberación* (Art 71 bis 89)
- *Capítulo 6 – Arancel Externo Común* (Art 90 bis 98)
- *Capítulo 7 – Programas de Desarrollo Agropecuario* (Art 99 bis 104)
- *Capítulo 8 – Competencia Comercial* (Art 105 und 106)
- *Capítulo 9 – Clausulas de Salvaguardia* (Art 107 bis 111)
- *Capítulo 10 – Origen* (Art 112 bis 115)
- *Capítulo 11 – Integración Física* (Art 116 und 117)
- *Capítulo 12 – Asuntos Financieros* (Art 119 und 120)
- *Capítulo 13 – Régimen especial para Bolivia y El Ecuador* (Art 121 bis 138)
  - *Sección A – De la Armonización de Políticas Económicas y de la Coordinación de Planes de Desarrollo* (Art 122)
  - *Sección B – De la Política Industrial* (Art 123 bis 125)
  - *Sección C – De la Política Comercial* (Art 126 bis 133)
  - *Sección D – Del Arancel Externo Común* (Art 134 und 135)
  - *Sección E – De la Cooperación Financiera y la Asistencia Técnica* (Art 136)
  - *Sección F – Disposiciones Generales* (Art 137 und 138)
- *Capítulo 14 – Cooperación Económica y Social* (Art 139 bis 150)

1.2 Der Andengerichtshof[1000]

1.2.1 Das Rechtsschutzsystem vor Gründung des Andengerichtshofes

Bis 1980 hatte keine der lateinamerikanischen und karibischen Integrationszonen die Einrichtung eines Gerichtshofes zur Kontrolle der Rechtmäßigkeit des jeweiligen Gemeinschaftsrechtes vorgesehen.[1001] *Hummer* führt diese Tatsache einerseits auf den geringfügigen Vergemeinschaftungsgrad der Präferenzzonen, welche lediglich als Liberalisierungs- und Präferenzierungsmechanismen ausgestaltet waren und keinen Vorrang des Gemeinschaftsrechtes vor nationalem Recht kannten, sowie andererseits auf die Tatsache zurück, dass diese von techno-

---

[1000] An allgemeiner Literatur zum Andengerichtshof siehe zB *Linares, Antonio*, El Tribunal de Justicia del Acuerdo de Cartagena, AAdDI 1984 – 1986, 53 ff.

[1001] So *Hummer* (FN 895) 533.

kratischen Eliten ausgearbeitet waren, welche beinahe ausschließlich aus Wirtschaftswissenschaftler und kaum aus Juristen bestanden.[1002]

Die Notwendigkeit einer Streitschlichtungsinstanz manifestierte sich insbesondere in der – den subregionalen Vertrag von Cartagena umspannenden – regionalen ALALC. Da der Gründungsvertrag der ALALC (Vertrag von Montevideo) keinen Streitbeilegungsmechanismus vorsah,[1003] erließ erst sechs Jahre nach Bestehen der ALALC der *Consejo de Ministros* der ALALC am 8. 12. 1966 die *Resolución 165*[1004] mit welcher ein *provisorischer* Mechanismus zur Streitbeilegung zwischen den Mitgliedstaaten geschaffen wurde. Die Durchführungsbestimmungen dazu wurden sodann am 11. 7. 1967 vom *Comité Ejecutivo Permanente* der ALALC durch die *Resolución 126*[1005] erlassen. Das somit eingeführte Streitbeilegungsprozedere sieht auf erster Ebene Verhandlungen zwischen den Mitgliedstaaten vor, welchen auf zweiter Ebene eine Vermittlungsinitiative durch das *Comité Ejecutivo Permanente* folgt, welches gegebenenfalls ein Gutachten einer *Comisión Especial de Juristas* einholen kann. Auch weil sich in diesem Mechanismus keine Bindung der Streitparteien an dieses Gutachten findet[1006] ist dieses Streitbeilegungsverfahren als rein intergouvernemental zu qualifizieren.

Am 2. 9. 1967 unterzeichneten die Staaten der ALALC in Asunción/Paraguay sodann das *Protocolo para la solución de controversias*[1007], mit welchem ein *definitiver*[1008] Streitbeilegungsmechanismus eingeführt wurde. Dieser sieht ebenfalls auf erster Ebene Verhandlungen der Mitgliedstaaten vor, wobei die Ergebnisse der Streitbeilegung für die Mitgliedstaaten verbindlich sind. Auf zweiter Ebene kann wiederum das *Comité Ejecutivo Permanente* angerufen werden, bevor auf dritter Ebene ein Schiedsverfahren vorgesehen ist, welches jedoch für die Mitgliedstaaten nur bindend ist, wenn dessen Zuständigkeit von den Mitgliedstaaten übereinstimmend anerkannt wurde oder in den vom *Consejo de Ministros de Relaciones Exteriores* vorher festgelegten Fällen. Somit einen Schritt weitergehend, dennoch ist auch der definitive Streitbeilegungsmechanismus als intergouvernemental zu qualifizieren.

[1002] (FN 895) 533.

[1003] *Paolillo* (FN 1014) 107.

[1004] Abgedruckt in Derecho de la Integración, 1/1967, 185 f.

[1005] Abgedruckt in Derecho de la Integración, 1/1967, 186 f.

[1006] *Marwege* (FN 883) 58.

[1007] Abgedruckt in *Junta del Acuerdo de Cartagena/Instituto para la Integración de América Latina* (FN 859) 337 ff.

[1008] Zum Verhältnis von definitivem und provisorischem Streitbeilegungsmechanismus siehe *Marwege* (FN 883) 59, welche von einem Vorrang des definitiven vor dem provisorischen Mechanismus ausgeht.

1.2.2 Die Entwicklung der Streitbeilegung im Rahmen des AC

Schon der *Vertrag von Cartagena* sah in seinem damaligen Art 23 (*De la Solución de Controversias*)[1009] ein Verfahren zur Streitbeilegung vor.[1010] [1011] Im Falle von Meinungsverschiedenheiten in Hinblick auf die Auslegung oder Anwendung des Vertrages oder von *Decisiones* der *Comisión* des Andenpaktes, sollte die *Comisión* nach den Verhandlungsverfahren die notwendigen guten Dienste (*buenos oficios*), Mediations- (*mediación*) und Schlichtungsversuche (*conciliación*) anbieten (Abs 1 leg cit). Im Fall der Nichteinigung haben sich die Mitgliedstaaten nach Abs 2 leg cit den im erwähnten Protokoll von Asunción vom 2. 9. 1967 geregelten Verfahren zu unterwerfen.[1012] [1013]

1.2.2.1 Die Errichtung des Andengerichtshofes

Es gibt einige Gründe für das *Fehlen einer gerichtsförmigen Instanz* im Jahre 1969, dem Jahr der Gründung des Andenpaktes durch den Vertrag von Cartagena.[1014] Wie erwähnt, brauchte es fast auf den Tag genau zehn Jahre für die Er-

---

[1009] Für den Vertrag von Cartagena bzw Art 23 in seiner ursprünglichen Version siehe in *Junta del Acuerdo de Cartagena/Instituto para la Integración de América Latina* (FN 859) 17 ff, 23. Zum Art 23 siehe auch *Barrantes Ponce de Leon, Patricia*, La Función Jurisdiccional del Tribunal Andino. Monografia para optar el Grado de Bachiller en Derecho. Universidad particular „San Martín de Porres" (1984) 37 ff.

[1010] Zur Streitbeilegung in der ALADI siehe *Halperin, Marcelo*, Hacia el establecimiento de un mecanismo de solución de controversias en la ALADI, in *Zelada Castedo, Alberto* (Hrsg), Derecho de la Integración Económica Regional. Lecturas Seleccionadas. Tomo II (1989) 231 ff.

[1011] Für eine Übersicht über die Streitbeilegung in den anderen lateinamerikanischen (und karibischen) Integrationsbereichen siehe *Secretaría Permanente del Sistema Económico Latinoamericano*, Más equidad en el sistema de comercio mundial: la solución de controversias en la OMC, Sistema Económico Latinoamericano 51/1997 175 ff, 181.

[1012] Abs 3 leg cit sieht Einzelheiten zu den in Art 16 dieses Protokolles geregelten – bereits erwähnten – Fällen der Verbindlichkeit dieses Schiedsverfahrens vor, bzw Abs 4 leg cit die baldige Ratifikation dieses ALALC-Protokolles durch die Mitgliedstaaten des Andenpaktes.

[1013] Zur Anwendung dieses Art 23 in der Praxis bzw die diesbezüglichen Ansichten in der Literatur siehe *Marwege* (FN 883) 60 ff.

[1014] An Gründen für die Nichterrichtung von Streitbeilegungssystemen in lateinamerikanischen Integrationsverträgen zählt *Paolillo II, Felipe*, El Tribunal de Justicia del Acuerdo de Cartagena, in *Orrego Vicuña, Francisco/Irigoin Barrenne, Jeanette* (Hrsg), Perspectivas del Derecho Internacional contemporaneo. Experiencias y visión de América Latina. Volumen II. La solución pacífica de controversias (1981) 107 ff, 108 f folgende auf: die Gründungsväter dieser freiwilligen Kooperationsformen gingen nicht davon aus, dass es zu grösseren *controversias* kommen würde, die Integrationsverträge regelten – zumindestens bis zum In-Kraft-Treten des AC – nur einige wenige Teilbereiche, die von den Verträgen verfolgten Ziele waren viel limitierter als im EWG, die die Mitgliedstaaten bindenden Obligationen sind viel allgemeiner und flexibler gehalten, die Integration in Lateinamerika spielt sich in intergouvernementalen Organismen ab, deren Kompetenzen

kenntnis, dass dieses Gebilde einer subregionalen Integrationszone eines eigenen Gerichtes bedarf. Welches sind nun die Gründe, wieso man dachte vorerst ohne eine judikative Komponente in diesem System auskommen zu müssen bzw zu können?[1015] [1016] Ein Grund ist die lateinamerikanische Tradition, Konflikte *politisch* und weniger auf dem Gerichtswege zu lösen. Dazu kommt noch das den lateinamerikanischen Integrationszonen gemeinsame Festhalten an der *Souveränität* der Mitgliedstaaten, eine Tatsache, welche einer Unterwerfung unter ein Gemeinschaftsgericht nicht gerade förderlich ist. Ein Grund für die Nichtschaffung einer neuen Gerichtsinstanz dürfte auch gewesen sein, dass man sich mit der Schaffung des subregionalen Andenpaktes ohnehin im Rahmen der regionalen *ALALC* und ihrer – vorstehend erwähnten – Streitbeilegungsmechanismen bewegt, weshalb man wohl nicht von der Notwendigkeit einer eigenen Streitbeilegungsregelung ausgegangen sein dürfte. Weiters wurde der Andenpakt *von Ökonomen konzipiert* welche in einem Gerichtshof eher eine Bremse des Integrationsprozesses als die Notwendigkeit für eine Rechtmäßigkeitskontrolle sahen. Ganz generell kann man festhalten, dass einige der Organe der heutigen Andengemeinschaft im damaligen Andenpakt von 1969 noch nicht vorgesehen waren (PA-CA 1979, CAMRE 1979, CPA 1990) und man im dynamischen andinen Integrationsprozess offenbar ohne eine gerichtliches Organ starten wollte um vorerst einmal die *weitere Entwicklung* abzuwarten.

Dennoch gelangte man noch einigen Jahren der Erfahrung mit dem andinen Integrationsprozess zur *Erkenntnis der Notwendigkeit* eines eigenen Gerichtshofes. Auch dafür gibt es mehrere Gründe.[1017] Nachdem das erwähnte *Protokoll über die Streitbeilegung* im Rahmen der ALALC nur von Bolivien, Kolumbien und Ecuador angenommen wurde, konnte es für den Andenpakt dann nicht zur Anwendung gelangen, wenn an einem Konflikt auch Peru bzw Venezuela betei-

---

(*poderes*) begrenzt sind und in denen die Annahme (*adopción*) der *Decisiones* der Kontrolle der Mitgliedstaaten unterliegt (*estaba sujeta al control de cada Estado Miembro*), die Angst der Mitgliedstaaten, dass durch Akzeptierung einer obligatorischen internationalen Jurisdiktion ihre Souveränität beeinträchtigt werden könnte und schliesslich, dass die Mitgliedstaaten politische Lösungen bevorzugen.

[1015] Siehe dazu *Marwege* (FN 883) 62 ff.

[1016] Keine „disposiciones estableciendo procedimientos generales para la solución de controversias" finden sich auch im Vertrag von Montevideo, so *Paolillo* (FN 1014) 107.

[1017] Siehe dazu wieder *Marwege* (FN 883) 66 ff. *Paolillo* (FN 1014) 110 f nennt in diesem Zusammenhang folgende Gründe: die Ziele des Andenpaktes sind viel weiter gehend als in der ALALC, weshalb zu ihrer Erfüllung eine weit komplexere Struktur notwendig ist, die Natur des Integrationsprozesses macht die Errichtung von Verfahren notwendig, die ein Streitbeilegungsverfahren bedingen, der Schutz der Mitgliedstaaten vor Akten der Organe, die unter Verletzung der Rechtsordnung der Subregion erlassen wurden, sowie die effektive Anwendung der Funktion der CA (*el eficaz ejercicio de estas funciones*).

ligt waren. Dieser Streitbeilegungsmechanismus krankte auch an der Tatsache, dass das für die Streitschlichtung vorgesehene Organ – die *Comisión* – nicht im Interesse der Gemeinschaft handelte, weshalb die erforderliche Voraussetzung einer objektiven (schieds-)richterlichen Rolle nicht gegeben war. Da ein Streitbeilegungs- und Sanktionengericht fehlte wurde auf Vertragsverletzung mit Vertragsverletzung reagiert, was den Integrationsprozess insgesamt zu gefährden drohte. Diese Desintegration durch Ineffektivität manifestierte sich auch darin, dass man gewisse Vertragsziele wie die auf zwölf Jahre ausgelegte Übergangszeit nicht einhalten konnte und auf zwanzig Jahre erstrecken musste.[1018] Ganz generell fehlte natürlich ein Organ, welches das andine Gemeinschaftsrecht verbindlich auslegte, und welches das institutionelle Gleichgewicht[1019] zwischen den Organen sicherte sowie eine Instanz, welche den vom Gemeinschaftsrecht betroffenen Individuen eine Rechtsschutzmöglichkeit eröffnet.[1020]

Wie lief der Vorgang der Gründung des TJCA nun im Einzelnen ab?[1021]

In ihrer sechsten außerordentlichen Sitzungsperiode sprach sich die *Comisión* für die Notwendigkeit der Schaffung eines gerichtlichen Organes (*Órgano Jurisdiccional*) – zur Regelung der Streitigkeiten in Zusammenhang mit der Anwendung des AC, der von ihr erlassenen *Decisiones* und den *Resoluciones* der *Junta* – aus. Zu diesem Zwecke forderte die *Comisión* die *Junta* auf, die notwendigen Studien durchzuführen, um rechtzeitig über die notwendigen Grundlagen zu verfügen um die diesbezüglichen *Recomendaciones* an die Mitgliedstaaten richten zu können. Die *Junta* erstellt daraufhin nach Mandat der *Comisión* und in Zusammenarbeit mit dem *Instituto para la Integración de América Latina* (INTAL) eine diesbezügliche ausführliche Studie (*una extensa investigación*).

Zu diesem Zweck konvozierte die *Comisión Experten* aus Chile (*Jacobo Schaulsohn*), Bolivien (*Renato Crespo*), Kolumbien (*Jaime Vidal Perdomo*), Ecuador (*Ramiro Borja y Borja*) und Peru (*Héctor Cornejo Chávez)* erstens zur Frage

---

[1018] So *Hummer* (FN 895) 535 f.

[1019] Siehe dazu vorstehend in FN 75.

[1020] Für eine Forderung nach einem Gericht vor den eigentlichen Vorarbeiten siehe *Veramendi y Serra, José Maria*, Necesidad de la Creación de un Organismo Judicial en el Pacto Andino (Diss Arequipa) (1973).

[1021] Zum folgenden Überblick siehe *Junta del Acuerdo de Cartagena*, Acuerdo de Cartagena: Proyecto de creación de un tribunal de justicia, Derecho de la Integración, 13/1973, 135 ff. Siehe dazu auch *Pico Mantilla* (FN 890) 30 ff; *ders*, Acuerdo de Cartagena y Tribunal Andino de Justicia. XXVII Conferencia Interamericana de Abogados. Cartagena – Colombia, Mayo 1989 (1989) 3 ff; *Uribe Restrepo* (FN 856) 111 ff. Erwähnenswert sind in diesem Zusammenhang ausserdem noch der Aufsatz des chilenischen Völkerrechtlers *Orrega Vicuña, Francisco*, La creación de un tribunal de justicia en el Grupo Andino, Derecho de la Integración 15/1974, 31 ff und die ausführliche Darstellung von *Guerrero Cordero, Mauricio*, 10 años del Grupo Andino. Memorias de un protagonista (1979) 400 ff, 404 ff.

der Verbindungen des AC und der *Decisiones* der *Comisión* bzw der gesamten andinen Rechtsordnung mit der Integrationsfigur des Vertrages von Montevideo, zweitens zur Frage der Gerichtstraditionen in jedem Mitgliedstaat, drittens zu den Auswirkungen von internationalen Schiedsurteilen sowie viertens zu der mit diesem Thema in Verbindung stehenden verfassungsrechtlichen Struktur.

In weiser Vorgehensweise beschränkte sich die *Junta* jedoch nicht nur auf die klassisch (intergouvernementale) internationale Ebene sowie auf die Traditionen und Erfahrungen ihrer Mitgliedstaaten (bzw auf die regionale Ebene der ALALC), sondern wagte in rechtsvergleichender Perspektive[1022] den „Sprung über den Atlantik", um auf die Erfahrungen von – zu diesem Zeitpunkt – rund 13 Jahren (1958 bis 1971) *integrationsgerichtlicher Entwicklung in den Europäischen Gemeinschaften* zurückgreifen zu können. Aus dem Bereich der Europäischen Gemeinschaften wurden *Gerard Olivier*, damaliger stellvertretender Generaldirektor des juristischen Dienstes der Kommission und *Pierre Pescatore*, damaliger Richter am EuGH, für eine Auswertung der europäischen Erfahrungen herangezogen. Die von der *Junta* vorbereitete Zusammenkunft dieser Experten sollte zu Aufbereitung insbesondere folgender beiden Themenbereiche dienen: der Rechtmäßigkeitskontrolle (*el control de la legalidad*), sowie der Aufgabe der Konfliktlösung in einem Prozess der Integration sowie der wirtschaftlichen Zusammenarbeit in Hinblick auf eine eventuelle Auslegungsdivergenz der gemeinschaftsrechtlichen Bestimmungen.

Darüber hinaus nahm die *Junta* an einem vom *Secretaría* des *Mercado Común Centroamericano* in Guatemala organisierten Treffens zur Konfliktlösung in Integrationsprozessen teil, an der ua *Walter Much*, Generaldirektor des Juristischen Dienstes der Kommission und *Maurice Lagrange*, langjähriger Generalanwalt am EuGH teilnahmen.

Auf Einladung der Kommission und des EuGH reisten zwei Beamte der *Junta* nach Brüssel und Luxemburg, um die Verfahren und die Ausgestaltung des gemeinschaftsrechtlichen Rechtsschutzsystemes in punkto Streitbeilegung und Rechtmäßigkeitskontrolle zu studieren.

Aufbauend auf diesen Erfahrungen und Informationen erarbeitete die *Junta* die Grundlagen für einen Entwurf für einen Vertrag[1023] zur Errichtung eines „*Órgano Jurisdiccional*", welcher in einem Treffen von Regierungsexperten vom 6. bis 8. 11. 1972 analysiert und anschließend von der *Junta* überarbeitet wurde[1024]. Am

[1022] Zur Rechtsvergleichung siehe vorstehend im 4. Kapitel des 1. Teiles auf S 50 ff.

[1023] Zur gewählten Rechtsform eines eigenen völkerrechtlichen Vertrages und der dadurch bewirkten Abkopplung von der ALALC siehe *Hummer* (FN 895) 541.

[1024] Diese überarbeite Version (*Bases de un tratado para la creación del tribunal de justicia del Acuerdo de Cartagena*) ist abgedruckt in *Junta del Acuerdo de Cartagena* (FN 1021) 148 ff.

11. 12. 1972 legte die *Junta* einen Abschlussbericht *(Informe de la Junta sobre el establecimiento de un órgano jurisdiccional del Acuerdo de Cartagena (Numeral 4 del Acta Final – COM/VI-E))*[1025] vor, welchem der überarbeitete Vertragsentwurf angehängt wurde. Die mehrmalige Überarbeitungen des *Vertragsentwurfes* durch Regierungsexperten[1026] zog die endgültige Ausarbeitung des TCTJCA in die Länge.[1027] In der am 8. 8. 1978 unterzeichneten *Declaración de Bogotá*[1028] strichen die Präsidenten der Mitgliedstaaten nochmals die Notwendigkeit eines Gerichtsorganes hervor und empfahlen den zuständigen nationalen Behörden und der CCA dieses *proyecto*,[1029] bevor der TCTJCA schließlich, wie erwähnt, am 28. 5. 1979 unterzeichnet wurde.[1030] Nachdem die Ratifizierung durch Venezuela einige Zeit dauerte[1031] konnte das TJCA erst am 5. 1. 1984 seine Tätigkeit aufnehmen.

1.2.2.2 Änderungen durch das *Protocolo de Cochabamba* vom 28. 5. 1996

Eine erste wichtige Änderung[1032] erfuhr das andine Gerichtssystem durch das am 28. 5. 1996 in Cochabamba/Bolivien unterzeichnete *Protocolo Modificatorio del Tratado de Creación del Tribunal de Justicia de la Comunidad Andina.*[1033]

[1025] *Junta del Acuerdo de Cartagena* (FN 1021) 136 ff.

[1026] *Marwege* (FN 883) 73.

[1027] Zu erwähnen ist an dieser Stelle auch die gegenüber der Gründung eines Gerichtes ablehnende Haltung von Chile (welches sich bekanntlich erst am 30. 10. 1976 aus dem *Pacto Andino* zurückzog), da es befürchtete, Bolivien könnte diese Einrichtung als Forum für das Problem seiner Binnenlage ausnutzen; so *Guerrero Cordero* (FN 1021) 411.

[1028] Abgedruckt in Derecho de la Integración, 28-29/1978, 144 ff. Siehe dazu auch *Pico Mantilla* (FN 1021) 4.

[1029] „Dentro de ese espíritu positivo, hemos llegado a la conclusión de que los avances registrados en el proceso de integración andina demuestran la impostergable necesidad de disponer de un Órgano Jurisdiccional que controle la legalidad de las normas emanadas de la Comisión y de la Junta, dirima las controversias sobre el cumplimiento de las obligaciones de los Países Miembros e interprete los principios que conforman la estructura jurídica del Acuerdo. Nos dirigimos a las autoridades nacionales competentes y a la Comisión del Acuerdo de Cartagena para que, a la mayor brevedad posible, inicien el examen de la materia, que deberá concluir durante el próximo año con la suscripción del Tratado para la creación del Tribunal Andino de Justicia."

[1030] Zu den Problemen in Zusammenhang mit der Ratifikation des Vertrages zur Gründung des Andengerichtshofes siehe *Marwege* (FN 883) 104 ff.

[1031] Diese erfolgte erst im Mai 1983, siehe dazu Grupo Andino: Entró en funcionamiento del Tribunal de Justicia del Acuerdo de Cartagena, integración lationamericana 91/1984, 45. Für die Ratifikationen der übrigen Staaten siehe *Sáchica* (FN 855) 91.

[1032] Nach Aussagen des *Secretario* des TJCA handelt es sich dabei um die einzige (kodifikatorische) Änderung des TCTJCA; Gespräch mit dem Sekretär des TJCA, Sr Dr. *Eduardo Almeida Jaramillo*, vom 18. 2. 2002.

[1033] Nach *Uribe Restrepo* (FN 856) 131 f hat das PA-CA (!) in seiner V. Ordentlichen Sitzungsperiode in La Paz vom 11. bis zum 16. 12. 1985 in einer *Recomendación* die Mitgliedstaaten

Durch dieses Änderungsprotokoll werden die Kompetenzen des Andengerichtshofes ausgeweitet und das *Nichterfüllungsverfahren* modifiziert.[1034]

In letzterem Verfahren ergibt sich insofern eine wichtige Neuerung, als natürlichen und juristischen Personen eine direkte Anrufungsmöglichkeit eröffnet wird, wenn ein Mitgliedstaat die andinen Gemeinschaftsbestimmungen verletzt und zuvor der vor-gerichtliche Streitbeilegungsmechanismus vor dem SGCA durchgeführt wurde.[1035]

Des Weiteren führt das Cochabamba-Protokoll eine *Untätigkeitsklage* ein, mittels welcher der CAMRE, die CCA und das SGCA sowie natürliche und juristische Personen ein Urteil des Andengerichtshofes einholen können, wenn eines der genannten Gemeinschaftsorgane eine Handlung unterlässt, zu der es nach der andinen Rechtsordnung verpflichtet gewesen wäre.[1036] [1037]

Daneben reichert das Protokoll die Befugnisse des Andengerichtshofes noch um ein Zuständigkeit für *Schiedsverfahren* an.[1038] Diese Zuständigkeit betrifft Streitigkeiten in Zusammenhang mit der Anwendung oder Auslegung von Verträgen, Übereinkünften und Vereinbarungen zwischen Organen und Institutionen des SAI oder letzteren und Dritten, wenn sich die Parteien darauf einigen. Darüber hinaus sind der Andengerichtshof und das SGCA für Schiedsverfahren in Streitigkeiten zuständig, welche Individuen den beiden Organen in Hinblick auf die Anwendung oder Auslegung von unter die Rechtsordnung der Andengemeinschaft fallenden privaten Verträgen unterbreiten.

---

aufgefordert, den TCTJCA zu modifizieren, woraufhin das TJCA den anderen Organen im Februar 1986 „un extenso y detallado proyecto de Protocolo modificatorio del Tratado constitutivo" präsentiert hat. Zu den Vorarbeiten zu diesem Protokoll siehe auch *Dávalos, García, Gualberto*, El Tribunal de Justicia del Acuerdo de Cartagena. 1. La Misión del Tribunal de Justicia de la Comunidad Andina, in *Excma Corte Suprema de Justicia de Bolivia/Tribunal de Justicia del Acuerdo de Cartagena* (FN 959) 61 ff, 61 f. In der auf dem IX. CPA verabschiedeten *Acta de Sucre* (abgedruckt in Sistema Económico Latinoamericano 50/1997, 137 ff, 141) drängten die Präsidenten die Mitgliedstaaten, so rasch wie möglich das *Protocolo de Cochabamba* zu unterzeichnen.

[1034] In der *Acta de Sucre* bezeichneten die Präsidenten die neuen Kompetenzen des TJCA als „un avance significativo".

[1035] Siehe dazu nachstehend auf S 282 f.

[1036] Der Grund für die Einführung der Untätigkeitsklage war nach *Dávlos García*, Gualberto, La Misión del Tribunal de Justicia de la Comunidad Andina, in *Tribunal de Justicia del Acuerdo de Cartagena* (Hrsg), Memorias. Seminario Internacional: „La Integración, derecho y los tribunales comunitarios". Quito – Cuenca – Guayaquil – Trujillo. Julio – Agosto 1996 (1997) 41 ff, 54, der, die Legalitätskontrolle durch das TJCA effektiv auszugestalten.

[1037] Zur Zuständigkeit für Untätigkeitsklagen siehe nachstehend auf S 278 ff.

[1038] Zur Zuständigkeit für Schiedsangelegenheiten siehe nachstehend auf S 290 f.

Darüber hinaus überträgt das Cochabamba-Protokoll dem Andengerichtshof die Zuständigkeit für *dienstrechtliche* Streitigkeiten der Organe und Institutionen des SAI.[1039]

1.2.3 Der Andengerichtshof in seiner heutigen Ausgestaltung

1.2.3.1 Das Gericht

Der Andengerichtshof – *Tribunal de Justicia de la Comunidad Andina* – hat seinen *Sitz* gem Art 41 Abs 2 AC, Art 5 Abs 2 TCTJCA und Art 6 Abs 3 ETJCA in Quito, der Hauptstadt von Ecuador.[1040]

Die *Rechtsgrundlagen* für den TJCA sind folgende vier: der AC, der Gründungsvertrag des Andengerichtshofes, die Satzung und die Verfahrensordnung:[1041]

Die erste Rechtsgrundlage für den TJCA findet sich gem Art 41 Abs 1 AC in der „Verfassungsurkunde" der Andengemeinschaft – dem *Vertrag von Cartagena* (idF des PT). Die den TJCA betreffenden Regeln finden sich dabei in *Capítulo 2, Sección E (Del Tribunal de Justicia de la Comunidad Andina)*, in *Capítulo 2, Sección I (De la Solución de Controversias)* und in Art 6 (*órganos e instituciones*).[1042]

Die zweite Rechtsgrundlage findet sich in dem am 28. 5. 1979 unterzeichneten und am 19. 5. 1983 in Kraft getretenen *Gründungsvertrag* des Andengerichtshofes (*Tratado de Creación del Tribunal de Justicia de la Comunidad Andina –* TCTJCA)[1043] idF des PC.[1044] Der TCTJCA wurde gem dem Auftrag der Mitgliedstaaten (3. Punkt der Übergangsbestimmungen des PC) durch die *Decisión 472* der CCA (*Codificación del Tratado de Creación del Tribunal de Justicia de la Comunidad Andina*)[1045] kodifiziert.

[1039] Zur Zuständigkeit in dienstrechtlichen Angelegenheiten siehe nachstehend auf S 292 f.

[1040] Am Eingang des Gerichtes in der *Calle Roca 450 y Avenida 6 de Diciembre* findet sich hingegen immer noch die Bezeichnung *Tribunal de Justicia del Acuerdo de Cartagena.*

[1041] Nach einer kurzen Darstellung der vier Rechtsquellen findet sich zum besseren Verständnis zu Gründungsvertrag, Satzung und Verfahrensordnung jeweils eine kurze Übersicht.

[1042] Für die Übersicht über den AC siehe vorstehend auf S 220 f.

[1043] Siehe dazu *Zelada, Castedo, Alberto*, El tratado que crea el Tribunal Andino de Justicia: sus consecuencias en el ordeniamiento jurídico del Acuerdo de Cartagena, integración latinoamericana 89/1984, 49 ff.

[1044] Auch in diesem Fall legt Art 41 Abs 1 AC den TCTJCA als Rechtsgrundlage für den TJCA fest.

[1045] Http://www.comunidadandina.org/normativa/dec/d472.htm.

Art 47 AC (*De la Solución de Controversias*) verweist für die Konfliktlösung in Zusammenhang mit der Anwendung der Rechtsordnung der CA auf die Normen des TCTJCA.

Tratado de Creación del Tribunal de Justicia de la Comunidad Andina:

- *Capítulo 1 –* *Del Ordenamiento jurídico de la Comunidad Andina* (Art 1 bis 4)
- *Capítulo 2 –* *De la Creación y Organización del Tribunal* (Art 5 bis 16)
- *Capítulo 3 –* *De las Competencias del Tribunal* (Art 17 bis 40)
  - *Sección 1 –* *De la Acción de Nulidad* (Art 17 bis 22)
  - *Sección 2 –* *De la Acción de Incumplimiento* (Art 23 bis 31)
  - *Sección 3 –* *De la Interpretación Prejudicial* (Art 32 bis 36)
  - *Sección 4 –* *Del Recurso por Omisión o Inactividad* (Art 37)
  - *Sección 5 –* *De la Función Arbitral* (Art 38 und 39)
  - *Sección 6 –* *De la Jurisdicción Laboral* (Art 40)
- *Capítulo 4 –* *Disposiciones Generales* (Art 41 bis 45)
- *Vigencia*
- *Disposiciones Transitorias*

Die dritte Rechtsgrundlage für den TJCA findet sich in der *Satzung* (*Estatuto del Tribunal de Justicia de la Comunidad Andina* – ETJCA).[1046] Die erste Satzung wurde mittels der *Decisión 184* der *Comisión* vom 19. 8. 1983[1047] erlassen, welche später durch die *Decisión 394* der *Comisión* vom 9. 7. 1996[1048] geändert wurde. Gem Art 13 Abs 1 TJCA erlässt der CAMRE auf Vorschlag der CCA und nach Anhörung des TJCA die Änderungen des ETJCA. Die derzeit geltende Satzung findet sich in der vom CAMRE erlassenen *Decisión 500* (*Estatuto del Tribunal*) vom 22. 6. 2001, unterzeichnet in Valencia/Venezuela.[1049] Da die *Decisio-*

[1046] Zum ETJCA siehe *Gabaldón Márquez, Iván*, Algunos comentarios sobre el Estatuto del Tribunal de Justicia del Acuerdo de Cartagena, in *Instituto para la Integración de América Latina/Banco Interamericano de Desarrollo* (Hrsg), El Tribunal de Justicia del Acuerdo de Cartagena (1985) 111 ff.

[1047] Http://www.comunidadandina.org/normativa/dec/d184.htm; siehe auch Acuerdo de Cartagena, Comisión, Decisión 184: Estatuto del Tribunal de Justicia del Acuerdo de Cartagena, Quito, 19 de agosto de 1983, integración latinoamericana 85/1983, 76 ff.

[1048] Http://www.comunidadandina.org/normativa/dec/d394.htm.

[1049] Http://www.comunidadandina.org/normativa/dec/d500.htm.

nes – als von einem Organ (der Andengemeinschaft) erlassener Rechtsakt – als Sekundärrecht zu qualifizieren sind, ist auch die Satzung als Sekundärrecht zu qualifizieren, wohingegen die Satzung des EuGH in Form eines – primärrechtlichen – Protokolles[1050] erlassen wurde.

Als *Ziel* der ETJCA nennt die Präambel derselben, „el funcionamiento del Tribunal" sowie die im TCTJCA vorgesehenen Klagen zu regeln, um die Erfüllung der Bestimmungen des AC zu garantieren, dessen Prinzipien und Ziele von jeder Gemeinschaftsrechtsnorm sind und in der Anwendung und Auslegung der Rechtsordnung der CA – in Hinblick auf eine gleichmäßige und harmonische andine Integration – zu befolgen sind.

Gem Art 144 ETJCA können die Mitgliedstaaten, der TJCA und das CCA Vorschläge für eine Änderung des *Estatuto* iSv Art 13 TCTJCA unterbreiten.

Estatuto del Tribunal de la Comunidad Andina

- *Disposiciones preliminares* (Art 1 bis 3)
- *Título 1 –* *Del Tribunal de Justicia de la Comunidad Andina* (Art 4 bis 34)
    - *Disposiciones Generales* (Art 4 bis 6)
    - *Capítulo 1 –* *De los magistrados y sus suplentes* (Art 7 bis 13)
    - *Capítulo 2 –* *Del Presidente* (Art 14 bis 16)
    - *Capítulo 3 –* *Del Secretario* (Art 17 bis 21)
    - *Capítulo 4 –* *De la estructura administrativa del Tribunal* (Art 22 bis 25)
    - *Capítulo 5 –* *De los recursos económicos del Tribunal* (Art 26 bis 28)
    - *Capítulo 6 –* *Del Funcionamiento del Tribunal* (Art 29 bis 34)
- *Título 2 –* *De los procedimientos ante el Tribunal* (Art 35 bis 100)
    - *Disposiciones Generales* (Art 35 bis 38)
    - *Capítulo 1 –* *De las partes, sus representantes y apoderados* (Art 39 bis 44)
    - *Capítulo 2 –* *De la Demanda* (Art 45 bis 55)
    - *Capítulo 3 –* *De la Contestación de la Demanda* (Art 56 bis 61)
    - *Capítulo 4 –* *De los Incidentes Procesales* (Art 62)

[1050] Siehe dazu (idF des Vertrages von Nizza) vorstehend im 6. Kapitel des 2. Teiles auf S 118.

        - *Sección 1 – De la Acumulación* (Art 63)
        - *Sección 2 – De las Nulidades Procesales* (Art 64 bis 66)
        - *Sección 3 – De los impedimentos y de la recusación* (Art 67 bis 71)
        - *Sección 4 – De la Participación de terceros* (Art 72)
    - *Capítulo 5 – De las pruebas* (Art 73 bis 81)
    - *Capítulo 6 – De la Audiencia* (Art 82 bis 85)
    - *Capítulo 7 – Alegatos de Conclusión de las Partes* (Art 86)
    - *Capítulo 8 – Providencias del Tribunal* (Art 87 bis 89)
    - *Capítulo 9 – De Efecto y Ejecución de las sentencias* (Art 90 bis 97)
    - *Capítulo 10 – De las Notificaciones* (Art 98 bis 100)
- *Título 3 – De las Acciones en particular* (Art 101 bis 139)
    - *Capítulo 1 – De la acción de nulidad* (Art 101 bis 106)
    - *Capítulo 2 – De la acción de incumplimiento* (Art 107 bis 120)
        - *Sección 1 – De la acción y su procedimiento* (Art 107 bis 111)
        - *Sección 2 – Del procedimiento sumario por desacato a las sentencias en acciones de incumplimiento* (Art 112 bis 120)
    - *Capítulo 3 – De la interpretación prejudicial* (Art 121 bis 128)
    - *Capítulo 4 – Del recurso por omisión o inactividad* (Art 129 bis 134)
    - *Capítulo 5 – De las acciones laborales* (Art 135 bis 139)
- *Disposiciones Finales* (Art 140 bis 146)
- *Disposiciones Transitorias*

Die vierte Rechtsgrundlage bildet die vom TJCA gemäß Art 13 Abs 2 TCTJCA[1051] und dem 3. Punkt der Übergangsbestimmungen des ETJCA[1052] erlas-

[1051] Die RI-TJCA nennt interessanterweise als Rechtsgrundlage für ihren Erlass Art 14 TCTJCA.

[1052] Gem der leg cit passt das TJCA innerhalb von drei Monaten nach In-Kraft-Treten des ETJCA seine Verfahrensordnung, seine Organstruktur (*adecuará su estructura orgánica*) und seinen Personalplan (*su planta de personal*) an.

sene *Verfahrensordnung* vom 19. 6. 1985 (*Reglamento Interno del Tribunal* – RI-TJCA)[1053].[1054] Gem ihrem Art 1 entwickelt die RI-TJCA die Normen des ETJCA (*desarrolla las normas del Estatuto*) betreffend Organisation und Funktion des Gerichtes sowie betreffend die Verfahren. Die RI-TJCA ist was ihre Rechtsqualität betrifft ein Gemeinschaftsrechtsakt, welcher vom Gerichtshof aufgrund einer besonderen Ermächtigungsnorm erlassen wurde und als Rechtsakt *sui generis* zu qualifizieren ist[1055]. Nach Art 1 ergänzt die RI-TJCA die Normen des ETJCA bezüglich Organisation und Funktion des TJCA sowie in Hinblick auf die gerichtlichen Verfahren vor dem Gericht.

Reglamento Interno del Tribunal

- *Título 1 –* *Disposición general* (Art 1)
  - *Capítulo 1 –* *De los magistrados y sus suplentes* (Art 2 bis 9)
  - *Capítulo 2 –* *Del Presidente* (Art 10 bis 12)
  - *Capítulo 3 –* *Del Secretario* (Art 13 bis 19)
  - *Capítulo 4 –* *De la organización, del personal y de la administración* (Art 20 und 21)
  - *Capítulo 5 –* *Del funcionamiento* (Art 22 und 23)
  - *Capítulo 6 –* *De los representantes, abogados y asesores* (Art 24 bis 30)
- *Título 2 –* *Del procedimiento* (Art 31 bis 82)
  - *Capítulo 1 –* *Disposiciones generales* (Art 31 bis 36)
  - *Capítulo 2 –* *De las notificaciones* (Art 37 bis 45)
  - *Capítulo 3 –* *De los términos* (Art 46 bis 50)
  - *Capítulo 4 –* *De las acciones de nulidad e incumplimiento* (Art 51 bis 82)
    - *Sección 1 –* *De la demanda* (Art 51 bis 58)
    - *Sección 2 –* *De la contestación* (Art 59 und 60)
    - *Sección 3 –* *De la prueba* (Art 61 bis 67)
    - *Sección 4 –* *De la audiencia* (Art 68 bis 73)

[1053] Die RI-TJCA enthält laut ihrem Art 85 die vom TJCA mittels *Resoluciones* vom 9. 5. 1984 und 19. 6. 1985 angenommenen Reformen. Zur RI-TJCA siehe auch Acuerdo de Cartagena, Tribunal de Justicia, Reglamento Interno, Quito, 9 de mayo de 1984, integración latinoamericana 94/1984, 88 ff.

[1054] Die Verfahrensordnung wird in der folgenden Darstellung des TJCA – soweit erforderlich – lediglich in Einzelfällen berücksichtigt.

[1055] Marwege (FN 883) 156. Siehe dazu auch – für den europäischen Bereich – *Krück*, in *Groeben/Thiesing/Ehlermann* (FN 590) Rdnr 10 zu Art 188 EGV.

- *Sección 5 –* *De la sentencia* (Art 74 bis 82)

- *Título 3 –* *De las disposiciones finales y transitorias* (Art 83 bis 85)

Der TJCA ist gemäß Art 6 AC (*órganos e instituciones*) ein *Organ* bzw nach Art 40 AC, Art 5 Abs 1 TCTJCA und Art 4 ETJCA das *órgano jurisdiccional* der Andengemeinschaft.

Nach Art 3 ETJCA sind die Normen der Rechtsordnung der Andengemeinschaft im Gebiet der Mitgliedstaaten anwendbar (Art 3 ETJCA). Was den territorialen Jurisdiktionsbereich des TCTJCA – und damit auch des TJCA selbst – betrifft, so können sich die Mitgliedstaaten, die Organe und Institutionen des SAI – gem Art 42 Abs 2 TCTJCA – auch in ihren Beziehungen mit Drittstaaten oder Staatengruppen auf die Bestimmungen des TCTJCA berufen – *territorialer Anwendungsbereich* –,[1056] womit sich auch der Jurisdiktionsbereich des TJCA auf diesen Bereich erstrecken dürfte. Kurz erwähnt sei in diesem Zusammenhang nochmals die Bestimmung des Art 3 Abs 1 TCTJCA, wonach die *Decisiones* des CAMRE oder der CCA sowie die *Resoluciones* des SGCA im Gebiet der Mitgliedstaaten unmittelbar anwendbar sind.

Nachdem der TCTJCA, wie bereits erwähnt, am 19. 5. 1983 in Kraft getreten ist, nahm der TJCA am 5. 1. 1984 seine Tätigkeit auf.[1057] Der „*temporale Jurisdiktionsbereich*" des TJCA ist nicht eingeschränkt, erwähnt seien in diesem Zusammenhang lediglich die *Übergangsbestimmungen* der Rechtsgrundlagen des TJCA. Nach dem 4. Punkt der Übergangsbestimmungen (*disposiciones transitorias*) des TCTJCA richten sich Verfahren, welche am Tag des In-Kraft-Tretens des PC vor dem TJCA oder dem SGCA behängen, nach den Bestimmungen des PC. Wie erwähnt, passt das TJCA innerhalb von drei Monaten nach In-Kraft-Treten des ETJCA seine Verfahrensordnung an. Während dieses Zeitraumes kommen die geltenden verfahrensrechtlichen und organspezifischen (*las disposiciones reglementarias y orgánicas*) Bestimmungen zur Anwendung, soweit sie nicht dem TCTJCA oder dem ETJCA widersprechen (3. Punkt der Übergangsbestimmungen des ETJCA).

Zu den *Privilegien und Immunitäten* finden sich zwei Rechtsgrundlagen, eine im AC und eine im TCTJCA.

[1056] Auf diese Möglichkeit der Streitbeilegung im Handel zwischen Staaten der CA und dritten Staaten bzw Staatengruppen wiesen die Präsidenten der Mitgliedstaaten in der vom IX. CPA verabschiedeten *Acta de Sucre* (abgedruckt in Sistema Económico Latinoamericano 50/1997, 137 ff, 142) dezidiert hin.

[1057] *Dávalos García* (FN 1036) 42; *Galo Mantilla* (FN 1021) 4. Siehe dazu auch *Barrientos Cazazola* (FN 853) 88 f.

Gem Art 49 AC genießt (ua) das TJCA im Gebiet jedes der Mitgliedstaaten die für die Erfüllung seiner Aufgaben notwendigen Privilegien und Immunitäten. Seine Vertreter (*representantes*) und internationalen Beamten (*funcionarios internacionales*) genießen gleichfalls die für die unabhängige Erfüllung ihrer Aufgaben nach diesem Vertrag notwendigen Privilegien und Immunitäten (Art 49 AC). Die Gebäude sind unverletzlich und ihre Vermögensgegenstände und Guthaben „genießen Immunität" gegen jedes zivilrechtliche Verfahren, außer bei ausdrücklichem Verzicht, welcher sich jedoch in keinem Fall auf ein Exekutionsverfahren bezieht (Art 49 AC, bzw Art 12 Abs 3 TCTJCA).

Die zweite Rechtsgrundlage findet sich in Art 12 TCTJCA. Gem Art 12 Abs 2 TCTJCA[1058] genießen der Andengerichtshof und die Richter (!) im Hoheitsgebiet der MS die von den internationalen Verträgen (insb Wiener Konvention über die diplomatischen Beziehungen)[1059] anerkannten Immunitäten für ihre Archive und die offizielle Korrespondenz in allen Angelegenheiten der Zivil- und Strafgerichtsbarkeit, mit Ausnahme der in Art 31 der Wiener Konvention festgelegten Bestimmungen (vgl auch Art 6 Abs 1 ETJCA).

1.2.3.2 Die Richter

Der Andengerichtshof besteht gem Art 6 Abs 1 TCTJCA aus *fünf Richtern*.[1060] Die Anzahl der Richter kann vom CAMRE nach Anhörung des TJCA abgeändert werden.[1061] Während Art 221 Abs 4 EGV lediglich eine Erhöhung der Anzahl der Richter vorsieht, könnte nach dem Wortlaut des Art 6 Abs 3 TCTJCA die Anzahl der Richter rein theoretisch auch verringert werden (arg „*modificar*").

Die *Qualifikationen* für die Richter – welche Staatsangehörige eines der Mitgliedstaaten sein müssen – sehen die Voraussetzung eines hohen moralischen Ansehens (*gozar de alta consideración moral*) sowie die Befähigung für die Ausübung der höchsten gerichtlichen Ämter (*el ejercicio de las más altas funciones judiciales*) in ihrem Mitgliedstaat vor, oder sie müssen Juristen von anerkannter Befähigung sein (*ser jurisconsultos de notoria competencia*) (Art 6 Abs 1 TCTJCA). Eine Bestimmung, die sich weitgehend mit Art 223 Abs 1 EGV deckt.

[1058] Zu Art 12 Abs 1 TCTJCA siehe nachstehend auf S 298.

[1059] *Neuhold, Hanspeter/Hummer, Waldemar/Schreuer, Christoph* (Hrsg), Österreichisches Handbuch des Völkerrechts. Band 2: Materialienteil³ (1997) Dok 212.

[1060] Somit deckt sich (derzeit) die Anzahl von Richtern und Mitgliedstaaten, so wie dies auch seit der Beitrittsakte 1994 (ABl 1994, C 241, 24; ABl 1995, Nr L 1, 4) beim EuGH der Fall ist. In dem der CCA von der Junta vorgelegten Vorschlag für die Errichtung eines Gerichtes fand sich eine Anzahl von drei Richtern, ein Vorschlag, der von den Mitgliedstaaten jedoch nicht angenommen wurde; *Paolillo* (FN 1014) 112.

[1061] Nach *Paolillo* (FN 1014) 112 ist der Grund für diese Möglichkeit der potentielle Beitritt von neuen bzw Austritt von derzeitigen Mitgliedstaaten.

Was die *Ernennung* der Richter betrifft, so bestimmen die Normen der Andengemeinschaft wie folgt: designiert werden die Richter durch einstimmigen Entscheid[1062] auf der Konferenz der bevollmächtigten Staatenvertreter (Art 7 TCTJCA).[1063] Nachdem der designierte Richter den – nachstehend erwähnten – Eid geleistet hat, wird er vom Präsidenten des TJCA zum Richter ernannt, wodurch er unmittelbar in die Ausübung seiner Funktionen eintritt (Art 9 Abs 2 ETJCA). Über die Amtsernennung wird eine Urkunde erstellt, welche vom Präsidenten, dem Richter und dem Sekretär unterzeichnet wird (Art 9 Abs 3 ETJCA).[1064]

Um eine Ernennung in einem Zeitraum von mindestens zwei Monaten vor dem Amtsende ihrer Vorgänger zu gewährleisten fordert der Sitzstaat (Ecuador) die betreffenden Mitgliedstaaten auf, jeweils einen Dreiervorschlag (*laterna*) zu unterbreiten und beruft die Bevollmächtigten der Mitgliedstaaten mit mindestens dreimonatigem Vorlauf ein (vgl auch Art 7 TCTJCA), um die eine rechtzeitige Wahl nach Art 7 TCTJCA zu gewährleisten (Art 7 Abs 1 ETJCA). Indem die Richter – so wie auch in Art 223 Abs 1 EGV – durch die Regierungen der Mitgliedstaaten ernannt werden, geht das andine Gemeinschaftsrecht nicht über das europäische Vorbild hinaus.

Die Richter werden – so wie auch in Luxemburg – für eine *Amtszeit* von sechs Jahren ernannt, wobei alle drei Jahre eine *teilweise Erneuerung* stattfindet (Art 8 TCTJCA). Die Amtsperiode ist derart festgelegt und berechnet, dass sie am 15. 1. des Jahres beginnen, in dem das Amt ihrer Vorgänger endet (Art 8 Abs 1 ETJCA). Ungeachtet des Endes ihrer Amtszeit übt der Richter sein Amt bis zum Datum der Amtsübernahme durch seinen Nachfolger weiter aus (Art 8 Abs 3 ETJCA).

Es ist vorgesehen, dass die Richter einmal (*por una sola vez*) *wieder ernannt* werden können (Art 8 TCTJCA). Demgegenüber bestimmt Art 223 Abs 4 EGV ganz allgemein, dass die Wiederernennung ausscheidender Richter und Generalanwälte zulässig ist.

[1062] *Paolillo* (FN 1014) 111 sieht in der Ernennung durch *unanimidad* eine strengere Voraussetzung als im europäischen Bereich, wo in der spanischen Version bei der Ernennung von einem *acuerdo* die Rede ist.

[1063] Auch im europäischen Bereich erfolgt die Ernennung durch eine *Konferenz der Vertreter der Regierungen der Mitgliedstaaten*; vgl dazu zB: Beschluss der Vertreter der Regierungen der Mitgliedstaaten vom 19. Dezember 2001 zur Ernennung eines Richters beim Gerichtshof der Europäischen Gemeinschaften, ABl 2002, Nr L 20, 4.

[1064] Die letzte Amtseinführung eines Richters fand am 15. 2. 2002 statt, wodurch ein neuer venezuelanischer Richter – Sr Dr. *Moisés Traconis Villareal* – sein Amt aufnahm.

Die Richter genießen bei der Ausübung ihrer Aufgaben volle *Unabhängigkeit* (Art 6 Abs 2 TCTJCA).[1065]

Mit dem Richteramt ist jede entgeltliche oder unentgeltliche Tätigkeit – mit Ausnahme von Lehrtätigkeiten – *unvereinbar* (Art 6 Abs 2 TCTJCA). Daneben haben sich die Richter ganz generell jeder mit der Bedeutung ihres Amtes unvereinbaren Tätigkeit zu enthalten (Art 6 Abs 2 ETJCA).

Innerhalb von 30 Tagen nach seiner Amtseinführung hat der designierte Richter – vorzugsweise während der Session des Gerichtes und an dessen Sitz – oder vor seinem Präsidenten (*o ante su Presidente*) bzw vor einer damit beauftragten Person (*o quien haga sus veces*) und vor dem Sekretär den *Eid* zu leisten, dass er seine Amt mit Gewissen (*conciencia*) und absoluter Unparteilichkeit (*absoluta imparcialidad*) ausübt, dass er seine Tätigkeiten mit dem notwendigen Respekt ausübt und alle Pflichten erfüllt, die mit dem Richteramt verbunden sind (Art 9 Abs 1 ETJCA).

Die Richter können ihres *Amtes enthoben* werden wenn sie sich bei der Ausübung ihres Amtes eines schweren, festgestellten und in der ETJCA vorgesehenen *Fehlers* schuldig machen (Art 10 TCTJCA iVm Art 11 Abs 1 ETJCA). Art 11 Abs 1 ETJCA nennt in diesem Zusammenhang fünf Amtsenthebungsgründe: ein notorisches schlechtes Verhalten (lit a leg cit), irgendeine mit der Würde des Amtes unvereinbare Handlung (lit b leg cit), wiederholtes Nichterfüllen der mit dem Richteramt verbundenen Pflichten (lit c leg cit), die Ausübung von (unvereinbaren) beruflichen (entgeltlichen oder unentgeltlichen) Tätigkeiten[1066] (lit d leg cit), sowie die Verletzung des bei der Amtseinführung geleisteten Eides (lit e leg cit).[1067]

Das *Verfahren* zur Amtsenthebung sieht ein Initiativrecht der Regierungen der Mitgliedstaaten vor (Art 10 TCTJCA). Nach Art 12 Abs 1 ETJCA, auf welchen Art 10 TCTJCA verweist, kann die Regierung eines Mitgliedstaates an die Regierung von Ecuador ein begründetes Ersuchen auf Amtsenthebung (*solicitud motivada de remoción*) stellen. Diese übermittelt das Ersuchen an die übrigen Mitgliedstaaten und den beschuldigten Richter und beruft die Bevollmächtigten der Mit-

---

[1065] Eine Beeinträchtigung der Unabhängigkeit der Richter bzw des Gerichtes kann sich in der Praxis dadurch ergeben, dass die Mitgliedstaaten nicht wie vorgesehen die finanziellen Mitteln bereitstellen. Nach *Uribe Restrepo* (FN 856) 135 haben Zahlungsaussetzugen eines der grössten Beitragszahlers (Peru) dazu geführt, dass das Gericht mit weniger Mitteln auskommen musste, als ihm zugestanden wären.

[1066] Mit Ausnahme von lehrenden und wissenschaftlichen Tätigkeiten.

[1067] Nach Aussagen des Präsidenten des TJCA gab es bisher keinen Fall einer Amtsenthebung eines Richters. Den Grund dafür sieht er zum einen in den qualifizierten materiellen Gründen, sowie zum anderen im *procedimiento muy riguroso*; Gespräch mit dem Präsidenten des TJCA, Sr Dr. *Guillermo Chahin Lizcano*, vom 13. 2. 2002.

gliedstaaten zu einer Konferenz ein – wie sie auch nach Art 7 TCTJCA für die Ernennung der Richter vorgesehen ist – und welche sich spätestens innerhalb von 30 Tage einzubefinden hat (Art 12 Abs 2 ETJCA). Die versammelten Bevollmächtigten hören den beschuldigten Richter und entscheiden einstimmig und in begründeter Form, ob der Richter seines Amtes enthoben wird oder nicht (Art 12 Abs 3 ETJCA). Demgegenüber werden die Richter des EuGH von ihresgleichen ihres Amtes enthoben (Art 6 Abs 1 Satzung EuGH).

Eine *Übergangsbestimmung* betreffend das Amtsende eines Richters sieht Art 11 TCTJCA vor, wonach ein Richter am Ende seiner Amtszeit dieses bis zur Amtseinführung seines Nachfolgers weiter auszuüben hat.

In den Rechtsgrundlagen des TJCA findet sich keine Norm, welche eine *Residenzpflicht* für die Richter des TJCA (in Quito) statuieren würde.[1068] In der Praxis des Andengerichtshofes leitet man allerdings aus den Normen, die seinen Sitz regeln, ab, dass für die Richter eine Residenzpflicht in Quito besteht. Aus dem Gespräch mit dem Präsidenten des Andengerichtshofes ging hervor, dass in der Praxis sämtliche Richter ihren Wohnsitz in Quito haben.[1069]

Die Richter[1070], der Sekretär des TJCA und von ihm designierten internationalen Beamten genießen im Gebiet des Sitzstaates die ihrer Kategorie entsprechenden *Immunitäten und Privilegien*[1071] (Art 12 Abs 4 TCTJCA, vgl auch Art 6 Abs 1 ETJCA). Zu diesem Zweck kommt den Richtern die Kategorie eines Missionschefes (*jefes de misión*) zu, während die Bedingungen für die übrigen Beamten in einem gegenseitigen Vertrag zwischen dem TJCA[1072] und der Regierung des Gastlandes vereinbart werden (Art 12 Abs 4 TCTJCA).[1073]

Die zuständige nationale Behörde des Sitzstaates (Ecuador) kann die den Richtern nach Art 12 TCTJCA gewährte *Immunität* von seiner zivil- und straf-

---

[1068] Eine solche ergibt sich hingegen für die Richter des EuGH aus Art 13 Satzung EuGH.

[1069] Gespräch mit dem Präsidenten des TJCA, Sr Dr. *Guillermo Chahin Lizcano*, vom 13. 2. 2002.

[1070] Zur Regelung des Art 12 Abs 2 TCTJCA siehe vorstehend auf S 258.

[1071] Zur Frage der Immunität der Richter nach Beendigung ihrer Amtszeit siehe *Marwege* (FN 883) 145 f.

[1072] Wie aus diesen Bestimmungen zu ersehen ist, ist das Gericht eine *persona jurídica*, welche nach Aussagen ihres Präsidenten nicht nur innerhalb der CA, sondern auch ausserhalb (so zB mit den Europäischen Gemeinschaften) Verträge abschließt. Gespräch mit dem Präsidenten des TJCA, Sr Dr. *Guillermo Chahin Lizcano*, vom 13. 2. 2002.

[1073] Vgl dazu auch die Bestimmung des Art 6 Abs 2 ETJCA, welcher diesbezüglich bestimmt wie folgt: „Zu diesem Zweck kommt den Richtern dieselbe Kategorie wie die eines Missionschefes zu und sie genießen dieselben Immunitäten und Privilegien, welche das Völkerrecht einem solchen diplomatischen Posten zuerkennt und gewährt. Dem Sekretär und den internationalen Beamten kommt die Kategorie zu, welche zwischen dem TJCA und der Regierung des Sitzstaates vereinbart wird.".

rechtlichen Jurisdiktion nach zustimmender Äußerung (*previa opinión favorable*) des TJCA und in Übereinstimmung mit der Wiener Konvention über das Recht der diplomatischen Beziehungen *aufheben* (Art 10 Abs 1 ETJCA). Wenn die zuständige ecuadorianische Behörde den Antrag auf Aufhebung der Immunität erhält, so bringt sie diesen dem Richter zur Kenntnis und gewährt ihm eine Frist von fünf Tagen um seine Entlastungsgründe vorzubringen (Art 10 Abs 2 ETJCA). Das TJCA kann einen Termin ansetzten um die entsprechenden Informationen zu erhalten und über den Antrag mittels begründeter *Resolución*, welche in der Sitzung ohne Teilnahme des betroffenen Richters erfolgt, zu entscheiden (Art 10 Abs 3 ETJCA). Dieses Verfahren zur Aufhebung der Immunität hat einen „vorbehaltenen Charakter" (*carácter reservado*) (Art 10 Abs 4 ETJCA). Für den Fall, dass das TJCA gedenkt, die Immunität aufzuheben und den Richter dem Urteil unterstellt, so hat dieses Verfahren in dem Mitgliedstaat, wo sich der Fall abspielt, vor der für die Verurteilung der dortigen Höchstrichter zuständigen Behörde stattzufinden (Art 10 Abs 5 ETJCA).

Während diese Bestimmungen die Immunität der Richter im Sitzstaat des TJCA (Ecuador) behandeln, betrifft Art 10 Abs 6 ETJCA die Immunität der Richter in dem Staat, dessen Staatsangehörigkeit sie besitzen. Nach dieser Bestimmung befreit die Immunität des Richters diesen in den übrigen Fällen (*en los démas casos*) nicht von der Jurisdiktion seines Heimatstaates. Wenn der Richter in so einem Fall durch Urteil eines Strafgerichtes verurteilt wird, bestimmt das TJCA die Vakanz seines Amtes immer dann, wenn dieses von der *Comisión de delitos internacionales o dolosos* erlassen wurde (*siempre y cuando aquélla haya sido dictada*).[1074]

Jeder Richter hat einen ersten und zweiten *Stellvertreter* (*suplente*), die sie – in dieser Reihenfolge – im Fall von endgültiger oder zeitweiliger Abwesenheit, sowie im Falle ihrer Verhinderung (*impedimento*) oder ihrer Ablehnung (*recusación*) ersetzen (Art 9 Abs 1 TCTJCA). Für die Details verweist Art 9 Abs 1 TCTJCA auf das ETJCA.[1075]

Für die Stellvertreter gelten nach Art 9 Abs 2 TCTJCA *dieselben Voraussetzungen* wie für die Richter und sie unterstehen denselben Regelungen betreffend Ernennungsdatum, Ernennungsverfahren und Amtsdauer. Die bereits bei der Beschreibung der Richter erwähnten Art 7 Abs 1 ETJCA (Auswahl der Richter) und Art 8 Abs 1 ETJCA (Amtsdauer) beziehen sich explizit auch auf die Stellvertreter.

[1074] Somit handelt es sich bei Art 10 Abs 6 ETJCA – neben der Möglichkeit der Absetzung nach den vorstehend erwähnten Normen – um eine mögliche „Einflussnahme" durch seinen Heimatstaat.

[1075] Diese Stellvertreter sind nicht am Gericht anwesend/tätig, sondern werden erst im Falle der Verhinderung des Richters entsandt.

Im Fall der absoluten Vakanz des Richteramtes wird der Richter nach Art 8 Abs 2 ETJCA von seinem Stellvertreter bis zum Ende seiner Amtszeit ersetzt.[1076]

Im Falle der absoluten Vakanz des Amtes des ersten Stellvertreters rückt der zweite nach der Rangordnung einer Liste vor, welche nur im Fall der Vakanz der beiden Ämter und nach dem in Art 9 TCTJCA vorgesehenen Verfahren überarbeitet werden kann (Art 7 Abs 2 ETJCA).

Der erste und zweite Stellvertreter werden – in dieser Reihenfolge – vom Präsidenten wie in der Anordnung des TJCA vorgesehen einberufen (*serán llamados*) und ersetzen die Richter in folgenden vier Fällen (Art 13 ETJCA): wenn sich ein designierter Richter zur Amtseinführung – nach Meinung des TJCA ohne ausreichende Begründung – nicht innerhalb von 30 Tagen ab Beginn seiner Amtsdauer eingefunden hat (lit a leg cit), im Falle des Todes (*fallecimiento*), eines Amtsverzichtes (*renuncia*), einer Amtsenthebung (*remoción*) oder Vakanz (*vacancia*) des Amtes für die Zeit der restlichen Amtsdauer (lit b leg cit), im Falle eines Urlaubes (*licencia*) für die Dauer desselben (lit c leg cit) sowie im Fall der Verhinderung (*impedimiento*) oder der Ablehnung (*recusación*); diese Konstellationen können lediglich im entsprechenden Verfahren und bis zum Ende desselben festgestellt werden, wenn es sich um eine der Angelegenheiten handelt, auf die sich Art 70 ETJCA (Ersetzung eines verhinderten oder abgelehnten Richters) bezieht (lit d leg cit).

Notwendig war die Einführung der Stellvertreter, da bei Plenumssitzungen die Anwesenheit aller Richter für das Quorum erforderlich war und erst die Vertreter die „ständige Funktionstüchtigkeit des Andengerichtshofes" garantieren können.[1077]

Nicht nur die Ernennungsvoraussetzungen, auch die – bereits erwähnten – Abberufungsgründe des Art 11 ETJCA gelten gem dessen Abs 2 auch für die Stellvertreter wenn sie das Richteramt zeitweise förmlich übernehmen bzw wenn sie bei der Ausübung des Amtes lediglich zusammenkommen.

1.2.3.3 Der Präsident

Die Regelungen zum *Präsidenten* des Andengerichtshofes finden sich in *Capítulo 2 – Del Presidente* (Art 14 bis 16) ETJCA sowie in *Capítulo 2 – Del Presidente* (Art 10 bis 12) RI-TJCA.[1078]

[1076] Nach *Marwege* (FN 883) 139 f haben von fünf Richtern, welche am 2. 11. 1984 die Arbeit aufgenommen haben vier bis August 1986 ihren Rücktritt erklärt, wobei die an sich vorrückenden Stellvertreter eine Nachfolge in die Richterämter abgelehnt haben.

[1077] So *Marwege* (FN 883) 138. Siehe dazu aber nachstehend in FN 1112

[1078] Im Zeitpunkt der Forschungsreise zum Andengerichtshof übte Sr Dr. *Guillermo Chahin Lizcano* dieses Amt aus. Heute ist Sr Dr. Ricardo Vigil Toledo Präsident des TJCA.

Der Präsident des TJCA wird von demselben für eine *Amtsdauer* von einem Jahr *gewählt* (Art 14 Abs 1 ETJCA).[1079] Das Amt des Präsidenten wird sukzessive von jedem Richter nach einer zwischen ihnen vereinbarten oder durch Los bestimmten *Reihenfolge*[1080] in Übereinstimmung mit den Bestimmungen der RI-TJCA bekleidet (Art 14 Abs 1 ETJCA).[1081] Der gewählte Präsident tritt das Amt vor dem TJCA nach Leistung des *juramento de rigor* an (Art 14 Abs 3 ETJCA).

Die Funktionen des Präsidenten bestimmen sich nach Art 15 ETJCA. Demnach vertritt er das TJCA unter allen Umständen (*en toda circunstancia*), leitet dessen Aktivitäten, Arbeiten und Dienste, ruft zu den Sessionen (*sesiones*) und Verhandlungen (*audiencias*) zusammen, leitet diese[1082] und übt die übrigen Zuständigkeiten aus, welche das TJCA explizit in seiner Verfahrensordnung festlegt (Art 15 Abs 1 ETJCA).

Art 12 RI-TJCA nennt an Zuständigkeiten des Präsidenten die offizielle Vertretung des Andengerichtshofes (lit a leg cit), die Unterzeichnung der Akte und Verträge des TJCA (lit b leg cit), die Anordnung der Ausfertigung von Kopien (*copias*) und Beglaubigungen (*certificaciones*) vor der Zustellung an die Parteien (lit c leg cit), die Gewährung von Urlaub an die Richter und die übrigen Funktionäre bis zu vier Tagen (lit d leg cit), die Unterzeichnung der Korrespondenz sowie die Unterrichtung des TJCA über die erhaltene Korrespondenz (lit e leg cit), die außerordentliche Einberufung des TJCA sowie die Vorverlegung oder Vertagung der Arbeitzeiten (*horas de despacho*), wenn es die Dringlichkeit einer Angelegenheit erfordert (lit f leg cit), die Aufrechterhaltung der Ordnung sowie die Verhängung von Sanktionen über das administrative Personal des TJCA (lit g leg cit), die Verantwortlichkeit für die Erledigung (*que se expidan*), Erfüllung (*... cumplan*) und Ausführung (*... ejecuten*) dessen, was die *Reglamentos, Acuerdos, Resoluciones y demás disposiciones* des TJCA anordnen (lit h leg cit), die ordnungsgemäße Vorbereitung des jährlichen Haushaltsvorschlages (*proyecto de presupuesto anual*) sowie dessen Weiterleitung an TJCA und CCA zur Kenntnisnahme (lit i leg cit)[1083] sowie die übrigen Zuständigkeiten welche ihm vom ETJCA und den anderen verfahrensrechtlichen Normen (*normas reglamentariarias*) übertragen werden. Neben diesen expliziten kommen dem Präsidenten auch noch die

---

[1079] Zur Wahl des Präsidenten siehe auch Art 10 RI-TJCA.

[1080] Wenn diese Reihenfolge aus besonderen Gründen modifiziert werden muss, so folgt in der Präsidentschaft der Richter nach, welcher von der RI-TJCA vorgesehen war (Art 14 Abs 2 ETJCA).

[1081] Zur Ausübung des Präsidentenamtes im Falle dessen Abwesenheit etc siehe Art 16 ETJCA bzw Art 11 RI-TJCA.

[1082] Siehe dazu auch Art 84 ETJCA.

[1083] Siehe dazu auch Art 16 TCTJCA bzw Art 26 bis 28 ETJCA.

seiner Autorität inhärenten Zuständigkeiten und Funktionen (*las atribuciones y funciones inherentes a su autoridad*) zu (Art 15 Abs 2 ETJCA).

Wie schon erwähnt, leisten die Richter vor ihrem Präsidenten ihren Eid ab und dieser ernennt sie in ihr Amt (Art 9 ETJCA).[1084]

Eine weitere Funktion, welche dem Präsidenten nach Art 45 TCTJCA zukommt, ist die Koordinierung von Treffen (*reuniones*) und Aktionen (*acciones*) mit den höchsten gerichtlichen Autoritäten in den Mitgliedstaaten zur Verbreitung (*difusión*), besseren Weiterentwicklung (*perfeccionamiento*) und einheitlichen Anwendung (*aplicación uniforme*) des Gemeinschaftsrechtes.

1.2.3.4 Die Generalanwälte

Der CAMRE kann – nach Anhörung des TJCA – gem Art 6 Abs 3 TCTJCA nicht nur die Anzahl der Richter modifizieren, sondern auch das Amt eines *Generalanwaltes* (*el cargo de Abogado General*)[1085] schaffen, wobei er die entsprechende Anzahl der Generalanwälte und ihre Zuständigkeiten im ETJCA gemäß dem Änderungsverfahren des Art 13 TCTJCA[1086] festlegt.

Art 142 Abs 1 ETJCA sieht die Schaffung des Amtes eines Generalanwaltes durch das TJCA vor, wenn die funktionalen und operativen Erfordernisse (*las necesidades funcionales y operativas*) des TJCA dies notwendig machen.[1087]

In naher Zukunft besteht allerdings nach Ansicht des Präsidenten des TJCA keine Notwendigkeit für die Schaffung des Amtes eines Generalanwaltes; dies auch aus dem Grund, dass das TJCA nicht wie sein europäisches Pendant unter einer Arbeitsüberlastung leidet.[1088]

1.2.3.5 Die Organisation

Die Rechtsgrundlagen für die Organisation des TJCA finden sich im Wesentlichen in *Capítulo 2* TCTJCA – *De la Creación y Organización del Tribunal* (Art 5 bis 16), *Capítulo 4* (des 1. Titels) ETJCA – *De la estructura administrativa del Tribunal* (Art 22 bis 25), *Capítulo 5* (des 1. Titels) ETJCA – *De los recursos*

[1084] Siehe dazu vorstehend auf S 260 bzw auf S 259.

[1085] *Uribe Restrepo* (FN 856) 134 bezeichnet den Generalanwalt als einen „amicus curiae", wie er bekanntlich im Recht der USA existiert. Siehe dazu nachstehend im 2. Kapitel auf S 334.

[1086] Siehe dazu vorstehend auf S 253.

[1087] Art 142 Abs 2 und 3 regeln *ex ante*, dass die Anzahl der Generalanwälte und deren Zuständigkeiten gemäß den Anforderungen des Gerichtes und dem Verfahren des Art 6 TCTJCA geregelt werden, bzw dass die Schaffung des Amtes eines Generalanwaltes im von der CCA genehmigten Budget des Gerichtes berücksichtigt wird.

[1088] Gespräch mit dem Präsidenten des TJCA, Sr Dr. *Guillermo Chahin Lizcano*, vom 13. 2. 2002.

económicos del Tribunal (Art 26 bis 28) und *Capítulo 4* (des 1. Titels) RI-TJCA – *De la organización, del personal y de la administración* (Art 20 und 21).

Was die *allgemeine Organisation* des TJCA betrifft, so legt das TJCA in Vollsitzung die Organstruktur (*estructura orgánica*) und die Einzelheiten des für sein Funktionieren notwendigen Personales fest (Art 23 ETJCA).

Was die *administrativen Entscheidungen* betrifft, so erlässt das TJCA – neben den gerichtlichen Entscheidungen (*providencias judiciales*) – *allgemeine* Regelungen (*reglamentaciones generales*) in der Form von Abkommen (*Acuerdos*) und *individuelle* administrativen Entscheidungen (*Decisiones administrativas de efectos particulares*) in der Form von *actos denominados Resoluciones* (Art 22 ETJCA).[1089]

Wie bereits erwähnt, finden sich die Rechtsgrundlagen des Andengerichtshofes – neben dem AC – in der *Satzung* (ETJCA), der *Verfahrensordnung* (RI-TJCA) und im Gründungsvertrag (TCTJCA).[1090]

Das TJCA kennt nach Unterscheidung des Inhaltes zwei Arten von Sitzungen: die justiziellen (*sesiones judiciales*) und die administrativen (*sesiones administrativas*) (Art 29 ETJCA, Art 22 Abs 1 RI-TJCA). Art 22 Abs 1 RI-TJCA legt für die zwei Arten von Sitzungen fest, in welchen Fällen das TJCA in *Vollsitzungen* tagt.

Die Beratungen des TJCA in justiziellen Verfahren sind bis zu einer endgültigen Entscheidung in diesem Verfahren vertraulich (*reservadas*) (Art 30 ETJCA).

Schon aufgrund der Größe des TJCA bzw aufgrund der Anzahl der Richter ist es nachvollziehbar, dass sich eine Einteilung in *Kammern* erübrigt.

Im Bereich der *Finanzverwaltung* sieht Art 26 ETJCA ordentliche und außerordentliche Einnahmen vor. Die ordentlichen Einnahmen setzen sich aus jährlichen Beitragszahlungen der Mitgliedstaaten[1091] zusammen, welche von der CCA mittels der den Haushaltsvoranschlag des TJCA genehmigenden *Decisión* anteilsmäßig festgelegt werden (Abs 1 leg cit, Art 22 lit i AC). Sämtliche übrigen Einnahmen sind außerordentliche Einnahmen und werden vom TJCA gemeinsam mit den ordentlichen Einnahmen verwaltet (Abs 2 leg cit).

[1089] Erwähnt sei in diesem Zusammenhang noch die Bestimmung des Art 143 ETJCA, wonach das Gericht so weit wie möglich die ihm bekannten technischen Mittel implementieren wird, welche den Verfahrensablauf (*trámite de los procesos*) zuverlässig, schnell, effizient und ökonomisch gestalten.

[1090] Siehe dazu vorstehend auf S 253 f, S 256 f bzw auf S 252 f.

[1091] Siehe dazu vorstehend in FN 1065.

Das TJCA bereitet das Budget[1092] vor, welches vom Präsidenten des Andengerichtshofes spätestens 30 Tage vor der letzten ordentlichen Periode eines jeden Jahres an die CCA übermittelt wird (Art 27 ETJCA, bzw Art 16 TCTJCA). Dieser kommt nach Art 22 lit i AC (bzw Art 16 TCTJCA) die Zuständigkeit zu, das jährliche Budget des TJCA (und des SGCA) sowie dessen Durchführung zu genehmigen.

Die Ausführung des Haushaltes obliegt dem Präsidenten, welchem diesbezüglich die Aufgabe eines „Kostenrechners" (*ordenador del gasto*) zukommt (Art 28 Abs 1 ETJCA) und welcher diese Aufgaben an einen der Verwaltungsbeamten (*funcionarios administrativos*) delegieren kann (Art 28 Abs 2 ETJCA).

Gerichtssprache (*Idioma en que se realiza la actuación ante el Tribunal*) ist gem Art 34 ETJCA Spanisch. Die Sprachen und Dialekte der ethnischen Gruppen können vor dem TJCA verwendet werden, wenn ihre Übersetzung in das Spanische gewährleistet ist (Abs 1 leg cit). Die Dokumente und Wortmeldungen (*intervenciones*) in anderen Sprachen müssen über eine entsprechende einfache Übersetzung verfügen, es sei denn es wird von Amts wegen oder auf Antrag einer Partei eine offizielle Übersetzung gefordert (Abs 2 leg cit).

Das TJCA ernennt gem Art 14 TCTJCA (bzw Art 17 ETJCA) seinen *Sekretär* (*Secretario*), welcher dem Kanzler des EuGH entspricht[1093].[1094] Die Amtsdauer des Sekretärs beträgt drei Jahre wobei er einmal wiedergewählt werden kann (Art 17 Abs 1 ETJCA). Die Stelle des Sekretärs wird der Reihe nach von Staatsangehörigen der verschiedenen Mitgliedstaaten belegt (Art 17 Abs 2 ETJCA).[1095]

Neben dem Sekretariat sind gem Art 20 RI-TJCA außerdem die *Dirección de Administración* und die Dienste (*Servicios*) Dienststellen (*dependencias*) des Gerichtes. Der Aufbau (*planta*) des Personales dieser Dienststellen, das Auswahlsystem und die entsprechenden Aufgaben dieser Stellen werden im entsprechenden *Reglamento* geregelt (Art 20 RI-TJCA).

Art 21 RI-TJCA sieht das Amt eines Verwaltungsdirektors (*Director Administrativo*), eines Bibliothekars (*Bibliotecario*) und eines „Zahl- und Rechnungs-

---

[1092] Für das Budget des Jahres 2002 siehe die *Decisión* 514 – *Presupuesto del Tribunal de Justicia de la Comunidad Andina para el año 2001*, http://www.comunidadandina.org/NORMATIVA/DEC/D514.htm.

[1093] So auch *Marwege* (FN 883) 149.

[1094] Der Sekretär genießt gem Art 6 ETJCA dieselben Privilegien und Immunitäten wie die Richter und die internationalen Beamten (zu Art 6 Abs 1 ETJCA siehe vorstehend auf S 261), wobei die Kategorie des Sekretärs (und der internationalen Beamten) in einem Vertrag zwischen dem Gericht und dem Sitzstaat festgelegte wird (Abs 2 leg cit). Die Pflichten und sonstigen Regeln betreffend den *Secretario* finden sich in den Art 13 bis 19 RI-TJCA.

[1095] Für den Eid, die Voraussetzungen, die Zuständigkeiten, die Amtsvergehen und die Regelung seiner Abwesenheit siehe Art 17 Abs 3, Art 18, Art 19, Art 20 und Art 21 ETJCA.

führers“ (*Contador-Pagador*) vor, welche alle drei für drei Jahre und vorzugsweise nach einem *Concours* (*concurso*) angestellt werden.

Bei der Ernennung (*designación*) und Einstellung (*contratación*)[1096] des für die Erfüllung seiner Funktionen notwendigen *Personales* berücksichtigt das TJCA ausdrücklich die Fähigkeit (*idoneidad*), die Kompetenz (*competencia*) und den Ruf (*honorabilidad*) der Kandidaten. Darüber hinaus achtet das TJCA – soweit es nicht den erwähnten Kriterien widerspricht – auf eine soweit wie möglich weite (*amplia*) und gerechte (*equitativa*) geographische subregionale Verteilung der Posten (Art 24 ETJCA).

Das TJCA erlässt eine Ordnung für sein Personal (*Reglamento de Personal*), in welchem es die Auswahlverfahren (*procedimientos de selección*), die Art und Weise der Einstellung, Kategorien und Dauer sowie die Rechte und Pflichten und die disziplinäre Ordnung (*el régimen disciplinario*) seiner Beamten (*funcionarios*) und Angestellten (*empleados*) regelt (Art 25 ETJCA).

1.2.3.6 Die Prinzipien, die für das Gericht gelten

Explizit angeordnet wird für das TJCA ein *Prinzip der begrenzten Ermächtigung*. Gem Art 5 ETJCA übt das TJCA seine Jurisdiktion über die Andengemeinschaft im Rahmen der von der Gemeinschaftsrechtsordnung festgelegten Zuständigkeiten aus.[1097]

In den Rechtsgrundlagen des Gerichtes findet sich kein Hinweis auf ein Prinzip der Verhältnismäßigkeit, wie man es im europäischen Gemeinschaftsrecht kennt. Im Gespräch mit dem *Secretario* des TJCA ergab sich die Erkenntnis, dass dieses Prinzip im andinen Bereich nicht dieselbe Bedeutung wie in der EU hat, bzw in der Form nicht so bekannt ist.[1098] [1099]

Art 15 TCTJCA sieht eine Art *Prinzip der loyalen Zusammenarbeit mit anderen Organen* vor, indem er dem TJCA aufträgt, dem CPA, dem CAMRE und der CCA jährliche Berichte vorzulegen.

[1096] Siehe dazu auch Art 14 TCTJCA.

[1097] Auf Spanisch: *El Tribunal ejerce su jurisdicción sobre la Comunidad Andina dentro del marco de competencias establecido en el ordenamiento jurídico comunitario.*

[1098] Gespräch mit dem Sekretär des TJCA, Sr Dr. *Eduardo Almeida Jaramillo*, vom 18. 2. 2002. Unter einem *principio de proporcionalidad* assoziierte er vielmehr die Schutzklauseln des Vertrages (*clausulas de salvaguardia*) bzw allgemein das Prinzip der *equidad*. In gewisser Weise werde das „europäische“ Verhältnismäßigkeitsprinzip jedoch nach seinen Aussagen von jedem Richter angewandt.

[1099] *Uribe Restrepo* (FN 856) 93 erwähnt das Prinzip *de proporcionalidad* lediglich als eines von mehreren Beispielen von *principios generales de derecho* (allgemeine Rechtsgrundsätze) aus dem Europarecht.

Umgekehrt haben die Mitgliedstaaten dem TJCA alle notwendigen Möglichkeiten (*facilidades*) für die adäquate Erfüllung seiner Aufgaben zu gewähren (vgl auch Art 6 Abs 1 ETJCA).[1100]

An *sonstigen Prinzipien* wird für das TJCA bei der Ausübung seiner Zuständigkeiten die Bewahrung der *Gemeinschaftsinteressen* (*intereses comunitarios*) sowie – innerhalb der andinen Rechtsordnung – der Rechte der Mitgliedstaaten (*los derechos que los Países Miembros poseen*) angeordnet (Art 4 Abs 2 ETJCA).

Ein weiteres Prinzip, welches auch für den Andengerichtshof gilt ist der bereits erwähnte Vorrang des Gemeinschaftsrechtes vor dem der Mitgliedstaaten.[1101]

Daneben wird – abgesehen von den allgemeinen Prinzipien des Dispositionsgrundsatzes, der Prozessökonomie, der Redlichkeit, der Öffentlichkeit und der Präklusion[1102] – noch aus Art 2 AC (*distribución equitiva de los beneficios derivados de la integración*) das Prinzip der *Gleichheit der Mitgliedstaaten* abgeleitet, welches zur Folge habe, dass das TJCA „Formalismen, das Haften am Wortlaut der Integrationsnormen, eine historische Auslegung und nationalistische Vorurteile zu vermeiden und seine Entscheidungen an der Gerechtigkeit und dem Gleichgewicht zwischen den Mitgliedstaaten zu orientieren habe"[1103].

Sonstige zu beachtende *Prinzipien* im Bereich des – nachstehend behandelten – *Verfahrensablaufes* finden sich in Art 35 (Abs 1) ETJCA (*Objeto de los procedimientos judiciales*). Demnach haben die im ETJCA vorgesehenen Verfahren folgende Prinzipien sicherzustellen (*asegurar*):

- *la efectividad de los derechos sustantivos de las personas sujetas a su jurisdicción*
- *la salvaguarda del espíritu de la integración*
- *el respecto de la igualidad jurídica de las partes*
- *la garantía del debido proceso*

Unter der *efectividad de los derechos sustantivos* (Effektivität der materiellen Rechte) der seiner Jurisdiktion unterworfenen Personen (*de las personas sujetas a su jurisdicción*) wird im Allgemeinen der integrationsfördernde Schutz der „durch das Gemeinschaftsrecht begründeten Rechte der Mitgliedstaaten und der Gemeinschaft als solcher"[1104] verstanden. Ein wenig erinnert dieses Prinzip an den im europäischen Gemeinschaftsrecht bekannten *effet utile*, welcher jedoch die prakti-

---

[1100] *Marwege* (FN 883) 143 sieht diese Verpflichtung der Mitgliedstaaten – wie es auch einer systematischen Auslegung entspricht – in Zusammenhang mit den Privilegien und Immunitäten des Gerichtes.

[1101] Siehe dazu vorstehend auf S 229 f.

[1102] *Marwege* (FN 883) 156 f.

[1103] *Marwege* (FN 883) 157.

[1104] *Marwege* (FN 883) 157.

sche Wirksamkeit *des Gemeinschaftsrechts* und nicht die Recht der der Jurisdiktion des EuGH unterworfenen Personen zum Ziel hat. Je nachdem ob man unter die *personas sujetas a su jurisdicción* neben natürlichen und juristischen Personen und den Mitgliedstaaten – so wie *Marwege* – auch die Gemeinschaft selbst subsumiert nähert man sich einem *effet utile „ampliada"*[1105], welcher die praktische Wirksamkeit der drei Pole (Individuen, Mitgliedstaaten und Gemeinschaft) zum Ziel hat, dabei jedoch Gefahr läuft, unter Umständen divergierende Interessen dieser drei nicht gleichzeitig bedienen zu können und im Endeffekt dem auslegenden Gericht in seiner Jurisdiktion einen erweiterten Spielraum gewährt.

Bemerkenswert ist das dem Gerichtshof der Andengemeinschaft explizit vorgegebene Ziel der *salvaguardia del espíritu de la integración* (Schutz des Geistes der Integration). Im europäischen Gemeinschaftsrecht, wo Parlament und Kommission ihrer Funktion nach dem Interesse der Gemeinschaft und der Rat dem der Mitgliedstaaten verpflichtet sind, wäre der Gerichtshof an sich als rein(e) (objektive) Rechtsschutzinstanz konzipiert[1106], hat sich jedoch durch seine Judikatur „auf die Seite des Gemeinschaftsinteresses geschlagen". Insofern überrascht es, dass dem Gerichtshof der Andengemeinschaft in der von den Außenministern der Mitgliedstaaten (CAMRE) erlassenen Satzung (ETJCA) der *espíritu de la integración* als zu beachtendes Ziel vorgegeben wurde.[1107]

Die Gleichheit der Parteien (*igualdad de las partes*) wird mit dem Recht des rechtlichen Gehörs und dem Recht auf ein faires Verfahren in Zusammenhang gebracht.[1108]

Die *garantía del debido proceso* (die Garantie eines angemessenen Prozesses) soll – aus Gründen der Rechtssicherheit – die wesentlichen Grundzüge des Prozessrechtes positiv rechtlich regeln und einen Anspruch auf ein Gerichtsverfahren zur Klärung von Kontroversen bieten.[1109]

1.2.3.7 Allgemeiner Verfahrensablauf, Entscheidungsfindung und Entscheidung

Die Rechtsgrundlagen für die Organisation des TJCA finden sich im Wesentlichen in *Capítulo 6* (des 1. Titels) ETJCA – *Del Funcionamiento del Tribunal* (Art 29 bis 34), in *Título 2* ETJCA – *De los procedimientos ante el Tribunal*

[1105] Also erweitert um die Individuen und die Mitgliedstaaten.

[1106] Siehe dazu (auch) vorstehend im 1. Kapitel des 2. Teiles auf S 61.

[1107] Siehe dazu auch Art 77 ETJCA und Art 36 RI-TJCA, wonach die Richter Maßnahmen treffen können, die zur integrationsfördernden Lösung des Rechtsstreits erforderlich sind.

[1108] *Marwege* (FN 883) 157.

[1109] *Marwege* (FN 883) 157 f.

(Art 35 bis 100) und in *Capítulo 5* (des 1. Titels) RI-TJCA – *Del funcionamiento* (Art 22 und 23) sowie in *Título 2* RI-TJCA – *Del procedimiento* (Art 31 bis 82).

Die wesentlichen Abschnitte des Verfahrens lassen sich wie folgt einteilen:

- Einreichung der Klageschrift
- eventuell Nachbesserung
- Klagebeantwortung
- Beweisaufnahme
- mündliche Verhandlung
- Urteil
- Vollstreckung

Eingeleitet wird das Verfahren[1110] vor dem TJCA mit einer von der Partei[1111] oder deren Anwalt unterschriebenen *Klage* (*demanda*) (Art 45 ETJCA), deren Inhalt und Anhänge allgemein in Art 46 und Art 47 ETJCA geregelt sind. Zusätzliche Anforderungen finden sich für die Nichtigkeitsklage (Art 48 ETJCA), die Nichterfüllungsklage (Art 49 ETJCA), die Untätigkeitsklage (Art 50 ETJCA) und die dienstrechtlichen Klagen (Art 51 ETJCA).

Wenn die Klage eine dieser formellen Voraussetzungen nicht erfüllt, so setzt das TJCA zur *Nachbesserung* eine Frist von fünfzehn Tagen, nach erfolglosem Ablauf derer die Klage zurückgewiesen wird (Art 52 ETJCA). Eine *in límine* Zurückweisung der Klage bei mangelnder Jurisdiktion oder Zuständigkeit des TJCA kennt Art 53 ETJCA. Andernfalls wird die Klage zugelassen und dem Beklagten zugestellt (Art 54 ETJCA).

Dieser hat innerhalb von 40 Tagen ab Zustellung der Klage Zeit, die *Klagebeantwortung* (*contestación de la demanda*) (Art 56 bis 61 ETJCA) zu verfassen.

Daran anschließend erfolgt die *Beweisaufnahme* (Art 73 bis Art 81 ETJCA), wobei das Verfahren vor dem TJCA folgende Beweismittel (*medios de prueba*) kennt (Art 76 ETJCA):

- Parteieneinvernahme (*declaración de las partes*),
- Urkunden (*documentos*),
- Zeugenaussage (*testimonio*),
- Sachverständigenbeweis (*dictamen pericial o informe de expertos*),
- Lokalaugenschein (*inspección judicial*) sowie
- alle anderen geeigneten Mittel (*cualesquiera otros medios idóneos para la formación de la convicción del Tribunal*).

[1110] Zum mündlichen und schriftlichen Verfahren siehe *Poppe E, Hugo*, Disposiciones jurídicas vigentes en el Triunal de Justicia del Acuerdo de Cartagena (1985) 41 ff.

[1111] Zu den Parteien, ihren Vertretern und Bevollmächtigten, ihren Rechten und den möglichen disziplinären Maßnahmen siehe Art 39 bis 44 ETJCA.

Nach der Beweisaufnahme erfolgt die *Verhandlung* (*audiencia*) vor dem TJCA (Art 82 bis 85 ETJCA), welche in der Regel öffentlich ist (Art 82 ETJCA). Das *Präsenz- bzw Konsensquorum* liegt dabei in der Regel bei drei Richtern.[1112]

Das *Urteil* (*sentencia*)[1113] ist die Art gerichtlicher Entscheidung (*providencia del Tribunal*) (Art 87 bis 89 ETJCA), welche eine Rechtssache dem Grunde nach entscheidet.[1114] Der notwendige Inhalt eines Urteiles bestimmt sich nach Art 90 ETJCA. Ein Urteil des TJCA hat ab dem Tag nach seiner Zustellung (*notificación*) (Art 98 bis 100 ETJCA) bindende Wirkung (*fuerza obligatoria*) und die Wirkung einer *res iudicata* (*carácter de cosa juzgada*) (Art 91 ETJCA). Das andine Recht kennt eine Möglichkeit der Berichtigung (*enmienda*) sowie eine Erstreckung (*ampliación*) von Urteilen (Art 92 ETJCA). Veröffentlicht werden die Urteile nicht vom TJCA in einer eigenen Sammlung sondern vom SGCA im Amtsblatt der Andengemeinschaft (GOAC) (Art 43 Abs 1 TCTJCA, Art 94 ETJCA).

Eine *Revisionsmöglichkeit* kennt die Satzung lediglich für Urteile im Nichterfüllungsverfahren (Art 29 TCTJCA, Art 95 ETJCA)[1115], wobei sich der Inhalt einer Revisionsklage nach Art 96 ETJCA und deren Verfahren nach Art 97 ETJCA bestimmt.[1116]

Die Urteile des TJCA sind nach Art 91 ETJCA im Gebiet der Mitgliedstaaten ohne die Notwendigkeit einer gerichtlichen Bestätigung (*homologación*) oder einer Rechtskrafterklärung (*exequatur*) anwendbar (*aplicable*).[1117]

[1112] Nach Art 31 ETJCA liegt das Präsenz- (*quórum deliberatorio*) bzw das Konsensquorum (*quórum decisorio*) in Verwaltungsangelegenheiten (*asuntos administrativos*) bei drei Richtern. Gem Art 32 Abs 1 ETJCA (*quórum deliberatorio y decisorio en asuntos judiciales*) obliegen die *autos de sustanciación* (Eröffnungsbeschlüsse) dem *Magistrado sustanciador* (Prozessrichter). Das Präsenz- bzw das Konsensquorum für die Annahme von *autos interlocutorios* (Zwischenentscheidungen) liegt gem Art 32 Abs 1 ETJCA ebenfalls bei drei Richtern. Die Annahme von *autos interlocutorios que ponen fin al juicio y de las sentencias* (Zwischenentscheidungen die das Gerichtsverfahren und die Urteile beenden) benötigen die Anwesenheit von fünf und die Zustimmung von drei Richtern. Gem Art 32 Abs 2 ETJCA braucht das Gericht, um in Vorabentscheidungsverfahren und in dienstrechtlichen Streitigkeiten gültig beraten zu können, die Präsenz und den Konsens von mindestens drei Richter.

[1113] Zum Urteil siehe Art 74 bis 82 RI-TJCA. Siehe auch *Poppe* (FN 1110) 50 ff.

[1114] Daneben kennt Art 87 ETJCA noch Eröffnungsbeschlüsse bzw verfahrensleitende Beschlüsse (*autos de sustanciación o trámite*) sowie Zwischenentscheidungen (*autos interlocutorios*).

[1115] Für eine Übersicht über die Urteile in Revisionsverfahren siehe http://www.comunidadandina.org/normativa/sent/sentencias_5.htm.

[1116] Siehe dazu nachstehend auf S 287.

[1117] Nach Art 41 TCTJCA sind die Entscheidungen und Schiedssprüche des TJCA sowie die Schiedssprüche des SGCA vollstreckbar und benötigen ebenfalls keine gerichtliche Bestätigung oder eine Rechtskrafterklärung.

Marwege nennt schließlich noch an weiteren Kennzeichen des andinen gemeinschafts-gerichtlichen Verfahrens die Einfachheit und Flexibilität des Verfahrens, ein relativ großes Ermessen für die Richter als *conductor* des Verfahrens, die Möglichkeit Regelungslücken durch Rechtsvergleichung unter Bezugnahme auf nationale Prozessvorschriften zu schließen, die Einheitlichkeit der Verfahrensregeln für Nichtigkeits- und Nichterfüllungsverfahren, die Unterteilung des Verfahrens in einen schriftlichen und einen mündlichen Abschnitt, die Öffentlichkeit der Verhandlungen sowie die Geheimhaltung der Beratungen, die Kostenfreiheit des Verfahrens, das Überwiegen kontradiktorischer Verfahrenselemente, das Bestehen inquisitorischer Befugnisse des Gerichtshofes im Rahmen des Beweisverfahrens sowie das Recht des TJCA, sich in einem Rechtsstreit an die MS zu wenden.[1118]

Anders als beim amerikanischen Supreme Court[1119] schließt Art 90 Abs 3 ETJCA für Urteile des TJCA explizit die Möglichkeit von Seperatvoten (*votos salvados*) und *dissenting opinions* (*opiniones disidentes*) aus.[1120]

1.2.3.8 Zuständigkeiten

Im Vertrag von Cartagena selbst finden sich keine Regelungen über die Zuständigkeiten des Andengerichtshofes, sondern dessen *Art 47 (De la Solución de Controversias)* verweist für die Beilegung von Streitigkeiten in der Anwendung der Rechtsordnung der Andengemeinschaft auf die Bestimmungen des TCTJCA.

Nach Art 4 Abs 1 ETJCA ist es Aufgabe des Andengerichtshofes, das andine Recht zu erklären und die einheitliche Anwendung und Auslegung in allen Mitgliedstaaten zu gewährleisten (*declarar el derecho andino y asegurar su aplicación e interpretación uniforme en todos los Países Miembros*), eine Aufgabe die der *Wahrung des Rechtes* nach Art 220 EGV sehr ähnlich ist.[1121] Im Vergleich dazu lautet die spanische Version des Art 220 EGV wie folgt: „El Tribunal de Justicia garantizará el respecto del Derecho en la interpretación y aplicación del presente Tratado.“. Man wird aufgrund der allgemeinen Formulierung (*el derecho andino*) davon ausgehen können, dass sich diese Bestimmung sowohl auf das Primärrecht/Recht der übergeordneten Ebene als auch auf das Sekundärrecht/-Recht der untergeordneten Ebene der Andengemeinschaft bezieht.

[1118] *Marwege* (FN 883) 158 f.

[1119] Siehe dazu nachstehend im 2. Kapitel auf S 341.

[1120] Zu den Punkten Verhältnismäßigkeit und einstweilige Maßnahmen – der dieser Arbeit zugrundeliegenden Gliederung – sei auf die jeweiligen Ausführungen auf den S 268 bzw S 277 und S 286 f verwiesen.

[1121] So auch *Marwege* (FN 883) 74 f.

Eine fast noch bedeutendere Aussage findet sich in Art 4 Abs 1 der – von den Außenministern (CAMRE) (!) erlassenen – Satzung zur *Natur* des Andengerichtshofes. Demnach ist das TJCA das gerichtsförmige Organ der Andengemeinschaft (*órgano jurisdiccional*) mit *supranationalem* (!) und gemeinschaftlichen Charakter (*de carácter supranacional y comunitario*). Soweit ersichtlich handelt es sich damit beim TJCA um das einzige (internationale) Gerichtsorgan, dem (in seinen Rechtsgrundlagen) Supranationalität zugestanden wird.

Der Grund für diese Qualifikation als *de carácter supranacional y comunitario* ist der, dass man, wie erwähnt, den EuGH als Vorbild für die Errichtung des TJCA genommen hat. Dabei sind die „Schöpfer des TJCA" jedoch nach Aussagen des Präsidenten des Andengerichtshofes insofern selektiv vorgegangen, als sie – in einer wertenden Rechtsvergleichung – das europäische Beispiel nicht eins zu eins abgekupfert haben. Nachdem der EuGH zwar nicht in den Verträgen, jedoch von der Literatur einerseits und in seiner eigenen Rechtsprechung andererseits das Kriterium der Supranationalität zugewiesen bekommt bzw für sich beansprucht, hat man sich dafür entschieden, nicht nur die Verträge, sondern auch die Realität als Vorbild zu nehmen.[1122]

Die Auswirkungen dieser Qualifikation als supranational sind nach Aussage des Präsidenten des TJCA, dass die *Sentencias* des TJCA in den Mitgliedstaaten *directamente aplicables* sind und keiner Vollsreckung bzw Bestätigung durch die Mitgliedstaaten bedürfen.[1123]

Eine generelle *Ausschließlichkeitsklausel* findet sich in Art 42 Abs 1 TCTJCA. Demnach haben es die Mitgliedstaaten zu unterlassen, irgendeine in Zusammenhang mit der Anwendung der Normen der Rechtsordnung der Andengemeinschaft stehende Streitigkeit einem anderen Gericht, Schiedssystem oder sonstigem Verfahren (als den durch den TCTJCA errichteten) zu unterwerfen.

1.2.3.8.1 Normenkontrolle

Die erste in diesem Zusammenhang zu behandelnde *konstitutive* Zuständigkeit des Andengerichtshofes ist die der *Normenkontrolle von Akten der übergeordneten Ebene*. Die *Acción de Nulidad* (Nichtigkeitsklage) wird vom Gründungsvertrag und der Satzung in der *Sección 1* (des *3. Capítulo – De las Competencias del Tribunal*) TCTJCA bzw in *Capítulo 1* (des *3. Título – De las Acciones en particular*) ETJCA geregelt.

[1122] Gespräch mit dem Präsidenten des TJCA, Sr Dr. *Guillermo Chahin Lizcano*, vom 13. 2. 2002.

[1123] Gespräch mit dem Präsidenten des TJCA, Sr Dr. *Guillermo Chahin Lizcano*, vom 13. 2. 2002.

Zweck der Nichtigkeitsklage ist die Legalitätskontrolle der andinen Rechtsordnung.[1124]

Anfechtbare Akte sind die *Decisiones* des CAMRE (Art 17 TCTJCA, Art 101 ETJCA), die *Decisiones* der CCA (Art 17 TCTJCA, Art 101 ETJCA), die *Resoluciones* des SGCA (Art 17 TCTJCA, Art 101 ETJCA) sowie die komplementären industriellen Abkommen und alle anderen derartigen Abkommen welche die Mitgliedstaaten untereinander im Kontext des andinen subregionalen Integrationsprozesses abschließen (Art 17 TCTJCA und Art 101 ETJCA iVm Art 1 lit e TCTJCA).

Die Art der Kontrolle betrifft – wie es der Name schon ausdrückt – nicht nur die Anwendung der genannten Normen, sondern die Kontrolle ihrer *Gültigkeit*.

Diese Rechtmäßigkeitskontrolle ist auf eine *ex post* Prüfung ausgelegt (arg *dictados o acordados* – Art 17 TCTJCA, Art 101 ETJCA) und kennt keine *ex ante* Genehmigung vor dem In-Kraft-Treten der jeweiligen Norm.

Antragsbefugt zur Erhebung der Nichtigkeitsklage sind die Mitgliedstaaten (Art 17 TCTJCA, Art 102 Abs 1 ETJCA) und von den Organen der CAMRE (Art 17 TCTJCA, Art 102 Abs 1 ETJCA), die CCA (Art 17 TCTJCA, Art 102 Abs 1 ETJCA) sowie das SGCA (Art 17 TCTJCA, Art 102 Abs 1 ETJCA). Auch natürliche und juristischen Personen kommt eine Aktivlegitimation zu. Während die Organe eine uneingeschränkte Aktivlegitimation genießen ergeben sich für die Mitgliedstaaten und die natürlichen und juristischen Personen Einschränkungen; bekanntlich kennt der EGV in seinem Art 230 Abs 4 Einschränkungen für die natürlichen und juristischen Personen, nicht jedoch für die Mitgliedstaaten.

Im europäischen Gemeinschaftsrecht gibt es kein *estoppel*-Prinzip, dies bedeutet für die Nichtigkeitsklage, dass es einem Mitgliedstaat, der für einen Rechtsakt gestimmt hat nicht untersagt ist, diesen Rechtsakt später anzufechten. Im andinen Gemeinschaftsrecht hingegen dürfen die Mitgliedstaaten nur *Decisiones* oder Abkommen anfechten, denen sie nicht zugestimmt haben (Art 18 TCTJCA, Art 102 Abs 2 ETJCA). Diese Regelung der andinen Nichtigkeitsklage wird in der Lehre großteils als zu unflexibel kritisiert.[1125]

Eine dem Art 230 Abs 4 EGV ähnliche Einschränkung der Aktivlegitimation findet sich für *natürliche und juristische Personen*. Diese können lediglich gegen *Decisiones* des CAMRE, der CCA sowie gegen *Resoluciones* des SGCA Nichtigkeitsklage erheben, welche ihre subjektiven Rechte (*derechos subjetivos*) oder legitimen Interessen betreffen (Art 17 und Art 19 TCTJCA, Art 102 Abs 1 und Abs 3 ETJCA). Früher forderte der TCTJCA als Kriterium der direkten Betrof-

---

[1124] *Marwege* (FN 883) 202.

[1125] *Marwege* (FN 883) 213 f mwN.

fenheit, dass die betreffenden Rechtsakte auf die Individuen anwendbar sind und ihnen einen Schaden zufügen (*les sean aplicables y les causen perjuicio*)[1126].

Den *Prüfungsmaßstab* für die erwähnten Rechtsakte bilden die Normen der andinen Gemeinschaftsrechtsordnung (Art 17 TCTJCA, Art 101 ETJCA). Gem Art 1 TCTJCA umfasst die Rechtsordnung der Andengemeinschaft (*el ordenamiento jurídico de la Comunidad Andina*) den Vertrag von Cartagena, seine Protokolle und „Zusatzinstrumente" (*Instrumentos adicionales*) (lit a leg cit), den TCTJCA und seine Änderungsprotokolle (lit b leg cit), die *Decisiones* des CAMRE und der CCA (lit c leg cit), die *Resoluciones* des SGCA (lit d leg cit) und die komplementären industriellen Abkommen sowie alle anderen derartigen Abkommen, welche die Mitgliedstaaten untereinander im Kontext des andinen subregionalen Integrationsprozesses abschließen (lit e leg cit). Da diese Rechtsordnung sowohl Primär- als auch Sekundärrecht umfasst, gleichzeitig aber – durch den Verweis von Art 17 TCTJCA und Art 101 ETJCA – als Prüfungsmaßstab für die Nichtigkeitsklage dienen soll, bestimmt Art 104 Abs 2 ETJCA, dass im Falle einer Unvereinbarkeit zwischen den höherrangigen Normen der andinen Rechtsordnung und anderen niederrangigen Normen derselben Rechtsordnung das TJCA die Ersteren anzuwenden hat.[1127]

Als zweiten Maßstab der Rechtmäßigkeitskontrolle nennen Art 17 TCTJCA bzw Art 101 ETJCA den *Ermessensmissbrauch* (*desviación de poder*). Unter dem im TJCA nicht näher definierten Begriff des *desviación de poder* wird im Allgemeinen „das Abweichen des Organaktes vom Sinn seiner Rechtsgrundlage verstanden, indem das Organ die ihm eingeräumte Kompetenz zu einem anderen Zweck als dem in der Ermächtigungsgrundlage zugrunde gelegten nutzt"[1128]. Ermittelt wird dieser Zweck durch eine teleologische Auslegung.

Was das *Verfahren* betrifft, so präsentiert sich die Nichtigkeitsklage des andinen Gemeinschaftsrechtes in zwei Ausgestaltungen, in einem eigenen *selbständigen Verfahren* sowie in der „Version" eines *inzidenten Verfahrens*.[1129]

In dem in *Capítulo 4* (des 2. Titels) – *De las acciones de nulidad e incumplimiento* (Art 51 bis 82) RI-TJCA[1130] geregelten selbständigen Verfahrens ist die

---

[1126] Siehe dazu *Marwege* (FN 883) 216 f.

[1127] Für einen Vergleich mit den Anfechtungsgründen des EGV siehe *Marwege* (FN 883) 209 ff.

[1128] *Marwege* (FN 883) 211 f.

[1129] Die Normenkontrolle im andinen Gemeinschaftsrecht fasst somit die Nichtigkeitsklage des Art 230 EGV und die Inzidente Normenkontrolle des Art 241 EGV in eine Klagsart zusammen.

[1130] Wie der Titel schon erwähnt, betreffen diese verfahrensrechtlichen Regelungen die Nichtigkeitsklage sowie die Nichterfüllungsverfahren.

Nichtigkeitsklage[1131] innerhalb einer *Frist* von zwei Jahre[1132] nach In-Kraft-Treten der *Decisión* des CAMRE oder der CCA, der *Resolución* des SGCA oder des Abkommens einzubringen (Art 20 Abs 1 TCTJCA, Art 103 ETJCA).

Nach Ablauf dieser Frist kann die Nichtigkeit nur mehr *inzident* geltend gemacht werden. In einem Rechtsstreit vor einem nationalen Richter oder Gericht, welcher die Anwendung einer *Decisión* oder *Resolución* betrifft und deren Gültigkeit fraglich ist, kann jede der Parteien des Ausgangsverfahrens den Richter oder das Gericht ersuchen, die fragliche Norm für den konkreten Fall für unanwendbar zu erklären (Art 20 Abs 2 TCTJCA). Im Falle eines derartigen Gesuches konsultiert der nationale Richter das TJCA und setzt sein Verfahren bis zur Entscheidung desselben, welche für ihn bindend ist, aus (Art 20 Abs 3 TCTJCA, Art 104 Abs 1 ETJCA). Um eine Beteiligung der Mitgliedstaaten, des CAMRE, der CCA und des SGCA zu ermöglichen sieht Art 104 Abs 1 ETJCA eine Benachrichtigung derselben durch das TJCA von dem Gesuch des nationalen Richters vor. Die Mitgliedstaaten, der CAMRE, die CCA und das SGCA haben sodann das Recht, innerhalb einer Frist von 30 Tagen dem TJCA schriftlich ihre Schriftsätze (*alegaciones*) und Bemerkungen (*observaciones*) mitzuteilen (Art 104 Abs 1 ETJCA).

Während sich dieses (inzidente) Verfahren vor den nationalen Gerichten abspielt, ist das Verfahren nach Art 241 EGV auf der Gemeinschaftsebene (vor dem EuGH) angesiedelt. Sogesehen enthält das Verfahren nach Art 20 TCTJCA nicht nur Aspekte einer Normenkontrolle, sondern auch solche eines Vorabentscheidungsverfahrens.

Die *Wirkung* einer Nichtigkeitsklage beschreibt das andine Gemeinschaftsrecht wie folgt: Das Einlegen einer Nichtigkeitsklage betrifft weder die Effektivität noch die Gültigkeit der angefochtenen Norm oder des Abkommens (Art 21 Abs 1 TCTJCA, Art 105 Abs 1 ETJCA). Das TJCA kann allerdings auf Antrag der jeweiligen Partei – und wenn es selbst es für notwendig erachtet – in seiner endgültigen Entscheidung[1133] die einstweilige Aussetzung der Exekution der betroffenen *Decisión*, *Resolución* oder des Abkommens bestimmen oder andere vorbeugende Maßnahmen anordnen, wenn dem Antragsteller ein tatsächlicher oder potentieller, nicht oder nur schwer wiedergutzumachender Schaden droht

[1131] Zusätzlich zum allgemeinen Klagsinhalt (Art 46 und 47 ETJCA) legt Art 48 ETJCA zusätzliche Kriterien für die Nichtigkeitsklage fest; darunter finden sich für die Mitgliedstaaten die Erforderlichkeit des Nachweises, dass die *Decisión* nicht mit ihrer Zustimmung erlassen wurde, sowie für die natürlichen und juristischen Personen, dass die *Decisión*, die *Resolución* oder das Abkommen ihre subjektiven Rechten oder legitimen Interessen betrifft.

[1132] Früher hat die Frist nur ein Jahr betragen; siehe dazu *Marwege* (FN 883) 220 f.

[1133] Für eine Übersicht über die Urteile in Nichtigkeitsverfahren siehe http://www.comunidadandina.org/normativa/sent/sentencias_2.htm.

(Art 21 Abs 2 TCTJCA).[1134] Wenn das TJCA die teilweise oder vollständige Nichtigkeit der angefochtenen *Decisión, Resolución* oder des Abkommens erklärt, so bestimmt es nach Art 22 Abs 1 TCTJCA bzw Art 106 Abs 1 ETJCA die zeitlichen Auswirkungen seiner Entscheidung, legt also fest, ob durch sein Urteil eine *ex tunc-* oder nur eine *ex nunc*-Wirkung festgelegt wird.

Da die Entscheidung im Nichtigkeitsverfahren nicht die Gültigkeit des Rechtsaktes betrifft, hat das Organ, dessen Rechtsakt „annulliert" (*anulado*) wurde – innerhalb der vom TJCA gesetzten Frist – die zur Umsetzung der Entscheidung notwendigen Vorkehrungen zu treffen (Art 22 Abs 2 TCTJCA, Art 106 Abs 2 ETJCA).[1135] Um eine korrekte Umsetzung des jeweiligen Organes sicherzustellen, bestimmt Art 106 Abs 3 ETJCA, dass kein vom TJCA endgültig oder einstweilen aufgehobener Akt von dem erlassenden Organ mit den im Wesentlichen selben (aufgehobenen oder suspendierten) Normen wiedererlassen werden kann, außer die die Nichtigkeit des Rechtsaktes verursachenden Normen sind nicht mehr in Geltung stehend.

Keine Prüfungskompetenz besitzt der Andengerichtshof für *Akte der untergeordneten Ebene*, sprich Rechtsakte der Mitgliedstaaten. Damit „findet es sich in Gesellschaft mit dem EuGH", welchem ebenfalls eine Prüfung von Normen der Mitgliedstaaten untersagt ist.

1.2.3.8.2 Pflichtenverletzungen

Die nächste für die Qualifizierung als Verfassungsgericht *konstitutive* Zuständigkeit ist die der Entscheidung über *Pflichtenverletzungen.*

Im Rahmen der Pflichtenverletzungen der *übergeordneten Ebene* entscheidet das TJCA im Rahmen der in *Sección 4* (des *3. Capítulo – De las Competencias del Tribunal*) TCTJCA bzw in *Capítulo 4* (des *3. Título – De las Acciones en particular*) ETJCA geregelten *Untätigkeitsklage* (*recurso por omisión o inactividad*).

Die Untätigkeitsklage findet sich, wie erwähnt, nicht von Anfang an im andinen Rechtsschutzsystem, sondern wurde erst durch das *Protocolo de Cochabamba*[1136] eingeführt. Vor seiner Einführung wurde das Fehlen einer Untätigkeitsklage von der lateinamerikanischen Literatur als „entscheidendes Manko"[1137] des TCTJCA bezeichnet.

[1134] Diese Voraussetzungen werden von Art 105 Abs 2 Ziff 1 bis 3 ETJCA präzisiert und Abs 3 leg cit sieht die Möglichkeit vor, vom Antragsteller eine Sicherheitsleistung (*caución*) oder Bürgschaft (*fianza*) zu verlangen.

[1135] Vgl dazu Art 233 EGV.

[1136] Siehe dazu vorstehend auf S 250 f.

[1137] So *Marwege* (FN 883) 272 f.

Passiv legitimiert zu dieser Klage[1138] sind der CAMRE, die CCA und das SGCA (jeweils Art 37 Abs 1 TCTJCA, Art 129 ETJCA).

Prüfungsmaßstab für die Untätigkeitsklage ist das Unterlassen der Vorname einer Handlung, zu der das betroffene Organe durch die Rechtsordnung der Andengemeinschaft ausdrücklich verpflichtet ist (Art 37 Abs 1 TCTJCA, Art 129 ETJCA).[1139] Bei der Beurteilung der Untätigkeit hat das TJCA die bestehende technische Dokumentation, den Hintergrund des Falles und die Erklärungen des betroffenen Organes zu berücksichtigen (Art 37 Abs 3 TCTJCA, Art 133 ETJCA).

Antragsbefugt zu Erhebung der Untätigkeitsklage sind die betroffenen Organe CAMRE, CCA und SGCA (jeweils Art 37 Abs 1 TCTJCA, Art 130 ETJCA), die Mitgliedstaaten (Art 37 Abs 1 TCTJCA, Art 130 ETJCA), sowie natürliche und juristische Personen, wenn sie festgestellter Maßen in ihren subjektiven Rechte oder ihren legitimen Interessen betroffen sind (Art 37 Abs 1 TCTJCA iVm Art 19 TCTJCA, Art 130 ETJCA iVm Art 132 ETJCA). Diese Konstruktion entspricht der Regelung in Zusammenhang mit der Nichtigkeitsklage, auf die auch verwiesen wird. Art 232 EGV gewährt ebenso den drei Ebenen (Organe, Mitgliedstaaten, natürliche und juristische Personen) eine Klagebefugnis.

Andengerichtshofvertrag und Satzung sehen folgendes *Verfahren* vor: Der Antragsteller hat vor Einlegung der Klage – in einem Vorverfahren[1140] – von dem betroffenen Organ schriftlich die Erfüllung seiner Verpflichtungen zu fordern (Art 37 Abs 1 TCTJCA, Art 131 Abs 1 ETJCA).[1141] Kommt das belangte Organ diesem Gesuch nicht innerhalb von 30 Tagen nach, so kann der Antragsteller das TJCA zur Entscheidung über den Fall anrufen (Art 37 Abs 2 TCTJCA, Art 131 Abs 2 ETJCA). Dabei hat das TJCA innerhalb von weiteren 30 Tagen nach Zulassung der Klage – und nach einem Stellungnahmegesuch an den Präsidenten oder Vertreter des betroffenen Organes – zu entscheiden (Art 37 Abs 3 TCTJCA, Art 133 ETJCA). Die Entscheidung des TJCA wird in der GOAC veröffentlicht (Art 37 Abs 3 TCTJCA).

[1138] Zusätzlich zum allgemeinen Klagsinhalt (Art 46 und 47 ETJCA) legt Art 50 ETJCA zusätzliche Kriterien für die Untätigkeitsklage fest; darunter finden sich die Erforderlichkeit des Nachweises für die Untätigkeit des beklagten Organes oder der Ablauf der 30tägigen Frist, sowie für die natürlichen und juristischen Personen, dass sie in ihren subjektiven Rechte oder legitimen Interessen betroffen sind.

[1139] Art 230 Abs 1 EGV spricht von einer Unterlassung „unter Verletzung dieses Vertrags".

[1140] Art 131 ETJCA trägt die Bezeichnung *Requerimiento previo* (Vorvoraussetzung).

[1141] Vgl Art 232 Abs 2 EGV.

Die *Wirkungen* des Urteiles[1142] bestimmt das TJCA selbst in demselben, indem es die Form, die Art und die Frist bestimmt, wie das betroffene Organ seinen Verpflichtungen nunmehr nachzukommen hat (Art 37 Abs 3 TCTJCA).

Im Bereich der *Pflichtenverletzungen durch die übergeordnete Ebene* finden sich keine weiteren Zuständigen, wie zB eine Zuständigkeit für *(Amts-)Haftungsangelegenheiten* oder *sonstige Zuständigkeiten.*

Der Bereich der konstitutiven Zuständigkeiten der *Pflichtenverletzungen durch die untergeordnete Ebene* findet sich zwar keine Zuständigkeit in *(Staats-)Haftungsangelegenheiten*, immerhin aber eine Zuständigkeit für *Vertrags/Verfassungsverletzungen.*

Geregelt ist letztere, die *Nichterfüllungsklage* (*acción de incumplimiento*), in *Sección 2* (des *3. Capítulo – De las Competencias del Tribunal*) TCTJCA bzw in *Capítulo 2* (des *3. Título – De las Acciones en particular*) ETJCA.

In engem Zusammenhang mit dieser Zuständigkeit steht ein dem Loyalitätsgebot des Art 10 EGV nahezu identisches Postulat, welches in Art 4 TCTJCA seine Rechtsgrundlage findet. Wie sein europäisches Vorbild besteht auch das andine Loyalitätsgebot[1143] aus einer aktiven und einer passiven Verpflichtung. Nach Art 4 Abs 1 TCTJCA sind die Mitgliedstaaten einerseits verpflichtet die Maßnahmen zu erlassen, die für die Sicherstellung der Erfüllung (*cumplimiento*) der Normen der Rechtsordnung der Andengemeinschaft notwendig sind (Art 4 Abs 1 TCTJCA) und haben es andererseits zu unterlassen, irgendeine Maßnahme zu erlassen oder anzuwenden, welche diesen Normen entgegensteht oder welche ihre Anwendung in irgend einer Weise behindert (Art 4 Abs 2 TCTJCA).

Kurz erwähnt sei an dieser Stelle der Grund für die Übersetzung der *acción de incumplimiento* mit Nichterfüllungsklage. Dieser ergibt sich aus dem *Prüfungsmaßstab*, an dem sich die *passiv legitimierten* Mitgliedstaaten messen lassen müssen. Auch wenn diese Klage – wie noch zu zeigen sein wird – der Vertragsverletzungsklage des EGV in ihren Grundzügen nachgebildet wurde, wird diese

---

[1142] Für eine Übersicht über die Untätigkeitsurteile siehe http://www.comunidadandina.org/-normativa/sent/sentencias_3.htm.

[1143] Eine interessante Erkenntnis zu Art 4 TCTJCA ergab sich im Gespräch mit dem *Secretario* des TJCA (Gespräch mit dem Sekretär des TJCA, Sr Dr. *Eduardo Almeida Jaramillo*, vom 18. 2. 2002), wonach diese Bestimmung nicht als Loyalitätsgebot (im europäischen Sinn) gesehen wird und sich somit auch die Frage erübrigt, ob dieses vertikal, horizontal zwischen den Mitgliedstaaten oder auch horizontal zwischen den Organen und Institutionen des SAI gilt. Diese Bestimmung steht vielmehr im Zusammenhang mit dem *incumplimiento*-Verfahren, wonach immer eine Verletzung dieser Bestimmung (Art 4 TCTJCA) angeklagt wird. Dabei bezeichnete der *Secretario* diese Bestimmung auf Nachfrage vielmehr als *principio de legalidad* (Legalitätsprinzip), und eben nicht als *pincipio de lealtad* (Loyalitätsgebot).

Zuständigkeit mit Nichterfüllungsklage (*incumplimiento* = Nichterfüllung, -leistung, -durchführung, -befolgung, -einhaltung etc)[1144] bezeichnet, da nicht (nur) wie in Art 226 und Art 227 EGV von einem Verstoß „gegen eine Verpflichtung aus dem Vertrag" die Rede ist.

Der Gründungsvertrag des TJCA spricht in diesem Zusammenhang in einer globaleren Umschreibung vielmehr von der Nichterfüllung einer aus den Normen oder Abkommen der Rechtsordnung der Andengemeinschaft fließenden Verpflichtungen (Art 23 Abs 1 TCTJCA), die Satzung des TJCA von der Nichteinhaltung von Verpflichtungen (*obligaciones*) und Kompromissen (*compromisos*) aus der Gemeinschaftsrechtsordnung (*ordenamiento jurídico comunitario*), welche der Mitgliedstaat der Andengemeinschaft in seiner Eigenschaft als eben solcher eingegangenen ist (Art 107 Abs 1 ETJCA). Präzisiert wird die Nichterfüllung neben der Angabe des Prüfungsmaßstabes auch noch durch die möglichen Arten der inkriminierten Handlung. Nach Art 107 Abs 2 ETJCA kann das zu ahndende Verhalten im Erlass von internen gegen die andine Rechtsordnung verstoßende Normen, im Nichterlass von von der andinen Rechtsordnung geforderten Normen, in der Realisierung irgendwelcher Akte, oder einer entgegengesetzten Unterlassung sowie in der in irgend einer Weise bestehenden Erschwerung oder Behinderung der andinen Rechtsordnung bestehen.

Die Nichterfüllungsklage kennt – wie auch ihr europäisches Vorbild – zwei Arten von *Antragsbefugten* und somit auch zwei Arten von *Verfahren*, einmal eingeleitet durch das SGCA (Art 23 TCTJCA, Art 108 ETJCA) und einmal durch die Mitgliedstaaten (Art 24 TCTJCA, Art 108 ETJCA).[1145]

Wenn das *SGCA*[1146] der Ansicht ist, dass ein Mitgliedstaat gegen die vorstehend erwähnten Verpflichtungen verstoßen hat, so teilt es diesem seine Beobachtungen (*observaciones*) schriftlich mit (Art 23 Abs 1 TCTJCA). Der Mitgliedstaat hat darauf innerhalb einer vom SGCA gesetzten – der Schwere des Falles angemessenen, jedoch 60 Tage nicht überschreitenden – Frist zu erwidern

[1144] *Becher, Herbert Jaime*, Wörterbuch der Rechts- und Wirtschaftssprache. Teil 1 Spanisch-Deutsch^5 (1999) 730.

[1145] Zusätzlich zum allgemeinen Klagsinhalt (Art 46 und 47 ETJCA) legt Art 49 ETJCA zusätzliche Kriterien für die Nichterfüllungsklage fest: darunter finden sich die Erforderlichkeit einer Kopie der begründeten Stellungnahme des SGCA bzw gegebenenfalls eines Nachweises, dass seit der *presentación del reclamo* mehr als 75 Tage vergangen sind, wenn der Antragsteller eine natürliche oder juristische Person ist darüber hinaus die Erforderlichkeit eines Nachweises, dass ihre subjektiven Rechte oder legitimen Interessen verletzt sind bzw einer eidesstattlichen Erklärung (*declaración bajo juramento*), dass sie in derselben Sache nicht schon vor einem nationalen Gericht einen Rechtsstreit führen.

[1146] Gem Art 16 lit h AC wacht allerdings der CAMRE – und nicht wie man meinen möchte das SGCA – über die Einhaltung der Verpflichtungen aus dem AC.

(Art 23 Abs 1 TCTJCA). Nach Erhalt der Antwort oder dem Verstreichen der Frist gibt das SGCA gemäß seiner Verfahrensordnung und innerhalb der folgenden fünfzehn Tagen eine begründete Stellungnahme (*dictamen, cual deberá ser motivado*) über den Stand der Erfüllung der Verpflichtung ab (Art 23 Abs 1 TCTJCA). Wenn das SGCA in seiner Stellungnahme eine Nichterfüllung durch den Mitgliedstaat feststellt und dieser mit dem inkriminierten Verhalten fortfährt, so hat das SGCA unverzüglich (*a la brevedad posible*) das TJCA um eine Entscheidung zu ersuchen (Art 23 Abs 2 TCTJCA). Der betroffene Mitgliedstaat kann der Klage des SGCA nach Art 23 Abs 2 TCTJCA beitreten (*adherirse*).

In der zweiten Ausgestaltung kann – so wie auch in Art 227 EGV – ein *Mitgliedstaat gegen einen anderen Mitgliedstaat* vorgehen.[1147] Wenn ein Mitgliedstaat der Ansicht ist, dass ein anderer Mitgliedstaat gegen die erwähnten Verpflichtungen verstoßen hat, so befasst er das SGCA mit dem Fall und dem betreffenden Sachverhalt (*antecedentes respectivos*), damit dieses innerhalb der Frist von 60 Tagen die notwendigen Handlungen vornimmt, um die Nichterfüllung zu beenden (Art 24 Abs 1 TCTJCA). Nach Erhalt der Antwort oder nach erfolglosem Verstreichen der Frist erlässt das SGCA in Übereinstimmung mit seiner Verfahrensordnung und innerhalb der folgenden fünfzehn Tagen eine begründete Stellungnahme über den Stand der Erfüllung der Verpflichtung (Art 24 Abs 1 TCTJCA). Wenn das SGCA in seiner Stellungnahme eine Nichterfüllung durch den inkriminierten Mitgliedstaat feststellt und dieser mit dem inkriminierten Verhalten fortfährt, so hat das SGCA das TJCA um eine Entscheidung zu ersuchen (Art 24 Abs 2 TCTJCA). Der Gründungsvertrag kennt zwei Fälle in denen ein Mitgliedstaat, der die Nichterfüllung durch einen anderen Mitgliedstaat reklamiert, direkt das TJCA anrufen kann. Zum, einen wenn das SGCA innerhalb von 60 Tagen nach Erlass der *Stellungnahme* nicht die Klage einlegt (Art 24 Abs 2 TCTJCA) und zum anderen, wenn das SGCA seine Stellungnahme nicht innerhalb von 65 Tagen nach dem Datum der Einreichung der *Beschwerde* erlässt oder in seiner Stellungnahme nicht von einer Nichterfüllung ausgeht (Art 24 Abs 3 TCTJCA).

Neben den zwei Antragsbefugten SGCA und den übrigen Mitgliedstaaten kennt auch die Nichterfüllungsklage eine *Klagebefugnis von Individuen*,[1148] wel-

[1147] Nach *Dávalos García* (FN 1033) 70 haben die Mitgliedstaaten – bis auf einen Fall (Venezuela/Ecuador) – noch nie von diesem Verfahren Gebrauch gemacht.

[1148] Eingeführt wurde diese durch das *Protocolo de Cochabamba*. Der Grund dafür war nach *Dávalos García* (FN 1036) 48, dass weder die Mitgliedstaaten noch das SGCA dieses Verfahren so recht ausgeübt haben.

che sich in zwei – sich gegenseitig ausschließenden[1149] – Ausgestaltungen präsentiert; zum einen auf der übergeordneten (Andengemeinschaft) und zum anderen auf der untergeordneten Ebene (Mitgliedstaaten).

Die von der Nichterfüllung eines Mitgliedstaates in ihren Rechten betroffenen natürlichen und juristischen Personen können einerseits das SGCA und das TJCA gemäß dem Verfahren des Art 24 TCTJCA (Mitgliedstaat gegen Mitgliedstaat) anrufen (Art 25 Abs 1 TCTJCA, Art 108 ETJCA). Ein sodann ergangenes Urteil stellt gem Art 30 TCTJCA bzw Art 110 ETJCA eine ausreichende Rechtsgrundlage dar, damit ein Einzelner vor einem nationalen Richter Entschädigung für den entsprechenden positiven Schaden (*daños*) und den entgangenen Gewinn (*daños y perjuicios*) fordern kann.

Die Individuen haben jedoch auch andererseits das Recht – in Übereinstimmung mit den Vorschriften des innerstaatlichen Rechtes – sich an die zuständigen nationalen Gerichte zu wenden, wenn ihre Rechte durch eine solche Nichterfüllung verletzt werden und die Mitgliedstaaten ihren Verpflichtungen aus Art 4 TCTJCA (Loyalitätsgebot) nicht nachgekommen sind (Art 31 TCTJCA).

Diese Klagebefugnis von Individuen[1150] (auf gemeinschaftlicher wie auch auf nationaler Ebene) ist einmalig und findet kein Pendant im europäischen Gemeinschaftsrecht, in welchem lediglich die Kommission (als Hüterin der Verträge) und die Mitgliedstaaten ein Vertragsverletzungsverfahren einleiten können. Die „europäische Konstruktion" übersieht jedoch, dass eine Vertragsverletzung auch Rechte von Individuen betreffen kann.[1151] Durch die unmittelbare Anwendbarkeit des Gemeinschaftsrechtes wurde die „vigilance des particuliers"[1152] (die Wachsamkeit der Einzelnen) – unter anderem – als ein Instrument zur Sicherung der Einhaltung des Gemeinschaftsrechtes etabliert. Diese Rolle als „Hüter des Gemeinschaftsrechtes" wird dem Einzelnen jedoch im europäischen Vertragsverletzungsverfahren versagt. Für den Bereich der Gemeinschaftsebene kann somit festgehalten werden, dass den Individuen nicht nur eine Aktivlegitimation gegen sie

---

[1149] Nach Art 25 Abs 2 TCTJCA schließt eine Klage nach Art 25 Abs 1 TCTJCA (Klage vor dem TJCA) die Möglichkeit aus, in der gleichen Sache gleichzeitig eine Klage nach Art 31 TCTJCA (Klage vor den nationalen Gerichten) zu beschreiten.

[1150] Siehe dazu auch *Marwege* (FN 883) 178 ff.

[1151] *Dávalos García* (FN 1033) 68 führt als einen Grund für diese Klagebefugnis die Tatsache an, dass heutzutage viele Normen den Individuen gegenüber *directamente aplicables* sind, was einer neuen Tendenz im Völkerrecht entspreche/entspricht.

[1152] *Simon* (FN 5) 268. Im Urteil Rs 26/62 (FN 60) 26 führt der EuGH dazu aus wie folgt: „*Die Wachsamkeit der* an der Wahrung ihrer Rechte interessierten *Einzelnen* stellt eine wirksame Kontrolle dar, welche die durch die Kommission und die Mitgliedstaaten gemäß den Artikeln 169 [jetzt Art 226 EGV] und 170 [jetzt Art 227 EGV] ausgeübte Kontrolle ergänzt." Hervorhebungen durch den Verfasser.

betreffende Verhaltensweisen von Mitgliedstaaten vorenthalten wird (welche sie für die Wahrung ihrer Rechte und Interessen benötigen würden), sondern dass man damit gleichzeitig die *vigilance des particuliers* nicht zur Kontrolle des Gemeinschaftsrechtes nutzt. Auf nationaler Ebene stellt die „andine Konstruktion" gegenüber dem europäischen Modell eine Fortschritt dar. Wie erwähnt, ist das europäische Gemeinschaftsrecht zwar unmittelbar anwendbar, weshalb sich Individuen vor nationalen Gerichten und Behörden darauf berufen können, dem nationalen Gericht kommt jedoch nicht die Zuständigkeit zu, über einer Vertragsverletzung eines Mitgliedstaates zu entscheiden. Nach *Hummer* ist diese andine Regelung eine „außergewöhnlich[e] dogmatisch[e] Konstruktion".[1153] Wie bereits erwähnt, wurde das TJCA nach dem Modell des EuGH errichtet. Auf die Frage, ob seiner Meinung nach auch umgekehrt „andine Konstruktionen" in Europa zum Vorbild genommen werden könnten nannte Präsident *Lizcano* eben diese Klagebefugnis von Individuen als mögliches Beispiel dafür, dass die lateinamerikanisch-europäische Rechtsvergleichung keine Einbahnstrasse bleibt.[1154]

Eine Ausnahme von dem vorstehend erwähnten Vorverfahren kennt Art 26 TCTJCA. In den Fällen, in denen bereits eine *Resolución* zur Überprüfung des Vorliegens einer Verpflichtung (*gravamen*) oder Beschränkung (*restricción*) erlassen wurde oder es sich um eine offensichtliche Verletzung (*un caso de incumplimiento flagrante*) handelt, erlässt das SGCA so rasch wie möglich und in Übereinstimmung mit seiner Verfahrensordnung eine begründetet Stellungnahme (*un dictamen motivado*), nach der das SGCA selbst oder der betroffene Mitgliedstaat *direkt* das TJCA anrufen können.

Stellt das TJCA in seinem Urteil[1155] das Vorliegen einer Nichterfüllung fest, so hat der inkriminierte Mitgliedstaat innerhalb einer Frist von 90 Tagen nach Zustellung des Urteiles des TJCA die für die Erfüllung seiner Verpflichtungen notwendigen Maßnahmen zu ergreifen (Art 27 Abs 1 TCTJCA, Art 111 Abs 1 ETJCA).

So wie im europäischen stellt auch im andinen Gemeinschaftsrecht die Nichtbefolgung eines Urteiles des TJCA eine neuerliche Vertragsverletzung/Nichterfüllung dar. Nach Art 111 Abs 2 ETJCA überwacht das TJCA – in Übereinstim-

---

1153 (FN 895) 545.

1154 Gespräch mit dem Präsidenten des TJCA, Sr Dr. *Guillermo Chahin Lizcano*, vom 13. 2. 2002.

1155 Für eine Übersicht über die Urteile in Nichterfüllungsangelegenheiten siehe unter http://-www.comunidadandina.org/normativa/sent/sentencias_3.htm.

mung mit den Normen des Art 27 TCTJCA und den Regelungen des ETJCA[1156] – die Erfüllung der aufgrund dieser Zuständigkeit ergangenen Urteile.

Im Falle einer neuerlichen Pflichtenverletzung durch Nichtbeachtung eines gegen einen verurteilten Mitgliedstaat erlassenen Urteiles im Nichterfüllungsverfahren kommen die folgenden Bestimmungen zur Anwendung (Art 112 ETJCA): Das Verfahren zur Beendigung der Nichtumsetzung des Urteiles wird vom TJCA von Amts wegen auf eigenes Betreiben (!)[1157] oder auf Anzeige (*denuncia*) eines Mitgliedstaates, eines Gemeinschaftsorganes oder einer sonstigen Person eingeleitet (Art 113 Abs 1 ETJCA). Zur Einleitung des summarischen Verfahrens erlässt das TJCA einen Beschluss (*auto*), welcher dem verurteilten Mitgliedstaat zugestellt (*notificará*) und den übrigen Mitgliedstaaten, dem SGCA und dem Antragsteller der Nichterfüllungsklage mitgeteilt (*comunicará*) wird (Art 113 Abs 2 ETJCA). Wenn sich bei der Eröffnung des summarischen Verfahrens glaubhafte Gründe für die Nichterfüllung des Urteiles ergeben, erlässt das TJCA mittels Beschluss die Anschuldigungsschrift (*pliego de cargos*) gegen den verurteilten Mitgliedstaat, in welcher es die Informationen bezeichnen muss, welche sich auf die vermutete Missachtung bezieht sowie die Gemeinschaftsnormen angeben, gegen welche das angeklagte Verhalten verstößt; des weiteren die Rechtsgrundlagen der gegebenenfalls verhängten Sanktionen die dem Mitgliedstaat drohen, wenn sein fehlerhaftes Verhalten nachgewiesen wird. Im gegenteiligen Fall ordnet das TJCA an, die Untersuchung *ad acta* zu legen (*archivar la actuación*) (Art 114 ETJCA). Der durch die Anschuldigungsschrift bezeichnete Mitgliedstaat verfügt über eine Frist von 40 Tagen (ab Zustellung des Beschlusses über die Anschuldigungsgründe), um vor dem TJCA seine Entlastungsgründe und Erklärungen vorzutragen die er für richtig hält sowie die Beweismittel vorzutragen, die er geltend machen will (Art 115 Abs 1 ETJCA). Innerhalb derselben Frist können die übrigen Mitgliedstaaten, die CCA und das SGCA dem TJCA ihre Stellungnahmen, die sie in Bezug auf die laufende summarische Untersuchung für richtig halten, mitteilen (Art 115 Abs 2 ETJCA). Nach Ablauf der erwähnten Frist studiert das TJCA die im Akt vorgelegte Dokumentation und ordnet die Archivierung der Beschlüsse und die Einstellung des summarischen Verfahrens an, wenn es die Rechtfertigungsgründe für das Nichtvorliegen einer Nichterfüllung für ausreichend erachtet. Im gegenteiligen Fall setzt das TJCA das Verfahren fort (Art 116 ETJCA). Wenn es die Nichtbefolgung (*desacato*) mittels Urteiles feststellt, erlässt das TJCA einen

---

[1156] Neben der *Sección 1* (*De la acción de inmplimiento*) finden sich die Regelungen über eine neuerliche Nichterfüllung in *Sección 2* (*Del procedimiento sumario por desacto a las sentencias en acciones de incumplimiento*).

[1157] Nach Art 228 Abs 2 UAbs 2 EGV kann lediglich die Kommission den Gerichtshof anrufen.

Beschluss in dem es diese feststellt und das SGCA ersucht, dass dieses eine Stellungnahme abgibt (Art 117 Abs 1 ETJCA). Für die Übermittlung der geforderten Stellungnahme setzt Art 117 Abs 2 ETJCA dem SGCA eine einmalige Frist von 30 Tagen. Nach Erhalt der Stellungnahme des SGCA bzw nach Ablauf der ihm dafür zustehenden Frist beschließt das TJCA, ob es eine Verhandlung ansetzt, um die Art der möglicherweise zu ergreifenden Maßnahmen zu erörtern. Sodann erlässt es unverzüglich einen begründeten Beschluss, in dem es festlegt wie die Sanktionen – in Übereinstimmung mit den Bestimmungen des Art 27 TCTJCA und Art 120 ETJCA – ausgestaltet werden (Art 118 Abs 1 ETJCA). Nach Art 27 Abs 2 TCTJCA bzw Art 119 ETJCA legt das TJCA summarisch und nach Einholung der Ansicht des SGCA die Grenzen fest, innerhalb derer der antragstellende oder jeder andere Mitgliedstaat die sich für den inkriminierten Mitgliedstaat aus dem AC ergebenden Vorteile teilweise oder vollständig einschränken oder suspendieren können. In jedem Fall kann das TJCA aber auch die Annahme anderer Maßnahmen anordnen, wenn die Einschränkung oder Suspension der Vorteile aus dem AC die zu lösende Situation verschlechtern würde oder sich diese Maßnahmen in diesem Zusammenhang nicht als effizient erweisen würden (Art 27 Abs 3 TCTJCA). Dieser Beschluss wird dem von den Untersuchungen betroffenen Mitgliedstaat zugestellt und den übrigen Mitgliedstaaten und der CCA durch Vermittlung des SGCA mitgeteilt (Art 27 Abs 4 TCTJCA, Art 118 Abs 2 ETJCA). Wenn der unter Sanktionen gestellte Mitgliedstaat zeigt (*manifieste*), dass er den im Urteil verhängten Verpflichtungen in vollem Umfang nachgekommen ist, fordert das TJCA die Mitgliedstaaten und das SGCA auf, innerhalb von fünf Tagen eine Stellungnahme abzugeben. Nach Ablauf dieser Frist entscheidet das TJCA über die Aufhebung der Sanktionen (Art 120 Abs 1 ETJCA). Wenn sich nach der Aufhebung der Sanktionen neuerlich die Nichtbeachtung des Urteiles des TJCA herausstellt, ordnet der Andengerichtshof von Amts wegen oder auf Antrag die Eröffnung eines neuen summarischen Verfahrens wegen Nichtbefolgung an (Art 120 Abs 2 ETJCA).

Vor Erlass der endgültigen Entscheidung kann das TJCA auf Antrag einer Partei und – wenn es ihm notwendig erscheint – nach Sicherstellung (*afianzamiento*) die einstweiligen Aussetzung der als verletzend angesehenen Handlung anordnen, wenn diese dem Antragsteller (*demandante*) oder der Subregion einen nur schwer oder nicht wiedergutzumachenden Schaden verursacht oder verursachen könnte (Art 28 TCTJCA, Art 109 ETJCA).

Die Aktualität der Problematik der Nichterfüllung von Urteilen im Kontext des *procedimiento de incumplimiento* beweist die am 30. 1. 2002 vom CPA erlassene *Declaración de Santa Cruz de la Sierra*[1158]. Neben Fragen der *Zona de libre Comercio*, der *Unión Aduanera* und anderen Politiken behandelt diese *Declaración* auch die Frage der Nichteinhaltung von Urteilen in diesem Verfahren; darin heißt es: „además de establecer una instancia de conciliación que complemente la acción del Tribunal Andino de Justicia y un compromiso de cumplir a cabalidad las sentencias de dicho órgano judicial". Bei dieser *instancia de conciliación* handelt es sich nicht – wie man vermuten könnte – um die Errichtung eines Gerichtes erster Instanz, sondern – nach Aussagen des Präsidenten des TJCA[1159] – um den Versuch, zwischen zwei Mitgliedstaaten (verletzender Staat und von diesem Verhalten betroffener Staat) eine Streitbeilegung zu schaffen. Diese *Declaración*, „que, como tal, no obliga a ningún país o Gobierno andino. Lo que sí hace es comprometer moralmente a los presidentes que la firmaron"[1160], stellt einen Rückschritt dar, da diese *conciliación* keine Beteiligung des TJCA vorsieht, sondern rein intergouvernemental (zwischen den betroffenen Mitgliedstaaten) abläuft. Wenn man einen Vergleich zum europäischen Vertragsverletzungsverfahren zieht, so ist dieses als ein objektives Verfahren ausgestaltet.[1161] Wenn man diese Objektivität auf das andine Pendant überträgt, so würde diese sicherlich darunter leiden, wenn die Einhaltung der Urteile des Gerichtes der Diskretion der Mitgliedstaaten überlassen wäre.

Eine weitere „Schwachstelle" dieser *Declaración* ist die, dass dieses Verfahren nur den Fall einer Klage eines Mitgliedstaates gegen einen anderen Mitgliedstaates betrifft, nicht hingegen Fälle eines durch das SGCA bzw durch Individuen eingeleiteten Verfahrens.

Eine *Revisionsmöglichkeit* für Nichterfüllungsurteile sieht Art 29 Abs 1 TCTJCA vor. Demnach können diese Urteile auf Antrag einer Partei (wiederum) vor dem TJCA aufgrund einer Tatsache, welche den Ausgang des Verfahrens nachdrücklich beeinflussen konnte, angefochten werden, wenn der antragstellenden Partei diese Tatsache zum Zeitpunkt der Urteilserlassung nicht bekannt war. Diese Anfechtungsklage muss innerhalb einer relativen Frist von 90 Tagen nach der Entdeckung der Tatsache und einer absoluten Frist von einem Jahr nach dem Datum des Urteiles eingebracht werden (Art 29 Abs 2 TCTJCA).

[1158] Http://www.comunidadandina.org/cumbreSC/santacruz.htm; siehe dazu auch den Artikel „Expertos cuestionan viabilidad de la CAN" in der ecuadorianischen Zeitung *El Telégrafo* vom 10. 2. 2002, 2 A.

[1159] Gespräch mit dem Präsidenten des TJCA, Sr Dr. *Guillermo Chahin Lizcano*, vom 13. 2. 2002.

[1160] *Héctor Plaza*, ehemaliger ecuadorianischer Aussenhandelsminister, in *El Telégrafo* vom 10. 2. 2002, 2 A.

[1161] Siehe dazu zB *Schwarze* in *Schwarze* (FN 319) Rdnr 1 zu Art 226 EGV.

Systematisch unter den Punkt *Sonstige Pflichtenverletzungen durch die untergeordnete Ebene* einzuordnen ist noch die Bestimmung des Art 28 AC, welche ein bekanntes völkerrechtliches Sanktionsinstrument postuliert. Ein mit seinen Beitragszahlungen an das SGCA oder den TJCA mehr als vier Quartale (*trimestres*) in Rückstand befindlicher Mitgliedstaat kann sein Stimmrecht in der CCA solange nicht ausüben, als er diese Situation nicht bereinigt (Art 28 Abs 1 AC). In einem solchen Fall werden das Präsenz- und das Konsensquorum (*quórum de asistencia y votación*) entsprechend der Anzahl der (durch die Zahlungen) beitragende Mitgliedstaaten (*países aportantes*) berechnet (Art 28 Abs 2 AC).[1162]

1.2.3.8.3 Grundrechtskontrolle und sonstige institutionelle Zuständigkeiten

Im andinen Gemeinschaftsrecht fanden sich bis vor kurzem keine Bestimmungen zu Grundrechten (*derechos fundamentales*).[1163] Der Grund, weshalb man dachte, ohne Grundrechte auskommen zu können ist derselbe wie damals in Europa: einerseits finden sich in den Verfassungen der fünf Mitgliedstaaten jeweils grundrechtliche Bestimmungen[1164] und andererseits sind die Mitgliedstaaten durch mehrere internationale Verträge gebunden. Darüber hinaus dürfte man in Europa – vor der einschlägigen Judikatur des EuGH – davon ausgegangen sein, dass das Gemeinschaftsrecht (der EGKS) der Umsetzung bedarf und man somit auf der nicht unmittelbar anwendbaren übergeordneten Ebene ohne Grundrechtsverbürgungen auskommen kann.

Keine eigenständige Zuständigkeit besitzt das TJCA im Bereich von *Grundrechtskontrollen*.[1165] Dies ist insofern nicht besonders verwunderlich, als auch dem europäische Pendant des Andengerichtshofes (noch)[1166] keine eigene Zustän-

---

[1162] Bekanntlich findet sich für die europäische Integration eine dem Art 28 AC ähnliche Bestimmung in Art 7 EUV allerdings in einem etwas anderen Kontext. Während Art 28 AC einen finanziellen Kontext hat, handelt es sich bei Art 7 EUV um das Verfahren bei Verletzung der gemeinsamen Werte.

[1163] *Uribe Restrepo* (FN 856) 96.

[1164] Für nähere Angaben siehe *Uribe Restrepo* (FN 856) 99.

[1165] Zu den Grundrechten und dem Andenparlament siehe zB *Congreso de la República*, El Parlamento Andino y los derechos humanos. Seminario „Contribuciones del Parlamento Andino en el Campo de los Derechos Humanos". Caracas, Venezuela 15 al 20 de Octubre de 1988 (1989). Siehe auch *Huhle, Rainer*, Menschenrechte in Lateinamerika, S+F 2001, 18 ff.

[1166] Falls die Grundrechte-Charta in die Verträge aufgenommen werden sollte und sich die Gemeinschaften folglich von einer Wirtschafts- zu einer Grundrechtegemeinschaft weiterentwickeln, müßte man konsequenterweise auch ein entsprechendes Verfahren zu ihrer Geltendmachung einführen. Siehe dazu auch *Bogdandy, Armin von*, Grundrechtsgemeinschaft als Integrationsziel? Grundrechte und das Wesen der Europäischen Union, JZ 2001, 157 ff; *ders*, The European Union

digkeit für Grundrechtsverletzungen zukommt. Bedeutung hat der Grundrechtsschutz für Individuen insofern auch, da sich teilweise für Individuen direkte Verpflichtungen aus dem AC ergeben. So sieht zB Art 39 Abs 1 AC für Individuen die Verpflichtung zur Zusammenarbeit mit dem SGCA vor, wenn dieses in Vorbereitung für den Erlass von Rechtsakten Untersuchungen vornimmt. Dabei haben die Individuen dem SGCA die Informationen zu übermitteln, um welche sie das SGCA ersucht.

Zwar findet sich keine eigenständige Zuständigkeit des TJCA, allerdings ist in diesem Zusammenhang ein Augenmerk auf die Klagebefugnis von Individuen im Bereich von bereits behandelten Zuständigkeiten zu legen.

Im Bereich der *Grundrechtsverletzungen durch die übergeordnete Ebene* ist die Bestimmung des Art 19 TCTJCA einer näheren Betrachtung zu unterziehen. Diese Bestimmung stammt aus dem Kontext der Klagebefugnis von Individuen im Bereich der Zuständigkeit zur Kontrolle von Normen der übergeordneten Ebene und findet sich sinngemäß[1167] auch bei der Untätigkeitsklage (Pflichtenverletzung durch die übergeordnete Ebene). Demnach können, wie vorstehend erwähnt, natürliche und juristische Personen (gegen *Decisiones* des CAMRE bzw der CCA sowie gegen *Resoluciones* des SGCA) Nichtigkeitsklage erheben, wenn diese Rechtsakte (bzw die Untätigkeit eines Organes) ihre subjektive Rechte (*derechos subjetivos*) oder legitimen Interessen betreffen (Art 19 TCTJCA, Art 102 Abs 3 ETJCA, Art 132 ETJCA). Diese beiden Voraussetzungen sind nach Aussagen seines *Secretario* vom TJCA bisher unterschiedlich verstanden worden.[1168] Während man diese Klagsvoraussetzungen anfangs eher restriktiv im Sinne einer direkten Betroffenheit verstanden hat und demnach ein Einzelinteresse gefordert hat (bzw im Falle eines generellen Interesses die Klage abgewiesen hat), akzeptiert man heute Klagen auch, wenn ein allgemeines legitimes Interesse betroffen ist. Bis dato hat es noch kein Fälle gegeben, in denen sich die Frage gestellt hätte, ob unter den *derechos subjetivos* bzw legitimen Interessen auch Grundrechte (*derechos fundamentales*) zu verstehen seien.[1169]

Was die *Grundrechtsverletzungen durch die untergeordnete Ebene* anbelangt, so kann auf die Klagebefugnis von Individuen im Bereich der Nichterfüllungs-

---

as a human rights organization? Human rights and the court of the European Union, CMLR 2000, 1307 ff; *ders*, Grundrechtsgemeinschaft als Integrationsziel? Grundrechte und das Wesen der Europäischen Union (2001).

1167 Art 37 Abs 1 TCTJCA (Untätigkeitsklage) verweist auf die Bestimmung des Art 19 TCTJCA.

1168 Gespräch mit dem Sekretär des TJCA, Sr Dr. *Eduardo Almeida Jaramillo*, vom 18. 2. 2002.

1169 Gespräch mit dem Sekretär des TJCA, Sr Dr. *Eduardo Almeida Jaramillo*, vom 18. 2. 2002.

klage verwiesen werden. In den beiden Ausgestaltungen einer Klage auf der Ebene der Andengemeinschaft (Art 25 Abs 1 TCTJCA, Art 108 ETJCA) bzw vor den nationalen Gerichten (Art 31 TCTJCA) sprechen die einschlägigen Bestimmungen allerdings nicht mehr von den *derechos subjetivos*, sondern nur mehr von *derechos*. Nach den vorstehenden Ausführungen kann man bei den *derechos* ebenso wenig bzw noch weniger sagen, ob es sich dabei auch um Grundrechte handeln kann.

Eine aktuelle Neuerung und zugleich einen Beweis dafür, dass man sich im andinen Integrationsprozess stark an der EU orientiert, stellt die am 26. 7. 2002 in Guayaquil/Ecuador von den Präsidenten der Mitgliedstaaten der CA unterzeichnete *Carta Andina para la Promoción de los Derechos Humanos* dar, welche derzeit noch nicht rechtsverbindlich ist.[1170]

Im Übrigen finden sich für das TJCA keine *sonstigen institutionellen (konstitutiven) Zuständigkeiten*.

1.2.3.8.4 Prüfung von Wahlen und Referenden und internationale Zuständigkeiten

In der Kategorie der *nicht konstitutiven Zuständigkeiten* findet sich weder im Bereich der *Prüfung von Wahlen und Referenden* noch in dem der *internationalen Zuständigkeiten* eine Kompetenz für das TJCA.

1.2.3.8.5 Schiedsrichterliche Zuständigkeiten

Eine Zuständigkeit ergibt sich für den TJCA im Bereich der *nicht konstitutiven Zuständigkeiten* aufgrund einer *Schiedsklausel* und zwar in Streitigkeiten die sich aus der Anwendung oder Auslegung von Verträgen (*contratos*), Konventionen (*convenios*) oder Abkommen (*acuerdos*) ergeben, welche zwischen den Organen und Institutionen des SAI bzw zwischen diesen und Dritten geschlossen wurden, wenn sich die Parteien auf diese Zuständigkeit des TJCA einigen (Art 38 Abs 1 TCTJCA).[1171] [1172]

Auch für *Individuen* ergibt sich eine *Klagebefugnis*, wenn sie nicht bereits Dritte im Sinne von Art 38 Abs 1 TCTJCA sind. Nach Art 38 Abs 2 TCTJCA

[1170] Http://www.comunidadandina.org/documentos/actas/cart_DDHH.htm. Gem Art 96 der *Carta* kann der CAMRE in einem *momento oportuno* über die Rechtsverbindlichkeit dieser *Carta* entscheiden.

[1171] Eingeführt wurde diese Zuständigkeit, wie bereits erwähnt, durch das *Protocolo de Cochabamba*.

[1172] Zu dieser Zuständigkeit siehe auch die zweite Übergangsbestimmung des ETJCA (*Segunda – El Consejo de Ministros de Relaciones Exteriores, a propuesta de la Comisión y en consulta con el Tribunal, adoptará la Decisión referente a la función arbitral prevista en la Sección V del Capítulo III del Tratado, la que se incorporará al presente Estatuto en lo pertinente.*).

können auch Privatpersonen vereinbaren, dem Andengerichtshof Streitigkeiten vorzulegen, welche sich aus der Anwendung oder Auslegung bestimmter Aspekte in privaten Verträgen ergeben, welche unter den Anwendungsbereich der Rechtsordnung der Andengemeinschaft fallen (*regidos por el ordenamiento jurídico de la Comunidad Andina*).

Der *Prüfungsmaßstab* für die Entscheidung des TJCA richtet sich entweder nach Recht (*derecho*) oder Billigkeit (*equidad*), je nach Vereinbarung der Parteien (Art 38 Abs 3 TCTJCA).

Die schiedsrichterlichen Entscheidungen des TJCA sind bindend, unanfechtbar und stellen eine ausreichende Rechtsgrundlage für eine Exekution nach den nationalen Regelungen eines jeden Mitgliedstaates dar (Art 38 Abs 3 TCTJCA).

Neben dieser schiedsrichterlichen Zuständigkeit des TJCA nach Art 38 TJCA sei noch eine solche des SGCA nach Art 39 TCTJCA erwähnt. Nach Art 39 Abs 1 TCTJCA ist das SGCA für die schiedsrichterliche Schlichtung von Streitigkeiten zuständig, welche ihm private Parteien in Hinblick auf die Anwendung und Auslegung von in privaten Verträgen[1173] enthaltenen Aspekte vorlegen. Im Gegensatz zum TJCA entscheidet das SGCA immer nach Billigkeit und seine Entscheidungen sind nur unanfechtbar, wenn sich die Parteien darauf einigen (Art 39 Abs 2 TCTJCA).

In der Praxis ist diese Kompetenz zu vernachlässigen, da es bis dato noch kein einziges Verfahren nach dieser Zuständigkeit gegeben hat.[1174]

Bekanntlich findet diese Zuständigkeit in Schiedsangelegenheiten ihre Entsprechung in den Art 238 EGV (Schiedsklausel) bzw in Art 239 EGV (Schiedsvertrag). Der Unterschied zum andinen Modell liegt darin, dass sich Art 238 EGV lediglich auf von der Gemeinschaft geschlossene (öffentlich-rechtliche oder privatrechtliche) Verträge bezieht bzw Art 239 EGV lediglich von Streitigkeiten zwischen Mitgliedstaaten spricht. Indem Art 38 Abs 2 TCTJCA auch Individuen eine Klagebefugnis eröffnet, geht er – wie auch schon bei der der Vertragsverletzungsklage nachgebildeten Nichterfüllungsklage – einen Schritt weiter und entscheidet sich für eine die Individuen stärker einbeziehende Lösung. Diese Tatsache ist rechtspolitisch sehr zu begrüßen. Zurückzuführen sein dürfte sie jedoch mehr auf rein praktische Gründe. Da das TJCA bekanntlich nicht – so wie sein Luxemburger Pendant – unter einer Arbeitsflut leidet, könnte es durchaus sein, dass man diese Variante 1996 geschaffen hat, um die Rolle des Andengerichtshofes zu stärken. Die institutionelle Stellung und funktionale Rolle eines (Ver-

1173 Wenn diese in den Anwendungsbereich der Andengemeinschaft fallen.

1174 Gespräch mit dem Sekretär des TJCA, Sr Dr. *Eduardo Almeida Jaramillo*, vom 18. 2. 2002. Der Grund dafür liegt nach seinen Aussagen darin, dass das Gericht „mas judicial que arbitral“ sei.

fassungs-)Gerichtes verhält sich zwar nicht direkt proportional zur Anzahl seiner Entscheidungen, es ist jedoch offensichtlich, dass einem unterbeschäftigten Gericht die Möglichkeit fehlt, sich im institutionellen Gefüge seiner Verbandsgewalt zu profilieren.

1.2.3.8.6 Amtsenthebung von Richtern und von Mitgliedern sonstiger Organe

Keine Zuständigkeit besitzt das TJCA im Bereich der *Amtsenthebung von Richtern* bzw *von Mitgliedern sonstiger Organe*. Wie vorstehend erwähnt, werden die Richter gegebenenfalls von einer Regierungskonferenz ihres Amtes enthoben,[1175] weshalb für eine diesbezügliche Zuständigkeit des TJCA kein Platz bleibt. Damit bleibt das andine Modell hinter dem europäischen zurück, da nach Art 6 Satzung EuGH der EuGH selbst (und ohne Einflussnahme durch die Mitgliedstaaten bzw die Politik) über die Amtsenthebung seiner Richter entscheidet.

1.2.3.8.7 Dienstrechtliche Streitigkeiten

Dem TJCA kommt auch eine Zuständigkeit für dienstrechtliche Streitigkeiten (*acciones laborales*) zu, welche in *Sección 6* (des *3. Capítulo – De las Competencias del Tribunal*) TCTJCA bzw in *Capítulo 5* (des *3. Título – De las Acciones en particular*) ETJCA geregelten ist.[1176]

Nach Art 40 TCTJCA ist der TJCA für die dienstrechtlichen Streitigkeiten zuständig, welche sich bei den Organen und Institutionen des SAI ergeben.[1177] Die Satzung präzisiert diese Zuständigkeit insofern, als nach Art 136 ETJCA die dienstrechtlichen Streitigkeiten, welche sich vor dem TJCA abspielen, die Schlichtung von Streitigkeiten beabsichtigen, welche ihren Ursprung in einer Arbeitsbeziehung haben und sich zwischen den Organen und Institutionen des SAI und ihren Beamten oder Angestellten – in Übereinstimmung mit dem dafür anwendbaren Sitzabkommen (*Convenio de Sede*) – ergeben.

Für den vom TJCA in seinen Urteilen anzuwendenden *Prüfungsmaßstab* verweist Art 135 ETJCA auf die von der *International Labour Organization* (ILO) anerkannten bzw auf die den Mitgliedstaaten gemeinsam allgemeinen Grundsätze des Arbeitsrechtes.

[1175] Siehe dazu vorstehend auf S 260.

[1176] Eingeführt wurde diese Zuständigkeit, wie bereits erwähnt, durch das *Protocolo de Cochabamba*.

[1177] Gem der Bestimmung *Primera* der Übergangsbestimmungen des ETJCA haben die Organe und Institutionen des SAI, die noch über keine Verfahrensordnung (*reglamento*) oder ein Personalstatut (*estatuto de personal*) verfügen, ein solches innerhalb von einem Jahr nach In-Kraft-Treten der *Decisión* 500 zu erlassen. Zur Bestellung und Entlassung des technischen und administrativen Personals siehe vorstehend auf S 240.

Antragsbefugt zur Erhebung dienstrechtlicher Klagen[1178] sind Beamte und Angestellte eines der Organe und Institutionen des SAI nach Art 6 AC, welche mit einem dieser Organe oder Institutionen eine Arbeitsbeziehung haben oder hatten (Art 137 Abs 1 ETJCA). Voraussetzung für die Erhebung der Klage ist dabei, dass der Antragsbefugte über dieselben behaupteten dienstrechtlichen Rechte eine direkte Petition an seinen entsprechenden Arbeitgeber gerichtet hat, ohne innerhalb der folgenden 30 Tagen eine Antwort bekommen zu haben, oder wenn die erhaltene Antwort ganz oder teilweise ablehnend war (Art 137 Abs 2 ETJCA).

Das *Verfahren* für die dienstrechtlichen Streitigkeiten ist stark auf eine (außergerichtliche) Einigung der Parteien hin ausgerichtet. Gem Art 138 Abs 1 ETJCA beruft das TJCA nach der Klagebeantwortung die Parteien zu einer Verhandlung, in welcher es versucht, auf eine Beilegung der Differenzen hin zu wirken, wenn sich diese für einen Vergleich eignen. Im gegenteiligen Fall schlägt das TJCA eine ihm als gerecht erscheinende Formulierung einer Übereinkunft vor, ohne dass dieser jedoch präjudizierende Wirkung zukommt (Art 138 Abs 1 ETJCA). Abgesehen davon können die Parteien in gegenseitiger Übereinstimmung in jedem Stadium des Verfahrens das TJCA um eine Schlichtungsverhandlung ersuchen (Art 138 Abs 2 ETJCA). Im Falle einer Einigung wird eine Akte unterschrieben, welche den Prozess beendet und die Wirkung eine *res iudicata* (*efectos de cosa juzgada*) hat (Art 138 Abs 3 ETJCA). Im gegenteiligen Fall geht der Prozess bis zu seiner Vollendung weiter (*el proceso continuará hasta su culminación*) (Art 138 Abs 3 ETJCA). Eine Verjährung sieht Art 139 ETJCA vor, wonach dienstrechtliche Klagen drei Jahren nach dem Datum des dem Streit zugrundeliegenden Rechtsaktes oder der entsprechenden Tatsache verjähren.

Die Bedeutung dieser Kompetenz relativiert sich insofern in der Praxis, als bis dato nach dieser Zuständigkeit erst eine Klage (*demanda*), aber noch kein Urteil (*sentencia*) erlassen wurde,[1179] ganz im Gegensatz zur Anzahl der dienstrechtlichen Klagen vor dem EuG.

1.2.3.8.8 Verhältnis und Zusammenarbeit mit anderen Einrichtungen

Im Bereich des Verhältnisses und der Zusammenarbeit mit anderen Einrichtungen kommt dem TJCA eine Zuständigkeit für die Auslegung des Rechtes der

[1178] Zusätzlich zum allgemeinen Klagsinhalt (Art 46 und 47 ETJCA) legt Art 51 ETJCA zusätzliche Kriterien bzw Voraussetzungen für die dienstrechtlichen Klagen fest: den Arbeitsvertrag oder einen sonstigen Beweis für die Existenz des Arbeitsverhältnisses sowie gegebenenfalls eine Kopie der Antwort auf das Ersuchen.

[1179] Nach Aussagen des Sekretärs des TJCA liegt der Grund darin, dass das Gericht nicht in allen Fällen zuständig und diese Zuständigkeitsprüfung recht komplex sei; Gespräch mit dem Sekretär des TJCA, Sr Dr. *Eduardo Almeida Jaramillo*, vom 18. 2. 2002.

übergeordneten Ebene[1180] im Wege der Vorabentscheidung[1181] zu. Ihre Rechtsgrundlagen findet die *interpretación prejudicial* in *Sección 3* (des *3. Capítulo – De las Competencias del Tribunal*) TCTJCA bzw in *Capítulo 3* (des *3. Título – De las Acciones en particular*) ETJCA.

Nach Art 32 TCTJCA bzw Art 121 ETJCA ist das TJCA für die *Auslegung*[1182] der Normen der Rechtsordnung der Andengemeinschaft im Wege der Vorabentscheidung zuständig, um seine einheitliche Anwendung (*aplicación uniforme*) im Gebiet der Mitgliedstaaten sicherzustellen.[1183] Ein Vergleich mit Art 234 EGV bringt den Teilbereich der Vorabentscheidung zum Vorschein, der nicht der Zuständigkeit des TJCA unterfällt, die Entscheidung über die *Gültigkeit* (des Sekundärrechtes). In der Literatur wird dennoch teilweise die Meinung vertreten, wonach dem TJCA auch die Zuständigkeit zur Prüfung der Gültigkeit zukomme.[1184]

[1180] Keine Vorabentscheidungszuständigkeit kommt dem TJCA – so wie auch dem EuGH – im Bereich des *Rechtes der untergeordneten Ebene* (der Mitgliedstaaten) zu.

[1181] Zum andinen Vorabentscheidungsverfahren allgemein siehe *Uribe Restrepo, Fernando*, La Interpretación prejudicial en el Derecho Andino (1993). Zur Situation des Vorabentscheidungsverfahrens in den Mitgliedstaaten der CA siehe *Hassenteufel, Oscar*, La interpretación prejudicial en los países andinos: caso boliviano, in *Tribunal de Justicia del Acuerdo de Cartagena* (FN 1036) 110 ff; *Sánchez-Palacios Paiva, Manuel*, La interpretación prejudicial: caso peruano, in *Tribunal de Justicia del Acuerdo de Cartagena* (FN 1036) 309 ff; *Sosa Goómez, Cecilia*, La interpretación prejudicial y el Tribunal de Justicia del Acuerdo de Cartagena (Referencia al caso venezolano), in *Tribunal de Justicia del Acuerdo de Cartagena* (FN 1036) 144 ff; *Ureta, Manuel S*, La interpretación prejudicial en los países andinos: El caso colombiano, in *Tribunal de Justicia del Acuerdo de Cartagena* (FN 1036) 122 ff; *Velásquez Baquerizo, Erenesto*, La interpretación prejudicial en los países andinos: el caso Ecuador, in *Tribunal de Justicia del Acuerdo de Cartagena* (FN 1036) 288 ff.

[1182] Zur Auslegung allgemein siehe *Uribe Restrepo* (FN 1181) 60 ff. Siehe zB auch *Hummer, Waldemar*, La cuestión semántica en la interpretación jurídica, Temis. Revista de Ciencia y Técnica Jurídicas 1971-1972, 231 ff.

[1183] Zum Fehlen eines derartigen Verfahrens zur einheitlichen Auslegung im Mercosur siehe *Lehmann, Julia*, Neues von der Schiedsgerichtsbarkeit des Mercosur – ein Integrationsmotor à la Luxemburg, EuZW 2001, 622 ff, 625.

[1184] So *Marwege* (FN 883) 242. *Uribe Restrepo* (FN 1181) 49 ff, 52, der einer Kompetenz zur Prüfung der Gültigkeit kritisch gegenüber steht, schlägt vor, dass sich das TJCA in so einem Fall einer Interpretation der Norm enthält („se abstuviera en tal caso de interpretar la norma"), und dass der nationale Richter auf eine Anwendung dieser Norm verzichtet. Nach Aussagen des bolivianischen Richters des TJCA kommt dem Gericht hingegen im Vorabentscheidungsverfahren keine Kompetenz zur Prüfung der Gültigkeit (*validez*) zu; für derartige Fragen sei vielmehr das Nichtigkeitsverfahren zu beschreiten; Gespräch mit dem bolivianischen Richter des TJCA, Sr Dr. *Gualberto Dávalos García*, vom 18. 2. 2002.

Das *auszulegenden Recht* wird von Gründungsvertrag und Satzung in zweifacher Hinsicht eingeschränkt.[1185] Zum einen hat sich das TJCA bei seiner Auslegung auf die Präzisierung des Inhaltes (*contenido*) und die Reichweite (*alcance*) der *im konkreten Fall* einschlägigen Normen der Rechtsordnung der Andengemeinschaft zu beschränken (Art 34 TCTJCA, Art 126 Abs 3 ETJCA), zum anderen ist es weder dafür zuständig, den Inhalt und die Reichweite des *nationalen Rechtes* auszulegen, noch die materiellen Tatsachen des Prozesses zu qualifizieren;[1186] es kann sich lediglich auf diese beziehen, wenn dies für die ersuchten Auslegung unerlässlich ist (Art 34 TCTJCA, Art 126 Abs 3 ETJCA).

Der *Prüfungsmaßstab* für die *interpretación* des auszulegenden Rechtes wird in TCTJCA und ETJCA nicht explizit genannt, auch deshalb nicht, da die beiden Rechtsgrundlagen, wie erwähnt, nicht zwischen der Auslegung von Primär- und Sekundärrecht einerseits und der Gültigkeitsprüfung des Sekundärrechtes andererseits unterscheiden. Man wird jedoch mit dem – im Bereich der Nichtigkeitsklage angesiedelten – Art 104 Abs 2 ETJCA[1187], wonach das TJCA im Falle einer Unvereinbarkeit zwischen den höherrangigen Normen der andinen Rechtsordnung und anderen niederrangigen Normen derselben Rechtsordnung die ersteren anzuwenden hat, von einer Prüfung des Sekundärrechtes am Primärrecht ausgehen können.

Das System der *Antragsberechtigung bzw -verpflichtung* des andinen Vorabentscheidungsverfahrens ist der „europäischen Konstruktion" nachgebildet. TCTJCA und ETJCA kennen eine (für die nationalen Gerichte) fakultative (*consulta facultativa*) und eine obligatorische (*consulta obligatoria*) Anrufung des Andengerichtshofes.[1188]

Nach Art 33 Abs 1 TCTJCA bzw Art 122 ETJCA können Richter, deren Urteile nach innerstaatlichem Recht anfechtbar sind (nicht letztinstanzliche Gerichte) und welche in einem Prozess entscheiden, in dem eine Norme der Rechtsordnung der Andengemeinschaft anzuwenden (*aplicarse*) oder strittig ist (*o se controvierta*), das TJCA direkt – mittels einfachen Schreibens – um die Auslegung der genannten Normen ersuchen (*consulta facultativa*). Wenn das nationale Verfah-

---

[1185] Siehe dazu *Bueno Martínez, Patricio,* La interpretación prejudicial, in *Tribunal de Justicia del Acuerdo de Cartagena* (FN 1036) 88 ff, 100 f.

[1186] Siehe dazu auch *Uribe Restrepo* (FN 1181) 111 ff.

[1187] *„En todo caso de incompatibilidad entre las normas superiores del ordenamiento jurídico andino y otras de inferior categoría del mismo ordenamiento, el Tribunal aplicará las primeras.*"

[1188] Zur Zusammenarbeit zwischen dem TJCA und den nationalen Richtern siehe *Bueno Martínez, Patricio*, Interpretación Prejudicial y Colaboración entre el Tribunal Andino y los Jueces Nacionales, in *Tribunal de Justicia del Acuerdo de Cartagena* (Hrsg), Boletín Jurídico. Revista Trimestral Año 1 No 1 enero, febrero y marzo 1995 (1995) 63 ff.

ren[1189] jedoch zu entscheiden ist (*si llegare la oportunidad de dictar sentencia*), ohne dass das nationale Gericht die Auslegung des TJCA erhalten hat, so hat der nationale Richter den Fall zu entscheiden (*el juez deberá decidir el proceso*) (Art 33 Abs 1 TCTJCA, Art 122 TCTJCA).

Dementgegen haben Richter, deren Urteile nach innerstaatlichem Recht nicht mehr anfechtbar sind, das Verfahren auszusetzen und direkt von Amts wegen oder auf Antrag einer Partei das TJCA – mittels einfachen Schreibens (*mediante simple oficio*) – um seine Auslegung zu ersuchen (*consulta obligatoria*) (Art 33 Abs 2 TCTJCA, Art 123 ETJCA).[1190] Anders als bei der fakultativen Vorabentscheidung, wo das Gericht, wie erwähnt, bei zu langem Warten auf die Vorabentscheidung des TJCA das nationale Verfahren fortsetzten kann, hat der nationale Prozess im Falle einer obligatorischen Vorabentscheidung bis zum Erhalt der ersuchten Vorabentscheidung suspendiert zu bleiben (Art 124 ETJCA).

Bis dato ergab sich für das TJCA – im Vorabentscheidungsverfahren – noch nicht die Notwendigkeit, sich näher mit dem Begriff des *Gerichtes* auseinander zusetzen, da die bisherigen Vorabentscheidungsersuchen alle von Instanzen kahmen, deren Qualifikation als Gericht unzweifelhaft war.[1191] Lediglich im Fall eines Vorabentscheidungsgesuches einer Einzelperson ging das TJCA näher auf diese Problematik ein. Dabei führte es aus wie folgt: „En otros términos, la legitimación para solicitar a este Tribunal una interpretación jurídica por vía prejudicial, está reconocida únicamente a los Jueces nacionales de los Países Miembros, en los casos específicos señalados en el articulo 29 del Tratado. Ninguna otra persona tiene facultad para promover dicha interpretación. Este Tribunal, en consecuencia, carece de competencia para conocer solicitudes de interpretación que provengan de personas que no sean Jueces nacionales que estén conociendo de una causa concreta en la cual deba aplicarse el ordenamiento jurídico de la integración andina (...).“.[1192]

Der notwendige Inhalt einer *solicitud de interpretación* eines nationalen Richters im Vorabentscheidungs*verfahren* richtet sich nach Art 125 ETJCA, wonach das Ersuchen Name und Instanz des ersuchenden nationalen Richters oder Gerichtes (lit a leg cit), das Verhältnis der Normen der Rechtsordnung der Andengemeinschaft um deren Auslegung ersucht wird (lit b leg cit), die Identifizierung des Grundes für das Ersuchen (lit c leg cit), einen kurzen Bericht über die Tatsachen, die nach Ansicht des nationalen Richters für die Auslegung relevant sind (lit

---

[1189] Zum nationalen Verfahren allgemein siehe *Uribe Restrepo* (FN 1181) 137 ff.

[1190] Siehe dazu auch *Uribe Restrepo* (FN 1181) 123 ff.

[1191] *Uribe Restrepo* (FN 1181) 114 f.

[1192] *Providencia emitida por el Tribunal respecto de la Consulta formulada por la Doctora Angela Vivas Martínez*, GOAC Nr 43 vom 30. 5. 1989.

d leg cit), sowie Ort und Anschrift, an die der Richter oder das Gericht die Antwort auf sein Ersuchen zugesandt haben möchte (lit e leg cit), enthalten muss.

Nach Erhalt des Vorabentscheidungsersuchens wird dieses vom Sekretär versiegelt, das Datum der Vorlegung oder des Empfanges bestätigt und dem Präsidenten zur Berücksichtigung durch den Andengerichtshof übermittelt (Art 126 Abs 1 ETJCA). Sodann hat das TJCA sein Urteil[1193] innerhalb von 30 Tagen nach dem Datum der Zulassung des Gesuches zu erlassen (Art 126 Abs 2 ETJCA).

Betreffend die *Wirkung* eines Vorabentscheidungsurteiles verpflichten Art 35 TCTJCA bzw Art 127 ETJCA den nationalen Richter welcher über den Prozess entscheidet, in seinem Urteil die Auslegung des TJCA anzuwenden.[1194]

Um die Beachtung der Vorabentscheidungsurteile durch die nationalen Richter bzw Gerichte sicherzustellen kennt das andine Gemeinschaftsrecht zwei Arten von Kontrollmechanismen, das eine Mal durch die Mitgliedstaaten, das andere Mal durch die Individuen.

Nach Art 36 TCTJCA bzw Art 128 Abs 1 ETJCA achten die Mitgliedstaaten der Andengemeinschaft[1195] auf die Erfüllung (*cumplimiento*)[1196] der Bestimmungen des TCTJCA und insbesondere auf die Einhaltung der Regelungen zum Vorabentscheidungsverfahren durch ihre nationalen Richter.

Nach Art 128 Abs 2 ETJCA haben die Mitgliedstaaten und die Einzelnen darüber hinaus das Recht, an den Verhandlungen vor dem TJCA in Ausübung der Nichterfüllungsklage teilzunehmen, wenn der zur Vorlage verpflichtete Richter diese nicht vornimmt, oder, wenn er eine andere Auslegung als die vom TJCA erlassene anwendet.

Wie schon erwähnt,[1197] hat im europäischen Gemeinschaftsrecht die Kommission – soweit bekannt – noch nie ein Vertragsverletzungsverfahren gegen einen Mitgliedstaat eingeleitet, dessen Gerichte ihre Pflichten nach Art 234 EGV verletzt haben. Dies aus Respekt gegenüber der Unabhängigkeit der Gerichte, welche von den Regierungen der Mitgliedstaaten nicht in einem konkreten Fall zu einem gemeinschaftsrechtskonformen Verhalten gezwungen werden können. Eine Lösungsvariante wäre eventuell die, dass man ein – seine Vorabentscheidungsverpflichtungen nicht beachtendes – Gerichtsurteil einer (eigenständigen ?) Anfechtungsmöglichkeit durch die Parteien unterwirft. Diese Variante würde aller-

---

1193 Für eine Übersicht über die Urteile in Vorabentscheidungsangelegenheiten siehe unter http://www.comunidadandina.org/normativa/sent/sentencias_4.htm.

1194 Erwähnt sei noch Art 128 Abs 3 TCTJCA, wonach die nationalen Richter – so wie auch im europäischen Gemeinschaftsrecht – dem TJCA die im Anschluss an ein Vorabentscheidungsverfahren erlassenen Urteile übermitteln sollen.

1195 Art 128 Abs 1 ETJCA erwähnt in diesem Zusammenhang auch das SGCA.

1196 Art 128 Abs 1 ETJCA nennt daneben noch die „Einhaltung" (*observancia*).

1197 Siehe dazu vorstehend im 2. Kapitel des 3. Teiles auf S 138.

dings die Gefahr in sich bergen, dass man eine nationale Instanz – in dem Falle das Revisionsgericht – über das gemeinschaftsrechtskonforme Verhalten des fraglichen Gerichtes entscheiden lassen würde und diese Lösung der einheitlichen Anwendung des Gemeinschaftsrechtes nicht gerade zuträglich wäre. Wenn man hingegen eine derartige Anfechtungsmöglichkeit beim EuGH installiert, so würde man – um den Preis einer steigenden Arbeitsbelastung – die Einheitlichkeit der Rechtsprechung garantieren.

Nach *Uribe Restrepo* bedeutet eine Verletzung der Vorlageverpflichtung durch einen nationalen Richter ein *incumplimiento* des betreffenden Mitgliedstaates, „ya que los jueces actúan como funcionarios del Estado".[1198] Demnach können die Mitgliedstaaten, die *Junta* (heute: SGCA), sowie natürliche und juristische Personen ein Nichterfüllungsverfahren einleiten.

In der Praxis macht das Vorabentscheidungsverfahren nach Aussagen des *Secretario* des TJCA[1199] einen Grossteil der Verfahren (je nach Jahr zwischen 85 und 95 %) aus. Die meisten Vorlagen kommen dabei aus Kolumbien[1200], gefolgt von Ecuador. Aus Peru wurden erst fünf Vorabentscheidungsfragen vorgelegt, aus Venezuela erst eine einzige und aus Bolivien noch keine einzige! Dabei legen ausschließlich Höchstgerichte und bis dato noch nie untere Gerichte (deren Vorlage bekanntlich fakultativ ist) vor. Bei diesen Gerichten handelt es sich primär um Verwaltungs(höchst)gerichte, was sich damit erklären lässt, dass diese Gerichte für den wichtigsten Tätigkeitsbereich des TJCA, die *derechos intelectuales*[1201], zuständig sind. Keine einzige Vorlagefrage ist bisher von einem Verfassungsgericht der fünf Mitgliedstaaten gestellt worden!

Im Bereich der *Zusammenarbeit mit anderen Ebenen, Organen und Internationalen Organisationen* ist Art 12 Abs 1 TCTJCA zu nennen, wonach die Mitgliedstaaten dem TJCA alle notwendigen Möglichkeiten (*facilidades*) für die adäquate Erfüllung seiner Aufgaben zu gewähren haben (vgl auch Art 6 Abs 1 ETJCA).

Nach Art 44 TCTJCA kann sich das TJCA, wenn es es für die Erfüllung seiner Funktionen als notwendig erachtet, direkt an die Behörden der Mitgliedstaaten

---

1198 (FN 1181) 128 f.

1199 Gespräch mit dem Sekretär des TJCA, Sr Dr. *Eduardo Almeida Jaramillo*, vom 18. 2. 2002.

1200 Siehe dazu auch *Uribe Restrepo* (FN 1181) 30 ff, 117 ff.

1201 Siehe dazu *Organización Mundial de la Propriedad Intelectual/República del Ecuador/Tribunal del Acuerdo de Cartagena* (Hrsg), X Congreso Internacional sobre la protección de los Derechos Intelectuales del autor, del artista y el productor. Noviembre 29 a Diciembre 2 de 1995 (1995), bzw für die Rechtsgrundlagen auf diesem Gebiet *Tribunal de Justicia del Acuerdo de Cartagena* (Hrsg), Compilación de Legislación sobre Derecho de Autor y Derechos conexos en el Ecuador (1995).

(*autoridades de los Países Miembros*) wenden. Einen Anwendungsfall einer solchen Zusammenarbeit nach Art 44 TCTJCA sieht Art 80 ETJCA vor, wonach sich das TJCA für Zwecke der Beweisaufnahme und die Verrichtung sonstiger gerichtlicher Maßnahmen direkt an die Richter der Mitgliedstaaten wenden kann.

Eine weitere Form der Zusammenarbeit sieht Art 45 Abs 1 TCTJCA vor, wonach der Präsident des Andengerichtshofes Zusammenkünfte und Aktionen mit den höchsten gerichtlichen Autoritäten der Mitgliedstaaten (*las máximas autoridades judiciales de los Países Miembros*) zum Zwecke der Verbreitung (*difusión*) und Fortbildung (*perfeccionamiento*) des Gemeinschaftsrechtes sowie für seine einheitliche Anwendung koordiniert (Art 45 TCTJCA).

1.2.3.8.9 Sonstige weitere (nicht konstitutive) Zuständigkeiten und sonstige Gerichte

Abgesehen von den vorstehend erwähnten Zuständigkeiten kommen dem TJCA keine *weiteren (nicht konstitutive) Zuständigkeiten* zu.[1202] Keine Ausführungen sind auch zu dem Punkt sonstige Gerichte notwendig. Die andine Rechtsordnung kennt neben dem TJCA weder ein *Gericht erster Instanz*, noch *sonstige gerichtsförmig organisierte Organe der Verbandsgewalt* bzw in den Mitgliedstaaten angesiedelte *dezentrale Gerichte.*

Im Gespräch mit dem Präsidenten des TJCA gab dieser zu erkennen, dass mangels einer Überlastung des TJCA keine Notwendigkeit für die Errichtung eines Gerichtes erster Instanz besteht.[1203]

1.2.4 Bewertung

Wie erwähnt, handelt es sich beim TJCA um das einzige von den Herren der jeweiligen Verträge als supranational qualifiziertes Gericht. Dies ist auf der einen Seite bemerkenswert, auf der anderen Seite hingegen lediglich die Übernahme des *Status quo* aus Luxemburg, nach dessen Vorbild der andine Gerichtshof errichtet wurde. Die unterschiedlichen institutionellen Stellungen bzw funktionalen Rollen der beiden Gerichtshöfe in Luxemburg bzw Quito, welche sich schon alleine aus der Tatsache ergeben, dass sich ersteres seine (supranationale) Rolle zu einem bedeutenden Teil selbst erkämpft hat, bedingen sich auch durch ihre unterschiedliche Gründungshistorien. Während der EuGH von Anfang an Teil der europäischen Einigung war, wurde der TJCA erst zehn Jahre nach der Gründung der

[1202] Zur Jurisdiktion im Bereich der *Organización Andina de Telecomunicaciones por Satélite* (*OATS*) siehe unter http://www.uc3m.es/uc3m/inst/MGP/JCI/02-tribunalandino.htm. Siehe auch Urebe Restrepo (FN 856) 128.

[1203] Gespräch mit dem Präsidenten des TJCA, Sr Dr. *Guillermo Chahin Lizcano*, vom 13. 2. 2002.

CA errichtet, zu einer Zeit, als der andine Integrationsprozess in einer „profunda crisis" steckte.[1204] Nichts desto weniger ähneln sich die beiden Gerichtshöfe sehr und *Uribe Restrepo* kommt zu dem Schluss, dass beide Gerichtshöfe „comparten por igual características de Corte Constitucional".[1205]

Für eine Charakterisierung des TJCA sei auf den ehemaligen Richter dieses Gerichtes, *José Guillermo Andueza*, verwiesen, der folgende sechs Aspekte erwähnt:[1206] Das TJCA ist (a) das *órgano jurisdiccional* des AC mit territorialer Kompetenz in den fünf Mitgliedstaaten und materieller Kompetenz im Anwendungsbereich der CA. Seine Jurisdiktion (b) ist exklusiv und obligatorisch, was bedeutet, dass die Mitgliedstaaten die zwischen ihnen – im Anwendungsbereich des Vertrages über die Auslegung oder die Anwendung der Rechtsordnung der CA entstandenen – Streitigkeiten keiner anderen Einrichtung übertragen können.[1207] Das TJCA ist weiters (c) das *órgano jurisdiccional único*, was sich daraus ergibt, dass sich neben ihm kein weiteres gemeinschaftliches Gericht befindet und sich lediglich im Bereich des Vorabentscheidungsverfahrens eine gewisse „Arbeitsteilung" mit den nationalen Gerichten findet. Außerdem ist das TJCA (d) ein *tribunal comunitario*. Eine Tatsache, die nicht nur der Präsident des Andengerichtshofes in seiner Rede anlässlich der Amtseinführung des neuen venezuelanischen Richters, Sr Dr. *Moisés Traconis Villareal*, am 15. 2. 2002 erwähnte, sondern die auch der *Secretario*, betonte.[1208] Darüber hinaus (e) ist das Geicht *independente* gegenüber den Mitgliedstaaten einerseits, aber auch gegenüber den anderen Organen des SAI. Eine Tatsache, die sich sowohl aus der einstimmigen Ernennung, aber auch der – unter der Voraussetzung der erwähnten materiell rechtlichen Gründe – nur einstimmig möglichen Absetzung der Richter ergibt. In der Realität ist die Unabhängigkeit von den Mitgliedstaaten insofern nicht vollkommen verwirklicht, als das TJCA von den Beitragszahlungen der Mitgliedstaaten abhängig ist, und es, wie bereits erwähnt, in der Vergangenheit schon zu Finanzierungsengpässen gekommen ist. Als letztes Charakteristikum erwähnt *Anduezar* die Supranationalität des Gerichtes (f), woraus sich seiner Meinung nach das „principio de la autonomía de organización" (Erlass RI-TJCA, Ernennung des

---

1204 So Uribe Restrepo (FN 856) 125, der auch darauf hinweist, dass die Gründung der EGKS unter den Vorzeichen des Endes langjähriger Kriege sowie des gemeinsamen wirtschaftlichen Auftretens gegen die Wirtschaftsmächte USA bzw Japan stand; ein Einigungsfaktor, der in Lateinamerika in der Art nicht gegeben war.

1205 (FN 856) 124.

1206 (FN 959) 60 ff.

1207 In diesem Zusammenhang sei allerdings auf die mit diesem Erfordernis nicht kongruente *Declaración de Santa Cruz de la Sierra* verwiesen. Siehe dazu vorstehend auf S 287.

1208 Gespräch mit dem Sekretär des TJCA, Sr Dr. *Eduardo Almeida Jaramillo*, vom 18. 2. 2002.

Secretario) sowie die Tatsache ergebe, dass sich *organización y funcionamiento* des TJCA nach Gemeinschaftsrecht und nicht nach nationalem Recht richten und schließlich das Fehlen der Notwendigkeit einer *homologación o exequatur* seiner Urteile.

Im Vergleich mit dem EuGH ist festzuhalten, dass auf der einen Seite nicht nur Zuständigkeiten übernommen, sondern teilweise sogar „weitergehend installiert wurden", als dies in Europa der Fall ist (Klagebefugnis von Individuen im Nichterfüllungsverfahren bzw im Schiedsverfahren). Auf der anderen Seite wurden Zuständigkeiten übernommen – bzw durch das *Protocolo de Cochabamba* neu eingeführt –, die sich bis dato als Totgeburt erwiesen haben (schiedsrichterliches und dienstrechtliches Verfahren). Ein anderes Verfahren, das der Vorabentscheidungen, hat hingegen sowohl in Europa als auch in der CA eine bedeutende Rolle, was sowohl die Anzahl der Verfahren, als auch seine Bedeutung für die Verbreitung des Gemeinschaftsrechtes betrifft. Obwohl es heute quasi dieselben Zuständigkeiten wie sein europäisches Pendant besitzt, war das TJCA bis dato nicht veranlasst, sich in Grundrechtsangelegenheiten zu äußern. Eine Zuständigkeit die das TJCA nicht besitzt, ist das Gutachtenverfahren, wie es dem EuGH nach Art 300 Abs 6 EGV zusteht. Den Wunsch nach einem derartigen Verfahren äußert *Uribe Restrepo*, um die *acción de nulidad* durch diese *ex ante* Zuständigkeit zu ergänzen.[1209] Ein Bereich wo das TJCA nicht involviert ist, ist das mit dem Art 6 bzw 7 EUV korrespondierende *Compromiso democrático*.

Was die Arbeitsweise des TJCA betrifft, so kann man festhalten, dass sich das TJCA für seine Rechtsprechung – neben eigenen Fällen – stark an der Rechtsprechung aus Luxemburg orientiert. Das Problem in diesem Zusammenhang ist, dass es keine andine gemeinschaftsrechtliche Doktrin gibt und es ebenso an andinen gemeinschaftsrechtlichen Studienzweigen bzw postgradualen Kursen fehlt.[1210]

Anders als sein europäisches Pendant leidet das TJCA nicht unter einer Arbeitsüberlastung, was neben dem kürzeren Bestehen auch darauf zurückzuführen ist, dass das andine Gemeinschaftsrecht (auch) unter Anwälten nicht besonders verbreitet ist.[1211]

[1209] (FN 856) 130.

[1210] Gespräch mit dem Sekretär des TJCA, Sr Dr. *Eduardo Almeida Jaramillo*, vom 18. 2. 2002.

[1211] Gespräch mit dem Sekretär des TJCA, Sr Dr. *Eduardo Almeida Jaramillo*, vom 18. 2. 2002.

2. Kapitel: Das Verfassungsgericht der Vereinigten Staaten von Amerika

„It may be going too far to say that the history of this country could be written in terms of leading Supreme Court decisions. But it is certainly true that a study of American history that did not consider them would be incomplete and distorted."

Bernard Schwartz[1212]

2.1 Die Verfassung der Vereinigten Staaten von Amerika

2.1.1 Die Entstehungsgeschichte der Verfassung der Vereinigten Staaten von Amerika[1213]

Im Revolutionskrieg von 1775 bis 1783 erkämpften die ursprünglichen dreizehn Staaten ihre Unabhängigkeit von der britischen Krone. Aus dem Kriegsbündnis ging eine *Kon*föderation hervor, welche aufgrund ihrer institutionellen Ausgestaltung nur wenige Jahre Bestand hatte.[1214] Das einzige (legislative und exekutive) Verfassungsorgan war der Kongress, in welchem jeder der dreizehn Mitgliedstaaten durch einen von seinem Parlament bestellten Delegierten vertreten war. Neben sonstigen Unzulänglichkeiten[1215] verfügte die Konföderation über keine Judikative sowie über kein Organ, welches die Interessen der Zentralgewalt vertrat.

Wenige Jahre später, im Mai 1787, trafen sich im *State House* von Philadelphia 55 Delegierte, welche von zwölf der dreizehn Staaten nominiert wurden, um eine Verfassung für die Vereinigten Staaten von Amerika auszuarbeiten.[1216] Von ihrer Herkunft her kamen die Delegierten sowohl aus der Wirtschaft, als auch von Regierungsseite. „The were merchants from New England, judges from the mid-

---

[1212] The Supreme Court. Constitutional Revolution in retrospect (1957) 25.

[1213] Soweit nicht eigens angegeben stammen die folgenden Daten aus *Padover, Saul K*, The Living U.S. Constitution. Story, Text, Fully Indexed Guide, Portraits of The Signers (1953) 9 ff.

[1214] Siehe dazu *Kielmansegg* (FN 578) in *Weidenfeld* (FN 29) 51 f.

[1215] Siehe dazu *Kielmansegg* (FN 578) in *Weidenfeld* (FN 29) 51 f.

[1216] Für einen Vergleich der damaligen Ereignisse mit der derzeit in Gang befindlichen Ausarbeitung einer Verfassung für die europäische Union siehe *Giraud, Jean-Guy*, Miracle à Philadelphie, RMCUE 2001, 655 ff.

dle states, planters from the South."[1217] Namentlich erwähnt seien in diesem Zusammenhang lediglich *George Washington*, *Benjamin Franklin*, *Alexander Hamilton* und *James Madison*.[1218] Die personellen und traditionellen Gegebenheiten dieser verfassungsgebenden Zusammenkunft beschreibt *Öhlinger* als „*einmalige Konstellation*, die sich nicht künstlich schaffen lässt: eine Versammlung durchaus traditionell gebildeter und denkender Menschen in einem traditionslosen Land".[1219]

Die Sessionen, an denen nicht immer alle Delegierten teilnahmen dauerten ungefähr vier Monate. Ziel der Arbeiten war es, eine politische Rahmenregelung zu schaffe, welche eine handlungsfähige Regierung vorsah, gleichzeitig aber die Rechte der Einzelnen gewährleisten und eine Tyrannei von vornherein ausschließen sollte.[1220]

Die erste Handlung des Konventes (*convention*) bestand darin, *George Washington* einstimmig zu seinem Präsidenten zu wählen. In seiner Sitzung vom 28. 5. 1787 nahm der Konvent seine *Rules* an, welche als „strict and businesslike" beschrieben werden[1221]. Die Verhandlungen waren insofern absolut geheim, als über keine der Debatten berichtet oder deren Inhalt veröffentlicht werden durfte – erst 1819 wurde der Inhalt der Sitzungen von Präsident *Monroe* der Öffentlichkeit zugänglich gemacht.[1222]

Grundlage für die weiteren Diskussionen im Konvent war der auf den Gouverneur von Virginia, *Edmund Randolph*, zurückgehende *Virginia Plan*, welcher eine starke nationale Regierung, bestehend aus einer Exekutive, einer Judikative und einer gesetzgebenden Gewalt (bestehend aus zwei Kammern) vorsah; davon sollte eine von *freemen* gewählt werden und die andere von den *state legislatures*

[1217] *Padover* (FN 1213) 9. Wenn man diese Zusammensetzung mit der des Zukunftskonventes vergleicht (siehe dazu vorstehend im 1. Kapitel des 1. Teiles auf S 7), so kann man nicht bestreiten, dass die damalige Konventsbesetzung die „einfachen Bürger" mehr berücksichtigte.

[1218] Für eine kurze Charakteristik dieser vier Persönlichkeiten siehe *Padover* (FN 1213) 10, 10 f, 11 ff, 13 f. Bei *Alexander Hamilton* und *James Madison* handelt es sich um zwei der späteren Verfasser der sogenannten *Federalist Papers*; siehe dazu nachstehend auf S 320.

[1219] *Öhlinger, Theo*, Die amerikanische Verfassung – 200 Jahre Geschichte des Verfassungsstaates, ZfRV 1988, 3 ff, 4.

[1220] *Padover* (FN 1213) 9.

[1221] *Padover* (FN 1213) 15. Zur Diskussion um die Geschäftsordnung des Zukuntskonventes siehe zB: Stand der Debatte der EP-Delegation zum Konvent, http://www.europakonvent.info/-europakonvent/konvent/psfile/download/10/F_r_die_We3cbaad1f92c3a.doc.

[1222] Demgegenüber kann man die Arbeit des Konventes gleich auf mehreren Homepages verfolgen: http://european-convention.eu.int/ (Konvent), http://europa.eu.int/futurum/forum convention/index_de.htm (Forum), http://europa.eu.int/futurum/index_de.htm (Futurum) und http://-www.europakonvent.info/europakonvent/show.php3?id=1&_language=de (Homepage zum Konvent von *Johannes Voggenhuber*, MdEP).

besetzt werden. Die sich daraus ergebenden Diskussionen drehten sich im Wesentlichen um die Frage der Demokratie und die Rechte der Staaten. Während einige Delegierte – darunter auch *Alexander Hamilton* – gegenüber demokratischen Elementen eher abgeneigt waren, plädierten *James Madison* und *Benjamin Franklin* hingegen für die Demokratie und ein allgemeines Wahlrecht, welches nicht – wie nach Meinung einiger anderer – nach dem Einkommen der Bürger unterscheiden sollte.

Nachdem sich große und kleine Staaten vorerst nicht auf ihre Positionierung und Gewichtung im Bundesstaat einigen konnten, wurde von Seiten Connecticuts ein Kompromiss der Art eingebracht, dass die nationale Legislative in zwei Kammern eingeteilt wird; in einen Senat, in welchem jeder Staat – unabhängig von seiner Größe – eine Stimme hat und in ein Repräsentantenhaus, in welchem sich die Repräsentanten nach der Anzahl der Bevölkerung richten. Der Senat wurde als „balancing wheel in the governmental mechanism"[1223] angesehen. Hinter dieser Institution steckt ein gewisses Maß an Misstrauen gegenüber der – teils ungebildeten und aus Analphabeten bestehenden – Bevölkerung, welcher nicht die gesamte Macht überlassen werden sollte.

Nachdem die größten Probleme gelöst waren, entwarf ein Komitee unter Gouverneur *Morris* einen Entwurf der Verfassung. Nach sechs Wochen ununterbrochener Arbeit trat der Konvent am 17. 9. 1787 ein letztes Mal zur Unterzeichnung der Verfassungsurkunde zusammen. Unterschrieben wurde das Abschlussdokument lediglich von 39 der 55 Delegierten.[1224] Art 7 der *Constitution of the United States of America* (C-USA) erfordert die Ratifikation von neun – der damals dreizehn – Staaten, damit diese in Kraft treten kann. Im Vorfeld der Ratifikation durch die Einzelnen Staaten entbrannte eine heiße Diskussion, wobei die Bevölkerung insbesondere in den größeren Staaten, wie New York und Virginia, der neuen Verfassung eher skeptisch gegenüber stand.

Im Laufe dieser Diskussion wurde ein Teil der politischen Debatten auf literarischer Ebene geführt. Verteidigt wurde die Verfassung in den insgesamt 85 sogenannten *Federalist Papers*, von *Hamilton, Jay* und *Madison.*[1225] Die politische Antithese dazu stellen die *Anti-Federalist Papers* dar. Nach *Padover* wurde die Verfassung von der gebildeten und wohlhabenden Klasse der Bevölkerung ten-

---

[1223] *Padover* (FN 1213) 19.

[1224] Für Listen der Delegierten mit einem Vermerk derer, welche das Abschlussdokument auch unterschrieben haben siehe *Padover* (FN 1213) 33 f, 34 f, 35 f.

[1225] Für eine Internet Version der *Federalist Papers* siehe unter http://memory.loc.gov/-const/fed/fedpapers.html.

denziell eher befürwortet, von der armen und unterprivilegierten Bevölkerungsschicht hingegen eher abgelehnt.[1226]

Während die Verfassung von vier der kleineren Staaten (Delaware, New Jersey, Georgia, Connecticut), in welchen sich die Diskussionen generell in Grenzen hielten, rasch ratifiziert wurden, gingen die Diskussionen in anderen Staaten weiter. Schließlich gingen die Abstimmungen in einigen Staaten sehr knapp aus (Massachusetts 187:168, Virginia 89:79, New York 30:27, New Hampshire 57:47).

Mit der Ratifizierung der Verfassung durch New Hampshire am 21. 6. 1788 waren die erforderlichen neun Ratifikationen erreicht und die Verfassung trat in Kraft. In zwei Staaten – North Carolina und Rhode Island – war der Widerstand gegen die Verfassung so groß, dass die Ratifizierung erst erfolgte, als die Bundesregierung (*Federal Government*) bereits eingesetzt war. Um den Kritikern der Verfassung teilweise „den Wind aus den Segeln zu nehmen", versprachen die Befürworter der Verfassung einen Grundrechtsschutz in Form von verfassungsrechtlich verankerten Rechten. Diese sogenannte *Bill of Rights* wurden sodann in Form der ersten zehn *Amendments* zur Verfassung rechtlich verankert und trat im November 1791 in Kraft.

Eine *Analyse* dieses Konventes liefert *Maaßen*, welcher den *Founding Fathers* zwar zugesteht, viele Fragen der neuen Verfassung angesprochen zu haben, gleichzeitig aber eine tiefergehendere Behandlung der wichtigsten Problematiken vermisst.[1227] Den Grund dafür sieht er in den unterschiedlichen Interessenslagen der teilnehmenden Staaten. Eine weitere Kritik betrifft den Vorwurf, die Gründungsväter seien sich in vielen Fällen nicht aber die Bedeutung und die Tragweite ihrer Ausführungen im klaren gewesen. Ein Aspekt seiner Analyse betrifft eine weniger fachlich-juristische, als vielmehr eine soziologische Feststellung, wonach der Konvent vom Geschick und dem Beharrungsvermögen einiger weniger geleitet wurde.

Was nun die *Stellung der Judikative* in den Arbeiten der verfassungsgebenden Versammlung betrifft,[1228] so war man sich relativ schnell über die Notwendigkeit einer Judikative, die persönliche Unabhängigkeit der Richter und sogar über die Fragen der Zuständigkeiten einig. Probleme bereitete hingegen die Ausrichtung

---

[1226] (FN 1213) 22.

[1227] *Maaßen, Bernd*, Der U.S.-Supreme Court im gewaltenteilenden amerikanischen Regierungssystem (1787-1972) (1977) 44 ff.

[1228] Siehe dazu *Maaßen* (FN 1227) 31 ff; *Wolf, Ernst*, Verfassungsgerichtsbarkeit und Verfassungstreue in den Vereinigten Staaten. Eine Untersuchung über die Entwicklung des amerikanischen Verfassungsrechts auf Grund der gerichtlichen Überprüfung der Verfassungsmässigkeit der Bundesgesetze (1961) 16 ff.

der Judikative im Verhältnis zu den beiden anderen Gewalten, der Exekutive und der Legislative. Erwähnt sei in diesem Zusammenhang lediglich der sogenannte *Randolph Plan*, welcher dem Konvent am 29. 5. 1787 von *Edmund Randolph* aus Virginia vorgelegt wurde.[1229] Darin war ein sogenannter *Council of Revision* vorgesehen, welcher aus der Exekutive und einer noch zu bestimmenden Anzahl von Richtern bestehen sollte.[1230] Es war vorgesehen, dieser Einrichtung die Kompetenz zu übertragen, jeden Akt der Legislative – vor seiner Rechtskraft – zu untersuchen. Die Ablehnung eines Rechtsaktes durch den *Council of Revision* hätte die Nichtigkeit dieses Rechtsaktes zur Folge gehabt, außer die Legislative würde sich – quasi in einem Beharrungsbeschluss – noch einmal hinter diesen Rechtsakt stellen.[1231] Erwähnenswert ist diese Konstruktion einer präventiven Normenkontrolle, da diese „temporale Variante" der Normenkontrolle sowohl im *Herman*-Entwurf vorgesehen war und in praxi eine der Zuständigkeiten des Conseil Constitutionnel darstellt.[1232]

[1229] *Maaßen* (FN 1227) 31. Dieser Plan wird auch als *Virginia Plan* bezeichnet; siehe dazu vorstehend auf S 303.

[1230] Siehe dazu auch *Wolf* (FN 1228) 16.

[1231] *Wolf* (FN 1228) 16 vergleicht diese Konstruktion mit dem Vetorecht, wie es in Kolonialzeiten der *Privacy Council* in London hattte.

[1232] Siehe dazu vorstehend im 6. Kapitel des 3. Teiles auf S 191 f, bzw nachstehend im 3. Kapitel (dieses Teiles) auf S 368 f.

2.1.2 Aufbau und institutionelle Bestimmungen der Verfassung[1233] [1234]

„We the People of the United States, in order to form a more prefect Union, establish Justice, ensure Domestic Tranquillity, provide for the common Defence, promote the general Welfare, and secure the Blessings of Liberty to ourselves and our Prosperity, do ordain and establish this Constitution for the Unites States of America."

Präambel der Verfassung der Vereinigten Staaten von Amerika

Im Folgenden sei ein kurzer Überblick über die amerikanische Verfassung gegeben:[1235]

- *Preamble*
- *Article 1 (Legislature)*
  - *Section 1 (Legislative Power Vested)*
  - *Section 2 (House of Representatives)*
  - *Section 3 (Senate)*
  - *Section 4 (Elections of Senators and Representatives)*
  - *Section 5 (Rules of House and Senate)*
  - *Section 6 (Compensation and Privileges)*
  - *Section 7 (Bills)*
  - *Section 8 (Legislative Power)*
  - *Section 9 (Limits on Legislative Power)*
  - *Section 10 (Limits on States)*
- *Article 2 (Presidency)*
  - *Section 1 (Election, Removal)*
  - *Section 2 (Presidential Powers)*
  - *Section 3 (Presidential Rights and Duties)*
  - *Section 4 (Impeachment)*
- *Article 3 (Judiciary)*
  - *Section 1 (Judicial Power)*

[1233] Die Übersetzungen aus dem Englischen stammen im Folgenden aus folgendem Wörterbuch: *Terrell, Peter/Schnorr, Veronika/Morris, Wendy V A/Breitsprecher, Roland*, PONS COLLINS. Großwörterbuch für Experten und Universität. Deutsch – Englisch. Englisch – Deutsch (1999).

[1234] Für einen Überblick über das politische System der Vereinigten Staaten siehe *Cushman Coyle, David*, The United States political system and how it works (1963).

[1235] Für eine deutsche Fassung der C-USA siehe *documentARchiv.de*, Verfassung der Vereinigten Staaten von Amerika, http://www.documentArchiv.de/in/usverf.html, bzw *Currie, David P*, Die Verfassung der Vereinigten Staaten von Amerika (1988) 101 ff, http://www.uni-mannheim.-de/fakul/jura/ls/Puhl/Ws_2001_2002/verfg_us.pdf.

  - *Section 2 (Scope of Judicial Power)*
  - *Section 3 (Treason)*
- *Article 4 (States)*
  - *Section 1 (Faith and Credit)*
  - *Section 2 (Privileges and Immunities, Extradiction, Fugitive Slaves)*
  - *Section 3 (Admission of States)*
  - *Section 4 (Guarantee to States)*
- *Article 5 (Amendment Proceedings)*
- *Article 6 (Constitutional Status)*
- *Article 7 (Ratification)*

- *1. Amendment (Religion, speech, press, assembly, petition)*
- *2. Amendment (Right to bear arms)*
- *3. Amendment (Quartering of troops)*
- *4. Amendment (Search and seizure)*
- *5. Amendment (Grand Jury, double jeopardy, self-incrimination, due process)*
- *6. Amendment (Criminal prosecution)*
- *7. Amendment (Common law suits)*
- *8. Amendment (Excess bail or fines, cruel and unusual punishment)*[1236]
- *9. Amendment (non-enumerative rights)*
- *10. Amendment (Rights reserved to states)*[1237]

Die – relativ schwierig herbeiführbare[1238] – *Änderung* der Verfassung regelt deren Art 5. Demnach schlägt der Kongress, wenn beide Kammern (Senat und Repräsentantenhaus) es für notwendig erachten, Abänderungen der Verfassung vor oder beruft auf Ansuchen der gesetzgebenden Körperschaften von zwei Dritteln der Gliedstaaten einen Konvent (*convention*) zur Ausarbeitung von Abänderungsvorschlägen ein, die in beiden Fällen nach ihrem Sinn und ihrer Absicht (*shall be valid to all intents and purposes*) als Teile dieser Verfassung Rechtskraft

---

[1236] Siehe dazu auch aktuell: Stopp für Exekution Behinderter in USA: Jubel über Meilenstein, Die Presse vom 22. 6. 2002, 16.

[1237] Andere *Amendments*, die an dieser Stelle lediglich erwähnt werden sollen sind das 15. *Amendment* aus dem Jahre 1870 über ein von der Hautfarbe unabhängiges Wahlrecht, das 18. *Amendment* aus dem Jahre 1919 über die Prohibition, das 19. *Amendment* aus dem Jahre 1920 über das gleiche Wahlrecht der Geschlechter, sowie das 21. *Amendment* aus dem Jahre 1933 über die Aufhebung der Prohibition.

[1238] *Haller* (FN 686) 10.

erlangen, wenn sie in drei Vierteln der Gliedstaaten von den gesetzgebenden Körperschaften oder den Konventen ratifiziert werden, je nachdem, welche Form der Ratifikation vom Kongress vorgeschlagen wird. Dabei darf jedoch keine Abänderung einem Staat ohne dessen Zustimmung das gleiche Stimmrecht im Senat entziehen (Art 5 C-USA).[1239]

Den *Vorrang* des Bundesrechtes gegenüber dem Recht der Gliedstaaten regelt Art 6 Abs 2 der Verfassung. Demnach sind die Verfassung und alle auf ihrer Grundlage erlassenen Gesetze der Vereinigten Staaten sowie alle mit ihrer Autorität geschlossenen oder zu schließenden Verträge oberstes Recht des Landes; daran sind die Richter in jedem Staat ungeachtet entgegenstehender Verfassungs- und Gesetzesbestimmungen des Staates gebunden (Art 6 Abs 2 C-USA).[1240]

Die Senatoren und Abgeordneten und die Mitglieder der Parlamente der Staaten und alle Verwaltungs- und Justizbeamten, sowohl der Vereinigten Staaten als auch der Gliedstaaten, haben sich durch Eid oder Gelöbnis zur *Wahrung der Verfassung* zu verpflichten; dabei darf niemand ein religiöser Bekenntnisakt zur Bedingung für den Antritt eines Amtes oder eines öffentlichen Vertrauensstellung im Dienste der Vereinigten Staaten gemacht werden (Art 6 Abs 3 C-USA).

Wie bereits vorstehend erwähnt, verlangt Art 7 der Verfassung für das *In-Kraft-Treten* derselben die Ratifizierung durch die Konvente von neuen Staaten (*ratification of the conventions of nine states*).

2.1.3 Die Organe und Teile der Vereinigten Staaten

2.1.3.1 Der *Congress*: *Senate* und *House of Representatives*

Nach Art 1 *Section* 1 C-USA geht die gesamte legislative Gewalt von einem *Congress of the United States* aus, welcher aus einem Senat (*Senate*) und einem Repräsentantenhaus (*House of Representatives*) besteht.[1241]

Das *Repräsentantenhaus* setzt sich aus Mitgliedern zusammen, welche alle zwei Jahre vom Volk der einzelnen Staaten gewählt werden, wobei die Wähler[1242]

[1239] In der ursprünglichen Fassung waren noch einige weitere zugriffsfeste Bestimmungen vorgesehen, deren Bestandschutz jedoch mittlerweile überholt ist.

[1240] Gem Art 6 Abs 1 idF des 16. *Amendment* aus dem Jahre 1913 sind alle vor Annahme der Verfassung aufgelaufenen Schulden und eingegangene Verpflichtungen für die Vereinigten Staaten und diese Verfassung ebenso rechtsverbindlich wie unter den Konföderationsartikel.

[1241] Zum Kongress siehe *Cushman* (FN 1234) 59 ff, 66 ff; *Martin, Andrew D*, Congressional Decision Making and the Separation of Powers, APSR 2001, 361 ff; *Redford, Emmette S/Truman, David B/Hacker, Anderew/ua*, Politics and Government in the United States. National, State and Local Edition (1965) 386 ff.

[1242] Erwähnt sei an dieser Stelle *Section* 1 des 26. *Amendments* aus dem Jahre 1971, wonach das Stimmrecht der Bürger der Vereinigten Staaten, die mindestens achtzehn Jahre alt sind, weder

in jedem Staat dieselben Voraussetzungen wie die Wähler der mitgliedsstärksten gesetzgebenden Kammer des Staates erfüllen müssen (Art 1 *Section* 2 Abs 1 C-USA). Zu einem Abgeordneten kann gewählt werden, wer 25 Jahre alt ist, seit sieben Jahren amerikanischer Staatsbürger (*citizen*) und zum Zeitpunkt seiner Wahl Einwohner des Staates ist, in welchem er zur Wahl antritt (Art 1 *Section* 2 Abs 2 C-USA). Die Anzahl der Abgeordneten wird – so wie auch die Steuern – zwischen den einzelnen Staaten im Wesentlichen nach der Bevölkerungszahl aufgeteilt und bestimmt sich nach einem in Art 1 *Section* 2 Abs 3 C-USA[1243] bestimmten Schlüssel, welcher alle zehn Jahre durch eine Volkszählung neu überarbeitet wird.[1244] Wenn in der Vertretung eines Staates Sitze frei werden, so ordnet die Regierung dieses Staates eine Wahl an, um die freien Sitze wieder zu besetzen (Art 1 *Section* 2 Abs 4 C-USA). Das Repräsentantenhaus wählt seinen Vorsitzenden (*speaker*) und andere Beamte (*officers*) und besitzt das alleinige Amtsenthebungsrecht im *Impeachement*-Verfahren (Art 1 *Section* 2 Abs 5 C-USA).

Während das Repräsentantenhaus die Volksvertretung darstellt, besteht die zweite Kammer – der *Senat* – als Vertretung der Gliedstaaten aus jeweils zwei Senatoren aus dem jeweiligen Bundesstaat, welche von dessen Volk für eine Periode von sechs Jahren gewählt werden.[1245] Im Senat kommt jedem Senator eine Stimme zu (Art 1 *Section* 3 Abs 1 C-USA idF des 17. *Amendment*, Abs 1 aus dem Jahre 1913). Die Wähler in jedem Staat müssen dafür dieselben Voraussetzungen erfüllen, die auch die Wähler der mitgliedsstärksten gesetzgebenden Kammer des Staates erfüllen müssen (Art 1 *Section* 3 Abs 1 C-USA idF des 17. *Amendment* aus dem Jahre 1913).

Zwecks einer teilweisen Neubesetzung der Ämter werden die Senatoren nach ihrer Wahl in drei *Classes* geteilt und die Sitze sodann je nach Zuteilung im zweiten, vierten oder sechsten Jahr neu besetzt, so dass alle zwei Jahre ein Drittel der Senatoren neu gewählt wird (Art 1 *Section* 3 Abs 2 C-USA).[1246]

---

von den Vereinigten Staaten noch von einem Staat aufgrund des Alteres versagt oder gekürzt werden darf.

[1243] Art 1 *Section* 2 Abs 3 C-USA wurde durch das 14. *Amendment*, *Section* 2 aus dem Jahre 1868 (sowie das 16. *Amendment* aus dem Jahre 1913) geändert.

[1244] Nach Art 1 *Section* 2 Abs 3 C-USA darf die Anzahl der Abgeordneten nicht einen auf je 30.000 übersteigen, wobei jedoch jedem Staat mindestens ein Abgeordneter zukommen soll. Der zweite – mittlerweile überholte – Satz der leg cit sieht vor dem Stattfinden der ersten Volkszählung ziffernmäßig festgelegte Aufteilung der Abgeordnetenzahlen auf die einzelnen Staaten vor.

[1245] Art 1 *Section* 3 Abs 1 C-USA wurde durch das 17. *Amendment* aus dem Jahre 1913 geändert. In der ursprünglichen Fassung der Verfassung war die Wahl der Senatoren noch „by the Legislature" vorgesehen.

[1246] Bei dieser regelmäßigen partiellen Erneuerung handelt es sich somit um ein Prinzip, welches auch bei EuGH, TJCA und Conseil Constitutionnel praktiziert wird.

Wenn in der Vertretung eines Staates im Senat Sitze frei werden, so ordnet die Regierung dieses Staates eine Wahl an, um die freien Sitze wieder zu besetzen. Dabei kann das Parlament eines Staates dessen Regierung ermächtigen, vorläufige Ernennungen auszusprechen, bis das Volk die Sitze durch Wahlen auf die vom Parlament bestimmten Weise besetzt (Art 1 *Section* 3 Abs 2 C-USA idF des 17. *Amendment*, Abs 2 aus dem Jahre 1913).

Die Anforderungen für einen Senator sind insofern strenger als im Repräsentantenhaus, als ein Kandidat für das Amt eines Senators mindestens 30 Jahre alt und seit mindestens neun Jahren Bewohner (*inhabitant*)[1247] der USA sein muss; daneben muss auch ein Senator Einwohner des Bundesstaates sein, den er vertreten soll (Art 1 *Section* 3 Abs 3 C-USA). Der Vizepräsident der USA ist zugleich Präsident des Senates. Ihm steht kein Stimmrecht zu, außer im Falle einer Stimmengleichheit (Art 1 *Section* 3 Abs 4 C-USA).[1248] Nach Art 1 *Section* 3 Abs 6 C-USA hat der Senat die alleinige Kompetenz, über alle – vom Repräsentantenhaus erhobenen – Anklagen in *Impeachment*-Verfahren zu entscheiden. Wenn die Senatoren zu diesem Zweck zusammenkommen stehen sie unter Eid (*to be under oath*) oder eidesstattlicher Erklärung (*affirmation*). Im Falle eines *Impeachment*-Verfahrens gegen den Präsidenten der USA führt der Präsident des Supreme Court (*Chief Justice*) den Vorsitz. Eine Verurteilung in einem *Impeachment*-Verfahren benötigt generell eine Mehrheit von zwei Dritteln der Mitglieder (Art 1 *Section* 3 Abs 6 C-USA). Ein Urteil in einem *Impeachment*-Verfahren erstreckt sich nur auf die Entfernung aus dem Amt sowie die Aberkennung der Fähigkeit, irgend ein Ehren- (*office of honor*), Vertrauens- (*office of trust*) oder ein besoldetes Amt (*office of profit*) der Vereinigten Staaten zu bekleiden; darüber hinaus ist der Verurteilte nichtsdestoweniger der Anklage, dem Prozess, dem Urteil und der Strafe nach geltendem Recht unterworfen (Art 1 *Section* 3 Abs 7 C-USA).

Zeit, Ort und Art der Wahlen der Senatoren und Abgeordneten werden in jedem Staat von dessen Parlament festgelegt Dennoch kann der Kongress zu jeder Zeit selbst durch Gesetz diesbezügliche Regelungen (*regulations*) erlassen oder abändern, mit Ausnahme der Bestimmungen, welche die Orte, an denen die Sena-

---

[1247] „Staatsbürger" wäre *citizen*.

[1248] Nach Art 1 *Section* 3 Abs 5 C-USA bestellt der Senat seine übrigen Beamten und einen *pro tempore*-Präsident, wenn der Vize Präsident (der USA) abwesend ist oder wenn dieser das Amt des Präsidenten (der USA) ausübt.

toren gewählt werden, betreffen (Art 1 *Section* 4 Abs 1 C-USA). Der Kongress tritt mindestens einmal im Jahr zusammen.[1249]

Jede Kammer entscheidet selbst über die Wahl (*elections*), die Wahlergebnisse (*returns*) und die Wählbarkeit ihrer Mitglieder (*qualifications*) (Art 1 *Section* 5 Abs 1 C-USA). In jeder Kammer ist für die Beschlussfassung ein Präsenzquorum der Mehrheit der Mitglieder erforderlich (Art 1 *Section* 5 Abs 1 C-USA).[1250] Nach Art 1 *Section* 5 Abs 2 C-USA erlässt jede Kammer ihre Geschäftsordnung (*Rules of Proceedings*), bestraft seine Mitglieder für ungehöriges Verhalten (*disorderly Behavior*) und kann diese auch mit einer Mehrheit von zwei Drittel ausschließen. Die Senatoren und Abgeordnete erhalten für ihre Tätigkeit eine Entschädigung (*compensation*), die durch Gesetz festgelegt wird und aus dem Haushalt der Vereinigten Staaten gezahlt wird (Art 1 *Section* 6 Abs 1 C-USA).[1251] Während ihrer Anwesenheit bei einer den Sitzungen[1252] der jeweiligen Kammern sind die Senatoren und Abgeordneten – außer in Fällen von Verrat (*treason*), schweren Verbrechen (*felony*) und Friedensbruch (*breach of peace*) – vor Verhaftung geschützt. Art 1 *Section* 6 Abs 1 C-USA schützt die Senatoren und Abgeordneten darüber hinaus noch davor, wegen einer Rede oder Äußerung in einem der Häuser andernorts zur Rechenschaft gezogen zu werden. Unvereinbarkeitsregelungen für Senatoren und Abgeordnete sieht Art 1 *Section* 6 Abs 2 C-USA vor: demnach dürfen diese während ihrer Amtszeit zu keinem zivilen Amt der Vereinigten Staaten ernannt werden, das während dieser Zeit errichtet oder mit erhöhten Bezügen ausgestattet worden ist; umgekehrt darf niemand, der ein Amt im Dienst der Vereinigten Staaten bekleidet während seiner Amtszeit Mitglied in einer der beiden Kammern sein.

Im Bereich des Staatshaushaltes kommt dem Repräsentantenhaus die Aufgabe zu, alle Gesetzesvorschläge zur Erhebung der Staatseinkünfte (*bills for raising revenue*) zu machen. Wie bei anderen Gesetzesvorschlägen auch kann der Senat jedoch Abänderungs- und Ergänzungsvorschläge einbringen (Art 1 *Section* 7 Abs 1 C-USA).

[1249] Diese Sitzung beginnt um zwölf Uhr Mittags am 3. 1., es sei denn, dass er durch Gesetz einen anderen Tag bestimmt (Art 1 *Section* 4 Abs 2 C-USA idF des 20. *Amendment*, *Section* 2 aus dem Jahre 1933).

[1250] Nach der leg cit kann jedoch eine geringere Zahl der Mitglieder die Sitzung von einem Tag auf den anderen vertagen und kann ermächtigt werden, die Erscheinung der abwesenden Mitglieder in der von jedem Haus vorgeschriebenen Form und mit dementsprechender Strafandrohung zu erzwingen.

[1251] Siehe dazu auch das 27. *Amendment* aus dem Jahre 1992.

[1252] Art 1 *Section* 6 Abs 1 nennt daneben noch die An- und Abreise zu den Sitzungen (*in going to and returning from*).

Jeder Gesetzesvorschlag, der im Repräsentantenhaus und im Senat angenommen worden ist, muss dem Präsidenten der Vereinigten Staaten vorgelegt werden, bevor er Gesetzeskraft erlangt. Wenn er ihn billigt, so unterzeichnet er ihn, andernfalls weist er ihn mit seinen Einwänden an diejenige Kammer zurück, von der er ausging.[1253] Im Falle der Ablehnung durch den Präsidenten der Vereinigten Staaten kann ein Gesetzesvorschlag lediglich im Fall eines Beharrungsbeschlusses mit zwei Drittelmehrheit in beiden Kammern Gesetzeskraft erlangen (Art 1 *Section* 7 Abs 2 C-USA). Neben Gesetzen müssen auch alle Anordnungen (*order*), Entschließungen (*resolution*) oder Abstimmungen (*vote*), die der Zustimmung des Senates und des Repräsentantenhauses bedürfen[1254] dem Präsidenten der Vereinigten Staaten vorgelegt werden; vor ihrem In-Kraft-Treten müssen sie von ihm gebilligt oder im Fall seiner Ablehnung mit demselben einem – wie für Gesetze vorgesehenen – Beharrungsbeschluss nochmals angenommen werden (Art 1 *Section* 7 Abs 3 C-USA).

Die *Zuständigkeiten des Kongresses* regelt Art 1 *Section* 8 C-USA, wonach diesem Kompetenzen in folgenden Bereich zukommen:

- Festsetzung und Eintreibung von Steuern (*taxes*), Abgaben (*duties*), Zöllen (*imposts*) und Verbrauchssteuern (*excises*) (Abs 1 leg cit),
- Außen- und Binnenhandel (Abs 3 leg cit),
- Regelung einer einheitlicher Einbürgerungsregelung sowie einheitlicher Konkursgesetze (Abs 3 leg cit),
- Geldprägung sowie Maßnahmen gegen die Fälschung von Münzen und Wertpapieren (Abs 5 und 6 leg cit),
- Errichtung von Postämtern und Poststraßen (Abs 7 leg cit),
- Schutz geistiger Rechte für Autoren und Erfinder zum Zweck der Förderung von Kunst und Wissenschaft (Abs 8 leg cit),
- Errichtung von Gerichten unterhalb des Supreme Court (Abs 9 leg cit),
- Bekämpfung von Piraterie und Verbrechen auf hoher See sowie Verstößen gegen das Völkerrecht (Abs 10 leg cit),
- Kriegserklärung sowie die Bildung und Unterhaltung von Armeen und einer Marine einschließlich des Erlasses von Bestimmungen

[1253] Wenn ein Gesetzesvorschlag vom Präsidenten der Vereinigten Staaten nicht innerhalb von zehn Tagen (Sonntage ausgenommen) – nachdem er diesem vorgelegt worden ist – zurückgeschickt wird, so erlangt er Gesetzeskraft, außer der Kongress hat durch Vertagung die Rückgabe vertagt.

[1254] Ausgenommen davon sind lediglich Fragen der Vertagung.

für Verwaltung und Regelung der Land- und Seestreitkräfte (Abs 11 bis 14 leg cit),
- Vorkehrungen für die Einberufung, Organisation, Bewaffnung und Disziplin der Miliz (Abs 15 und 16 leg cit),[1255]
- ausschließliche und umfassende Gesetzgebung über den Sitz der Regierung der Vereinigten Staaten (Abs 17 leg cit) und schließlich
- Erlass aller nötigen und angemessenen Gesetze (*all laws which shall be necessary and proper*), um die vorstehend aufgezählten und alle anderen durch diese Verfassung den Vereinigten Staaten, einer ihrer Abteilung oder einem ihrer Amtsträger anvertrauten Kompetenzen wahrzunehmen (Abs 18 leg cit).

Schranken (*limits on legislative power*) ergeben sich für diese Gesetzgebungskompetenzen aus Art 1 *Section* 9 C-USA[1256].

2.1.3.2 Der Präsident der Vereinigten Staaten von Amerika

Die *exekutive Gewalt* liegt beim *Präsidenten der Vereinigten Staaten von Amerika*[1257], der nach folgendem Verfahren für eine Amtsdauer von vier Jahren gewählt wird (Art 2 *Section* 1 Abs 1 C-USA).[1258]

Nachdem die letzte amerikanische Präsidentenwahl – von *George W Bush* – einige Aufmerksamkeit auf sich gezogen hat,[1259] sei der Wahlmodus ein wenig näher beleuchtet. Jeder Staat ernennt nach einer von seinem Parlament bestimmten Art und Weise eine Anzahl von Wahlmännern (*electors*)[1260], die der Gesamtzahl der dem Staat im Kongress zustehenden Senatoren und Abgeordneten entspricht. Zum Wahlmann darf dabei weder ein Senator oder Abgeordneter noch jemand ernannt werden, der ein Vertrauens- oder besoldetes Amt der Vereinigten Staaten bekleidet (Art 2 *Section* 1 Abs 2 C-USA).

Die Wahlmänner treten in ihren jeweiligen Staaten[1261] zusammen und stimmen durch Stimmzettel für einen Präsidenten und einen Vizepräsidenten, von denen

---

[1255] Den Einzelstaaten vorbehalten bleibt die Befugnis, die Offiziere zu ernennen und die Miliz gemäß den durch den Kongress vorgeschriebenen Bestimmungen auszubilden.

[1256] Art 1 *Section* 9 der Verfassung ist in seinem Abs 1 überholt und wurde ansonsten durch das 16. *Amendment* aus dem Jahre 1913 geändert.

[1257] Zum Präsidenten siehe *Redford/Truman/Hacker/ua* (FN 1241) 291 ff.

[1258] Der Wahlmodus für den Präsidenten gilt auch für den Vizepräsidenten.

[1259] Siehe dazu zB *Thunert, Martin*, Die US-amerikanischen Präsidentschaftswahlen vom 7. November 2000 – kein Sieg *Bushs*, sondern eine Niederlage *Gores*, ZParl 2001, 630 ff.

[1260] Zu den Wahlmännern in Afghanistan siehe: 1501 Afghanen in einem Bierzelt oder: die leise Hoffnung auf Frieden, Die Presse, vom 8. 6. 2002, 4.

[1261] Für die Wahl im *District of Columbia* siehe das 23. *Amendment* aus dem Jahre 1961.

mindestens einer kein Einwohner des Staates ist, dem sie angehören. Sie bezeichnen auf ihren Zetteln die Person, für die sie als Präsident stimmen, und auf anderen Zetteln die Person, für die sie als Vizepräsident stimmen. Sie erstellen getrennte Listen aller Personen, die Stimmen als Präsident, und aller Personen, die Stimmen als Vizepräsident erhalten haben sowie der Anzahl der für eine jede Person abgegebenen Stimmen zusammen. Sie unterzeichnen und beglaubigen diese Liste und schicken sie versiegelt an den Präsidenten des Senates zum Sitz der Regierung der Vereinigten Staaten. Der Präsident des Senates öffnet vor Senat und Repräsentantenhaus all diese beglaubigten Listen, worauf hin die Stimmen gezählt werden. Diejenige Person, welche die meisten Stimmen als Präsident auf sich vereinigt wird Präsident der Vereinigten Staaten von Amerika, wenn die Stimmenzahl der Mehrheit der Gesamtzahl der bestellten Wahlmänner entspricht. Wenn keine Person eine derartige Mehrheit hat, so wählt das Repräsentantenhaus sofort von den maximal drei Personen, die die höchste Zahl der auf der Präsidentenliste abgegebenen Stimmen haben durch Stimmzettel den Präsidenten. Bei dieser Präsidenten(stich)wahl werden die Stimmen nach Staaten abgegeben, wobei der Vertretung eines jeden Staates eine Stimme zukommt. Zur Beschlussfähigkeit ist für diesen Zweck ein Präsenzquorum von mindestens einem Mitglied aus zwei Dritteln der Staaten und ein Konsensquorum der Mehrheit aller Gliedstaaten erforderlich. Wenn das Repräsentantenhaus bei dieser Wahl nicht vor dem nächsten 4. 3. einen Präsidenten wählt, so handelt der Vizepräsident als Präsident, wie im Fall des Todes oder einer anderen durch die Verfassung bezeichneten Amtsunfähigkeit des Präsidenten. Die Person, die die größte Stimmenzahl als Vizepräsident sich vereinigt, wird Vizepräsident, wenn diese Zahl die Mehrheit der Gesamtzahl der ernannten Wahlmänner bildet. Wenn keine Person eine Mehrheit auf sich vereinigt, so wählt der Senat von den zwei auf der Liste mit der höchsten Stimmenzahl stehenden Personen den Vizepräsidenten. Zu diesem Zweck ist für diese Wahl ein Präsenzquorum von zwei Drittel der Gesamtzahl der Senatoren und ein Konsensquorum der Mehrheit der Gesamtzahl erforderlich (Art 2 *Section* 1 Abs 3 C-USA, inhaltlich ersetzt durch das 12. *Amendment* aus dem Jahre 1804). Der Kongress kann den Zeitpunkt für die Wahl der Wahlmänner und den Tag ihrer Stimmabgabe festsetzen; dieser Tag soll im ganzen Bereich der Vereinigten Staaten derselbe sein (Art 2 *Section* 1 Abs 4 C-USA).

Das Stimmrecht der Bürger der Vereinigten Staaten bei der Wahl der Wahlmänner für den Präsidenten und den Vizepräsidenten (oder die Senatoren und die Abgeordneten im Kongress) darf weder von den Vereinigten Staaten noch von einem Staat wegen Nichtzahlung einer Kopf- oder sonstigen Steuer versagt oder gekürzt werden (24. *Amendment*, *Section* 1 aus dem Jahre 1964).

Wählbar für das Amt des Präsidenten ist nur, wer gebürtiger Staatsbürger (*citizen*) der Vereinigten Staaten, mindestens 35 Jahre alt und seit mindestens vierzehn Jahren Einwohner (*resident*) der Vereinigten Staaten ist (Art 2 *Section* 1 Abs 5 C-USA). Wer nach der Verfassung nicht zum Amt des Präsidenten wählbar ist, scheidet auch für das Amt des Vizepräsidenten aus (12. *Amendment* aus dem Jahre 1804). Im Fall der Absetzung (*removal*) des Präsidenten oder seines Todes (*death*), seines Rücktrittes (*resignation*), oder seiner Unfähigkeit (*inability*) die Befugnisse seines Amtes auszuüben und dessen Pflichten zu erfüllen, geht das Amt an den Vizepräsidenten über.[1262] Für den Fall der Absetzung, des Todes, des Rücktrittes oder der Unfähigkeit sowohl des Präsidenten als auch des Vizepräsidenten kann der Kongress gesetzliche Bestimmungen treffen und erklären, welcher Beamte (*officer*) dann die Aufgaben des Präsidenten wahrnimmt. Dieser Beamte versieht dann die Geschäfte solange, bis die Amtsunfähigkeit behoben oder ein neuer Präsident gewählt worden ist (Art 2 *Section* 1 Abs 6 C-USA).[1263]

Seit dem Jahre 1951 darf keine Person mehr als zweimal in das Amt des Präsidenten gewählt werden und keine Person, die für mehr als zwei Jahre einer Amtszeit, für die eine andere Person zum Präsidenten gewählt worden ist, das Amt des Präsidenten bekleidet oder die Aufgaben des Präsidenten wahrgenommen hat, darf mehr als einmal zum Präsidenten gewählt werden (22. *Amendment, Section* 1).

Für seine Dienste erhält der Präsident – zu bestimmten Zeiten – eine Entschädigung (*compensation*), die während des Zeitraums, für den er gewählt worden ist, weder erhöht noch gekürzt werden darf. Während dieses Zeitraumes darf der Präsident von den Vereinigten Staaten oder von einem Staat keine andere Vergütung (*emolument*) erhalten (Art 2 *Section* 1 Abs 7 C-USA).

Ehe er sein Amt antritt hat der Präsident folgenden Eid (*oath*) oder eidesstattliche Erklärung (*affirmation*) zu leisten, der/die wie folgt lautet: „Ich schwöre (oder erkläre) feierlich, das Amt des Präsidenten treu auszuüben und die Verfassung der Vereinigten Staaten nach besten Kräften zu erhalten (*preserve*), zu schützen (*protect*) und zu verteidigen (*defend*).“ (Art 2 *Section* 1 Abs 8 C-USA).

Der Präsident ist Oberbefehlshaber (*commander in chief*) der Armee und der Marine der Vereinigten Staaten und der Miliz der Staaten, wenn diese zum Dienst der Vereinigten Staaten einberufen wird. Er darf die geschriebenen Gutachten der

[1262] Siehe dazu auch das 25. *Amendment* aus dem Jahre 1967 (*Section* 1 – Vizepräsident, *Section* 2 – Ersetzung des Vizepräsidenten sowie *Section* 3 und 4 – Vizepräsident als „Acting President“).

[1263] Vgl dazu das 20. *Amendment* aus dem Jahre 1933: zu Beginn und Ende der Amtszeit des Präsidenten, des Vizepräsidenten, der Senatoren und Abgeordneten (*Section* 1), zur Sitzungsperiode des Kongresses (*Section* 2), zu den Fällen, in denen der Vizepräsident das Amt des Präsidenten auszuüben hat (*Section* 3) und zur Wahl eines Präsidenten durch das Repräsentantenhaus und eines Vizepräsidenten durch den Senat (*Section* 4).

Leiter der einzelnen Abteilungen (*principal officer*) der Bundesregierung über irgend eine die Pflichten ihres Amtes betreffende Angelegenheit verlangen. Abgesehen von *Impeachement*-Fällen hat er das Recht, Strafaufschub (*reprieves*) und Begnadigung (*pardons*) für Verstöße gegen die Gesetze der Vereinigten Staaten zu bewilligen (Art 2 *Section* 2 Abs 1 C-USA).

Der Präsident der Vereinigten Staaten ist befugt, mit Rat und Zustimmung des Senates Verträge zu schließen, vorausgesetzt, dass zwei Drittel der anwesenden Senatoren zustimmen. Er nominiert (*nominate*) und ernennt (*appoint*) – auf Anraten und Zustimmung des Senates – Botschafter (*ambassadors*), andere öffentliche Gesandte (*public ministers*) und Konsulen (*consuls*), Richter des Supreme Courts (!) und alle anderen Beamte der Vereinigten Staaten, deren Ernennung nicht anderweitig durch die Verfassung geregelt ist und deren Ämter durch Gesetz errichtet werden. Der Kongress darf jedoch nach Gutdünken (*as they think proper*) die Ernennung unterer Beamter dem Präsidenten allein, den Gerichtshöfen oder den Abteilungsleitern anvertrauen (Art 2 *Section* 2 Abs 2 C-USA). Der Präsident ist befugt, Stellen, die während der Senatsferien (*recess of the senate*) frei werden mit kommissarischen Vertretern (*by granting commissions*) zu besetzen, deren Berufung am Ende der nächsten Sitzung des Senates abläuft (Art 2 *Section* 2 Abs 3 C-USA).

Von Zeit zu Zeit hat der Präsident dem Kongress Auskünfte über die Lage der Union (*state of the union*) Bericht zu erstatten und Maßnahmen zur Beratung zu empfehlen, die er für notwendig und zweckmäßig (*necessary and expedient*) erachtet. Zu außerordentlichen Gelegenheiten kann er beide Kammern oder eine von ihnen zusammenrufen, und wenn die zwei Kammern sich nicht über die Zahl der Vertagung einigen können, so darf er sie bis zu einem von ihm für geeignet gehaltenen Zeitpunkt vertagen. Der Präsident empfängt Botschafter und andere öffentliche Gesandte. Er hat Sorge zu tragen, dass alle Gesetze gewissenhaft vollzogen werden und er erteilt Beamten der Vereinigten Staaten die Ernennungsurkunde (Art 2 *Section* 3 C-USA).

Der Präsident, der Vizepräsident und alle Zivilbeamten (*civil officers*) der Vereinigten Staaten werden ihres Amtes enthoben, wenn sie wegen Verrates (*treason*), Bestechung (*bribery*) oder anderer schwerer Verbrechen oder Vergehen (*other high crimes*) unter Anklage (*Impeachment*) gestellt und für schuldig befunden worden sind (Art 2 *Section* 4 C-USA).

2.1.3.3 Die Bundesstaaten[1264]

Die Vereinigten Staaten bestehen, wie es der Name schon anklingen lässt, aus den einzelnen Bundesstaaten, welche die Verfassung der Vereinigten Staaten durch ihre Ratifikationen in Geltung gesetzt haben. Zu den ursprünglichen 13 kamen im Laufe der Zeit weitere Staaten hinzu, sodass die USA heute aus 50 Staaten[1265] bestehen.

Als einziges der ersten 10 *Amendments* aus dem Jahre 1791 (*Bill of Rights*) sei das 10. *Amendment* erwähnt, welches eine Art *Subsidiaritätsprinzip*[1266] vorsieht. Demnach bleiben die Kompetenzen, die durch die Verfassung weder den Vereinigten Staaten übertragen noch den Staaten entzogen werden, den verschiedenen Staaten oder dem Volk vorbehalten.

Neue Staaten können gem Art 4 *Section* 3 Abs 1 C-USA durch den Kongress in den Bund aufgenommen werden. Jedoch darf kein neuer Staat innerhalb der Hoheitsrechte eines anderen Staates gebildet oder errichtet werden. Auch darf kein neuer Staat durch die Vereinigung von zwei oder mehr Gliedstaaten oder Teilen von Gliedstaaten ohne Zustimmung sowohl der gesetzgebenden Körperschaften (*legislatures*) der betreffenden Gliedstaaten als auch des Kongresses gebildet werden (Art 4 *Section* 3 Abs 1 C-USA). Der Kongress ist befugt, über das Territorium und sonstige Eigentum der Vereinigten Staaten zu verfügen und alle nötigen Regeln und Verordnungen (*rules and regulations*) dafür zu erlassen. Dabei darf keine Bestimmung der Verfassung so ausgelegt werden, dass durch sie Ansprüche der Vereinigten Staaten oder irgendeines Gliedstaates beeinträchtigt (*prejudice*) werden (Art 4 *Section* 3 Abs 1 C-USA).

Die Vereinigten Staaten gewährleisten jedem Staat in dem Bund eine republikanische Staatsform und schützen sie gegen Invasionen (*invasion*) sowie – auf Antrag des Parlamentes (oder der Regierung, wenn das Parlament nicht versammelt werden kann) – gegen innere Unruhen (*domestic violence*) (Art 4 *Section* 4 C-USA).

Die Gesetze (*public acts*), Urkunden (*records*) und gerichtliche Verhandlungen (*judicial proceedings*) jedes Staates genießen in jedem anderen Staat vollen öffentlichen Glauben. Der Kongress kann durch allgemeine Gesetze (*by gene-*

[1264] Zum amerikanischen bundesstaatlichen System siehe *Annaheim, Jörg*, Die Gliedstaaten im amerikanischen Bundesstaat. Institutionen und Prozesse gliedstaatlicher Interessenwahrung in den Vereinigten Staaten von Amerika (1992); *Cushman* (FN 1234) 85 ff; *Vile, M J C*, The Structure of American Federalism (1961).

[1265] Die USA bestehen aus 50 Bundesstaaten sowie dem Hauptstadtdistrikt (*District of Columbia*).

[1266] Siehe dazu vorstehend im 2. Kapitel des 1. Teiles auf S 38.

ral law) die Art und Weise des Nachweises dieser Gesetze, Urkunden und gerichtlichen Verhandlungen sowie deren Wirkung bestimmen (Art 4 *Section* 1 C-USA).

Die Bürger jedes Staates genießen alle Privilegien (*privileges*) und Immunitäten (*immunities*) der Bürger der verschiedenen Staaten (Art 4 *Section* 2 Abs 1 C-USA).[1267] Eine Person, die in einem Staat wegen Verrates (*treason*), Verbrechens (*felony*) oder eines anderen Vergehens (*or other crime*) angeklagt wird, sich der Justiz entzieht und in einem anderen Staat aufgefunden wird, wird auf Verlangen der Regierung des Staates, aus dem sie geflohen ist, ausgeliefert, um zu dem für die Ahndung der Tat zuständigen Staat verbracht zu werden (Art 4 *Section* 2 Abs 2 C-USA).[1268]

Art 1 *Section* 10 der (Bundes-)Verfassung sieht für die Gesetzgebung der Gliedstaaten folgende *Schranken* vor. Nach Abs 1 leg cit darf kein Staat einen Vertrag (*treaty*), ein Bündnis (*alliance*) oder einen Staatenbund (*confederation*) eingehen, Kaper- und Repressalienbriefe (*letters of marque and reprisal*) ausstellen, Geld prägen, Geldscheine ausgeben, etwas anderes als Gold- und Silbermünzen zum Zahlungsmittel für Schulden machen, ein Verurteilungs- oder rückwirkendes (Straf-)Gesetz (*bill of attainder, ex post facto law*) oder ein die vertragliche Verpflichtungen beeinträchtigendes Gesetz (*law impairing the obligation of contracts*) erlassen oder einen Adelstitel verleihen (*grant any title of nobility*). Kein Staat darf darüber hinaus ohne Zustimmung des Kongresses Zölle oder Abgaben auf Ein- und Ausfuhren erheben, es sei denn, dass sie zur Durchführung seiner Inspektionsgesetze unbedingt erforderlich sind (Art 1 *Section* 10 Abs 2 C-USA). Der Nettoerlös aus allen staatlich auferlegten Einfuhr- oder Abfuhrabgaben oder -zöllen steht dem Haushalt der Vereinigten Staaten zu Verfügung und alle derartigen Gesetze unterliegen der Revision und der Kontrolle des Kongresses (Art 1 *Section* 10 Abs 2 C-USA). Weiters darf kein Staat ohne Zustimmung des Kongresses Tonnengelder (*duty of tonnage*) erheben, Truppen (*troops*) oder Kriegsschiffe (*ships of war*) in Friedenszeiten halten, ein Abkommen (*agreement*) oder eine Vereinbarung (*compact*) mit einem anderen Staat oder mit einer fremden Macht schließen oder Krieg führen, es sein denn, dass er tatsächlich überfallen wird oder sich in so dringender Gefahr befindet, dass kein Aufschub geduldet werden kann (Art 1 *Section* 10 Abs 3 C-USA).

[1267] Siehe dazu auch das 14. *Amendment* aus dem Jahre 1868.

[1268] Aufgrund des 13. *Amendments* aus dem Jahre 1865, durch welches die Sklaverei abgeschafft wurde, ist der Art 4 *Section* 2 Abs 3 C-USA, welcher die Auslieferung von Sklaven regelte, inhaltlich überholt.

2.2 Der Supreme Court

„That there ought to be one court of supreme and final jurisdiction, is a proposition which is not likely to be contested."

Alexander Hamilton[1269]

2.2.1 Ausführungen der *Federalist Papers* zum Supreme Court

Die *Federalist Papers*, auch als *the Federalist* bezeichnet, sind eine Serie von 85 von *Alexander Hamilton, John Jay* und *James Madison* verfassten Aufsätzen zu verschiedenen, die neue amerikanische Verfassung betreffenden Themengebieten, welche zwischen Oktober 1787 und Mai 1788 anonym unter dem Decknamen *Publius* in zwei damaligen New Yorker Zeitungen (*The New York Packet* und *The Independent Journal*) veröffentlicht wurden.[1270] Neben weiteren Veröffentlichungen in anderen New Yorker und weiteren einzelstaatlichen Zeitungen wurden 1788 und 1818[1271] von *Hamilton* bzw *Madison* überarbeitete und korrigierte Versionen veröffentlicht, wobei letztere erst eine Zuordnung jedes *Papers* zum jeweiligen Autor ermöglichte. Sinn und Zweck der *Federalist Papers* war es, New York zur Ratifizierung der im Sommer 1787 in Philadelphia entworfenen Verfassung zu bewegen. Die sich mit einzelnen Fragen der Verfassung befassenden *Federalist Papers* sind insofern für die Auslegung und das Verständnis der Errichtung der amerikanischen Verfassung von Bedeutung, als es sich bei *Hamilton* und *Madison* um zwei Mitglieder des damaligen Konventes handelt.

Die *Federalist Papers* behandeln neben zahlreichen sonstigen institutionellen Fragen auch den Supreme Court. Dabei befasst sich *Alexander Hamilton* in den folgenden *Papers* mit der obersten gerichtlichen Instanz der Vereinigten Staaten:

- *Federalist Nr 78, A view of the constitution of the judicial department, in relation to the tenure of good behaviour,*[1272]

[1269] Federalist Nr 81.

[1270] *City of Washington*, The Federalist, on the new constitution, written in the year 1788, by Mr. Hamilton, Mr. Madison, and Mr. Jay: with an appendix, containing the Letters of Pacificus and Helvidius on the proclamation of neutrality of 1793; also the original articles of confederation, and the constitution of the United States, with the amendments made thereto. A new edition. The numbers written by Mr. Madison corrected by himself (1818). Zu den Federalist Papers allgemein siehe: About the Federalist Papers, http://memory.loc.gov/const/fed/abt_fedpapers.html.

[1271] *City of Washington* (FN 1270).

[1272] *City of Washington* (FN 1270) 362 ff; siehe auch http://memory.loc.gov/const/-fed/fed_78.html.

- *Federalist Nr 79, A further view of the judicial department, in relation to the provisions for the support and responsibility of the judges,*[1273]
- *Federalist Nr 80, A further view of the judicial department, in relation to the extent of its powers,*[1274]
- *Federalist Nr 81, A further view of the judicial department, in relation to the distribution of its authority,*[1275]
- *Federalist Nr 82, A further view of the judicial department, in reference to some miscellaneous questions,*[1276]
- *Federalist Nr 83, A further view of the judicial department, in relation to the trial by jury,*[1277]

Im Folgenden seien die wichtigsten Ausführungen von *Hamilton* zum Supreme Court zu folgenden Bereichen – Errichtung des Supreme Court, Gewaltenteilung und Richter – kurz dargestellt:[1278]

Nach *Hamilton* war die *Einrichtung eines Supreme Court* – insbesondere nach den diesbezüglichen Defiziten in der Konföderation – keine Frage, debattiert wurde lediglich die Frage der Art der Errichtung (*manner of constituting it*) sowie seine Ausgestaltung (*its extend*) (Federalist Nr 78).

Von den drei *Gewalten*[1279] erachtet *Hamilton* die Judikative als die für die von der Verfassung gewährten politischen Rechte als am wenigsten gefährlich, da die

---

[1273] *City of Washington* (FN 1270) 369 ff; siehe auch http://memory.loc.gov/const/fed/fed_79.-html.

[1274] *City of Washington* (FN 1270) 371 ff; siehe auch http://memory.loc.gov/const/fed/fed_80.-html.

[1275] *City of Washington* (FN 1270) 377 ff; siehe auch http://memory.loc.gov/const/fed/fed_81.-html.

[1276] *City of Washington* (FN 1270) 385 ff; siehe auch http://memory.loc.gov/const/fed/fed_82.-html.

[1277] *City of Washington* (FN 1270) 388 ff; siehe auch http://memory.loc.gov/const/fed/fed_83.-html.

[1278] Für die Ausführungen *Hamiltons* zu den Zuständigkeiten des Supreme Court siehe nachstehend auf S 358.

[1279] So wie die EU sind auch die Vereinigten Staaten nicht (nur) gewaltentrennend sonder (auch) gewaltenvermischend angelegt. *Haller* (FN 686) 11 nennt in diesem Zusammenhang unter anderem das *Impeachment*-Verfahren nach Art 1 *Section* 2 Ziff 5 und *Section* 3 Ziff 6, in welchem das Repräsentantenhaus als Ankläger und der Senat als Richter fungieren, das suspensive Vetorecht des Präsidenten gegenüber vom Kongress beschlossenen Gesetzen nach Art 1 *Section* 7 Ziff 2 und 3 sowie die Mitwirkung des Senates bei Beamtenernennungen sowie beim Abschluss völkerrechtlicher Verträge nach Art 2 *Section* 2 Ziff 2. Zur sich aus dieser Gewaltenvermengung ergebenden Notwendigkeit eines Substitutes für die herkömmliche Gewaltenteilung und der dazu einschlägigen Judikatur des EuGH siehe vorstehend in FN 75.

richterliche Gewalt „will be at least in a capacity to annoy or injure them" (Federalist Nr 78). Nicht nur in Bezug auf die politischen Rechte, auch insgesamt erachtet er die Judikative als die schwächste der drei Gewalten (Federalist Nr 78). Im Federalist 81 zieht *Hamilton* einen Vergleich zum Vereinigten Königreich, wo das *House of Lords* – als Teil der Legislative – die letzte Instanz der Judikative bildet. Dadurch kann die Legislative – gewalten-übergreifend – die Entscheidungen der Judikative *by law* abändern. Dieses System wurde nach *Hamilton* in den meisten gliedstaatlichen Verfassungen übernommen. Dieses System der Gewaltenvermengung wurde für den Supreme Court nicht übernommen; er wird aus einem „distinct body of magistrates" gebildet, „instead of being one of the branches of the legislature" (Federalist Nr 81). Die Entscheidung der Verfassungsväter für ein System der (strikten) Gewaltentrennung[1280] in diesem Bereich beschreibt *Hamilton* wie folgt: „still less could it be expected that men who had infringed the Constitution in the character of legislators, would be disposed to repair the breach in the character of judges". Ein weiterer Aspekt der seiner Meinung nach gegen diese *House of Lords*-Konstruktion spricht, ist die Tatsache, dass die „Richter" der letzten Instanz dann lediglich auf Zeit (eine Legislaturperiode) bestellt wären; vor allem wäre es absurd in unteren Instanzen auf Lebenszeit bestellte Richter vorzusehen, welche dann von auf Zeit bestellten „Richtern" kontrolliert werden. Noch absurder wäre für *Hamilton* jedoch die Tatsache, aufgrund ihres Fachwissens bestellte Richter durch mit diesem Wissen nicht ausgestattete „Richter" kontrollieren zu lassen. Die lebenslange Bestellung (*permanency in office*) der *Richter* begründet *Hamilton* damit, dass kein anderes Instrumentarium so viel zur Stärke (*firmness*) und Unabhängigkeit (*independence*) beitragen kann und es somit ein „indispensable ingredient in its constitution" darstellt (Federalist Nr 78). Periodische Ernennungen (*periodical appointments*) wären seiner Meinung nach fatal für die notwendige Unabhängigkeit der Richter (Federalist Nr 78). Neben diesem politischen führt *Hamilton* auch einen mehr technischen Grund für die lebenslange Bestellung an. Nachdem die Richter an strikte Regeln und Präzedenzfälle gebunden sind (*bound down by strict rules and precedents*) und sich diese Fälle zu einer großen Masse (*bulk*) anhäufen werden, benötigt es seiner Meinung nach lange und arbeitsintensive Studien, um dieses Recht judizieren zu können. Für diese Aufgabe gäbe es lediglich wenige Personen die diesen fachlichen Anforderungen Genüge tun und unter diesen wiederum noch weniger, die außerdem über die notwendige Integrität verfügen. Aufgrund dieser Erwägungen habe man die gliedstaatlichen Verfassungen kopiert, welche für das Kriterium des *good be-*

[1280] Siehe dazu zB *Arnauld, Andreas von*, Gewaltenteilung jenseits der Gewaltentrennung. Das gewaltenteilige System in der Verfassungsordnung der Bundesrepublik Deutschland, ZParl 2001, 678 ff.

haviour optiert haben (Federalist Nr 78). Die *Unabhängigkeit* der Richter erlangt nach *Hamilton* sowohl im Zusammenhang mit der Sicherung der Verfassung als auch im Bereich des Grundrechtsschutzes seine Bedeutung, um gegen „the effects of occasional ill humors in the society" zu schützen (Federalist Nr 78). Die Unabhängigkeit der Richter ergibt sich für ihn nicht nur aus der lebenslangen Bestellung *during good behaviour*, sondern auch aus der Entlohnung – frei nach der von ihm zitierten Weisheit „a power over a man's subsistence amounts to a power over his will" (Federalist Nr 79). Daraus ergibt sich die Forderung nach einer „compensation which shall not be diminished during their continuance in office". Diese Formulierung erlaubt einerseits eine künftige Adaptierung der Gehälter, vermeidet aber andererseits eine Verschlechterung der pekuniären Entschädigung der Richter durch eine mit einer Entscheidung nicht einverstandenen Legislative. Eine Unterscheidung ergibt sich in der Entlohnung des Präsidenten (des Supreme Court). Nachdem dieser lediglich für vier Jahre gewählt werden soll, ist seine Entschädigung nicht nur nach unten, sondern auch nach oben hin gedeckelt (Federalist Nr 79). Nach der in der Verfassung gewählten Konstruktion sind die Richter jedoch nicht sakrosankt. Die *precautions for their responsability* finden sich im *Impeachment*-Verfahren wieder. Nach *Hamilton* ist dies die einzige Bestimmung, welche mit der Unabhängigkeit der Richter vereinbar ist (Federalist Nr 79). Das Kriterium für die Absetzung ist das des *malconduct* (schlechten Verhaltens) und nicht der *inability* (Unfähigkeit), da letzteres eher Anlass zum Missbrauch gibt (Federalist Nr 79).

2.2.2 Die Geschichte des Supreme Court – unter besonderer Berücksichtigung der Rs *Marbury vs Madison*

Da diese Arbeit den Supreme Court aus der primären Überlegung darstellt, eine Vergleichsbasis für die Verfassungsgerichtsbarkeit der Europäischen Union zu liefern, kann die Behandlung der (ersten Jahre der) über 200 jährigen Geschichte – welche mehrere Bücher füllen würde – lediglich in einigen Sätzen und in den für diese Arbeit relevanten Bereichen erfolgen.[1281]

Das erste Mal versammelte sich der Supreme Court am 1. 2. 1790 im *Merchants Exchange Building* in New York City. Die konstituierende Sitzung musste allerdings von *John Jay* – dem ersten *Chief Justice* des Gerichtes – um einen Tage verschoben werden, da es einige Richter aufgrund von Transportproblemen nicht schafften, rechtzeitig nach New York zu kommen. Während die ersten Sitzungen

[1281] Zur Geschichte des Supreme Court siehe zB: *Rau, Christian*, Selbst entwickelte Grenzen in der Rechtsprechung des United States Supreme Court und des Bundesverfassungsgerichts (1996) 21 ff.

noch organisatorischen Fragen gewidmet waren, erreichten die ersten Fälle das Gericht im zweiten Jahr seines Bestehens.[1282]

Nachdem die Verfassung – wie noch zu zeigen sein wird – den Supreme Court nur kursorisch regelt[1283] und die Vorstellungen der Gründungsväter über die Judikative zum Teil nicht sehr klar waren,[1284] war es für den Supreme Court in den ersten Jahren schwierig, sich im Gefüge der neu geschaffenen Gewalten zu positionieren. Ein weiteres Problem für die anfängliche Positionierung des Supreme Court wird darin gesehen, dass die Verfassung keine Kriterien für die Qualifikation der Richter aufstellt, wodurch politische Überlegungen über die fachlichen dominierten[1285] und somit die Stellung des Gerichtes weiter geschwächt wurde. Weiter Gründe für die schwache Position des Supreme Court in den ersten Jahren waren neben den „überwiegend fehlenden fachlichen Voraussetzungen", dem geringen Arbeitsanfall[1286] in den ersten Jahren auch die fehlende Überzeugungskraft seiner Urteile, in welchen jeder Richter eine eigene Begründung[1287] verfasste.[1288]

Diese Anlaufschwierigkeiten lösten sich mit der Ernennung des aus Virginia stammenden *John Marshall* zum *Chief Justice* des Supreme Court.[1289] Um das Ansehen des Gerichtes zu heben verfasste *Marshall* in allen Prozessen, an denen er teilgenommen hatte, die Urteile selbst, wobei es ihm durch seine diplomatische

---

1282 *The Court as an Institution*, http://a257.g.akamaitech.net/7/257/2422/14mar20010800/-www.supremecourtus.gov/about/institution.pdf.

1283 Die in Art 3 *Section* 1 C-USA vorgesehene Ausgestaltung der den Supreme Court regelnden Bestimmungen durch einen Rechtsakt des Kongresses erfolgte mit dem *Judiciary Act* von 1789, 1 Stat 73, http://air.fjc.gov/history/landmark/02b.html. Darin wurde die Struktur des bundesgerichtlichen Gerichtssystemes festgelegt. Neben dem Supreme Court mit sechs Mitgliedern wurden außerdem noch die *District Courts* und die *Circuit Courts* verankert.

1284 *Maaßen* (FN 1227) 48. Siehe dazu auch vorstehend auf S 305.

1285 *Maaßen* (FN 1227) 48 zitiert in diesem Zusammenhang, *George Washington*, den ersten Präsidenten der Vereinigten Staaten, welcher für seine Ernennung der Richter folgende Kriterien nennt: „the fitness of characters, the pretentions of different candidates, and, so far as proper, (...) political considerations".

1286 Vergleiche dazu – für den Bereich des TJCA – vorstehend im 1. Kapitel auf S 292.

1287 Zur Frage der *dissenting opinions* siehe nachstehend auf S 341, bzw im 4. Kapitel auf S 379.

1288 *Maaßen* (FN 1227) 58.

1289 *Marshall* wurde von Präsident *John Adams* ernannt, und führte das Amt des *Chief Justice* vom 4. 2. 1801 bis zum 6. 7. 1835. Siehe dazu *Members of the Supreme Court of the United States*, http://a257.g.akamaitech.net/7/257/2422/14mar20010800/www.supremecourtus.gov/-about/members.pdf.

Art gelang, selbst Richter mit konträrem Standpunkt davon abzuhalten, eine *dissenting opinion* zu verfassen.[1290]

In die Zeit von *John Marshall* fällt auch das wohl bekannteste und eines der bedeutendsten Urteile des Supreme Court in der Rechtssache *Marbury vs Madison.*[1291]

Kurz zum Sachverhalt:[1292] Der Ursprung dieses Rechtsstreites liegt in den Präsidentenwahlen von 1800, aus welchen der Republikaner *Thomas Jefferson* als Sieger hervorging. Damit löste er *John Adams* im Amt des Präsidenten der Vereinigten Staaten ab, welcher als *Federalist* tendenziell für eine starke Bundesregierung eingetreten war. Als Republikaner fühlte sich *Jefferson* hingegen mehr den Rechten der Gliedstaaten verpflichtet. Den sich abzeichnenden Wechsel in der (partei-)politischen Ausrichtung versuchte er durch die Schaffung neuer Richterstellen und eine dementsprechende Besetzung über seine zu Ende gehende Amtsperiode hinüber zu retten. Bereits vor dem Ausgang der Präsidentenwahlen hatte *Adams John Marshall* zum *Chief Justice* ernannt. Darüber hinaus ernannte er am 2. 3. 1801 42 *justices of the peace* für den *District of Columbia*, wobei der Senat diese Ernennungen am folgenden Tag bestätigte. Durch ein Versehen von *Marshall* (!), der zu dieser Zeit neben seiner Tätigkeit als *Chief Justice* auch noch die Funktion des Staatssekretärs ausübte, gelangten die mit Siegeln versehenen Ernennungsurkunden nicht bis 24 Uhr jenen Tages, an dem die Amtszeit von Präsident *Adams* ablief, aus dem Büro des Staatssekretärs. In einer seiner ersten Handlungen beauftragte Präsident *Jefferson* seinen neuen Staatssekretär *James Madison*, lediglich 25 der 42 Ernennungsurkunden auszuhändigen und die restlichen 17 zurückzubehalten. Diese Vorgehensweise veranlasste einen der Verkürzten, *William Marbury*, beim Supreme Court eine Klage einzubringen die darauf gerichtet war, den Staatssekretär *Madison* mit einem sogenannten *writ of mandamus* dazu zu zwingen, die Auslieferung der Urkunden anzuordnen.

Diese Situation brachte – den an dieser Situation nicht ganz unschuldigen und unbefangenen – *Chief Justice Marshall* in eine delikate Lage. Er konnte davon ausgehen, dass die Exekutive, welche, wie erwähnt, nunmehr die (partei-)politische Ausrichtung geändert hatte, einer solchen Anordnung wohl kaum nachkommen würde[1293] und durch eine solche Zuspitzung der Situation das Ansehen

---

[1290] *Maaßen* (FN 1227) 58 f, welcher anführt, dass *Marshall* in einem Zeitraum von sieben Jahren 130 Urteile verfasste, während seine Kollegen in derselben Zeit lediglich 30 Urteile schrieben.

[1291] 1 Cranch 137 (1803), http://www.findlaw.com/casecode/supreme.html. Die Bedeutung dieser viel zitierten Rechtssache rechtfertigt eine Darstellung von Sachverhalt, politischem Hintergrund und Rechtsfragen dieser Entscheidung.

[1292] Für eine Darstellung der politischen Hintergründe siehe zB *Haller* (FN 686) 121 ff.

[1293] *Haller* (FN 686) 122; *Maaßen* (FN 1227) 61.

des Höchstgerichtes in Mitleidenschaft gezogen werden könnte. Zwar kam er inhaltlich den Interessen der Exekutive – nach einer Nichtauslieferung der restlichen Bestellungsurkunden – nach, allerdings mit einer Begründung, die von den Behörden „als Pyrrhussieg“ empfunden werden musste.[1294]

Die in diesem Verfahren bedeutende Kompetenz des Supreme Court zum Erlass eines *writ of mandamus* ergibt sich aus *Section* 13 des *Judiciary Act* von 1789[1295]. Wie noch zu zeigen sein wird, regelt die Verfassung – nach Meinung von *Marshall abschließend* – die Fälle, in denen dem Supreme Court *original jurisdiction* (erstinstanzliche Zuständigkeit) zukommt. Indem nun durch diesen Rechtsakt aus dem Jahre 1789 die Kompetenzen des Supreme Court ausgedehnt werden, sieht derselbe darin eine Normenkollision des *Judiciary Act* mit der Verfassung. *Marshall* drückt diese Überlegung aus wie folgt: „The authority , therefore, given to the supreme court, by the act establishing the judicial courts of the United States, to issue writs of mandamus to public officers, appears not to be warranted by the constitution; and it becomes necessary to inquire whether a jurisdiction, so conferred, can be exercised."[1296] Nachdem er fest hält, dass es sich bei der Verfassung um eine die Grenzen des Gesetzgebers limitierende handelt, kommt er zu dem Schluss, „that a law repugnant to the constitution is void, and that courts, as well as other departments, are bound by that instrument".[1297] Indem er im konkreten Fall die fragliche Kompetenz zum Erlass eines *writ of mandamus* ablehnt, usurpiert er zugleich zugunsten des Gerichtes eine Kompetenz,[1298] die in der Art von der Verfassung weder explizit bejaht noch verneint wird – die Kompetenz *zur richterlichen Überprüfung von Rechtsakten* des Kongresses.

Zusammenfassend kann festgehalten werden: Erstens sieht *Marshall* zwischen der Verfassung und den vom Gesetzgeber erlassenen Rechtsakten eine Normenhierarchie, zweitens einen Vorrang der Verfassung gegenüber den Gesetzen im Falle eines Normenwiderspruches und drittens beansprucht er für den Supreme Court die Kompetenz, in diesen Fällen letztlich zu entscheiden. Betont werden muss die Tatsache, dass sich aus einem Stufenbau der Rechtsordnung nicht zwangsläufig ein richterliches Prüfrecht zur Kontrolle der Einhaltung desselben

---

[1294] *Haller* (FN 686) 122.

[1295] 1 Stat 73, vom 24. 9. 1789, http://air.fjc.gov/history/landmark/02a_bdy.html. Nach *Haller* (FN 686) 94 ist der *Judiciary Act* von 1789 in der heute maßgebenden Fassung in den USC aufgenommen worden.

[1296] 1 Cranch 137 (1803).

[1297] 1 Cranch 137 (1803).

[1298] *Haller* (FN 686) 123 führt zu diesem genialen Schachzug von *Marshall* aus wie folgt: „Da Marshall ja annahm, der Kongress habe dem Supreme Court eine diesem gar nicht zustehende Kompetenz einräumen wollen, schützte er sich gegen den Vorwurf der Machtusurpation seitens des Gerichtes“.

ableiten lässt. Der Vollständigkeit halber sei noch erwähnt, dass der Supreme Court diese Kompetenz zur Normenkontrolle nicht nur gegenüber Bundesrecht (wie im hier behandelten Fall), sondern ebenfalls gegenüber dem Recht der Gliedstaaten in Anspruch nimmt.[1299] Dieses Kontrollrecht beansprucht der Supreme Court nicht nur gegenüber der Legislative, sondern auch gegenüber der Exekutive, in Form des Präsidenten der Vereinigten Staaten.[1300]

Auch wenn Teile dieses Urteiles in der Literatur kritisch gesehen werden[1301], so stellt sie immerhin eine der bedeutensten Entscheidungen in der Geschichte des amerikanischen Höchstgerichtes dar.[1302]

Die *Geschichte des Supreme Court* kann man generell in drei große Phasen einteilen, in welchen das Gericht jeweils verschiedene Ziele vor Augen hatte:[1303] bis zum Bürgerkrieg (1861 – 1865) primär die Stärkung der Union gegenüber den Gliedstaaten, zwischen 1865 und 1937 den Schutz privatrechtlicher Interessen vor staatlichen Eingriffen und seit dem *New Deal* die Verwirklichung der Rechtsgleichheit und des Grundrechtsschutzes auch in nicht wirtschaftlichen Bereichen.

2.2.3 Der Supreme Court in seiner heutigen Ausgestaltung

Anders als in der „Verfassung" der Andengemeinschaft über den Andengerichtshof finden sich in der Verfassung der Vereinigten Staaten von Amerika nur wenige Bestimmungen über den Supreme Court.[1304] Da die Beschreibung anhand der normativen Grundlagen für eine umfassende Darstellung dieses Gerich-

---

[1299] *Rau* (FN 1281) 23 erwähnt in diesem Zusammenhang die Rs Supreme Court, *Martin vs Hunter's Lessee*, 14 US (1 Wheat) 304 (1816).

[1300] Die wohl bekannteste Rs in diesem Zusammenhang dürfte Supreme Court, *United States vs Nixon*, 418 US 683 (1974) sein.

[1301] *Haller* (FN 686) 123 ff; *Maaßen* (FN 1227) 61 f.

[1302] Manche wie *Haller* (FN 686) 127 ff mwN sehen im Urteil *Marbury vs Madison* in Bezug auf die Frage der richterlichen Kompetenz zur Normenkontrolle keine wirklich revolutionäre Entscheidung, da sich bereits aus den Materialien zur Verfassung sowie aus *Section* 25 des erwähnten *Judiciary Act* von 1789 nicht nur eine solche Kompetenz, sondern auch die Tatsache ableiten lasse, dass der Kongress selbst von so einer Kompetenz des Supreme Court ausging. *Haller* erwähnt weiters die Rs Supreme Court, *Hylton vs United States*, 3 Dall 171 (1796), wo der Supreme Court schon einmal die Verfassungsmäßigkeit eines Gesetzes geprüft hat, im konkreten Fall aber zu dem Schluss gelangte, dass der Kongress „die ihm gemäss der Verfassung zustehende Kompetenz (...) nicht überschritten" habe. Erwähnt sei an dieser Stelle noch die Ansicht von *Wolf* (FN 1228) 16, wonach aus der Ablehnung der Konstruktion des *Privacy Council*, welcher, wie erwähnt, eine Art präventive Normenkontrolle hätte ausüben sollen, kein Rückschluss auf eine Ablehnung der Normenkontrolle an sich gezogen werden kann, da die Ablehnung vielmehr der diesem Gremium ebenfalls zustehenden politischen Überprüfung galt.

[1303] Siehe dazu bei *Haller* (FN 686) 336.

[1304] Zu sehen auch nachstehend in der Synopse auf S 475.

tes somit zu wenig her gibt, muss zusätzlich auf – einen Teil der – Literatur zum Supreme Court zurückgegriffen werden.

Anders als die meisten europäischen Staaten kennt das amerikanische Recht keine selbständige Verfassungsgerichtsbarkeit durch eine eigene Institution.[1305] Sämtliche Gerichte der Vereinigten Staaten können inzidenter Verfassungsfragen entscheiden, wenn eine derartige Frage für die Lösung des Falles notwendig erscheint.[1306] Der Grund darin liegt in der Art der Zuteilung der Kompetenzen an die Gerichte. Das amerikanische System kennt keine selbständige Verfassungsbeschwerde und auch keine abstrakte Normenkontrolle, welche die verfassungsgerichtlichen Funktionen bei einem (einzigen) Gericht lokalisieren würde. Diese Zerstreuung verfassungsgerichtlicher Funktionen bedeutete jedoch nicht, dass das amerikanische judikative System kein Vergleichsobjekt für eine Rechtsvergleichung liefern kann. Sicherlich könnte man auch die unteren Gerichte dem EuGH gegenüberstellen und nach Darstellung ihrer institutionellen Stellung und funktionalen Rolle eine vergleichende Analyse anstellen. Es dürfte jedoch unumstritten sein, dass die oberste Instanz in diesem Rechtssystem die zu vergleichende Instanz darstellt, die am weitesten einem Verfassungsgericht[1307] entspricht.[1308]

2.2.3.1 Das Gericht

Seinen *Sitz* hat der *Supreme Court* in Washington DC.[1309]

Die *Rechtsgrundlagen* des Supreme Court ergeben sich primär aus der *Verfassung*, welche – dem Postulat einer kurz gefassten und allgemein verständlichen Grundordnung folgend – das Höchstgericht nur in den notwendigsten Bestimmungen regelt. Sozusagen als Durchführungsakt wurde 1789 der erste *Judiciary Act* erlassen, welcher die Besetzung des Supreme Court mit einem *Chief Justice*[1310] und fünf *Associate Justices* vorsah. Weiters sah er dreizehn *District Courts* und drei sogenannte *Circuit Courts*[1311] vor. Wie bereits erwähnt, wurden die Be-

---

[1305] *Kronstein, Heinrich*, Die Entwicklung des amerikanischen Verfassungsrechts durch den Supreme Court (1972) 9 nennt den Supreme Court ein „Einheitsgericht", da er die Bereiche der Verfassungs-, der Verwaltungs- und der Staatsgerichtsbarkeit ebenso abdeckt, wie das Privatrecht.

[1306] *Haller* (FN 686) 5 f.

[1307] Siehe zB auch *Großfeld, Bernhard/Roth, Herbert* (Hrsg), Verfassungsrichter: Rechtsfindung am U.S. Supreme Court und am Bundesverfassungsgericht (1995).

[1308] *Rau* (FN 1281) 17.

[1309] Gem 28 USC *Section* 2 hält der Supreme Court seinen *term of court* am Sitz der Regierung ab.

[1310] Erster *Chief Justice* war der Mitverfasser der *Federalist Papers*, *John Jay*.

[1311] Insgesamt gab es für die drei Gebiete (*Eastern, Middle, Southern*) drei *Circuit Courts* (*Section* 4 leg cit). Diese hatten keine eigenen Richter, sondern wurden von den Richtern des Supreme Court und der *District Courts* bedient. Der daraus entstandene große Reiseaufwand wurde vom Kongress nach einer Rücktrittsdrohung von *Chief Justice Jay* auf einen *circuit trip* pro

stimmungen des *Judiciary Act* in den *United States Code* (USC) übernommen, wo sich die das Gericht betreffenden Bestimmungen in *Title 28* finden. Die Verfahrensordnung des Supreme Court stellen schließlich die *Rules of the Supreme Court* (R-SCUS) dar, welche am 11. 1. 1999 geändert wurden. Diese geänderte Fassung trat gemäß *Rule* 48 am 3. 5. 1999 in Kraft.

Verfassung (Auszug)[1312]

- *Article 3 (Judiciary)*
  - *Section 1 (Judicial Power)*
  - *Section 2 (Scope of Judicial Power)*
  - *Section 3 (Treason)*

United States Code, Title 28 – Judiciary and Judicial Procedure (Auszug)[1313]

- *Part 1 – Organization of Courts*
  - *Chapter 1 – Supreme Courts*
    - *Section 1 – number of justices; quorum*
    - *Section 2 – terms of court*
    - *Section 3 – vacancy in office of Chief Justice; disability*
    - *Section 4 – Precedence of Associate Justices*
    - *Section 5 – Salaries of justices*
    - *Section 6 – Records of former Court of Appeals*
  - *Chapter 3 – Courts of Appeal*
  - *Chapter 5 – District Courts*
  - *Chapter 6 – Bankruptcy Judges*
  - *Chapter 7 – United States Court of Federal Claims*
  - *Chapter 11 – Court of International Trade*
  - *Chapter 13 – Assignment of judges to other courts*
  - *Chapter 15 – conferences and council of judges*
  - *Chapter 17 – resignation and retirement of justices and judges*

Jahr eingeschränkt – so *Heller, Kurt*, Der Supreme Court der Vereinigten Staaten von Amerika. Probleme eines Höchstgerichtes, EuGRZ 1985, 685 ff, 686.

1312 Quelle: http://www.uni-wuerzburg.de/law/us00000_.html.

1313 Quelle: http://www4.law.cornell.edu/uscode/. Für eine Übersicht über die 50 Titel des USC siehe unter derselben Adresse.

  - *Chapter 19 – distribution of reports and digests*
  - *Chapter 21 – general provisions applicable to courts and judges*
  - *Chapter 23 – civil Justice expense and delay reduction*
- *Part 2 – Department of Justice*
- *Part 3 – Court Officers and employees*
  - *Chapter 41 – administrative office of United States Courts*
  - *Chapter 42 – Federal judicial center*
  - *Chapter 43 – United States magistrates*
  - *Chapter 44 – alternative dispute resolution*
  - *Chapter 45 – Supreme Court*
    - *Section 671 – clerk*
    - *Section 672 – marshal*
    - *Section 673 – reporter*
    - *Section 674 – librarian*
    - *Section 675 – law clerks and secretaries*
    - *Section 676 – printing and binding*
    - *Section 677 – administrative assistant to the Chief Justice*
  - *Chapter 47 – Courts of Appeals*
  - *Chapter 49 – district courts*
  - *Chapter 51 – unites states court of federal claims*
  - *Chapter 55 – court of international trade*
  - *Chapter 57 – general provisions applicable to court officers and employees*
  - *Chapter 58 – united states sentencing commission*
- *Part 4 – Jurisdiction and venue*
  - *Chapter 81 – Supreme Court*
    - *Section 1251 – Original Jurisdiction*
    - *Section 1253 – Direct appeals from decisions of three-judge courts*
    - *Section 1254 – Courts of Appeals; certiorari; certified questions*
    - *Section 1257 – state courts; certiorari*
    - *Section 1258 – Supreme Court of Puerto Rico; certiorari*
    - *Section 1259 – Court of Appeals for the Armed Forces; certiorari*
  - *Chapter 83 – Courts of Appeals*

- *Chapter 85 – district courts; jurisdiction*
- *Chapter 87 – district courts; venue*
- *Chapter 89 – district courts; removal of cases from state courts*
- *Chapter 91 – United States Court of Federal Claims*
- *Chapter 95 – Court of International Trade*
- *Chapter 97 – Jurisdiction immunities of foreign states*
- *Chapter 99 – general provisions*

- *Part 5 –* *Procedure*
- *Part 6 –* *Particular Proceedings*

Rules of the Supreme Court of the Unites States[1314]

- *Part 1 –* *The Court* (*Rule* 1 bis 4)
- *Part 2 –* *Attorneys and counselors* (*Rule* 5 bis 9)
- *Part 3 –* *Jurisdiction on Writ of certiorari* (*Rule* 10 bis 16)
- *Part 4 –* *other Jurisdiction* (*Rule* 17 bis 20)
- *Part 5 –* *motions and applications* (*Rule* 21 bis 23)
- *Part 6 –* *Briefs on the merits and oral argument* (*Rule* 24 bis 28)
- *Part 7 –* *practice and procedure* (*Rule* 29 bis 40)
- *Part 8 –* *Disposition of cases* (*Rule* 41 bis 46)
- *Part 9 –* *Definitions and effective date* (*Rule* 47 und 48)

Anders als zB im Recht der europäischen Gemeinschaften (Art 7 EGV) findet sich in der amerikanischen Verfassung keine Bestimmung mit einer Aufzählung der Organe, weshalb sich eine Ausführung zur *Organeigenschaft* des Supreme Court erübrigt. Ebenfalls keine Bestimmungen finden sich in der Verfassung zum *territorialen bzw zum „temporalen Jurisdiktionsbereich"* und zu den *Privilegien und Immunitäten.*

2.2.3.2 Die Richter

Die *Anzahl* der Richter wird nicht in der Verfassung festgelegt[1315], sondern wurde vom Kongress im *Act* vom 25. 6. 1948 (28 USC § 1) festgelegt. Darin legte er die Anzahl der *Associate Justices* auf acht fest, wodurch sich mit dem Präsidenten des Supreme Court, dem *Chief Justice of the United States* eine Anzahl von

[1314] Quelle: http://a257.g.akamaitech.net/7/257/2422/14mar20010800/www.supremecourtus.-gov/ctrules/rules.pdf.
[1315] Siehe dazu *Haller* (FN 686) 94.

neun Richtern ergibt.[1316] Die Anzahl der *Associate Justices* betrug ursprünglich sechs, wurde später auf zehn erhöht und ist seit 1869 bei der heutigen Anzahl geblieben.[1317] Die Festlegung der Anzahl der Richterposten durch den Kongress stellt ein mögliches Instrumentarium der Ingerenz des Kongresses auf den Supreme Court dar, indem er zum einen die Anzahl der Richter erhöhen – um unliebsame Richter in die Minderheit „zu verbannen" – und zum anderen die Anzahl der Richter durch Nichtbesetzung vakant gewordener Stellen vermindern kann.[1318]

Die *Rangreihenfolge* der *Associate Justices* bestimmt sich nach dem jeweiligen Datum ihrer Bestellung (*seniority of their commissions*), wobei im Falle von *Justices* mit demselben Bestellungsdatum (*whose commissions bear the same date*) das Lebensalter als Entscheidungskriterium herangezogen wird (28 USC *Section* 4).

Eine juristische Ausbildung ist, rein normativ betrachtet, keine notwendige *Qualifikation* für das Amt eines Richters am Supreme Court, de facto stellt sie aber sehr wohl eine Voraussetzung für die Wahl zum Richter dar.[1319] Da der Supreme Court, wie erwähnt, kein genuines Verfassungsgericht verkörpert, sind die gegebenenfalls erwarteten fachlichen Qualifikationen nicht unbedingt verfassungsrechtlich-fachlicher Natur.[1320]

Was die *Auswahl* der Richter betrifft, so neigen republikanische Präsidenten tendenziell eher dazu, Mitglieder staatlicher oder unterer Bundesgerichte in den Supreme Court zu entsenden, wohingegen demokratische Präsidenten dazu tendieren, Juristen vorzuschlagen, die sich als Politiker auf Bundesebene (Kongressabgeordnete oder Kabinettsmitglieder) bewährt haben; selten hingegen sind Ernennungen von Professoren.[1321] Typische „Sprungbretter" für das Richteramt sind auch der Beruf des Rechtsanwaltes, das Amt eines Parteifunktionärs und die Mitgliedschaft in den *bars*.[1322]

Bei der Bestellung der Richter spielen jedoch nicht nur fachliche Qualifikationen eine Rolle. So wie auch beim EuGH bzw beim TJCA wird auch beim Supreme Court einerseits auf eine geographische Berücksichtigung der verschiedenen

---

[1316] Für eine Liste der derzeitigen Richter siehe: *A Brief Overview of the Supreme Court*, http://a257.g.akamaitech.net/7/257/2422/14mar20010800/www.supremecourtus.gov/about/briefoverview.pdf, sowie für eine Liste sämtlicher bisheriger Richter: *Members of the Supreme Court of the United States*, http://a257.g.akamaitech.net/7/257/2422/14mar20010800/www.supremecourtus.gov/about/members.pdf.

[1317] So *Haller* (FN 686) 95.

[1318] Siehe dazu *Haller* (FN 686) 91.

[1319] So *Haller* (FN 686) 95.

[1320] *Rau* (FN 1281) 50.

[1321] *Haller* (FN 686) 84 f.

[1322] Siehe dazu *Redford/Truman/Hacker/ua* (FN 1241) 508.

Landesteile geachtet.[1323] Andererseits ist auch die Bestellung der Richter eine politische Frage.[1324] Dabei spielt weniger die parteipolitische Ausrichtung des potentiellen Richters, als vielmehr eine Übereinstimmung der Ideologie (und der Einstellung zu wichtigen gegenwärtigen Problemen) mit der des Präsidenten eine Rolle.[1325] Dieselben politischen Überlegungen spielen auch beim Senat – und bei verschiedenen Interessensorganisationen – eine Rolle und nicht selten werden diese – mehr schlecht als recht – durch fachliche Argumente zu kaschieren versucht. Die Auswahl nach diesen politischen Kriterien kann jedoch insofern ins Leere gehen, als auf Lebenszeit bestellte Richter ab ihrer Bestellung – abgesehen von einem Amtsenthebungsverfahren – nichts mehr zu befürchten haben und auch erfahrungsgemäß die in sie gesteckten politischen Erwartungen nicht immer erfüllen[1326]. Interessant ist die Tatsache, dass diese politisch motivierte Besetzung der Richterstellen von denselben nicht unbedingt kritisiert wird. Der gegenwärtige *Chief Justice Rehnquist* meint dazu: „Thus a president who sets out to pack the Court does nothing more than seek to appoint people to the Court who are sympathetic to his political or philosophical principles. There is no reason in the world why a president should not do this."[1327] Dieses Phänomen, wonach ein Präsident nach seiner Ernennung versucht, seinen Einfluss auf die Judikative auszuüben, wird als *court-packing* bzw als *staffing the bench* bezeichnet.[1328]

Nominiert werden die Richter vom Präsidenten der Vereinigten Staaten und sodann vom Senat[1329] mit dessen Rat und Zustimmung (*with the advice and consent of the senate*) *ernannt* (Art 2 *Section* 2 Abs 2 C-USA). Die Aufteilung der Funktionen bei der Einsetzung der Mitglieder der Judikative zwischen Exekutive und Legislative ist Ausdruck der der amerikanischen Verfassung zugrundeliegenden Philosophie der *Checks and balances*.[1330] Demgegenüber nennt Art 223 Abs 1 EGV lediglich die untergeordnete Ebene (Mitgliedstaaten), ohne jedoch auf die innerstaatliche Gewaltenteilung zu behandeln. In der Praxis wird der vom Präsi-

---

[1323] *Rohde, David W/Spaeth, Harold J*, Supreme Court Decision Making (1976) 100.

[1324] Zur Frage des politischen Proporzes im österreichischen Verfassungsgerichtshof (VfGH) – in Zusammenhang mit dem sogenannten Ortstafelstreit – siehe das Interview mit dessen Präsidenten *Ludwig Adamovich* in Die Presse vom 8. 1. 2002, 3. „Ab einer bestimmten Stärke sollte jede Kraft hier [gemeint ist im VfGH] vertreten sein. Das hat überhaupt nichts zu tun mit Proporz, schon deswegen nicht, weil dem ja die [lebens]lange Bestellungsdauer entgegensteht."

[1325] So *Haller* (FN 686) 80.

[1326] *Haller* (FN 686) 86 f.

[1327] *Rehnquist, William H*, The Supreme Court. How it was, how it is (1987) 235.

[1328] *Maaßen* (FN 1227) 67.

[1329] Zur Rolle des Senates bei der Bestellung der Richter siehe *Rohde/Spaeth* (FN 1323) 103 ff.

[1330] *Rau* (FN 1281) 50.

denten vorgeschlagene Kandidat von einem Unterausschuss des Senates (dem *Senate Judiciary Committee*) „einer eingehenden mündlichen und öffentlichen, d.h. nach amerikanischem Verständnis heutzutage auch ‚fernsehöffentlichen' Befragung unterzogen" und gegebenenfalls dem Plenum empfohlen. Wenn der Kandidat eine Stimmenmehrheit auf sich vereinigen kann, wird er vom Präsidenten der Vereinigten Staaten ernannt und als neuer Richter vereidigt.[1331] Aufgrund dieser offenkundig politischen Bestellung der Richter wird dieses Verfahren auch weitgehend kritisiert.[1332]

Bei der Auswahl der Kandidaten wird der Präsident der Vereinigten Staaten vom Justizdepartment beraten, worin *Haller* insofern eine problematische Konstellation erblickt, als das Justizdepartment „außerordentlich häufig" als Partei oder *amicus curiae*[1333] auftritt.[1334]

Eine der wenigen Regelungen in der Verfassung betreffend die Richter ist die über ihre *Amtsdauer*. Gem Art 3 *Section* 1 C-USA behalten die Richter ihr Amt „during good behaviour", eine Bestimmung die in der Praxis einer lebenslangen Bestellung der Richter gleich kommt[1335]. Die Amtsdauer der Richter *during good behavior* ergibt sich nach *Hamilton* aus den bewährten entsprechenden Regelungen der gliedstaatlichen Verfassungen (Federalist Nr 78). Die Möglichkeit lebenslang dienende Richter im Verfassungsgericht zu implementieren bietet jedoch einem Präsidenten auch die Möglichkeit, über seine Amtsdauer hinaus seinen Einfluss zu sichern[1336]; so wird auch die Anzahl der von einem Präsidenten besetzten Richterstellen am Supreme Court als Gradmesser seiner Macht gesehen.[1337] Diese amerikanische Bestimmung geht somit weit über den Art 223 Abs 1 EGV hinaus,

---

[1331] *Rau* (FN 1281) 50 ff bringt einige Beispiele von Richterernennungen, die deutlich die (partei-)politsche Auswahl der einzelnen Kandidaten sowie die Querelen um deren Integrität und politische Ausrichtung aufzeigen.

[1332] *Rau* (FN 1281) 53 mwN in FN 171.

[1333] Diese alte Einrichtung des *Common Law* erlaubt unter gewissen Voraussetzungen Schriftsätze von nicht am Prozess beteiligten Dritten. Da es keine abstrakte Normenkontrolle gibt und somit Fragen bundesstaatlicher Kompetenzausscheidung häufig in Streitigkeiten zwischen Privaten zu entscheiden sind, an denen die jeweiligen Hoheitsträger aber nicht direkt beteiligt sind, sind in solchen Fällen *amicus curiae*-Briefe zulässig. Siehe dazu *Haller* (FN 686) 108; *Spies* (FN 1376) 129 f.

[1334] (FN 686) 84.

[1335] Siehe dazu: *The Court as an Institution*, http://a257.g.akamaitech.net/7/257/2422/14mar20010800/www.supremecourtus.gov/about/institution.pdf.

[1336] Allerdings darf nicht vergessen werden, dass lebenslang bestellte – und somit vor politischem Einfluss quasi immune – Richter nicht unbedingt Werkzeug ihres Schöpfers sein bzw bleiben müssen. Siehe in diesem Zusammenhang eine diesbezügliche Analyse bei *Rohde/Spaeth* (FN 1323) 107 ff.

[1337] So *Rau* (FN 1281) 51.

wonach die Richter am EuGH für (lediglich) sechs Jahre bestellt werden, wobei, wie erwähnt, die Möglichkeit einer Wiederernennung nach Abs 4 leg cit besteht. Für eine derartige Bestimmung dürfte im europäischen Bereich wahrscheinlich derzeit ein Konsens zwischen den Mitgliedstaaten fehlen.

Aufgrund der lebenslangen Bestellung erübrigen sich Bestimmungen zu einer *Wiederernennung* der Richter.

Im Zusammenhang mit der Frage der *Unabhängigkeit* der Richter zu erwähnen ist – neben der lebenslangen Bestellung – die Bestimmung des Art 3 *Section* 1 C-USA, wonach die Richter für ihre Dienste – zu bestimmter Zeit – eine Vergütung erhalten, welche allerdings während ihrer Amtsdauer nicht herabgesetzt werden darf.[1338] Dahinter steckt die Überlegung, ein mögliches Druckmittel auf die Richter zu eliminieren. Diese beiden Sicherungsinstrumente werden vom Gericht als ausreichend angesehen, um die Unabhängigkeit des Supreme Court zu gewährleisten; diese Gewährleistung überwiegt nach Ansicht des Gerichtes sogar die Tatsache der offenkundig politisch motivierten Bestellung der Richter.[1339] Nachdem der EuGH bekanntlich nach dem Vorbild des Supreme Court errichtet wurde ist es bemerkenswert, dass die beiden wichtigen Pfeiler seiner Unabhängigkeit (lebenslange Amtsdauer und Regelung zur finanziellen Vergütung) nicht für das Luxemburger Gericht übernommen wurden.

Keine Bestimmungen finden sich in der Verfassung zu einer allfälligen *Unvereinbarkeit* mit dem Richteramt.

Grundsätzlich sind die Richter unabsetzbar. Allerdings unterliegen auch sie der – vorstehend erwähnten – Zuständigkeit des Senates nach Art 1 *Section* 3 Abs 6 C-USA, über alle *Impeachment*-Verfahren zu entscheiden. Ein derartige Amtsenthebung kann somit lediglich bei schweren Verfehlungen durch eine Zweidrittelmehrheit des Senates aufgrund einer Anklage des Repräsentantenhauses hin erfolgen.[1340] Bisher ist es nur einmal (1805) zu einem *Impeachment*-Verfahren gegen einen Richter des Supreme Court gekommen, und zwar betraf dieses politisch motivierte Verfahren den Richter *Samuel Chase*.[1341] Nachdem dieser Versuch einer politischen Einflussnahme jedoch gescheitert war, unterblieben fortan derartige Versuche. Lediglich einmal sei ein Richter – Justice *Fortas* – wegen öffentlicher Kritik zurückgetreten.[1342] Generell scheiden Richter je-

---

[1338] Gem 28 USC *Section* 5 erhalten die *Associate Justices* (und der *Chief Justice*) eine jährliche Entlohnung, welche sich nach *Section* 225 des *Federal Salary Act* von 1967 (2 USC *Section* 351 bis 361) idF von 28 USC *Section* 461 bestimmt.

[1339] So der derzeitige *Chief Justice Rehnquist* (FN 1327) 236.

[1340] Siehe dazu auch *Haller* (FN 686) 95.

[1341] *Haller* (FN 686) 95; *Heller* (FN 1311) 687.

[1342] *Haller* (FN 686) 95.

doch bei Erreichung einer nach ihrer Amtsdauer unterschiedlichen Altersgrenze[1343] aus dem Amt aus (28 USC *Section* 371 – *Retirement on salary: retirement in senior status*). Darüber hinaus kennt 28 USC *Section* 372 (*Retirement for disability; substitute judge on failure to retire; judicial discipline*) eine Rücktrittsmöglichkeit (*may retire*) für Richter, die auf Dauer unfähig sind ihren Pflichten nachzukommen (*permanently disabled from performing his duties*).

Keine Bestimmungen finden sich in der Verfassung zu einer *Residenzpflicht* der Richter.

Interessanterweise finden sich in der Verfassung auch keine Bestimmungen zu *Privilegien und Immunitäten* der Richter des Supreme Court. Diese Tatsache beruht wohl auf der Unterscheidung zwischen nationalen und supranationalen bzw internationalen Gerichten, wonach derartige Bestimmungen nur auf internationaler Ebene, nicht aber innerhalb eines (Bundes-)staates notwendig sind.

Die sogenannten *Court Officers* stellen das *Hilfspersonal* für die Richter des Supreme Court dar. Diese schließen den *Clerk* (28 USC *Section* 671), den *Reporter of Decisions* (28 USC *Section* 673), den *Librarian* (28 USC *Section* 674), den *Marshal* (28 USC *Section* 672), den *Director of Budget and Personnel*, den *Court Counsel*, den *Curator*, den *Director of Data Systems* und den *Public Information Officer* mit ein. Der *Clerk*, der *Reporter of Decisions*, der *Librarian* und der *Marshal* werden vom Gericht ernannt, alle anderen *Court Officers* vom *Chief Justice* nach Anhörung des Gerichtes.[1344] Die Funktionen dieser *Court Officers* teilen sich wie folgt auf:[1345] der *Marshal* ist für die finanziellen Angelegenheiten sowie für die Überwachung und Koordinierung der Zeremonien zuständig, der *Clerk* für die Organisation der eigentlichen Rechtsprechungstätigkeit inkl Erstellung der Tagesordnung und der *Reporter of Decisions* schließlich für die Veröffentlichung der Entscheidungen.

2.2.3.3 Der Präsident

Präsident des Supreme Court (*Chief Justice of the United States*) ist zur Zeit *William H Rehnquist*. Üblicherweise wird das Gericht zu einer bestimmten Zeit nach dem *Chief Justice* bezeichnet, was dessen bedeutende Rolle zum Ausdruck bringt.[1346]

[1343] Art 28 USC *Section* 371 lit c.

[1344] Siehe dazu: *A Brief Overview of the Supreme Court*, http://a257.g.akamaitech.net/7/257/-2422/14mar20010800/www.supremecourtus.gov/about/briefoverview.pdf.

[1345] Siehe dazu auch *Heller* (FN 1311) 697.

[1346] So wird die Zeit von 1801 bis 1835 allgemein als „the Marshall Court" bezeichnet; so zB *Rehnquist* (FN 1327) 115 ff.

Soweit ersichtliche gibt es neben dem *Chief Justice* keinen *Vizepräsidenten.*[1347]

Dem *Chief Justice* kommen *funktionell* insbesondere Repräsentations- und Verwaltungsaufgaben (so zB auch Personalangelegenheiten) zu.[1348]

Die Bestimmung des Art 3 *Section* 1 C-USA, wonach die Richter für ihre Dienste – zu bestimmter Zeit – eine ihre *Unabhängigkeit* sichernde Vergütung erhalten, die während ihrer Amtsdauer nicht herabgesetzt werden darf, gilt auch für den Präsidenten. Die jährliche Entlohnung, die der *Chief Justice* (und die *Associate Justices*) erhalten, bestimmt sich nach *Section* 225 des *Federal Salary Act* von 1967 (2 USC *Section* 351 bis 361) idF von 28 USC *Section* 461 (28 USC *Section* 5).

Keine eigenen Bestimmungen sieht die Verfassung zu den *Unvereinbarkeiten*, dem *Eid*, dem *Amtsende, einer Residenzpflicht am Sitz des Gerichtes* sowie den *Privilegien und Immunitäten* des Präsidenten vor.

Auch wenn die den Präsidenten betreffenden Bestimmungen ansonsten eher karg ausgefallen sind, findet sich eine *Stellvertreter*-Regelung in 28 USC *Section* 3: wenn der *Chief Justice* seine Pflichten nicht erfüllen kann oder sein Amt vakant ist, so gehen seine Zuständigkeiten und Pflichten auf den rangnächsten handlungsfähigen *Associate Justice* bis zu dem Zeitpunkt über, zu dem entweder der Grund der Amtsunfähigkeit zu bestehen aufhört, oder ein anderer ausreichend qualifizierter *Chief Justice* ernannt ist.

Von den vorstehend im Bereich des *Hilfspersonals* erwähnten *Court Officers* wird der *Chief Justice* vom *Administrative Assistant to the Chief Justice* (28 USC *Section* 677) unterstützt, welchen er selbst ernennt.[1349]

2.2.3.4 Die Generalanwälte

Dem amerikanischen verfassungsgerichtlichen System unbekannt ist das Amt eines Generalanwaltes. Der Grund dafür wird wohl in der Tatsache liegen, dass seine Wurzeln im britischen und nicht im kontinental europäischen (französischen) Bereich liegen. Dazu kommt noch eine temporale Komponente, weshalb man diese Einrichtung nicht wie in Luxemburg übernommen hat.

[1347] 28 USC *Section* 1 erwähnt neben dem *Chief Justice* und den acht *Associate Justices* keine weiteren Personen.

[1348] *Heller* (FN 1311) 696.

[1349] Siehe dazu: *A Brief Overview of the Supreme Court*, http://a257.g.akamaitech.net/7/257/-2422/14mar20010800/www.supremecourtus.gov/about/briefoverview.pdf. Eingeführt wurde dieser Posten nach *Heller* (FN 1311) 696 im Jahre 1972 vom damaligen *Chief Justice Warren Burger*.

2.2.3.5 Die Organisation

In den Rechtsgrundlagen des Supreme Court findet sich kein Rechtsakt, welcher als *Satzung* bezeichnet werden könnte. Allenfalls kommt diese Funktion den einschlägigen Bestimmungen im USC zu.

Sehr wohl besitzt das Gericht hingegen eine *Verfahrensordnung* in Form der sogenannten *Rules* (R-SCUS). Darin finden sich Regelungen zum Hilfspersonal, zu den Anwälten, Ausführungsbestimmungen zu den Zuständigkeiten sowie Verfahrensvorschriften.

Das *Budget* der Bundesgerichte (inkl Supreme Court) wird durch das *Administrative Office* erstellt, welches nach Genehmigung durch die *Judicial Conference* über den Präsidenten dem Kongress vorgelegt wird.[1350]

Aufgrund der einheitlichen Sprache in den Vereinigten Staaten von Amerika, erübrigt sich für den Supreme Court eine diesbezügliche *Regelung.*

2.2.3.6 Die Prinzipien, die für das Gericht gelten

Ein Prinzip, welches amerikanische Gerichte – und nicht nur den Supreme Court – bindet ist das der *stare decisis.*[1351] Demnach sind die Gerichte „an ein von ihnen selbst oder einem übergeordneten Gericht einmal auf einen bestimmten Sachverhalt angewandtes Rechtsprinzip in der Zukunft gebunden".[1352] Die sich in ihrem Sachverhalt gleichenden Rechtssachen sind somit nach dem maßgeblichen Präzedenzfall (*precedent*) zu entscheiden, wobei lediglich das der Entscheidung zugrunde liegende Rechtsprinzip, nicht aber die *obiter dicta* zu berücksichtigen sind. Unter den zahlreichen *precedents* gibt es insofern eine Gewichtung, als ältere – und insbesondere von berühmten *Chief Justices* (wie etwa *John Marshall*) erlassene – Urteile einen höheren Stellenwert genießen, als Entscheidungen jüngeren Datums.[1353] Das Prinzip der *stare decisis* kennt auch Ausnahmen von der – der Rechtssicherheit dienenden – Vorhersehbarkeit der gerichtlichen Entscheidungen, und zwar bei schwerwiegenden Bedenken gegenüber einem *precedent* sowie aufgrund gewichtiger Gründe des Allgemeinwohls.[1354] So wie bei den Voraussetzungen der *justiciability* hat das Gericht auch bei der Frage, ob ein *precedent* auf den klagsgegenständlichen Fall anwendbar ist, ein relativ großes Er-

---

[1350] *Heller* (FN 1311) 696.

[1351] Ein Prinzip, welches nach *Haller* (FN 686) 77 in den USA flexibler gehandhabt wird als in England.

[1352] *Rau* (FN 1281) 60. *Rohde/Spaeth* (FN 1323) 35 beschreiben den Begriff wir folgt: „Precedent, or stare decisis, means, that a court must abide by or adhere to previously decided cases."

[1353] *Rohde/Spaeth* (FN 1323) 35.

[1354] *Rau* (FN 1281) 61. Nach *Rohde/Spaeth* (FN 1323) 38 hat der Supreme Court in der langen Zeit seines Bestehens erst ca 100 *precedents overruled.*

messen[1355] und kann durch eine Verneinung der gemeinsamen Sachlage (*distinguishing*) eine inhaltliche Auseinandersetzung mit dem Präzedenzfall vermeiden.[1356] Zwar wird man die *stare decisis* nicht als ein Prinzip bezeichnen, welches den EuGH bindet, dennoch zitiert er in seinen Urteilen regelmäßig Vorentscheidungen, um so auf die Kontinuität seiner Rechtsprechung hinzuweisen, bzw in manchen Fällen eine solche „vorzutäuschen".[1357] Selten kommt es hingegen vor, dass der EuGH explizit von einer ständigen Rechtsprechung abweicht.[1358]

Ein den Supreme Court bindendes Prinzip ist weiters noch das des viel zitierten *judicial self restraint*.[1359] Bezeichnend sind die diesbezüglichen Ausführungen von *Rau*, der da meint: „So gerne der Terminus in der deutschen Diskussion verwendet wird, so wenig konturiert zeigt er sich in seinem Ursprungsland."[1360] Der Umsetzung einer zurückhaltenden Position eines Höchstgerichtes können dabei Zulässigkeitsschranken wie die der *justiciability* einerseits, sowie eine Zurückhaltung bei materiellen Rechtsfragen mit politischen Implikationen andererseits dienen. Tendenziell nehmen Höchstgerichte am Anfang ihrer „Karriere" eine eher zurückhaltende Position ein, um sich bei dem Kampf um ihre Position im Machtgefüge der anderen Gewalten nicht selbst einen Riegel vorzuschieben. Wenn ihre Stellung einmal gefestigt und von den anderen Institutionen sowie vom Volk akzeptiert ist, so findet sich ein *self restraint* meist nur mehr in besonders heiklen Fragen, die geeignet wären, eine Diskussion über ein *gouvernement des juges*[1361] bzw eine etwaige Beschränkung der verfassungsgerichtlichen Tätigkeit[1362] auszu-

---

[1355] Bezogen auf Berufungsgerichte führen *Rohde/Spaeth* (FN 1323) 35 aus wie folgt: „The wide range of precedents from which an appellate judge may choose enables him to justify almost any decision he makes."

[1356] *Rau* (FN 1281) 61. Siehe dazu auch *Rohde/Spaeth* (FN 1323) 37 f.

[1357] So zB in der Rs C-413/92, *Kommission/Deutschland* (Großkrotzenburg), Slg 1995, I-2189 ff, 2220 f, wo der EuGH mit Hinweis auf die Kontinuität seiner Rechtsprechung („Diese Frage hat mit der – in der Rechtsprechung des Gerichtshofs anerkannten – Möglichkeit für den einzelnen, sich gegenüber dem Staat unmittelbar auf unbedingte sowie hinreichend klare und genaue Vorschriften einer nicht umgesetzten Richtlinie zu berufen, nichts zu tun") aufeinmal eine objektive Wirkung von Richtlinien judiziert. Zu letzterer siehe zB *Pechstein, Matthias*, Die Anerkennung der rein objektiven unmittelbaren Richtlinienwirkung – Anmerkung zum UVP-Urteil des EuGH, EWS 1996, 261 ff.

[1358] So zB in der verb Rs C-267 und C-268/91, *Strafverfahren gegen Bernard Keck und Daniel Mithouard*, Slg 1993, I-6097 ff, 6131 („entgegen der bisherigen Rechtsprechung").

[1359] Siehe dazu *Heller, Kurt*, Judicial self restraint in der Rechtsprechung des Supreme Court und des Verfassungsgerichtshofes, ZÖR 1988, 89 ff; *Rohde/Spaeth* (FN 1323) 46 f.

[1360] (FN 1281) 125.

[1361] Zu diesem Begriff siehe nachstehend in FN 1482.

[1362] Siehe dazu zB für das Verhältnis zwischen amerikanischer Legislative und Judikative *Mason, Alpheus Thomas*, The Supreme Court from Taft to Warren (1958); *Pritchett, Herman C*, Congress versus the Supreme Court. 1957-1960 (1973); bzw zwischen Exekutive und Judikative

lösen. Obwohl es, wie erwähnt, schwierig ist, dieses Prinzip dogmatisch einzufangen, kann man sicher als einen Aspekt des *judicial self restraint* anführen, dass das Gericht im Zweifel von der Verfassungskonformität einer Norm ausgeht (*presumption of constitutionality*).[1363]

Wenn sich ein Gericht nicht in richterlicher Zurückhaltung übt, so wird unter Umständen der Ruf nach einer Eindämmung seiner Kompetenzen laut. Als der Supreme Court mehrere Entscheidungen der gliedstaatlichen Höchstgerichte aufgehoben hatte forderte die Konferenz der *State Chief Justices* 1958 in einer Resolution eine größere Zurückhaltung des Supreme Court bei der Verneinung gliedstaatlicher Kompetenzen.[1364] Eine Variante einer Beschneidung (höchst-)richterlicher Tätigkeit kann darin bestehen, eine Anfechtung der höchstgerichtlichen Entscheidungen einzufordern.[1365] Im Jahre 1962 forderte zB der *Council of State Governments* einen aus fünfzehn obersten Richtern der *State Supreme Courts* bestehenden *Court of the Union*, welchem die Kompetenz zukommen sollte, gewisse Entscheidungen des Supreme Court aufheben zu können.[1366] [1367]

Ein weiteres Prinzip ist die *act of state doctrine*, wonach danach getrachtet wird, die Durchsetzung des Völkerrechtes der Exekutive zu überlassen.[1368] Dabei handelt es sich nicht um eine Regel des Völkerrechtes, sonder vielmehr um eine solche des amerikanischen Bundesrechtes, die ihre Grundlage in der Gewaltenteilung findet.[1369] Nach *Seidl-Hohenveldern* besagt die *act of state doctrine*, „daß die Gerichte die Rechtsmäßigkeit des hoheitlichen Handelns ausländischer Staaten

---

Cox, Archibald, The role of the Supreme Court in American Government (1976); *Pusey, Merlo J*, The Supreme Court Crisis (1973).

[1363] *Haller* (FN 686) 161, 164.

[1364] *Haller* (FN 686) 86.

[1365] In der aktuellen Debatte im sogenannten „Ortstafelstreit“ wirkt sich dieses Phänomen dahingehend aus, dass man Überlegungen hinsichtlich einer Nichtigkeit dieses Urteiles anstrengt. Siehe dazu auch *Winkler, Günther*, Zweisprachige Ortstafeln und Volksgruppenrechte. Kritische Anmerkungen zur Entscheidungspraxis des Verfassungsgerichtshofs bei Gesetzesprüfungen von Amts wegen aus der Perspektive eines Ortstafelerkenntnisses, ZÖR 2002, 129 ff.

[1366] *Haller* (FN 686) 86.

[1367] Diese Eindämmung höchstrichterlicher Gewalt erinnert an den für den Präsidenten der französichen Republik eigens geschaffenen *Haute Court de Justice*; siehe dazu nachstehend im 3. Kapitel auf S 373.

[1368] *Giegerich, Thomas*, Verfassungsgerichtliche Kontrolle der auswärtigen Gewalt im europäisch-atlantischen Verfassungsstaat: Vergleichende Bestandsaufnahme mit Ausblick auf die neuen Demokratien in Mittel- und Osteuropa, ZaöRV 1997, 409 ff, 478.

[1369] *Giegerich* (FN 1368) 479.

auf deren eigenen Territorium nicht überprüfen dürfen.[1370] Hauptanwendungsfall dabei ist die völkerrechtliche Enteignung durch fremde Staaten.[1371]

2.2.3.7 Allgemeiner Verfahrensablauf, Entscheidungsfindung und Entscheidung

Da es für diese Arbeit nicht primär von Relevanz ist und den Umfang dieser Arbeit auch sprengen würde, kann nicht näher auf den *allgemeinen Verfahrensablauf*[1372], die *Entscheidungsfindung*[1373] sowie die *Entscheidungen* des Supreme Court eingegangen werden.[1374] Erwähnt sei lediglich die Bestimmung des 28 USC *Section* 1, wonach mindestens sechs Richter anwesend sein müssen, um gültig verhandeln und entscheiden zu können. Somit können Mehrheitsentscheidungen bereits mit vier Stimmen gefällt werden.

Anders als beim EuGH werden die abweichenden Ansichten der Richter betreffend das Ergebnis der Sachentscheidung, die sogenannten *dissenting opinions* amtlich veröffentlicht. Davon zu unterscheiden sind die *concurring opinions*, welche Richter abgeben, die zwar mit einer Entscheidung der Gerichtsmehrheit, nicht aber mit der offiziellen Begründung einverstanden sind. Bis zur Zeit als *John Marshall Chief Justice* war (1801 bis 1835), war es üblich, dass sämtliche Richter ihre Urteilsbegründungen separat abgaben. Da *Marshall* das Ansehen des Gerichtes durch Betonung der Einheit desselben heben wollte, führt er die offiziellen Urteilsbegründungen ein – die er in der Regel auch selbst zu verfassen pflegte – und duldete abweichende Voten nur sehr selten und widerwillig.[1375]

2.2.3.8 Zuständigkeiten

Vor einer Analyse der Zuständigkeiten des Supreme Court sind einige Begriffsbestimmungen notwendig.[1376]

Der Begriff *jurisdiction* umschreibt die Kompetenz, den konkreten Streit zu entscheiden; abhängig ist diese Kompetenz dabei davon, wie die unteren Instan-

---

[1370] *Seidl-Hohenveldern, Ignaz*, Die Staaten, in *Neuhold, Hanspeter/Hummer, Waldemar/Schreuer, Christoph* (Hrsg), Österreichisches Handbuch des Völkerrechts. Band 1: Textteil[3] (1997) Rdnr 668 ff, 850 ff, 850.

[1371] *Giegerich* (FN 1368) 479; *Seidl-Hohenveldern* (FN 1370) Rdnr 850.

[1372] Siehe dazu zB *Heller* (FN 1311) 692.

[1373] Siehe dazu zB *Rohde/Spaeth* (FN 1323).

[1374] Für eine Analyse der Entscheidungen des Supreme Court auf die öffentliche Meinung siehe *Hoekstra, Valerie J*, The Supreme Court and Local Public Opinion, APSR 2000, 89 ff.

[1375] *Haller* (FN 686) 96 f.

[1376] Siehe dazu *Spies, Axel*, Der U.S. Supreme Court im Rechtssystem der Vereinigten Staaten von Amerika, JA 1987, 124 ff, 126 ff.

zen entschieden haben.[1377] *Justiciability* hingegen umfasst die gesetzlich und von den Richtern selbst entwickelten Zulässigkeitsvoraussetzungen, nach welchen die Richter in einer Rechtssache, in welcher sie *jurisdiciton* haben, – im Sinne einer Annahmerevision – entscheiden, ob ein Verfahren zur Entscheidung angenommen wird. Da dieser Gliederungspunkt primär die *jurisdiction* im Auge hat, seien an dieser Stelle kurz vorab die vier Voraussetzungen der *justiciability* – *standing*, *ripeness*, *timeliness* und *no political questions* – dargelegt.

Hinter dem *standing* verbirgt sich die direkte Betroffenheit[1378] des Antragstellers, eine Voraussetzung die aus der in Art 3 C-USA festgelegten Beschränkung richterlicher Entscheidungsbefugnis auf *cases* und *controversies*[1379] abgeleitet wird.[1380] Hinter dieser Konstruktion steckt eine Beschränkung auf konkrete Rechtsfälle und damit einhergehend eine Ablehnung einer abstrakten Normenkontrolle sowie von gutachterlichen Äußerungen[1381] zu einem Fall. Gelockert wird dieses Kriterium – durch den Supreme Court selbst – in den Fällen, in welchen sich eine Partei verteidigungsweise zur Abwendung straf- oder zivilrechtlicher Verantwortlichkeit auf Rechte Dritter beruft[1382], sowie in solchen Fällen, in denen die Zulassung der Klage eines Beschwerdeführers, die für ihn selbst keine Auswirkungen hat, eine Flut gleichartiger Klagen von unteren Instanzen fernhält[1383]. Somit dürfte das *standing* – soweit dies von dieser Perspektive aus beurteilbar ist – vom Supreme Court in einer Art und Weise angewandt werden, die ihm eine Rücksichtnahme auf die Interessen der Parteien sowie prozess-

---

[1377] *Rohde/Spaeth* (FN 1323) 10 umschreiben diesen Begriff wie folgt: „Jurisdiction is the authority by which judges take cognizance of and decide matters brought to their attention. Courts do not themselves determine their jurisdiction. The state and federal constitutions outline the jurisdictions of courts within their boundaries (...).“

[1378] *Haller* (FN 686) 147 ff, 147 umschreibt das *standing* mit einer „Verletzung besonderer, ihre [der Partei] persönliche Rechtssphäre betreffender Interessen“; *Rau* (FN 1281) 55 damit, „*wer* eine durch ein Regierungshandeln hervorgerufene Verfassungsverletzung vor dem Supreme Court geltend machen kann“. *Rohde/Spaeth* (FN 1323) 13 umschreiben das *standing* wie folgt: „Standing is definable as a court's determination of whether a person's dispute with another party is deserving of judicial resolution.“

[1379] *Haller* (FN 686) 140 f umschreibt dieses Kriterium, welches von manchen auch als eigenständige Voraussetzung angesehen wird, als das Erfordernis, „*dass sich Parteien mit einander widersprechenden Interessen gegenüberstehen, welche in einem Proszessverfahren eine gerichtliche Entscheidung, die den Streitfall beenden soll, erstreben.*“

[1380] *Haller* (FN 686) 147; *Spies* (FN 1376) 127.

[1381] *Haller* (FN 686) 143 erwähnt einen Fall aus dem 18. Jahrhundert, wonach Präsident *George Washington* durch seinen Staatssekretär *Jefferson* den Supreme Court um ein Gutachten zu verschiedenen völkerrechtlichen Fragen ersuchte, letzterer dieses mangels Vorliegens eines konkreten Rechtsstreites jedoch ablehnte.

[1382] *Haller* (FN 686) 150.

[1383] *Spies* (FN 1376) 127 f.

ökonomische Aspekte offen lässt. Determinanten für die Handhabung des *standing* ergeben sich allerdings auch aus dem Selbstverständnis des Gerichtes, welches durchaus temporalen Schwankungen unterworfen ist.[1384] Demgegenüber handelt es sich bei der unmittelbaren und individuellen Betroffenheit (Art 230 Abs 4 EGV)[1385] um einen „Filtermechanismus" von Klagen von Individuen, welcher nicht vom EuGH judikativ entwickelt wurde, aber von ihm ausgelegt wird.

Eine weitere Voraussetzung ist die Rechtzeitigkeit (*timeliness*) der Beschwerde. Das *standing* muss dann, wenn der Verfahrensführer die Beschwerdeschrift (*brief*) einreicht, noch bestehen, ansonsten ist die Klage *moot* (hinfällig); Beispiele für das Fehlern der *timeliness* wären die Klage einer in den letzten Monaten Schwangeren in Zusammenhang mit einer Abtreibung sowie die Klagen von Studenten gegen Leistungsbewertungen im College.[1386]

Die Beschwerde muss nicht nur rechtzeitig, sondern auch reif sein (*ripeness*). Ein Kriterium der *ripeness* ist dabei, dass es sich um einen konkreten Rechtsstreit handelt und die Entscheidung im Endeffekt nicht eher einer abstrakten Stellungnahme gleichkommt.[1387] *Spies* spricht in diesem Zusammenhang von einem Konflikt, der nicht erst in Zukunft entstehen darf, der in allen Stufen des Verfahrens eine tatsächliche Kontroverse (*factual controversy*) darstellt und deshalb nicht nur einen hypothetischen Wert bzw rein akademischen Charakter hat.[1388] Nach *Rau* soll das Kriterium der *ripeness* sicherstellen, „dass der zu entscheidende Fall in seinem zeitlichen Ablauf hinreichend fortgeschritten und in seinen tatsächlichen Umständen so eindeutig ist, dass er für eine richterliche Entscheidung ‚reif' ist".[1389]

Die letzte – und wahrscheinlich bekannteste – Voraussetzung der *justiciability* betrifft die Nichtentscheidung politischer Fragen, die *political question-Doktrin.*[1390] Demnach lehnt das Gericht die Entscheidung einer als *political question* bezeichneten Frage ab.[1391] *Chief Justice John Marshall* hat in der Entscheidung *Marbury vs Madison* eine Aussage getätigt, die als in die Richtung einer *political question*-Doktrin weisend gedeutet wird[1392]; er führte dazu aus wie

[1384] *Rau* (FN 1281) 55 f mit einigen Beispielen.
[1385] Siehe dazu EuG, Rs T-177/01 (FN 585).
[1386] *Spies* (FN 1376) 128.
[1387] *Haller* (FN 686) 303 ff, 304.
[1388] (FN 1376) 128.
[1389] (FN 1281) 57.
[1390] Siehe dazu *Haller* (FN 686) 180 ff, mit einer Unterscheidung in verschiedene Fallgruppen; *Rau* (FN 1281) 64 ff.
[1391] Nach *Rau* (FN 1281) 64 handelt es sich dabei um eine „absolute Zulässigkeitsbarriere, (...) die, einmal festgestellt, nicht ohne weiteres überwunden oder umgangen werden kann".
[1392] *Rau* (FN 1281) 66.

folgt: „Questions, in their nature political, or which are, by the constitution and laws, submitted to the executive, can never be made in this court.".[1393] Zweifelsohne ist ein Höchstgericht – und in besonderem Maße wenn es sich dabei um ein Verfassungsgericht handelt – immer wieder mit politischen Fällen konfrontiert[1394] und es würde einen *deni de justice* (Rechtsverweigerung) darstellen, wenn ein Gericht eine Entscheidung in allen Fällen mit politischen Implikationen ablehnen würde.[1395] Die Trennlinie des Supreme Court besteht nach *Haller* darin, dass „das Gericht jedoch davon ab [sieht], in *Streitigkeiten, die sich in einer qualifizierten Weise als solche politischer Natur erweisen*, Sachurteile zu fällen".[1396] Neben diesen qualifizierten Fällen, in welchen sich das Gericht einer Sachentscheidung enthält, gibt es auch die – bereits erwähnte – Kategorie von Fällen, welche nicht nur politisch sind, dennoch aber gewisse politische Implikationen enthalten. In manchen dieser Fälle fällt der Supreme Court eine Sachentscheidung, wobei es gewisse den Prozess beeinflussende Akte als für sich selbst bindend ansieht und damit nicht überprüft bzw einzelne Anträge oder Einwendungen als nicht justiziabel ansieht.[1397] Die Kategorie der *political questions* wird vom Supreme Court nicht starr sondern eher flexibel gehandhabt; dabei sind weder Akte des Kongresses, noch solche des Präsidenten der Vereinigten Staaten *eo ipso* tabu.[1398] Das Gericht prüft zwar die Akte des Präsidenten und des Kongresses, lehnt es jedoch ab durch *prohibitory injunction* die Vornahme einer rechtswidrigen Handlung zu untersagen oder durch *writ of mandamus* bzw *mandatory injunction* die Erfüllung einer gebotenen Handlung zu befehlen.[1399] In den Bereichen der *auswärtigen Beziehungen*, der *militärischen Gewalt* und der *Notstandsgewalt* sowie der *inneren Politik* entscheidet der Supreme Court tendenziell überhaupt nicht, oder er gesteht der Exekutive sowie der Legislative gewisse Kategorien zu, in welchen er sich seiner richterlichen Kognition enthält.[1400] Dass die Kategorie der *political questions* keinesfalls absolut ist zeigt auch die Tatsache, dass der Supreme Court selten

[1393] Supreme Court, 1 Cranch (5 US) 137 (1803).

[1394] *Rohde/Spaeth* (FN 1323) 19 drücken dies aus wie folgt: „All judicial decisions are political." Siehe dazu die Ausführungen des Präsidenten des VfGH, *Ludwig Adamovich*, in „Verfassungsgerichtshof greift unweigerlich in die Politik ein", Die Presse vom 16. 5. 2002. 8, „Ein VfGH, der Gesetze prüft, muß unweigerlich in den Bereich des Politischen eingreifen.".

[1395] Gerade ein Gericht mit den – noch nachstehend zu behandelnden – Kompetenzen des Supreme Court (Fälle von Botschaftern, Streitigkeiten zwischen Einzelstaaten etc) ist *per se* mehr oder weniger mit politischen Fällen konfrontiert.

[1396] (FN 686) 180.

[1397] *Haller* (FN 686) 180.

[1398] *Haller* (FN 686) 192.

[1399] *Haller* (FN 686) 192.

[1400] *Haller* (FN 686) 193.

eine *political questions* annimmt, wenn im konkreten Fall Grundrechte tangiert sind.[1401] Abschließend sei noch die Rechtssache *Baker vs Carr*[1402] zitiert, in welcher Richter *Brennan* einen Katalog von für die Annahme einer *political question* relevanten Kriterien[1403] vorgegeben hat:[1404]

- die verfassungstextliche Verweisung der Entscheidungskompetenz an einen anderen Zweig der Staatsgewalt;
- das Fehlen eines gerichtlich entdeckbaren und handhabbaren Standards zur Lösung der Frage;
- die Unmöglichkeit einer gerichtlichen Entscheidung vor einer vorherigen politischen Ermessensentscheidung;
- die Unmöglichkeit einer gerichtlichen Entscheidung ohne Verletzung der Achtung, die anderen gleichrangigen Zweigen der Staatsgewalt zusteht;
- die ausnahmsweise bestehende Notwendigkeit, eine vorherige politische Entscheidung unhinterfragt zu übernehmen;
- die Gefahr, dass durch unterschiedliche Verlautbarungen verschiedener staatlicher Gewalten zu ein und derselben Frage Verwirrung gestiftet wird.

Eine Art *political question*-Doktrin kann darin gesehen werden, wenn der EuGH zB in Amtshaftungsangelegenheiten nach Art 288 Abs 2 EGV den Organen der Gemeinschaft (im wirtschaftspolitischen Bereich) einen weiten Gestaltungsspielraum belässt und lediglich im Falle einer *hinreichend qualifizierten Verletzung* eine der Voraussetzungen für eine Amtshaftung der Gemeinschaft annimmt.[1405]

Es ist unbestritten, dass diese vier Kriterien der *justiciability*, welche sich zudem nicht exakt von einander abgrenzen lassen, oft übergreifend sind[1406] und vom Supreme Court ohne strenge Vorgaben von Fall zu Fall nach seinem Gutdünken ausgelegt und eingesetzt werden können. Dieses Ermessen geht sogar soweit, dass im Endeffekt die persönlichen Präferenzen der Richter ausschlaggebend sind und von der Literatur ausführlich erörtert werden.[1407] Diese weitgehende „Methoden-

[1401] *Haller* (FN 686) 367.

[1402] 369 US 186 (1962).

[1403] *Heller* (FN 1359) 133 erwähnt außerdem noch die Pflicht eines Verfassungsgerichtes, keine tagespolitischen bzw parteipolitischen Erwägungen in die Entscheidungsfindung einzubeziehen.

[1404] Zitiert nach *Rau* (FN 1281) 78.

[1405] Sogenannte Schöppenstedt-Formel; EuGH, Rs 5/71, *Aktien-Zuckerfabrik Schöppenstedt/Rat der Europäischen Gemeinschaften*, Slg 1971, 975 ff.

[1406] *Rau* (FN 1281) 59; *Spies* (FN 1376) 128.

[1407] *Spies* (FN 1376) 128 mwN in FN 54.

Freiheit" des Supreme Court wird in der Literatur auch mit derjenigen des EuGH in Verbindung gebracht.[1408]

Im Bereich der *jurisdiction* lassen sich die Zuständigkeiten des Supreme Court in drei Gruppen einteilen.[1409] Die Verfahren, in denen der Supreme Court in erster Instanz entscheidet (*original jurisdiction*), die Verfahren, in denen er als Berufungsgericht entscheidet (*appeal jurisdiction*) und schließlich die Fälle des *judicial review.*

Original jurisdiction hat der Supreme Court in den Fällen die Botschafter, andere öffentliche Gesandte und Konsulen betreffen sowie in den Fällen, in welchen ein Gliedstaat Partei ist. In allen anderen in der Verfassung genannten Fällen hat der Supreme Court *appeal jurisdiciton.* Dabei kommt ihm zwar nach dem Gesetz kein Ermessen zu, wohl aber in der Praxis aufgrund der Flut der Verfahren.[1410]

2.2.3.8.1 Wahrung des Rechtes

Wenn in Art 3 *Section* 2 Abs 1 C-USA davon die Rede ist, dass sich die *judicial power* auf *all cases, in Law and Equity, arising under this Constitution* erstreckt, so kann man diesbezüglich eine Parallele zur Zuständigkeit des EuGH nach Art 220 EGV (Sicherung der Wahrung des Rechtes bei der Auslegung und Anwendung der Verträge) sehen. Wenn *Hamilton* im Federalist Nr 80 in diesem Zusammenhang von der Sicherung der Effektivität der verfassungsrechtlichen Bestimmungen und der einheitliche Auslegung des Bundesrechts spricht, so sind dies Funktionen, die auch dem EuGH nach Art 220 EGV zugedacht werden.[1411] Dass diese Zuständigkeit nach Art 3 *Section* 2 Abs 1 C-USA allerdings nicht nur allein den Supreme Court sondern auch alle anderen Bundesgerichte (arg *the judicial power*) betrifft findet insofern im europäischen Kontext seine Entsprechung, als nach dem Art 220 (Abs 1) EGV idF NV auch dem Gericht erster Instanz diese Aufgabe zukommt.[1412]

2.2.3.8.2 Normenkontrolle[1413]

Die Normenkontrolle des Supreme Court betrifft die Befugnis, Bundes- und Gliedstaatsrecht auf seine Verfassungsmäßigkeit hin zu überprüfen und für ver-

[1408] *Hoffmann-Becking, Gerhard*, Normenaufbau und Methode. Eine Untersuchung zur Rechtsprechung des Gerichtshofs der Europäischen Gemeinschaften (1973) 233.

[1409] *Spies* (FN 1376) 126.

[1410] *Spies* (FN 1376) 127.

[1411] Vgl dazu *Borchardt* (FN 307) Rdnr 17 (einheitliche Auslegung) bzw 18 (*effet utile*) zu Art 220 EGV.

[1412] ABl 2001, Nr C 80, 22.

[1413] Für eine historische Analyse der Normenkontroll-Kompetenz siehe *Wolf* (FN 1228).

fassungswidrig und *ungültig* zu erklären.[1414] Somit kann der Supreme Court, anders als TJCA oder EuGH sowohl das Recht der *über-* als auch der *untergeordneten Ebene* prüfen. Dies ist allerdings insofern nicht überraschend, als es sich bei den Vereinigten Staaten – anders als bei der Andengemeinschaft oder der Europäischen Union – um einen Bundesstaat handelt. Aus dieser Feststellung kann man umgekehrt die Frage aufwerfen, ob dem EuGH im Falle der Schaffung eines Bundesstaates Europäische Union nicht auch die Zuständigkeit übertragen werden müsste, das Recht der Mitgliedstaat auf ihre Gültigkeit hin zu prüfen.[1415]

Bei dieser Zuständigkeit handelt es sich um eine *ex post* Normenkontrolle, welche, wie bereits erwähnt, nicht in einem eigenständigen Verfahren, sondern *inzidenter* erfolgt, womit man auch eine Einbindung von *Individuen* gewährleistet ist.

Der für diese Zuständigkeit konstitutive Fall (*Marbury vs Madison*) wurde bereits erwähnt[1416], weshalb an dieser Stelle noch ein – in praktisch jeder wissenschaftlichen Arbeit über den Supreme Court erwähnter – Fall als Negativbeispiel für die richterliche Normenkontrolle behandelt werden soll, der sogenannte *Dred-Scott*-Fall.[1417]. Kurz zum Sacherhalt: Durch ein Gesetz aus dem Jahre 1820 (*Missouri Compromise*) wurde die Sklaverei in einem genau bestimmten Gebiet der USA für immer als unzulässig erklärt. Der schwarze Sklave *Dred Scott* war von seinem Herren in dieses Gebiet mitgebracht worden, weshalb sich die Frage stellte, ob er dadurch frei geworden war, selbst wenn er anschließend wieder aus diesem Gebiet gebracht wurde. Obwohl *Chief Justice Taney* in der Urteilsbegründung davon ausging, dass *Dred Scott* als Schwarzer nicht Bürger der Vereinigten Staaten und damit nicht (aktiv) klagelegitimiert sei (und er somit eine materielle Prüfung der Angelegenheit hätte vermeiden können), prüfte er den *Missouri Compromise* auf seine Verfassungskonformität hin und erklärte ihn schließlich für verfassungswidrig, da dieser das Eigentumsrecht an Sklaven verletzte. Neben der erwähnten fehlenden Aktivlegitimation des Sklaven gab es noch einen weiteren Grund, warum das Gericht auf eine materielle Prüfung der Rechtslage hätte verzichten können: der *Missouri Compromise* war drei Jahre zuvor vom Kongress selbst aufgehoben worden![1418] Gerade in einer so hoch politischen Frage wie der Sklaverei wäre ein derartiges Urteil besser durch richterliche Zurückhaltung gelöst

---

[1414] *Spies* (FN 1376) 125.

[1415] Derzeit kann man wohl eher davon ausgehen, dass es 2004 weder zur Schaffung eines europäischen Bundesstaates noch zu einer derartigen Zuständigkeit für den EuGH kommen wird.

[1416] Vorstehend auf S 325 f.

[1417] Supreme Court, Rs *Scott vs Stanford*, 19 How 393 (1857).

[1418] *Haller* (FN 686) 136.

worden und manche sehen in diesem Urteil sogar eine Mitursache für den Bürgerkrieg.[1419]

2.2.3.8.3 Pflichtenverletzungen

In der amerikanischen Verfassung findet sich keine Kompetenz, welche sich in den Bereich der Zuständigkeit für die Ahndung von Pflichtenverletzungen durch die über- (Untätigkeit, (Amts-)Haftung, Sonstige) und/oder die untergeordnete Ebene ((Staats-)Haftung, Vertrags-/Verfassungsverletzung, Sonstige) einreihen lassen würde. Der Grund dafür liegt wohl darin, dass die Kompetenzen des Supreme Court (bzw der sonstigen Bundesgerichte) nicht nach Zweck und Inhalt des Verfahrens, sondern primär nach den beteiligten Parteien aufgebaut sind. Die Nichterwähnung einer eigenständigen Zuständigkeit im Bereich der Pflichtenverletzungen bedeutet somit nicht, dass der Supreme Court in diesem Zusammenhang nicht in Verfahren, in welchen die Vereinigten Staaten und/oder die Gliedstaaten Partei sind, über derartige Verstöße entscheiden kann.

Eine Zuständigkeit, die allerdings nicht dem Supreme Court zusteht, welche aber in diesem Zusammenhang einzureihen ist, ist das – spätestens seit dem Präsidenten *Bill Clinton* – allgemein bekannte *Impeachment*-Verfahren. Die Anklage in diesem Verfahren erhebt das Repräsentantenhaus gem Art 1 *Section* 2 Abs 5. Wie bereits erwähnt, kommt dem Senat nach Art 1 *Section* 3 Abs 6 die alleinige Zuständigkeit (*sole power*) zu, in allen derartigen Verfahren zu entscheiden. Nach derselben Bestimmung führt in den Fällen, in welchen der Präsident der Vereinigten Staaten Gegenstand des Verfahrens ist, der *Chief Justice* den Vorsitz. Somit handelt es sich bei dieser Zuständigkeit um ein Verfahren, in welchem sich die beiden Kammern der Legislative die Zuständigkeit des Anklägers sowie des Richters teilen und die Judikative lediglich in einer besonders bedeutenden Konstellation partiell eingebunden wird. Dieses Verfahren ist außerdem ein Beweis dafür, dass das verfassungsrechtliche System der Vereinigten Staaten von Amerika nicht (nur) gewaltenteilend, sondern auch gewaltenfusionierend angelegt ist und somit gewisse Parallelen zur Europäischen Union aufweist.[1420]

[1419] *Haller* (FN 686) 136 mwN in FN 48.

[1420] Zum gewaltenfusionierenden System der Europäischen Union (bzw zum institutionellen Gleichgewicht als Surrogat für eine fehlende Gewaltenteilung) siehe *Schweitzer/Hummer* (FN 76) Rdnr 925. Zur Judikatur des EuGH zum (institutionellen) „Gleichgewicht der Gewalten" siehe vorstehend in FN 75.

2.2.3.8.4 Grundrechtskontrolle und sonstige institutionelle Zuständigkeiten

Obwohl die Verfassung auf dem Gebiet der *Grundrechtskontrolle* keine eigene Kompetenz[1421] für den Supreme Court vorsieht, hat dieser in zahlreichen Fällen einen Grundrechtsschutz für die Bürger judiziert. Es würde zu weit gehen an dieser Stelle eine Analyse der Judikatur des Supreme Court zu den in der *Bill of Rights* (*Amendment* 1 bis 10) bzw in in den sonstigen *Amendments* enthaltenen Grundrechten anzustellen.[1422] Festzuhalten ist in diesem Zusammenhang die Tatsache, dass der Supreme Court – so wie auch im Bereich der Zuständigkeit zur Ahndung von Pflichtenverletzungen – inzident die Grundrechtsverletzungen der *über-* wie auch der *untergeordneten Ebene* ahndet. Durch diese *inzidente* Kontrolle ist wiederum eine Einbindung der *Individuen* in dieses Verfahren gewährleistet.

Im Bereich der *sonstigen institutionellen* Zuständigkeiten unterscheidet diese Arbeit, wie erwähnt, zwischen den horizontalen Streitigkeiten zwischen Organen der übergeordneten Ebene (Horizontal I), zwischen horizontalen Streitigkeiten zwischen den Mitgliedern der untergeordneten Ebene (Horizontal II), vertikalen Streitigkeiten zwischen der über- und der untergeordneten Ebene sowie sonstigen Streitigkeiten.

In den Bereich Horizontal II einzuordnen ist die Zuständigkeit des Supreme Court für alle Streitigkeiten zwischen zwei oder mehreren Bundesstaaten (Art 3 *Section* 2 Abs 1 4. SpStr iVm Abs 2 1. Satz C-USA).[1423] Hauptanwendungsfälle dieser Zuständigkeit sind die Festlegung von Staatsgrenzen, die Nutzung von Wasser oder die Auslegung von Staatsverträgen.[1424] In diesen Fällen einer *original jurisdiciton* ist der Supreme Court nach 28 USC *Section* 1251 lit a[1425] ausschließlich zuständig.[1426] Bei dieser Zuständigkeit handelt es sich um ein rein „interinstitutionelles" Verfahren ohne die Möglichkeit einer *Klagebefugnis für Indi-*

[1421] Diese fehlende abstrakte Kompetenz zum Schutz der Grundrechte verbindet den Supreme Court mit dem EuGH, dem TJCA und Conseil Constitutionnel, welche die Grundrechte ebenfalls inzident in den sonstigen ihnen zukommenden Zuständigkeiten zu prüfen haben.

[1422] Für eine Darstellung der Judikatur im Grundrechtsbereich (insbesondere in den Bereichen der Meinungsfreiheit, der Rechtsangleichung und des *right to* privacy) siehe *Schefer, Markus Christian*, Konkretisierung von Grundrechten durch den U.S.-Supreme Court. Zur sprachlichen, historischen und demokratischen Argumentation im Verfassungsrecht (1995). Siehe auch *Haller* (FN 686) 29 ff.

[1423] *Spies* (FN 1376) 126 betont bei dieser Zustänigkeit, dass es sich dabei um Fälle handelt, „in denen es um überstaatliches Recht geht".

[1424] *Spies* (FN 1376) 126.

[1425] „The Supreme Court shall have original and exclusive jurisdiction of all controversies between two or more States."

[1426] Für das Verfahren in Fällen von *original jurisdiction* siehe *Rule* 17 R-SCUS.

viduen. Diese Kompetenz ist typisch für die nach den beteiligten Parteien definierten Zuständigkeiten des Supreme Court. Wenn man diese Zuständigkeit „auf der anderen Seite des Atlantik" auf den EuGH herunterbricht, so könnte man eine Parallele allenfalls in der Vertragsverletzungsklage durch einen Mitgliedstaat nach Art 227 EGV sehen. Dieser Vergleich hinkt zugegebenerweise insofern, als die amerikanische Zuständigkeit ganz generell alle möglichen *controversies between two or more States* betrifft, Art 227 EGV hingegen, sehr eingeschränkt, lediglich ein Verfahren über eine Verletzung des Rechtes der Verbandsgewalt durch einen Mitgliedstaat, welches durch einen anderen Mitgliedstaat initiiert wird und in welchem sich letztlich eine *controversy* zwischen dem vertragsverletzenden Staat und der Kommission als Hüterin der Verträge abspielt.

Auch für *vertikale* Streitigkeiten[1427] kommt dem Supreme Court nach Art 3 *Section* 2 Abs 1 3. SpStr iVm Abs 2 2.Satz C-USA eine Zuständigkeit zu, welche *controversies* betrifft, *to which the United States shall be a Party*. Wenn man Art 3 *Section* 2 Abs 2 C-USA wörtlich auslegt, so entscheidet der Supreme Court – abgesehen von den Fällen, die Botschafter, öffentliche Gesandte und Konsulen betreffen – nur dann erstinstanzlich, wenn ein *Glied*staat betroffen ist (*in which a State shall be a Party*) und im Umkehrschluss in den Fällen, in welchen die *Vereinigten Staaten* Partei sind erst als Berufungsinstanz. Diese Feststellung der Entscheidung erst auf Berufungsebene ist insofern von Bedeutung, da sich eine weitere fast deckungsgleiche Zuständigkeit des Supreme Court findet, welche dieser allerdings in erster Instanz zu entscheiden hat.

Auch im Bereich einer *vertikalen* Streitigkeit angesiedelt bestimmt 28 USC *Section* 1251 lit b Abs 2, dass dem Supreme Court eine erstinstanzliche – aber keine ausschließliche – Zuständigkeit für alle Streitigkeiten zwischen den Vereinigten Staaten und einem Staat zukommt. Diese Bestimmung kann insofern als *lex specialis* gegenüber dem vorstehend genannten Fall gesehen werden, als sie gegenüber allen möglichen Verfahrensbeteiligten nur die Konstellationen anvisiert, in welchen die Vereinigten Staaten einem Gliedstaat gegenüber stehen.

Wenn man die Kompetenzen des EuGH analysiert, die das vertikale Verhältnis von Gemeinschaft und Mitgliedstaaten betreffen, so ergeben sich im Wesentlichen folgende Zuständigkeiten: Art 226 EGV (Aufsichtsklage Kommission), Art 227 EGV (Vertragsverletzungsklagen der Mitgliedstaaten)[1428], Art 230 EGV (Nichtigkeitsklage), Art 232 EGV (Untätigkeitsklage), Art 234 EGV (Vorabentscheidungsverfahren) und Art 300 Abs 6 EGV (Gutachtensverfahren); alles Zuständigkeiten, die nicht primär das vertikale Verhältnis zwischen der Gemeinschaft

[1427] Siehe dazu auch *Schramm, Alfred*, Federalism Lost – Federalism Regained? Die neue Föderalismusrechsprechung des US Supreme Court, ZfRV 2001, 136 ff.

[1428] Dies aufgrund der Beteiligung der Kommission an diesem Verfahren.

bzw ihren Organen und den Mitgliedstaaten als primären Anknüpfungspunkt zum Gegenstand haben, die dieses jedoch auch beeinflussen können.

Eine ähnliche Konstruktion wie im Falle des 11. *Amendments*[1429] für den Bereich horizontaler Streitigkeiten findet sich in der Rechtsprechung des Supreme Court für Klagen gegen die Vereinigten Staaten, wonach solche nur im Falle ihrer Zustimmung materiell behandelt werden.[1430]

Zu erwähnen ist im Bereich der vertikalen Zuständigkeiten des Supreme Court das 10. *Amendment* aus dem Jahre 1791 (somit Bestandteil der *Bill of Rights*), welches eine Art Subsidiaritätsprinzip verankert. Nach dieser Bestimmung sind die Kompetenzen, die durch die Verfassung weder den Vereinigten Staaten übertragen noch den Staaten entzogen werden, den verschiedenen Gliedstaaten oder dem Volk vorbehalten.[1431] Es dürfte ein den meisten Bundesstaaten – sowie den (eventuell) erst *in statu nascendi* befindlichen wie der Europäischen Union – inhärentes Phänomen sein, dass die übergeordnete Ebene mit der Zeit – quasi in einem Zentripetaleffekt – immer mehr Zuständigkeiten an sich zieht. Dabei finden sich durchaus Parallelen zwischen der Europäischen Union und den Vereinigten Staaten.[1432] So wie durch die Rechtsprechung des EuGH zu Art 30 EGV, wurde durch die Auslegung der sogenannten *commerce clause*[1433] eine ständige Ausweitung der Kompetenzen der übergeordneten Ebene bewirkt.[1434]

Eine weitere Parallele im vertikalen Verhältnis von unter- und übergeordneter Ebene sind die in den Vereinigten Staaten sowie in der Europäischen Union jeweils vorhandenen Kompetenzerweiterungsklauseln. Dem diese Funktion erfüllenden Art 308 EGV entspricht im transatlantischen Kontext die sogenannten *necessary and proper clause*, welche aus Art 1 *Section* 8 Abs 18 C-USA abgeleitet wird (*The Congress shall have Power* „To make all laws which shall be necessary and proper for carrying into Execution the foregoing Powers, and all other Powers

[1429] Siehe dazu nachstehend auf S 352.

[1430] *Haller* (FN 686) 103 f.

[1431] „The powers not delegated to the United States by the Constitution, nor prohibited by it to the States, are reserved to the States respectively, or to the people."

[1432] In Zusammenhang mit der Verwendung der Begriffe *über-* und *untergeordnete Ebene* ist auf die *supremacy clause* hinzuweisen, wonach das Bundesrecht so wie das Gemeinschaftsrecht Vorrang vor dem Recht der (jeweils) untergeordneten Ebene genießt. Art 6 Abs 2 C-USA bestimmt dazu: „This Constitution, and the Laws of the United States which shall be made in Pursuance thereof, and all Treaties made, or which shall be made under the Authority of the United States shall be the supreme Law of the Land."

[1433] (*The Congress shall have power*) „To regulate Commerce with foreign Nations, and among the several States and with the Indian Tribes".

[1434] *Schramm* (FN 203) 12.

vested by this Constitution in the Government of the Unites States, or in any Department or Officer thereof.").[1435]

Eine aus der amerikanischen Rechtsprechung entstammende und auch in der Gemeinschaft bekannte Rechtsfigur[1436] ist die Lehre von den *implied powers*, welche ebenso das vertikale Verhältnis beeinflusst. Erstmals judiziert wurde sie in der Rechtssache *M'Culloch vs State of Maryland et al*[1437], in welcher der Supreme Court durch eine weite Interpretation einer Bundeskompetenz eine in der Verfassung nicht vorhandene (Bundes-)Annexkompetenz judizierte.[1438]

Eine vertikale Zuständigkeit, diesmal jedoch zwischen einem Gliedstaat und den Bürgern eines anderen Gliedstaates regelt Art 3 *Section* 2 Abs 1 5. SpStr iVm Abs 2 1. Satz C-USA bzw 28 USC *Section* 1251 lit b Abs 3 1. Fall[1439]. Demnach hat der Supreme Court eine erstinstanzliche – aber keine ausschließliche – Zuständigkeit für alle Streitigkeiten zwischen einem Gliedstaat und Bürgern eines anderen Gliedstaates. Zu erwähnen ist im Kontext dieser Zuständigkeit die Bestimmung des 11. *Amendments* aus dem Jahre 1798, welche Klagen gegen Gliedstaaten betrifft.[1440] Da der Wortlaut der die Gliedstaaten betreffenden Zuständigkeiten des Supreme Court auch eine Klage von Privatpersonen zulässt wird in diesem *Amendment* festgelegt, dass die rechtsprechende Gewalt der Vereinigten Staaten nicht so ausgelegt werden darf, dass sie sich auf irgend einen Rechts- oder Billigkeitsfall erstreckt, der gegen einen der Vereinigten (Einzel-)Staaten von Bürgern eines anderen Staates oder von Bürgern oder Untertanen eines fremden Staates angestrengt oder geführt wird.[1441] Diese Bestimmung, welche durch eine in diese Richtung gehendes Urteil des Supreme Court ausgelöst wurde steht in engem Zusammenhang mit dem englischen Grundsatz „*The King can do no Wrong*".[1442] Je nachdem wie man diese Bestimmung nun versteht, bedeutet diese entweder eine Abschaffung oder lediglich eine Einschränkung der auf diesem Gebiet einschlägigen Zuständigkeiten.[1443] Es ist jedoch zu vermuten, dass diese

---

[1435] *Schramm* (FN 203) 12.

[1436] *Schweitzer/Hummer* (FN 76) Rdnr 338.

[1437] 17 U.S. 316 (1819).

[1438] *Schramm* (FN 203) 12.

[1439] „All actions or proceedings by a State against the citizens of another State (1. Fall) or against aliens (2. Fall)."

[1440] Nach *Schefer* (FN 1422) 500 ist der 5. (so wie auch der 8.) SpStr der leg cit durch das 11. *Amendment* abgeändert worden.

[1441] „The Judicial power of the United States shall not be construed to extend to any suit in law or equity, commenced or prosecuted against one of the United States by Citizens of another State, or by Citizens or Subjects of any Foreign State."

[1442] So *Haller* (FN 686) 102 f.

[1443] *Schefer* (FN 1422) 500 spricht davon, dass der 8. (so wie auch der 5.) SpStr der leg cit durch das 11. *Amendment abgeändert* worden sind.

Bestimmung lediglich einer grenzenlosen Ausweitung von Klagemöglichkeiten gegen Gliedstaaten Einhalt gebieten will, dass sie die beiden Bestimmungen des Art 3 *Section* 2 Abs 1 5. und 8. SpStr C-USA nicht abschaffen will.

Bei der Einteilung der Zuständigkeiten nach dem Kriterium der Instanzen kann man neben den erwähnten Arten der *original jurisdiction* und der *appeal jurisdiction*[1444] als dritte Kategorie noch den *judicial review*[1445] als „eine Art Sammelbecken für alle sonstigen Streitigkeiten, in denen es um überstaatliches Recht geht"[1446] nennen. Diese Zuständigkeit, welche auch – aber eben nicht nur – die Normenkontrolle betreffen kann, wird aus dieser Überlegung heraus in den Bereich der *sonstigen institutionellen Zuständigkeiten* eingeordnet, und dabei wiederum in die offene, nicht nur horizontale (I oder II) oder vertikale Streitigkeiten betreffende Kategorie. Bekanntlich assoziiert man den Begriff der Normenkontrolle mit dem amerikanischen Termius des *judicial review*[1447]; es wäre jedoch unkorrekt diese Verfahrensart ausschließlich mit der Normenkontrolle gleichzusetzen, da die amerikanischen Gerichte und der Supreme Court bekanntlich Verfassungsfragen nur *inzidenter* entscheiden, und diese Verfahrensart somit nicht ausschließlich der abstrakten Normenkontrolle dient, wie dies zB die Funktion von Art 230 EGV ist.[1448]

Wenn ein Fall „‚substantielle' Fragen des Verfassungsrechtes oder des einfachen Bundesrechtes (*substantial federal question*)" betrifft und der Instanzenzug vollständig ausgeschöpft ist, so kann der Betroffene den Supreme Court um ein

---

[1444] In der Lehre ist die Abgrenzung der *appeal jurisdiciton* zu den aufgrund eines *writ of certiorari* entschiedenen Fällen nicht immer ganz eindeutig. Während *Spies* (FN 1376) 126 f zwischen den drei Verfahrensarten der *appeal jurisdiction*, der *original jurisdiction* und dem *judicial review* aufgrund eines *writ of certiorari* unterscheidet, spricht *Heller* (FN 1311) 691 von einer *appeal jurisdiction* und unterscheidet diese wiederum in (Ermessens-)Fälle des *writ of certiorari* und die Fälle einer *mandatory* (verpflichtenden) *appellate jurisdiction*. Auch *Rau* (FN 1281) 17 f nennt 28 USC *Section* 1254 und 1257 als Fälle der *appeal jurisdicition*, und unterscheidet lediglich hinsichtlich des Ermessens zwischen den Fällen der herkömmlichen *appeal jurisdiction* und denen des *writ of certiorari*. Im Folgenden werden die das *writ of certiorari* betreffenden Teile der Bestimmungen des 28 USC *Section* 1254 und *Section* 1257 dargestellt und gleichzeitig die restlichen Teile dieser Normen der Vollständigkeit halber erwähnt.

[1445] Nach *Spies* (FN 1376) 127 mwN in FN 31 wurde die *judicial review* 1925 vom Kongress auf Betreiben von *Chief Justice Taft* eingeführt, da man ein Bedürfnis nach einem weiteren Ermessensspielraum (als in den Verfahren der *appeal jurisdiction*) hatte.

[1446] *Spies* (FN 1376) 126.

[1447] Zum *judicial review* siehe zB Choper, *Jese H*, Judicial Review and the National Political Process. A Functional Reconsideration of the Role of the Supreme Court (1980).

[1448] Auch *Haller* (FN 686) 121 spricht im Kontext der Normenkontrolle à la *Marbury vs Madision* von einem „*judicial review* im engeren Sinn".

review on writ of certiorari[1449] ersuchen.[1450] Dieser Begriff des *certiorari* (*certiorari volumus* – wir wollen informiert werden)[1451] war ursprünglich eine Anordnung an die unteren Gerichte, die Akten eines bestimmten Verfahrens beim Supreme Court vorzulegen.[1452] Die Bedeutung des *certiorari* liegt heute in der bereits erwähnten Unterscheidung der drei Verfahren (*original jurisdiction*, *appeal jurisdiction* und *judicial review* mit *certiorari*): Während die Richter in den Fällen der *appeal jurisdiciton* von Gesetzes wegen entscheiden müssen und ihnen kein Ermessen eingeräumt wird, haben die Richter bei der Frage, ob sie ein *writ of certiorari* annehmen, freies Ermessen. So bestimmt *Rule* 10 R-SCUS: „Review on a writ of certiorari is not a matter of right, but of judicial discretion. A petition for a writ of certiorari will be granted only for compelling reasons".[1453] Bestimmungen zu einem *review on a writ of certiorari* finden sich in 28 USC *Section* 1254 (Abs 1) bzw *Section* 1257.[1454] Gem 28 USC *Section* 1254 Abs 1[1455] können Fälle vor den Berufungsgerichten (*Courts of Appeals*) vom Supreme Court überprüft werden, wenn in einem Zivil- oder Strafverfahren einer der Parteien vor oder nach Fällen des Urteiles oder der Entscheidung einen Antrag auf *certiorari* stellt und der Supreme Court eine derartige Verfügung erlässt. Im Falle von Entscheidungen der Höchstgerichte der Gliedstaaten (*State supreme courts*) bestimmt 28 USC

[1449] Siehe dazu auch *Rau* (FN 1281) 17 f; *Rohde/Spaeth* (FN 1323) 121; *Wieland, Joachim*, Der Zugang des Bürgers zum Bundesverfassungsgericht und zum U.S. Supreme Court, Der Staat 1990, 333 ff, 344 ff. Für eine juristische – bzw mathematisch dargestellte – Analyse der vom Supreme Court angenommenen Fälle siehe *Cameron, Charles M/Segal, Jeffrey A/Songer, Donald*, Strategic Auditing in a Political Hierarchy: An Informational Model of the Supreme Court's Certiorari Decisions, APSR 2000, 101 ff.

[1450] *Spies* (FN 1376) 127.

[1451] Siehe dazu *Heller* (FN 1311) 691 f; *Wieland* (FN 1449) 344.

[1452] *Spies* (FN 1376) 127.

[1453] Die leg cit zählt sodann in lit a bis c Kriterien für eine Annahme durch den Supreme Court auf.

[1454] Nur erwähnt sei die Tatsache, dass für den *Supreme Court of Puerto Rico* bzw die *Court of Appeals for the armed forces* eigene Bestimmungen im Zusammenhang mit einem *certiorari* Verfahren vorgesehen sind (28 USC *Section* 1258 bzw *Section* 1259).

[1455] 28 USC *Section* 1254 Abs 2, welcher keinen Fall eines *certiorari* behandelt bestimmt einen weiteren Fall, in welchem ein Verfahren eines Berufungsgerichtes vom Supreme Court überprüft werden kann: „durch Bestätigung durch das Berufungsgericht zu einem beliebigen Zeitpunkt in einer beliebigen rechtlichen Frage bei einem Zivil- oder Strafverfahren, für das Instruktionen benötigt werden; bei einer derartigen Bestätigung kann der Supreme Court bindende Instruktionen geben bzw verlangen, dass für die Entscheidung in der gesamten Streitsache der gesamte Akt an das Berufungsgericht gesandt werde." (*By certification at any time by a court of appeal of any question of law in any civil or criminal case as to which instructions are desired, and upon such certification the Supreme Court my give bindung instructions or require the entire record to be sent up for decision of the entire matter in controversy.*)

Section 1257 lit a[1456] wie folgt: Rechtskräftige Urteile bzw Entscheide, die vom Höchstgericht eines Bundesstaates[1457] ergehen, das eine Entscheidung fällen kann, können vom Supreme Court auf folgende Weise überprüft werden: durch eine *certiorari*-Verfügung, für den Fall, dass die Gültigkeit eines Vertrages oder Gesetzes der Vereinigten Staaten in Frage gestellt wird, bzw für den Fall, dass die Gültigkeit eines Gesetzes eines beliebigen Bundesstaates in Frage gestellt wird, mit der Begründung, dass es gegen die Verfassung, Verträge oder Gesetze der Vereinigten Staaten verstoße, oder für den Fall, dass ein beliebiges Eigentumsrecht, sonstiges Recht, Sonderrecht oder Immunitätsrecht speziell aufgrund der Verfassung, der Verträge oder Gesetze der Vereinigten Staaten gewährt oder in Anspruch genommen wird oder eine Ernennungsurkunde bzw eine Weisungsbefugnis im Namen der Vereinigten Staaten vorliegt bzw ausgeübt wird.

2.2.3.8.5 Prüfung von Wahlen und Referenden und internationale Zuständigkeiten

Im ersten Bereich, der für ein Verfassungsgericht nicht konstitutiven Zuständigkeiten, der *Prüfung von Wahlen und Referenden,* kommt dem Supreme Court aufgrund der Verfassung keine eigenständige Zuständigkeit zu. Bekanntlich war der Supreme Court (dennoch) im Zuge der letzten amerikanischen Präsidentenwahlen mit der Klage der *Bush*-Seite konfrontiert, in welcher diese behauptete, die Entscheidung des *State Supreme Court* von Florida, Handauszählungen noch bis zum 26. 11. 2000 zuzulassen, verstöße gegen die Verfassung.[1458]

Keine Zuständigkeit kommt dem Gericht auch bei der Prüfung der Wahlen in Senat und Repräsentantenhaus zu, da diese Zuständigkeit von diesen selbst wahrgenommen wird (Art 1 *Section* 5 Abs 2 C-USA).[1459]

[1456] „Final judgments or decrees rendered by the highest court of a State in which a decision could be had, may be reviewed by the Supreme Court by writ of certiorari where the validity of a treaty or statute of the United States is drawn in question or where the validity of a statute of any State is drawn in question on the ground of ist being repugnant to the Constitution, treaties, or laws of the United States, or where any title, right, privilege, or immunity is specially set up or claimed under the Constitution or the treaties or statutes of, or any commission held or authority exercised under, the United States."

[1457] Gem 28 USC *Section* 1257 lit b ist unter dem Ausdruck „Höchstgericht eines Bundesstaates" in lit a leg cit auch das Berufungsgericht des *District of Columbia* zu verstehen.

[1458] Entscheiden nun die Höchstrichter über den nächsten Präsidenten, Die Presse vom 1. 12. 2000, 5. In diesem Artikel wird auch darauf hingewiesen, dass sich normalerweise die Demokraten als Verfechter der Bundesregierung und die Republikaner als solche der Bundesstaaten agieren, und nicht wie im vorliegenden Fall umgekehrt.

[1459] „Each House shall be the Judge of the Elections, Returns and Qualifications of its own Members (...)."

Im Bereich der (*sonstigen*) *internationalen Zuständigkeiten* kommen dem Supreme Court gleich mehrere Kompetenzen zu.

Nach Art 3 *Section* 2 Abs 1 1. SpStr iVm Abs 2 1. Satz C-USA bzw 28 USC *Section* 1251 lit b Abs 1 kommt dem Höchstgericht für alle Klagen oder Verfahren, in welchen Botschafter, andere öffentliche Gesandte, Konsulen oder Vizekonsulen[1460] von fremden Staaten Partei sind eine erstinstanzliche, aber keine ausschließliche Zuständigkeit zu. Es ist naheliegend für derartige völkerrechtliche Fragen gleich in erster Instanz das (verfassungsrechtliche) Höchstgericht zu betrauen. In der Europäischen Union findet sich keine derartige Kompetenz für den EuGH.

Ebenfalls eine erstinstanzliche – aber keine ausschließliche – Zuständigkeit hat der Supreme Court für alle Klagen und Verfahren zwischen einem Gliedstaat oder dessen Bürgern und fremden Staaten, Bürgern oder Untertanen (Art 3 *Section* 2 Abs 1 8. SpStr iVm Abs 2 1. Satz C-USA; 28 USC *Section* 1251 lit b Abs 3 2. Fall).[1461] Eine Zuständigkeit die sowohl auf horizontaler als auch auf vertikaler Ebene Verhältnisse mit Auslandsbezügen betrifft. Auch hier handelt es sich um eine Zuständigkeit die dem EuGH in der Form nicht zukommt. Es sind jedoch in einem nach beteiligten Parteien aufgebauten System von Zuständigkeiten auch diese Fälle mit Auslandsbezügen vorzusehen und sie dem Verfassungsgericht zuzuweisen.

2.2.3.8.6 Schiedsrichterliche Zuständigkeiten

Keine entsprechenden Zuständigkeiten finden sich in der amerikanischen Verfassung für die Art 238 EGV (Zuständigkeit aufgrund einer Schiedsklausel) bzw Art 239 EGV (Zuständigkeit aufgrund eines Schiedsvertrages).

2.2.3.8.7 Amtsenthebung von Richtern und von Mitgliedern sonstiger Organe

Ebenso kommt dem Supreme Court nach der Verfassung nicht die Zuständigkeit zur *Amtsenthebung von Richtern bzw von Mitgliedern sonstiger Organe* zu. Wie vorstehend erwähnt, liegt diese Zuständigkeit in Form des *Impeachment*-Verfahrens bei der Legislative.[1462] Damit bleiben sowohl der Supreme Court als auch der Andengerichtshof hinter den einschlägigen Regelungen zum EuGH zurück.

[1460] Die Vizekonsulen werden lediglich von 28 USC *Section* 1251 lit b Abs 1, nicht aber von der verfassungsrechtlichen Bestimmung erwähnt.

[1461] Nach *Schefer* (FN 1422) 500 ist der 8. (so wie auch der 5.) SpStr der leg cit durch das 11. *Amendment* abgeändert worden. Siehe dazu vorstehend auf S 352 f.

[1462] Siehe dazu vorstehend auf S 311 bzw S 348 f.

2.2.3.8.8 Dienstrechtliche Streitigkeiten

Keine eigenständige Zuständigkeit sieht die Verfassung auch für sogenannte dienstrechtliche Streitigkeiten vor, wie sie etwa dem EuG bzw dem TJCA zukommen. Der Grund dafür könnte darin liegen, dass eine solche autonome (verfassungs-)gerichtliche Zuständigkeit typischer Weise bei der Judikative der Verbandsgewalt einer internationalen/supranationalen Organisation angesiedelt wird, solche Verfahren hingegen in einem über mehrere Jahre gewachsenen Staatsgefüge im Kontext anderer Zuständigkeiten bzw Verfahren behandelt werden.

2.2.3.8.9 Verhältnis und Zusammenarbeit mit anderen Einrichtungen

Eine Zuständigkeit die dem Supreme Court in der Art nicht zukommt ist das *Vorabentscheidungsverfahren.* In einem Bundesstaat, in welchem das Höchst-/-Verfassungsgericht sowohl an der Spitze der Gerichte der übergeordneten (Bundesgerichte) als auch an der Spitze der Gerichte der untergeordneten Ebene (Gerichte der Gliedstaaten) steht und diesem Gericht auch die Befugnis zukommt, Entscheidungen bzw Normen der untergeordneten Ebene zu überprüfen, ergibt sich die Notwendigkeit eines Verfahrens der Zusammenarbeit nicht in dem Ausmaße, wie sie sich im Verhältnis von souveränen Mitgliedstaaten (mit ihren eigenständigen Rechtsordnungen) zu der von ihnen geschaffenen internationalen/supranationalen Organisation ergibt. Immerhin kann man auch in den vorstehend geschilderten Zuständigkeiten der *appeal jurisdiciton* (bzw des *writ of certiorari*) eine Art der Zusammenarbeit aus den einschlägigen Bestimmungen (28 USC *Section* 1254 bzw 1257) herauslesen.

2.2.3.8.10 Sonstige weitere (nicht konstitutive) Zuständigkeiten

Im Folgenden werden einige Zuständigkeiten des Supreme Court behandelt, welche nicht als für ein Verfassungsgericht konstitutive Zuständigkeiten anzusehen sind und in dieser Kategorie unter keinen der anderen Bereiche einzuordnen waren, weshalb sie in diesen offenen Bereich fallen.

Nach Art 3 *Section* 2 Abs 1 2. SpStr iVm Abs 2 2. Satz C-USA kommt dem Supreme Court eine berufungsinstanzliche Zuständigkeit für alle Fälle der Seegerichtsbarkeit (*to all Cases of admiralty and maritime Jurisdiction*) zu. Eine Zuständigkeit mit völkerrechtlichen Bezügen, die sicherlich (zumindest in zweiter Instanz) beim Höchstgericht angesiedelt sein sollte.

Eine *appeal jurisdiciton* kommt dem Supreme Court auch nach Art 3 *Section* 2 Abs 1 6. SpStr iVm Abs 2 2. Satz C-USA für die Fälle von Streitigkeiten zwischen Bürgern verschiedener Staaten zu. Auch diese gliedstaatenübergreifende Zuständigkeit ist beim Höchstgericht des Bundesstaates sicherlich gut aufgehoben.

Aus derselben Überlegung dürfte dem Supreme Court die Zuständigkeit zukommen, Streitigkeiten zwischen Bürgern desselben Staates, die aufgrund von Zuweisungen seitens verschiedener Gliedstaaten Ansprüche auf Land erheben zu entscheiden (Art 3 *Section* 2 Abs 1 7. SpStr iVm Abs 2 2. Satz C-USA). Auch hier entscheidet der Supreme Court erst in zweiter Instanz (*appeal*-Zuständigkeit).

2.2.3.8.11 Die Darstellung der gerichtlichen Zuständigkeiten in den *Federalist Papers*

Nachdem nun diese – in Art 4 *Section* 2 Abs 1 C-USA aufgezählten – Zuständigkeiten des Supreme Court der dieser Arbeit zugrundeliegenden Synopse zugeteilt wurden, sei kurz auf die diesbezüglichen Ausführungen von *Alexander Hamilton* in den *Federalist Papers* eingegangen.

Die Zuständigkeiten des Supreme Court werden darin – wie in den bisherigen Ausführungen auch zu sehen war – nicht nach einer – auch dieser Arbeit zugrundeliegenden – Klassifizierung nach der *Art* des Verfahrens (Normenkontrolle, Pflichtenverletzung, Grundrechtskontrolle, etc) eingeteilt, sondern vielmehr nach *Gegenstand* und *Inhalt* des Verfahrens bzw nach den *beteiligten Parteien*. In seinem dritten *Paper* zum Supreme Court (Federalist Nr 80) führt *Hamilton* folgende *Kategorien von* Zuständigkeiten der Judikative bzw des Supreme Court an, welche die dahinter liegenden Ziele (*objectives*) verdeutlichen sollen: nämlich alle Fälle,

- 1. welche sich aus den Gesetzen der Vereinigten Staaten ergeben,
- 2. welche die Ausführung der explizit in den Artikeln der Union enthaltenen Bestimmungen betreffen,
- 3. in denen die Vereinigten Staaten Partei sind,
- 4. die den Frieden der Konföderation betreffen, sei es zwischen den Vereinigten Staaten und anderen Nationen oder zwischen den Gliedstaaten,
- 5. der Seegerichtsbarkeit und schließlich alle Fälle,
- 6. in welchen es an der Unparteilichkeit (*impartial*) und Unvoreingenommenheit (*unbiased*) der gliedstaatlichen Gerichte fehlt.

Hinter der *ersten* Art von Zuständigkeit steckt der Gedanke der Effektivität von verfassungsrechtlichen Bestimmungen. Dieser Schutz der Verfassung der Vereinigten Staaten hat insbesondere im Kontext der vertikalen Kompetenzausscheidung gegenüber den Gliedstaaten zu erfolgen, deren Gesetzgebung eine Reihe von Schranken[1463] gesetzt sind.

Die Begründung für die *zweite* Art von Zuständigkeit entspricht einer Argumentation, welche sich so oft in den Begründungen des EuGH wieder findet, die *einheitliche Auslegung des (Gemeinschafts-)Rechtes*, welche nicht gewährleistet wäre, wenn man diese den Gerichten der (damaligen) dreizehn Gliedstaaten überlassen würde. *Hamilton* drückt diese Überlegung folgendermaßen aus: „Thirteen independent courts of final jurisdiction over the same causes, arising upon the same laws, is a hydra in government, from which nothing but contradiction and confusion can proceed".

Aus denselben Überlegungen gehören die sich aus der *dritten* Art von Zuständigkeit ergebenden Streitigkeiten vor das Verfassungsgericht der übergeordneten Ebene.

Im Bereich der *vierten* Art von Zuständigkeit kann nicht der Friede der gesamten Einheit dem Handeln seiner einzelnen Teile überantwortet werden. Da die Union fremden Mächten (*foreign powers*) gegenüber für das Verhalten ihrer Mitglieder verantwortlich ist hat sie über die Möglichkeit zu verfügen, diese *responsibility* präventiv zu vermeiden. Auch der interne Bereich (Streitigkeiten zwischen verschiedenen Staate, zwischen einem Staat und den Bürgern eines anderen Staates und zwischen Bürgern verschiedener Staaten) ist nach *Hamilton* für den Frieden in der Union essentiell.

Die Notwendigkeit für eine bundesstaatlich geregelte *Seegerichtsbarkeit* ergibt sich nach *Hamilton* aus der häufigen Betroffenheit der Rechte ausländischer Bürger, welche wiederum über das Völkerrecht den Frieden betrifft.

Die Begründung für die *sechste* Art von Zuständigkeit liegt in dem altbekannnten Grundsatz, wonach „no man ought certainly to be a judge in his own cause, or in any cause in respect to which he has the least interest or bias".

Die Notwendigkeit einer *Normenkontrolle* begründet *Hamilton* wie folgt. Nach seiner Ansicht handelt es sich bei der amerikanischen Verfassung um eine „limited Constitution"; darunter versteht er eine Verfassung, welche der legislativen Gewalt gewisse Grenzen (wie zB das Verbot rückwirkender Gesetze) setzt (Federalist Nr 78). Wenn man sich – wie die amerikanische Verfassung für ein derartiges System entscheidet, so braucht es nach *Hamilton* in der Praxis ein Gericht, dem die Pflicht zukommt, alle mit dem „manifest tenor of the Constitution" in Widerspruch stehenden Akte für nichtig zu erklären (Federalist Nr 78). Die im Zusammenhang mit der Normenkontrolle stehende Frage, ob sich aus einer Nich-

---

[1463] Diese können sich nach *Hamilton* zum einen aus den Interessen der Union und zum anderen aus den *principles of good government* ergeben. Zur *good governance* siehe auch das Weißbuch der Kommission „Europäisches Regieren", ABl 2001, Nr C 287, 1 ff.

tigerklärung eine Hierarchie im Sinne einer Unterordnung der Legislative unter die Judikative ergebe, beantwortete *Hamilton* dahingehend, dass nach einem allgemeinem Prinzip jeder Akt einer delegierten Behörde, „contrary to the tenor of the commission [Auftrag] under which it is exercised, is void". Wenn man dieses Prinzip negieren würde, so würde man den *servant* (sprich die Regierung) über seinen *master* (die Bevölkerung) stellen (Federalist Nr 78). Ganz generell bezeichnet er die Gerichte als *intermediate body* zwischen dem Volk und dem Gesetzgeber, um letzteren in den ihm gesetzten Grenzen zu halten. Aus den Ausführungen von *Hamilton* ergibt sich folgendes hierarchisches Bild: auf oberster Ebene steht das Volk, welches seinen Willen in der Verfassung niedergelegt hat. An diese Verfassung sind sowohl der Gesetzgeber als auch das Verfassungsgericht gebunden. Nachdem es die Aufgabe des Verfassungsgerichtes ist, die Verfassung (verbindlich) auszulegen ist auch der Gesetzgeber an die Entscheidungen des Verfassungsgerichtes gebunden. Eine hierarchische Überordnung des Verfassungsgerichtes ergibt sich nicht aus seiner institutionellen Stellung sondern vielmehr aus seiner Funktion, die Verfassung auszulegen. Noch einmal erwähnt sei jedoch die Tatsache, dass letztlich beide Institutionen dem in der Verfassung verkörperten Willen des Volkes unterworfen sind.Aus diesen Überlegungen ergeben sich nach *Hamilton* die vorstehend klassifizierten Zuständigkeiten.

Die erwähnte rechtsprechende Gewalt „to all cases in law and equity, arising under the constitution and the laws of the united states" entspricht den ersten beiden vorstehend erwähnten Zielsetzungen (Sicherung der Effektivität der verfassungsrechtlichen Bestimmungen und einheitliche Auslegung des Bundesrechtes). Die Unterscheidung in „cases arising under the Constitution" und denen „arising under the laws of the Unitdes States" spiegelt die Fälle wieder, in welchen Gliedstaaten gegen die ihrer Legislation obliegenden Schranken verstoßen und folglich unter die erste und nicht unter die zweite Kategorie fallen. Die erwähnten Fälle betreffen dann die Billigkeit (*equity*) und nicht das Recht (*law*)[1464], wenn *fraud* (Betrug), *accident* (Unfall) und *trust* (Vertrauen[1465]) oder *hardship* (Not) betroffen sind. Dieser zweite *Prüfungsmaßstab* soll vor allem dann zur Anwendung kommen, wenn aus den *necessities* (Nöten) oder *misfortunes* (Schicksalen) einer der Parteien ein übermäßiger (*undue*) und unerhörter (*unconscionable*) Vorteil gezogen wurde (Federalist Nr 80).

Die Fälle, in denen Bürger aufgrund von Zuweisungen verschiedener Gliedstaaten Ansprüche auf Land erheben, sind nach *Hamilton* ebenfalls ein Anwen-

---

[1464] Diese Unterscheidung ist nach *Hamilton* den Rechtsordnungen einiger Einzelstaaten gemein.

[1465] *Trust* kann daneben aber auch noch die Bedeutungen „Verantwortung", „Treuhandschaft" und „Trust" (im gesellschaftsrechtlichen Sinn) haben.

dungsfall einer am Prüfungsmaßstab der *equity* orientierten Rechtsprechung (Federalist Nr 80).

Die Zuständigkeit für Fälle, in denen Bürger aufgrund von Zuweisungen verschiedener Gliedstaaten Ansprüche auf Land erheben, betreffen die sechste vorstehend erwähnte Zielsetzung (Mangel an Unparteilichkeit und Unvoreingenommenheit der gliedstaatlichen Gerichte) (Federalist Nr 80). Nach *Hamilton* handelt es sich bei dieser Zuständigkeit um die einzige, in welcher die (vorgeschlagene) Verfassung direkt die Kognition über Streitigkeiten zwischen Bürgern desselben Gliedstaates regelt (Federalist Nr 80).

Die Zuständigkeit für Fälle zwischen einem Gliedstaat und dessen Bürgern, fremden Staaten, Bürgern oder Untertanen, sowie die in Art 3 *Section* 2 Abs 1 C-USA erwähnte rechtsprechende Gewalt für alle unter der Autorität der Vereinigten Staaten geschlossenen oder zu schließenden Verträge und die Zuständigkeit für alle Fälle, die Botschafter, andere öffentliche Gesandte oder Konsulen tangieren, betreffen die vierte vorstehend erwähnte Zielsetzung (Friede der Konföderation) (Federalist Nr 80).

Die Zuständigkeiten für alle Fälle der Seegerichtsbarkeit betreffen die fünfte vorstehend erwähnte Zielsetzung (Rechte ausländischer Bürger und damit den Frieden) (Federalist Nr 80).

Die Zuständigkeit für alle Streitigkeiten, in denen die Vereinigten Staaten Partei sind betrifft die dritte vorstehend erwähnte Zielsetzung (einheitliche Auslegung des Rechtes) (Federalist Nr 80).

Die Zuständigkeiten für alle Streitigkeiten zwischen zwei oder mehr Gliedstaaten, zwischen einem Gliedstaat und Bürgern eines anderen Gliedstaates, zwischen Bürgern verschiedener Gliedstaaten betreffen die vierte vorstehend erwähnte Zielsetzung (Friede der Konföderation), bzw zum Teil auch die Natur der sechsten vorstehend erwähnten Zielsetzung (Mangel an Unparteilichkeit und Unvoreingenommenheit der gliedstaatlichen Gerichte) (Federalist Nr 80).

2.2.3.8.12 Sonstige Gerichte

Die richterliche Gewalt der Vereinigten Staaten liegt gem Art 3 *Section* 1 C-USA beim Supreme Court und bei solchen unteren Gerichten, deren Errichtung der Kongress von Fall zu Fall anordnet.

Im Federalist Nr 81 führt *Hamilton* den Grund für die Errichtung unterer Gerichte auf. Ohne diese Gerichte müsste der Supreme Court in allen Fällen *of federal cognizanze* entscheiden. „It is intended to enable the national government to institute or authorize, in each State or district of the United States, a tribunal competent to the determination of matters of national jurisdiction within its limits." Die Errichtung unterer Bundesgerichte anstatt der Übertragung solcher Funktionen auf die gliedstaatlichen Gerichte begründet *Hamilton* damit, dass bei diesen wahrscheinlich der *local spirit* überwiege. Wie auch schon bei den Ausführungen gegen ein System des britischen *House of Lords* sieht er ein Problem darin, dass zumindest einige der gliedstaatlichen Richter aufgrund ihrer temporär limitierten Amtsdauer nicht über die für die Entscheidung von *national laws* notwendige Unabhängigkeit verfügen würden. Auch wenn man diesen dennoch diese Entscheidungsbefugnis übertragen würde, so würde sich immer noch die Notwendigkeit einer weitestgehenden Anfechtung ihrer Entscheidungen (*leaving the door of appeal as wide as possible*) ergeben (Federalist Nr 81).

Der föderale Aufbau der Vereinigten Staaten von Amerika spiegelt sich somit auch in der Gerichtsorganisation[1466] wieder. Diese dualistische Ausgestaltung umfasst sowohl Gerichte des Bundes (*federal courts*), als auch solche der Gliedstaaten (*state courts*). Während die Bundesgerichte über Bundesrecht entscheiden ist es Aufgabe der gliedstaatlichen Gerichte, das gliedstaatliche Recht anzuwenden. Diese parallele Konstruktion ergibt sich aus der Tatsache, dass die beiden Bereiche bundes- und gliedstaatlicher Rechtsvorschriften trotz einiger gegenseitiger Interdependenzen weitgehend voneinander getrenntere Komplexe darstellen, als dies ansonsten in den meisten anderen Bundesstaaten der Fall ist.[1467]

Die *erstinstanzlichen* Agenden der *Bundesgerichtsbarkeit* erfüllen die *District Courts* (28 USC *Chapter* 5), deren Sprengel meist einen ganzen Staat erfasst. Da die Zahl der Richter relativ klein ist, wird ein Teil der Arbeitslast von nicht richterlichem Personal (den *law clerks*) und den *magistrates* (Hilfsrichter, welche von den Bezirksgerichten aus dem Kreis der Anwaltschaft für die Dauer von acht Jahren bestellt werden) erledigt.[1468] Statistisch betrachtet liegt der Schwerpunkt der Tätigkeiten der Bundesgerichte nach *Haller* bei den Streitigkeiten, deren Entscheidung von einer Bundesnorm abhängt (*federal question jurisdiction*) sowie den Prozessen zwischen Bürgern verschiedener Staaten (*diversity of citizenship cases*).[1469]

Neben den *District Courts* gibt es noch einige Spezialgerichte.[1470] Der *US Claims Court* (28 USC *Chapter* 7), welcher seinen Sitz in Washington DC hat, ist für den Beklagten Vereinigte Staaten von Amerika zuständig; seine sechzehn Richter werden vom Präsidenten mit Zustimmung des Senates für eine Amtsdauer

---

[1466] Siehe dazu etwa *Friedrich, Walter*, Die Gerichtsbarkeit in den Vereinigten Staaten von Amerika, RZ 1988, 241 ff.

[1467] So *Haller* (FN 686) 93, der darauf hinweist, dass nicht bloß das Verfahrens- und das Polizeirecht, sondern auch das materielle Zivil- und Strafrecht nicht vereinheitlicht sind.

[1468] *Friedrich* (FN 1466) 242.

[1469] (FN 686) 100 f.

[1470] Siehe zu diesen *Friedrich* (FN 1466) 242.

von fünfzehn Jahren ernannt. Ebenfalls in Washington DC seinen Sitz hat der *US Tax Court*, welcher für die Überprüfung von Steuerbescheiden zuständig ist. Für Zollrechtssachen zuständig ist der *US Court of International Trade*, welcher die Akte der Zollbehörden überprüft. Die Richter dieses in New York City ansässigen Gerichtes werden in der Regel auf Lebenszeit bestellt. Die Zuständigkeit für Insolvenzverfahren obliegt den *Bankruptcy Courts*, welche eine Untergliederung der einzelnen *District Courts* darstellen und dessen Richter vom übergeordneten *US Court of Appeals* für eine Dauer von vierzehn Jahren ernannt werden.

In *zweiter Instanz* entscheiden die dreizehn *Courts of Appeals* (28 USC *Chapter* 3), welche an die Stelle der früheren *Circuit Courts of Appeals* getreten sind.[1471] Für jeden der zwölf Gerichtsbezirke (*circuit*) (28 USC *Section* 41 f) gibt es einen eigenen *Court of Appeal* (28 USC *Section* 43), in welchem diese auch ihren Amtssitz haben. Das dreizehnte Gericht zweiter Instanz ist der *US Court of Appeals for the Federal Circuit*, welcher aus zwölf Richtern besteht und seinen Sitz in Washington DC hat. Die Zuständigkeiten dieses Gerichtes liegen im Patentrecht sowie im öffentlichen Vergaberecht.

Wie schon erwähnt, gibt es neben den Bundesgerichten auch Gerichte der *Gliedstaaten*, welche auf der Grundlage des von den Gliedstaaten im Rahmen ihrer Zuständigkeiten erlassenen Rechtes entscheiden.[1472] Diese Gerichte unterscheiden sich sowohl in Bezug auf ihre Organisation, ihre Zuständigkeiten und ihre Verfahren sehr stark voneinander; ihnen gemeinsam ist in der Regel lediglich eine dreistufige Gerichtsorganisation, welche ein Eingangs-, ein Rechtsmittel- und ein Höchstgericht umfasst.[1473]

Nicht nur die Richter des Supreme Court sondern auch die *Richter* der *inferior courts* behalten nach Art 3 *Section* 1 C-USA ihr Amt *during good behaviour* und erhalten ebenfalls eine Vergütung, welche während ihrer Amtszeit nicht herabgesetzt werden kann.

Wie erwähnt, entscheidet der Supreme Court nach Art 3 *Section* 2 Abs 2 C-USA in den Fällen, welche Botschafter, andere öffentliche Gesandte und Konsulen betreffen, sowie in all den Fällen, in welchen ein Gliedstaat Partei ist,[1474] in erster Instanz (*original jurisdiction*). In allen anderen in Art 3 *Section* 2 Abs 1 C-USA erwähnten Fällen von Zuständigkeiten entscheidet der Supreme Court als

---

[1471] Diese setzten sich *ad hoc* aus einem Richter des Supreme Court und mehreren *District Court*-Richtern zusammen; *Haller* (FN 686) 96.

[1472] Erwähnt sei in diesem Zusammenhang das Subsidaritätsprinzip des 10. *Amendments* aus dem Jahre 1791, welches alle nicht den Vereinigten Staaten zugewiesenen bzw den Einzelstaaten entzogenen Kompetenzen diesen belässt.

[1473] *Friedrich* (FN 1466) 243.

[1474] Nach *Haller* (FN 686) 98 mwN in FN 264 kommen diese Fälle in der Praxis kaum vor.

Berufungsinstanz (*appeal jurisdiction*). Dabei entscheidet er sowohl in Rechts- als auch in Tatfragen gemäß den vom Kongress festzulegenden Ausnahme- und Verfahrensbestimmungen (Art 3 *Section* 2 Abs 2 C-USA). Die erstinstanzliche Zuordnung von Botschafter, andere öffentliche Gesandte und Konsulen betreffende Rechtssachen begründet *Hamilton* mit der Bedeutung derselben, die sich seinen Ausführungen nach aus deren engen Konnex mit dem öffentlichen Frieden (*public peace*) ergibt (Federalist Nr 81). Der Grund für die erstinstanzliche Zuständigkeit des Supreme Courts für Rechtssachen in welchen ein Gliedstaat Partei ist, ist seiner Ansicht nach der, dass es die Würde (*dignity*) nicht zulasse, derartige Angelegenheiten von einem unteren Gericht behandeln zu lassen (Federalist Nr 81).

Aus diesen *State* und den *Federal Courts* ergeben sich zwei *Instanzenpyramiden.*[1475] Die eine führt von den *District Courts* zu den *Courts of Appeals* und von diesen wiederum an den Supreme Court. Auch von den gliedstaatlichen Gerichten (1. Instanz, 2. Instanz und Höchstgericht) gelangt man unter gewissen Voraussetzungen an den Supreme Court.

Teilweise wurden bereits einzelne Zuständigkeiten der *appeal jurisdiciton* bzw Zuständigkeiten, die ein *writ of certiorari* vorsehen, geschildert.[1476] Eine *direct appeal* Zuständigkeit sieht außerdem 28 USC *Section* 1253 vor. Nach dieser Bestimmung kann jede Partei – sofern gesetzlich nichts Gegenteiliges vorgesehen ist[1477] – beim Supreme Court Rechtsmittel gegen Anordnungen einlegen, aufgrund derer nach Bescheid und Verhandlung eine einstweilige oder endgültige Verfügung bei Zivilprozessen, -verfahren oder -klagen erlassen oder verwehrt wird, die aufgrund eines Act of Congress vor einem *distict court* mit einem Drei-Richterkollegium richterlich zu entscheiden sind.[1478]

2.2.4 Bewertung

Während in der Konföderation nach dem Revolutionskrieg von (1775 bis 1783) ein Verfassungsgericht fehlte, war im Zuge der Ausarbeitung der Verfassung der Vereinigten Staaten von Amerika die Notwendigkeit der Errichtung eines Verfassungsgerichtes von Anfang an klar. Dies nicht nur aufgrund dieser historischen Erkenntnis, sondern auch deshalb, um die Einhaltung der *limited constitution* zu gewährleisten. Das Resultat ist ein Verfassungsgericht, welches

---

[1475] Siehe dazu zB *Spies* (FN 1376) 126.

[1476] Siehe dazu vorstehend auf S 353 f.

[1477] Zur Beschränkung der Berufungsinstanz durch den Kongress siehe *Haller* (FN 686) 98 f.

[1478] „Except as otherwise provided by law, any party may appeal to the Supreme Court from an order granting or denying, after notice and hearing, an interlocutory or permanent injunction in any civil action, suit or proceeding required by any Act of Congress to be heard and determined by a district court of three judges."

dem Prinzip der Gewaltentrennung entspricht, und nicht ein aus Exekutive und Judikative bestehender *Council of Revision*. Immerhin findet sich im *Impeachment*-Verfahren, welches auch bei der Absetzung der Richter zur Anwendung gelangt, Elemente einer Gewaltenvermengung.

Wie erwähnt, handelt es sich beim Supreme Court nicht um ein spezialisiertes Verfassungsgericht, obohl ihm diese Rolle eindeutig zukommt.

Was die Unabhängigkeit der Richter (von der Politik) betrifft, so ist diese durch ihre lebenslange Amtsdauer und die finanziellen Sicherheiten *ab ihrer Bestellung* gesichert, *vor* diesem Zeitpunkt kann man jedoch nicht von einer Unabhängigkeit von der Politik sprechen, ganz im Gegenteil. Die Bedeutung der Bestellung der Richter ist auch daraus ersichtlich, dass das Bestellungsverfahren im Sinne von *Checks and balances* zwischen Exekutive und Legislative aufgeteilt ist. Die *Abberufung* der Richter liegt wieder in den Händen der Politik (Legislative), immerhin ist dieses Verfahren jedoch so ausgestaltet, dass es zwar im Notfall die Abberufung eines Richters ermöglicht, nicht jedoch im Alltag Anlass zum Missbrauch gibt.

Wenn man die Kompetenzen des Supreme Court betrachtet, so kommen ihm sowohl im horizontalen als auch vertikalen Verhältnis relativ weitreichende Zuständigkeiten zu. Darüber hinaus hat er sich auch eine Zuständigkeit (*Normenkontrolle* – Rs *Marbury vs Madison*) „judikativ angeeignet". Der Beitrag des mit diesen Zuständigkeiten ausgestatteten Supreme Court in der Ausgestaltung der Staatsgewalt des Bundesstaates Vereinigte Staaten von Amerika liegt darin, diese weitgehenden Zuständigkeiten gegebenenfalls auch zu zügeln bzw maßvoll anzuwenden (*judicial self restraint, political question*-Doktrin). Auch ein mit weitreichenden Kompetenzen ausgestattetes Gericht muss sich jedoch erst seine Stellung im Gefüge der anderen Gewalten erkämpfen, und es ist signifikant, dass die Möglichkeit zur Abgabe von *dissenting opinions* anfangs von *Marshall* eingeschränkt wurde, um das Ansehen des Gerichtes zu stärken.

Auch wenn für den EuGH vom Supreme Court weder die nach beteiligten Parteien systematisierten Zuständigkeiten, noch die auf Lebenszeit bestellten Richter übernommen worden sind, so liegt die Bedeutung der Aussage, der EuGH wurde nach dem Vorbild des Supreme Court errichtet, darin, dass man die Verbandsgewalt der EU mit einer Judikative ausstatten wollte, welche eine annähernd so starke Position einnimmt, wie eines der ältesten Verfassungsgerichte.

3. Kapitel: Exkurs – Der Verfassungsrat der V. Republik

Da er kein Verfassungsgericht im engeren Sinn ist, einige seiner Kompetenzen jedoch eine interessante Vergleichsgrundlage abgeben, werden im Folgenden kurz die Zuständigkeiten des französischen Conseil Constitutionnel (Verfassungsrat)[1479] behandelt.[1480] Um ein ungefähres Verständnis von der verfassungsrechtlichen Struktur Frankreichs zu vermitteln sei nachstehend eine kurze Übersicht gegeben.

Constitution de 1958[1481]

- *Préambule*
- Art 1
- *Titre 1 –* *De la Souveraineté* (Art 2 bis 4)
- *Titre 2 –* *Le Président de la République* (Art 5 bis 19)
- *Titre 3 –* *Le Gouvernement* (Art 20 bis 23)
- *Titre 4 –* *Le Parlement* (Art 24 bis 33)
- *Titre 5 –* *Des rapports entre le Gouvernement et le Parlement* (Art 34 bis 51)
- *Titre 6 –* *Des traités et accords internationaux* (Art 52 bis 55)
- *Titre 7 –* *Le Conseil Constitutionnel* (Art 56 bis 63)
- *Titre 8 –* *De l'autorité judiciaire* (Art 64 bis 66)
- *Titre 9 –* *La Haute Cour de Justice* (Art 67 und 68)
- *Titre 10 –* *De la responsabilité pénale des membres du gouvernement* (Art 68-1 bis 68-3)
- *Titre 11 –* *Le Conseil Economique et Social* (Art 69 bis 71)
- *Titre 12 –* *Des Collectivités Territoriales* (Art 72 bis 75)
- *Titre 13 –* *Dispositions transitoires relatives à la Nouvelle-Calédonie* (Art 76 und 77)
- *Titre 14 –* *Des Accords d'Association* (Art 88)
- *Titre 15 –* *Des Communautés européennes et de l'Union européenne* (Art 88-1 bis 88-4)

[1479] Zu seinem wenig wirkungsvollen – von der Verfassung von 1946 eingerichteten – Vorgänger, dem *Comité constitutionnel*, siehe *Noll* (FN 239) 55 f; Nach *Spies* (FN 796) 1041 ist dieses Gericht in den zwölf Jahren der IV. Republik (1946 bis 1958) lediglich ein einziges Mal (im Jahre 1948) tätig geworden.

[1480] Zu Frankreich allgemein siehe zB *Große, Ernst Ulrich/Lüger, Heinz-Helmut*, Frankreich verstehen. Eine Einführung mit Vergleichen zu Deutschland[4] (1996); bzw zur Verfassungsgeschichte *Ehrmann, Henry W*, Die Verfassungsentwicklung im Frankreich der Fünften Republik, JÖR/NF 1961, 353 ff.

[1481] Http://www.conseil-constitutionnel.fr/textes/const.doc. Dieses Dokument enthält bereits sämtliche Änderungen der Verfassung, welche dieses Dokument mit Anführungszeichen kennzeichnet. Im Folgenden wird diese konsolidierte Fassung verwendet, ohne jedoch eigens auf die Einzelnen Änderungsrechtsakte hinzuweisen. Die deutschen Übersetzungen der französischen Verfassung (C-RF) stammen zum Teil aus folgender Quelle: http://www.jura.uni-sb.de/-BIJUS/constitution58/.

- *Titre 16* – *De la Révision* (Art 89)
- *Titre 17* – *Dispositions Transitoires* (aufgehoben)

Als „ein altes französisches Trauma" bezeichnet *Ress* die Angst vor einem *gouvernement des juges*[1482] (Herrschaft der Richter).[1483] Dementsprechend verwundert es auch nicht, dass die Verfassung der V. Republik kein starkes, die Institutionen völlig kontrollierendes Verfassungsgericht geschaffen hat. Nach *Montesquieu* ist der Richter lediglich *la bouche qui prononce les paroles de la loi*[1484] und signifikant sind auch die Aussagen von General *De Gaulle*, „Der beste Oberste Gerichtshof ist das Volk",[1485] bzw von *Michel Debrés* vor dem Staatsrat, wonach es dem Geist des parlamentarischen Regimes und der französischen Tradition widersprechen würde, Gerichten die Befugnis einzuräumen, den Wert (*la valeur*) der Gesetze zu prüfen.[1486] Im Kontext dieser kritischen Grundeinstellung ist der Conseil Constitutionnel vielmehr geschaffen worden, um das Parlament in den (ihm) von der Verfassung vorgegebenen Schranken zu halten.[1487]

3.1 Das Gericht

Der Verfassungsrat[1488] besteht gem Art 56 Abs 1 C-RF aus neun Mitgliedern (*membres*)[1489], deren Amtszeit neun Jahre beträgt.[1490] Eine Wiederwahl ist ausge-

[1482] Als Erfinder dieses Begriffes gilt nach *Schweitzer/Hummer* (FN 76) Rdnr 337 in FN 289 *Colin, Jean-Pierre,* Le gouvernement des juges dans les Communautés européennes (1966) (mit einem Vorwort von *Paul-Marie Gaudemet*). Nach anderen wie *Ress, Georg*, Der Conseil Constitutionnel und der Schutz der Grundfreiheiten in Frankreich. Betrachtungen aus Anlass der Entscheidung des Conseil Constitutionnel vom 16. Juli 1971 zur *Reform des französischen Vereinigungsrechts* mit vergleichenden Hinweisen, JÖR/NF 1974, 121 ff, 157 in FN 140 geht dieser Ausdruck hingegen auf *Edouard Lambert* zurück.

[1483] *Ress* (FN 1482) 124.

[1484] *Ress* (FN 1482) 125.

[1485] *Ehrmann, Henry W*, Die Entwicklung der Verfassungsgerichtsbarkeit im Frankreich der Fünften Republik, Der Staat 1981, 373 ff, 376.

[1486] *Ehrmann* (FN 1485) 374.

[1487] Siehe dazu nachstehend auf S 371.

[1488] Zum Conseil Constitutionnel und der europäischen Integration siehe *Dutheil de la Rochère, Jacqueline*, The French Conseil Constitutionnel and the constitutional development of the European Union, in *Kloepfer/Pernice* (FN 350) 43 ff.

[1489] Für eine Liste der ersten Mitglieder des Verfassungsrates siehe http://www.conseil-constitutionnel.fr/divers/premier/cs40.htm.

[1490] Ein Organgesetz regelt nach Art 63 C-RF den Aufbau und die Tätigkeit des Verfassungsrates, das vor ihm einzuhaltende Verfahren und insbesondere die Fristen, innerhalb welcher Anfechtungen bei ihm vorgebracht werden können. Zu den (sonstigen) gesetzlichen Grundlagen des Verfassungsrates siehe http://www.conseil-constitutionnel.fr/allemand/all4.htm. Nach Art 56

schlossen. Drei seiner Mitglieder werden vom Präsidenten der Republik, drei vom Präsidenten der Nationalversammlung und drei vom Präsidenten des Senates ernannt. Darüber hinaus gehören dem Conseil Constitutionnel von Rechts wegen und auf Lebenszeit die ehemaligen Präsidenten der Republik an (Art 56 Abs 2 C-RF).[1491] Diese Konstruktion mag eigenartig anmuten, erklärt sich aber aus der primären Funktion bzw Gründungsmotivation des Conseil Constitutionnel, die Legislative in die Schranken zu weisen und wer könnte diese Funktion besser erfüllen, als ein ehemaliger Chef der Exekutive.[1492] Der Präsident des Verfassungsrates – dessen Stimme im Falle der Stimmengleichheit den Ausschlag gibt – wird vom Präsidenten der Republik ernannt (Art 56 Abs 3 C-RF). Das Amt eines Mitgliedes des Verfassungsrates ist mit dem eines Ministers oder dem eines Mitgliedes des Parlamentes unvereinbar (Art 57 C-RF).[1493]

Nach Art 62 Abs 2 C-RF gibt es gegen Entscheidungen des Conseil Constitutionnel kein Rechtsmittel und sie binden alle Verwaltungsbehörden und Gerichte.

3.2 Zuständigkeiten

3.2.1 Normenkontrolle[1494]

Eine *präventive Normenkontrolle*[1495] sieht Art 61 vor, wonach die Organgesetze[1496] vor ihrer Verkündung (*avant leur promulgation*) und die Geschäftsordnungen der parlamentarischen Kammern vor ihrem In-Kraft-Treten (*avant leur mise en application*) dem Verfassungsrat vorgelegt werden *müssen*, der über ihre

---

Abs 1 C-RF wird der Verfassungsrat – so wie auch der EuGH – alle drei Jahre zu je einem Drittel erneuert.

[1491] Nach *Noll* (FN 239) 57 haben allerdings bis dato alle ehemaligen Präsidenten auf dieses Recht verzichtet.

[1492] *Spies* (FN 796) 1042.

[1493] Die übrigen Inkompatibilitäten werden gemäß Art 57 C-RF durch ein Organgesetz geregelt.

[1494] Siehe dazu *Goose, Ernst*, Die Normenkontrolle durch den französischen Conseil Constitutionnel (1973).

[1495] Siehe dazu allgemein *Spies* (FN FN 796). Siehe in diesem Zusammenhang für Neu-Kaledonien auch die Bestimmung des Art 76 Abs 1 2. SpStr C-RF, wonach bestimmte Kategorien der Akte der beschließenden Versammlung von Neu-Kaledonien vor ihrer Bekanntmachung der Kontrolle des Conseil Constitutionnel unterworfen werden können. Eine präventive Normenkontrolle gab es nach *Schäffer* (FN 223) 107 auch in Österreich unter der Herrschaft der Provisorischen Verfassung der Ersten Republik gem Art 15 des Gesetzes StGBl 1918/179.

[1496] Siehe dazu Art 46 Abs 5 C-RF: *Les lois organiques ne peuvent être promulguées qu'après la déclaration par le Conseil Constitutionnel de leur conformité à la Constitution.* Die Organgesetze stehen im Rang zwischen der Verfassung und den einfachen Gesetzen und sind einem eigenen Gesetzgebungsverfahren (Art 46 C-RF) unterworfen.

Vereinbarkeit mit der Verfassung befindet (Abs 1 leg cit).[1497] Zu demselben Zweck *können* Gesetze vor ihrer Verkündung vom Präsidenten der Republik, vom Premierminister, vom Präsidenten der Nationalversammlung, vom Präsidenten des Senates oder – seit der Verfassungsreform vom 29. 10. 1974 – von 60 Abgeordneten oder 60 Senatoren[1498] dem Verfassungsrat zugeleitet werden (Abs 2 leg cit).[1499] Nach Art 62 Abs 1 C-RF darf eine für verfassungswidrig erklärte Bestimmung weder verkündet noch in Kraft gesetzt werden.

3.2.2 Grundrechtskontrolle

In Abs 1 der Präambel der Verfassung der V. Republik findet sich das Bekenntnis der Verbundenheit des französischen Volkes mit den Menschenrechten (und den Prinzipien der nationalen Souveränität), wie sie in der Deklaration von 1789 – bekräftigt und vervollständigt durch die Präambel der Verfassung von 1946 – festgelegt worden sind. Nach seiner Entscheidung vom 16. 7. 1971,[1500] auch die beiden Präambeln der Verfassungen von 1946 und 1958 als Prüfungsmaßstab für die Verfassungsmäßigkeitsprüfung von Gesetzen heranzuziehen,[1501] hat der Conseil Constitutionnel ein Konglomerat von „principes ou dispositions à valeur constitutionnel" herausgebildet.[1502] Dem Verfassungsrat kommt jedoch keine Zuständigkeit für eine individuelle Verfassungsbeschwerde zu.[1503] In der Praxis wird dieses Manko durch die jedem Bürger offenstehende Möglichkeit der Anfech-

[1497] In der Prüfung nicht nur der allgemeinen Normen sondern auch der Geschäftsordnungen manifestiert sich deutlich das Misstrauen gegenüber dem Parlament.

[1498] Nach *Noll* (FN 239) 62 ff halten sich die Vorlagen der übrigen Anrufungsberechtigten in Grenzen, wohingegen erst die Reform von 1974 es dem Verfassungsrat erlaubt hat, zu immer neuen Problemen des öffentlichen Lebens Stellung zu nehmen.

[1499] In diesen beiden Fällen hat der Verfassungsrat innerhalb einer Monatsfrist zu entscheiden, wobei diese Frist bei Dringlichkeit auf acht Tage verkürzt werden kann (Abs 3 leg cit). In denselben Fällen hemmt die Anrufung des Verfassungsrates die Verkündungsfrist (Abs 4 leg cit).

[1500] *Décision* n° 71-44 DC, http://www.conseil-constitutionnel.fr/decision/1971/7144dc.htm. Für eine Beschreibung siehe zB *Ress* (FN 1482) 123 ff.

[1501] Zum Grundrechtsschutz siehe *Bauer, Steffen*, Verfassungsgerichtlicher Grundrechtsschutz in Frankreich (1998); *Gehlert, Andreas*, Der Schutz der Grundfreiheiten in Frankreich durch die Überprüfung der Verfassungsmäßigkeit geltender Gesetze (1996); *Starck, Christian*, Der Schutz der Grundrechte durch den Verfassungsrat in Frankreich, AöR 1988, 632 ff; *Ress* (FN 1482).

[1502] *Noll* (FN 239) 71.

[1503] Für einen Entwurf zur Einführung einer derartigen Verfassungsbeschwerde siehe *Ress* (FN 1482) 171 f, 149 der auch darauf hinweist, dass Frankreich als eines „der Geburtsländer eines formulierten Katalogs von individuellen Menschen- und Bürgerrechten" einer Prüfung der Vereinbarkeit von Gesetzen mit der Verfassung lange Zeit ablehnend gegenüber stand.

tungsklage gegen Rechtsverordnungen vor dem *Conseil d'Etat* (*recours pour excès de pouvoir*) kompensiert.[1504]

3.2.3 Sonstige institutionelle Zuständigkeiten

Nach Art 7 Abs 4 C-RF stellt der Conseil Constitutionnel auf Ersuchen der Regierung mit absoluter Mehrheit seiner Mitglieder die Verhinderung (*empêchement*) des Präsidenten der Republik fest.[1505] Eine Zuständigkeit die man als sonstige institutionelle Zuständigkeit (horizontal I) zu qualifizieren haben wird.

Eine weitere derartige Zuständigkeit kommt dem Conseil Constitutionnel nach Art 16 Abs 1 C-RF im Bereich des Notstandsrechtes zu. Dieses übt der Präsident der Republik aus, wenn die Einrichtungen der Republik (*les institutions de la République*), die Unabhängigkeit der Nation (*l'indépendance de la Nation*), die Unversehrtheit ihres Staatsgebietes (*l'intégrité de son territoire*) oder die Erfüllung ihrer internationalen Verpflichtungen (*l'exécution de ses engagements internationaux*) schwer und unmittelbar (*grave et immédiate*) bedroht sind und wenn die ordnungsgemäße Ausübung der verfassungsmäßigen öffentlichen Gewalten unterbrochen ist. Die unter diesen Umständen notwendigen Maßnahmen trifft er nach förmlicher Beratung mit dem Premierminister, mit den Präsidenten der Kammern sowie mit dem Verfassungsrat (Art 16 Abs 1 C-RF). Eine formelle Voraussetzung normiert Art 16 Abs 2 C-RF, wonach der Präsident darüber die Nation durch Mitteilung in Kenntnis setzt und eine materielle Abs 3 leg cit, wonach die Maßnahmen von dem Willen getragen sein müssen, den verfassungsmäßigen öffentlichen Gewalten innerhalb kürzester Zeit die Mittel zur Erfüllung ihrer Aufgaben sicherzustellen. Für diese inhaltliche Voraussetzung kommt dem Conseil Constitutionnel eine Kontrollfunktion zu, die sich jedoch darauf beschränkt, dass er lediglich gehört wird (*est consulté à leur sujet*).

Eher unter die offene Kategorie der sonstigen institutionellen Zuständigkeiten – und nicht unter die Normenkontrolle – wird man auch die Zuständigkeit des Art 37 Abs 2 C-RF einordnen müssen, wonach der Verfassungsrat insofern das horizontale institutionelle Gefüge – zwischen Exekutive und Legislative – über-

---

[1504] *Noll* (FN 239) 72.

[1505] Im Falle der festgestellten Verhinderung (bzw einer aus welchem Grund auch immer bestehenden Vakanz) werden die Befugnisse des Präsidenten der Republik – ausgenommen der nach Art 11 (Referenden) und Art 12 (Auflösung der *Assemblée Nationale*) C-RF – vorläufig vom Präsidenten des Senates und, falls dieser wiederum an der Ausübung dieses Amtes verhindert ist, von der Regierung wahrgenommen (Art 7 Abs 4 C-RF). Im Falle der Vakanz oder wenn der Verfassungsrat die Verhinderung für endgültig erklärt hat, findet die Wahl des neuen Präsidenten, ausgenommen bei vom Verfassungsrat festgestellter höherer Gewalt, frühestens zwanzig Tage und spätestens 35 Tage nach Eintritt der Vakanz oder nach der Erklärung der endgültigen Verhinderung statt (Art 7 Abs 5 C-RF).

wacht, als er Gesetze und *dispositions de caractère réglementaire* abgrenzt. Diese Zuständigkeit ist nur eine aus einer Trias von Zuständigkeiten die darauf abzielen, „d'empêcher le Parlement législateur de sortir du domaine qui lui était dévolu“[1506] und die einer der Gründe für die Gründung des Conseil Constitutionnel gewesen sind.[1507] Daneben zu nennen ist noch die Bestimmung des Art 41 C-RF, wonach die Regierung im Kontext des Gesetzgebungsverfahrens einem Gesetzesvorschlag oder einem Änderungsantrag die Unzulässigkeit entgegenhalten kann, wenn sie der Meinung ist, dass diese nicht Gegenstand der Gesetzgebung sind oder einer Ermächtigung nach Art 38 C-RF[1508] zuwiderlaufen;[1509] im Falle von Meinungsverschiedenheiten zwischen der Regierung und dem Präsidenten der betroffenen Kammer ist auf Verlangen einer der beiden der Conseil Constitutionnel zuständig, der innerhalb von acht Tagen zu entscheiden hat.[1510]

3.2.4 Prüfung von Wahlen und Referenden

Die Wahlprüfung ist eine Zuständigkeit, die dem Verfassungsrat übertragen wurde, da diese vorher von den Kammern selbst ausgeführte Zuständigkeit in der III. und IV. Republik mehr politisch als juristisch ausgeübt worden war.[1511] Gemäß Art 58 C-RF wacht der Conseil Constitutionnel über die Ordnungsmäßigkeit der *Wahl zum Präsidenten* der Republik (Abs 1 leg cit), wobei er anhängig gemachte Beschwerden prüft und das Wahlergebnis bekannt gibt.[1512] Konkret kommt dem Conseil Constitutionnel die Zuständigkeiten zu, in folgenden Fällen die Wahl zu verschieben: einerseits wenn in den sieben Tagen vor dem letzten

---

[1506] Die Verfassung zählt in Art 34 enumerativ die der Kompetenz des Parlamentes unterfallenden Sachgebiete auf, wohingegen Art 37 die übrigen Sachgebiete der Verordnungszuständigkeit der Regierung unterstellt.

[1507] *Favoreu, Louis*, Question n° 18: La place du Conseil constitutionnel dans la Constitution de 1958, http://www.conseil-constitutionnel.fr/dossier/quarante/q18.htm, 4. Siehe dazu auch *Noll* (FN 239) 66.

[1508] Demnach kann die Regierung zur Durchführung ihres Programmes vom Parlament die Ermächtigung verlangen, während eines begrenzten Zeitraumes durch gesetzesvertretende Verordnungen (*par ordonnances*) Maßnahmen zu treffen, die normalerweise Gegenstand der Gesetzgebung sind (Abs 1 leg cit).

[1509] Während Art 41 Abs 2 C-RF eine präventive Kontrolle darstellt, bezieht sich Art 37 Abs 2 C-RF auf die nach In-Kraft-Treten der Verfassung von 1958 erlassenen Gesetze. Siehe dazu *Noll* (FN 239) 66 f.

[1510] Die dritte in diesem Zusammenhang anzuführende Bestimmung ist die des Art 61 Abs 2 C-RF; siehe dazu nachstehend auf S 372.

[1511] *Avril, Pierre*, Question n°8: La place du Parlement dans la Constitution de 1958, http://-www.conseil-constitutionnel.fr/dossier/quarante/q08.htm, 1.

[1512] Siehe dazu aktuell http://www.conseil-constitutionnel.fr/dossier/presidentielles/2002/-index.htm.

Termin für die Einbringung von Kandidaturvorschlägen eine der Personen, die weniger als 30 Tage vor diesem Zeitpunkt ihre Entscheidung zu kandidieren öffentlich angekündigt hat, stirbt oder verhindert ist (Art 7 Abs 6 C-RF) und andererseits, wenn vor dem ersten Wahlgang einer der Kandidaten stirbt oder verhindert ist (Art 7 Abs 7 C-RF), wobei im ersten Fall die Verschiebung der Wahl der Diskretion des Verfassungsrates anheim gestellt ist (*peut décider de reporter l'élection*) und im zweiten Fall die Verschiebung der Wahl verpflichtend ist (*prononce le report de l'élection*). Darüber hinaus erklärt der Verfassungsrat im Todes- oder Verhinderungsfalle eines der beiden Kandidaten, die im ersten Wahlgang vor einer eventuellen Rücknahme von Kandidaturen die meisten Stimmen auf sich vereinigt haben, dass das gesamte Wahlverfahren wiederholt werden muss; dasselbe gilt im Falle des Todes oder der Verhinderung eines der beiden für den zweiten Wahlgang verbliebenen Kandidaten (Art 7 Abs 8 C-RF). In all diesen Fällen wird der Verfassungsrat – wie in Art 61 Abs 2 C-RF vorgesehen – vom Präsidenten der Republik, vom Premierminister, vom Präsidenten der Nationalversammlung, vom Präsidenten des Senates oder von 60 Abgeordneten oder 60 Senatoren bzw gemäß den für den Kandidatenvorschlag durch das in Art 6 C-RF vorgesehene Organgesetz (*loi organique*) festgelegten Voraussetzungen angerufen.

Darüber hinaus entscheidet der Verfassungsrat im Falle einer Anfechtung über die Ordnungsmäßigkeit der Wahl der Abgeordneten und Senatoren (Art 59 C-RF) und wacht weiters über die Ordnungsmäßigkeit des Verfahrens bei einem Referendum und gibt dessen Ergebnis bekannt (Art 60 C-RF)[1513].

3.2.5 Internationale Zuständigkeiten

Eine präventive Kontrolle sieht die Verfassung der V. Republik auch im Bereich der *internationalen Zuständigkeiten* vor. Auf Antrag des Präsidenten der Republik, des Premierministers, des Präsidenten einer der beiden Kammern oder von 60 Abgeordneten oder 60 Senatoren entscheidet der Verfassungsrat über eine internationale Verpflichtung[1514], deren Ratifizierung oder Zustimmung im Falle einer der Verfassung entgegenstehende Klausel nur ergehen darf, wenn zuvor die Verfassung geändert worden ist (Art 54 C-RF)[1515]. Diese internationale und präventive Normenkontrolle entspricht dem Art 300 Abs 6 EGV wonach der Rat, die

---

[1513] Siehe dazu *Villiers, Michel de*, Question n°17: Le référendum sous la Ve République, http://www.conseil-constitutionnel.fr/dossier/quarante/q17.htm.

[1514] Zu unterscheiden ist in diesem Zusammenhang zwischen dem *traité*, der vom Präsidenten der Republik ausgehandelt und ratifiziert wird und dem *accord*, ausgehandelt und ratifiziert von der Regierung.

[1515] Diese Bestimmung hat nach *Noll* (FN 239) 68 ihren Ursprung im Streit über die EVG.

Kommission, ein Mitgliedstaat und – nach dem Vertrag von Nizza – auch das Europäische Parlament[1516] ein Gutachten des Gerichtshofes über die Vereinbarkeit eines geplanten Abkommens mit dem EGV einholen können und dieses im Falle eines ablehnenden Gutachtens nur nach einer Vertragsänderung (Art 48 EUV) in Kraft treten kann.

3.3 Sonstige Gerichte

Keine Zuständigkeit kommt dem Verfassungsrat im Bereich der Verantwortlichkeit des Präsidenten der Republik zu. Dieser wird von einem nur für ihn zuständigen Hohen Gerichtshof (*Haute Court de Justice*) ausgeübt. Dieser setzt sich aus Mitgliedern zusammen, die von der Nationalversammlung und vom Senat nach jeder vollständigen oder teilweisen Erneuerung dieser Kammern aus ihrer Mitte (!) und in gleicher Zahl gewählt werden (Art 67 Abs 2 C-RF).[1517] Der Präsident der Republik kann (nur) im Falle von Hochverrat (*haute trahison*) für die während der Ausübung seines Amtes vorgenommenen Handlungen verantwortlich gemacht werden. Dazu kann er durch übereinstimmenden Beschluss beider Kammern in öffentlicher Abstimmung und mit absoluter *Mehrheit* ihrer Mitglieder vor dem über ihn richtenden Hohen Gerichtshof angeklagt werden (Art 68 Abs 1 C-RF).

Auch für die Mitglieder der Regierung gibt es einen eigenen „Gerichtshof“, den *Cour de Justice de la Republique* (Gerichtshof der Republik) (Art 68-1 C-RF). Dieser besteht aus fünfzehn Richtern: zwölf Parlamentariern, die von der Nationalversammlung und dem Senat nach jeder vollständigen oder teilweisen Erneuerung dieser Kammern aus ihrer Mitte (!) und in gleicher Zahl gewählt werden, und drei Richtern beim Kassationshof, von denen einer den Vorsitz beim Gerichtshof der Republik führt.

3.4 Bewertung

Nach der französischen Verfassung ist nicht der Conseil Constitutionnel für die Einhaltung der Verfassung zuständig, sondern gem Art 5 Abs 1 C-RF der Präsident der Republik.[1518] Somit kommt dem Conseil Constitutionnel keine der *Wahrung des Rechtes* nach Art 220 EGV vergleichbare Funktion zu. Diese Be-

---

[1516] Art 2 Ziff 46 lit b leg cit; ABl 2001, NR C 80, 28.

[1517] Der Hohe Gerichtshof wählt seinen Präsidenten aus den Reihen einer Mitglieder (Abs 2 leg cit). Seine Zusammensetzung, seine Tätigkeit sowie das vor ihm anzuwendende Verfahren wird durch ein Organgesetz geregelt.

[1518] *Le Président veille au respect de la Constitution. Il assure, par son arbitrage, le fonctionnement régulier des pouvoirs publics ainsi que la continuité de l'Etat.*

stimmung ist charakteristisch für den Verfassungsrat, dem dadurch eine starke Rolle (eines Verfassungsgerichtes) abgesprochen wird. Eine Zuständigkeit für eine individuelle Verfassungsbeschwerde wird dem Conseil Constitutionnel ebenso vorenthalten, wie die Entscheidung über Streitigkeiten im vertikalen Verhältnis.

Nachdem, wie erwähnt, überwiegend die Meinung vertreten wird, dass es sich beim Conseil Constitutionnel um kein *Verfassungsgericht* handelt,[1519] wird in der Literatur auch diskutiert, ob der Conseil Constitutionnel mehr ein *Gericht* oder ein *politisches Organ* ist. Ein für zweiteres ins Treffen geführtes Argument ist, dass der Verfassungsrat noch vor der Ausfertigung der Gesetze tätig wird und man folglich seine Tätigkeit als Legislativakt (bzw einen Teil desselben) ansehen könnte[1520]. Ein Argument das allerdings verkennt, dass es eben im intertemporalen Kontext auch eine präventive Normenkontrolle gibt und es sich beim Conseil Constitutionnel um eine eben solche handelt. Ansonsten müsste man auch den EuGH mit seiner Zuständigkeit nach Art 300 Abs 6 EGV als einen Teil der Legislative bezeichnen. Für seine Qualität als Gericht (wenn auch, wie erwähnt, nicht unbedingt als Verfassungsgericht) spricht auch die ihm zugestandene richterliche Unabhängigkeit[1521], die Tatsache, dass er nach Recht und nicht nach politischen Überlegungen entscheidet und sich aus Art 62 2. Satz C-RF eine Bindung für die anderen Verwaltungsbehörden und Gerichten an seine Entscheidungen ergibt.[1522] Am ehesten wird man mit *Noll* den Conseil Constitutionnel als „organ politico-juridique" bezeichnen müssen.[1523] *Schäffer* bezeichnet den Conseil Constitutionnel als ein „gerichtsartiges Organ mit typisch verfassungsgerichtlichen Aufgaben".[1524]

Was seine *Zuständigkeiten* betrifft, so unterscheidet sich die französische abstrakte Variante einer *präventive Normenkontrolle* eklatant von der zB in den Vereinigten Staaten praktizierten Weise, wonach eine Norm lediglich dann auf ihre Verfassungskonformität hin geprüft werden kann, wenn sie bereits einer faktischen Bewährungsprobe ausgesetzt war. Somit hat der Richter ein besseres Bild von den Konsequenzen des Rechtsaktes in seiner praktischen Anwendung. Eine abstrakte *ex ante* Normenkontrolle weißt zweifelsohne gegenüber der konkreten

---

[1519] Für die Vorschläge zur Schaffung eines mit weitreichenden Kompetenzen ausgestatteten *Cour suprême constitutionnelle* siehe *Ress* (FN 1482) 170.

[1520] Nach *Spies* (FN 796) 1043 wird dieses Argument heute in der französischen Rechtswissenschaft abgelehnt.

[1521] Art 7 der *ordonnance* Nr 58-1067 in der Fassung vom 4. 2. 1959; Spies (FN 796) 1043.

[1522] Nach *Faller* (FN 222) 55 wird die Gerichtsqualität in der Literatur heute allgemein anerkannt.

[1523] (FN 239) 60.

[1524] (FN 223) 106.

ex post Überprüfung zahlreiche Nachteile auf. Zum einen kann man in der abstrakten Kontrolle lediglich die Zuständigkeit des erlassenden Organes, sowie einige weitere (meist) formelle Aspekte prüfen. Selbst wenn man materielle Aspekte der Regelung unter die Lupe nimmt, so kann man niemals die Vielzahl der diese Norm betreffenden Fälle voraussehen, und die Verfassungsmäßigkeit – bzw vor allem die Grundrechtskonformität – dieser Entscheidung in all ihren Konstellationen *ex ante* beurteilen. Wenn man sich für die Variante der *ex ante* Kontrolle entscheidet, so nimmt man es bewusst in Kauf, die aufgrund einer mangelnden Gelegenheit, einer unexakten Prüfung oder aus sonstigen Gründen nicht entdeckte Verfassungswidrigkeit einer Norm zu perpetuieren. Diese Überlegungen sind mit ein Grund, wieso die Kompetenz zur Normenkontrolle in der dieser Arbeit zugrundeliegenden Einteilung in die Kategorie der konstitutiven Zuständigkeiten eingeordnet wurde. Ein Gericht, welches die Bürger der jeweiligen Gesellschaft nicht Tag täglich vor verfassungswidrigen und insbesondere grundrechtsverletzenden Eingriffen des Gesetzgebers schützen kann, verfehlt eine seiner wichtigsten Funktionen.

Ein Grund wieso man dem Conseil Constitutionnel die Qualität eines Verfassungsgerichtes absprechen muss ist auch die Tatsache, dass für zwei Zuständigkeiten, die an sich naheliegenderweise ihm zukommen müssten (Verantwortlichkeit des Präsidenten der Republik bzw der Mitglieder der Regierung) eigene „Gerichte" geschaffen wurden, nämlich der *Haute Cour de la Justice* bzw der *Cour de Justice de la Republique*.

Nachdem dem *Präsidenten der Republik* eine relativ starke Stellung zukommt (Notstandsrecht (Art 16 C-RF), Initiativrecht zur Änderung der Verfassung (Art 89 C-RF), etc) überrascht es auch nicht, dass der Verfassungsrat in diesem Bereich eine sehr detaillierte Zuständigkeit besitzt. Dabei wird er nicht nur als rechtsprechendes, sondern auch gleichzeitig als beratendes und administratives Organ tätig.[1525]

Wie schon vorstehend erwähnt, fehlt dem Verfassungsrat die Zuständigkeit für eine *individuelle Verfassungsbeschwerde*, wodurch lediglich die politischen Eliten, nicht aber die Individuen den Conseil Constitutionnel anrufen können. Dieses Manko ist (mit) ein Grund wieso man den Verfassungs*rat* nicht als Verfassungs*gericht* qualifizieren wird können.[1526] Eine Folge des Fehlens dieser Zuständigkeit ist auch, dass Gericht und Verwaltungsbehörden von der Ansicht des Verfas-

---

1525 *Noll* (FN 239) 64.

1526 Dieses Manko wiegt im Bereich eines nationalen (Verfassungs-)Gerichtes um so schwerer, als man bei einem supranationelen (Verfassungs-)Gericht immer noch behaupten kann, für den Grundrechtsschutz seien die nationalen Verfassungsgerichte zuständig.

sungsrates sanktionslos abweichen können.[1527] Was den Grundrechtsschutz betrifft, so teilt sich der Conseil Constitutionnel (zuständig für den Grundrechtsschutz gegenüber der Legislative) diese Funktion mit dem *Conseil d'Etat* (zuständig für den Grundrechtsschutz gegenüber der Exekutive), dem *Cour de Cassation* und den unteren Gerichten.[1528] Insofern ist auch durch den Conseil Constitutionnel zu überwachende Abgrenzung zwischen Legislative und Exekutive von Auswirkung für den Grundrechtsschutz. Bei dieser Aufgabenteilung kann es natürlich – so wie auch zwischen EuGH und EGMR – zu Judikaturdivergenzen kommen.[1529]

Eine Regelung, die dem Verfassungsrat einen in der Praxis wichtigen Aspekt seiner Unabhängigkeit sichert, ist seine *finanzielle Autonomie*.[1530] Wie man gesehen hat (TJCA), können in einer Verfassung/sonstigen Rechtsgrundlagen verbürgte (theoretische) Bestimmungen zur Unabhängigkeit in der Praxis durch eine finanzielle Abhängigkeit von anderen Organen/Mitgliedstaaten gefährdet werden.

Kurz erwähnt sei noch die Tatsache, dass es in den – generell sehr kurz gefassten – Urteilen des Verfassungsrates keine *dissenting opinions* gibt.[1531] *Ehrmann* weist darauf hin, dass es für eine Einführung dieses Instrumentariums einer Verfassungsänderung bedürfte und eine ausführliche Darstellung der Meinungen der Mitglieder des Verfassungsrates als ein *gouvernement des juges* verstanden werden könnte/würde.[1532]

[1527] *Noll* (FN 239) 73.

[1528] *Noll* (FN 239) 74 f; *Ress* (FN 1482) 167.

[1529] Siehe dazu *Autexier, Christian*, Der Neue Conseil Constitutionnel. Versuch, die Funktion eines Verfassungskontrollorgans in den westlichen Demokratien zu definieren, Der Staat 1976, 89 ff, 112 f der eine Judikaturdivergenz im Bereich des freiwilligen Schwangerschaftsabbruches bzw der Frage der Anwendbarkeit der EMRK nennt.

[1530] Dabei legt sein Präsident das Budget fest, dessen Dotation im Finanzgesetzentwurf als Gemeinschaftsausgabe aufgeführt ist; http://www.conseil-constitutionnel.fr/allemand/all4.htm.

[1531] Siehe dazu *Ehrmann* (FN 1485) 392.

[1532] (FN 1485) 392.

4. Kapitel: Die Rolle der (verfassungsgerichtlichen) Judikative in der Ausformung der Verbandsgewalt supranationaler Organisationen – *Schlussfolgerungen aus der institutionellen Stellung und der funktionalen Rolle der behandelten Gerichte*

„Wir sind nicht enttäuscht worden. Die Entwicklung unserer Gemeinschaft ist nicht denkbar ohne die unabhängige, präzisierende und konkretisierende, anpassende und Lücken ergänzende, kurz: ohne die führende Leistung unseres Gerichtshofs."

Walter Hallstein (im Jahre 1979)[1533]

Nachdem nun in den jeweiligen Teilen bzw Kapiteln Besonderheiten der institutionellen Stellung und funktionalen Rolle der jeweiligen (verfassungsgerichtlichen) judikativen Gewalt dargestellt wurden und die jeweiligen Ausführungen auf die drei Teile geschichtliche Entwicklung, Verfassungsentwürfe und (supra-)nationale (Verfassungs-)Gerichte verteilt waren, soll im Folgenden eine zusammenhängende Analyse der jeweiligen Aspekte eines Verfassungsgerichtes gegeben werden, um somit die *Rolle dieser Judikative in der Ausformung der Verbandsgewalt supranationaler Organisationen* besser beleuchten zu können. Diese Rolle der Judikative kann unter zwei Blickwinkeln betrachtet werden: zum einen unter dem der – in seinen Rechtsgrundlagen verankerten – institutionellen Stellung und funktionalen Rolle eines Gerichtes und zum anderen unter der dadurch möglichen/erfolgten Rechtsprechung. Wie schon im Vorwort erwähnt, gibt es zahlreiche Werke mit eingehenden Analysen zur Judikatur des EuGH[1534], weshalb in dieser Arbeit bewusst eine andere Methode, nämlich die der (historischen, fiktiven sowie realen) Rechtsvergleichung, gewählt wurde.

Nach einigen kurzen Ausführungen zur Supranationalität des EuGH sowie zur Qualität als Verfassungsgericht wird sodann, entsprechend der dieser Arbeit zugrundeliegenden Synopse, die Rolle der Judikative in der Ausformung der Verbandsgewalt der EG/EU[1535] untersucht.

4.1 Die Supranationalität des EuGH

Aus dem Vergleich mit dem TJCA und insbesondere aus den in diesem Zusammenhang geführten Gesprächen ergibt sich, dass der Andengerichtshof des-

---

1533 (FN 351) 110.

1534 So zB *Hoffmann-Becking* (FN 1408).

1535 Nachdem es sich beim EuGH um den Gerichtshof der Europäischen Gemeinschaften handelt, diesem jedoch auch (beschränkt) Kompetenzen im Rahmen der EU zukommen, wird im Folgenden die Verbandsgewalt als solche der EG/EU bezeichnet.

halb als *supranational* qualifiziert wurde, da man der Ansicht war, dass es sich beim EuGH um ein supranationales Gericht handle. Wie schon erwähnt, hat man nicht einfach den Wortlaut der Artikel des Luxemburger Gerichtes übernommen, sondern sich mehr an die Realität gehalten und diese kopiert. Aus diesem Grund hat sich in Art 4 Abs 1 ETJCA die Definition des Andengerichtshofes (*El Tribunal es el órgano jurisdiccional de la Comunidad Andina, de carácter supranacional y comunitario* (...)) ergeben, welche somit zugleich eine Beschreibung des EuGH darstellt.

Der EuGH ist jedoch nicht nur deshalb als supranational zu bezeichnen (bzw hat einen gemeinschaftlichen Charakter), weil das andine Gemeinschaftsrecht diese Qualifikation gewählt hat. Wenn man die vorstehend verwendeten Kriterien für die Supranationalität einer Verbandsgewalt[1536] auf eines seiner Organe anwendet, so kann man ebenfalls dessen intergouvernementale/supranationale Qualität näher beleuchten.

Obwohl jeder der Mitgliedstaaten einen Richter seiner Nationalität entsendet, handelt es sich beim EuGH zweifelsohne um ein Organ, in welchem die Mitgliedstaaten *nicht vertreten sind* und in welchem die *Mitglieder* dieses Organes (die Richter) *Unabhängigkeit* genießen. Die Entsendung eines Richters pro Mitgliedstaat sichert (lediglich), wie erwähnt, eine gleichmäßige Verteilung (nicht der Mitgliedstaaten), sondern der verschiedenen Rechtsordnungen der Mitgliedstaaten, eine Tatsache, die nach der nächsten Erweiterung der EU von besonderer Bedeutung sein wird.[1537] Auch das zweite Kriterium, das der Möglichkeit von *Mehrheitsbeschlüssen* trifft auf den EuGH zu (Art 27 § 5 der Verfahrensordnung)[1538]. Das Kriterium der *Ausübung unmittelbarer Hoheitsgewalt* im Gebiet der Mitgliedstaaten trifft auf den EuGH insofern zu, als seine Urteile keiner Vollstreckbarkeitsbestätigung der nationalen Behörden/Gerichte bedürfen (Art 244 iVm Art 256 EGV). Es würde auch schlecht in das gemeinschaftsrechtliche Gesamtkonzept passen, wenn das normative Recht der Gemeinschaft (großteils) unmittelbar geltend und anwendbar wäre, das von den (Gemeinschafts-)Gerichten erlassene hingegen einer Inkorporation in das nationale Recht bedürfte. Auch das

---

[1536] Siehe dazu vorstehend im 2. Kapitel des 1. Teiles auf S 34 ff.

[1537] Bedenkt man, dass die meisten dieser Länder nicht einem marktwirtschaftlichen/liberalen, sondern einem kommunistischem System entstammen, so kann man schon gespannt sein, ob/wie sich diese Tatsache auf die Rechtsprechung des EuGH auswirken wird. Wenn, so wird sich diese Änderung in der Ausrichtung des Gerichtes jedoch aufgrund der wahrscheinlichen Dominanz der alteingesessenen Richter sowie der sich selbst auferlegten Bindung an seine Präjudizien in Grenzen halten.

[1538] „Die Meinung, auf die sich die *Mehrheit* der Richter nach der abschließenden Aussprache geeinigt hat, ist für die Entscheidung des Gerichtshofes maßgebend." Hervorhebung durch den Verfasser.

Kriterium der Existenz einer *obligatorischen Gerichtsbarkeit* (in der Verbandsgewalt) trifft auf den EuGH zu, als es den Mitgliedstaaten im Anwendungsbereich des Gemeinschaftsrechtes bzw im Bereich der Zuständigkeiten des EuGH untersagt ist, ihre Kontroversen einer anderen (gerichtlichen) Instanz zu unterbreiten (Art 240 EGV).

Moser führt in seinem Werk „Die überstaatliche Gerichtsbarkeit der Montanunion" mehrere Kriterien für die Supranationalität des EGKS-Gerichtshofes an, die in diesem Zusammenhang kurz erwähnt bzw auf den EuGH umgelegt werden sollen.[1539]

Die Tatsache, dass keine Partei eine *Änderung* der *Zusammensetzung* des Gerichtshofes beantragen kann, weil kein Richter ihrer Nationalität dem Gerichtshof bzw der Kammer angehört, ist heutzutage selbstverständlich und ein Element der Unabhängigkeit der Richter (insbesondere gegenüber den Mitgliedstaaten, von denen sie entsandt wurden). Dies erklärt sich auch daraus, dass es sich beim EuGH (wie auch beim TJCA) um ein *Gemeinschafts*organ handelt, indem sich, wie erwähnt, die Entsendung eines Richter aus jedem Mitgliedstaat insbesondere deshalb rechtfertigt, als dadurch eine Repräsentanz der verschiedenen Rechtskulturen der einzelnen Mitgliedstaaten, nicht jedoch eine Vertretung letzterer gewährleistet wird.

Als weiteres Kriterium einer judikativen Supranationalität nennt *Moser* die Wahrung des Beratungsgeheimnisses, oder anders ausgedrückt, die fehlende Möglichkeit von *dissenting opinions*. Diesbezüglich hat sich in der geschichtlichen Entwicklung des EuGH nichts geändert, als auch heutzutage noch keine Möglichkeit zur Abgabe von *dissenting opinions* besteht (Art 32 Satzung EuGH[1540] und Art 27 der Verfahrensordnung[1541]).[1542] Durch *dissenting opinions* wird den Verfahrensbeteiligten bzw der Öffentlichkeit (inkl der Politik) die Möglichkeit gegeben, Entscheidungen zu kritisieren und sich für ihre Argumentation auf die Autorität von Teilen des Gerichtes zu berufen. Für das Gericht – und vor allem für ein Verfassungsgericht – besteht dadurch die Gefahr, in (tages-)politische Diskussionen hineingezogen zu werden, da ersichtlich wird, dass die Entscheidung eines Verfassungsgerichtes erstens nicht immer einstimmig getroffen werden und zweitens letztlich nicht immer nur auf einer rechtlichen Ebene zu lösen ist, sondern

---

[1539] (FN 250) 74 ff.

[1540] „Die Beratungen des Gerichtshofes sind und bleiben geheim."

[1541] „Die Beratungen des Gerichtshofes und der Kammern sind nicht öffentlich."

[1542] In Frankreich würde die Einführung von *dissenting opinions*, wie erwähnt (FN 1532), als ein *gouvernement des juges* verstanden werden. Zu den *dissenting opinions* siehe auch *Jann, Peter*, Entscheidungsbegründung am Europäischen Gerichtshof, JRP 1999, 28 ff; zum selben Thema siehe auch die Aufsätze in demselben Heft auf S 1 ff, 10 ff, 13 ff, 16 ff, 24 ff, 30 ff und 33 ff.

auch persönliche Überzeugungen, moralische Grundvorstellungen bzw politische Ansichten für die Entscheidung einer Rechtsfrage ausschlaggebend sein können. Durch das Fehlen der Möglichkeit von *dissenting opinions* wird nicht nur die Autorität des Gerichtes gestärkt, sie kann auch zu einem gewissen Maße verhindern, dass das Gericht in politische Diskussionen über seine Entscheidungen einbezogen wird. Kein Nachteil ergibt sich nach Ansicht des Verfassers aus dem Fehlen von *dissenting opinions* insofern, als man dadurch der Öffentlichkeit die Möglichkeit entziehen würde, in eine intensive Diskussion über eine Entscheidung einzutreten. Auch wenn man die Meinungen der Minderheit der Richter nicht kennt, so kann man ein Urteil immer noch anhand des Ergebnisses diskutieren, ohne zu wissen, wie dieses entstanden ist. Es ist signifikant, dass in den USA, wo für den Supreme Court generell die Möglichkeit zur Abgabe von *dissenting opinions* besteht, diese von *Marshall* unterbunden wurden, um das Ansehen des Gerichtes zu stärken. Man wird die fehlende Möglichkeit von *dissenting opinions* nicht als ein für die Supranationalität eines Gerichtes konstitutives Merkmal ansehen können, es ist jedoch bezeichnend, dass diese Einrichtung eher bei den meisten völkerrechtlichen Gerichten und nicht beim EuGH gegeben ist.

Als drittes Kriterium nennt *Moser* die Möglichkeit für Einzelpersonen, die nicht Völkerrechtssubjekte sind, als Parteien vor dem Gerichtshofe aufzutreten. Auch dieses Kriterium erfüllt der EuGH, auch wenn sich in Art 230 Abs 4 EGV, so wie für ein fast jedes Gericht, ein Filtermechanismus befindet, um die Arbeitsbelastung des Gerichtes regulieren bzw minimieren zu können. Erwähnt sei in diesem Zusammenhang nur an die Voraussetzungen der *justiciability*, die vom Supreme Court relativ frei gehandhabt werden, wohingegen die Judikatur zu Art 230 Abs 4 EGV schon geradliniger ist.[1543] Der Zugang von Individuen zu einem internationalen Gericht kann nicht nur ein Zeichen seiner Supranationalität, sondern auch ein Kriterium für seine Qualifikation als Verfassungsgericht sein (und steht in engem Zusammenhang mit dem Grundrechtsschutz).

An weiteren Kriterien nennt *Moser* die Tatsache, dass die Urteile des Gerichtes direkt gegenüber den Individuen wirken, bzw dass die Urteile des Gerichtes in den Mitgliedstaaten Urteile unmittelbar vollstreckbar sind. Wie erwähnt, wurden diese beiden Kriterien von den Richtern des TJCA auf die Frage genannt, was es bedeute, dass ihr Gericht in der Satzung als supranational bezeichnet werde.

Ein weiteres Kriterium der Supranationalität eines Gerichtes sieht *Moser* im Rechtsprechungsmonopol des Gerichtes in Angelegenheiten der Verbandsgewalt. Ein Faktum, welches, wie erwähnt (obligatorische Gerichtsbarkeit), auf den

---

[1543] Siehe dazu jedoch das vorstehend bereits erwähnte Urteil des Gerichtes erster Instanz, Rs T-177/01 (FN 585). Abzuwarten bleibt, wie der GH in dieser Sache entscheidet, wobei man eher davon ausgehen wird können, dass er sich den Ausführungen des EuG nicht anschließen wird.

EuGH zutrifft. Indem er zB den nationalen Gerichten erlaubt, die Gültigkeit eines Sekundärrechtsaktes festzustellen es ihnen aber gleichzeitig verwehrt, die Ungültigkeit eines solchen Rechtsaktes zu judizieren („Verwerfungsmonopol" des EuGH)[1544] sichert er neben Art 240 EGV auch selbst dieses Rechtsprechungsmonopol.

4.2 Verfassungsgericht EuGH

Nachdem er nun laufend als *Verfassungsgericht* bezeichnet worden ist, ist an dieser Stelle der Beweis für diese Qualifikation anzutreten. Wie erwähnt, gibt es – nach Ansicht des Verfassers – vier Bereich von Zuständigkeiten, welche dabei helfen, ein Gericht als Verfassungsgericht zu qualifizieren. Die *Normenkontrolle*, die Zuständigkeit für Entscheidungen über *Pflichtenverletzungen*, die *Grundrechtskontrolle* und die *sonstigen institutionellen Zuständigkeiten*, welche die Jurisdiktion auf den drei Ebenen (Horizontal I und II bzw Vertikal) betreffen.

Dass der EuGH wenn nur das Verfassungsgericht der Verbandsgewalt, nicht jedoch auch der Mitgliedstaaten sein kann, ergibt sich schon daraus, dass er lediglich die Akte der übergeordneten Ebene, nicht aber die der Mitgliedstaaten im Verfahren nach Art 230 EGV prüfen kann. Neben dieser *ex post Normenkontrolle* (Art 230 bzw Art 241 EGV) kann man gegebenenfalls noch das Gutachtensverfahren nach Art 300 Abs 6 EGV nennen, wo dem EuGH eine Art präventive Normenkontrolle zukommt. Das Gutachtensverfahren verdeutlicht, wie bereits erwähnt, besonders die Stellung des EuGH als Verfassungsgericht welches über die Verfassung der Gemeinschaft wacht, da er es letztlich ist, welcher beurteilt, ob das geplante Abkommen mit dem Vertrag vereinbar ist (Art 300 Abs 6 EGV).

Im Bereich der *Pflichtenverletzungen* entscheidet der EuGH hingegen nicht nur über solche der übergeordneten Ebene (Untätigkeitsklage, Amtshaftung), sondern gerade auch über Pflichtenverletzungen der untergeordneten Ebene im Bereich des Vertragsverletzungsverfahrens in seinen beiden Ausgestaltungen (Art 226 und Art 227 EGV) bzw im Bereich der – judikativ entwickelten – Staatshaftung. Die Jurisdiktion auf Ebene der Mitgliedstaaten ist allerdings insofern eingeschränkt, als sich diese nur auf den Anwendungsbereich der Verträge beschränkt bzw sich im Rahmen der dem EuGH zugeteilten Kompetenzen zu bewegen hat.

Besonders wichtig für ein Verfassungsgericht ist nicht nur der Zugang für Individuen, sondern auch – sozusagen als speziellerer Fall – die *Grundrechtskontrolle*. Diese übt der EuGH zwar primär im Bereich der übergeordneten Ebene aus, im Anwendungsbereich des Gemeinschaftsrechtes prüft er jedoch auch Maß-

---

[1544] EuGH, Rs 314/85 (FN 460).

nahmen der untergeordneten Ebene, der Mitgliedstaaten[1545]. Weder dem EuGH, noch dem TJCA bzw dem Supreme Court kommen eine *eigene* Zuständigkeit für Grundrechtskontrollen zu. Sowohl beim EuGH als auch beim TJCA ging man davon aus, dass diese Zuständigkeit von den nationalen Verfassungsgerichten gewährleistet werde. Mit der Verdichtung des Tätigkeitsbereiches der Verbandsgewalt entstand jedoch die Notwendigkeit, die Individuen auch durch Eingriffe der übergeordneten Ebene zu schützen. Da den nationalen Gerichten in diesem Bereich keine Zuständigkeiten zukommen war es notwendig, dass der EuGH diese Lücke gefüllt hat. Dass so ein Grundrechtsschutz auf theoretischer Ebene nicht nur von besagter Lücke, sondern auf praktischer Ebene auch von der Stellung des Gerichtes im Gefüge der Institutionen abhängt beweist das Beispiel des Andengerichtshofes, wo eine Grundrechtsjudikatur (derzeit noch) undenkbar ist.

Wenn man die offene Kategorie der *sonstigen institutionellen Zuständigkeiten* als Modell der möglichen Konstellationen von Zuständigkeiten nimmt, so ist festzuhalten, dass der Gerichtshof nicht nur für Streitigkeiten zwischen den Organen untereinander (Horizontal I), bzw zwischen diesen und den Mitgliedstaaten (Vertikal) zuständig ist, sondern auch in begrenztem Masse für solche zwischen den Mitgliedstaaten (Horizontal II) (Art 227 EGV).

Wie erwähnt, gibt es kein mathematische Formel, die es erlauben ein Gericht als Verfassungsgericht zu qualifizieren. Aufgrund der Summe der Zuständigkeiten die ihm zu Verfügung kann man jedoch festhalten, dass es sich beim *(Eu)GH um ein Verfassungsgericht* handelt.

Eine wichtige Änderung hinsichtlich der Qualität des EuGH als Verfassungsgericht der Verbandsgewalt EG/EU hat sich auch durch den Vertrag von Nizza ergeben. Durch den neuen Art 46 lit e EUV idF NV wird der EuGH in das Verfahren bei Verletzung der grundlegenden Werte der Union eingebunden. Wie erwähnt, ist der EuGH nach dieser Bestimmung dafür zuständig, die Einhaltung der reinen Verfahrensbestimmungen des Art 7 EUV zu überwachen.[1546] Eine weitergehendere Beteiligung des EuGH war insofern nicht realistisch, als sich dieses Verfahren mehr auf politischer als auf einer rechtlichen Ebene abspielt. Indem er zwar nicht die materiellen, immerhin aber die formellen Aspekte des Art 7 EUV überwacht, wird die funktionelle Rolle des EuGH im Bereich zweier konstitutiver Zuständigkeiten (Pflichtenverletzungen und Grundrechte) erheblich gestärkt, wodurch „sein Charakter als Verfassungsgericht eine neue Dimension“ gewinnt.[1547]

[1545] Siehe zB die Rs C-260/89, *Elliniki Radiophonia Tileorassi AE* (ERT), Slg 1991, I-2925 ff, in welcher der EuGH im Bereich der Grundfreiheiten eine zu rechtfertigende Maßnahme eines Mitgliedstaates an der Meinungsfreiheit (Art 10 EMRK) geprüft hat.

[1546] Siehe vorstehend im 6. Kapitel des 2. Teiles auf S 120.

[1547] *Lenz* (FN 490) 434.

4.3 Die Rolle der Judikative/des EuGH in der Ausformung der Verbandsgewalt supranationaler Organisationen/der EG/EU

„Es ist eine Erfahrungstatsache der Geschichte, die sich stets von neuem bestätigt, daß sich Macht mit Autorität nur dann paart, wenn bestimmte Voraussetzungen erfüllt sind. Eine davon erfordert eine Einrichtung, die wirkkräftig die Beständigkeit und Stetigkeit des Gemeinschaftswesens gewährleistet; wir wollen diese Einrichtung den *Beständigkeitsfaktor* nennen: er macht die Staatlichkeit des Staates aus und repräsentiert das statische Element in der Politik. (...) Im republikanischen demokratischen Rechtsstaat fällt die Aufgabe des Beständigkeitsfaktors dem *Höchstgericht* zu (...)."

René Marcic[1548]

„Con la creación del tribunal permanente, los países del Mercosur avanzan hacia el fortalecimiento institucional de su bloque. Es una buena noticia para quienes creemos que el proceso de integración regional es en la actualidad el mejor mecanismo que tienen nuestras naciones para avanzar hacia el desarrollo."

Jorge Castro Bernieri[1549]

Ein wichtiges Element für die Ausformung sowohl der Verbandsgewalt als auch der Staatsgewalt durch die Judikative ist die *Unabhängigkeit* derselben. Ein von den anderen Organen der über-/untergeordneten Ebene bzw der Politik abhängiges Gericht kann im Extremfall zu einem „Feigenblatt der Rechtsstaatlichkeit" verkommen. Neben den ihm eingeräumten Zuständigkeiten ist die Unabhängigkeit die Grundvoraussetzung, damit die Judikative das Schicksal der Integration von den nationalen Interessen (die oft ja auch mit bevorstehenden Wahlen in den jeweiligen Mitgliedstaaten zusammenhängen) lösen und zum Vorteil der Verbandsgewalt, der Rechtsstaatlichkeit sowie des Grundrechtsschutzes weiterentwickeln kann. Diese Unabhängigkeit kann in verschiedener Weise ausgestaltet sein und ist dies auch in den verschiedenen in dieser Arbeit behandelten Gerichten.

[1548] Vom Gesetzesstaat zum Richterstaat. Recht als Maß der Macht/Gedanken über den demokratischen Rechts- und Sozialstaat (1957) 336 f. Zur Person *René Marcic* siehe auch *Villey, Michel*, Hommage à R. Marcic, ZÖR 1966, 405 ff. Siehe zu diesem Thema auch aktuell *Rüthers, Bernd*, Demokratischer Rechtsstaat oder obligatorischer Richterstaat, JZ 2002, 365 ff.

[1549] Professor der rechtswissenschaftlichen Fakultät der *Pontificia Universidad Católica del Perú* und *Consultor Jurídico* des SGCA. El Tribunal Andino viaja al Sur, http://www.comunidadandina.org/normativa/doctrina/doctrina04.htm.

Was die *Richter* betrifft, so kann deren Unabhängigkeit intertemporal in drei Phasen gesehen werden: erstens der Zeitpunkt ihrer Bestellung, zweitens die Dauer ihrer Amtszeit und drittens ihre (mögliche) Abberufung. In allen drei Phasen kann eine potentielle Einflussnahme durch die Politik, bzw durch Organe der über- bzw der untergeordneten Ebene erfolgen. Während man den Richtern traditionell während ihrer Amtsdauer Unabhängigkeit zusichert, ist das Bestellungsverfahren meist politisch gefärbt. Darüber hinaus ist es signifikativ, durch wen die Bestellung der Richter erfolgt.[1550] Diesbezüglich unterscheiden sich fast alle behandelten Gerichte. Möglich sind eine Bestellung durch die Herren der Verträge (EuGH und TJCA), eine Nominierung durch einen Teil der Legislative (Senat) und eine Bestellung durch die Exekutive (Präsident) des Bundesstaates (Supreme Court), eine Ernennung durch Parlament und Rat (*Luster/Pfennig/-Fugman-* und *Spinelli*-Entwurf) sowie schließlich eine anteilige Bestellung durch den Präsidenten der Republik, sowie durch die beiden Präsidenten der Legislative (Conseil Constitutionnel). Während in der Verbandsgewalt der EG/EU bzw der CA noch eindeutig die Mitgliedstaaten als Herren der Verträge „das Heft in der Hand haben“, zeigt sich deutlich, dass die Bestellung in einem Nationalstaat sowohl ein Frage von *Checks and balances* im Sinne einer nach dem Verfahren geteilten Bestellung (USA) als auch eine anteilige Aufteilung der zu benennenden Richterposten nach den Gewalten im Staat (Frankreich sowie *Luster/Pfennig/-Fugman-* und *Spinelli*-Entwurf) sein kann.[1551] In abstrakter Weise können also zum einen Organe der über- und auch der untergeordneten Ebene an diesem Verfahren beteiligt sein und zum anderen Organe, welche der Exekutive oder der Legislative zuzurechnen sind. Denkbar wäre rein theoretisch auch eine interne Bestellung durch die Judikative bzw eine Wahl durch das Volk[1552]. Wünschenswert wäre für den EuGH, das Bestellungsverfahren auf die übergeordnete Ebene zu heben und dort im Sinne von *Checks and balances* eine Beteiligung der Exekutive und Legislative zu gewährleisten. Dabei sollte jedoch davon Abstand genommen werden, jeder „Einrichtung“ – so wie in Frankreich – ein „Kontingent an Richtern“ zuzusprechen, um nicht unnötigerweise ein potentielles Abhängigkeitsverhältnis zu schaffen, sondern die verschiedenen Gewalten in einem sinnvollen *Verfahren* aneinander binden. So könnte man zB in Anlehnung an Art 250 Abs 1

[1550] Siehe dazu auch *Müller, H*, Die Auswahl der Verfassungsrichter, ZÖR 1957/1958, 149 ff.

[1551] *Müller* (FN 1550) 152 führt dazu aus wie folgt: „Das Verfassungsgericht darf nicht der Gefangene einer einzigen politischen Kräftegruppe sein. Völlige Unabhängigkeit von den politischen Machtfaktoren anzustreben, wäre nicht nur wirklichkeitsfremd, sondern auch unerreichbar. Auch das Verfassungsgericht kann nicht isoliert im Raum des Staatsganzen stehen; es muss sich einordnen in das System gegenseitiger Gewaltenhemmung und Gewaltenkontrolle.“

[1552] Dazu ablehnend *Müller* (FN 1550) 154.

EGV einem Organ das Vorschlagsrecht für die zu ernennenden Richter geben, von welchem das andere Organ nur einstimmig abweichen kann. Dieses einstimmige Ablehnungsrecht könnte man insofern in einer qualifizierten Weise „verschärfen", wenn diese Ablehnung nicht gegen einzelne Richter, sondern lediglich gegen die Gesamtheit der Richter möglich wäre.[1553]

Während ihrer *Amtsdauer* genießen die Richter, wie erwähnt, aufgrund einer Bestimmung Unabhängigkeit, eine Unabhängigkeit, die jedoch weniger von einer deklarativen Bestimmung abhängt, sondern in der Praxis durch ihre Amtsdauer und/oder durch ihre finanzielle Situation gegeben bzw gefährdet ist. Für *Hamilton* war die lebenslange Bestellung eines der wichtigsten Elemente des neu geschaffenen Verfassungsgerichtes und auch im amerikanischen Verfassungskonvent war man sich schnell über die Notwendigkeit der Errichtung von Gerichten sowie deren Unabhängigkeit einig.[1554] Im Bereich der in dieser Arbeit behandelten Gerichte ist der Supreme Court das einzige reale und der Unionsverfassungsgerichtshof des *Luster/Pfennig/Fugmann*-Entwurfes das einzige fiktive Gericht, dessen Richter auf Lebenszeit bestellt werden. Die Richter der übrigen Gerichte werden hingegen für sechs bzw neun Jahre ernannt.

Eine lebenslange Bestellung stellt für ein Gericht die optimalste Voraussetzung dar, um in *unabhängiger* Art und Weise die Verbandsgewalt im Interesse derselben und losgelöst von nationalen Interessen weiterentwickeln zu können. Ein Beispiel dafür, dass die Ausformung der Verbandsgewalt jedoch auch durch auf Zeit bestellte Richter (sechs Jahre) möglich ist, ist der EuGH. Diese Tatsache ist zum einen mit ein Beweis dafür, dass bei der Betrachtung des Themas dieser Arbeit nicht nur die institutionelle Stellung betrachtet werden muss, sondern auch die durch die Zuständigkeiten des Gerichtes ermöglichte funktionale Rolle. Dies ist aber zum anderen auch ein Beweis dafür, dass sich die Definition eines Verfassungsgerichtes bzw die Rolle der Judikative in der Ausformung der Verbandsgewalt nicht nach einer mathematischen Formel berechnen bzw darstellen lässt.

Die Möglichkeiten einer *Abberufung* sind meist nur für Ausnahmefälle vorgesehen, was jedoch nicht bedeutet, dass diese nicht anlassbezogen missbraucht werden können, wenn dieses Verfahren nicht im Schoße der Gerichte angesiedelt ist. Während für den EuGH (bzw im *Luster/Pfennig/Fugmann*-Entwurf) ein sol-

---

[1553] Ein Vorschlag sich allerdings nicht ganz mit der partiellen Neubesetzung am EuGH verträgt. Bei der partiellen Neubesetzung handelt es sich um ein wichtiges Element zur Sicherung der Kontinuität und damit auch des Ansehens des Gerichtes, welche beim EuGH, beim TJCA und im Bereich der (amerikanischen) Legislative (Senat), nicht jedoch in einem der behandelten Verfassungsentwürfe vorgesehen ist.

[1554] Wie erwähnt, kann trotz lebenslanger Bestellung und finanzieller Absicherung eine Einflussnahme auf die Richter des Supreme Court durch eine Modifikation der Anzahl der Richter erfolgen.

ches internes Verfahren vorgesehen ist, konnte man sich im Bereich des TJCA lediglich auf eine Abberufung durch die Mitgliedstaaten einigen. Davon abgesehen ist es zumeist vorgesehen, dass die gleiche Ebene/das gleiche Organ, welches die Richter ernennt, diese auch – sozusagen in einem *contrario acto* – wieder abberuft. Ein solches Verfahren der Abberufung ist nicht nur für gewisse Einzelfälle notwendig, damit das Gericht ingesamt nicht durch das Fehlverhalten eines Einzelnen Schaden nimmt, darüber hinaus sichert es – bei einer „externen Variante" – auch das System von *Checks and balances*. Diese „externe Variante" hat jedoch in ihrer konkreten Ausgestaltung so konstruiert zu sein, dass dieses Verfahren auf Ausnahmefälle beschränkt bleibt. Bei einem System/einer Verbandsgewalt, in der aufgrund der institutionellen Stellung der einzelnen Organe zueinander eine missbräuchliche Verwendung dieses Verfahrens zu befürchten ist, ist einem Abberufungsverfahren im Schoße der Richter der Vorzug zu geben.

Aufgrund seiner ihm zugesicherten (deklarativen) Unabhängigkeit, der immerhin sechs Jahre dauernden Amtsperiode seiner Richter und des internen Abberufungsverfahrens wird man festhalten können, dass der EuGH die notwendigen Voraussetzungen besitzt, um als Verfassungsgericht der EG/EU die Verbandsgewalt derselben im notwendigen Maße ausformen zu können. Wünschenswert wäre, die Bestellung der Richter (bei Berücksichtigung der verschiedenen Rechtskulturen) auf die europäische Ebene zu heben und dabei die verschiednen „Gewalten" zu berücksichtigen. Zweifelsohne würde es das Verfassungsgericht der EG/EU ebenso stärken, wenn seine Richter auf Lebensdauer bestellt wären.

Von den für ein Gericht *geltenden Prinzipien* kann das des *judicial self restraint*[1555] bzw die *political question*-Doktrin insofern von großer Bedeutung für die Ausgestaltung der Verbandsgewalt sein, als sich ein (gemeinschaftsrechtliches) Gericht sowohl gegenüber der über- als auch gegenüber der untergeordneten Ebene erst seine Position erkämpfen muss. *Bevor ein Gericht einen Beitrag zur Ausformung der Verbandsgewalt leisten kann, muss es erst innerhalb der Verbandsgewalt seine eigene Position in hinreichender Form ausgestalten.* Es ist signifikativ, dass das – noch nicht so lange Zeit bestehende – TJCA eine weitaus schwächere Position im Rahmen seiner Verbandsgewalt innehat, als der schon längere Zeit bestehende EuGH. Da die von einem Verfassungsgericht zu entscheidenden Rechtssachen tendenziell meist einen politischen Charakter aufweisen, würde ein Gericht sein Ansehen bzw seine institutionelle Stellung einbüßen, wenn es sich durch unvorsichtige Entscheidungen den Unmut der anderen Organe und

[1555] Eine deutliche Zurückhaltung bei der Kontrolle der Einhaltung der Grenzen gemeinschaftlichen Handelns und einen vom EuGH den Gemeinschaftsorganen zugestandenen weiten Spielraum sieht *Fischer, Hans Georg*, Die Rechtsetzung der Europäischen Gemeinschaften im Licht der Rechtsprechung des Europäischen Gerichtshofs, ZG 2000, 165 ff.

insbesondere derjenigen zuziehen würde, die in der Lage sind, seine Rechtsgrundlagen und damit seine Zuständigkeiten zu modifizieren. Dieses Abwägungen kann im Einzelnen sehr schwierig sein. Ein allgemein gültiges Lösungsschema wird sich dafür nicht entwerfen lassen, auch wenn es (ansatzweise) schon durchdacht worden ist.[1556]

Zu erwähnen ist in diesem Zusammenhang (der Entscheidungen mit politischen Implikationen) aus dem geschichtlichen Kontext des EuGH noch das *uneingeschränkte Nachprüfungsrecht* des EGKS-GH bei der Störungsklage nach Art 37 EGKSV. Ebenfalls in diesen Kreis der „politischen Entscheidungen" einzuordnen ist die Zuständigkeit des EGKS-GH in *Klagen wegen Vetomissbrauch* nach Art 10 und Art 11 EGKSV. Die Vermeidung des Missbrauches eines Vetos könnte man rein theoretisch auch durch die Einführung eines Konsensquorums mit qualifizierter Mehrheit erreichen. Indem sich ein Staat von der Judikative der Verbandsgewalt vorhalten lassen muss, ob sein Stimmverhalten als Missbrauch zu werten ist wird die Souveränität eines Mitgliedstaates schon sehr weit eingeschränkt bzw die Rolle dieses Verfassungsgerichtes in erheblichem Maße gestärkt.

Eine Bestimmung, welche zwar keine konkreten Kompetenzen enthält, welche jedoch für die Rolle der Judikative bei der Ausformung der Verbandsgewalt (supranationaler Organisationen) von Bedeutung ist, ist die der *Wahrung des Rechtes*, wie sie sich in Art 220 EGV findet. Historisch gesehen handelt es sich bei der dem Gerichtshof der EGKS zugedachten Aufgabe der Wahrung des Rechtes um das Zugeständnis (Frankreichs) einer rechtsstaatlichen Kontrollinstanz an die deutsche Delegation[1557], welche dafür im Gegenzug die Supranationalität (der Hohen Behörde) akzeptiert hat. Wenn für den EuGH, wie erwähnt, schon nicht die Systematik und der Aufbau seiner Zuständigkeiten übernommen wurde, so kommt ihm mit der Wahrung des Rechtes immerhin eine Aufgabe zu, welche der in Art 3 *Section* 2 Abs 1 C-USA verankerten *judicial power to all cases, in Law and Equity, arising under this Constitution* weitgehend entspricht und welche auch beim amerikanischen Supreme Court eine ähnliche Funktion, nämlich die der Wahrung der Einheitlichkeit und der Effektivität der überwachten Rechtsnormen erfüllt.

In Zusammenhang mit der Wahrung des Rechtes wird auch immer wieder die *rechtsfortbildende* Tätigkeit des EuGH angeführt. An dieser Stelle kann keine umfassende Beschreibung der Rechtsfortbildung durch den EuGH vorgenommen

---

[1556] Siehe dazu Supreme Court, Rs *Baker vs Carr*, vorstehend im 2. Kapitel auf S 345 f.

[1557] „Der Ausbildung der richterlichen Gewalt ist, vor allem auch auf Betreiben der deutschen Delegation, besondere Beachtung geschenkt worden.", so *Ophüls, C F*, Juristische Grundgedanken des Schumanplans, NJW 1951, 289 ff, welcher als Mitglied der *Schuman*-Delegation an der juristischen Durcharbeitung des Vertragswerkes zum EGKSV einen maßgeblichen Anteil hatte.

werden.[1558] Dass diese durchaus auch kritisch gesehen werden kann liegt auf der Hand.[1559] Die Ausformung der Verbandsgewalt einer supranationalen Organisation kann zum einen unter Anwendung des *status quo* und zum anderen in einer rechtsfortbildenden Art und Weise erfolgen. Dass die Tätigkeit des supranationalen Verfassungsgerichtes anders zu beurteilen ist als die eines nationalen dürfte auf der Hand liegen und ergibt sich aus der *unterschiedlichen Zusammensetzung, Funktion und Zielsetzung einer Verbandsgewalt gegenüber einem Nationalstaat*! Aus einer pragmatischen Erkenntnis wird man schließen können, dass ohne eine starke Judikative – die dafür zum Teil auch rechtsfortbildend tätig werden muss – eine Internationale Organisation nie so erfolgreich sein wird, wie es die EU heute ist.[1560] Neben diesem pragmatischen Argument kann man darüber hinaus noch – neben dem vielzitierten *deni de justice*[1561] – anführen, dass eine supranationale Verbandsgewalt – auch mangels historischer Vorbilder – immer zahlreiche Lücken aufweisen wird, die zum Teil einer rechtsfortbildenden Judikative bedürfen.[1562] Da man *ex ante* wahrscheinlich nur schwer (oder kaum) Kriterien festlegen wird können, die einer judikativen Rechtsfortbildung Schranken setzen – und sich darüber hinaus dann das Problem eines dafür zuständigen Kontrollorganes ergeben würde –, wird man wahrscheinlich in der Praxis – wie auch derzeit schon

---

[1558] Siehe dazu zB *Hillgruber, Christian*, Richterliche Rechtsfortbildung – demokratische und rechtsstaatliche Bedenken gegen eine scheinbare Selbstverständlichkeit, JRP 2001, 281 ff; *Hoffmann-Becking* (FN 1408) 150 ff, 339 ff; *Mittmann, Patrick*, Die Rechtsfortbildung durch den Gerichtshof der Europäischen Gemeinschaften und die Rechtsstellung der Mitgliedstaaten der Europäischen Union (2000); *Ukrow, Jörg*, Richterliche Rechtsfortbildung durch den EuGH: dargestellt am Beispiel der Erweiterung des Rechtsschutzes des Marktbürgers im Bereich des vorläufigen Rechtsschutzes und der Staatshaftung (1995).

[1559] *Pernthaler, Peter*, Die Herrschaft der Richter im Recht ohne Staat. Ursprung und Legitimation der rechtsgestaltenden Funktionen des Europäischen Gerichtshofes, JBl 2000, 691 ff.

[1560] Dies soll nicht heißen, dass die EU nicht reformbedürftig wäre und auch zahlreiche Schwachstellen hat. Der Erfolg der EU ergibt sich vor allem auch im Vergleich zu anderen Integrationszonen. Neben dem Vorbildcharakter der EU für die Andengemeinschaft hat die EU auch als Modell für die – aus der Organisation Afrikanischer Staaten hervorgegangene – Afrikanische Union gedient; siehe dazu *Vieregge, Thomas*, Afrika auf den Spuren der EU: Hohe Ambitionen, triste Realität, Die Presse vom 11. 7. 2002, 5!

[1561] Zur Rechtsverweigerung im Kontext der Rechtsfortbildung siehe *Hoffmann-Becking* (FN 1408) 342 ff.

[1562] Siehe dazu auch *Hoffmann-Becking* (FN 1408) 425, der dazu ausführt wie folgt: „Die Befugnis des E[u]GH zur Rechtsfortbildung folgt aus seiner funktionalen Stellung im Organgefüge der Gemeinschaft. Die Methode gewährleistet hierbei die notwendige Rechtsbindung. Die Rechtsschöpfung besitzt keine normative Verbindlichkeit.“

– auf ein System der *Checks and balances* rekurrieren müssen, um die Judikative nicht allmächtig werden zu lassen.[1563]

Welche Rolle spielen nun die einzelnen *Zuständigkeiten* für die Rolle der Judikative in der Ausformung der Verbandsgewalt einer supranationalen Organisation?

Der Grund für die Notwendigkeit einer Kontrolle der Judikative über die Akte der Legislative liegt – wie schon *Hamilton* ausgeführt hat – in der Tatsache, dass eine *limited constitution* dem Gesetzgeber gewisse Schranken setzt, deren Einhaltung einer unabhängigen und unpolitischen Einrichtung bedürfen. Die Normenkontrolle in einer Rechtsordnung kann sich zum einen auf das Recht der über- als auch auf das Recht der untergeordneten Ebene beziehen. Was die Art dieser Prüfung betrifft, so kann sie sich lediglich auf die Anwendung, oder aber auch auf die Gültigkeit beziehen. In Hinblick auf das anwendbare Verfahren kann man schließlich zwischen einer inzidenten oder einer in einem eigenen Verfahren angesiedelten Normenkontrolle unterscheiden. Und schließlich kann man in temporaler Hinsicht zwischen einer *ex ante* und einer *ex post* stattfindenden Normenkontrolle unterscheiden. Während die präventive Normenkontrolle schon ausführlich behandelt worden ist, ist in diesem Zusammenhang primär das Normenkontrollverfahren als Zuständigkeit bei der Ausformung der Verbandsgewalt von Interesse. Es ist bezeichnend, dass in dem im *Luster/Pfennig/Fugmann*-Entwurf skizzierten Bundesstaat Europäische Union der Unionsverfassungsgerichtshof nicht nur das Recht der über-, sondern auch das Recht der untergeordneten Ebene zu prüfen befugt ist. Nicht nur weil es in den meisten Mitgliedstaaten Verfassungsgerichte gibt, kommt dem EuGH lediglich die Rolle als Verfassungsgericht der Verbandsgewalt der übergeordneten Ebene (EG/EU) zu. Wenn im Laufe der derzeitigen Verfassungsdiskussion die Schaffung eines Bundesstaates beschlossen werden würde, so müsste man auch daran denken, diese Neuerung auf das Normenkontrollverfahren herunterzubrechen und dem EuGH eine entsprechende Kompetenz im Bereich der Rechtsordnungen der Mitgliedstaaten einzuräumen. Eine Forderung, welche jedoch realistischer Weise nicht umgesetzt werden wird.

Was den (bisherigen) Beitrag zur Ausformung der Verbandsgewalt EG/EU betrifft, so kann man festhalten, dass ein solcher ohne die Zuständigkeit der Normenkontrolle nicht oder nur sehr eingeschränkt möglich gewesen wäre. Durch diese Zuständigkeit wird nicht nur die Einhaltung der Verfassung/Verträge der Gemeinschaft und die Rechtsstaatlichkeit gewährleistet. Im vertikalen Verhältnis (Gemeinschaft – Mitgliedstaaten) stellt sie darüber hinaus einen gewissen Schutz der Mitgliedstaaten vor den Handlungen der supranationalen Kommission dar. Im

[1563] Hingewiesen sei an dieser Stelle auf die besondere Situation in der EGKS, wo es in diesem *traité loi* keine Legislative gab, die den EuGH hätte korrigieren können.

(vertikalen) Verhältnis Gemeinschaft – Individuen sichert diese Zuständigkeit darüber hinaus die Einhaltung der Grundrechte sowie im horizontalen Verhältnis zwischen den Organen das institutionelle Gleichgewicht.

Einen wichtigen Beitrag zur Ausformung der Verbandsgewalt (einer supranationalen Organisation) leistet auch die Zuständigkeit für die Entscheidung über *Pflichtenverletzungen.* Auf übergeordneter Ebene kann man, wie erwähnt, in diesem Bereich – neben möglichen sonstigen Zuständigkeiten – die Zuständigkeit für Untätigkeitsklagen sowie für Amtshaftungsangelegenheiten anführen. Auf untergeordneter Ebene die für Staatshaftungsangelegenheiten bzw Vertrags/Verfassungsverletzungen. Obwohl die meisten der behandelten Verfassungsentwürfe lediglich ein Vertragsverletzungsverfahren vorsehen, sind gerade die die übergeordnete Ebene betreffenden Zuständigkeiten für die Ausformung der Verbandsgewalt von Bedeutung. Während das Untätigkeitsverfahren das der Normenkontrolle ergänzt, stellt das Amtshaftungsverfahren ein wichtiges Element zur Sicherung der Rechtsstaatlichkeit der Verbandsgewalt bzw des Schutzes der berechtigten Interessen der Individuen dar. Darüber hinaus wäre es inkonsequent und würde wahrscheinlich längerfristig dem Integrationsprozess Schaden zufügen, wenn man lediglich die Pflichtenverletzungen der Mitgliedstaaten (Staatshaftung und Vertragsverletzungen) ahnden würde, nicht aber die der Gemeinschaft. Nachdem das andine Gemeinschaftsrecht noch keine Zuständigkeit des TJCA für Amtshaftungsangelegenheiten kennt, wäre eine Einführung desselben sicherlich geeignet, dem TJCA ein wichtiges Instrument zur Ausformung der Verbandsgewalt der CA an die Hand zu geben. Ganz generell kommt in einem Verfahren zur Ahndung von Pflichtenverletzungen die Tatsache einer *limited constitution* (bzw die Supranationalität einer Organisation) insofern zum Ausdruck, als man eine Bindung der einzelnen Organe (der unterschiedlichen Ebenen) an ein höherrangiges Recht akzeptiert. Dass sich Mitgliedstaaten diesbezüglich der Jurisdiktion eines supranationalen Verfassungsgerichtes unterwerfen, ist sicher nicht selbstverständlich. Auch die Tatsache, dass sich im andinen Gemeinschaftsrecht die einzige Revisionsmöglichkeit im Nichterfüllungsverfahren befindet, zeigt schon die Bedeutung dieser Zuständigkeit. Abschließend kann festgehalten werden, dass ohne eine Kontrolle von Pflichtenverletzungen auf der übergeordneten Ebene die Akzeptanz dieser Verbandsgewalt (noch mehr) schwinden würde, bzw dass ohne eine Kontrolle auf der untergeordneten Ebene die Verbandsgewalt als solche erheblich geschwächt werden würde.

Einen wichtigen Beitrag zur rechtsstaatlichen Ausgestaltung der Verbandsgewalt und darüber hinaus zur Legitimation derselben trägt auch die Zuständigkeit für *Grundrechtskontrollen* bei. Bezeichnenderweise sehen fast alle (behandelten) Verfassungsentwürfe eine Kompetenz der jeweiligen Judikative für Grundrechtskontrollen – und dabei wiederum sowohl für Handlungen der über- als auch der untergeordneten[1564] Ebene – vor. Genauso bezeichnend ist auch die Tatsache, dass den beiden supranationalen Gerichten EuGH und TJCA diesbezüglich keine eigenständige Kompetenz eingeräumt wurde. Dies sicher nicht nur aus dem Grund, dass man dachte, für den Grundrechtsschutz seien die nationalen (Verfassungs-)Gerichte (in ausreichendem Maße) zuständig, sondern auch aus der Überlegung, dass man ansonsten die Judikative der Verbandsgewalt mit verfassungsgerichtlichen bzw die Verbandsgewalt selbst mit staatsrechtlichen Qualitäten ausgestattet hätte. Dass der EuGH trotz dieses Mankos eine von den Organen und den Mitgliedstaaten akzeptierte Grundrechtsjudikatur[1565] entwickeln konnte, ist sicherlich ein Beweis für seinen Beitrag zur Ausgestaltung der Verbandsgewalt der EG/EU in Richtung mehr Rechtsstaatlichkeit. Falls die Grundrechte-Charta künftig in die Verträge aufgenommen werden sollte und sich die Gemeinschaft damit von einer Wirtschafts- zu einer Grundrechtegemeinschaft entwickeln würde[1566], so müsste man den EuGH dafür mit einer eigenständigen individuelle Verfassungsbeschwerde ausstatten, um dem Vorwurf des „Etikettenschwindels" entgehen zu können. Abgesehen davon erfährt die Grundrechte-Charta jedoch auch heute schon eine Anwendung durch mehrere Generalanwälte[1567] und das EuG[1568], soweit bekannt allerdings noch nicht durch den EuGH. Diese „Anwendung" der Grundrechte-Charta ist eine Tatsache die wieder einmal als „lückenschließende" Tätigkeit angesehen werden kann.[1569]

Kurz behandelt sei noch der an sich als offene Kategorie gedachte Bereich der *sonstigen institutionellen Zuständigkeiten*. Dieser Bereich umfasst ganz generell alle möglichen Arten von Verfahren (Horizontal I und II sowie Vertikal). Ein Verfassungsgericht sollte auf all diesen Ebenen die Zuständigkeit zur Entscheidung von Streitigkeiten besitzen, um seine Funktion erfüllen zu können. Für eine Einteilung der Zuständigkeiten nach diesen Ebenen bzw für eine Jurisdiktion des

---

[1564] Siehe dazu zB *Cirkel, Johannes*, Die Bindungen der Mitgliedstaaten an die Gemeinschaftsgrundrechte (2000).

[1565] Siehe dazu zB *Jacobs, Francis G*, Human rights in the European Union: the role of the Court of Justice, ELR 2001, 331 ff.

[1566] Siehe dazu vorstehend in FN 1166; *Hummer* (FN 40) 108 ff.

[1567] Siehe dazu *Alber* (FN 40) 351 ff mwN, der auch darauf hinweist, dass auch schon das spanische Verfassungsgericht die Grundrechte-Charta erwähnte.

[1568] Siehe zB EuG, Rs T-112/98, *Mannesmannröhren-Werke AG/Kommission der Europäischen Gemeinschaften*, Slg 2001, II-729 ff; EuG, Rs T-54/99, *max.mobil Telekommunikation Service GmbH/Kommission der Europäischen Gemeinschaften*, noch nicht in der amtlichen Slg veröffentlicht.

[1569] Streng methodisch kann man allerdings in diesem Fall nicht von einer Lücke ausgehen, da es Wille der Mitgliedstaaten war, die Charta lediglich politisch zu proklamieren.

EuGH auf all diesen hat sich der *Luster/Pfennig/Fugmann*-Entwurf entschieden, der ja auch einen Unions*verfassungsgerichtshof* geschaffen hat. Gerade die vertikalen Zuständigkeiten sind für die Ausgestaltung der Verbandsgewalt einer supranationalen Organisation von besonderer Bedeutung.[1570] Die im *Weidenfeld*-Memorandum angesprochenen Überlegungen, wonach der EuGH in einem zu schaffenden Bundesstaat sein Selbstverständnis als Hüter der Integration[1571] überdenken und – gemäß dem Subsidiaritätsprinzip – auch die Interessen der Mitgliedstaaten wahren müsste,[1572] haben sicherlich ihre Berechtigung.[1573] Es darf jedoch nicht übersehen werden, dass die bisherige integrationsfreundliche Judikatur des EuGH notwendig war, um die Verbandsgewalt der EG/EU zu dem auszuformen, was sie heute ist, nämlich zur fortschrittlichsten supranationalen Organisation. Wenn die Notwendigkeit für eine diesbezügliche Judikatur durch einen eindeutigen Akt der Herren der Verträge wegfallen würde, so ist es durchaus nicht unwahrscheinlich, dass der EuGH sein Selbstverständnis überdenkt und zB das – bisher horizontal (zwischen den Organen) angewandte – Prinzip des institutionellen Gleichgewichtes[1574] auch auf das vertikale Verhältnis überträgt. Ein Ansatz für die Änderung dieses Selbstverständnisses des EuGH kann im sogenannten Tabakwerbeverbot-Urteil[1575] gesehen werden.[1576]

[1570] Zum EuGH im vertikalen Verhältnis siehe *Simm, Marion*, Der Gerichtshof der Europäischen Gemeinschaften im föderalen Kompetenzkonflikt. Kontinuität und Neubesinnung in der Rechtsprechung vor und nach „Maastricht" (1998); *Wolf-Niedermaier, Anita*, Der Europäische Gerichtshof zwischen Recht und Politik. Der Einfluß des EuGH auf die föderale Machtbalance zwischen der Europäischen Gemeinschaft und ihren Mitgliedstaaten (1997).

[1571] Siehe dazu zB *Hirsch, Günther*, Die Rolle des Europäischen Gerichtshofs bei der europäischen Integration, JÖRdG 2001, 79 ff; *Sander, Gerald G*, Der Europäische Gerichtshof als Förderer und Hüter der Integration. Eine Darstellung anhand seiner Einwirkungsmöglichkeiten auf die einzelnen Dimensionen des Einigungsprozesses (1998); *Wechsler, Benedikt*, Der Europäische Gerichtshof in der EG-Verfassungswerdung (1995). *Hoffmann-Becking* (FN 1408) 346 f leitet die Verpflichtung des EuGH, „die Erreichung der Gemeinschaftsziele im Rahmen der ihm zur Verfügung stehenden Möglichkeiten zu fördern und selbst anzustreben" aus Art 7 EGV und der nach seiner Ansicht daraus resultierenden Einbezogenheit des EuGH in die Dynamik der Gemeinschaftsentwicklung ab.

[1572] Siehe dazu auch die Überlegungen von *Wieland* im 2. Kapitel des 1. Teiles vorstehend auf S 26.

[1573] Zur Forderung einer präventiven Normenkontrolle zur vertikalen Kompetenzkontrolle siehe *Constantinesco* (FN 192) 563.

[1574] Siehe dazu vorstehend in FN 75.

[1575] EuGH, Rs C-376/98 (FN 745). Siehe zu dieser Problematik auch *Raschauer, Bernhard*, Ultra-vires-Akte der Europäischen Gemeinschaften, ÖJZ 2000, 241 ff; bzw zu dieser Rs *Cornides, Jakob*, Eine Richtlinie löst sich in Rauch auf. Zur Aufhebung der Richtlinie 98/43/EG über Werbung und Sponsoring zugunsten von Tabakerzeugnissen durch den Europäischen Gerichtshof (Rechtssache C-376/98), ZfRV 2001, 130 ff.

Nachdem es in der europäischen Union noch kein einheitliches Wahlverfahren für die *Wahlen* zum Europäischen Parlament gibt[1577] (und andere Organe noch nicht direkt gewählt werden)[1578], kommt dem EuGH auch keine Kompetenz in diesem Bereich einer *nicht konstitutiven Zuständigkeit* zu.[1579] Dasselbe gilt für den TJCA im Bereich der Andengemeinschaft. Auch dem Supreme Court kommt nach der amerikanischen Verfassung keine explizite Kompetenz für eine Wahlprüfung zu, auch wenn er, wie erwähnt, im Zuge der letzten Präsidentschaftswahlen (im Wege einer anderen Zuständigkeit) angerufen wurde. Der französische Verfassungsrat wurde mit derartigen Kompetenzen ausgestattet, da die Wahlprüfung in den jeweiligen Kammern allzu sehr politisch ausgeübt wurde. Falls im Wege der derzeitigen Reformen der Union auch eine direkte Wahl eines oder mehrerer Organe durch das Europäische Volk[1580] vorgesehen werden, so müsste man die Kontrolle dieser Wahlvorgänge beim EuGH ansiedeln.

Die Zuständigkeit in *Schiedsangelegenheiten* ist für die Ausformung der Verbandsgewalt nicht von großer Bedeutung. Es ist jedoch konsequent, für derartige Verfahren zwischen Mitgliedstaaten (Art 239 EGV) bzw solche, an denen die Gemeinschaft beteiligt ist (Art 238 EGV), eine (mögliche) Zuständigkeit des EuGH vorzusehen.

Eine der wichtigsten Zuständigkeiten sowohl für die Ausformung der Rechtsordnung der Verbandsgewalt, als auch für die Verankerung derselben in den Rechtsordnungen der Mitgliedstaaten ist zweifelsohne das *Vorabentscheidungsverfahren.*[1581] [1582] Nachdem es sich bei der EU (noch) nicht um einen einheitlichen Bundesstaat mit einer einheitlichen Rechtsordnung handelt, war/ist ein Verfahren notwendig, um die neu geschaffene (autonome) Rechtsordnung der supranationalen Gemeinschaft(en) mit denen der Mitgliedstaaten zu verzahnen. Es ist

---

[1576] So *Bogdandy/Bast* (FN 194) 454.

[1577] Siehe dazu die Empfehlung des Europäischen Parlamentes zu dem Entwurf eines Beschlusses des Rates zur Änderung des Akts zur Einführung allgemeiner unmittelbarer Wahlen der Abgeordneten des Europäischen Parlaments im Anhang zum Beschluss 76/787/EGKS, EWG, Euratom des Rates vom 20. September 1976, (8964/2002 - C5-0225/2002 - 2002/0807(AVC)), A5-212/2002.

[1578] Siehe dazu vorstehend in den FN 779 und 781.

[1579] Die Bedeutung einer gerichtlichen Zuständigkeit für eine Amtsenthebung von Richtern wurde bereits vorstehend behandelt.

[1580] Siehe in diesem Zusammenhang *Vitzthum, Wolfgang Graf*, Die Identität Europas, EuR 2002, 1 ff.

[1581] *Oppermann* (FN 61) 449 f qualifiziert nicht nur die Streitigkeiten zwischen Mitgliedstaaten und Gemeinschaftsorganen sowie zwischen den Mitgliedstaaten untereinander als verfassungsrechtlich, sondern auch die Vertragsauslegung im Wege der Vorabentscheidung.

[1582] Schon früh erkannt man das Potential dieser Verfahrensart und so wurde das Vorabentscheidungsverfahren des EWGV gegenüber dem des EGKSV, wir erwähnt, erheblich ausgebaut.

bezeichnend, dass sich ein solches Verfahren bei den beiden supranationalen Gerichten EuGH und TJCA, nicht jedoch bei den nationalen Gerichten Supreme Court und Conseil Constitutionnel findet. Dabei ist die Bedeutung und die Anzahl der Vorabentscheidungsverfahren in der *Comunidad Andina* dieselbe wie in der EU. Bezeichnend dafür, dass es sich beim EuGH lediglich um das Verfassungsgericht der Verbandsgewalt EG/EU, nicht aber um das Verfassungsgericht der untergeordneten Ebene handelt ist die Tatsache, dass dem EuGH eine Prüfung des nationalen Rechtes untersagt ist. Ein wichtiger Aspekt des Vorabentscheidungsverfahrens ist auch der, dass dieses sich mit Fällen befasst, die in der alltäglichen Anwendung des Europarechtes in den Mitgliedstaaten entstehen. Damit ist die Spanne der potentiellen Entscheidungsbereiche weitaus größer als zB in einem Verfahren einer präventiven Normenkontrolle, wo, wie erwähnt, *ex ante* nie all die möglichen Konstellationen und Anwendungsfälle für eine Norm vorausgesehen werden können. Interessant ist die Tatsache, dass die meisten (behandelten) Verfassungsentwürfe nicht nur ein Vorabentscheidungsverfahren vorgesehen, sondern dieses auch weiterentwickelt haben. So sah schon der *Spinelli*-Entwurf (1984) eine Gültigkeitsprüfung mit einer möglichen Aufhebung von Rechtsakten der übergeordneten Ebene und darüber hinaus die Einführung eines Kassationsverfahrens gegen einzelstaatliche letzinstanzliche Gerichtsentscheidungen vor, in denen die Vorlage zur Vorabentscheidung verweigert oder missachtet wurde. Im Bundesstaat Europäische Union des *Luster/Pfennig/Fugmann*-Entwurfes wurde dem Unionsverfassungsgerichtshof konsequenterweise die Zuständigkeit übertragen, auch das Recht der Mitgliedstaaten im Vorabentscheidungsverfahren zu prüfen. Die Zusammenarbeit zwischen den beiden Ebenen wurde schließlich im *Weidenfeld*-Memorandum insofern ausgestaltet, als der EuGH als oberste Appelationsinstanz für die Verfassungsgerichte der Mitgliedstaaten eingerichtet wurde. Die Bedeutung der Vorabentscheidung liegt somit primär in der Verbreitung des Gemeinschaftsrechtes in den Mitgliedstaten und stärkt damit auch wieder (indirekt) die Position der Verbandsgewalt.

Dass das Vorabentscheidungsverfahren auch für andere (völkerrechtliche) Gerichte geeignet sein könnte beweist die Rede des Präsidenten des IGH, *Gilbert Guillaume*, vom 31. 10. 2001[1583] wo er ausführt, „that procedures ought possibly to be established to allow the International Court of Justice to rule on such *preliminary questions* as specialized international courts might wish to submit to it".[1584]

[1583] Http://www.icj-cij.org/icjwww/ipresscom/SPEECHES/iSpeechPresident_Guillaume_6th-Committee_2001.htm.

[1584] Hervorhebungen durch den Verfasser.

Die für die Ausformung der Verbandsgewalt besonders wichtigen Kompetenzen erkennt man auch, wenn man sich vor Augen hält, welche Zuständigkeiten die Gründungsväter des *Andengerichtshofes* übernommen haben: die Normenkontrolle, die Kontrolle zur Ahndung von Pflichtenverletzungen (Nichterfüllungsverfahren) und das Vorabentscheidungsverfahren, wohingegen die Untätigkeitsklage, das Schiedsverfahren und die Zuständigkeit für dienstrechtliche Angelegenheiten erst später eingeführt wurden.

Die Bedeutung der Judikative[1585] in der Ausformung der Verbandsgewalt sowohl einer internationalen als auch einer supranationalen Organisation ist insbesondere auch anhand von Organisationen ersichtlich, wo eine starke Judikative fehlt.[1586] Ein Beispiel dafür ist der aus den Staaten Argentinien, Brasilien, Paraguay und Uruguay bestehende Mercosur[1587], in welchem kein dem EuGH vergleichbares Gericht, sondern (derzeit noch)[1588] lediglich ein Streitbeilegungssystem im

---

[1585] Eine Judikative, nämlich ein *Court of Serbia and Montenegro*, ist auch in dem *Agreement on Principles of Relations between Serbia and Montenegro within the State Union. Belgrade, 14th March 2002* (unter http://ue.eu.int/solana/default.asp?lang=en) vorgesehen, welches die Ausarbeitung einer Verfassung für die neue Föderation/Konföderation (siehe zu dieser Frage: Viele Barrieren zwischen Serbien und Montenegro, Die Presse vom 27. 3. 2002, 27) Serbien und Montenegro anvisiert.

[1586] Erwähnt seien in diesem Zusammenhang noch einmal die für die Gründung des TJCA angeführten Argumente:

- Schutz der Mitgliedstaaten vor Akten der Organe,
- effektive Anwendung der Gemeinschaftsrechtsordnung,
- die Gefahr von Desintegration aufgrund von reziproken Maßnahmen der Mitgliedstaaten,
- die Notwendigkeit einer Judikative aufgrund einer komplexen institutionellen Struktur,
- die Notwendigkeit eines Organes, welches das Recht verbindlich auslegt (Rechtssicherheit für die Mitgliedstaaten, die Organe sowie die Individuen),
- Rechtsschutzmöglichkeiten für Individuen,
- ein effektiver Grundrechtsschutz und schließlich
- die Gewährleistung des institutionellen Gleichgewichtes.

[1587] Assoziierte Staaten sind Bolivien und Chile. Zum Mercosur allgemein siehe *Basedow, Jürgen/Samtleben, Jürgen* (Hrsg), Wirtschaftsrecht des MERCOSUR – Horizont 2000. Tagung im Max-Planck-Institut für ausländisches und internationales Privatrecht am 21.-22. Januar 2000 (2001); *Briceño Ruiz* (FN 998); *Jaguaribe, Helio*, Mercosur: faktische und institutionelle Probleme, KAS-AI 3/2001, 29 ff; *Kortner, Stefan*, Die EU-Mercosur-Beziehungen: auf dem Weg zur interregionalen Kooperation, Integration 2001, 231 ff; *Martins, Renata*, MERCOSUR: Der Südamerikanische Gemeinsame Markt im Überblick, RIW 1999, 851 ff; *Peña, Félix*, Der Mercosur: Rückblick auf ein Jahrzehnt – Ausblick auf die Zukunft, KAS-AI 6/2001, 46 ff; *Samtleben, Jürgen*, „Das Recht des Mercosur" – wichtig für Europa?, EuZW 1998, 65; *Zippel, Wulfdiether* (Hrsg), Die Beziehungen zwischen der EU und den Mercosur-Staaten. Stand und Perspektiven (2001/2002).

[1588] Zum Protokoll von Olivos, welches im Februar 2002 unterzeichnet wurde und welches die Voraussetzungen für ein permanentes Schiedsgericht geschaffen hat, siehe *Santalla Vargas, Eliza-*

Sinne von *ad hoc*-Schiedsgerichten vorhanden ist.[1589] Man kann zwar die Auswirkungen das Fehlen eines Gerichtes im Sinne einer Überlegung „was wäre wenn" nur schwer wissenschaftlich belegen, es ist jedoch bezeichnend, dass in der Literatur die Errichtung eines ständigen Gerichtes für den Mercosur gefordert wurde.[1590] Auch die „vehement, fast aggressiv integrationsfreundliche" Judikatur[1591] der *ad hoc*-Schiedsgerichte[1592] lässt darauf schließen, dass man sich (im Bereich des Mercosur) der Bedeutung der Judikative für den Erfolg einer Integratinoszone durchaus bewusst ist.[1593]

Man kann also festhalten, dass der Europäische Gerichtshof die ihm von den Gründungsvätern mitgegebene(n) institutionelle Stellung bzw Zuständigkeiten dahingehend entwickelt hat (vom Schutz der von der EGKS betroffenen Unternehmen zum Grundrechte schützenden Gericht), dass er im Laufe der Zeit eine starke Position eingenommen hat, und somit die Verbandsgewalt in einer Weise beeinflussen kann, dass seine Entscheidungen von den Mitgliedstaaten und der Öffentlichkeit im Allgemeinen akzeptiert sind, außer er wagt sich in einer Entscheidung „zu weit aus dem Fenster". Sowohl im institutionellen aber auch (vor allem) im wirtschaftichen Bereich wäre die Integration ohne die judikativen Korrekturen, Weiterentwicklungen und Neugestaltungen des EuGH sicher nicht dort, wo sie sich heute befindet. Im Vergleich dazu kann man festhalten, dass der in seiner Entwicklung noch jüngere Andengerichtshof diese Position noch nicht erreicht hat, und seine Rolle bei der Ausformung der Verbandsgewalt der supranationalen *Comunidad Andina* noch nicht die ist, die an sich wünschenswert wäre. Diese Rolle des EuGH als „Motor der Integration"[1594] (bzw der Richter als „Herren der Integration") zeigt auch deutlich, welchen Anteil dieser an der Ausformung der Verbandsgewalt der supranationalen europäischen Organisation mitgetragen hat.

beth/Sennekamp, Andreas, Streitschlichtung als Integrationsfaktor in der Europäischen Union und im MERCOSUR, RIW 2002, 262 ff, 266. Siehe dazu auch *Bernieri, Jorge Castro* (FN 1549).

[1589] Siehe dazu *Lehmann* (FN 1183).

[1590] *Lehmann* (FN 1183) 625, mwN in FN 17.

[1591] Derzeit gibt es acht Schiedsverfahren im Mercosur, wovon das letzte (*Paraguay/Uruguay*) vom 21. 5. 2002 datiert. Siehe auch *Samtleben, Jürgen*, Erster Schiedsspruch im Mercosur – wirtschaftliche Krise als rechtliche Herausforderung?, EuZW 2000, 77 ff; *Ventura, Deisy*, First Arbitration Award in Mercosur – A Community Law in Evolution?, LJIL 2000, 447 ff.

[1592] *Lehmann* (FN 1183) 625.

[1593] Ablehnend zur Errichtung eines „staatsähnlichen Gerichts nach Vorbild des EuGH" sind jedoch *Santalla Vargas/Sennekamp* (FN 1588) 269.

[1594] Das Schiedsgericht des Mercosur kann nach *Santalla Vargas/Sennekamp* (FN 1588) 268 nicht als „Motor der Integaration, sondern eher als Schwachstelle der Integration bezeichnet werden".

Gerade die in vielen Bereichen von den Herren der Verträge im Nachhinein kodifizierte Rechtsprechung (zB Klagebefugnis Europäisches Parlament etc)[1595] zeigt nicht nur zum einen die Urheberschaft des EuGH für diese Ausgestaltung der Verbandsgewalt, sie beweist zum anderen auch, dass diese Weiterentwicklungen den Mitgliedstaaten in einer Weise präsentiert worden sind, dass sie von diesen akzeptiert werden konnten.

[1595] Siehe dazu zB vorstehend im 4. Kapitel des 2. Teiles auf S 104 ff.

LITERATURVERZEICHNIS

Kommentare

Borchardt, Klaus Dieter, Der Europäische Gerichtshof. Besetzung, Anrufung, Zuständigkeiten, Vorabentscheidungen und einstweiliger Rechtsschutz. Kommentar zu den Art. 220-245 mit Textanhang (2000)

Calliess, Christian/Ruffert, Matthias (Hrsg), Kommentar des Vertrages über die Europäische Union und des Vertrages zur Gründung der Europäischen Gemeinschaft – EUV/EGV² (2002)

Groeben, Hans von der/Thiesing, Jochen/Ehlermann, Claus-Dieter (Hrsg), Kommentar zum EU-/-EG-Vertrag. Band 4⁵ (1997)

Schwarze, Jürgen (Hrsg), EU-Kommentar (2000)

Monographien

Adamovich, Ludwig K/Funk, Bernd-Christian, Österreichisches Verfassungsrecht. Verfassungsrechtslehre unter Berücksichtigung von Staatslehre und Politikwissenschaft³ (1985)

Álvarez Garcia, Marcos (Hrsg), Integration et Cooperation en Amerique Latin: Le cas du Pacte Andin (1987)

Andueza, José Guillermo, El Tribunal del Pacto Andino (1986)

Annaheim, Jörg, Die Gliedstaaten im amerikanischen Bundesstaat. Institutionen und Prozesse gliedstaatlicher Interessenwahrung in den Vereinigten Staaten von Amerika (1992)

Barrantes Ponce de Leon, Patricia, La Función Jurisdiccional del Tribunal Andino. Monografía para optar el Grado de Bachiller en Derecho. Universidad particular „San Martín de Porres" (1984)

Basedow, Jürgen/Samtleben, Jürgen (Hrsg), Wirtschaftsrecht des MERCOSUR – Horizont 2000. Tagung im Max-Planck-Institut für ausländisches und internationales Privatrecht am 21.-22. Januar 2000 (2001)

Bauer, Steffen, Verfassungsgerichtlicher Grundrechtsschutz in Frankreich (1998)

Becher, Herbert Jaime, Wörterbuch der Rechts- und Wirtschaftssprache. Teil 1 Spanisch-Deutsch⁵ (1999)

Bieber, Roland, Simplification des Traités de l'Union. Projet n° IV/95/25 – étude à l'intention du Parlement européen (1995)

ders/Widmer, Pierre, L'espace constitutionnel européen. Der europäische Verfassungsraum. The European constitutional area (1995)

Bobbert, Christian, Interinstitutionelle Vereinbarungen im Europäischen Gemeinschaftsrecht (2001)

Bogdandy, Armin von, Grundrechtsgemeinschaft als Integrationsziel? Grundrechte und das Wesen der Europäischen Union (2001)

Böttcher, Reinhard/Hueck, Götz/Jähnke, Burkhard (Hrsg), Festschrift für WALTER ODERSKY zum 65. Geburtstag am 17. Juli 1996 (1996)

Breitner, Franz, Der Gerichtshof der Montangemeinschaft und seine Anrufung bei fehlerhaften Organakten (1952)

ders, Europäische Gerichtsbarkeit. Das Justizrecht der supranationalen europäischen Gemeinschaften. Die Rechtsschutzbestimmungen der Verträge über die Gründung der Europäischen Gemeinschaft für Kohle und Stahl und der Europäischen Verteidigungsgemeinschaft sowie des Satzungsentwurfes über die Europäische (Politische) Gemeinschaft (1954)

Breuss, Fritz/Fink, Gerhard/Griller, Stefan (Hrsg), Vom Schuman-Plan zum Vertrag von Amsterdam. Entstehung und Zukunft der EU (2000)

Brünneck, Alexander von, Verfassungsgerichtsbarkeit in den westlichen Demokratien. Ein systematischer Verfassungsvergleich (1992)

Brunner, Georg, Der Zugang des Einzelnen zur Verfassungsgserichtsbarkeit im europäischen Raum, JÖRdG 2002, 191 ff

Bundeskanzleramt (Hrsg), Europa 1996. Mitbestimmen, Menschenrechte und mehr Demokratie (1995)

Casanova, Manuel, Una Integración equitativa: Rol del derecho en el Acuerdo de Cartagena (1975)

Choper, Jese H, Judicial Review and the National Political Process. A Functional Reconsideration of the Role of the Supreme Court (1980)

City of Washington, The Federalist, on the new constitution, written in the year 1788, by Mr. Hamilton, Mr. Madison, and Mr. Jay: with an appendix, containing the Letters of Pacificus and Helvidius on the proclamation of neutrality of 1793; also the original articles of confederation, and the constitution of the United States, with the amendments made thereto. A new edition. The numbers written by Mr. Madison corrected by himself (1818)

Colin, Jean-Pierre, Le gouvernement des juges dans les Communautés européennes (1966)

Congreso de la República, El Parlamento Andino y los derechos humanos. Seminario „Contribuciones del Parlamento Andino en el Campo de los Derechos Humanos". Caracas, Venezuela 15 al 20 de Octubre de 1988 (1989)

Coudenhove-Kalergi, Richard N, Europa Erwacht! (1934)

ders, Pan-Europa (1923)

Cox, Archibald, The role of the Supreme Court in American Government (1976)

Cromme, Franz, Die Finanzen der CDU (2000)

ders, Spezifische Verfassungselemente des Staatenverbundes. Bausteine für die Europäische Union (1997) *ders*, Verfassungsvertrag der Gemeinschaft der Vereinigten Europäischen Staaten – Ein realistischer Entwurf (1987)

Crones, Luisa, Grundrechtlicher Schutz von juristischen Personen im europäischen Gemeinschaftsrecht. Eine rechtsvergleichende Untersuchung zum persönlichen Anwendungsbereich der Grundfreiheiten und Gemeinschaftsgrundrechte (2001)

Currie, David P, Die Verfassung der Vereinigten Staaten von Amerika (1988) 101 ff, http://www.uni-mannheim.de/fakul/jura/ls/Puhl/Ws_2001_2002/verfg_us.pdf

Cushman Coyle, David, The United States political system and how it works (1963)

Daig, Hans-Wolfram, Die Gerichtsbarkeit in der Europäischen Wirtschaftsgemeinschaft und der Europäischen Atomgemeinschaft – mit vergleichenden Hinweisen auf die Europäische Gemeinschaft für Kohle und Stahl, Sonderdruck aus AöR (1958) 132 ff

Delvaux, Louis, La Cour de Justice de la Communauté Européenne du Charbon et de l'Acier. Exposé sommaire des principes. Organisation – Compétences – Procédure. Le droit en vigueur dans la Communauté (1956)

Der Göttinger Arbeitskreis (Hrsg), Mensch und Staat in Recht und Geschichte. Festschrift für Herbert Kraus zur Vollendung seines 70. Lebensjahres dargebracht von Freunden, Schülern und Mitarbeitern (1954)

Dietrich, Michael, Der italienische Verfassungsgerichtshof. Status und Funktion (1995)

Dorau, Christoph, Die Verfassungsfrage der Europäischen Union: Möglichkeiten und Grenzen der europäischen Verfassungsentwicklung nach Nizza (2001)

Due, Ole/Lutter, Marcus/Schwarze, Jürgen (Hrsg), Festschrift für Ulrich Everling. Band I (1995)

Duschanek, Alfred/Griller, Stefan (Hrsg), Grundrechte für Europa. Die Europäische Union nach Nizza (2002)

Excma Corte Suprema de Justicia de Bolivia/Tribunal de Justicia del Acuerdo de Cartagena (Hrsg), Seminario Internacional: „Integración, Derecho y Tribunales Comunitarios", La Paz, 19 - 20 de agosto de 1996. Sucre, 22 - 23 de agosto de 1996 (1997)

Fischer, Klemens H, Der Vertrag von Nizza. Text und Kommentar, einschließlich der konsolidierten Fassung des EUV und EGV sowie des Textes der EU-Charta der Grundrechte, mit einem Geleitwort von Dr. Benita Ferrero-Waldner, Bundesministerin für auswärtige Angelegenheiten der Republik Österreich (2001)

Foerster, Rolf Hellmut (Hrsg), Die Idee Europa 1300-1946. Quellen zur Geschichte der politischen Einigung (1963)

Fontaine, Pascal, Ein neues Konzept für Europa. Die Erklärung von Robert Schuman – 1950-2000, http://europa.eu.int/comm/dg10/publications/brochures/docu/50ans/txt01_-de.html

Frambes-Alzérreca, Aline, Der Andenpakt. Wandlungen eines Integrationsprozesses (1989)

Garcia-Amador, F V, El Ordenamiento jurídico Andino. Un nuevo derecho comunitario (1977)

Gasteyger, Curt, Europa zwischen Spaltung und Einigung 1945 bis 1993 (1994)

Gehlert, Andreas, Der Schutz der Grundfreiheiten in Frankreich durch die Überprüfung der Verfassungsmäßigkeit geltender Gesetze (1996)

Giering, Claus, Europa zwischen Zweckverband und Superstaat. Die Entwicklung der politikwissenschaftlichen Integrationstheorie im Prozeß der europäischen Integration (1997)

Goose, Ernst, Die Normenkontrolle durch den französischen Conseil Constitutionnel (1973)

Griller, Stefan/Droutsas, Dimitri P/Falkner, Gerda/Forgó, Katrin/Nentwich, Michael, Regierungskonferenz 1996. Der Vertrag von Amsterdam in der Fassung des Gipfels vom Juni 1997. IEF Working Paper Nr 27 (1997)

Griller, Stefan/Hummer, Waldemar (Hrsg), Die EU nach Nizza. Ergebnisse und Perspektiven (2002)

Große, Ernst Ulrich/Lüger, Heinz-Helmut, Frankreich verstehen. Eine Einführung mit Vergleichen zu Deutschland[4] (1996)

Großfeld, Bernhard/Roth, Herbert (Hrsg), Verfassungsrichter: Rechtsfindung am U.S. Supreme Court und am Bundesverfassungsgericht (1995)

Guerrero Cordero, Mauricio, 10 años del Grupo Andino. Memorias de un protagonista (1979)

Häberle, Peter, Europäische Verfassungslehre (2001/2002)

Hafner, Gerhard/Loibl, Gerhard/Rest, Alfred ua (Hrsg), Liber Amicorum Professor Ignaz Seidl-Hohenveldern – in honour of his 80th birthday (1998)

Haller, Walter, Supreme Court und Politik in den USA. Fragen der Justiziabilität in der höchstrichterlichen Rechtsprechung (1972)

Hallstein, Walter, Die echten Probleme der europäischen Integration (1965)

ders, Die Europäische Gemeinschaft[5] (1979)

Hengstschläger, Johannes/Köck, Heribert Franz/Korinek, Karl ua (Hrsg), Für Staat und Recht. Festschrift für Herbert Schambeck (1994)

Hertel, Wolfram, Supranationalität als Verfassungsprinzip. Normativität und Legitimation als Elemente des Europäischen Verfassungsrechts (1999)

Hoffmann-Becking, Gerhard, Normenaufbau und Methode. Eine Untersuchung zur Rechtsprechung des Gerichtshofs der Europäischen Gemeinschaften (1973)

Holoubek, Michael/Gutknecht, Brigitte/Schwarzer, Stephan/Martin, Andrea (Hrsg), Dimensionen des modernen Verfassungsstaates. Symposium zum 60. Geburtstag von Karl Korinek (2002)

Höreth, Marcus, Die Europäische Union im Legitimationstrilemma. Zur Rechtfertigung des Regierens jenseits der Staatlichkeit (1999)

Hummer, Waldemar (Hrsg), Die Europäische Union nach dem Vertrag von Amsterdam (1998)

ders, Der Status der „EU-Grundrechtecharta". Politische Erklärung oder Kern einer europäischen Verfassung? Analysen zur europäischen Verfassungsdebatte der ASKO EUROPA-STIFTUNG und des Instituts für Europäische Politik. Band II (2002) *ders/Obwexer, Walter* (Hrsg), EU-Recht unter besonderer Berücksichtigung des Gemeinschaftsrechts. Basistexte zur EU-Mitgliedschaft Österreichs (1998)

dies, Der Vertrag von Nizza mit EU- und EG-Vertrag in konsolidierter Fassung sowie EU-Charta der Grundrechte samt Erläuterungen (2001)

Hummer, Waldemar/Pelinka, Anton, Österreich unter „EU-Quarantäne". Die „Maßnahmen der 14" gegen die österreichische Bundesregierung aus politikwissenschaftlicher und juristischer Sicht – Chronologie, Kommentar, Dokumentation (2002) (in Druck)

Hummer, Waldemar/Prager, Dietmar, GATT, ALADI y NAFTA. Pertenencia simultanea a diferentes sistemas de Integración (1998)

Imboden, Max, Die Verfassung einer europäischen Gemeinschaft (1963)

Institut für Staatslehre und Politik e. V. in Mainz (Hrsg), Der Kampf um den Wehrbeitrag, Band 2, 2. Halbband: Das Gutachtenverfahren (30. 7. – 15. 12. 1952) (1953)

Instituto Interamericano de Estudios jurídicos Internacionales, Derecho de la Integración Latinoamericana. Ensayo de Sistematización (1969)

Instituto para la Integración de América Latina/Banco Interamericano de Desarrollo (Hrsg), El Tribunal de Justicia del Acuerdo de Cartagena (1985)

dies (Hrsg), La dimensión jurídica de la integración (América Latina) (1973)

Ipsen, Hans Peter, Europäisches Gemeinschaftsrecht (1972)

ders, Verfassungsperspektiven der Europäischen Gemeinschaften. Vortrag gehalten vor der Berliner Juristischen Gesellschaft am 17. April 1970 (1970)

Jopp, Mathias/Lippert, Barbara/Schneider, Heinrich (Hrsg), Das Vertragswerk von Nizza und die Zukunft der Europäischen Union (2001)

Junta del Acuerdo de Cartagena, Mecanismos de la Integración Andina (1980)

dass/Instituto para la Integración de América Latina (Hrsg), Historia documental del Acuerdo de Cartagena (1974)

Karlhofer, Ferdinand/Melchior, Josef/Sickinger, Hubert (Hrsg), Anlassfall Österreich. Die Europäische Union auf dem Weg zu einer Wertegemeinschaft (2001)

Katsigiannis, Stavros/Piepenschneider, Melanie, Verfassung der Europäischen Union: Zum Entwurf des Institutionellen Ausschusses im Europäischen Parlament. Analyse und Bewertung. KAS Interne Studien Nr 79/1994, http://www.kas.de/publikationen/1995/europa/-euverf.doc

Kloepfer, Michael/Pernice, Ingolf (Hrsg), Entwicklungsperspektiven der europäischen Verfassung im Lichte des Vertrags von Amsterdam (1999)

Kluth, Winfried (Hrsg), Die Europäische Union nach dem Amsterdamer Vertrag (2000)

Koja, Friedrich, Allgemeine Staatslehre (1993)

Kronstein, Heinrich, Die Entwicklung des amerikanischen Verfassungsrechts durch den Supreme Court (1972)

Larenas Serrano, Galo, El Tribunal de Justicia Andino (Órgano jurisdiccional del Acuerdo de Cartagena) (1980)

Léon de Labarca, Alba Ivonne, Introducción al Estudio de la Integración económica y al Acuerdo subregional andino (1978)

Lipgens, Walter (Hrsg), 45 Jahre Ringen um die Europäische Verfassung. Dokumente 1939-1984. Von den Schriften der Widerstandsbewegung bis zum Vertragsentwurf des Europäischen Parlaments (1986)

ders, Europa-Föderationspläne der Widerstandsbewegung 1940-1945 (1968)

Loth, Wilfried, Entwürfe einer europäischen Verfassung. Eine historische Bilanz. Analysen zur europäischen Verfassungsdebatte der ASKO-EUROPA-STIFTUNG. Band II (2002)

Luster, Rudolf (Hrsg), Bundesstaat Europäische Union. Ein Verfassungsentwurf. Erarbeitet von Rudolf Luster, Gero Pfennig und Friedrich Fugmann (1988)

Luther, Jörg, Die italienische Verfassungsgerichtsbarkeit. Geschichte, Prozeßrecht, Rechtsprechung (1990)

Maaßen, Bernd, Der U.S.-Supreme Court im gewaltenteilenden amerikanischen Regierungssystem (1787-1972) (1977)

Maldonado Lira, Héctor, Treinta años de integración andina. Balance y perspectivas (1999)

Marcic, René, Vom Gesetzesstaat zum Richterstaat. Recht als Maß der Macht/Gedanken über den demokratischen Rechts- und Sozialstaat (1957)

Marwege, Renata, Der Andengerichtshof. Das Rechtsschutzsystem des Andenpaktes mit vergleichenden Bezügen zum Recht der Europäischen Gemeinschaft (1994)

Mason, Alpheus Thomas, The Supreme Court from Taft to Warren (1958)

Melissas, Dimitris/Pernice, Ingolf (Hrsg), Perspectives of the Nice Treaty and the Intergovernmental Conference in 2004. Center of European Constitutional Law. Athens 2001 (2002)

Meng, Werner, Das Recht der Internationalen Organisationen – eine Entwicklungsstufe des Völkerrechts. Zugleich eine Untersuchung zur Rechtsnatur des Rechtes der Europäischen Gemeinschaften (1979)

Mittmann, Patrick, Die Rechtsfortbildung durch den Gerichtshof der Europäischen Gemeinschaften und die Rechtsstellung der Mitgliedstaaten der Europäischen Union (2000)

Moser, Berthold, Die überstaatliche Gerichtsbarkeit der Montanunion (1955)

Neuhold, Hanspeter/Hummer, Waldemar/Schreuer, Christoph (Hrsg), Österreichisches Handbuch des Völkerrechts. Band 1: Textteil³ (1997)

dies (Hrsg), Österreichisches Handbuch des Völkerrechts. Band 2: Materialienteil³ (1997)

Noll, Alfred J, Internationale Verfassungsgerichtsbarkeit. Fragen der Verfassungsgerichtsbarkeit in Großbritannien, der USA, Frankreich, Italien und Japan (1992)

Nowak, Carsten/Cermer, Wolfgang (Hrsg), Individualrechtsschutz in der EG und der WTO. Der zentrale und dezentrale Rechtsschutz natürlicher und juristischer Personen in der Europäischen Gemeinschaft und der Welthandelsorganisation (2002)

Öhlinger, Theo/Potacs, Michael, Gemeinschaftsrecht und staatliches Recht. Die Anwendung des Europarechts im innerstaatlichen Bereich[2] (2001)

Organización Mundial de la Propriedad Intelectual/República del Ecuador/Tribunal del Acuerdo de Cartagena (Hrsg), X Congreso Internacional sobre la protección de los Derechos Intelectuales del autor, del artista y el productor. Noviembre 29 a Diciembre 2 de 1995 (1995)

Orrego Vicuña, Francisco/Irigoin Barrenne, Jeanette (Hrsg), Perspectivas del Derecho Internacional contemporaneo. Experiencias y visión de América Latina. Volumen II. La solución pacífica de controversias (1981)

Padover, Saul K, The Living U.S. Constitution. Story, Text, Fully Indexed Guide, Portraits of The Signers (1953)

Pernthaler, Peter, Allgemeine Staatslehre und Verfassungslehre[2] (1996)

Peters, Anne, Elemente einer Theorie der Verfassung Europas (2001)

Philippi, Nina, Die Charta der Grundrechte der Europäischen Union. Entstehung, Inhalt und Konsequenzen für den Grundrechtsschutz in Europa (2002)

Picker, Rolf (Hrsg), Charta der Grundrechte der Europäischen Union: Kurz-Kommentar: Recht, Politik, Zeitgeschichte, Europa (2001)

Pico Mantilla, Galo, Acuerdo de Cartagena y Tribunal Andino de Justicia. XXVII Conferencia Interamericana de Abogados. Cartagena – Colombia, Mayo 1989 (1989)

ders, Derecho Andino[2] (1992)

Piepenschneider, Melanie/Steppacher, Burkard, Europa nach dem EG-Gipfel von Maastricht. Der „Vertrag über die Europäische Union" – Vorgeschichte, Inhalt und Bewertung, KAS Interne Studie Nr 32 (1992)

Poppe E, Hugo, Disposiciones jurídicas vigentes en el Tribunal de Justicia del Acuerdo de Cartagena (1985)

Pritchett, Herman C, Congress versus the Supreme Court. 1957-1960 (1973)

Pusey, Merlo J, The Supreme Court Crisis (1973)

Randelzhofer, Albrecht/Scholz, Rupert/Wilke, Dieter (Hrsg), Gedächtnisschrift für Eberhard Grabitz (1995)

Rau, Christian, Selbst entwickelte Grenzen in der Rechtsprechung des United States Supreme Court und des Bundesverfassungsgerichts (1996)

Redford, Emmette S/Truman, David B/Hacker, Anderew/ua, Politics and Government in the United States. National, State and Local Edition (1965)

Rehnquist, William H, The Supreme Court. How it was, how it is (1987)

Rioseco, Alberto, El Proceso de retiro de Chile del Acuerdo de Cartagena (1979)

Rohde, David W/Spaeth, Harold J, Supreme Court Decision Making (1976)

Ronge, Frank, Legitimität durch Subsidiarität. Der Beitrag des Subsidiaritätsprinzips zur Legitimation einer überstaatlichen politischen Ordnung in Europa (1998)

Saalfrank, Valentin, Funktion und Befugnisse des Europäischen Parlamentes. Ihre Bedeutung für das Demokratieprinzip des Grundgesetzes (1995)

Sáchica, Luis Carlos, Introducción al Derecho Comunitario Andino (1985)

Sander, Gerald G, Der Europäische Gerichtshof als Förderer und Hüter der Integration. Eine Darstellung anhand seiner Einwirkungsmöglichkeiten auf die einzelnen Dimensionen des Einigungsprozesses (1998)

Schäffer, Heinz /Berka, Walter/Stolzlechner, Harald/Werndl, Josef (Hrsg), Staat – Verfassung – Verwaltung. Festschrift anläßlich des 65. Geburtstages von Prof. DDr. DDr. h.c. Friedrich Koja (1998)

Schefer, Markus Christian, Konkretisierung von Grundrechten durch den U.S.-Supreme Court. Zur sprachlichen, historischen und demokratischen Argumentation im Verfassungsrecht (1995)

Schlochauer, Hans-Jürgen (Hrsg), Wörterbuch des Völkerrechts. 3. Band[2] (1962)

Schwartz, Bernard, The Supreme Court. Constitutional Revolution in retrospect (1957)

Schwarze Jürgen (Hrsg), Der Europäische Gerichtshof als Verfassungsgericht und Rechtsschutzinstanz. Referate und Diskussionsberichte der Tagung des Arbeitskreises Europäische Integration e. V. in Hamburg vom 2. bis 4. Juni 1983 (1983)

ders (Hrsg), Verfassungsrecht und Verfassungsgerichtsbarkeit im Zeichen Europas (1998)

Schwarze, Jürgen/Bieber, Roland (Hrsg), Eine Verfassung für Europa. Von der Europäischen Gemeinschaft zur Europäischen Union. Referate und Diskussionsbeiträge der internationalen Tagung des Instituts für Integrationsforschung der Stiftung Europa-Kolleg Hamburg vom 3. bis 5. 11. 1983 (1984)

Schweitzer, Michael, Staatsrecht III. Staatsrecht, Völkerrecht, Europarecht[7] (2000)

ders/Hummer, Waldemar, Europarecht. Das Recht der Europäischen Union – Das Recht der Europäischen Gemeinschaften (EGKS, EG, EAG) – mit Schwerpunkt EG[5] (1996)

dies, Europarecht. Das Recht der Europäischen Union – Das Recht der Europäischen Gemeinschaften (EGKS, EG, EAG) – mit Schwerpunkt EG. Nachtrag 1999. Der Vertrag von Amsterdam vom 2. Oktober 1995 (1999)

Schwencke, Olaf (Hrsg), Loccumer Protokolle 11/1985. Grenzenlose Kompetenzlosigkeit – oder: brauchen wir eine europäische Verfassung? Europapolitisches Kolloquium zur Reform der Gemeinschaft (1986)

Secretaría General de la Comunidad Andina, 28 años de integración andina. Un recuento histórico (1997)

dass, Cómo hacer negocios en la Comunidad Andina: Guía de Comercio e Inversión (1999)

Secretaría General de la Comunidad Andina/Programa de Cooperación Andina a Bolivia (PCAP) (Hrsg), Integración y Supranacionalidad. Soberanía y Derecho Comunitario en los Países Andinos (2001)

Sekretariat des Verfassungsausschusses, Ad Hoc Versammlung für die Gründung einer Europäischen Politischen Gemeinschaft. Entwurf eines Vertrages über die Satzung der Europäischen Gemeinschaft. Leitfaden und amtliche Dokumente des Verfassungsausschusses (1953)

Siegler, Heinrich, Dokumentation der Europäischen Integration mit besonderer Berücksichtigung des Verhältnisses EWG-EFTA. Von der Züricher Rede Winston Churchills 1946 bis zur Bewerbung Großbritanniens um Mitgliedschaft bei der EWG 1961 (1961)

Simm, Marion, Der Gerichtshof der Europäischen Gemeinschaften im föderalen Kompetenzkonflikt. Kontinuität und Neubesinnung in der Rechtsprechung vor und nach „Maastricht" (1998)

Simon, Denys, Le système juridique communautaire[2] (1997)

Steiger, Heinhard, Staatlichkeit und Überstaatlichkeit. Eine Untersuchung zur rechtlichen und politischen Stellung der Europäischen Gemeinschaften (1966)

Steindorff, Ernst, Die Nichtigkeitsklage (Le recours pour excès de pouvoir) im Recht der Europäischen Gemeinschaft für Kohle und Stahl. Ein rechtsvergleichender Beitrag zur verwaltungsgerichtlichen Kontrolle der Hohen Behörde (1952)

Streinz, Rudolf, Europarecht[5] (2001)

Terrell, Peter/Schnorr, Veronika/Morris, Wendy V A/Breitsprecher, Roland, PONS COLLINS. Großwörterbuch für Experten und Universität. Deutsch – Englisch. Englisch – Deutsch (1999)

Tindemans, Leo, Bericht über die Europäische Union (1975)

Tribunal Andino de Justicia (Hrsg), La Integración, el Derecho Comunitario y el Pacto Andino (1997)

Tribunal de Justicia del Acuerdo de Cartagena (Hrsg), Boletín Jurídico. Revista Trimestral Año 1 No 1 enero, febrero y marzo 1995 (1995)

dass (Hrsg), Compilación de Legislación sobre Derecho de Autor y Derechos conexos en el Ecuador (1995)

dass (Hrsg), Memorias. Seminario Internacional: „La Integración, derecho y los tribunales comunitarios". Quito – Cuenca – Guayaquil – Trujillo. Julio – Agosto 1996 (1997)

dass/Cámara de Comercio de Bogotá (Hrsg), Memoria del Seminario Internacional: Integración económico y derecho comunitario. Modelos Europeos y Americanos. Santafé de Bogotá, abril 24, 25 y 26 de 1995 (1997)

Ukrow, Jörg, Richterliche Rechtsfortbildung durch den EuGH: dargestellt am Beispiel der Erweiterung des Rechtsschutzes des Marktbürgers im Bereich des vorläufigen Rechtsschutzes und der Staatshaftung (1995)

Uribe Restrepo, Fernando, El Derecho de la Integración en el Grupo Andino (1990) *ders*, La Interpretación prejudicial en el Derecho Andino (1993)

Valentine, D G, The Court of Justice of the European Coal and Steel Community (1955)

Veramendi y Serra, José María, Necesidad de la Creación de un Organismo Judicial en el Pacto Andino (Diss Arequipa) (1973)

Vile, M J C, The Structure of American Federalism (1961)

Wechsler, Benedikt, Der Europäische Gerichtshof in der EG-Verfassungswerdung (1995)

Weidenfeld, Werner (Hrsg), Nizza in der Analyse (2001)

ders (Hrsg), The Shaping of a European Constitution. Proposals for the Institutional Development of the European Community (1990)

ders (Hrsg), Wie Europa verfaßt sein soll – Materialien zur Politischen Union. Strategien und Optionen für die Zukunft Europas. Arbeitspapiere 7 (1991)

Wildenmann, Rudolf (Hrsg), Staatswerdung Europas? Optionen für eine Europäische Union (1991)

Wissenschaftlicher Rat der Dudenreaktion (Hrsg), Duden Band 5. Das Fremdwörterbuch[6] (1997)

Wolf, Ernst, Verfassungsgerichtsbarkeit und Verfassungstreue in den Vereinigten Staaten. Eine Untersuchung über die Entwicklung des amerikanischen Verfassungsrechts auf Grund der gerichtlichen Überprüfung der Verfassungsmäßigkeit der Bundesgesetze (1961)

Wolf-Niedermaier, Anita, Der Europäische Gerichtshof zwischen Recht und Politik. Der Einfluß des EuGH auf die föderale Machtbalance zwischen der Europäischen Gemeinschaft und ihren Mitgliedstaaten (1997)

Wyatt, Christine, Regionale Integration und Entwicklung: Möglichkeiten und Grenzen des Andenpaktes (1989)

Zbinden, Martin, Die Institutionen und die Entscheidungsverfahren der Europäischen Union nach Amsterdam (1999)

Zelada Castedo, Alberto (Hrsg), Derecho de la Integración Económica Regional. Lecturas Seleccionadas. Tomo II (1989)

Ziegerhofer, Anita/Pichler, Johannes W/Likar, Reinhard (Hrsg), Die „Vereinigten Staaten von Europa". Dokumente eines Werdens (1999)

Zimmerling, Ruth, Externe Einflüsse auf regionale Integrationsprozesse: Zentralamerika und Andenpakt (1991)

Zippel, Wulfdiether (Hrsg), Die Beziehungen zwischen der EU und den Mercosur-Staaten. Stand und Perspektiven (2001/2002)

Zuloaga, Jaime, Del Acuerdo de Cartagena a la Comunidad Andina: Una nueva etapa en el proceso andino de integración. Ponencia presentado con motivo de la Reunión de las Secretarías de los Organismos de Integración y Cooperación Latina y el Caribe. Ciudad de Guatemala, 17 y 18 de abril 1997 (1997)

Aufsätze und Beiträge

Adamovich, Ludwig, Juristische Aspekte der „Sanktionen" der EU-14 und des „Weisenberichtes", EuGRZ 2001, 89 ff

Alber, Siegbert, Die Selbstbindung der europäischen Organe an die Europäische Charta der Grundrechte, EuGRZ 2001, 349 ff

ders/Widmaier, Ulrich, Die EU-Charta der Grundrechte und ihre Auswirkungen auf die Rechtsprechung. Zu den Beziehungen zwischen EuGH und EGMR, EuGRZ 2000, 497 ff

Alghieri, Dante, Über die Monarchie, in *Foerster, Rolf Hellmut* (Hrsg), Die Idee Europa 1300-1946. Quellen zur Geschichte der politischen Einigung (1963) 25 ff

ders, Über die Monarchie, in *Ziegerhofer, Anita/Pichler, Johannes W/Likar, Reinhard* (Hrsg), Die „Vereinigten Staaten von Europa". Dokumente eines Werdens (1999) 17 ff

Álvarez-García, Marcos, Pacte Andin: Institutions, Democratie et Participation, in *ders* (Hrsg), Integration et Cooperation en Amerique Latin: Le cas du Pacte Andin (1987) 3 ff

Aninat del Solar, Augusto, Le retrait et la perspective de rentrée du Chili dans le Pacte Andin: une vision economique, in *Álvarez García, Marcos* (Hrsg), Integration et Cooperation en Amerique Latin: Le cas du Pacte Andin (1987) 181 ff

Arnauld, Andreas von, Gewaltenteilung jenseits der Gewaltentrennung. Das gewaltenteilige System in der Verfassungsordnung der Bundesrepublik Deutschland, ZParl 2001, 678 ff

Arnull, Anthony, Private applicants and the Action for annulment since *Cordoniu*, CMLRev 2001, 7 ff

Autexier, Christian, Der Neue Conseil Constitutionnel. Versuch, die Funktion eines Verfassungskontrollorgans in den westlichen Demokratien zu definieren, Der Staat 1976, 89 ff

Avril, Pierre, Question n°8: La place du Parlement dans la Constitution de 1958, http://www.-conseil-constitutionnel.fr/dossier/quarante/q08.htm

Azizi, Josef, Wege zu einer Europäischen Verwaltungsgerichtsbarkeit, ÖJZ 2002, 41 ff

Barrientos Cazazola, Edgar, El Tribunal de Justicia del Acuerdo de Cartagena. Antecedentes históricos, estructura y composición, competencias y procedimientos, in *Tribunal Andino de Justicia* (Hrsg), La Integración, el Derecho Comunitario y el Pacto Andino (1997) 87 ff

Barros Charlín, Raymundo, Atribuciones del Parlamento Andino como órgano principal del A-cuerdo de Cartagena y orientador del proceso de integración subregional, integración latinoamericana 146-147/1989, 16 ff

ders, Análisis comparativo de los Tratados de Montevideo 1960 y 1980, integración latinoamericana 50/1980, 30 ff bzw 54/1981, 93 ff

Benecke, Dieter W, ALCA ¿Acelerador o freno para la integración lationamericana?, Contribuciones 2001, 181 ff *ders/Loschky, Alexander*, ALCA y la integración latinoamericana. La situación post-Quebec, Contribuciones 3/2001, 9 ff

Benoît-Rohmer, Florence, Le commissaire du gouvernement auprès du Conseil d'Etat, l'avocat général auprès de la Cour de justice des Communautés européennes et le droit à un procès équitable. Observations sous l'arrêt *Kress c/France* rendu par la Cour européenne des droits de l'homme le 7 juin 2001 (req.n° 39594/98), RTD eur 2001, 727 ff

Bernieri, Jorge Castro, El Tribunal Andino viaja al Sur, http://www.comunidadandina.-org/normativa/doctrina/doctrina04.htm

Beutler, Bengt, Die Erklärung des Europäischen Parlaments über Grundrechte und Grundfreiheiten vom 12. April 1989, EuGRZ 1989, 185 ff

Beyme, Klaus von, Fischers Griff nach einer europäischen Verfassung, Harvard Jean Monnet Working Paper, http://www.jeanmonnetprogram.org/papers/00/00f0201.rtf

Bieber, Roland, Abwegige und zielführende Vorschläge: Zur Kompetenzabgrenzung der Europäischen Union, Integration 2001, 308 ff

ders, Verfassungsentwicklung und Verfassungsgebung in der Europäischen Gemeinschaft, in *Wildenmann, Rudolf* (Hrsg), Staatswerdung Europas? Optionen für feine Europäische U-nion (1991) 393 ff

Blanchet, Dominique, L'usage de la théorie de l'acte clair en droit communautaire: une hypothèse de mise en jeu de la responsabilité de l'Etat français du fait de la fonction juridictionnelle?, RTD eur 2001, 397 ff

Blanke, Hermann-Josef, Das Subsidiaritätsprinzip als Schranke des Europäischen Gemeinschaftsrechts?, ZG 1991, 133 ff

ders, Der Unionsvertrag von Maastricht – Ein Schritt auf dem Weg zu einem europäischen Bundesstaat?, DÖV 1993, 412 ff

Bleckmann, Albert, Das europäische Demokratieprinzip, JZ 2001, 53 ff

ders, Der Vertrag über die Europäische Union – Eine Einführung, DVBl 1992, 335 ff

ders/Pieper, Stefan U, Maastricht, die grundgesetzliche Ordnung und die „Superrevisionsinstanz". Die Maastricht-Entscheidung des Bundesverfassungsgerichts, RIW 1993, 969 ff

Bogdandy, Armin von, Grundrechtsgemeinschaft als Integrationsziel? Grundrechte und das Wesen der Europäischen Union, JZ 2001, 157 ff

ders, La fusion des Communautés dans l'Union européenne: un modèle juridique de pluralisme institutionnel dans un cadre institutionnel unique, RdUe 2001, 617 ff

ders, Supranationale Union als neuer Herrschaftstyp: Entstaatlichung und Vergemeinschaftung in staatstheoretischer Perspektive, Integration 1993, 210 ff

ders, The European Union as a human rights organization? Human rights and the court of the union, CMLR 2000, 1307 ff

ders/Bast, Jürgen, Die vertikale Kompetenzordnung der Europäischen Union. Rechtsdogmatischer Bestand und verfassungspolitische Reformperspektiven, EuGRZ 2001, 441 ff *ders/Ehlermann, Claus Dieter*, Zur Konsolidierung der Europäischen Gründungsverträge, EuZW 1996, 737 ff

Borchmann, Michael, Der Vertrag von Nizza, EuZW 2001, 170 ff

Borries, Reimer von, Das Subsidiaritätsprinzip im Recht der Europäischen Union. Deutscher Landesbericht für den XVI. FIDE-Kongreß 1994 in Rom, EuR 1994, 263 ff

Bradley, K St C, Institutional design in the Treaty of Nice, CMLRev 2001, 1095 ff

Briceño Ruiz, José, El Mercosur, México y el Caribe frente al Área de Libre Comercio de las Américas, comercio exterior 2001, 396 ff

Bueno Martínez, Patricio, Interpretación Prejudicial y Colaboración entre el Tribunal Andino y los Jueces Nacionales, in *Tribunal de Justicia del Acuerdo de Cartagena* (Hrsg), Boletín Jurídico. Revista Trimestral Año 1 No 1 enero, febrero y marzo 1995 (1995) 63 ff

ders, La interpretación prejudicial, in *Tribunal de Justicia del Acuerdo de Cartagena* (Hrsg), Memorias. Seminario Internacional: „La Integración, derecho y los tribunales comunitarios". Quito – Cuenca – Guayaquil – Trujillo. Julio – Agosto 1996 (1997) 88 ff

Burca, Gráinne de, The drafting of the European Union Charter of fundamental rights, ELR 2001, 126 ff

Busse, Christian, Eine kritische Würdigung der Präambel der Europäischen Grundrechtecharta, EuGRZ 2002, 559 ff

Calliess, Christian, Die Charta der Grundrechte der Europäischen Union – Fragen der Konzeption, Kompetenz und Verbindlichkeit, EuZW 2001, 261 ff

Cameron, Charles M/Segal, Jeffrey A/Songer, Donald, Strategic Auditing in a Political Hierarchy: An Informational Model of the Supreme Court's Certiorari Decisions, APSR 2000, 101 ff

Cárdenas, Emilio J/Peña, Félix, Los acuerdos subregionales y el Tratado de Montevideo, Derecho de la Integración 2/1968, 10 ff

dies, Los acuerdos subregionales y el Tratado de Montevideo, in *Instituto para la Integración de América Latina/Banco Interamericano de Desarrollo* (Hrsg), La dimensión jurídica de la integración (América Latina) (1973) 124 ff

Carmona Estanga, Pedro, El Protocolo Modificatorio del Acuerdo de Cartagena: negociación y características, integración latinoamericana 134/1988, 3 ff

Cirkel, Johannes, Die Bindungen der Mitgliedstaaten an die Gemeinschaftsgrundrechte (2000)

Classen, Claus Dieter, Europäische Integration und demokratische Legitimation, AöR 1994, 238 ff

Constantinesco, Vlad, La Subsidiarité comme principe constitutionnel de l'integration européenne, Aussenwirtschaft 1991, 439 ff

ders, Subsidiarität: Zentrales Verfassungsprinzip für die Politische Union, Integration 1990, 165 ff

Cornides, Jakob, Eine Richtlinie löst sich in Rauch auf. Zur Aufhebung der Richtlinie 98/43/EG über Werbung und Sponsoring zugunsten von Tabakerzeugnissen durch den Europäischen Gerichtshof (Rechtssache C-376/98), ZfRV 2001, 130 ff

Couston, Mireille, La multiplication des juridictions internationales. Sens et dynamiques, JDI 2002, 5 ff

Cremer, Hans-Joachim, Das Demokratieprinzip auf nationaler und europäischer Ebene im Lichte des Maastricht-Urteils des Bundesverfassungsgerichts, EuR 1995, 21 ff

Cromme, Franz, Das Wirtschaftlichkeitsprinzip bei öffentlichen Gebühren und bei der staatlichen Genehmigung privater Entgelte – Zum Ermessens- und Beurteilungsspielraum und zur gerichtlichen Kontrolldichte im Wirtschaftsverwaltungsrecht, DVBl 2001, 757 ff

ders, Der Verfassungsentwurf des Institutionellen Ausschusses des Europäischen Parlaments von 1994. Ein Organisationsstatut mit Grundrechtsanhang, ZG 1995, 256 ff

Cruz Vilaça, José Luís da, L'évolution du système juridictionnel communautaire avant et après Maastricht, in *Due, Ole/Lutter, Marcus/Schwarze, Jürgen* (Hrsg), Festschrift für Ulrich Everling. Band I (1995) 181 ff

Däubler, Wolfgang, Europäische Grundrechtsakte, in *Weidenfeld, Werner* (Hrsg), Wie Europa verfaßt sein soll – Materialien zur Politischen Union. Strategien und Optionen für die Zukunft Europas. Arbeitspapiere 7 (1991) 85 ff

Dauses, Manfred A, Die Rolle des Europäischen Gerichtshofes als Verfassungsgericht der Europäischen Union, Integration 1994, 215 ff

Dávalos García, Gualberto, La Misión del Tribunal de Justicia de la Comunidad Andina, in *Tribunal de Justicia del Acuerdo de Cartagena* (Hrsg), Memorias. Seminario Internacional: „La Integración, derecho y los tribunales comunitarios". Quito – Cuenca – Guayaquil – Trujillo. Julio – Agosto 1996 (1997) 41 ff

ders, El Tribunal de Justicia del Acuerdo de Cartagena. 1. La Misión del Tribunal de Justicia de la Comunidad Andina, in *Excma Corte Suprema de Justicia de Bolivia/Tribunal de Justicia del Acuerdo de Cartagena* (Hrsg), Seminario Internacional: „Integración, Derecho y Tribunales Comunitarios", La Paz, 19 - 20 de agosto de 1996. Sucre, 22 - 23 de agosto de 1996 (1997) 61 ff

ders, La Misión del Tribunal de Justicia de la Counidad Andina, in *Tribunal de Justicia del Acuerdo de Cartagena* (Hrsg), Memorias. Seminario Internacional: „La Integración, derecho y los tribunales comunitarios". Quito – Cuenca – Guayaquil – Trujillo. Julio – Agosto 1996 (1997) 41 ff

Dix, Wolfgang, Grundrechtecharta und Konvent: auf dem Weg zur Reform der EU?, Integration 2001, 34 ff

Dubois, Pierre, Über die Rückgewinnung des Heiligen Landes, in *Ziegerhofer, Anita/Pichler, Johannes W/Likar, Reinhard* (Hrsg), Die „Vereinigten Staaten von Europa". Dokumente eines Werdens (1999) 15 f

ders, Über die Wiedergewinnung des Heiligen Landes, in *Foerster, Rolf Hellmut* (Hrsg), Die Idee Europa 1300-1946. Quellen zur Geschichte der politischen Einigung (1963) 35 ff

Dutheil de la Rochère, Jacqueline, The French Conseil Constitutionnel and the constitutional development of the European Union, in *Kloepfer, Michael/Pernice, Ingolf* (Hrsg), Entwicklungsperspektiven der europäischen Verfassung im Lichte des Vertrags von Amsterdam (1999) 43 ff

Ehrmann, Henry W, Die Entwicklung der Verfassungsgerichtsbarkeit im Frankreich der Fünften Republik, Der Staat 1981, 373 ff

ders, Die Verfassungsentwicklung im Frankreich der Fünften Republik, JÖR/NF 1961, 353 ff

Einem, Caspar, Braucht die Europäische Union eine Verfassung? Der Post-Nizza-Prozeß in zweierlei Perspektive, Europäische Rundschau 4/2001, 79 ff

Epiney, Astrid/Freiermuth Abt, Marianne/Mosters, Robert, Der Vertrag von Nizza, DVBl 2001, 941 ff

Everling, Ulrich, Bundesverfassungsgericht und Gerichtshof der Europäischen Gemeinschaften nach dem Maastricht-Urteil, in *Randelzhofer, Albrecht/Scholz, Rupert/Wilke, Dieter* (Hrsg), Gedächtnisschrift für Eberhard Grabitz (1995) 57 ff

ders, Das Maastricht-Urteil des Bundesverfassungsgerichts und seine Bedeutung für die Entwicklung der Europäischen Union, Integration 1994, 165 ff

ders, Zur Aufteilung der Kompetenzen in einer föderal gegliederten Europäischen Union, in *Wiedenfeld, Werner* (Hrsg), Wie Europa verfaßt sein soll – Materialien zur Politischen Union. Strategien und Optionen für die Zukunft Europas. Arbeitspapiere 7 (1991) 41 ff

ders, Quis custodiet custodes ipsos?: zur Diskussion über die Kompetenzordnung der Europäischen Union und ein europäisches Kompetenzgericht, EuZW 2002, 357 ff

Faller, Hans Joachim, Zur Entwicklung der nationalen Verfassungsgerichte in Europa, EuGRZ 1986, 42 ff

Favoreu, Louis, Question n° 18: La place du Conseil constitutionnel dans la Constitution de 1958, http://www.conseil-constitutionnel.fr/dossier/quarante/q18.htm

Fischer, Hans Georg, Die Rechtsetzung der Europäischen Gemeinschaften im Licht der Rechtsprechung des Europäischen Gerichtshofs, ZG 2000, 165 ff

Fischer, Joschka, Vom Staatenverbund zur Föderation – Gedanken über die Finalität der europäischen Integration, Integration 2000, 149 ff

ders, Vom Staatenverbund zur Föderation – Gedanken über die Finalität der europäischen Integration. Vortrag an der Humboldt-Universität zu Berlin am 12. Mai 2000, FCE 2/00, http://www.whi-berlin.de/fischer.htm

Fischer, Peter, EU-Sanctions on Austria, wbff 2000, Nr 103, 32 ff

Foerster, Stefan, Art 235 EGV und das Subsidiaritätsprinzip des Art 3b Abs 2 EGV, ÖJZ 1996, 281 ff

Friedrich, Walter, Die Gerichtsbarkeit in den Vereinigten Staaten von Amerika, RZ 1988, 241 ff

Frowein, Jochen Abr, Wesentliche Elemente einer Verfassung, in *Bieber, Roland/Widmer, Pierre*, L'espace constitutionnel européen. Der europäische Verfassungsraum. The European constitutional area (1995) 71 ff

Gabaldón Márquez, Iván, Algunos comentarios sobre el Estatuto del Tribunal de Justicia del Acuerdo de Cartagena, in *Instituto para la Integración de América Latina/Banco Interamericano de Desarrollo* (Hrsg), El Tribunal de Justicia del Acuerdo de Cartagena (1985) 111 ff

Gaete Balboa, Pablo, El ALCA: ¿más allá del punto sin retorno?, comercio exterior 2000, 724 ff

Genzer, Walter E, Die Satzung der Europäischen Gemeinschaft. Zum Entwurf einer europäischen Verfassung, EA 1953, 5653 ff

Giegerich, Thomas, Verfassungsgerichtliche Kontrolle der auswärtigen Gewalt im europäisch-atlantischen Verfassungsstaat: Vergleichende Bestandsaufnahme mit Ausblick auf die neuen Demokratien in Mittel- und Osteuropa, ZaöRV 1997, 409 ff

Giraud, Jean-Guy, Miracle à Philadelphie, RMCUE 2001, 655 ff

Gnan, Reinhold, Der Vertrag von Nizza, BayVBl 2001, 449 ff

Göler, Daniel, Der Gipfel von Laeken: Erste Etappe auf dem Weg zu einer europäischen Verfassung?, Integration 2002, 99 ff

Götz, Volkmar, Das Maastricht-Urteil des Bundesverfassungsgerichts, JZ 1993, 1081 ff

Goll, Ulrich/Kenntner, Markus, Brauchen wir ein europäisches Kompetenzgericht? Vorschläge zur Sicherung der mitgliedstaatlichen Zuständigkeiten, EuZW 2002, 101 ff

Grabenwanter, Christoph, Europäisches und nationales Verfassungsrecht. 4. Bericht, VVDStRL 2001, 290 ff

ders, Die Charta der Grundrechte für die Europäische Union, DVBl 2001, 1 ff

Griller, Stefan, Primacy of Community Law. A Hidden Agenda of the Charter of Fundamental Rights, in *Melissas, Dimitris/Pernice, Ingolf* (Hrsg), Perspectives of the Nice Treaty and the Intergovernmental Conference in 2004. Center of European Constitutional Law. Athens 2001 (2002) 47 ff

ders, Zur demokratischen Legitimation der Rechtsetzung in der EU. Stärkung der nationalen Parlamente oder Aufwertung des Europäischen Parlaments?, JRP 1995, 164 ff

Gutiérrez Posse, Hortensia, La maxime *ut res magis valeat quam pereat* (Interprétation en fonction de l'„effet utile") Les Interprétations „extensives" et „restrictives", ZÖR 1972, 229 ff

Gutknecht, Brigitte, Das Subsidiaritätsprinzip als Grundsatz des Europarechts, in *Hengstschläger, Johannes/Köck, Heribert Franz/Korinek, Karl ua* (Hrsg), Für Staat und Recht. Festschrift für Herbert Schambeck (1994) 921 ff

Günther, Carsten A, Der Verfassungsvertrag – ein Modell für die Europäische Union, ZParl 2002, 347 ff

Häberle, Peter, Das Prinzip der Subsidiarität aus der Sicht der vergleichenden Verfassungslehre, AöR 1994, 169 ff

ders, Europaprogramme neuerer Verfassungen und Verfassungsentwürfe – der Ausbau von nationalem „Europaverfassungsrecht", in *Due, Ole/Lutter, Marcus/Schwarze, Jürgen* (Hrsg), Festschrift für Ulrich Everling. Band I (1995) 355 ff *ders*, Verfassungsrechtliche Fragen im Prozeß der europäischen Einigung, EuGRZ 1992, 429 ff

Halperin, Marcelo, Hacia el establecimiento de un mecanismo de solución de controversias en la ALADI, in *Zelada Castedo, Alberto* (Hrsg), Derecho de la Integración Económica Regional. Lecturas Seleccionadas. Tomo II (1989) 231 ff

Hassenteufel, Oscar, La interpretación prejudicial en los países andinos: caso boliviano, in *Tribunal de Justicia del Acuerdo de Cartagena* (Hrsg), Memorias. Seminario Internacional: „La Integración, derecho y los tribunales comunitarios". Quito – Cuenca – Guayaquil – Trujillo. Julio – Agosto 1996 (1997) 110 ff

Hatje, Armin, Die institutionelle Reform der Europäischen Union: der Vertrag von Nizza auf dem Prüfstand, EuR 2001, 143 ff

Heintzen, Markus, Subsidiaritätsprinzip und Europäische Gemeinschaft, JZ 1991, 317 ff

Heller, Kurt, Der Supreme Court der Vereinigten Staaten von Amerika. Probleme eines Höchstgerichtes, EuGRZ 1985, 685 ff

ders, Judicial self restraint in der Rechtsprechung des Supreme Court und des Verfassungsgerichtshofes, ZÖR 1988, 89 ff

Hense, Ansgar, Subsidiarität – rechtliche Zauberformel und Rettungsanker? – Bericht über das internationale und interdisziplinäre Symposium in der Johannes a Lasco Bibliothek Emden vom 1. bis 4. November 2000, DVBl 2001, 875 ff

Hernekamp, Karl-Andreas, Buchbesprechung zu Marwege, Renata, Der Andengerichtshof. Das Rechtsschutzsystem des Andenpaktes mit vergleichenden Bezügen zum Recht der Europäischen Gemeinschaft (1994), VRÜ 1997, 602 ff

Hilf, Meinhard, Eine Verfassung für die Europäische Union: Zum Entwurf des Institutionellen Ausschusses des Europäischen Parlaments, Integration 1994, 68 ff

Hill, Anthony, El Acta Única Europea, Lomé IV y el Mercado Común Europeo, integración latinoamericana 163/1990, 26 ff

Hillgruber, Christian, Richterliche Rechtsfortbildung – demokratische und rechtsstaatliche Bedenken gegen eine scheinbare Selbstverständlichkeit, JRP 2001, 281 ff

Hirsch, Günther, Das Subsidiaritätsprinzip. Architekturprinzip oder Sprengsatz für die Europäische Union?, in *Böttcher, Reinhard/Hueck, Götz/Jähnke, Burkhard* (Hrsg), Festschrift für WALTER ODERSKY zum 65. Geburtstag am 17. Juli 1996 (1996) 197 ff

ders, Die Rolle des Europäischen Gerichtshofs bei der europäischen Integration, JÖRdG 2001, 79 ff

Hoekstra, Valerie J, The Supreme Court and Local Public Opinion, APSR 2000, 89 ff

Holik, Wiltrud, Die Institutionelle Reform der Europäischen Union, Perspektiven auf dem Weg nach Nizza, wbff 2001, Nr 106, 15 ff

Huber, Peter M, Europäisches und nationales Verfassungsrecht. 2. Bericht, VVDStRL 2001, 194 ff

Hugo, Victor, Die Zukunft, in *Foerster, Rolf Hellmut* (Hrsg), Die Idee Europa 1300-1946. Quellen zur Geschichte der politischen Einigung (1963) 222 ff

Huhle, Rainer, Menschenrechte in Lateinamerika, S+F 2001, 18 ff

Hummer, Waldemar, Demokratiesicherungsklauseln in regionalen Präferenzzonen – Europäische versus lateinamerikanische Praxis, JRP 2001, 185 ff

ders, Der Reformbedarf für die Regierungskonferenz 1996. Verfassung, Subsidiarität, Institutionen, Grundrechte, Demokratie, in *Bundeskanzleramt* (Hrsg), Europa 1996. Mitbestimmen, Menschenrechte und mehr Demokratie (1995) 123 ff

ders, Die Beteiligung des Europäischen Parlaments an der „Komitologie", in *Hafner, Gerhard/Loibl, Gerhard/Rest, Alfred ua* (Hrsg), Liber Amicorum Professor Ignaz Seidl-Hohenveldern – in honour of his 80th birthday (1998) 285 ff

ders, La cuestión semántica en la interpretación jurídica, Temis – Revista de Ciencia y Técnica Jurídicas 1971-1972, 231 ff

ders, Neueste Entwicklungen im fortschreitenden Integrationsprozeß in Lateinamerika, JÖR/NF 1980, 527 ff

ders, Österreich, die Europäische Union und Lateinamerika, Information 1995, 2 ff

ders, Subregionale Präferenzzonen als Mittel lateinamerikanischer Integrationspolitik, ZfLW 8-1975, 1 ff

ders, Subsidiarität und Föderalismus als Strukturprinzipien der Europäischen Gemeinschaften?, ZfRV 1992, 81 ff

ders, Ursprünge, Stand und Perspektiven der Europäischen Verfassungsdiskussion, in *Griller, Stefan/ders* (Hrsg), Die EU nach Nizza. Ergebnisse und Perspektiven (2002) 325 ff

ders, Vom Grundrechte-Konvent zum Zukunfts-Konvent. Semantische und andere Ungereimtheiten bei der Beschickung des „Konvents zur Zukunft Europas", ZParl 2002, 323 ff

ders/Obwexer, Walter, Der „Fall Bangemann". Amtspflichten der Kommissionsmitglieder: Inhalt, Umfang und Sanktionierung, EuBl 1999, 119 ff

dies, Die „EU-Präsidentschaft". Entwicklungen, Rechtsgrundlagen, Funktionen und Aufgaben sowie künftige Ausgestaltung der „Präsidentschaft" des Rates der Europäischen Union, EuR 1999, 409 ff

dies, Die Verhängung der „EU-Sanktionen" und der mögliche Ausstieg aus ihnen, ZÖR 2000, 269 ff

dies, Die Wahrung der „Verfassungsgrundsätze" der EU. Rechtsfragen der „EU-Sanktionen" gegen Österreich, EuZW 2000, 485 ff

dies, Irlands „Nein zu Nizza": Konsequenzen aus dem negativen irischen Referendum vom 7. Juni 2001, Integration 2001, 237 ff

dies, Österreich unter „EU-Kuratel", EuBl 2000, 52 ff und 92 ff

dies, Österreich unter „EU-Quarantäne", ecolex 2000, 250 ff

Hummer, Waldemar/Prager, Dietmar, La pertenencia a varios modelos de integración: el caso de América Latina, comercio exterior 1998, 234 ff

Huneeus, Carlos, El informe Tindemans y las instituciones comunitarias europeas, integración latinoamericana 10/1997, 41 ff

Hurtado, Osvaldo, Lateinamerika im 21. Jahrhundert. Probleme und Herausforderungen, KAS-AI 12/1999, 4 ff

Ipsen, Hans Peter, Die Stuttgarter „Feierliche Deklaration zur Europäischen Union" vom 19. Juni 1983, EuR 1984, 1 ff

ders, Die Verfassungsrolle des Europäischen Gerichtshofs für die Integration, in *Schwarze Jürgen* (Hrsg), Der Europäische Gerichtshof als Verfassungsgericht und Rechtsschutzinstanz. Referate und Diskussionsberichte der Tagung des Arbeitskreises Europäische Integration e. V. in Hamburg vom 2. bis 4. Juni 1983 (1983) 29 ff

Jacobs, Francis G, A new Constitutional Role for the European Court of Justice in the next decade?, http://www.rewi.hu-berlin.de/WHI/deutsch/veranst/tagung98/index_jacobs.htm

ders, Human rights in the European Union: the role of the Court of Justice, ELR 2001, 331 ff

Jaenicke, Günther, Supranationale Organisation, in *Schlochauer, Hans-Jürgen* (Hrsg), Wörterbuch des Völkerrechts. 3. Band² (1962) 423 ff

Jaguaribe, Helio, Mercosur: faktische und institutionelle Probleme, KAS-AI 3/2001, 29 ff

Jann, Peter, Entscheidungsbegründung am Europäischen Gerichtshof, JRP 1999, 28 ff

Jarass, Hans D, EG-Kompetenzen und das Prinzip der Subsidiarität nach Schaffung der Europäischen Union, EuGRZ 1994, 209 ff

Junta del Acuerdo de Cartagena, Acuerdo de Cartagena: Proyecto de creación de un tribunal de justicia, Derecho de la Integración, 13/1973, 135 ff

Kahl, Wolfgang, Möglichkeiten und Grenzen des Subsidiaritätsprinzips nach Art. 3b EG-Vertrag, AöR 1993, 414 ff

Kaman, Hans-Georg, Das neue gemeinschaftliche Gerichtssystem nach dem Vertrag von Nizza: auf dem Weg zu einer europäischen Fachgerichtsbarkeit, ZEuS 2001, 627 ff

Karpenstein, Ulrich, Der Vertrag von Amsterdam im Lichte der Maastricht-Entscheidung des BVerfG, DVBl 1998, 942 ff

Kielmansegg, Peter Graf, Einige historische Bemerkungen zum Thema „Föderation", in *Weidenfeld, Werner* (Hrsg), Wie Europa verfaßt sein soll – Materialien zur Politischen Union. Strategien und Optionen für die Zukunft Europas. Arbeitspapiere 7 (1991) 50 ff

Kilian, Michael, Walter Hallstein und die Europäische Union, in *Kluth, Winfried* (Hrsg), Die Europäische Union nach dem Amsterdamer Vertrag (2000) 37 ff

Klein, Eckart, Grundrechtsdogmatische und Verfassungsprozessuale Überlegungen zur Maastricht-Entscheidung des Bundesverfassungsgerichts, in *Randelzhofer, Albrecht/Scholz, Rupert/Wilke, Dieter* (Hrsg), Gedächtnisschrift für Eberhard Grabitz (1995) 271 ff

Knöll, Ralf, Die Charta der Grundrechte der Europäischen Union. Inhalt, Bewertung und Ausblick, NVwZ 2001, 392 ff

Koenig, Christian/Pechstein, Matthias, Der Florentiner Entwurf zur Vereinheitlichung der Europäischen Gründungsverträge, NJW 1997, 996 ff

Korinek, Karl, Die Verfassungsgerichtsbarkeit im Gefüge der Staatsfunktion. 1. Bericht, VVDStRL 1981, 7 ff

Kortner, Stefan, Die EU-Mercosur-Beziehungen: auf dem Weg zur interregionalen Kooperation, Integration 2001, 231 ff

Kraus, Herbert, Das Erfordernis struktureller Kongruenz zwischen der Verfassung der Europäischen Verteidigungsgemeinschaft und dem Grundgesetz (Gutachten), in *Institut für Staatslehre und Politik e. V. in Mainz* (Hrsg), Der Kampf um den Wehrbeitrag, Band 2, 2. Halbband: Das Gutachtenverfahren (30. 7. – 15. 12. 1952) (1953) 545 ff

Krause, Karl Christian Friedrich, Entwurf eines europäischen Staatenbundes, in *Foerster, Rolf Hellmut* (Hrsg), Die Idee Europa 1300-1946. Quellen zur Geschichte der politischen Einigung (1963) 155 ff

Kreile, Michael, Zur nationalen Gebundenheit europapolitischer Visionen: Das Schröder-Papier und die Jospin-Rede, Integration 2001, 250 ff

Kruse, Hans, Strukturelle Kongruenz und Homogenität, in *Der Göttinger Arbeitskreis* (Hrsg), Mensch und Staat in Recht und Geschichte. Festschrift für Herbert Kraus zur Vollendung seines 70. Lebensjahres dargebracht von Freunden, Schülern und Mitarbeitern (1954) 112 ff

Landau D, Georges, El Informe Tindemans sobre la Unión Europea, integración latinoamericana 10/1977, 38 ff

Läufer, Thomas, Zur künftigen Verfassung der Europäischen Union – Notwendigkeit einer offenen Debatte, Integration 1994, 204 ff

Lecheler, Helmut, „Supranationalität" der Europäischen Gemeinschaften – Rechtliche Beschreibung oder unverbindliche Leerformel?, JuS 1974, 7 ff

ders, Braucht die „Europäische Union" eine Verfassung? Bemerkungen zum Verfassungsentwurf des Europäischen Parlaments vom 9. September 1993, in *Randelzhofer, Albrecht/Scholz, Rupert/Wilke, Dieter* (Hrsg), Gedächtnisschrift für Eberhard Grabitz (1995) 393 ff

Lehmann, Julia, Neues von der Schiedsgerichtsbarkeit des Mercosur – ein Integrationsmotor à la Luxemburg, EuZW 2001, 622 ff

Leinen, Jo/Schönlau, Justus, Die Erarbeitung der EU-Grundrechtecharta im Konvent: nützliche Erfahrungen für die Zukunft Europas, Integration 2001, 26 ff

Lenaerts, Koen, Le droit comparé dans le travail du juge communautaire, RTD eur 2001, 487 ff

ders/Smijter, Eddy de, A „bill of rights" for the European Union, CMLRev 2001, 273 ff

Lenz, Carl Otto, Der Vertrag von Maastricht nach dem Urteil des Bundesverfassungsgerichts, NJW 1993, 3038 f *ders*, Die Europäische Gerichtsbarkeit in der Europäischen Gemeinschaft nach dem Vertrag von Nizza, EuGRZ 2001, 433 ff

Liisberg, J B, Does the EU Charter of Fundamental Rights threaten the supremacy of Community law?, CMLRev 2001, 1171 ff

Lindner, Franz, EG-Grundrechtscharta und gemeinschaftsrechtlicher Kompetenzvorbehalt – Probleme und Thesen, DÖV 2000, 543 ff

Londoño Sánchez, Jorge Octavio, Las elecciones directas en los Parlamentos regionales: el caso del Parlamento Andino, integración latinoamericana 146-147/1989, 28 ff

Loth, Wilfried, Der Post-Nizza-Prozess und die Römischen Verträge, Integration 2002, 12 ff

Lübbe-Wolff, Gertrude, Europäisches und nationales Verfassungsrecht. 3. Bericht, VVDStRL 2001, 246 ff

Mackay, W G, Ausschließliche und konkurrierende Gesetzgebung, in *Lipgens, Walter* (Hrsg), 45 Jahre Ringen um die Europäische Verfassung. Dokumente 1939-1984. Von den Schriften der Widerstandsbewegung bis zum Vertragsentwurf des Europäischen Parlaments (1986) 53 ff

Magiera, Siegfried/Niedobitek, Matthias, Der Gerichtshof, JEI 2000/2001, 85 ff

Mahrenholz, Ernst Gottfried, Europäische Verfassungsgerichte, JÖRdG 2001, 15 ff

Mancera, Jorge Rodríguez, Reflexiones sobre la integración andina en un contexto de apertura económica, integración lationoamericana 3/1992, 3 ff

Martin, Andrew D, Congressional Decision Making and the Separation of Powers, APSR 2001, 361 ff

Martins, Renata, MERCOSUR: Der Südamerikanische Gemeinsame Markt im Überblick, RIW 1999, 851 ff

Maurer, Andreas, Nationale Parlamente in der Europäischen Union: Herausforderungen für den Konvent, Integration 2002, 20 ff

Mederer, Wolfgang, Das Subsidiaritätsprinzip und die EG, ecolex 1991, 513 ff

Meesen, Karl M, Maastricht nach Karlsruhe, NJW 1994, 549 ff

Meng, Werner, Die Neuregelung der EG-Verwaltungsausschüsse. Streit um die „Comitologie", ZaöRV 1988, 208 ff

Meyer, Jürgen/Engels, Markus, Die Charta der Grundrechte der Europäischen Union, JEI 2000/2001, 37 ff

Meyer, Jürgen/Hartleit, Sylvia, Die Konventsidee, ZParl 2002, 368 ff

Mombaur, Peter M, Die Charta der Grundrechte der Europäischen Union – Ein Bericht in neun Punkten, DÖV 2001, 595 f

Mosler, Hermann, Der Vertrag über die Europäische Gemeinschaft für Kohle und Stahl. Entstehung und Qualifizierung, ZaöRV 1951/52, 1 ff

Mössner, Jörg Manfred, Rechtsvergleichung und Verfassungsrechtsprechung, AöR 1974, 193 ff

Müller, H, Die Auswahl der Verfassungsrichter, ZÖR 1957/1958, 149 ff

Müller, Jörg Paul, Unentbehrliche Elemente einer Verfassung, in *Bieber, Roland/Widmer, Pierre*, L'espace constitutionnel européen. Der europäische Verfassungsraum. The European constitutional area (1995) 133 ff

Müller-Graff, Peter-Christian, Europäische Föderation als Revolutionskonzept im europäischen Verfassungsraum?, Integration 2000, 157 ff

Narjes, Karl-Heinz, Walter Hallstein – ein großer Europäer der Berliner Schule, in *Kloepfer, Michael/Pernice, Ingolf* (Hrsg), Entwicklungsperspektiven der europäischen Verfassung im Lichte des Vertrags von Amsterdam (1999) 25 ff

Nentwich, Michael, Institutionelle und verfahrensrechtliche Neuerungen im Vertrag über die Europäische Union, EuZW 1992, 235 ff

Nettesheim, Martin, Die Charta der Grundrechte der Europäischen Union: eine verfassungstheoretische Kritik, Integration 2002, 35 ff

Neyer, Jürgen, Administrative Supranationalität in der Verwaltung des Binnenmarktes: Zur Legitimität der Komitologie, Integration 1997, 24 ff

Nicolaysen, Gert, Ansichten zur Gemeinschaftsverfassung. H. P. Ipsen zum 80. Geburtstag, EuR 1987, 299 ff

Noll, Alfred J, „Verfassungsidentität" und „Staatlichkeit" im Prozeß der europäischen Integration. Notiz zum Urteil des BVerfG vom 12. Oktober 1993 (2 BvR 2134/92, 2 BvR 2159/92), mit dem der Vertrag von Maastricht über die Europäische Union für verfassungskonform erklärt wurde, JRP 1993, 240 ff

Obwexer, Walter, Der Vertrag von Nizza, ecolex 2001, 324 ff

ders, Die Neuordnung des Gerichtssystems nach Nizza, in *Griller, Stefan/Hummer, Waldemar* (Hrsg), Die EU nach Nizza. Ergebnisse und Perspektiven (2002) 240 ff

Öhlinger, Theo, Braucht Europa eine Verfassung? Verfassungstheoretische Fragen und Anmerkungen, JRP 2002, 37 ff

ders, Die amerikanische Verfassung – 200 Jahre Geschichte des Verfassungsstaates, ZfRV 1988, 3 ff

Ophüls, C F, Das Wirtschaftsrecht des Schumanplans, NJW 1951, 381 ff

ders, Gerichtsbarkeit und Rechtsprechung im Schumanplan, NJW 1951, 693 ff

ders, Juristische Grundgedanken des Schumanplans, NJW 1951, 289 ff

Oppermann, Thomas, Deutsche und Europäische Verfassungsrechtsprechung. Vergleichende Gedanken zur Judikatur des Bundesverfassungsgerichts und des Gerichtshofes der Europäischen Gemeinschaften, Der Staat 1967, 445 ff

ders, Die Dritte Gewalt in der Europäischen Union, DVBl 1994, 901 ff

Orrega Vicuña, Francisco, La creación de un tribunal de justicia en el Grupo Andino, Derecho de la Integración 15/1974, 31 ff

Pache, Eckhard, Die Europäische Grundrechtscharta: ein Rückschritt für den Grundrechtsschutz in Europa, EuR 2001, 475 ff

Paolillo H, Felipe, El Tribunal de Justicia del Acuerdo de Cartagena, in *Orrego Vicuña, Francisco/Irigoin Barrenne, Jeanette* (Hrsg), Perspectivas del Derecho Internacional contemporaneo. Experiencias y visión de América Latina. Volumen II. La solución pacífica de controversias (1981) 107 ff

Pechstein, Matthias, Die Anerkennung der rein objektiven unmittelbaren Richtlinienwirkung – Anmerkung zum UVP-Urteil des EuGH, EWS 1996, 261 ff

Peña, Félix, Der Mercosur: Rückblick auf ein Jahrzehnt – Ausblick auf die Zukunft, KAS-AI 6/2001, 46 ff

Pernice, Ingolf, Eine Grundrechte-Charta für die Europäische Union, DVBl 2000, 847 ff

ders, Europäische Grundrechte-Charta und Abgrenzung der Kompetenzen, EuZW 2001, 673

ders, Europäisches und nationales Verfassungsrecht. 1. Bericht, VVDStRL 2001, 148 ff

ders, Maastricht, Staat und Demokratie, Die Verwaltung 1993, 449 ff

ders, Verfassungsentwurf für eine Europäische Union, EuR 1984, 126 ff

Pernthaler, Peter, Die Herrschaft der Richter im Recht ohne Staat. Ursprung und Legitimation der rechtsgestaltenden Funktionen des Europäischen Gerichtshofes, JBl 2000, 691 ff

Petersmann, Ernst-Ulrich, How can the European Union Be Constitutionalized? The European Parliament's 1994 Proposal for a „Constitution for the European Union", Aussenwirtschaft 1995, 171 ff

ders, Proposals for a new Constitution for the European Union: Building-Blocks for a constitutional theory and constitutional law of the EU, CMLRev 1995, 1123 ff

Pfennig, Gero, Finanzierung der „neuen" Politiken und Agrarreform in *Schwencke, Olaf* (Hrsg), Loccumer Protokolle 11/1985. Grenzenlose Kompetenzlosigkeit – oder: brauchen wir eine europäische Verfassung? Europapolitisches Kolloquium zur Reform der Gemeinschaft (1986) 188 ff

Pflimlin, Pierre, Altiero Spinelli ist tot, in *Schwencke, Olaf* (Hrsg), Loccumer Protokolle 11/1985. Grenzenlose Kompetenzlosigkeit – oder: brauchen wir eine europäische Verfassung? Europapolitisches Kolloquium zur Reform der Gemeinschaft (1986) 2

Pieper, Stefan Ulrich, Subsidiaritätsprinzip – Strukturprinzip der Europäischen Union, DVBl 1993, 705 ff

Pipkorn, Jörn, Das Subsidiaritätsprinzip im Vertrag über die Europäische Union – rechtliche Bedeutung und gerichtliche Überprüfbarkeit, EuZW 1992, 697 ff

Piris, Jean Claude, Hat die Europäische Union eine Verfassung? Braucht sie eine?, EuR 2000, 311 ff

ders, Does the European Union have a Constitution? Does it need one?, http://www.jeanmonnetprogram.org/papers/00/000501.html

Pleuger, Gunter, Der Vertrag von Nizza: Gesamtbewertung der Ergebnisse, Integration 2001, 1 ff

Podibrand, Georg von, Bündnis- und Föderationsvertrag zwischen König Ludwig XI., König Georg von Böhmen, und dem Hohen Rat von Venedig, um den Türken zu widerstehen, in *Ziegerhofer, Anita/Pichler, Johannes W/Likar, Reinhard* (Hrsg), Die „Vereinigten Staaten von Europa". Dokumente eines Werdens (1999) 21 ff

ders, Bündnis- und Föderationsvertrag, in *Foerster, Rolf Hellmut* (Hrsg), Die Idee Europa 1300-1946. Quellen zur Geschichte der politischen Einigung (1963) 43 ff

Raschauer, Bernhard, Ultra-vires-Akte der Europäischen Gemeinschaften, ÖJZ 2000, 241 ff

Reich, Norbert, Brauchen wir eine Diskussion um ein Europäisches Kompetenzgericht?, EuZW 2002, 257 ff

Rengeling, Hans Werner/Jakobs, Michael Ch, Die Entwicklung des öffentlichen Rechts. Europäische Verfassung. Bemerkungen zum gegenwärtigen Diskussionsstand, DVBl 1984, 773 ff

Ress, Georg, Der Conseil Constitutionnel und der Schutz der Grundfreiheiten in Frankreich. Betrachtungen aus Anlaß der Entscheidung des Conseil Constitutionnel vom 16. Juli 1971 zur *Reform des französischen Vereinigungsrechts* mit vergleichenden Hinweisen, JÖR/NF 1974, 121 ff

Rodríguez Iglesias, Gil Carlos, Der Gerichtshof der Europäischen Gemeinschaften als Verfassungsgericht, EuR 1992, 225 ff

ders, Zur „Verfassung" der Europäischen Gemeinschaft, EuGRZ 1996, 125 ff

ders, Zur „Verfassung" der Europäischen Gemeinschaft, in *Schwarze, Jürgen* (Hrsg), Verfassungsrecht und Verfassungsgerichtsbarkeit im Zeichen Europas (1998) 45 ff

Roselieb, Gerhard, Zur Frage der Supranationalität, ZÖR 1962/63, 461 ff

Rossi, Lucia Serena, „Constitutionnalisation" de l'Union européenne et des droits fondamentaux, RTD eur 2002, 27 ff

Roth, Michael, Europa braucht einen erfolgreichen Konvent, Integration 2002, 7 ff

Rotter, Manfred, Analyse der „Sanktionen" der 14. Die völkerrechtliche und gemeinschaftsrechtliche Dimension, Europäische Rundschau 3/2000, 21 ff

Rousseau, Jean-Jacques, Auszug aus dem Plan des ewigen Friedens des Herrn Abbé de Saint-Pierre und Urteil über den ewigen Frieden, in *Foerster, Rolf Hellmut* (Hrsg), Die Idee Europa 1300-1946. Quellen zur Geschichte der politischen Einigung (1963) 86 ff

Rovan, Joseph, Ideen zu den Entscheidungsstrukturen, in *Weidenfeld, Werner* (Hrsg), Wie Europa verfaßt sein soll – Materialien zur Politischen Union. Strategien und Optionen für die Zukunft Europas. Arbeitspapiere 7 (1991) 72 ff

Ruiz-Jarabo, Dámaso, La réforme de la Cour de justice opérée par le traité de Nice et sa mise en œuvre future, RTD eur 2001, 705 ff

Rüthers, Bernd, Demokratischer Rechtsstaat oder obligatorischer Richterstaat, JZ 2002, 365 ff

Sack, Jörn, Zur künftigen europäischen Gerichtsbarkeit nach Nizza, EuZW 2001, 77 ff

Sahm, Ulrich, Die Verfassung der Europäischen Gemeinschaft für Kohle und Stahl, EA 1951, 3977 ff

Salazar, Roberto/Farías Mata, Henrique, El Tribunal de Justicia del Acuerdo de Cartagena. 3. Principios Básicos en el Derecho Comunitario Andino, in *Excma Corte Suprema de Justicia de Bolivia/Tribunal de Justicia del Acuerdo de Cartagena* (Hrsg), Seminario Internacional: „Integración, Derecho y Tribunales Comunitarios", La Paz, 19 - 20 de agosto de 1996. Sucre, 22 - 23 de agosto de 1996 (1997) 87 ff

Salzar Manrique, Roberto, Fundamentos Jurídicos del Derecho Comunitario Andino, in *Tribunal de Justicia del Acuerdo de Cartagena/Cámara de Comercio de Bogotá* (Hrsg), Memoria del Seminario Internacional: Integración económico y derecho comunitario. Modelos Europeos y Americanos. Santafé de Bogotá, abril 24, 25 y 26 de 1995 (1997) 75 ff

Samtleben, Jürgen, „Das Recht des Mercosur" – wichtig für Europa?, EuZW 1998, 65

ders, Erster Schiedsspruch im Mercosur – wirtschaftliche Krise als rechtliche Herausforderung?, EuZW 2000, 77 ff

Sánchez-Palacios Paiva, Manuel, La interpretación prejudicial: caso peruano, in *Tribunal de Justicia del Acuerdo de Cartagena* (Hrsg), Memorias. Seminario Internacional: „La Integración, derecho y los tribunales comunitarios". Quito – Cuenca – Guayaquil – Trujillo. Julio – Agosto 1996 (1997) 309 ff

Santalla Vargas, Elizabeth/Sennekamp, Andreas, Streitschlichtung als Integrationsfaktor in der Europäischen Union und im MERCOSUR, RIW 2002, 262 ff

Schäfer, Peter, Der Vertrag von Nizza – seine Folgen für die Zukunft der Europäischen Union, BayVBl 2001, 460 ff

Schäffer, Heinz, Europäische Integration und Föderalismus, ZSchwR NF 1994, 155 ff

ders, Verfassungsgericht und Gesetzgebung, in *ders/Berka, Walter/Stolzlechner, Harald/Werndl, Josef* (Hrsg), Staat – Verfassung – Verwaltung. Festschrift anläßlich des 65. Geburtstages von Prof. DDr. DDr. h.c. Friedrich Koja (1998) 101 ff

Schaschnig, Johannes, Subsidiarität – „Der höchstgewichtige sozialphilosophische Grundsatz" (Quadragesimo anno Nr. 79), in *Hengstschläger, Johannes/Köck, Heribert Franz/Korinek, Karl ua* (Hrsg), Für Staat und Recht. Festschrift für Herbert Schambeck (1994) 107 ff

Scheuner, Ulrich, Perspektiven einer Europäischen Union. Zum Bericht des Ministerpräsidenten Leo Tindemans, EuR 1976, 193 ff

Schima, Bernhard, Die Beurteilung des Subsidiaritätsprinzips durch den Gerichtshof der Europäischen Gemeinschaften, ÖJZ 1997, 761 ff

Schlochauer, Hans-Jürgen, Der übernationale Charakter der Europäischen Gemeinschaft für Kohle und Stahl, JZ 1951, 289 ff

Schmale, Wolfgang, Von den Weltkriegen nach Rom: Ideen und Stationen auf dem Weg zur EWG, in *Breuss, Fritz/Fink, Gerhard/Griller, Stefan* (Hrsg), Vom Schuman-Plan zum Vertrag von Amsterdam. Entstehung und Zukunft der EU (2000) 5 ff

Schmidhuber, Peter M/Hitzler, Gerhard, Die Verankerung des Subsidiaritätsprinzips im EWG-Vertrag – ein wichtiger Schritt auf dem Weg zu einer föderalen Verfassung der Europäischen Gemeinschaft, NVwZ 1992, 720 ff

Schmitz, Thomas, Die EU-Grundrechtecharta aus grundrechtsdogmatischer und grundrechtstheoretischer Sicht, JZ 2001, 833 ff

Schneider, Heinrich, Alternativen der Verfassungsfinalität: Föderation, Konföderation – oder was sonst?, Integration 2000, 171 ff

Schramm, Alfred, Federalism Lost – Federalism Regained? Die neue Föderalismusrechsprechung des US Supreme Court, ZfRV 2001, 136 ff

ders, US-Föderalistische Anregungen zur Weiterentwicklung des EG-Subsidiaritätsprinzips, ZfRV 2000, 8 ff

Schröder, Meinhard, Das Bundesverfassungsgericht als Hüter des Staates im Prozeß der europäischen Integration – Bemerkungen zum Maastricht-Urteil, DVBl 1994, 316 ff

ders, Die Parlamente im europäischen Entscheidungsgefüge, EuR 2002, 301 ff

Schroeder, Werner, Alles unter Karlsruher Kontrolle? Die Souveränitätsfrage im Maastricht-Urteil des BVerfG, ZfRV 1994, 143 ff

Schubarth, Martin, Die EU-Grundrechtscharta – Ein Paradigmenwechsel?, JBl 2001, 205 ff

Schwarze, Jürgen, Europapolitik unter deutschem Verfassungsrichtervorbehalt. Anmerkungen zum Maastricht-Urteil des BVerfG vom 12.10.1993, NJ 1994, 1 ff

ders, Europäische Verfassungsperspektiven nach Nizza, NJW 2002, 993 ff

Schweitzer, Michael/Fixson, Oliver, Subsidiarität und Regionalismus in der Europäischen Gemeinschaft, Jura 1992, 579 ff

Schwimmer, Walter, Der Europarat und die Zukunft der Europäischen Union, Gesellschaft & Politik 1/2002, 40 ff

Secretaria Permanente del Sistema Económico Latinoamericano, Más equidad en el sistema de comercio mundial: la solución de controversias en la OMC, Sistema Económico Latinoamericano 51/1997 175 ff

Seeler, Hans-Joachim, Die Legitimation des hoheitlichen Handelns der Europäischen Gemeinschaft/Europäischen Union, EuR 1998, 721 ff

Seidel, Martin, Basic Aspects of a European Constitution, Aussenwirtschaft 1995, 221 ff

ders, Zur Reform des Europäischen Gerichthofes aufgrund der Einheitlichen Europäischen Akte, in *Schwarze, Jürgen* (Hrsg), Fortentwicklung des Rechtsschutzes in der Europäischen Gemeinschaft. Perspectives for the Development of Judicial Protection in the European Community. Perspectives de développement de la protection juridictionnelle dans la Communauté européenne. Beiträge zu einem internationalen Kolloquium des Europäischen Hochschulinstituts am 30./31. Oktober 1986 in Florenz (1987) 203 ff

Seidl-Hohenveldern, Ignaz, Die Staaten, in *Neuhold, Hanspeter/Hummer, Waldemar/Schreuer, Christoph* (Hrsg), Österreichisches Handbuch des Völkerrechts. Band 1: Textteil[3] (1997) Rdnr 668 ff

Sidjanski, Dusan, Del Proyecto del Tratado de Unión del Parlamento Europeo al Acta Única Europea, integración latinoamericana, 131/1988, 3 ff

Silvestro, Massimo, De la Charte des droits fondamentaux de l'Union Européenne à la Charte constitutionnelle, RMCUE 2001, 660 ff

Skouris, Wassilios, Demokratie und Verfassungsgerichtsbarkeit aus der Sicht des Europäischen Gerichtshofes, in *Holoubek, Michael/Gutknecht, Brigitte/Schwarzer, Stephan/Martin, Andrea* (Hrsg), Dimensionen des modernen Verfassungsstaates. Symposium zum 60. Geburtstag von Karl Korinek (2002) 151 ff

Sosa Goómez, Cecilia, La interpretación prejudicial y el Tribunal de Justicia del Acuerdo de Cartagena (Referencia al caso venezolano), in *Tribunal de Justicia del Acuerdo de Cartagena* (Hrsg), Memorias. Seminario Internacional: „La Integración, derecho y los tribunales comunitarios". Quito – Cuenca – Guayaquil – Trujillo. Julio – Agosto 1996 (1997) 144 ff

Speer, Benedikt, Die Europäische Union als Wertegemeinschaft – Wert- und rechtskonformes Verhalten als konditionierendes Element der Mitgliedschaft, DÖV 2001, 980 ff

Spies, Axel, Der U.S. Supreme Court im Rechtssystem der Vereinigten Staaten von Amerika, JA 1987, 124 ff

ders, Verfassungsrechtliche Normenkontrolle in Frankreich: der Conseil constitutionnel, NVwZ 1990, 1040 ff

Spinelli, Altiero, Das Manifest von Ventotene vom Juli 1941, in *Lipgens, Walter*, Europa-Föderationspläne der Widerstandsbewegung 1940-1945 (1968) 36 ff

ders, Das Problem der wirtschaftlichen Autarkie, in *Lipgens, Walter*, Europa-Föderationspläne der Widerstandsbewegung 1940-1945 (1968) 81 ff

ders, Demokratie und Föderation in Europa, in *Lipgens, Walter*, Europa-Föderationspläne der Widerstandsbewegung 1940-1945 (1968) 87 f

ders, Der Unionsvertrag als Chance der Wiederherstellung des Primats Europäischer Politik, in *Schwencke, Olaf* (Hrsg), Loccumer Protokolle 11/1985. Grenzenlose Kompetenzlosigkeit – oder: brauchen wir eine europäische Verfassung? Europapolitisches Kolloquium zur Reform der Gemeinschaft (1986) 13 ff

ders, Die parlamentarische Initiative zur Europäischen Union, EA 1983, 739 ff

ders, Die Vereinigten Staaten von Europa und die verschiedenen politischen Tendenzen, in *Lipgens*, Walter, Europa-Föderationspläne der Widerstandsbewegung 1940-1945 (1968) 44 ff

ders, Die Wege der italienischen Außenpolitik, in *Lipgens, Walter*, Europa-Föderationspläne der Widerstandsbewegung 1940-1945 (1968) 94 ff

ders, Reform der europäischen Institutionen, in *Lipgens, Walter* (Hrsg), 45 Jahre Ringen um die Europäische Verfassung. Dokumente 1939-1984. Von den Schriften der

Widerstandsbewegung bis zum Vertragsentwurf des Europäischen Parlaments (1986) 538 ff

Stabreit, Immo, Die „Feierliche Deklaration zur Europäischen Union" – eine Etappe auf dem Weg zu einem Vereinten Europa, EA 1983, 445 ff

Starck, Christian, Der Schutz der Grundrechte durch den Verfassungsrat in Frankreich, AöR 1988, 632 ff

Steindorff, Ernst, Schuman-Plan und europäischer Bundesstaat, EA 1951, 3955 ff

Steinhilber, Jochen, Jospins Europa, BdiP 2001, 783 ff

Stolleis, Michael, Europa nach Nizza. Die historische Dimension, NJW 2002, 1022 ff

Streinz, Rudolf, Das Maastricht-Urteil des Bundesverfassungsgerichts. Anmerkungen zu BVerfG, EuZW 1993, 667, EuZW 1994, 329 ff

ders, Der „effet utile" in der Rechtsprechung des Gerichtshofs der Europäischen Gemeinschaften, in *Due, Ole/Lutter, Marcus/Schwarze, Jürgen* (Hrsg), Festschrift für Ulrich Everling. Band I (1995) 1491 ff

ders, Der Vertrag von Amsterdam. Einführung in die Reform des Unionsvertrages von Maastricht und erste Bewertung der Ergebnisse, EuZW 1998, 137 ff

ders, Die Europäische Union nach dem Vertrag von Maastricht, ZfRV 1995, 1 ff

ders/Leible, Stefan, Die Zukunft des Gerichtssystems der Europäischen Gemeinschaft – Reflexionen über Reflexionspapiere, EWS 2001, 1 ff

Szczekalla, Peter, Grundrechte für Europa – Die Europäische Union nach Nizza – Zugleich Bericht über die Konferenz in Wien am 18. und 19. Dezember 2000, DVBl 2001, 345 ff

Theodossiou, Maria A, An analysis of the recent response of the Community to non-compliance with Court of Justice judgments: Article 228 (2) E.C., ELR 2002, 25 ff

Thesing, Josef, Demokratie in Lateinamerika, KAS-AI 12/2000, 4 ff

Thunert, Martin, Die US-amerikanischen Präsidentschaftswahlen vom 7. November 2000 – kein Sieg *Bushs*, sondern eine Niederlage *Gores*, ZParl 2001, 630 ff

Thun-Hohenstein, Christoph, Der Gerichtshof der Europäischen Gemeinschaften nach Amsterdam, in *Köck, Heribert Franz* (Hrsg), Rechtsfragen an der Jahrtausendwende. Akten des 22. Österreichischen Völkerrechtstages. Traunkirchen am Traunsee, 5. bis 7. Juni 1997 (1998) 197 ff

Tichy, Helmut, Der neue Komitologiebeschluss, ZfRV 2000, 134 ff

Tietje, Christian, Europäischer Grundrechtsschutz nach dem Maastricht-Urteil, „Solange III"? – BVerfG, NJW 1993, 3047, NJW 1994, 197 ff

Ule, Der Gerichtshof der Montangemeinschaft als europäisches Verwaltungsgericht, DVBl 1952, 65 ff

Unruh, Peter, Die Unionstreue – Anmerkungen zu einem Rechtsgrundsatz der Europäischen Union, EuR 2002, 41 ff

Ureta, Manuel S, La interpretación prejudicial en los países andinos: El caso colombiano, in *Tribunal de Justicia del Acuerdo de Cartagena* (Hrsg), Memorias. Seminario Internacional: „La Integración, derecho y los tribunales comunitarios". Quito – Cuenca – Guayaquil – Trujillo. Julio – Agosto 1996 (1997) 122 ff

Velásquez Baquerizo, Erenesto, La interpretación prejudicial en los países andinos: el caso Ecuador, in *Tribunal de Justicia del Acuerdo de Cartagena* (Hrsg), Memorias. Seminario Internacional: „La Integración, derecho y los tribunales comunitarios". Quito – Cuenca – Guayaquil – Trujillo. Julio – Agosto 1996 (1997) 288 ff

Ventura, Deisy, First Arbitration Award in Mercosur – A Community Law in Evolution?, LJIL 2000, 447 ff

Villagrán Kramer, Francisco, Sistematización de la estructura jurídica del Acuerdo de Cartagena, in *Instituto para la Integración de América Latina/Banco Interamericano de Desarrollo* (Hrsg), La dimensión jurídica de la integración (América Latina) (1973) 143 ff

ders, Sistematización de la estructura jurídica del Acuerdo de Cartagena, Derecho de la Integración 12/1973, 11 ff

Villey, Michel, Hommage à R. Marcic, ZÖR 1966, 405 ff

Villiers, Michel de, Question n°17: Le référendum sous la Ve République, http://www.conseil-constitutionnel.fr/dossier/quarante/q17.htm

Vitzthum, Wolfgang Graf, Die Identität Europas, EuR 2002, 1 ff

Vobruba, Georg, Was kann der Konvent, BdiP 2002, 526 ff

Weber, Albrecht, Buchbesprechung zu Cromme, Franz, Spezifische Verfassungselemente des Staatenverbundes. Bausteine für die Europäische Union (1997), DVBl 1998, 1303

ders, Buchbesprechung zu Cromme, Franz, Verfassungsvertrag der Gemeinschaft der Vereinigten Europäischen Staaten (1987), DVBl 1988, 800

ders, Zur künftigen Verfassung der Europäischen Gemeinschaft. Föderalismus und Demokratie als Strukturelemente einer Europäischen Verfassung, JZ 1993, 325 ff

Wegener, Bernhard W, Die Neuordnung der EU-Gerichtsbarkeit durch den Vertrag von Nizza, DVBl 2001, 1258 ff*Weidenfeld, Werner*, Die Zukunft Europas – Strategien und Optionen. Der Beitrag angewandter Politikforschung in 15 Jahren Europa-Arbeit der Bertelsmann Stiftung und des Centrums für angewandte Politikforschung, Europäische Rundschau 4/2000, 83 ff

ders, Notwendigkeiten und Kriterien für eine Europäische Verfassung, in *ders* (Hrsg), Wie Europa verfaßt sein soll – Materialien zur Politischen Union. Strategien und Optionen für die Zukunft Europas. Arbeitspapiere 7 (1991) 79 ff

Weiler, J H H, The European Union: Enlargement, Constitutionalism and Democracy. Vortrag am Walter Hallstein-Institut für Europäisches Verfassungsrecht der Humboldt-Universität zu Berlin am 29. November 1999, FCE 7/99, http://www.whi-berlin.de/weiler.htm

Wessels, Wolfgang, Der Konvent: Modelle für eine innovative Integrationsmethode, Integration 2002, 83 ff

Wiedmann, Thomas, Der Vertrag von Nizza: Genesis einer Reform, EuR 2001, 185 ff

Wieland, Beate, Verfassungspolitische Probleme der „Staatswerdung Europas", in *Wildenmann, Rudolf* (Hrsg), Staatswerdung Europas? Optionen für eine Europäische Union (1991) 429 ff

Wieland, Joachim, Der Zugang des Bürgers zum Bundesverfassungsgericht und zum U.S. Supreme Court, Der Staat 1990, 333 ff

Winkler, Günther, Zweisprachige Ortstafeln und Volksgruppenrechte. Kritische Anmerkungen zur Entscheidungspraxis des Verfassungsgerichtshofs bei Gesetzesprüfungen von Amts wegen aus der Perspektive eines Ortstafelerkenntnisses, ZÖR 2002, 129 ff

Wouters, Jan, Institutional and constitutional challenges for the European Union: some reflections in the light of the Treaty of Nice, ELR 2001, 342 ff

Zelada Castedo, Alberto, El tratado que crea el Tribunal Andino de Justicia: sus consecuencias en el ordeniamiento jurídico del Acuerdo de Cartagena, integración latinoamericana 89/1984, 49 ff

Zuleeg, Manfred, Wandlungen des Begriffs der Supranationalität, Integration 1988, 103 ff

Reden

„Europa schaffen, ohne Frankreich abzuschaffen". Rede von Lionel Jospin zur Zukunft des erweiterten Europas vom 28. Mai 2001, BdiP 2001, 888 ff

Piris, Jean Claude, Rede vor dem französischen Senat vom 17. 4. 2001, http://www.senat.fr/-europe/r17042001.html

Plädoyer für eine europäische Verfassung. Rede von Bundespräsident Johannes Rau vor dem Europäischen Parlament in Straßburg am 4. April 2001, BdiP 2001, 630 ff

Rede Churchills am 19. 9. 1946 in Zürich (Auszug), in *Gasteyger, Curt*, Europa zwischen Spaltung und Einigung 1945 bis 1993 (1994) 39 f

Rede des deutschen Bundesministers des Auswärtigen, Hans-Dietrich Genscher, vor dem Europäischen Parlament zum deutsch-italienischen Vorschlag für die Fortentwicklung der EG zur Europäischen Union am 19. 11. 1981, EA 1982, D 55 ff

Rede des italienischen Außenministers, Emilio Colombo, vor dem Europäischen Parlament zum deutsch-italienischen Vorschlag für die Fortentwicklung der EG zur Europäischen Union am 19. 11. 1981 (Auszug), EA 1982, D 59 ff

Speech by His Excellency Judge Gilbert Guillaume, President of the International Court of Justice, to the Sixth Committee of the General Assembly of the United Nations, 31 October 2001, http://www.icj-cij.org/icjwww/ipresscom/SPEECHES/iSpeechPresident_Guillaume_6th-Committee_2001.htm

Winston Churchill: Rede in Zürich, in *Lipgens, Walter* (Hrsg), 45 Jahre Ringen um die Europäische Verfassung. Dokumente 1939-1984. Von den Schriften der Widerstandsbewegung bis zum Vertragsentwurf des Europäischen Parlaments (1986) 214 ff

Winston S Churchill: Züricher Rede, in *Foerster, Rolf Hellmut* (Hrsg), Die Idee Europa 1300-1946. Quellen zur Geschichte der politischen Einigung (1963) 253 ff

Berichte, Entwürfe und Sonstiges

About ICRI, http://www.icri.org.uk

Acuerdo de Cartagena, Comisión, Decisión 184: Estatuto del Tribunal de Justicia del Acuerdo de Cartagena, Quito, 19 de agosto de 1983, integración latinoamericana 85/1983, 76 ff

Acuerdo de Cartagena, Tribunal de Justicia, Reglamento Interno, Quito, 9 de mayo de 1984, integración latinoamericana 94/1984, 88 ff

Acuerdo de Cartagena: Adhesión de Venezuela, Derecho de la Integración 13/1973, 129 ff

Ad-hoc-Versammlung: Entwurf eines Vertrages über die Satzung der Europäischen Gemeinschaft, in *Lipgens, Walter* (Hrsg), 45 Jahre Ringen um die Europäische Verfassung. Dokumente 1939-1984. Von den Schriften der Widerstandsbewegung bis zum Vertragsentwurf des Europäischen Parlaments (1986) 335 ff

ALALC: Compatibilidad del Acuerdo Andino con el Tratado de Montevideo, Derecho de la Integración 6/1970, 118 ff

Bericht der Reflexionsgruppe über die Zukunft des Gerichtssystems der Europäischen Gemeinschaften/Due-Report, EuGRZ 2001, 523 ff

Bertelsmann Europa-Kommission, Europas Vollendung vorbereiten. Forderungen an die Regierungskonferenz 2000. vorgelegt durch Werner Weidenfeld (Vorsitz) ua (2000), http://www.cap.uni-muenchen.de/publikationen/download.htm

Bertelsmann Forschungsgruppe Politik am Centrum für angewandte Politikforschung (CAP), Entwurf zur „Zweiteilung" der Verträge, http://www.cap.uni-muenchen.de/download/grundvertrag.pdf

Das Manifest von Ventotene, in *Lipgens, Walter*, Europa-Föderationspläne der Widerstandsbewegung 1940-1945 (1968) 36 ff

Der Schuman-Plan und die vierte Tagung des Atlantikrates, EA 1950, 3091 ff

Directorate General for Research – European Parliament, Working Paper. What form of Constitution for the European Union? Strategies and options to reinforce the constitutional nature of the Treaties (1999) Political Series Poli 105A EN

documentARchiv.de, Verfassung der Vereinigten Staaten von Amerika, http://www.document Archiv.de/in/usverf.html

Duhamel, Olivier (Berichterstatter), Bericht des Ausschusses für konstitutionelle Fragen über die Konstitutionalisierung der Verträge, A5-0289/2000

Entwurf eines Vertrages über die Satzung der Europäischen Gemeinschaft (ad-hoc Versammlung) vom 10. 3. 1953, in *Schwarze, Jürgen/Bieber, Roland* (Hrsg), Eine Verfassung für Europa. Von der Europäischen Gemeinschaft zur Europäischen Union. Referate und

Diskussionsbeiträge der internationalen Tagung des Instituts für Integrationsforschung der Stiftung Europa-Kolleg Hamburg vom 3. bis 5. November 1983 (1984) 397 ff

Entwurf über die Ausarbeitung einer Europäischen Verfassung (Mitglieder der Fraktion der Europäischen Volkspartei im Europäischen Parlament) vom 26. 9. 1983, in *Schwarze, Jürgen/Bieber, Roland* (Hrsg), Eine Verfassung für Europa. Von der Europäischen Gemeinschaft zur Europäischen Union. Referate und Diskussionsbeiträge der internationalen Tagung des Instituts für Integrationsforschung der Stiftung Europa-Kolleg Hamburg vom 3. bis 5. 11. 1983 (1984) 571 ff

Entwurf von Jean Dorren (1977), La Constitution de l'Europe. Pour une démocratie efficace, http://www.uni-trier.de/uni/fb5/ievr/www/eu_verfassungen/dorren.htm

Europäisches Hochschulinstitut, Basisvertrag der Europäischen Union. Entwurf, http://europa.eu.-int/comm/archives/igc2000/offdoc/draftreaty_de.pdf

Europäisches Hochschulinstitut. Robert Schuman Centre for Advanced Studies, Studie zur Neuordnung der Verträge, http://europa.eu.int/comm/archives/igc2000/offdoc/repoflo_-de.pdf

European University Institute, Reforming the Treaties' Amendment Procedures. Second Report on the reorganisation of the European Union Treaties – submitted to the European Commission an 31 July 2000, http://europa.eu.int/comm/archives/igc2000/offdoc/repoflo_en2.pdf

Feierliche Deklaration zur Europäischen Union, von den Staats- und Regierungschefs der Mitgliedstaaten der Europäischen Gemeinschaft auf der Tagung des Europäischen Rates in Stuttgart am 19. Juni 1983 unterzeichnet, EA 1983, D 420 ff

Fouchet Ausschuss. Französische Delegation/Delegationen der Bundesrepublik Deutschland, Belgiens, Italiens, Luxemburgs und der Niederlande, Entwurf eines Vertrages zur Gründung einer Staatenunion vom 15. 3. 1962, in *Lipgens, Walter* (Hrsg), 45 Jahre Ringen um die Europäische Verfassung. Dokumente 1939-1984. Von den Schriften der Widerstandsbewegung bis zum Vertragsentwurf des Europäischen Parlaments (1986) 436 ff

Gemeinsamer deutsch-italienischer Vorschlag für die Fortentwicklung der Europäischen Gemeinschaft zur Europäischen Union. Entwurf vom 4. 11. 1981 für eine Europäische Akte und eine Erklärung zu Fragen der wirtschaftlichen Integration, EA 1982, D 50 ff

Grupo Andino: Entró en funcionamiento del Tribunal de Justicia del Acuerdo de Cartagena, integración lationamericana 91/1984, 45

Grupo Andino: Retiro de Chile, Derecho de la Integración 24/1977, 163

Independent Commission for the Reform of the Institutions and Procedures of the Union (ICRI), Advancing the Union, http://www.icri.org.uk/ad_union.pdf

Leo Tindemans: Bericht über die Europäische Union, in *Lipgens, Walter* (Hrsg), 45 Jahre Ringen um die Europäische Verfassung. Dokumente 1939-1984. Von den Schriften der Widerstandsbewegung bis zum Vertragsentwurf des Europäischen Parlaments (1986) 611 ff

Max Imboden: Die Verfassung der Europäischen Gemeinschaft, in *Lipgens, Walter* (Hrsg), 45 Jahre Ringen um die Europäische Verfassung. Dokumente 1939-1984. Von den

Schriften der Widerstandsbewegung bis zum Vertragsentwurf des Europäischen Parlaments (1986) 455 ff

Memorandum der französischen Regierung über die Organisation einer europäischen Bundesordnung, in *Foerster, Rolf Hellmut* (Hrsg), Die Idee Europa 1300-1946. Quellen zur Geschichte der politischen Einigung (1963) 237 ff

Parlement Européen. Direction Générale des Études, Quelle Charte Constitutionnelle pour l'Union Européenne. Stratégies et options pour renforcer le caractère constitutionnel des traités, http://www.iue.it/RSC/pdf/PE-DOC.pdf

Robert Schuman Centre/Academy of European Law, A Unified and Simplified Model of the European Communities Treaties and the Treaty on European Union in Just One Treaty, http://-www.iue.it/RSC/TREATY/

Robert Schuman kündigt Montanunion an, in *Siegler, Heinrich*, Dokumentation der Europäischen Integration mit besonderer Berücksichtigung des Verhältnisses EWG-EFTA. Von der Züricher Rede Winston Churchills 1946 bis zur Bewerbung Großbritanniens um Mitgliedschaft bei der EWG 1961 (1961) 41 f

Robert Schuman: Erklärung über eine Montanunion, in *Lipgens, Walter* (Hrsg), 45 Jahre Ringen um die Europäische Verfassung. Dokumente 1939-1984. Von den Schriften der Widerstandsbewegung bis zum Vertragsentwurf des Europäischen Parlaments (1986) 293 ff

The Court as an Institution, http://a257.g.akamaitech.net/7/257/2422/14mar20010800/www.-supremecourtus.gov/about/institution.pdf

Weizsäcker, Richard von/Dehaene, Jean-Luc/Simon, David, Die institutionelle Auswirkung der Erweiterung. Bericht vom 18. 10. 1999 an die Europäische Kommission, http://europa.-eu.int/igc2000/repoct99_de.pdf

ANHANG I – Gliederung der Synopsen in Anhang III und V

1.0 Gericht
- 1.1 Bezeichnung
- 1.2 Sitz
- 1.3 Rechtsgrundlagen
- 1.4 Organeigenschaft
- 1.5 territorialer Jurisdiktionsbereich
- 1.6 temporaler Jurisdiktionsbereich
- 1.7 Privilegien und Immunitäten

2.0 Richter
- 2.1 Anzahl
- 2.2 Statut/Rechtsstellung
- 2.3 Qualifikationen
- 2.4 Ernennung
  - 2.4.1 ernannt von
  - 2.4.2 Rechtsakte der Ernennung
  - 2.4.3 Ernennungsverfahren
  - 2.4.4 Amtsdauer
  - 2.4.5 Wiederernennung
- 2.5 Unabhängigkeit
- 2.6 Unvereinbarkeiten
- 2.7 Eid
- 2.8 Amtsende
  - 2.8.1 Amtsende allgemein
  - 2.8.2 Enthebung durch
  - 2.8.3 Voraussetzungen
  - 2.8.4 Verfahren (siehe auch unter *Zuständigkeiten*)
  - 2.8.5 Übergangsbestimmungen
- 2.9 Residenzpflicht am Sitz des Gerichtes
- 2.10 Privilegien und Immunitäten (wenn nicht schon unter *Gericht*)
- 2.11 Stellvertreter
- 2.12 Hilfspersonal

3.0 Präsident
- 3.1 Vizepräsidenten
- 3.2 Statut/Rechtsstellung
- 3.3 Funktion
- 3.4 Qualifikationen
- 3.5 Ernennung
  - 3.5.1 ernannt von
  - 3.5.2 Rechtsakte der Ernennung
  - 3.5.3 Ernennungsverfahren
  - 3.5.4 Amtsdauer
  - 3.5.5 Wiederernennung
- 3.6 Unabhängigkeit
- 3.7 Unvereinbarkeiten

3.8 Eid
3.9 Amtsende
3.9.1 Amtsende allgemein
3.9.2 Enthebung durch
3.9.3 Voraussetzungen
3.9.4 Verfahren (siehe auch unter *Zuständigkeiten*)
3.9.5 Übergangsbestimmungen
3.10 Residenzpflicht am Sitz des Gerichtes
3.11 Privilegien und Immunitäten (wenn nicht schon unter *Gericht*)
3.12 Stellvertreter
3.13 Hilfspersonal
4.0 Generalanwälte
4.1 Anzahl
4.2 Status/Rechtsstellung
4.3 Funktion
4.4 Qualifikationen
4.5 Ernennung
4.5.1 ernannt von
4.5.2 Rechtsakte der Ernennung
4.5.3 Ernennungsverfahren
4.5.4 Amtsdauer
4.5.5 Wiederernennung
4.6 Unabhängigkeit
4.7 Unvereinbarkeiten
4.8 Eid
4.9 Amtsende
4.9.1 Amtsende allgemein
4.9.2 Enthebung durch
4.9.3 Voraussetzungen
4.9.4 Verfahren (siehe auch unter *Zuständigkeiten*)
4.9.5 Übergangsbestimmungen
4.10 Residenzpflicht am Sitz des Gerichtes
4.11 Privilegien und Immunitäten (wenn nicht schon unter *Gericht*)
4.12 Stellvertreter
4.13 Hilfspersonal
5.0 Organisation
5.1 Allgemein
5.2 Satzung
5.3 Verfahrensordnung
5.4 sonstige organisatorische Regelungen
5.5 Vollsitzungen
5.6 Kammern
5.7 Allgemeine Verwaltung
5.8 Finanzverwaltung
5.9 Sprachenregelung
5.10 Kanzler/Sekretär
5.11 Beamte etc

5.12 Übergangsbestimmungen
6.0 Prinzipien die explizit für das/die Gericht(e) gelten
6.1 begrenzte Ermächtigung
6.2 Verhältnismäßigkeit
6.3 (loyale) Zusammenarbeit mit anderen Organen
6.4 Sonstige
7.0 allgemeiner Verfahrensablauf, Entscheidungsfindung und Entscheidung(en)
7.1 Einleitung von Verfahren (von Amts wegen oder auf Parteiantrag)
7.2 Beweisverfahren
7.3 *dissenting opinions*
7.4 Verfahren schriftlich oder mündlich
7.5 Entscheidungen und deren Wirkung
7.6 Vollstreckung von Entscheidungen
7.7 Einstweilige Maßnahmen
8.0 Zuständigkeiten
8.1 Allgemein
8.1.1 Wahrung des Rechtes
8.1.1.1 Primärrecht/Recht der übergeordneten Ebene
8.1.1.2 Sekundärrecht/Recht der untergeordneten Ebene
8.1.2 Sonstiges
8.2 konstitutive:
8.2.1 Normenkontrolle
8.2.1.1 Akte der übergeordneten Ebene
8.2.1.1.1 Art der Rechtsakte (individuell oder generell)
8.2.1.1.2 Erlassendes Organ
8.2.1.1.3 *ex ante* oder *ex post*
8.2.1.1.4 Prüfung der Gültigkeit und/oder der Anwendung
8.2.1.1.5 Antragsbefugnis
8.2.1.1.6 Prüfungsmaßstab
8.2.1.1.7 Verfahren (inzident oder eigenes Verfahren)
8.2.1.1.8 Wirkung
8.2.1.1.9 Klagebefugnis von Individuen
8.2.1.2 Akte der untergeordneten Ebene
8.2.1.2.1 Art der Rechtsakte (individuell oder generell)
8.2.1.2.2 Erlassendes Organ
8.2.1.2.3 *ex ante* oder *ex post*
8.2.1.2.4 Prüfung der Gültigkeit und/oder der Anwendung
8.2.1.2.5 Antragsbefugnis
8.2.1.2.6 Prüfungsmaßstab
8.2.1.2.7 Verfahren (inzident oder eigenes Verfahren)
8.2.1.2.8 Wirkung
8.2.1.2.9 Klagebefugnis von Individuen
8.2.2 Pflichtenverletzungen
8.2.2.1 Pflichtenverletzungen durch die übergeordnete Ebene
8.2.2.1.1 Untätigkeit
8.2.2.1.1.1 passiv legitimiert
8.2.2.1.1.2 Prüfungsmaßstab

8.2.2.1.1.3 Antragsbefugnis
8.2.2.1.1.4 Verfahren
8.2.2.1.1.5 Wirkung
8.2.2.1.1.6 Klagebefugnis von Individuen
8.2.2.1.2 (Amts-)Haftung
8.2.2.1.2.1 passiv legitimiert
8.2.2.1.2.2 Prüfungsmaßstab
8.2.2.1.2.3 Antragsbefugnis
8.2.2.1.2.4 Verfahren
8.2.2.1.2.5 Wirkung
8.2.2.1.2.6 Klagebefugnis von Individuen
8.2.2.1.3 Sonstige
8.2.2.1.3.1 passiv legitimiert
8.2.2.1.3.2 Prüfungsmaßstab
8.2.2.1.3.3 Antragsbefugnis
8.2.2.1.3.4 Verfahren
8.2.2.1.3.5 Wirkung
8.2.2.1.3.6 Klagebefugnis von Individuen
8.2.2.2 Pflichtenverletzungen durch die untergeordnete Ebene
8.2.2.2.1 (Staats-)Haftung
8.2.2.2.1.1 passiv legitimiert
8.2.2.2.1.2 Prüfungsmaßstab
8.2.2.2.1.3 Antragsbefugnis
8.2.2.2.1.4 Verfahren
8.2.2.2.1.5 Wirkung
8.2.2.2.1.6 Klagebefugnis von Individuen
8.2.2.2.2 Vertrags-/Verfassungsverletzung
8.2.2.2.2.1 passiv legitimiert
8.2.2.2.2.2 Prüfungsmaßstab
8.2.2.2.2.3 Antragsbefugnis
8.2.2.2.2.4 Verfahren
8.2.2.2.2.5 Wirkung
8.2.2.2.2.6 Klagebefugnis von Individuen
8.2.2.2.3 Sonstige
8.2.2.2.3.1 passiv legitimiert
8.2.2.2.3.2 Prüfungsmaßstab
8.2.2.2.3.3 Antragsbefugnis
8.2.2.2.3.4 Verfahren
8.2.2.2.3.5 Wirkung
8.2.2.2.3.6 Klagebefugnis von Individuen

8.2.3 Grundrechtskontrolle

8.2.3.1 Grundrechte
8.2.3.1.1 Verletzungen durch die übergeordnete Ebene
8.2.3.1.1.1 passiv legitimiert
8.2.3.1.1.2 Rechtsakt
8.2.3.1.1.3 Prüfungsmaßstab
8.2.3.1.1.4 Antragsbefugnis

8.2.4.4.7 Ausschließlichkeitsklausel

8.3 weitere Kategorie von (nicht konstitutiven) Zuständigkeiten

8.3.1 Prüfung von Wahlen und Referenden

8.3.1.1 Präsidentschaftswahlen
8.3.1.2 Parlamentswahlen
8.3.1.3 Referenden
8.3.1.4 Sonstige

8.3.2 internationale Zuständigkeiten

8.3.2.1 Kontrolle völkerrechtlicher Verträge
8.3.2.2 Sonstige

8.3.3 schiedsrichterliche Zuständigkeiten

8.3.3.1 Schiedsvertrag
8.3.3.1.1 Anwendungsbereich
8.3.3.1.2 Prüfungsmaßstab
8.3.3.1.3 Antragsbefugnis
8.3.3.1.4 Verfahren
8.3.3.1.5 Wirkung
8.3.3.1.6 Klagebefugnis von Individuen
8.3.3.2 Schiedsklausel
8.3.3.2.1 Anwendungsbereich
8.3.3.2.2 Prüfungsmaßstab
8.3.3.2.3 Antragsbefugnis
8.3.3.2.4 Verfahren
8.3.3.2.5 Wirkung
8.3.3.2.6 Klagebefugnis von Individuen
8.3.3.3 Sonstige Prorogation
8.3.3.3.1 Rechtsgrundlagen
8.3.3.3.2 Prüfungsmaßstab
8.3.3.3.3 Antragsbefugnis
8.3.3.3.4 Verfahren
8.3.3.3.5 Wirkung
8.3.3.3.6 Klagebefugnis von Individuen

8.3.4 Amtsenthebung von Richtern und von Mitgliedern anderer Organe

8.3.4.1 von Richtern
8.3.4.1.1 des Verfassungsgerichtes
8.3.4.1.2 unterer Gerichte
8.3.4.1.3 von Gerichten der Mitgliedstaaten
8.3.4.2 von Mitgliedern anderer Organe
8.3.4.2.1 Organ

8.3.5 dienstrechtliche Streitigkeiten

8.3.5.1 Anwendungsbereich
8.3.5.2 Prüfungsmaßstab
8.3.5.3 Antragsbefugnis
8.3.5.4 Verfahren
8.3.5.5 Wirkung
8.3.5.6 Klagebefugnis von Individuen

8.3.6 Verhältnis und Zusammenarbeit mit anderen Einrichtungen

8.3.6.1 mit anderen Gerichten
8.3.6.1.1 Vorabentscheidung
8.3.6.1.1.1 Recht der übergeordneten Ebene
8.3.6.1.1.1.1 Rechtsgrundlagen
8.3.6.1.1.1.2 auszulegendes Recht
8.3.6.1.1.1.3 Prüfungsmaßstab
8.3.6.1.1.1.4 Antragsbefugnis
8.3.6.1.1.1.5 Verfahren
8.3.6.1.1.1.6 Wirkung
8.3.6.1.1.1.7 Klagebefugnis von Individuen
8.3.6.1.1.2 Recht der untergeordneten Ebene
8.3.6.1.1.2.1 Rechtsgrundlagen
8.3.6.1.1.2.2 auszulegendes Recht
8.3.6.1.1.2.3 Prüfungsmaßstab
8.3.6.1.1.2.4 Antragsbefugnis
8.3.6.1.1.2.5 Verfahren
8.3.6.1.1.2.6 Wirkung
8.3.6.1.1.2.7 Klagebefugnis von Individuen
8.3.6.1.1.3 Sonstige Form der Zusammenarbeit
8.3.6.1.2 mit anderen Ebenen, Organen und Internationalen Organisationen
8.3.6.1.2.1 mit untergeordneter Eben
8.3.6.1.2.2 mit anderen Organen
8.3.6.1.2.3 mit Internationalen Organisationen
8.3.6.1.2.4 mit Sonstigen

8.3.7 Sonstige weitere (nicht konstitutive) Zuständigkeiten

9.0 Sonstige Gerichte
9.1 Zentrale
9.1.1 Gericht erster Instanz
9.1.1.1 Gericht (Bezeichnung, Rechtsgrundlagen, Organeigenschaft etc)
9.1.1.2 Richter, Präsident, Generalanwälte etc
9.1.1.3 Organisation
9.1.1.4 Prinzipien
9.1.1.5 Verfahren
9.1.1.6 Zuständigkeiten
9.1.2 Sonstige Gerichte der Verbandsgewalt
9.1.2.1 Gericht (Bezeichnung, Rechtsgrundlagen, Organeigenschaft etc)
9.1.2.2 Richter, Präsident, Generalanwälte etc
9.1.2.3 Organisation
9.1.2.4 Prinzipien
9.1.2.5 Verfahren
9.1.2.6 Zuständigkeiten
9.2 Dezentrale
9.2.1 Gericht (Bezeichnung, Rechtsgrundlagen, Organeigenschaft etc)
9.2.2 Richter, Präsident, Generalanwälte etc

9.2.3 Organisation
9.2.4 Prinzipien
9.2.5 Verfahren
9.2.6 Zuständigkeiten

ANHANG II – Synopse der ausgewählten Verfassungsentwürfe

Autor	Europäisches Parlament (*Spinelli*)	*Cromme, Franz*	*Luster, Rudolf/Pfennig, Gero/Fugmann, Friedrich*	Arbeitsgruppe „Europäische Verfassung“	Europäisches Parlament (*Herman*)	Europäisches Hochschulinstitut – *Robert Schuman Centre for Advanced Studies*	Bertelsmann Forschungsgruppe Politik am Centrum für angewandte Politikforschung (CAP) München
genaue Bezeichnung	Entwurf eines Vertrages zur Gründung der Europäischen Union	Verfassungsvertrag der Gemeinschaft der Vereinigten Europäischen Staaten	Bundesstaat Europäische Union. Ein Verfassungsentwurf	Wie Europa verfaßt sein soll – Materialien zur Politischen Union	Entwurf einer Verfassung der Europäischen Union	Ein Basisvertrag für die Europäische Union. Studie zur Neuordnung der Verträge	Ein Grundvertrag für die Europäische Union – Entwurf zur „Zweiteilung“ der Verträge
Erscheinungsjahr	1984	1987	1988	1991	1994	2000	2000

Fundstelle	ABl 1984, Nr C 77, 33 ff	*Cromme, Franz*, Verfassungsvertrag der Gemeinschaft der Vereinigten Europäischen Staaten. Ein realistischer Entwurf (1987)	*Luster, Rudolf* (Hrsg), Bundesstaat Europäische Union. Ein Verfassungsentwurf. Erarbeitet von Rudolf Luster, Gero Pfennig und Friedrich Fugmann (1988)	*Weidenfeld, Werner* (Hrsg), Wie Europa verfaßt sein soll – Materialien zur Politischen Union. Strategien und Optionen für die Zukunft Europas. Arbeitspapiere 7 (1991)	ABl 1994, Nr C 61, 155 ff	http://europa.eu.int/comm/archives/igc-2000/offdoc-/repoflo_de.pdf	http://www.cap.uni-muenchen.de/-download/grundvertrag.pdf

ANHANG III – Synopse zur Stellung der Judikative in den Verfassungsentwürfen

	***Spinelli* (1984)**	***Cromme* (1987)**	***Luster/Pfennig/Fugmann* (1988)**	***Weidenfeld*-Memorandum (1991)**	***Herman* (1994)**
1. Gericht					
Gericht – Bezeichnung	Gerichtshof	Europäischer Gerichtshof	Unionsverfassungsgerichtshof	Gerichtshof als Verfassungsgericht der Europäischen Union (Memorandum, 22)	Gerichtshof
Gericht – geregelt in	Art 30 (Gerichtshof) und Art 43 (Richterliche Kontrolle)	Abschnitt 5: Der Europäische Gerichtshof (Art 62 bis 68)	11. Kapitel: Die Rechtsprechung (Art 58 bis 66)		im 3. Titel – Institutioneller Rahmen (Art 25 bis 28) und im 4. Kapitel – Die Rechtsprechung (im 4. Titel – Die Aufgaben der Union) (Art 36 bis 39)
Gericht – Organeigenschaft	Institution der Union (Art 8)	Organ der Gemeinschaft (aufgrund der Anführung in Teil II – Die Organe der Gemeinschaft)	aus Art 61 Abs 2 ableitbar		Organ der Union (Art 13 Abs 1)
Gericht – Zusammenarbeit			- alle Gerichte (und Behörden) sind einem parlamentarischen		

mit anderen Organen			Untersuchungsausschuss zur Rechts- und Amtshilfe verpflichtet (Art 31) - die rechtsprechende Gewalt ist den Richtern anvertraut (Art 58)		
2. Richter					
Richter – Anzahl	Regelung durch ein Organgesetz (Art 34 iVm Art 38) (Art 30 Abs 3)	in der Regel ein Richter pro Mitgliedstaat; gestaffelt nach Größe (Art 62 Abs 1)			ein auf Vorschlag des Gerichtshofes erlassenes Organgesetz legt die Anzahl der Mitglieder des Gerichtshofes fest (Art 27 Abs 1)
Richter – Statut/-Rechtsstellung	Regelung durch ein Organgesetz (Art 34 iVm Art 38) (Art 30 Abs 3)				ein auf Vorschlag des Gerichtshofes erlassenes Organgesetz legt das Statut des Gerichtshofes fest (Art 27 Abs 1)
Richter – Qualifikationen		Befähigung zum Richteramt nach dem Recht des jeweiligen Mitgliedstaates (Art 62 Abs 2 2. Satz)			Voraussetzungen für die höchsten richterlichen Ämter oder Juristen von anerkannter herausragender Bedeutung (Art 25)
Richter –					

Ernenn-ung					
– ernannt von	jeweils zur Hälfte von Parlament und Rat der Union (bei ungerader Zahl ein Mitglied mehr durch Parlament ernannt) (Art 30 Abs 2)	erster Richter pro Mitgliedstaat von den Parlamenten der Staaten und zweiter Richter von EP *berufen* (Art 62 Abs 3); *ernannt* von Staatsoberhaupt des präsidierenden Staates (Art 16)	je zur Hälfte von Unionsparlament und von Unionsrat gewählt (Art 61 Abs 1)		vom EP – mit der Mehrheit seiner Mitglieder – und vom Rat (Art 25)
– Ernenn-ungsverfahren	Regelung von Verfahren und Quoren durch ein Organgesetz (Art 34 iVm Art 38) (Art 30 Abs 3)	nach Beratung im VA ernannt auf Vorschlag der Regierungen der Mitgliedstaaten (Art 62 Abs 3)			
– Amts-dauer	Regelung durch ein Organgesetz (Art 34 iVm Art 38) (Art 30 Abs 3)	sechs Jahre ab der Ernennung gem Art 16 (Art 62 Abs 5)	ein Organgesetz legt Altersgrenzen fest, bei deren Erreichung auf Lebenszeit angestellte Richter in den Ruhestand treten (Art 65 Abs 3)		neun Jahre (Art 25)
– Wiederer-nennung					nicht zulässig (Art 25)
– Rechts-akte der					Modalitäten der Ernennung in Organgesetz geregelt

Ernennung					(Art 25)
Richter – Unabhängigkeit		(Art 62 Abs 2 1. Satz)	- die Richter sind unabhängig und nur dem Gesetz unterworfen (Art 65 Abs 1) - Richter können bei Veränderung der Einrichtung der Gerichte an ein anderes Gericht versetzt werden, jedoch nur unter Belassung des vollen Gehalts (Art 65 Abs 4)		als Qualifikationsmerkmal definiert (Art 25)
Richter – Unvereinbarkeiten		unvereinbar mit Mitgliedschaft im EP (Art 21)	die Richter dürfen nicht einem anderen Unions- oder Unionsstaatenorgan (!) angehören (Art 61 Abs 2)		
Richter – Abberufung					
– durch			nur kraft einer Entscheidung des Unionsverfassungsgerichtshofes (Art 65 Abs 2)		
– Voraus-			die Gründe und Formen sind der Re-		

setzungen			gelung durch ein Organgesetz vorbehalten (Art 65 Abs 2)		
3. Präsident					
Präsident – Ernennung					
– gewählt von		- Präsident und Stellvertreter übereinstimmend von EP und Europäischem Rat auf Vorschlag des VA gewählt - nach 30 Tagen Devolution des Wahlrechtes auf den EuGH (Art 62 Abs 4) - ernannt vom Staatsoberhaupt (Art 16)			von den Richtern aus ihrer Mitte gewählt (Art 26)
– Amtsdauer		entspricht Amtsdauer der Richter (Art 62 Abs 4)			drei Jahre (Art 26)
– Wiederernennung					zulässig (Art 26)

– Rechtsakte der Ernennung					
Präsident – Unvereinbarkeiten					
4. Generalanwälte					
Generalanwälte – Anzahl		Mitgliedstaaten mit mehr als 30 Mio Einwohnern ernennen einen, die übrigen Mitgliedstaaten einvernehmlich zwei (Art 63 Abs 2)			ein auf Vorschlag des Gerichtshofes erlassenes Organgesetz legt die Anzahl der Mitglieder des Gerichtshofes fest (Art 27 Abs 1)
Generalanwälte – Statut/-Rechtsstellung					ein auf Vorschlag des Gerichtshofes erlassenes Organgesetz legt das Statut des Gerichtshofes fest (Art 27 Abs 1)
Generalanwälte – Funktion		Regelung durch ein Gesetz (Art 67)			
Generalanwälte – Qualifi-					Voraussetzungen für die höchsten richterlichen Ämter oder

kationen					Juristen von anerkannt herausragender Bedeutung (Art 25)
Generalanwälte – Ernennung					
– ernannt von -		Regierungen der Mitgliedstaaten (Art 63 Abs 2)			vom EP – mit der Mehrheit seiner Mitglieder – und vom Rat (Art 25)
– Ernennungsverfahren		ernannt nach Beratung im VA (Art 63 Abs 2)			
– Amtsdauer		sechs Jahre (Art 63 Abs 2)			neun Jahre (Art 25)
– Wiederernennung					nicht zulässig (Art 25)
– Rechtsakte der Ernennung					Modalitäten der Ernennung in Organgesetz geregelt (Art 25)
Generalanwälte – Unabhängigkeit		(Art 63 Abs 1)			als Qualifikationsmerkmal definiert (Art 25)
Gene-		unvereinbar mit			

ralanwälte – Unvereinbarkeiten		Mitgliedschaft im EP (Art 21)			
Generalanwälte – Abberufung					
– durch					
– Voraussetzungen					
5. Organisation					
Organisation – allgemein	Regelung durch ein Organgesetz (Art 34 iVm Art 38) (Art 30 Abs 3)	Regelung von Organisation und Verfahren durch ein Gesetz (Art 67)	Regelung – insb in welchen Fällen die Entscheidungen des Unionsgerichtshofes Gesetzeskraft haben – durch ein Organgesetz (Art 61 Abs 3)		
Organisation – Satzung		Satzung des Gerichtshofes der Europäischen Gemeinschaften gilt als Gesetz weiter, soweit der Inhalt nicht dem Verfassungsvertrag			

		widerspricht (Art 169)			
Organisation – Verfahrensordnung	der Gerichtshof gibt sich eine Verfahrensordnung (Art 30 Abs 4)	Verfahrensordnung des Gerichtshofes der Europäischen Gemeinschaften gilt als Gesetz weiter, soweit der Inhalt nicht dem Verfassungsvertrag widerspricht (Art 169)			ein auf Vorschlag des Gerichtshofes erlassenes Organgesetz legt die Verfahrensordnung fest (Art 27 Abs 1)
Organisation – Vollsitzungen		in der Regel (Art 65 Abs 1)			ein auf Vorschlag des Gerichtshofes erlassenes Organgesetz legt die Fälle fest, in denen der Gerichtshof in Vollsitzungen tagen muss (Art 27 Abs 1)
Organisation – Kammern		GH kann für vorbereitende Aufgaben oder bestimmte Gruppen von Rechtssachen Kammern mit je drei oder fünf Richtern bilden (Art 65 Abs 1)			ein auf Vorschlag des Gerichtshofes erlassenes Organgesetz legt die Bildung der Kammern des Gerichtshofes fest (Art 27 Abs 1)
Organisation – Beweisverfahren etc		GH oder Kammern können bestimmte Gerichte oder Richter der Mitgliedstaaten um Vorbe-			

		reitung der Entscheidung oder um Beweiserhebungen ersuchen (Art 65 Abs 2)			
Organisation – Verwaltungsautonomie					der Gerichtshof verfügt im Rahmen des Haushaltsplans über die Verwaltungsautonomie (Art 27 Abs 2)
Organisation – Finanzautonomie					der Gerichtshof verfügt im Rahmen des Haushaltsplans über die Finanzautonomie (Art 27 Abs 2)
Organisation – Übergangsbestimmungen	bis zum In-Kraft-Treten der Organgesetze gelten die Bestimmungen der Gemeinschaftsverträge und der Sekundärrechtsakte (Art 30 Abs 3)				
Organisation – Vollstreckung von Entscheidungen		Regelung durch ein Gesetz, aber nur soweit nicht gegen Mitgliedstaaten (Art 67)			

6. Zuständigkeiten					
allgemein	Anwendung der Gemeinschaftsvorschriften; Ergänzungen durch ein Organgesetz (Art 43)		- nähere Details zu Art 59 lit a bis f zu regeln in einem Organgesetz über den Unionsverfassungsgerichtshof (Art 59 Abs 2) - weitere Zuständigkeiten neben den hier angeführten – in zugewiesenen Fällen – durch Unionsgesetz möglich (Art 59 Abs 3) - Ausnahmegerichte unzulässig (Art 66) - Recht auf den gesetzlichen Richter (Art 66)	der GH entscheidet nach den bisherigen Regeln über Klagearten und Verfahren (Memorandum, 30)	die in der Verfassung und in den Gemeinschaftsverträgen vorgesehenen Zuständigkeiten können nur durch ein Verfassungsgesetz geregelt werden (Art 37)
Wahrung des Rechtes					
– Primär-	Art 30 Abs 1			GH behält seine bisherige Funktion,	diese Zuständigkeit kommt dem

recht/-Recht der übergeordneten Ebene				die Wahrung des Rechtes in der Gemeinschaft zu sichern (Memorandum, 30)	Gerichtshof sowie allen gemeinschaftlichen und nationalen Gerichten zu (Art 36 1. Satz)
– Sekundärrecht/-Recht der untergeordneten Ebene	Art 30 Abs 1			GH behält seine bisherige Funktion, die Wahrung des Rechtes in der Gemeinschaft zu sichern (Memorandum, 30)	diese Zuständigkeit kommt dem Gerichtshof sowie allen gemeinschaftlichen und nationalen Gerichten zu (Art 36 1. Satz)
6.1 konstitutive Zuständigkeiten					
Normenkontrolle – Akte der übergeordneten Ebene					die Modalitäten zu dieser „Prüfung der Einhaltung der Aufteilung der Zuständigkeiten“ werden durch ein Verfassungsgesetz festgelegt (Art 39 2. Satz)
– Art der Rechtsakte			Überprüfung von Unionsrecht (Art 59 Abs 1 lit b 1. Fall)		jeder Rechtsakt (Art 39 1. Satz)
–					jedes Organs

Erlassen-des Organ					(Art 39 1. Satz)
– *ex ante* oder *ex post*					nach der endgültigen Verabschiedung und vor (!) seinem In-Kraft-Treten (Art 39 1. Satz)
– Antrags-befugnis			Unionsregierung, Unionsstaatenregierungen oder ein Drittel der Mitglieder des Unionsparlamentes (Art 59 Abs 1 lit b 2. Satz)		Rat, Kommission, EP oder Mitgliedstaaten (Art 39 1. Satz)
– Prüfungs-maßstab			Prüfung der Vereinbarkeit mit der Verfassung (Art 59 Abs 1 lit b 1. Fall)		Einhaltung der Zuständigkeiten der Union (Art 39 1. Satz)
Normenkon-trolle – Akte der untergeor-dneten Ebene					
– Art der Rechts-akte			Überprüfung der Vereinbarkeit von Unionsstaatenrecht mit der Verfassung bzw sonstigem Unionsrecht (Art 59 Abs 1 lit b 2. und 3. Fall)		

– *ex ante* oder *ex post*					
– Antrags-befugnis			Unionsregierung, Unionsstaaten-regierungen oder ein Drittel der Mitglieder des Unionsparlamentes (Art 59 Abs 1 lit b 2. Satz)		
Pflichtenver-letzungen					
– durch die übergeordnete Ebene			Streitigkeiten über Rechte und Pflichten der Union; antragsberechtigt sind die Unionsorgane und die Unionsstaaten-regierungen (Art 59 Abs 1 lit c 1. Fall)		
– durch die untergeordnete Ebene	- Einführung der Ahndung von Verletzungen von Unions-pflichten durch die	- Verpflichtung eines Mitgliedstaates, nach Feststellung der Vertrags-verletzung die sich aus dem	Streitigkeiten über Rechte und Pflichten der Unionsstaaten; antragsberechtigt sind die Unionsorgane und die		

[1596] „Einhaltung der Pflichten der Mitgliedstaaten".

	Mitgliedstaaten (Art 43 6. SpStr) - Sanktionsverfahren bei schwerwiegender und anhaltender Verletzung demokratischer Grundsätze (Art 4 Abs 4 iVm Art 44) sowie von Vertragsbestimmungen (Art 44)	Urteil ergebenden Maßnahmen zu ergreifen (Art 66 Abs 1) - wenn der Mitgliedstaat dem GH nicht folgt, so wird der Europäische Rat nach Art 49[1596] tätig (Art 66 Abs 2) - Überprüfung der Rechtmäßigkeit dieser Beschlüsse des Europäischen Rates (Art 64 Abs 1 Ziff 2)	Unionsstaatenregierungen (Art 59 Abs 1 lit c 2. Fall)		
Grundrechtskontrolle				zur gegebenen Zeit Prüfung der Beziehungen zum EGMR (*Rovan*, 76)	
Grundrechtskontrolle – Grundrechte					
– Verletzungen durch die übergeordnete	Einführung durch Organgesetz (Art 43 3. SpStr)	- (Art 64 Abs 1 Ziff 5) - allerdings gem Art 64 Abs 2 erst nach Erschöpfung des	Verfassungsbeschwerde von „jedermann" bei Verletzung in einem Unionsgrundrecht durch „die öffen-		zuständig für Klagen von einer Privatperson (Art 38 Abs 1)

Ebene		innerstaatlichen Instanzenzuges	tliche Gewalt" (Art 59 Abs 1 lit e 1. Satz)		
– Verletzungen durch die untergeordnete Ebene	Sanktionsverfahren (Art 4 Abs 4 iVm Art 44)	- (Art 64 Abs 1 Ziff 5) - allerdings gem Art 64 Abs 2 erst nach Erschöpfung des innerstaatlichen Instanzenzuges	Verfassungsbeschwerde von „jedermann" bei Verletzung in einem Unionsgrundrecht durch „die öffentliche Gewalt" (Art 59 Abs 1 lit e 1. Satz)	verletzt ein Mitgliedstaat die ihm durch die Grundrechtsakte (*Däubler*, 85 ff) auferlegten Pflichten, so kann nach näherer Maßgabe der Art 169 und 171 EWGV der Europäische Gerichtshof angerufen werden (Art 43 der Grundrechtsakte)	
– Prüfungsmaßstab		EMRK (Art 64 Abs 1 Ziff 5)	- Grundrechte des 2. Kapitel (Art 4 bis 14) - Recht auf den gesetzlichen Richter (Art 66)		von der Verfassung garantierte Menschenrechte (Art 38 Abs 1)
– Verfahren		auf Antrag Generalanwalt (Art 64 Abs 1 Ziff 5)			Bedingungen für die Einreichung einer solchen Klage und die möglichen Strafen durch den Gerichtshof werden durch ein Verfassungsgesetz geregelt (Art 38 Abs 2)
Grundrechtskontrolle	Erweiterung des Klagerechtes gegen Akte der	- Streitigkeiten zwischen natürlichen und	- Verletzung im „Recht auf Gleichheit der	- hängt davon ab, wie die vorstehend erwähnte	

–Klagebefugnis Individuen	Union durch Organgesetz (Art 43 1. SpStr)	juristischen Personen (inkl Union) soweit sie auf der Anwendung des Verfassungsvertragse oder von Gesetzen oder Verordnungen der Union beruhen (Art 64 Abs 1 Ziff 6) bzw aufgrund von Rechtsvorschriften, die in mehreren Mitgliedstaaten gleich lauten, wenn die Zuständigkeit des EuGH zwischen den Mitgliedstaaten vertraglich festgelegt und durch Gesetz der Union anerkannt wurde (Art 64 Abs 1 Ziff 7) - in beiden Fällen gem Art 64 Abs 2 erst nach Erschöpfung des innerstaatlichen	Unionsrechtsanwendung" durch den Spruch eines Unionsstaatsgerichtes in Widerspruch zur Rechtsprechung des Unionsgerichtes (Art 59 Abs 1 lit e 2. Satz) - siehe auch unter *Grundrechtskontrolle – Grundrechte*	Prüfung der Beziehungen zum EGMR ausfällt (*Rovan*, 76) - jedermann kann die ihm durch die Grundrechtsakte garantierten Rechte vor den Gerichten der Mitgliedstaaten geltend machen, die den Europäischen Gerichtshof nach näherer Maßgabe des Art 177 EWGV einschalten (Art 44 Abs 1 der Grundrechtsakte) - verstößt ein nationales Gericht gegen Art 177 Abs 3 EWGV, so kann der Betroffene direkt den Europäischen Gerichtshof anrufen, welcher sodann befugt ist, in der Sache selbst zu entscheiden (Art 44 Abs 2	

		Instanzenzuges		der Grundrechtsakte)	
Sonstige institutionelle Streitigkeiten					
– Horizontal I (zwischen den Organen der übergeordneten Ebene)		(Art 64 Abs 1 Ziff 1)	über den Umfang der Rechte und Pflichten eines obersten Unionsorganes oder eines diesem durch Organgesetz gleichgestellten Beteiligten; antragsberechtigt sind die Unionsorgane (Art 59 Abs 1 lit a)	(*Rovan*, 76)	
– Horizontal II (zwischen den Mitgliedern der untergeordneten Ebene)	Einführung obligatorischer Zuständigkeit GH bei Streitigkeiten iZm Zielen der Union (Art 43 7. SpStr)	- über die Anwendung des Verfassungsvertrages und der Gesetze und Verordnungen der Union (Art 64 Abs 1 Ziff 3) - bei sonstigen „öffentlich-rechtlichen" Streitigkeiten (Art 64 Abs 1 Ziff 4)	in „öffentlich-rechtlichen" Streitigkeiten zwischen verschiedenen Unionsstaaten; antragsberechtigt sind die Unionsregierung und die Unionsstaatenregierungen (Art 59 Abs 1 lit d 2. Fall)		
–		Ausnahme:			

Ausschließlichkeitsklausel		bilaterale Schiedskommissionen (Art 68 Abs 2)			
– Vertikal (zwischen der über- und der untergeordneten Ebene)		über die Anwendung des Verfassungsvertrages und der Gesetze und Verordnungen der Union (Art 64 Abs 1 Ziff 3)	in „öffentlichrechtlichen" Streitigkeiten zwischen der Union und den Unionsstaaten; antragsberechtigt sind die Unionsregierung und die Unionsstaatenregierungen (Art 59 Abs 1 lit d 1. Fall)	- (*Rovan*, 76) - der EuGH wird primär als Verfassungsgericht zur Lösung der Konflikte zwischen Bund und Gliedstaaten gesehen (Memorandum, 22) - Auslegung des Subsidiaritätsprinzips sowie der Bestimmungen über konkurrierende und Rahmenkompetenzen (Memorandum, 22) - Notwendigkeit eines neuen, weniger integrationsfreundlichen (Memorandum, 22) und mehr am Subsidiaritätsprinzip orientierten (Memorandum, 30) Selbstverständnisses des GH	

– Klage-befugnis	Einführung gleichen Beschwerderechtes und genereller Gleichbehandlung durch Organgesetz (Art 43 2. SpStr)				
6.2 nicht konstitutive Zuständigkeiten					
inter nationale Zuständigkeiten		Unterwerfung – im Verhältnis zu Staaten außerhalb der Gemeinschaft – unter die Rsp des IGH durch völkerrechtlichen Vertrag aufgrund eines Gesetzes (Art 68 Abs 1)			
Amtsenthebung von Richtern			Entlastung oder Abberufung eines Unionsrichters aus Gründen und unter den Formen, die ein Organgesetz bestimmt (Art 59		

			Abs 1 lit f iVm Art 65 Abs 2)		
Verhältnis und Zusammenarbeit mit anderen Einrichtungen					
Verhältnis und Zusammenarbeit mit anderen Einrichtungen – Vorabentscheidungsverfahren (allgemein)	Einführung der Zuständigkeit bei der Gültigkeitsprüfung eines Aktes der Union diesen aufzuheben (Art 43 4. SpStr)	kann für Vorlagen von Gerichten der Mitgliedstaaten durch Gesetz vorgesehen werden (Art 64 Abs 3)		siehe unter *Grundrechtskontrolle –Klagebefugnis Individuen*	Bedeutung für die einheitliche Auslegung des Rechtes der Union (Art 36 2. Satz)
– Recht der übergeordneten Ebene			Vorlage von Gerichten der Unionsstaaten oder der Union gem Art 64, die ein Unionsgesetz, auf dessen Gültigkeit es bei der Entscheidung ankommt, für *verfassungswidrig*		

			halten (Art 60 1. Fall)		
– Recht der untergeordneten Ebene			Vorlage von Gerichten der Unionsstaaten oder der Union gem Art 64, die ein Unionsstaatsgesetz, auf dessen Gültigkeit es bei der Entscheidung ankommt, für *unionsrechtswidrig* halten (Art 60 2. Fall)		
Verhältnis und Zusammenarbeit mit anderen Einrichtungen – Überprüfung von nationalen Gerichtsentscheiden	Einführung eines Kassationsverfahren gegen einzelstaatliche letztinstanzliche Gerichtsentscheidungen, in denen die Vorlage zur Vorabentscheidung verweigert oder missachtet wurde (Art 43 5. SpStr)		siehe zu Art 59 Abs 1 lit e 2. Satz unter *Grundrechtskontrolle – Klagebefugnis Individuen*	- Verfassungsgericht als oberste Appellationsinstanz für die Verfassungsgerichte der Mitgliedstaaten, soweit deren Entscheidungen die Kompetenzen der Union berühren (*Rovan*, 76) - uU auch Appellationsinstanz für die Entscheidungen der „oberen Gerichte" der Mitgliedstaaten (*Rovan*, 76)	
Ver-			Vorrang der		

hältnis und Zusammenarbeit mit anderen Einrichtungen – Verhältnis zu Gerichten der Mitgliedstaaten			Gerichtsbarkeit der Unionsstaaten (Art 58)		
Gutachtenszuständigkeit					Art 44 Abs 5
– geprüfter Rechtsakt					geplanter Vertrag der Union nach Art 44
– Prüfungsmaßstab					Verfassung
– Antragsberechtigte					EP, Kommission, Rat oder ein Mitgliedstaat
7. sonstige Gerichte					

sonstige Gerichte – Gericht erster Instanz			Unionsuntergerichte:[1597] zuständig in Angelegenheiten des Wettbewerbsrechtes, Rechtes des gewerblichen Rechtsschutzes etc; (Anfechtung ihrer Entscheidungen mit Rechtsmittel beim Unionsgerichtshof möglich) (Art 62 Abs 1 lit c)	das EuG wird entsprechend dem wachsenden Geschäftsanfall ausgebaut und insb durch Spezialkammern für bestimmte Bereiche ergänzt (Memorandum, 30)	- auf Vorschlag des Gerichtshofes können durch Organgesetz ein oder mehrere sonstige Gerichte eingesetzt werden, die für Entscheidungen über einzelne Gruppen von Klagen zuständig sind und gegen deren Entscheidungen ein ggf auf Rechtsfragen beschränktes Rechtsmittel beim GH eingelegt werden kann (Art 28 Abs 1) - Aufgaben, Zusammensetzung und Verfahrensordnung werden gem den Art 25, 26, 27 festgelegt (Art 28 Abs 2) - siehe auch unter *Wahrung des Rechtes*

[1597] Details werden gem Art 62 Abs 2 in einem Gerichtsverfassungs- und Verfahrensordnungsgesetz der Union geregelt.

sonstige Gerichte der Verbandsgewalt			Unionsgerichtshof[1598] (Art 62 Abs 1)		siehe unter *Wahrung des Rechtes*
– Zuständigkeiten			- Überwachung der Anwendung und Auslegung des Unionsrechtes in zivil-, straf-, arbeits-, sozial-, steuer- und abgabenrechtlichen Streitigkeiten – Unionsgerichtshof auf Vorlage von Unionsstaatsgerichten (Art 62 Abs 1 lit a) - Unionsgerichtshof als Revisionsgericht in „öffentlich-rechtlichen" Streitigkeiten – mit Ausnahme der unter lit c genannten – betreffend die		

[1598] Details werden gem Art 62 Abs 2 in einem Gerichtsverfassungs- und Verfahrensordnungsgesetz der Union geregelt.

			Auslegung und Anwendung von Unionsrecht (Art 62 Abs 1 lit b)		
– Richter			dieselben Regeln wie für Richter am Unionsverfassungsgerichtshof		
sonstige Gerichte in den Mitgliedstaaten		für erstinstanzliche Entscheidung von dienstrechtlichen Streitigkeiten Bildung von Kammern bei Gerichten von Mitgliedstaaten aufgrund Gesetzes der Union; mindestens ein abgeordneter Richter aus einem anderen Mitgliedstaat (Art 65 Abs 3)			siehe unter *Wahrung des Rechtes*

ANHANG IV – Synopse zur Stellung der Judikative in den Entwürfen zur Zweiteilung der Verträge[1599] [1600]

	Basisvertrag (2000)[1601]	Grundvertrag (2000)
Art 7 EGV – Organe der Gemeinschaft	Art 52 Abs 1 BV – Die Organe; Organ der Union (!)	Art 31 Abs 1 GV – Gemeinschaftsorgane; Organ der Gemeinschaft
Art 220 EGV – Aufgaben	Art 70 BV – Aufgaben; statt der „Anwendung dieses Vertrags": „Anwendung der Verträge gemäß Art 87 [BV]"	Art 60 GV – Aufgabe
Art 221 EGV – Zahl der Richter, Vollsitzungen, Kammern	Art 221 Abs 1 EGV: zusammengefasst (ohne Angabe der Anzahl der Richter) in Art 69 Abs 1 BV – Zusammensetzung und Ernennung	Art 61 GV – Zusammensetzung und Kammern
Art 222 EGV – Generalanwälte, Zahl, Schlussanträge	Art 222 Abs 1 EGV: zusammengefasst (ohne Angabe der Anzahl der Generalanwälte) in Art 69 Abs 1 BV – Zusammensetzung und Ernennung;	Art 62 GV – Generalanwaltschaft; Art 222 Abs 1 2. Satz EGV entfällt
Art 223 EGV – Qualifikation der	Art 223 Abs 1 EGV: Art 69 Abs 2 GV – Zusammensetzung und Ernennung;	entfällt[1602]; ebenso die Verweise auf diesen Artikel in Art 221 Abs 4 EGV und Art 222 Abs 3

[1599] Die nicht amtlichen Kurzbezeichnungen der Art des EGV und EUV sind entnommen aus *Hummer, Waldemar/Obwexer, Walter* (Hrsg), EU-Recht unter besonderer Berücksichtigung des Gemeinschaftsrechts. Basistexte zur EU-Mitgliedschaft Österreichs (1998) 17, 208 ff.

[1600] Bei Übereinstimmung der Bestimmungen in den derzeit geltenden Verträgen mit dem jeweiligen Entwurf wird lediglich der entsprechende Artikel angegeben. Bei Abweichungen bzw bei Notwendigkeit von Zusatzinformationen erfolgt neben der Nennung des entsprechenden Artikels ein kurzer Hinweis.

[1601] Die nicht in den Basisvertrag aufgenommenen Bestimmungen finden sich in der in Anhang II des Schlussberichtes konsolidierten Version des Vertrags zur Gründung der Europäischen Gemeinschaften wieder.

Richter und Generalanwälte, Ernennung, Amtsperiode, Präsident	Art 223 Abs 5 EGV: Art 69 Abs 3 GV – Zusammensetzung und Ernennung	EGV
Art 224 EGV – Kanzler		entfällt
Art 225 EGV – Gericht erster Instanz, Zuständigkeiten, Zusammensetzung, Verfahrensordnung	Art 225 Abs 1 EGV: (iW) Art 71 Abs 1 BV – Das Gericht erster Instanz; Art 225 Abs 3 EGV: Art 71 Abs 2 BV – Das Gericht erster Instanz	Art 63 – Gericht erster Instanz; die Abs 2 (bzw der Verweis auf ihn in Abs 1) und 3 des Art 225 EGV entfallen
Art 226 EGV – Aufsichtsklage der Kommission		Art 64 Abs 1 GV – Anrufung des Gerichtshofes
Art 227 EGV – Vertragsverletzungsklagen der Mitgliedstaaten		Art 64 Abs 2 GV – Anrufung des Gerichtshofes
Art 228 EGV – Wirkung eines Feststellungsurteiles, neuerliche Vertragsverletzungsklage der Kommission, Pauschalbetrag und Zwangsgeld		Art 65 Abs 1 und 2 GV – Bindung der Mitgliedstaaten
Art 229 EGV – Ermessensnachprüfung bei Zwangsmaßnahmen		Art 66 GV – Ausweitung der Befugnisse

[1602] Die Bestimmungen, die nicht in den Grundvertrag Aufnahme gefunden haben, sollen in den Ausführ-ungsbestimmungen geregelt werden.

Art 230 EGV – Nichtigkeitsklagen		Art 67 GV – Zuständigkeiten und Fristen
Art 231 EGV – Nichtigerklärung der angefochtenen Handlung, Fortgeltung der Wirkungen		Art 68 Abs 3 GV – Wirkung
Art 232 EGV – Untätigkeitsklagen		entfällt
Art 233 EGV – Wirkung eines Nichtigkeits- bzw Untätigkeitsurteiles		entfällt
Art 234 EGV – Vorabentscheidungsverfahren		Art 69 GV – Vorabentscheidung und Beziehung zu einzelstaatlichen Gerichten
Art 235 EGV – Schadensersatzklagen		diese Bestimmung könnte nach den Ausführungen des Entwurfes aus Gründen der Einheitlichkeit „noch in diesen Katalog aufgenommen werden“ (FN 58 auf S 34)
Art 236 EGV – Beamtenklagen		diese Bestimmung könnte nach den Ausführungen des Entwurfes aus Gründen der Einheitlichkeit „noch in diesen Katalog aufgenommen werden“ (FN 58 auf S 34)
Art 237 EGV – Besondere Zuständigkeiten betreffend EIB, ESZB und EZB		diese Bestimmung könnte nach den Ausführungen des Entwurfes aus Gründen der Einheitlichkeit „noch in diesen Katalog aufgenommen werden“ (FN 58 auf S 34)
Art 238 EGV – Zuständigkeiten aufgrund einer Schiedsklausel		diese Bestimmung könnte nach den Ausführungen des Entwurfes aus Gründen der Einheitlichkeit „noch in diesen Katalog aufgenommen werden“ (FN 58 auf S 34)
Art 239 EGV –		diese Bestimmung könnte nach den Ausführungen

Zuständigkeiten aufgrund eines Schiedsvertrags		des Entwurfes aus Gründen der Einheitlichkeit „noch in diesen Katalog aufgenommen werden“ (FN 58 auf S 34)
Art 240 EGV – Zuständigkeiten der mitgliedstaatlichen Gerichte		Art 70 GV – Schranke
Art 241 EGV – Inzidente Normenkontrolle		entfällt
Art 242 EGV – Ausschluss der aufschiebenden Wirkung, Aussetzung des Verfahrens		Art 68 Abs 1 GV – Wirkung
Art 243 EGV – Einstweilige Anordnung		Art 68 Abs 2 GV – Wirkung
Art 244 EGV – Vollstreckung der Urteile		Art 65 Abs 3 GV – Bindung der Mitgliedstaaten
Art 245 EGV – Satzung und Verfahrensordnung		Art 71 GV – Satzung und Verfahrensordnung
Art 292 EGV – Beilegung von Streitigkeiten über die Auslegung und Anwendung des EGV		Art 64 Abs 3 GV – Anrufung des Gerichtshofes
Art 300 Abs 6 EGV – Gutachten des Gerichtshofes		

Art 46 EUV – Zuständigkeit des EuGH	Neufassung in Art 87 BV – Zuständigkeiten des Gerichtshofes	der Entwurf sieht vor, einen Verweis über Art 46 EUV in Art 67 GV einzufügen (FN 58 auf S 34)

ANHANG V – Die Judikative in Form des ausgewählten nationalen und supranationalen (Verfassungs-)Gerichtes

	Tribunal de Justicia de la Comunidad Andina	***Supreme Court***
1. Gericht		
Gericht – Bezeichnung:	*Tribunal de Justica de la Comunidad Andina* (TJCA)	*Supreme Court*
Gericht – Sitz	Quito/Ecuador (Art 41 Abs 2 AC, Art 5 Abs 2 TCTJCA und Art 6 Abs 3 ETJCA)	Washington DC (28 USC *Section* 2)[1603]

Gericht – Rechtsgrundlagen	- *Acuerdo de Cartagena* idF PT (Art 41 Abs 1 AC)
	- *Tratado de Creación del Tribunal de Justicia de la Comunidad Andina* idF PC (Art 41 Abs 1 AC)
	- *Estatuto del Tribunal* (*Decisión* 500)
	- *Reglamento Interno*
		- *Constitution of the United States of America* (C-USA), Art 3
		- (*Judiciary Act* 1789)
		- 28 *United States Code* (USC)
		  - *Part* 1, *Chapter* 1, *Section* 1 bis 6
		  - *Part* 3, *Chapter* 45, *Section* 671 bis 677
		  - *Part* 4, *Chapter* 81, *Section* 1251 bis 1259
		- *Rules of the Supreme Court of the United States* (R-SCUS)

Gericht – Organeigenschaft	- Organ: Art 6 AC - Gerichtsorgan: Art 40 AC, Art 5 Abs 1 TCTJCA und Art 4 ETJCA	
Gericht – territorialer Jurisdiktionsbereich	- die Normen der Rechtsordnung der Andengemeinschaft sind im Gebiet der Mitgliedstaaten anwendbar (Art 3 ETJCA) - *Decisiones* des CAMRE oder der CCA sowie *Resoluciones* des SGCA sind im Gebiet der Mitgliedstaaten unmittelbar anwendbar (Art 3 Abs 1 TCTJCA)	

[1603] Gem dieser Norm hält der Supreme Court seinen *term of court* am Sitz der Regierung.

	- die Mitgliedstaaten, die Organe und Institutionen des SAI können sich in ihren Beziehungen mit Drittstaaten oder Staatengruppen auf die Bestimmungen des TCTJCA berufen (Art 42 Abs 2 TCTJCA)	
Gericht – temporaler Jurisdiktionsbereich	- nahm im Jänner 1984 seine Tätigkeit auf - ansonsten lediglich Übergangsbestimmungen von TCTJCA und ETJCA	
Gericht – Privilegien und Immunitäten	- TJCA und seine Vertreter und internationalen Beamten genießen im Gebiet jedes der Mitgliedstaaten die für die Erfüllung ihrer Aufgaben notwendigen Privilegien und Immunitäten (Art 49 AC); die Gebäude sind unverletzlich und die Vermögensgegenstände und Guthaben genießen Immunität gegen jedes zivilrechtliche Verfahren (Verzicht möglich, nicht jedoch für Exekutionsverfahren) (Art 49 AC bzw auch Art 12 Abs 3 TCTJCA) - das Gericht und die Richter (!) genießen im Hoheitsgebiet der MS die von den internationalen Verträgen (insb Wiener Konvention über die diplomatischen Beziehungen) anerkannten Immunitäten für ihre Archive und die offizielle Korrespondenz in allen Angelegenheiten der Zivil- und Strafgerichtsbarkeit, mit Ausnahme der in Art 31 der Wiener Konvention festgelegten Bestimmungen (Art 12 Abs 2 TCTJCA, vgl auch Art 6 Abs 1 ETJCA)	
2. Richter		
Richter – Anzahl	- fünf Richter (Art 6 Abs 1 TCTJCA) - die Anzahl der Richter kann vom CAMRE nach Anhörung des TJCA abgeändert werden (Art 6	- ein *Chief Justice* (28 USC *Section* 1) - acht *Associate Justices* (28 USC *Section* 1)

	Abs 3 TCTJCA)	
Richter – Statut/Rechtsstellung		die Rangreihenfolge der *Associate Justices* bestimmt sich nach dem jeweiligen Datum ihrer Bestellung; im Falle von *Justices* mit demselben Bestellungsdatum wird das Lebensalter als Entscheidungskriterium herangezogen (28 USC *Section* 4)
Richter – Qualifikationen	- Staatsangehörige eines Mitgliedstaates (Art 6 Abs 1 TCTJCA) - Voraussetzung eines hohen moralischen Ansehens (Art 6 Abs 1 TCTJCA) - Befähigung für die Ausübung der höchsten gerichtlichen Ämter in ihrem Mitgliedstaat, oder Juristen von anerkannter Kompetenz (Art 6 Abs 1 TCTJCA)	
Richter – Ernennung		auf Anraten und mit Zustimmung des Senates nominiert der Präsident die Richter (Art 2 *Section* 2 Abs 2 C-USA)
– ernannt von	- *designiert* von den bevollmächtigten Staatenvertretern (Art 7 TCTJCA) - *Ernennung* zum Richter durch den Präsidenten des TJCA (Art 9 Abs 2 ETJCA)	Senat (Art 2 *Section* 2 Abs 2 C-USA)
– Rechtsakt der Ernennung	- durch Präsidenten des TJCA nach Leistung des Eides zum Richter ernannt, wodurch letzterer unmittelbar in die Ausübung seiner Funktionen eintritt (Art 9 Abs 2 ETJCA) - über die Amtsernennung wird eine Urkunde erstellt, welche vom Präsidenten, dem Richter und dem Sekretär unterzeichnet wird (Art 9 Abs 3 ETJCA)	
– Ernennungsverfahren	- der Sitzstaat fordert die betreffenden Mitgliedstaaten auf, jeweils einen Dreiervorschlag zu unterbreiten und beruft die Bevollmächtigten der Mitgliedstaaten mit mindestens dreimona-	

	tigem Vorlauf ein (vgl auch Art 7 TCTJCA), um eine Wahl der Richter in einem Zeitraum von mindestens zwei Monaten vor dem Amtsende ihrer Vorgänger zu gewährleisten (Art 7 Abs 1 ETJCA) - die Richter werden durch einstimmigen Entscheid der bevollmächtigten Staatenvertreter designiert (Art 7 TCTJCA) - Ernennung zum Richter vom Präsidenten des TJCA nach Leistung des Eides (Art 9 Abs 2 ETJCA)	
– Amtsdauer	sechs Jahre mit einer teilweisen Erneuerung alle drei Jahre (Art 8 TCTJCA)	die Richter behalten ihr Amt während guter Amtsführung (Art 3 *Section* 1 C-USA)
– Wiederernennung	Möglichkeit einer einmaligen Wiederernennung (Art 8 TCTJCA)	
Richter – Unabhängigkeit	die Richter genießen in der Ausübung ihrer Aufgaben volle Unabhängigkeit (Art 6 Abs 2 TCTJCA)	- für ihre Dienste erhalten die Richter – zu bestimmter Zeit – eine Vergütung, die während ihrer Amtsdauer nicht herabgesetzt werden darf (Art 3 *Section* 1 C-USA) - die *Associate Justices* (und der *Chief Justice*) erhalten eine jährliche Entlohnung, welche sich nach *Section* 225 des *Federal Salary Act* von 1967 (2 USC *Section* 351 bis 361) idF von 28 C *Section* 461 bestimmt (28 USC *Section* 5)
Richter – Unvereinbarkeiten	- jede entgeltliche oder unentgeltliche Tätigkeit mit Ausnahme von Lehrtätigkeiten (Art 6 Abs 2 TCTJCA) - Richter haben sich jeder mit der Bedeutung ihres Amtes unvereinbaren Tätigkeit zu enthalten (Art 6 Abs 2 ETJCA).	
Richter – Eid	der designierte Richter hat den Eid zu leisten, dass er seine Amt mit Gewissen und absoluter Unparteilichkeit ausübt, dass er seine Tätigkeiten mit	

	dem notwendigen Respekt ausübt und alle Pflichten erfüllt, die mit dem Richteramt verbunden sind (Art 9 Abs 1 ETJCA)	
Richter – Amtsende		
– Amtsende allgemein		- auch die Richter unterliegen der Zuständigkeit des Senates, über alle *Impeachment*-Verfahren zu entscheiden (Art 1 *Section* 3 Abs 6 C-USA) - Pensionierung von Richtern (28 USC *Section* 371 f)
– Enthebung durch	Bevollmächtigte der Regierungen der Mitgliedstaaten (Art 10 TCTJCA)	Senat (Art 1 *Section* 3 Abs 6 C-USA)
– Voraussetzungen	schwerer und festgestellter, in Art 11 Abs 1 ETJCA vorgesehener Fehler bei der Ausübung des Amtes (Art 10 TCTJCA): - notorisches schlechtes Verhalten (Art 11 Abs 1 lit a ETJCA) - irgendeine mit der Würde des Amtes unvereinbare Handlung (lit b leg cit) - wiederholtes Nichterfüllen der mit dem Amt verbundenen Pflichten (lit c leg cit) - die Ausübung von beruflichen (entgeltlichen oder unentgeltlichen) – mit Ausnahme von lehrenden und wissenschaftlichen – Tätigkeiten (lit d leg cit) - die Verletzung des bei der Amtseinführung geleisteten Eides (lit e leg cit)	
– Verfahren (siehe auch unter *Zuständigkeiten*)	- auf Antrag der Regierung eines Mitgliedstaates (Art 10 TCTJCA) - die Regierung eines Mitgliedstaates kann an die Regierung von Ecuador ein begründetes Ersuchen auf Amtsenthebung stellen (Art 12 Abs 1 ETJCA iVm Art 10 TCTJCA) - diese übermittelt dieses Ersuchen an die übrigen	

	Mitgliedstaaten und den beschuldigten Richter und beruft die Bevollmächtigten der Mitgliedstaaten zu einer Konferenz ein, welche sich spätestens innerhalb von 30 Tage einzubefinden hat (Art 12 Abs 2 ETJCA iVm Art 10 TCTJCA) - zu diesem Zweck ernennen die Regierungen der Mitgliedstaaten Bevollmächtigte, welche von der Regierung des Sitzstaates einberufen werden und den Fall in einer Sondersitzung einstimmig lösen (Art 10 TCTJCA) - die versammelten Bevollmächtigten hören den beschuldigten Richter und entscheiden einstimmig und in begründeter Form, ob der Richter seines Amtes enthoben wird oder nicht (Art 12 Abs 3 ETJCA iVm Art 10 TCTJCA)	
– Übergangsbestimmungen	ein Richter hat am Ende seines Amtes dieses solange weiter auszuüben, bis sein Nachfolger dieses übernimmt (Art 11 TCTJCA)	
Richter – Residenzpflicht am Sitz des Gerichtes	*nicht in den Rechtsgrundlagen geregelt, eine Residenzpflicht wird jedoch aus den Bestimmungen, wonach das Gericht seinen Sitz in Quito hat, abgeleitet*	
Richter – Privilegien und Immunitäten (wenn nicht schon unter *Gericht*)	- zu Art 12 Abs 2 TCTJCA siehe vorstehend unter *Gericht – Privilegien und Immunitäten*, - die Richter, der Sekretär des TJCA und die von ihm designierten internationalen Beamten genießen im Gebiet des Sitzstaates die ihrer Kategorie entsprechenden Privilegien und Immunitäten (Art 12 Abs 4 TCTJCA; vgl auch Art 6 Abs 1 ETJCA) - den Richtern kommt dabei die Kategorie eines Missionschefs zu, während die Bedingungen für die übrigen Beamten in einem gegenseitigen	

	Vertrag zwischen dem Gericht und der Regierung des Gastlandes vereinbart werden (Art 12 Abs 4 TCTJCA; vgl auch Art 6 Abs 2 ETJCA) - Möglichkeit der Aufhebung der Immunität durch die zuständige nationale Behörde des Sitzstaates nach zustimmender Äußerung des TJCA und in Übereinstimmung mit der Wiener Konvention über das Recht der diplomatischen Beziehungen (Art 10 Abs 1 ETJCA) - die zuständige Behörde bringt den Antrag auf Aufhebung der Immunität dem Richter zur Kenntnis und gewährt ihm eine Frist von fünf Tagen, um seine Entlastungsgründe vorzubringen (Art 10 Abs 2 ETJCA) - das TJCA berät über den Antrag mittels begründeter *Resolución* in Sitzung ohne den betroffenen Richter (Art 10 Abs 3 ETJCA) - Verfahren zur Aufhebung der Immunität hat einen „vorbehaltenen Charakter" (*carácter reservado*) (Art 10 Abs 4 ETJCA) - Verfahren hat vor der für die Verurteilung der Höchstrichter in diesem Mitgliedstaat zuständigen Behörde stattzufinden (Art 10 Abs 5 ETJCA) - die Immunität des Richters befreit diesen in den übrigen Fällen nicht von der Jurisdiktion seines Heimatstaates (Art 10 Abs 6 ETJCA)	
Richter – Stellvertreter	- jeder Richter hat einen ersten und zweiten Stellvertreter, die sie im Fall von endgültiger oder zeitweiliger Abwesenheit, sowie im Falle ihrer Verhinderung oder ihrer Ablehnung ersetzen (Art 9 Abs 1 TCTJCA) - für die Stellvertreter gelten dieselben Voraussetzungen wie für die Richter und sie unter-	

	stehen denselben Regelungen betreffend Ernennungsdatum, Ernennungsverfahren, Amtsdauer und Abberufung (Art 9 Abs 2 TCTJCA, Art 7 Abs 1 ETJCA, Art 8 Abs 1 ETJCA, Art 11 Abs 2 ETJCA)
	- im Fall der absoluten Vakanz des Richteramts wird dieser von seinem Stellvertreter bis zum Ende seiner Amtszeit ersetzt (Art 8 Abs 2 ETJCA)
	- im Falle der absoluten Vakanz des Amtes des ersten Stellvertreters rückt der zweite nach einer eigenen Liste vor (Art 7 Abs 2 ETJCA)
	- der erste und zweite Stellvertreter werden vom Präsidenten wie in der Anordnung des TJCA vorgesehen einberufen und ersetzen die Richter in folgenden vier Fällen: (Art 13 ETJCA)
	  - wenn sich ein designierter Richter zur Amtseinführung – nach Meinung des TJCA ohne ausreichende Begründung – nicht innerhalb von 30 Tagen ab Beginn seiner Amtsdauer eingefunden hat (lit a leg cit)
	  - im Falle des Todes, eines Amtsverzichtes, einer Amtsenthebung oder Vakanz des Amtes für die Zeit der restlichen Amtsdauer (lit b leg cit)
	  - im Falle eines Urlaubes für die Dauer desselben (lit c leg cit)
	  - sowie im Fall der Verhinderung oder der Ablehnung (lit d leg cit)	

Richter – Hilfspersonal		*Court Officers* - *Clerk* (28 USC *Section* 671) - *Marshal* (28 USC *Section* 672) - *Reporter* (28 USC *Section* 673) - *Librarian* (28 USC *Section* 674)

		- *Law clerks and secretaries* (28 USC *Section* 675)
3. Präsident	*nachdem der Präsident zugleich Richter ist kommen für ihn subsidiär die vorstehend genannten Ausführungen zum Tragen*	*Chief Justice* (28 USC *Section* 1)
Präsident – Vizepräsidenten	(lediglich) Regelung zur Ausübung des Präsidentenamtes im Falle dessen Abwesenheit etc (Art 16 ETJCA, Art 11 RI-TJCA)	
Präsident – Statut/-Rechtsstellung		
Präsident – Funktion	- der Präsident vertritt das Gericht unter allen Umständen, leitet dessen Aktivitäten, Arbeiten und Dienste, ruft zu den Sessionen und Verhandlungen zusammen und leitet diese und übt die übrigen Zuständigkeiten aus, welche ihm das TJCA explizit oder implizit in seiner Verfahrensordnung (in Art 12 RI-TJCA) festlegt (Art 15 Abs 1 ETJCA) - daneben kommen dem Präsidenten auch noch die seiner Autorität inhärenten Zuständigkeiten und Funktionen zu (Art 15 Abs 2 ETJCA) - die Richter leisten vor dem Präsidenten ihren Eid ab und dieser ernennt sie in ihr Amt (Art 9 ETJCA) - die Koordinierung von Treffen und Aktionen mit den höchsten gerichtlichen Autoritäten in den Mitgliedstaaten zur Verbreitung, besseren Wieterentwicklung und einheitlichen Anwendung des Gemeinschaftsrechtes (Art 45 TCTJCA)	
Präsident – Qualifikationen	das Amt des Präsidenten wird sukzessive von jedem Richter nach einer zwischen ihnen vereinbarten oder durch Los bestimmten Reihenfolge beklei-	

	det (Art 14 Abs 1 ETJCA; siehe auch Art 14 Abs 2 ETJCA)	
Präsident – Ernennung		
– ernannt von	gewählt vom TJCA selbst (Art 14 Abs 1 TJCA)	
– Rechtsakt der Ernennung		
– Ernennungs-verfahren	der gewählte Präsident tritt das Amt vor dem TJCA nach Leistung des *juramento de rigor* an (Art 14 Abs 3 ETJCA)	
– Amtsdauer	ein Jahr (Art 14 Abs 1 ETJCA) (siehe auch Art 10 RI-TJCA)	
– Wieder-ernennung		
Präsident – Unabhängigkeit		- für ihre Dienste erhalten die Richter – zu bestimmter Zeit – eine Vergütung, die während ihrer Amtsdauer nicht herabgesetzt werden darf (Art 3 *Section* 1 C-USA) - der *Chief Justice* (und die *Associate Justices*) erhalten eine jährliche Entlohnung, welche sich nach *Section* 225 des *Federal Salary Act* von 1967 (2 USC *Section* 351 bis 361) idF von 28 USC *Section* 461 bestimmt (28 USC *Section* 5)
Präsident – Unvereinbar-keiten		
Präsident – Eid		
Präsident –		

Amtsende		
– Amtsende allgemein		
– Enthebung durch		
– Voraussetzungen		
– Verfahren (siehe auch unter *Zuständigkeiten*)		
– Übergangs-bestimmungen		
Präsident – Residenzpflicht am Sitz des Gerichtes		
Präsident – Privilegien und Immunitäten (wenn nicht schon unter *Gericht*)		
Präsident – Stellvertreter		wenn der *Chief Justice* seine Pflichten nicht erfüllen kann oder sein Amt vakant ist, gehen seine Zuständigkeiten und Pflichten auf den rangnächsten handlungsfähigen *Associate Justice* bis zu dem Zeitpunkt über, zu dem entweder der Grund der Amtunfähigkeit aufhört zu bestehen, oder ein anderer ausreichend qualifizierter *Chief Justice* ernannt ist (28 USC *Section* 3)
Präsident –		der *Chief Justice* kann einen *Administrative*

Hilfspersonal		*Assistant* ernennen, welcher ihm untersteht und ihm vom *Chief Justice* übertragene Aufgaben zu erfüllen hat (28 USC *Section* 677)
4. Generalanwälte	der CAMRE kann das Amt eines Generalanwaltes schaffen, wobei er die entsprechende Anzahl der Generalanwälte und ihre Zuständigkeiten im ETJCA festlegt (Art 6 Abs 3 TCTJCA; siehe auch Art 142 ETJCA)	
Generalanwälte – Anzahl		
Generalanwälte – Statut/-Rechtsstellung		
Generalanwälte – Funktion		
Generalanwälte – Qualifikationen		
Generalanwälte – Ernennung		
– ernannt von		
– Rechtsakt der Ernennung		
– Ernennungsverfahren		
– Amtsdauer		
– Wiederernennung		

Generalanwälte – Unabhängigkeit		
Generalanwälte – Unvereinbarkeiten		
Generalanwälte – Eid		
Generalanwälte – Amtsende		
– Amtsende allgemein		
– Enthebung durch		
– Voraussetzungen		
– Verfahren (siehe auch unter *Zuständigkeiten*)		
– Übergangsbestimmungen		
Generalanwälte– Residenzpflicht am Sitz des Gerichtes		
Generalanwälte – Privilegien und Immunitäten (wenn		

nicht schon unter *Gericht*)		
General-anwälte – Stellvertreter		
General-anwälte – Hilfspersonal		
5. Organisation		
Organisation – allgemein	- das TJCA legt die Organstruktur und die Einzelheiten seines Personals fest (Art 23 ETJCA) - das TJCA erlässt allgemeine Regelungen in der Form von Abkommen und individuelle administrative Entscheidungen in der Form von *Resoluciones* (Art 22 ETJCA)	
Organisation – Satzung	*Estatuto del Tribunal de Justicia de la Comunidad Andina* – ETJCA (vom CAMRE erlassene *Decisión* 500 (*Estatuto del Tribunal*), unterzeichnet am 22. 6. 2001 in Valencia/Venezuela)	
Organisation – Verfahrensordnung	*Reglamento Interno del Tribunal* – RI-TJCA vom 19. 6. 1985	*Rules of the Supreme Court of the United States* (R-SCUS)
Organisation – sonstige organisatorische Regelungen	- *Acuerdo de Cartagena* idF des *Protocolo de Trujillo* vom 10. 3. 1995 - *Tratado de Creación del Tribunal de Justicia de la Comunidad Andina* – TCTJCA vom 28. 5. 1979 idF des *Protocolo de Cochabamba*	28 USC *Section* 1 bis 6, 671 bis 677
Organisation – Vollsitzungen	Art 22 Abs 1 RI-TJCA legt für die *sesiones administrativas y judiciales* fest, in welchen Fällen das Gericht in Vollsitzungen tagt	
Organisation	*nein*	

– Kammern		
Organisation – Allgemeine Verwaltung		
Organisation – Finanzverwaltung	- ordentliche (jährliche Beitragszahlungen der Mitgliedstaaten) (Art 26 Abs 1 ETJCA, Art 22 lit i AC) und außerordentliche (sämtliche übrigen) (Art 26 Abs 2 ETJCA) Einnahmen, wobei die ordentlichen Einnahmen von der CCA mittels der den Haushaltsvoranschlag des Gerichtes genehmigenden *Decisión* anteilsmäßig festgelegt werden - das Gericht bereitet das Budget vor, welches vom Präsidenten des Gerichtes spätestens 30 Tage vor der letzten ordentlichen Periode eines jeden Jahres an die CCA übermittelt wird (Art 27 ETJCA bzw Art 16 TCTJCA) - der CCA kommt die Zuständigkeit zu, das jährliche Budget des TJCA (und des SGCA) sowie dessen Durchführung zu genehmigen (Art 22 lit i AC bzw Art 16 TCTJCA) - die (delegierbare) Ausführung des Haushaltes obliegt dem Präsidenten, welchem diesbezüglich die Aufgabe eines Kostenrechners zukommt (Art 28 ETJCA)	

Organisation – Sprachenregelung	- Spanisch (Art 34 ETJCA)
	  - Sprachen und Dialekte der ethnischen Gruppen können vor Gericht verwendet werden, wenn ihre Übersetzung in das Spanische gewährleistet ist (Abs 1 leg cit)
	  - Dokumente und Wortmeldungen in anderen Sprachen müssen über eine entsprechende einfache Übersetzung verfügen, es sei denn es wird von Amts wegen oder auf Antrag	

	einer Partei eine offizielle Übersetzung gefordert (Abs 2 leg cit)	
Organisation – Kanzler/-Sekretär	- das Gericht ernennt seinen Sekretär auf drei Jahre bei einmaliger Möglichkeit einer Wiederwahl (Art 14 TCTJCA bzw Art 17 Abs 1 ETJCA) - der Sekretär genießt dieselben Privilegien und Immunitäten wie die Richter und die internationalen Beamten (Art 6 ETJCA) - die Stelle des Sekretärs wird der Reihe nach von Staatsangehörigen der verschiedenen Mitgliedstaaten belegt (Art 17 Abs 2 ETJCA) - andere Dienststellen sind die *Dirección de Administración* und die Dienste, wobei der Aufbau des Personals dieser Dienststellen, das Auswahlsystem und die entsprechenden Aufgaben dieser Stellen im entsprechenden *Reglamento* geregelt werden (Art 20 RI-TJCA) - außerdem ist das Amt eines Verwaltungsdirektors, eines Bibliothekars und eines „Zahl- und Rechnungsführers" vorgesehen, welche alle drei für drei Jahre bestellt werden (Art 21 RI-TJCA)	
Organisation – Beamte etc	- bei der Ernennung und Einstellung seines Personals (Art 14 TCTJCA) berücksichtigt das TJCA ausdrücklich die Fähigkeit, die Kompetenz und den Ruf der Kandidaten und achtet auf eine möglichst gerechte geographische subregionale Verteilung der Posten (Art 24 ETJCA). - das Gericht erlässt eine Ordnung für sein Personal in welchem es die Auswahlverfahren, die Art und Weise der Einstellung, Kategorien und Dauer sowie die Rechte und Pflichten und die disziplinäre Ordnung seiner Beamten und	siehe unter *Richter – Hilfspersonal*

	Angestellten regelt (Art 25 ETJCA)	
Organisation – Übergangsbestimmungen		
6. Prinzipien die explizit für das/die Gericht(e) gelten		
Prinzipien – begrenzte Ermächtigung	das Gericht übt seine Jurisdiktion über die Andengemeinschaft im Rahmen der von der Gemeinschaftsrechtsordnung festgelegten Zuständigkeiten aus (Art 5 ETJCA)	
Prinzipien – Verhältnismäßigkeit	*nicht explizit bzw nicht in derselben Form wie in der EU*	
Prinzipien – (loyale) Zusammenarbeit mit anderen Organen	das Gericht hat dem CPA, dem CAMRE und der CCA jährliche Berichte vorzulegen (Art 15 TCTJCA)	

Prinzipien – sonstige	- bei der Ausübung seiner Zuständigkeiten hat das Gericht die Bewahrung der Gemeinschaftsinteressen sowie – innerhalb der andinen Rechtsordnung – die Rechte der Mitgliedstaaten zu achten (Art 4 Abs 2 ETJCA)
	- Vorrang (abgeleitet aus Art 5 TCTJCA)
	- Gleichheit der Mitgliedstaaten (Art 2 AC)
	- Sonstige Prinzipien im Bereich des Verfahrensablaufes (Art 35 (Abs 1) ETJCA):
	  - *la efectividad de los derechos sustantivos de las personas sujetas a su jurisdicción*
	  - *la salvaguardia del espíritu de la integr-*
		- *stare decisis*
		- *judicial self restraint*
		- *act of state doctrine*

	ación (!) - *el respecto de la igualidad jurídica de las partes* - *la garantía del debido proceso*	
7. allgemeiner Verfahrensablauf, Entscheidungsfindung und Entscheidung(en)	- Einreichung der Klageschrift - eventuell Nachbesserung - Klagebeantwortung - Beweisaufnahme - mündliche Verhandlung - Urteil - Vollstreckung	- um gültig zu verhandeln und entscheiden zu können müssen mindestens sechs Richter anwesend sein (28 USC *Section* 1) - der SC hält am Sitz der Regierung seine ordentliche Sitzung, welche am ersten Montag im Oktober beginnt, sowie wenn notwendig außerordentliche Sitzungen (28 USC *Section* 2)
Verfahren – Einleitung von Verfahren (von Amts wegen oder auf Parteiantrag)	das Verfahren vor dem Gericht wird mit einer von der Partei oder deren Anwalt unterschriebenen Klage eingeleitet (Art 45 ETJCA)	
Verfahren – Beweisverfahren	Art 73 bis 81 ETJCA	
Verfahren – *dissenting opinions*	die Möglichkeit von Seperatvoten und *dissenting opinions* wird explizit ausgeschlossen (Art 90 Abs 3 ETJCA)	- *dissenting opinions* - *concurring opinions*
Verfahren – Verfahren schriftlich oder mündlich	*schriftlicher und mündlicher Abschnitt*	
Verfahren – Entscheidungen und deren Wirkung	- Urteile - die Urteile des TJCA haben ab dem Tag nach ihrer Zustellung bindende Wirkung sowie die Wirkung einer *res iudicata* (Art 91 ETJCA) - Eröffnungsbeschlüsse bzw verfahrensleitende	

	Beschlüsse - Zwischenentscheidungen	
Verfahren – Vollstreckung von Entscheidungen	die Urteile des TJCA sind im Gebiet der Mitgliedstaaten ohne die Notwendigkeit einer gerichtlichen Bestätigung oder einer Rechtskrafterklärung anwendbar (Art 91 ETJCA)	
Verfahren – Einstweilige Maßnahmen	- siehe unter *Normenkontrolle – Akte der übergeordneten Ebene – Wirkung* - siehe unter *Pflichtenverletzungen – untergeordnete Ebene – Vertrags-/Verfassungsverletzung – Verfahren*	
8. Zuständigkeiten		
8.1 Allgemein	Art 47 AC (*De la Solución de Controversias*) verweist für die Beilegung von Streitigkeiten in der Anwendung der Rechtsordnung der Andengemeinschaft auf die Bestimmungen des TCTJCA	
Allgemein – Wahrung des Rechtes		
– Primärrecht/-Recht der übergeordneten Ebene	Aufgabe, das andine Recht zu erklären und die einheitliche Anwendung und Auslegung in allen Mitgliedstaaten zu gewährleisten (Art 4 Abs 1 ETJCA)	die richterliche Gewalt erstreckt sich auf alle Rechts- und Billigkeitsfälle, die die Verfassung, die Gesetze der Vereinigten Staaten und die unter deren Autorität geschlossenen oder zu schließenden Verträge betreffen (Art 3 *Section* 2 Abs 1 C-USA)
– Sekundärrecht/-Recht der untergeordneten Ebene	Aufgabe, das andine Recht zu erklären und die einheitliche Anwendung und Auslegung in allen Mitgliedstaaten zu gewährleisten (Art 4 Abs 1 ETJCA)	die richterliche Gewalt erstreckt sich auf alle Rechts- und Billigkeitsfälle, die die Verfassung, die Gesetze der Vereinigten Staaten und die unter deren Autorität geschlossenen oder zu schließenden Verträge betreffen (Art 3 *Section* 2 Abs 1 C-USA)

Allgemein – Sonstiges	- der TJCA ist das gerichtsförmige Organ der Andengemeinschaft mit supranationalem (!) und gemeinschaftlichen Charakter (Art 4 Abs 1 ETJCA) - die Mitgliedstaaten haben es zu unterlassen, irgendeine in Zusammenhang mit der Anwendung der Normen der Rechtsordnung der Andengemeinschaft stehende Streitigkeit einem anderen Gericht, Schiedssystem oder sonstigem Verfahren als den durch den TCTJCA errichteten zu unterwerfen (Art 42 Abs 1 TCTJCA)	
8.2 Konstitutive Zuständigkeiten		
8.2.1 Normenkontrolle		
Normenkontrolle – Akte der übergeordneten Ebene		*Rs Marbury vs Madison*
– Art der Rechtsakte (individuell oder generell)	- *Decisiones* des CAMRE (Art 17 TCTJCA, Art 101 ETJCA) - *Decisiones* der CCA (Art 17 TCTJCA, Art 101 ETJCA) - *Resoluciones* des SGCA (Art 17 TCTJCA, Art 101 ETJCA) - die komplementären industriellen Abkommen und alle anderen derartigen Abkommen welche die Mitgliedstaaten untereinander im Kontext	

	des andinen subregionalen Integrationsprozesses abschließen (Art 17 TCTJCA und Art 101 ETJCA iVm Art 1 lit e TCTJCA)	
– Erlassendes Organ	- siehe unter *Art der Rechtsakte* - das Organ, dessen Rechtsakt annulliert wurde hat innerhalb der vom Gericht gesetzten Frist die zur Umsetzung des Entscheidung notwendigen Vorkehrungen zu treffen (Art 22 Abs 2 TCTJCA, Art 106 Abs 2 ETJCA) - kein vom TJCA endgültig oder einstweilen aufgehobener Akt kann von dem erlassenden Organ – mit den im Wesentlichen selben (aufgehobenen oder suspendierten) Normen wiedererlassen werden, außer die die Nichtigkeit des Rechtsaktes verursachenden Normen sind nicht mehr existent (Art 106 Abs 3 ETJCA)	
– *ex ante* oder *ex post*	*ex post* (arg „*dictados o acordados*" – Art 17 TCTJCA, Art 101 ETJCA)	*ex post*
– Prüfung der Gültigkeit und/oder der Anwendung	Nichtigkeit (Art 17 TCTJCA)	*Gültigkeit*
– Antragsbefugnis	- Mitgliedstaaten (Art 17 TCTJCA, Art 102 Abs 1 ETJCA) - allerdings nur bei *Decisiones* oder Abkommen, denen sie nicht zugestimmt haben (Art 18 TCTJCA, Art 102 Abs 2 ETJCA) - CAMRE (Art 17 TCTJCA, Art 102 Abs 1 ETJCA) - CCA (Art 17 TCTJCA, Art 102 Abs 1 ETJCA) - SGCA (Art 17 TCTJCA, Art 102 Abs 1 ETJCA) - natürliche und juristische Personen: siehe unter *Klagebefugnis von Individuen*	
–	- Verletzung der Normen der andinen Gemein-	

Prüfungsmaßstab	schaftsrechtsordnung (Art 17 TCTJCA, Art 101 ETJCA) - im Falle einer Unvereinbarkeit zwischen den höherrangigen Normen der andinen Rechtsordnung und anderen niederrangigen Normen derselben Rechtsordnung wendet das Gericht die ersteren an (Art 104 Abs 2 ETJCA) - Ermessensmissbrauch (Art 17 TCTJCA, Art 101 ETJCA)	
– Verfahren (inzident oder eigenes Verfahren)	- selbständiges Verfahren: - Frist: zwei Jahre nach In-Kraft-Treten der *Decisión* des CAMRE oder der CCA, der *Resolución* des SGCA oder des Abkommens (Art 20 Abs 1 TCTJCA, Art 103 ETJCA) - inzident: - selbst nach Ablauf der Frist des Art 20 Abs 1 TCTJCA kann jede der Parteien in einem Rechtsstreit vor einem nationalen Richter oder Gericht diese ersuchen, die *Decisión* oder *Resolución* – unter der Voraussetzung, dass der gegenständliche Fall die Anwendung dieser Bestimmung betrifft und deren Gültigkeit fraglich ist – für den konkreten Fall für unanwendbar erklären (Art 20 Abs 2 TCTJCA) - im Falle eines derartigen Gesuches konsultiert der nationale Richter das TJCA und setzt sein Verfahren bis zur Entscheidung desselben aus; die Entscheidung des TJCA ist für ihn bindend (Art 20 Abs 3 TCTJCA, Art 104 Abs 1 ETJCA) - das TJCA benachrichtigt die Mitglied-	*inzident*

	staaten, den CAMRE, die CCA und das SGCA von dem Gesuch des nationalen Richters (Art 104 Abs 1 ETJCA) - die Mitgliedstaaten, der CAMRE, die CCA und das SGCA haben das Recht innerhalb einer Frist von 30 Tagen dem Gericht schriftlich ihre Schriftsätze und Bemerkungen mitzuteilen (Art 104 Abs 1 ETJCA)	
– Wirkung	- das Einlegen einer Nichtigkeitsklage betrifft weder die Effektivität noch Gültigkeit der angefochtenen Norm oder des Abkommens (Art 21 Abs 1 TCTJCA, Art 105 Abs 1 ETJCA) - das Gericht kann auf Antrag der jeweiligen Partei – und wenn es es für notwendig erachtet – in seiner endgültigen Entscheidung die einstweilige Suspension der Exekution der betroffenen *Decisión*, *Resolución* oder des Abkommens bestimmen oder andere vorbeugende Maßnahmen anordnen, wenn dem Antragsteller ein tatsächlicher oder potentieller nicht oder nur schwer wiedergutzumachender Schaden droht (Art 21 Abs 2 TCTJCA; siehe auch Art 105 Abs 2 und 3 ETJCA) - wenn das Gericht die teilweise oder vollständige Nichtigkeit der angefochtenen *Decisión*, *Resolución* oder des Abkommens erklärt, so bestimmt es die zeitlichen Auswirkungen seiner Entscheidung (Art 22 Abs 1 TCTJCA, Art 106 Abs 1 ETJCA) - siehe auch unter *Erlassendes Organ*	
– Klagebefugnis von Individuen	natürliche und juristische Personen können lediglich gegen *Decisiones* des CAMRE, der CCA sowie gegen *Resoluciones* des SGCA Nichtigkeitsklage erheben, welche ihre subjektiven Rechte oder	*ja*

	legitimen Interessen betreffen (Art 17 und Art 19 TCTJCA, Art 102 Abs 1 und Abs 3 ETJCA)	
Normenkontrolle – Akte der untergeordneten Ebene		*Rs Marbury vs Madison*
– Art der Rechtsakte (individuell oder generell)		
– Erlassendes Organ		
– *ex ante* oder *ex post*		*ex post*
– Prüfung der Gültigkeit und/oder der Anwendung		*Gültigkeit*
– Antragsbefugnis		
– Prüfungsmaßstab		
– Verfahren (inzident oder eigenes Verfahren)		*inzident*
– Wirkung		
– Klagebefugnis von Individuen		*ja*
8.2.2		*Impeachment*

Pflichtenverletzungen		
Pflichtenverletzungen durch die übergeordnete Ebene		
übergeordnete Ebene – Untätigkeit		
– passiv legitimiert	- CAMRE (Art 37 Abs 1 TCTJCA, Art 129 ETJCA) - CCA (Art 37 Abs 1 TCTJCA, Art 129 ETJCA) - SGCA (Art 37 Abs 1 TCTJCA, Art 129 ETJCA)	
– Prüfungsmaßstab	- das Unterlassen der Vorname einer Handlung, zu der die erwähnten Organe durch die Rechtsordnung der Andengemeinschaft ausdrücklich verpflichtet sind (Art 37 Abs 1 TCTJCA, Art 129 ETJCA) - dabei hat das Gericht die bestehende technische Dokumentation, den Hintergrund des Falles und die Erklärungen des betroffenen Organes zu berücksichtigen (Art 37 Abs 3 TCTJCA, Art 133 ETJCA)	
– Antragsbefugnis	- CAMRE (Art 37 Abs 1 TCTJCA, Art 130 ETJCA) - CCA (Art 37 Abs 1 TCTJCA, Art 130 ETJCA) - SGCA (Art 37 Abs 1 TCTJCA, Art 130 ETJCA) - Mitgliedstaaten (Art 37 Abs 1 TCTJCA, Art 130 ETJCA) - natürliche und juristische Personen: siehe unter *Klagebefugnis von Individuen*	
–	- die Antragsteller hat vor Einlegung der Klage	

Verfahren	von dem betroffenen – passiv legitimierten – Organ (schriftlich) die Erfüllung seiner Verpflichtungen zu fordern (Art 37 Abs 1 TCTJCA, Art 131 Abs 1 ETJCA) - wenn das belangte Organ diesem Gesuch nicht innerhalb von 30 Tagen entspricht, kann der Antragsteller das TJCA anrufen, damit es über den Fall entscheidet (Art 37 Abs 2 TCTJCA, Art 131 Abs 2 ETJCA) - das Gericht hat innerhalb von weiteren 30 Tagen nach Zulassung der Klage – und nach einem Stellungnahmegesuch an den Präsidenten oder Vertreter des betroffenen Organes – zu entscheiden (Art 37 Abs 3 TCTJCA, Art 133 ETJCA) - die Entscheidung des Gerichtes wird in der GOAC veröffentlicht (Art 37 Abs 3 TCTJCA)	
– Wirkung	die Entscheidung des Gerichtes hat die notwendigen Kriterien (Form, Art und Frist) für die Erfüllung der Verpflichtungen durch das betroffene Organ zu enthalten (Art 37 Abs 3 TCTJCA, Art 134 ETJCA)	
– Klagebefugnis von Individuen	natürliche und juristische Personen können gegen die Untätigkeit eines der genannten Organe vorgehen, wenn sie festgestellter Maßen in ihren subjektiven Rechte oder ihren legitimen Interessen betroffen sind (Art 37 Abs 1 TCTJCA iVm Art 19 TCTJCA, Art 130 ETJCA iVm Art 132 ETJCA)	
übergeordnete Ebene – (Amts-)Haftung		
– passiv legitimiert		
– Prüfungsmaßstab		

– Antragsbefugnis		
– Verfahren		
– Wirkung		
– Klagebefugnis von Individuen		
übergeordnete Ebene – Sonstige		
– passiv legitimiert		
– Prüfungsmaßstab		
– Antragsbefugnis		
– Verfahren		
– Wirkung		
– Klagebefugnis von Individuen		
Pflichtenverletzungen durch die untergeordnete Ebene		
untergeordnete Ebene – (Staats-)Haftung		
– passiv		

legitimiert		
– Prüfungsmaßstab		
– Antragsbefugnis		
– Verfahren		
– Wirkung		
– Klagebefugnis von Individuen		
untergeordnete Ebene – Vertrags-/Verfassungsverletzung	- die Mitgliedstaaten sind verpflichtet, die Maßnahmen zu erlassen, die für die Sicherstellung der Erfüllung der Normen der Rechtsordnung der Andengemeinschaft notwendig sind (Art 4 Abs 1 TCTJCA) - ebenso unterlassen es die Mitgliedstaaten, irgendeine Maßnahme zu erlassen oder anzuwenden, welche diesen Normen entgegensteht oder welche ihre Anwendung in irgend einer Weise behindert (Art 4 Abs 2 TCTJCA)	
– passiv legitimiert	Mitgliedstaaten (Art 23 TCTJCA, Art 107 ETJCA)	
– Prüfungsmaßstab	- Nichterfüllung einer aus den Normen oder Abkommen der Rechtsordnung der Andengemeinschaft fließenden Verpflichtungen (Art 23 Abs 1 TCTJCA) - Nichteinhaltung der in seiner Eigenschaft als Mitgliedstaat der Andengemeinschaft eingegangenen Verpflichtungen und Kompromisse aus der Gemeinschaftsrechtsordnung (Art 107 Abs 1 ETJCA) - das inkriminierte Verhalten kann im Erlass	

	von internen gegen die andine Rechtsordnung verstoßende Normen, im Nichterlass von von der andinen Rechtsordnung geforderten Normen, in der Realisierung von irgendwelchen Akten, oder dem entgegengesetzten Unterlassen sowie in der in irgend einer Weise bestehenden Erschwerung oder Behinderung der andinen Rechtsordnung bestehen (Art 107 Abs 2 ETJCA)	
– Antragsbefugnis	- SGCA (Art 23 TCTJCA, Art 108 ETJCA) - Mitgliedstaat (Art 24 TCTJCA, Art 108 ETJCA)	
– Verfahren	- SGCA gegen Mitgliedstaat: (Art 23 TCTJCA) - wenn das SGCA der Ansicht ist, dass ein Mitgliedstaat gegen die unter dem Punkt *Prüfungsmaßstab* erwähnten Verpflichtungen verstoßen hat, so teilt es dem Mitgliedstaat seine Beobachtungen schriftlich mit (Art 23 Abs 1 TCTJCA) - der Mitgliedstaat hat darauf innerhalb einer vom SGCA gesetzten – der Schwere des Falles angemessenen – Frist von jedoch maximal 60 Tagen zu erwidern (Art 23 Abs 1 TCTJCA) - nach Erhalt der Antwort oder dem Verstreichen der Frist erlässt das SGCA gemäß seiner Verfahrensordnung und innerhalb der folgenden fünfzehn Tagen eine begründete Stellungnahme über den Stand der Erfüllung der Verpflichtung (Art 23 Abs 1 TCTJCA) - wenn das SGCA in seiner Stellungnahme eine Nichterfüllung durch den Mitgliedstaat feststellt und dieser mit dem inkriminierten Verhalten fortfährt, so hat das	

	SGCA unverzüglich das TJCA um eine Entscheidung zu ersuchen (Art 23 Abs 2 TCTJCA) - der betroffene Mitgliedstaat kann der Klage des SGCA beitreten (Art 23 Abs 2 TCTJCA) - Mitgliedstaat gegen Mitgliedstaat: (Art 24 TCTJCA) - wenn ein Mitgliedstaat der Ansicht ist, dass ein anderer Mitgliedstaat gegen die unter dem Punkt *Prüfungsmaßstab* erwähnten Verpflichtungen verstoßen hat, so befasst er das SGCA mit dem Fall und dem betreffenden Sachverhalt, damit dieses innerhalb der Frist von 60 Tagen die notwendigen Handlungen vornimmt, um die Nichterfüllung zu beenden (Art 24 Abs 1 TCTJCA) - nach Erhalt der Antwort oder nach erfolglosem Verstreichen der Frist erlässt das SGCA in Übereinstimmung mit seiner Verfahrensordnung und innerhalb der folgenden fünfzehn Tagen eine begründete Stellungnahme über den Stand der Erfüllung der Verpflichtung (Art 24 Abs 1 TCTJCA) - wenn das SGCA in seiner Stellungnahme eine Nichterfüllung durch den inkriminierten Mitgliedstaat feststellt und dieser mit dem inkriminierten Verhalten fortfährt, so hat das SGCA das TJCA um eine Entscheidung zu ersuchen (Art 24 Abs 2 TCTJCA) - wenn das SGCA innerhalb von 60 Tagen	

	nach Erlass der Stellungnahme nicht die Klage einlegt, so kann der die Nichterfüllung reklamierende Staat direkt das TJCA anrufen (Art 24 Abs 2 TCTJCA) - wenn das SGCA seine Stellungnahme nicht innerhalb von 65 Tagen nach dem Datum der Einreichung der Beschwerde erlässt oder in seiner Stellungnahme nicht von einer Nichterfüllung ausgeht, so kann der die Nichterfüllung reklamierende Mitgliedstaat direkt das TJCA anrufen (Art 24 Abs 3 TCTJCA) - wenn eine *Resolución* zur Überprüfung des Vorliegens einer Verpflichtung oder Beschränkung erlassen wurde oder wenn es sich um eine offensichtliche Verletzung handelt, so erlässt das SGCA so rasch wie möglich (ohne das vorstehend erwähnte Vorverfahren) und in Übereinstimmung mit seiner Verfahrensordnung eine begründetet Stellungnahme, nach der das SGCA selbst und der betroffenen Mitgliedstaat direkt das TJCA anrufen können (Art 26 TCTJCA) - im Falle der Feststellung der Nichterfüllung durch das Gericht, hat der inkriminierte Mitgliedstaat innerhalb einer Frist von 90 Tagen nach Zustellung des Urteiles des TJCA die für die Erfüllung seiner Verpflichtungen notwendigen Maßnahmen zu ergreifen (Art 27 Abs 1 TCTJCA, Art 111 Abs 1 ETJCA) - das Gericht überwacht – in Übereinstimmung mit den Normen des Art 27 TCTJCA und den Regelungen des ETJCA – die Erfüllung der aufgrund dieser Zuständigkeit ergangenen Urteile	

	(Art 111 Abs 2 ETJCA) - wenn der betroffene Mitgliedstaat seinen (im erwähnten Urteil festgelegten) Verpflichtungen nicht nachkommt, so legt das TJCA summarisch und nach Einholung der Ansicht des SGCA die Grenzen fest, innerhalb derer der antragstellende oder jeder andere Mitgliedstaat teilweise oder vollständig die sich für den inkriminierten Mitgliedstaat aus dem AC ergebenden Vorteile einschränken oder suspendieren können (Art 27 Abs 2 TCTJCA) - in jedem Fall kann das Gericht die Annahme anderer Maßnahmen anordnen, wenn die Einschränkung oder Suspension der Vorteile aus dem AC die zu lösende Situation verschlechtern oder sich in diesem Zusammenhang nicht als effizient erweisen würde (Art 27 Abs 3 TCTJCA) - die Bedingungen und Grenzen der Ausübung dieser Anordnung werden im ETJCA (Art 112 bis 120) präzisiert (Art 27 Abs 3 TCTJCA) - das Gericht übermittelt seine Entscheidung an die Mitgliedstaaten über das SGCA (Art 27 Abs 4 TCTJCA) - vor Erlassung der endgültigen Entscheidung kann das Gericht auf Antrag einer Partei und – wenn es ihm notwendig erscheint – nach Sicherstellung die einstweiligen Aussetzung der als verletzende angesehenen Handlung anordnen, wenn diese dem Antragsteller oder der Subregion einen nur schwer oder nicht wiedergutzumachenden Schaden verursacht oder verursachen könnte (Art 28 TCTJCA, Art 109 ETJCA) - die Nichterfüllungsurteile können auf Antrag einer Partei (wiederum) vor dem TJCA auf-	

	grund einer Tatsache, welche den Ausgang des Verfahrens nachdrücklich beeinflussen konnte, angefochten werden, wenn der antragstellenden Partei diese Tatsache zum Zeitpunkt der Urteilserlassung nicht bekannt war (Art 29 Abs 1 TCTJCA) - die Anfechtungsklage muss innerhalb einer relativen Frist von 90 Tagen nach der Entdeckung der Tatsache und einer absoluten Frist von einem Jahr nach dem Datum des Urteiles eingebracht werden (Art 29 Abs 2 TCTJCA)	
– Wirkung	- der inkriminierte Mitgliedstaat hat seinen Verpflichtungen bzw den Anordnungen durch das Gericht nachzukommen (Art 27 TCTJCA, Art 111 ETJCA) - siehe auch unter *Verfahren*	
– Klagebefugnis von Individuen	- die von der Nichterfüllung eines Mitgliedstaates in ihren Rechten betroffenen natürlichen und juristischen Personen können das SGCA und das TJCA gemäß dem Verfahren des Art 24 TCTJCA anrufen (Art 25 Abs 1 TCTJCA, Art 108 ETJCA) - ein Urteil in einem Nichterfüllungsverfahren nach Art 25 TCTJCA stellt eine ausreichende Rechtsgrundlage dar, damit ein Einzelner vor einem nationalen Richter Entschädigung für den entsprechenden positiven Schaden und den entgangenen Gewinn fordern kann (Art 30 TCTJCA, Art 110 ETJCA) - die natürlichen und juristischen Personen haben das Recht – in Übereinstimmung mit den Vorschriften des innerstaatlichen Rechtes – vor die	

	zuständigen nationalen Gerichte zu treten, wenn die Mitgliedstaaten ihren Verpflichtungen nach Art 4 TCTJCA nicht nachkommen, wenn ihre Rechte durch solche Nichterfüllung verletzt werden (Art 31 TCTJCA) - eine Klage nach Art 25 Abs 1 TCTJCA schließt die Möglichkeit aus, in der gleichen Sache gleichzeitig eine Klage nach Art 31 TCTJCA zu beschreiten (Art 25 Abs 2 TCTJCA)	
untergeordnete Ebene – Sonstige	- ein mit seinen Beitragszahlungen an das SGCA oder den TJCA mehr als vier Quartale in Rückstand befindlicher Mitgliedstaat kann sein Stimmrecht in der CCA solange nicht ausüben, als er diese Situation nicht bereinigt (Art 28 Abs 1 AC) - in einem solchen Fall werden das Präsenz- und das Konsensquorum entsprechend der Anzahl der (durch die Zahlungen) beitragende Mitgliedstaaten berechnet (Art 28 Abs 2 AC)	
– passiv legitimiert		
– Prüfungsmaßstab		
– Antragsbefugnis		
– Verfahren		
– Wirkung		
– Klagebefugnis von Individuen		
8.2.3		

Grundrechts-kontrolle		
Grundrechte – Verletzungen durch die übergeordnete Ebene	siehe dazu unter: - *Normenkontrolle – Akte der übergeordneten Ebene – Klagebefugnis von Individuen* und - *Pflichtenverletzung durch die übergeordnete Ebene – Klagebefugnis von Individuen*	*ja*
– passiv legitimiert		
– Rechtsakt		
– Prüfungsmaßstab		
– Antragsbefugnis		
– Verfahren		
– Wirkung		
– Klagebefugnis von Individuen		
Grundrechte – Verletzungen durch die untergeordnete Ebene	siehe dazu unter *Pflichtenverletzung – untergeordnete Ebene – Vertrags/Verfassungsverletzung – Klagebefugnis Individuen*	*ja*
– passiv legitimiert		
– Rechtsakt		
– Prüfungsmaßstab		
–		

Antragsbefugnis		
– Verfahren		
– Wirkung		
– Klagebefugnis von Individuen		
Zugang von Individuen generell (soweit nicht bei einzelnen Verfahren)		
8.2.4 Sonstige institutionelle Zuständigkeiten		
Horizontal I (zwischen Organen der übergeordneten Ebene)		
Horizontal I – Ausschließlichkeitsklausel		
Horizontal I – Rechtsakt		
Horizontal I – Prüfungsmaßstab		
Horizontal I – Antragsbefugnis		

Horizontal I – Verfahren		
Horizontal I – Wirkung		
Horizontal I – Klagebefugnis von Individuen		
Horizontal II (zwischen den Mitgliedern der untergeordneten Ebene)		erstinstanzliche – und ausschließliche – Zuständigkeit für alle Streitigkeiten zwischen zwei oder mehreren Gliedstaaten (Art 3 *Section* 2 Abs 1 4. SpStr iVm Abs 2 1. Satz C-USA, 28 USC *Section* 1251 lit a)
Horizontal II – Ausschließlichkeitsklausel		
Horizontal II – Rechtsakt		
Horizontal II – Prüfungsmaßstab		
Horizontal II – Antragsbefugnis		
Horizontal II – Verfahren		
Horizontal II – Wirkung		
Horizontal II – Klagebefugnis von Individuen		
Vertikal (zwischen der über- und der untergeordneten		- berufungsinstanzliche Zuständigkeit für alle Streitigkeiten, an denen die Vereinigten Staaten beteiligt sind (Art 3 *Section* 2 Abs 1 3. SpStr iVm Abs 2 1. Satz C-USA)

Eben)		- erstinstanzliche – aber keine ausschließliche – Zuständigkeit für alle Streitigkeiten zwischen den Vereinigten Staaten und einem Staat (28 USC *Section* 1251 lit b Abs 2) - *nach Rechtsprechung materielle Behandlung erst nach Zustimmung der Vereinigten Staaten*
Vertikal – Ausschließlichkeitsklausel		
Vertikal – Rechtsakt		
Vertikal – Prüfungsmaßstab		
Vertikal – Antragsbefugnis		
Vertikal – Verfahren		
Vertikal – Wirkung		
Vertikal – Klagebefugnis von Individuen		- erstinstanzliche – aber keine ausschließliche – Zuständigkeit für alle Streitigkeiten zwischen einem Gliedstaat und Bürgern eines anderen Gliedstaates (Art 3 *Section* 2 Abs 1 5. SpStr iVm Abs 2 1. Satz C-USA, 28 USC *Section* 1251 lit b Abs 3 1. Fall) - die rechtsprechende Gewalt der Vereinigten Staaten darf nicht so ausgelegt werden, dass sie sich auf irgend einen Rechts- oder Billigkeitsfall erstreckt, der gegen einen der Vereinigten (Glied-)Staaten von Bürgern eines anderen Staates oder von Bürgern oder Untertanen eines fremden Staates angestrengt oder

		geführt wird (11. *Amendment* aus dem Jahre 1798)
Sonstige		- *Federal Courts of Appeals* (28 USC *Section* 1254 Abs 1[1604]) - Fälle vor den Berufungsgerichten können vom Supreme Court auf folgende Weise überprüft werden: durch eine *certiorari*-Verfügung, die auf Antrag einer der Parteien in einem Zivil- oder Strafverfahren, vor oder nach Fällen des Urteiles oder des Entscheides erlassen wird - State Courts (28 USC *Section* 1257 lit a[1605]) - rechtskräftige Urteile bzw Entschiede, die vom Höchstgericht eines Bundesstaates[1606] ergehen, das eine Entscheidung fällen kann, können vom Supreme Court auf folgende Weise überprüft werden:

[1604] 28 USC *Section* 1254 Abs 2, welcher keinen Fall eines *certiorari* behandelt bestimmt einen weiteren Fall, in welchem ein Verfahren eines Berufungsgerichtes vom Supreme Court überprüft werden kann: „durch Bestätigung durch das Berufungsgericht zu einem beliebigen Zeitpunkt in einer beliebigen rechtlichen Frage bei einem Zivil- oder Strafverfahren, für das Instruktionen benötigt werden; bei einer derartigen Bestätigung kann der Supreme Court bindende Instruktionen geben bzw verlangen, dass für die Entscheidung in der gesamten Streitsache der gesamte Akt an das Berufungsgericht gesandt werde." (*By certification at any time by a court of appeal of any question of law in any civil or criminal case as to which instructions are desired, and upon such certification the Supreme Court my give binding instructions or require the entire record to be sent up for decision of the entire matter in controversy.*)

[1605] „*Final judgments or decrees rendered by the highest court of a State in which a decision could be had, may be reviewed by the Supreme Court by writ of certiorari where the validity of a treaty or statute of the United States is drawn in question or where the validity of a statute of any State is drawn in question on the ground of its being repugnant to the Constitution, treaties, or laws of the United States, or where any title, right, privilege, or immunity is specially set up or claimed under the Constitution or the treaties or statutes of, or any commission held or authority exercised under, the United States.*"

[1606] Gem 28 USC *Section* 1257 lit b ist unter dem Ausdruck „Höchstgericht eines Bundesstaates" in lit a leg cit auch das Berufungsgericht des *District of Columbia* zu verstehen.

		durch eine *certiorari*-Verfügung, für den Fall, dass die Gültigkeit eines Vertrages oder Gesetztes der Vereinigten Staaten in Frage gestellt wird bzw für den Fall, dass die Gültigkeit eines Gesetzes eines beliebigen Bundesstaates in Frage gestellt wird, mit der Begründung, dass es gegen Verfassung, Verträge oder Gesetze der Vereinigten Staaten verstoße, oder für den Fall, dass ein beliebiges Eigentumsrecht, sonstiges Recht, Sonderrecht oder Immunitätsrecht speziell aufgrund der Verfassung, der Verträge oder Gesetze der Vereinigten Staaten gewährt oder in Anspruch genommen wird oder eine Ernennungsurkunde bzw eine Weisungsbefugnis im Namen der Vereinigten Staaten vorliegt bzw ausgeübt wird - *Supreme Court of Puerto Rico* (28 USC *Section* 1258) - *Court of appeals for the armed forces* (28 USC *Section* 1259)
Sonstige – Ausschließlichkeitsklausel		
Sonstige – Rechtsakt		
Sonstige – Prüfungsmaßstab		
Sonstige – Antragsbefugnis		
Sonstige – Verfahren		
Sonstige –		

Wirkung		
Sonstige – Klagebefugnis von Individuen		
8.3 weitere Kategorie von (nicht konstitutiven) Zuständigkeiten		
8.3.1 Prüfung von Wahlen und Referenden		die Prüfung der Wahlen in Senat und Repräsentantenhaus werden von diesen selbst wahrgenommen wird (Art 1 *Section* 5 Abs 2 C-USA
Präsidentschaftswahlen		
Parlamentswahlen		
Referenden		
Sonstige		
8.3.2 Internationale Zuständigkeiten		
Kontrolle völkerrechtlicher Verträge		
Sonstige		- erstinstanzliche – aber keine ausschließliche – Zuständigkeit für alle Fälle, die Botschafter, andere öffentliche Gesandte, Konsulen oder

		Vizekonsulen betreffen (Art 3 *Section* 2 Abs 1 1. SpStr iVm Abs 2 1. Satz C-USA, 28 USC *Section* 1251 lit b Abs 1) - erstinstanzliche – aber keine ausschließliche – Zuständigkeit für alle Klagen und Verfahren zwischen einem Gliedstaat oder dessen Bürgern und fremden Staaten, Bürgern oder Untertanen (Art 3 *Section* 2 Abs 1 8. SpStr iVm Abs 2 1. Satz C-USA, 28 USC *Section* 1251 lit b Abs 3 2. Fall) - die rechtsprechende Gewalt der Vereinigten Staaten darf nicht so ausgelegt werden, dass sie sich auf irgend einen Rechts- oder Billigkeitsfall erstreckt, der gegen einen der Vereinigten (Glied-)-Staaten von Bürgern eines anderen Staates oder von Bürgern oder Untertanen eines fremden Staates angestrengt oder geführt wird (11. *Amendment* aus dem Jahre 1798)
8.3.3 Schiedsrichterliche Zuständigkeiten		
Schiedsvertrag		
Schiedsvertrag – Anwendungsbereich		
Schiedsvertrag – Prü-		

fungsmaßstab		
Schieds-vertrag – Antragsbefugnis		
Schieds-vertrag – Verfahren		
Schieds-vertrag – Wirkung		
Schieds-vertrag – Klagebefugnis von Individuen		
Schiedsklausel		
Schiedsklausel – Anwendungsbereich	- Streitigkeiten die sich aus der Anwendung oder Auslegung von Verträgen, Konventionen oder Abkommen ergeben, welche zwischen den Organen und Institutionen des SAI bzw zwischen diesen und Dritten geschlossen wurden, wenn sich die Parteien auf diese Zuständigkeit des Gerichtes einigen (Art 38 Abs 1 TCTJCA) - neben der hier erwähnten Zuständigkeit kennt Art 39 TCTJCA auch eine Zuständigkeit des SGCA	
Schiedsklausel – Prüfungsmaßstab	Entscheidung nach Recht oder Billigkeit, je nach Vereinbarung der Parteien (Art 38 Abs 3 TCTJCA)	
Schiedsklausel – Antragsbefugnis	- siehe unter *Anwendungsbereich* - siehe unter *Klagebefugnis von Individuen*	
Schiedsklausel – Verfahren		

Schiedsklausel – Wirkung	die Entscheidung des Gerichtes ist bindend, unanfechtbar und stellt eine ausreichende Rechtsgrundlage für eine Exekution nach den nationalen Regelungen eines jeden Mitgliedstaates dar (Art 38 Abs 3 TCTJCA)	
Schiedsklausel – Klagebefugnis von Individuen	Privatpersonen können vereinbaren, dem Gericht Streitigkeiten vorzulegen, welche sich aus der Anwendung oder Auslegung bestimmter Aspekte in privaten Verträgen ergeben, welche unter den Anwendungsbereich der Rechtsordnung der Andengemeinschaft fallen (Art 38 Abs 2 TCTJCA)	
Sonstige Prorogation		
Sonstige Prorogation – Rechtsgrundlagen		
Sonstige Prorogation – Prüfungsmaßstab		
Sonstige Prorogation – Antragsbefugnis		
Sonstige Prorogation – Verfahren		
Sonstige Prorogation – Wirkung		
Sonstige Prorogation – Klagebefugnis von Individuen		

8.3.4 Amtsenthebung von Richtern und von Mitgliedern anderer Organe		
von Richtern	keine Zuständigkeit des TJCA sondern Amtsenthebung durch eine Regierungskonferenz – siehe dazu unter *Richter – Amtsende*	
von Richtern – des Verfassungsgerichtes		
von Richtern – unterer Gerichte		
von Richtern – von Gerichten der Mitgliedstaaten		
von Mitgliedern anderer Organe		
– Organ		
8.3.5 dienstrechtliche Streitigkeiten		
Anwendungsbereich	- Zuständigkeit des TJCA für dienstrechtliche Streitigkeiten, welche sich bei den Organen und Institutionen des SAI ergeben (Art 40 TCTJCA)	

	- die dienstrechtlichen Streitigkeiten welche sich vor dem TJCA abspielen beabsichtigen die Schlichtung von Streitigkeiten, welche ihren Ursprung in einer Arbeitsbeziehung haben und sich zwischen den Organen und Institutionen des SAI und ihren Beamten oder Angestellten – in Übereinstimmung mit dem dafür anwendbaren Sitzabkommen – ergeben (Art 136 ETJCA)	
Prüfungs-maßstab	in seinem Urteil wendet das TJCA die von der ILO anerkannten allgemeinen Grundsätze des Arbeitsrechtes und diejenigen an, welche den Mitgliedstaaten gemeinsam sind (Art 135 ETJCA)	
Antrags-befugnis	- Beamte und Angestellte der Organe und Institutionen des SAI (gem Art 6 AC), welche mit einem dieser Organe oder Institutionen eine Arbeitsbeziehung haben oder hatten (Art 137 Abs 1 ETJCA) - Voraussetzung für die Erhebung der Klage ist, dass der Antragsbefugte eine direkte Petition – über dieselben behaupteten dienstrechtlichen Rechte – an seinen entsprechenden Arbeitgeber gerichtet hat, ohne innerhalb der folgenden 30 Tagen eine Antwort bekommen zu haben, bzw wenn die erhaltene Antwort ganz oder teilweise ablehnend war (Art 137 Abs 2 ETJCA)	
Verfahren	- nach der Klagebeantwortung beruft das Gericht die Parteien zu einer Verhandlung, in welcher es versucht, auf eine Beilegung der Differenzen hinzuwirken, wenn sich diese für einen Vergleich eignen (Art 138 Abs 1 ETJCA) - im gegenteiligen Fall schlägt das Gericht eine ihm gerecht erscheinende Formulierung einer	

	Übereinkunft vor, ohne dass dieser jedoch präjudizierende Wirkung zukommt (Art 138 Abs 1 ETJCA) - ebenso können die Parteien in gegenseitiger Übereinstimmung in jedem Stadium des Verfahrens das Gericht um eine Schlichtungsverhandlung ersuchen (Art 138 Abs 2 ETJCA) - im Falle einer Einigung wird eine Akte unterschrieben, welche den Prozess beendet und die Wirkung eine *res iudicata* hat (Art 138 Abs 3 ETJCA) - im gegenteiligen Fall geht der Prozess bis zu seiner Vollendung weiter (Art 138 Abs 3 ETJCA) - die dienstrechtliche Klage verjährt nach drei Jahren ab dem Datum des dem Streit zugrundeliegenden Rechtsaktes oder der entsprechenden Tatsache (Art 139 ETJCA)	
Wirkung	siehe unter *Verfahren*	
Klagebefugnis von Individuen	siehe unter *Antragsbefugnis*	
8.3.6 Verhältnis und Zusammenarbeit mit anderen Einrichtungen		
mit anderen Gerichten		
mit anderen Gerichten – Vorabentscheidung	siehe dazu auch unter *Normenkontrolle – Akte der übergeordneten Ebene – Verfahren*	

Vorab- entscheidung – Recht der über- geordneten Eben		
– Rechts- grundlagen		
– auszulegendes Recht	- das TJCA ist für die Auslegung der Normen der Rechtsordnung der Andengemeinschaft im Wege der Vorabentscheidung zuständig, um seine einheitliche Anwendung im Gebiet der Mitgliedstaaten sicherzustellen (Art 32 TCTJCA, Art 121 ETJCA) - bei seiner Auslegung hat sich das Gericht auf die Präzisierung des Inhaltes und der Reichweite der im konkreten Fall einschlägigen Normen der Rechtsordnung der Andengemeinschaft zu beschränken (Art 34 TCTJCA, Art 126 Abs 2 ETJCA) - das Gericht ist weder dafür zuständig, den Inhalt und die Reichweite des nationalen Rechtes auszulegen, noch die materiellen Tatsachen des Prozesses zu qualifizieren; es kann sich jedoch auf diese beziehen, wenn dies für die ersuchten Auslegung unerlässlich ist (Art 34 TCTJCA, Art 126 Abs 3 ETJCA)	
– Prüfungsmaßstab	- Normen der Rechtsordnung der Andengemeinschaft (Art 32 TCTJCA) - Stufenbau von Primär- und Sekundärrecht (Art 104 Abs 2 ETJCA)	
– Antragsbefugnis	- *consulta facultativa*: - Richter, deren Urteile nach innerstaatlichem Recht anfechtbar sind und welche in einem Prozess entscheiden, in dem eine Norme der Rechtsordnung der Andengemeinschaft	

	anzuwenden oder strittig ist, können das TJCA direkt (mittels einfachen Schreibens) um die Auslegung der genannten Normen ersuchen (Art 33 Abs 1 TCTJCA, Art 122 ETJCA) - wenn der Fall zu entscheiden ist, ohne dass das nationale Gericht die Auslegung des TJCA erhalten hat, so hat der nationale Richter den Fall zu entscheiden (Art 33 Abs 1 TCTJCA, Art 122 TCTJCA) - *consulta obligatoria*: - Richter, deren Urteile nach innerstaatlichem Recht nicht mehr anfechtbar sind, haben das Verfahren auszusetzen und direkt von Amts wegen oder auf Antrag einer Partei das TJCA (mittels einfachen Schreibens) um seine Auslegung zu ersuchen (Art 33 Abs 2 TCTJCA, Art 123 ETJCA) - im Falle einer obligatorischen Vorabentscheidung hat der nationale Prozess bis zum Erhalt der ersuchten Vorabentscheidung suspendiert zu bleiben (Art 124 ETJCA)	
– Verfahren	- notwendiger Inhalt des Vorabentscheidungsersuchens eines nationalen Richters (Art 125 ETJCA): - Name und Instanz des ersuchenden nationalen Richters oder Gerichtes (lit a leg cit) - das Verhältnis der Normen der Rechtsordnung der Andengemeinschaft um deren Auslegung ersucht wird (lit b leg cit) - Angabe des Grundes für das Ersuchen (lit c leg cit) - ein kurzer Bericht über die Tatsachen die nach Ansicht des nationalen Richters für die	

	Auslegung relevant sind (lit d leg cit) - Ort und Anschrift, an die der Richter oder das Gericht die Antwort auf sein Ersuchen zugesandt haben möchte (lit e leg cit) - nach Erhalt des Vorabentscheidungsgesuches wird dieses vom Sekretär versiegelt, auf diesem das Datum der Vorlegung oder des Empfanges bestätigt und dem Präsidenten zur Berücksichtigung durch das Gericht übermittelt (Art 126 Abs 1 ETJCA) - das Gericht erlässt sein Urteil innerhalb von 30 Tagen nach dem Datum der Zulassung des Gesuches durch das Gericht (Art 126 Abs 2 ETJCA) - in Erfüllung der Bestimmungen des ETJCA über das Vorabentscheidungsverfahren haben die nationalen Richter dem TJCA die in den Fällen, welche Gegenstand einer Vorabentscheidung waren, erlassenen Urteile zu übermitteln (Art 128 Abs 3 TCTJCA) - die Mitgliedstaaten und die Einzelnen haben das Recht, an den Verhandlungen vor dem Gericht in Ausübung der Nichterfüllungsklage teilzunehmen, wenn der zur Vorlage verpflichtete Richter diese nicht vornimmt, oder (mit derselben Wirkung), wenn er eine andere Auslegung als die vom TJCA erlassene anwendet (Art 128 Abs 2 ETJCA)	
– Wirkung	- der nationale Richter, welcher über den Prozess entscheidet, hat in seinem Urteil die Auslegung des TJCA anzuwenden (Art 35 TCTJCA, Art 127 ETJCA) - die Mitgliedstaaten der Andengemeinschaft (und gem Art 128 Abs 1 ETJCA das SGCA)	

	achten auf die Erfüllung (und gem Art 128 Abs 1 ETJCA auf die Einhaltung) der Bestimmungen des TCTJCA und insbesondere auf die Einhaltung der Regelungen zum Vorabentscheidungsverfahren durch ihre nationalen Richter (Art 36 TCTJCA, Art 128 Abs 1 ETJCA)	
– Klagebefugnis von Individuen	zum Parteiantrag auf Einleitung eines Vorabentscheidungsersuchens siehe unter *Antragsbefugnis*	
Vorabentscheidung – Recht der untergeordneten Eben		
– Rechtsgrundlagen		
– auszulegendes Recht		
– Prüfungsmaßstab		
– Antragsbefugnis		
– Verfahren		
– Wirkung		
– Klagebefugnis von Individuen		
mit anderen Gerichten – sonstige Form der Zusammenarbeit		
mit anderen Ebenen, Organen		

tionalen Organisationen		
– mit untergeordneter Ebene	- die Mitgliedstaaten haben dem TJCA alle notwendigen Möglichkeiten für die adäquate Erfüllung seiner Aufgaben zu gewähren (Art 12 Abs 1 TCTJCA; vgl auch Art 6 Abs 1 ETJCA) - das TJCA kann sich, wenn es es für die Erfüllung seiner Funktionen als notwendig erachtet, direkt an die Behörden der Mitgliedstaaten wenden (Art 44 TCTJCA) - das TJCA kann sich in Anwendung des Art 44 TCTJCA zu Zwecken der Zusammenarbeit im Bereich der Beweisaufnahme sowie der Verrichtung sonstiger gerichtlicher Maßnahmen direkt an die nationalen Richter der Mitgliedstaaten wenden (Art 80 ETJCA) - der Präsident des Gerichtes koordiniert Zusammenkünfte und Aktionen mit den höchsten gerichtlichen Autoritäten der Mitgliedstaaten zum Zwecke der Verbreitung und Fortbildung des Gemeinschaftsrechtes sowie für seine einheitliche Anwendung (Art 45 TCTJCA)	
– mit anderen Organen		
– mit Internationalen Organisationen		
– mit Sonstigen		
8.3.7 Sonstige		- berufungsinstanzliche Zuständigkeit für alle Fälle der Seegerichtsbarkeit (Art 3 *Section* 2 Abs 1 2. SpStr iVm Abs 2 2. Satz C-USA) - berufungsinstanzliche Zuständigkeit für Strei-

weitere (nicht konstitutive) Zuständig-keiten		- berufungsinstanzliche Zuständigkeit für Streitigkeiten zwischen Bürgern verschiedener Gliedstaaten (Art 3 *Section* 2 Abs 1 6. SpStr iVm Abs 2 2. Satz C-USA) - berufungsgerichtliche Zuständigkeit für Streitigkeiten zwischen Bürgern desselben Gliedstaates, die aufgrund von Zuweisungen seitens verschiedener Staaten Ansprüche auf Land erheben (Art 3 *Section* 2 Abs 1 7. SpStr iVm Abs 2 2. Satz C-USA)
9. sonstige Gerichte		
9.1 Zentrale		
Gericht erster Instanz		
– Gericht (Bezeichnung, Rechtsgrundlagen, Organeigenschaft etc)		
– Richter, Präsident, Generalanwälte etc		
– Organisation		
– Prinzipien		
– Verfahren		
– Zuständigkeiten		

Sonstige Gerichte der Verbandsgewalt		- die richterliche Gewalt der Vereinigten Staaten liegt beim Supreme Court und bei solchen unteren Gerichten, deren Errichtung der Kongress von Fall zu Fall anordnet (Art 3 *Section* 1 C-USA)
– Gericht (Bezeichnung, Rechtsgrundlagen, Organeigenschaft etc)		- *Federal Courts:* - *District Courts (28 USC Chapter 5)* - *Courts of Appeals (28 USC Chapter 3)* - *Spezialgerichte*
– Richter, Präsident, Generalanwälte etc		- die Richter behalten ihr Amt während guter Amtsführung (Art 3 *Section* 1 C-USA) - für ihre Dienste erhalten die Richter – zu bestimmter Zeit – eine Vergütung, die während ihrer Amtsdauer nicht herabgesetzt werden darf (Art 3 *Section* 1 C-USA)
– Organisation		
– Prinzipien		
– Verfahren		
– Zuständigkeiten		- alle Verbrechen außer in Fällen eines *Impeachment* werden von Geschworenen abgeurteilt; der Prozess findet in dem Staat statt, in dem die Verbrechen begangen wurden; wenn sie jedoch nicht in einem Staat begangen wurden, so findet der Prozess an einem solchen Ort oder an solchen Orten statt, die der Kongress durch Gesetz bestimmt (Art 3 *Section* 2 Abs 3 C-USA) - Hochverrat (Art 3 *Section* 3 C-USA) - sofern gesetzlich nichts Gegenteiliges vorge-

		sehen ist, kann jede Partei beim Supreme Court Rechtsmittel gegen Anordnungen einlegen, aufgrund derer nach Bescheid und Verhandlung eine einstweilige oder endgültige Verfügung in Zivilprozessen, -verfahren oder -klagen erlassen oder verwehrt wird, die aufgrund eines *Act of Congress* vor einem *District Court* mit einem Drei-Richterkollegium richterlich zu entscheiden sind (28 USC *Section* 1253)
9.2 Dezentrale		*state courts (meist drei Instanzen)*
– Gericht (Bezeichnung, Rechtsgrundlagen, Organeigenschaft etc)		
– Richter, Präsident, Generalanwälte etc		
– Organisation		
– Prinzipien		
– Verfahren		
– Zuständigkeiten		

Kolibri 360 GmbH
Ferdinand-Jühlke-Straße 7
99095 Erfurt, Deutschland
produktsicherheit@kolibri360.de

Druck:
CPI Druckdienstleistungen GmbH
im Auftrag der
Kolibri 360 GmbH
Ferdinand-Jühlke-Str. 7
99095 Erfurt